부동산학 개론

Introduction to Real Estate Theory

백성준 · 방진원 · 송요섭 · 경국현 공저

法 文 社

이 저서는 한성대학교 교내학술연구비 지원에 의해 저술되었습니다.

서 문

부동산 학문 분야에 입문하는 학습자를 위한 길잡이 역할을 하는 개론서가 시중에 다수 존재한다. 외국 서적을 번역하여 부동산을 소개하는 원론적인 책부터 부동산산업에서의 경험을 기초로 한 실무적인 책까지 다양하다. 그러나 대학 이상의 수준에서 교재로 활용할 만한 책이면서 동시에 일반 독자들도 부동산학에 대해 흥미를 느끼며 스스로 이해력을 키워갈 수 있도록 도와주는 책은 찾아보기 어려운 것이 현실이다.

그래서 본서를 기획하면서는 부동산학의 전문지식을 갖추되 동시에 부동산의 실무적인 역량을 갖춘 필자들로 집필진을 구성하여 이론과 실제가 자연스럽게 녹아날 수 있도록 의도하였다. 부동산 감정평가, 상업용 부동산투자, 부동산개발과 관리, 부동산시장분석, 중개 및 컨설팅, 부동산정보 등의 분야에서 필자들이 활동하는 동안 습득한 학문적 지식과 이해력을 바탕으로 입문자들에게 쉽게 다가가고자 하였다.

이 책의 특징은 본문에서 포인트 중심으로 주요 개념을 문답식으로 설명하고 각 장의 말미에도 스스로 생각해 보면서 이해를 증진해 갈 수 있도록 토의질문 코너를 만들어 두었다는 점이다. 질문 형식을 통해 독자의 흥미를 유발함으로써 스스로 심화 학습을 하고자 하는 동기부여가 될 것으로 기대한다. 본 교재를 가지고 강의할 경우, 학생들에게 요구하는 리포트 주제로 활용할 수 있을 것이다.

본서는 크게 네 부분으로 구분하여, 부동산 입문, 부동산 이해, 부동산 활동, 부동산 지원 등으로 나누고, 각 파트에 세부 장들을 배치하였다. 부동산 입문에서는 부동산의 특성과 부동산학에 대한 개관을 다루고, 부동산 이해에서는 부동산 시장, 경제, 정책, 입지이론을 담았다. 부동산 활동편에는 투자, 신탁, 금융, 개발, 관리, 평가이론을 담았고, 부동산 지원편에는 중개, 컨설팅, 정보이론 등을 담았다.

본서가 집필되는 과정에서 아낌없는 지원과 격려를 보내주신 법문사의 배효선 사장님을 비롯하여 김제원 이사님, 권혁기 차장님 그리고 편집부의 노윤정 차장님께도 깊은 감사의 말씀을 드린다.

짧은 집필기간이었지만 기획안대로 추진하여 본서를 마무리하게 된 것에 보람을 느끼며, 부디 저자들의 의도한 바가 독자들에게 전달되기를 바란다. 여러 차례 살폈음에도 불구하고 혹 미진하거나 누락된 부분이 있다면 그런 점은 전적으로 저자들의 불찰이며 책임이다. 추후 독자들의 질문과 평가를 통해 보완해감으로 보다 완성된 형태로 나아갈 것을 기약한다.

2024년 3월

저자 백성준·방진원·송요섭·경국현

차례

제1편 입 문

제2편 부동산 이해

제3편 부동산 활동

제1편

입 문

제 1 장 부동산 입문

제 1 장 부동산 입문

제 1 절 부동산과 인간생활

1. 부동산에 대한 관심

인간이 생활을 영위하는 데 필수적인 요소가 의식주이다. 경제의 발전 과정에서 관심도의 순서를 굳이 정한다면, 먼저 식량의 문제를 해결하려 노력하고 이후 의복의 문제에 관심을 가지며, 마지막에 주택의 문제에 관심을 기울인다. 물론 경제발전의 초기 단계에서도 주택문제가 발생하기는 하지만 관심도는 상대적으로 덜하며, 경제가 성숙한 이후 지속적인 주요 문제가 되는 영역이 되고 있다. 도시로 인구가 집중하면서 가도시화(pseudo-urbanization)가 초래되는 개발도상 단계에서는 불량주거지의 문제와 임대료 급등 문제가 대두되는 경향이 있고, 경제가 성숙한 단계에서는 과열된 투자열기로 인한 매매가격 급등 문제를 겪는 양상을 보인다.

한편 일반인들에게 주택을 포함한 부동산은 주요한 재테크 수단이다. 사회생활 초기에는 주택을 중심으로 투자하지만 중장년 이후에는 상가나 오피스 등 상업용부동산에 관심을 가지는 편이다. 주택의 경우에는 직장생활 초반에는 장기주택담보대출(모기지, mortgage)을 통해 작은 집을 마련하기 시작하며, 자녀들의 출산에 따라 주택의 규모를 소형주택에서 중대형주택으로 확대해 가면서 자산을 늘려나간다. 그리고 중장년이 되어서는 축적된 자산을 가지고 은퇴후 노년의 안정적인 소득 확보 차원에서 임대수입을 얻을 목적으로 상가나 오피스 등에 투자하기도 한다. 자녀들이 분가하여 부부만 남는 빈 둥지 시기가 되면 주택규모를 축소하여 이사하거나, 보유한 주택에 거주하면서 연금을 받는 주택연금(역모기지, reverse mortgage) 제도를 활용하기도 한다.

이처럼 주택 등 부동산은 개인 및 가정의 여건 변화에 따라 주요한 관심 대상이며 재테크의 수단이 된다. 전 연령대에 걸쳐 부동산에 대한 관심이 많다보니 부동산 관련 뉴스와 정보가 넘치고 관련 산업도 광범위하다. 한국에서는 부동산이 개인 자산 중에서 차지하는 비중이 70% 이상으로 높은 편이다. 부동산에 편중된 재테크와 과열된 투자 양상으로 인한 가계부채의 증가는 국가경제 운영의 주요한 과제가 되어 있다. 최근 대한민국의 상황은 축적된 자산이 적은 20대와 30대 청년세대까지 주택가격 급등에 대한 공포(포모 현상[1])으로 인해 무리해서 빚을 내어 투자하는 빚투, 영끌 현상이 벌어졌고, 이후 시장 침체와 금리 상승으로 인한 하우스 푸어로 전락하는 고통을 겪는 중이다.

또 부동산은 개인이나 가계의 생활 및 재테크뿐만 아니라 기업이나 국가의 경제활동에 있어서도 중요한 요소이다. 기업의 경영활동에서 부동산과 연관된 결정은 중요한데, 회사가 사옥으로 쓸 오피스부터 공장부지나 물류센터, 매장, 데이터센터 등의 입지 결정이 기업 활동에 필수적이다. 그리고 기업의 수익 창출 측면에서도 확보한 부동산을 통한 재테크는 상당한 몫을 차지하고 있다. 서울의 디지털산업단지나 경기도 판교의 테크노밸리에 초기 입주한 많은 벤처기업들이 각 기업의 고유한 사업영역에서의 이득을 거두었을 뿐만 아니라 보유한 부동산의 가격상승에 따른 이득을 본 대표적인 사례일 것이다.

2. 부동산의 위상

부동산은 개인이나 기업의 재산(부) 차원에서뿐만 아니라 국가 차원에서도 중요한 영역이다. 서구 선진국에서도 부동산이 금융자산과 함께 재테크의 수단이자 국부의 주요 구성요소가 되지만, 한국, 일본, 중국 등 동북아에서는 그 관심도와 비중이 상

1 "Missing Out Syndrome"은 FOMO(Fear of Missing Out) 현상이라고도 불리며, 젊은 세대의 부동산 투자 행동에 영향을 미치는 요인 중 하나이다. 이는 부동산 시장에서 가격이 계속 상승할 것으로 예상되어 지금 부동산 구매를 놓치면 높은 수익을 얻을 수 없다는 불안감을 느끼는 현상이다. 이러한 불안감은 부동산 시장에서 경쟁과열과 가격상승을 초래하는 원인이 될 수 있다. FOMO 현상은 부동산 시장에서 가격 변동성을 증가시키는 요인 중 하나이다.

대적으로 높다. 부동산이 국가경제에서 차지하는 비중은 국가별로 차이가 있으나, 중국의 경우에는 GDP(국내총생산)의 25% 내외를 차지할 정도로 높은 편이다. 그래서 부동산이 정부의 경기활성화 수단이 되거나 재정확충을 위한 주요 세원의 하나가 될 수 있다. 그러나 부동산에 대한 의존도와 비중이 너무 높으면 국가경제가 부동산 경기의 부침에 따라 큰 변동을 보일 우려가 있다.

한국의 경우 1998년 외환위기가 초래되었을 때 선분양에 의존한 주택사업의 비중이 컸던 많은 건설기업들이 도산하면서, 건설투자는 다른 경제지표에 비해 장기간 침체를 보였고 경제성장률을 떨어뜨린 요인이 되었었다. 일본의 경우 1992년 주식 및 부동산버블(거품)이 붕괴하면서 잃어버린 30년의 세월을 보내고 있는 것은 극명한 사례가 될 수 있다. 중국의 경우에도 1978년 개혁개방 이후 연안의 1선 도시를 중심으로 빠른 도시화가 진행되었고 경제는 사회주의 시장경제 도입과 WTO 가입 이후 세계의 공장 역할을 담당하며 높은 성장률을 기록하였다. 고도성장으로 팽창하는 동안 부동산 가격도 급등하였으나 코로나 위기와 미국과 중국의 무역분쟁의 여파로 경기가 급격히 둔화되면서 부동산시장도 냉각되었다. 그 여파로 헝다그룹(恒大集團, Evergrande Group), 비구이위안(碧桂園) 등 굴지의 부동산개발회사들도 부도 위기를 겪었다.

3. 부동산에 대한 연령대별 인식

1) 베이비부머와 부동산

전쟁 등의 영향으로 결혼과 출산이 줄었다가 문제가 해결되어 이후 갑자기 인구가 급격히 증가하는 세대를 베이비붐 세대라고 부르며, 이에 해당되는 사람들이 베이비부머다. 일본의 베이비부머는 제2차 세계대전 이후인 1947~1949년 사이 출생한 680만명을 단카이(團塊)세대를 의미하며, 우리나라는 1953~1964년에 출생한 800만명이 해당한다. 베이비부머들은 학업이나 취업 등의 개인적인 삶도 치열한 경쟁 속에서 살아가게 되지만, 사회 전반적인 인프라나 주택 등도 수요에 비해 공급이 부족한 상황을 경험하며 살아왔다.

이 세대가 경제활동에 참가하는 시기에는 경제나 사회의 규모가 크게 성장하고 투자활동도 활발하게 이루어졌다. 일본의 1960~80년대 고도성장을 이 세대가 주도하였고 우리나라도 1970~90년대의 성장을 주도하였다. 그리고 이들의 자녀 세대인 베이비부머 주니어 세대도 높은 경쟁 속에서 살아가지만, 부모세대에 비하면 그 강도는 약해지고, 부모들이 쌓아놓은 부와 경제발전의 토대 위에서 비교적 풍요로운 삶을 누리게 된다.

한편 베이비부머의 은퇴는 사회에 적잖은 충격을 주는데, 과학과 의술의 발달로 수명이 길어지게 됨에 따라 그 영향은 지속적으로 나타날 것이다. 초고령화사회의 도래와 출산율의 저하로 경제와 사회에는 전반적인 활력이 줄어들게 되고 부동산에 대한 수요도 감소하게 된다.

우리나라보다 앞서 경험하고 있는 일본의 경우를 통해 우리의 미래를 예상하면, 초등학교, 중학교, 대학교가 지방소재 학교부터 폐교가 발생하고 이로 인해 학생 및 교사의 수가 감소하며 학교주변 상점이나 음식점 등도 줄어든다. 또 지방 거주 노령인구가 점차 사망하면서 빈집이 발생하고 그로 인해 지방자치 행정단위가 소멸하거나 병합되며, 관공서, 경찰서 등 공공시설도 줄어들게 된다. 먼저 지방의 시장, 가게, 병원, 은행 등이 줄어들고 병원의 침대 숫자와 수혈용 혈액이 부족해지고 화장터도 부족해질 것이다. 농업 및 어업에 종사하는 인력이 부족해져 식량 확보가 어려워지고 생활물가가 상승할 것이다. 수도권 및 대도시권의 전체 인구수는 조금 늘어나지만 고령자 비중이 크게 늘게 된다. 고령자는 주요 대형병원이 있는 대도시를 선호하여 이주하거나 지방 거주 부모들이 요양을 위해 대도시권의 자녀들이 사는 곳 주변으로 이주한다.

그리고 사회적 변화에 따른 새로운 부동산 시장의 수요를 전망해 보면, 독거노인과 청년층 1인 가구가 급증하고 반려동물 시장규모가 커지고 실버 계층을 겨냥한 사업이 번성하게 될 것이다. 치매노인수가 늘어나고 요양시설 및 간병인력이 부족해져 노노간병(老老看病, 60-70대 노인이 80-90대 노인을 돌보는 간병)이 늘고, 자녀들의 간병휴직이나 퇴직이 늘 것으로 전망한다. 먼저 고령사회를 맞은 외국과 같이 은퇴자를 위한 공동체인 지속돌봄 은퇴자커뮤니티(CCRCs: Continuing Care Retirement Communities), 대학기반 은퇴자커뮤니티(UBRC: University Based Retirement Community)가 형성될 것이다. 그리고 남성이 먼저 사망함에 따라 홀로 사는 고령층 여성이 대거 늘어나면, 일본에서처럼 할머니 3~4명이 모여 사는 그룹리빙 형태의 주거공간 활용도 늘어날 것이다.

인구 감소에 따른 노동력 확보 차원에서 정년퇴직 연령은 지금보다 5~10세 가까이 늘어날 것이나, 경제성장은 멈추고 마이너스 성장을 기록할 것이다. 국가의 세금수입이 줄어 재정난이 발생하게 될 것이다. 국가의 인프라가 노후되고 정비인력이 부족해지고 수도, 전기, 가스, 교통 서비스의 품질이 낮아질 것이다. 더욱이 청년세대는 자녀양육과 부모간병의 이중부담이 더욱 늘게 되어 결혼과 출산을 지연하거나 포기하는 현상이 더 심화될 가능성이 크다.

우리나라 경우 베이비부머 전 연령대가 모두 사망하는 향후 40년간은 고령화가 더욱 가속화될 것이며, 초고령화 사회가 되면 주택의 1/3 정도는 빈집으로 남을 것이 예상된다. 더 이상 베이비부머들이 왕성히 활동하던 시대와 같은 과열된 부동산시장은 기대하기 어렵고, 부동산 수급의 변동성도 작아지며 부동산 가격도 장기 안정세를 보일 전망이다.

2) MZ세대와 부동산

MZ세대는 밀레니얼 세대와 Z세대를 통칭하여 부르는 용어이다. 밀레니얼 세대는 X세대와 Z세대 사이의 인구통계학적 집단으로 1980년대 초반부터 1996년대 중반까지 출생한 사람들인데, 베이비붐 세대와 그 이전 세대의 자녀들이다. Z세대는 밀레니얼 세대와 알파 세대 사이의 집단으로 1990년대 중반부터 2010년대 초반의 출생자이며, 대부분 X세대의 자식들이다.

자산축적 및 증식 차원에서 베이비부머들은 경쟁은 치열했을지라도 경제성장의 과정에서 자산축적이 가능했고 보유한 부동산을 통한 자산증식을 경험한 세대이다. 이에 비해, MZ세대는 베이비붐 세대들이 형성해 둔 높은 가격수준의 부동산을 매수하는 입장에 서게 된다. 주택을 보유한 MZ세대 이전 세대와 주택을 보유하지 못한 MZ세대와의 사이에 주택을 둘러싼 세대 간의 갈등 현상도 나타나고 있다.

한편 일본과 한국에서는 높은 부동산 가격과 어려운 경제적 상황으로 인해 젊은 세대들이 부동산시장에 진입하는 것이 어렵게 되어 있다. 자산축적이 충분치 않은 MZ세대가 주택을 구매하려면 대출규모는 커질 수밖에 없고, 장기간에 걸친 원리금 상환 부담도 커지기 마련이다. 일본에서는 1990년대초 부동산버블 붕괴로 인해 부동산 가격이 크게 하락하였으며, 그 이후에도 가격은 원상회복하지 못하였다. 그럼에도 일본의 젊은 세대들이 주택시장에 진입하는 것은 힘든 편인데 이는 좋은 일자리를 가지지 못하였고 대출 조건이 엄격해졌기 때문이다. 한국에서도 부동산가격이 높아 많은 젊은 세대들이 수도권에서 집을 구하는 일은 매우 어려운 상황이다. 소득 대비 주택가격이 높다보니 젊은 세대들에게 자가주택보유는 꿈이며 다른 한편으로는 좌절케 하는 요인이 되기도 한다. 부모로부터 물려받은 재산의 많고 적음이 주택보유를 좌우하면서 금수저니 흙수저니 하는 냉소적인 언어가 회자되고 있다.

더욱이 한국에서는 MZ세대가 20대 후반에서 30대가 되어 한창 주택소비에 나설 즈음인 2010년대 후반에 저금리 상황이 지속되면서 코인, 주식, 부동산 등 투기 광풍이 불었다. 젊은 세대들은 주택가격이 계속 상승할 것으로 예상하여 당장 구매시기를 놓치면 영영 집을 살 수 없을 것이라는 불안감에 대거 구매에 나서면서 주택가격은 더욱 급등하였다. 이후 코로나 팬데믹과 미국의 고금리 상황을 겪게 되었고 국내 주택담보대출금리도 다시 인상되었다. 그러면서 빚을 내어 투자해둔 주택으로 인해 원리금 상환에 큰 부담을 겪는 하우스푸어(house poor)로 전락할 위기를 맞고 있다.

그리고 일본이나 한국의 MZ세대들이 결혼과 출산을 이전 세대에 비해 덜 하면서 저출산, 고령화의 현상이 가속화되고 있다. 국가차원에서 결혼과 출산을 장려하기 위한 대책으로 신혼부부를 위한 주거지원 혜택이 다각적으로 등장하고 있다. 장기적으로는 앞서 '베이비부머와 부동산' 파트에서 언급한 초고령화 현상과 빈집 사태 등이 사회적 이슈로 대두하면서 주택가격은 하향하여 장기적으로 안정세를 보일 전망이다.

제2절 부동산의 개념과 특성

1. 부동산의 개념

부동산(不動産, real estate)은 동산(動産)과 대비되는 개념의 자산으로 '토지(land)와 그 정착물(attachment)'을 의미한다. 우리나라 민법에서는 부동산을 '토지와 그 정착물'로 정의하고 있다(민법 제99조). 한편 부동산 소유권의 범위를 어디까지로 보느냐에 따라 다양한 개념과 법률적 해석이 있을 수 있다. 우리 민법에서는 "토지의 소유권은 정당한 이익 있는 범위 내에서 토지의 상하에 미친다."고 규정하고 있다(제212조). 예컨대 지상권, 지하권, 공중권 등의 개념이 법률학자에게는 중요한 논의 주제일 것이나 본서에서는 부동산의 경제적 개념을 중심으로 다룬다. 부동산의 경제적 개념으로부터 부동산의 특수성이 도출되고, 특수성 때문에 부동산 시장의 특성과 문제가 초래되며, 부동산 시장의 문제를 해결하기 위해 부동산 정책의 필요성이 대두된다.

동산과 부동산을 비교하면, 부동산은 이동이 자유로운 동산에 비해서 물리적 제약을 크게 받을 뿐만 아니라, 양자 간의 유동성(환금성)의 제한에 의해서도 차이가 난다. 유동성은 매매, 교환, 회수, 유통 및 거래에서의 속도, 시간, 편리성과 관련된다. 부동산에 투입된 자금은 동산의 경우에 비해 회수까지 긴 시간이 걸리고 거래가 이루어지는 과정도 상대적으로 복잡하다.

그 밖에도 부동산에는 위치의 고정성(부동성), 부증성, 생산의 장기성, 비가역성 등 동산과의 차이점이 다수 존재한다. 상세한 부동산의 특성과 부동산 시장의 특수성 및 작동원리, 부동산 정책에 대해서는 각각의 해당 부분에서 살펴보기로 한다.

2. 부동산의 유형

경제적 개념으로 볼 때, 부동산의 유형을 생산재와 소비재로 구분하고, 다른 측면에서는 공간서비스를 제공하는 재화(공간으로서의 부동산)와 자산으로 역할을 하는 재화(자산으로서의 부동산)로 구분한다. 그밖에 실무적인 유형 구분으로는 주거용 부동산과 비주거용 부동산으로 구분하는 기준이 있는데, 업무나 산업 현장에서는 이 구분법도 통용된다.

생산재(production goods) 혹은 소비재(consumption goods)로서의 부동산 구분은 부동산이 생산요소로서 사용되는 것인지 최종소비재로서 사용되는 것인지에 달려있다. 대표적인 예로 농지는 농산물 생산에서 없어서는 안 될 생산요소(factors of production) 중의 하나이므로 생산재로 분류된다. 상업용 부동산도 업무나 상업활동을 위한 공간서비스를 제공하므로 생산재로 분류되며, 공업용 부동산도 공장에서의 생산을 위한 투입요소가 되므로 마찬가지다.

반면 부동산이 소비재로 이용되는 대표적인 예는 주택이다. 주택은 주거서비스라는 최종소비 활동에 필요한 공간을 제공하므로 소비재로서의 부동산으로 구분한다. 다만, 주택임대사업자가 운영하는 임대주택의 경우, 주거 서비스를 제공하는 임대사업 경영에 필요한 생산요소가 되므로 생산재로 분류한다. 한편 자연 상태로서 빼어난 경관을 보여주어 인간에게 효용을 가져다주는 국립공원과 같은 토지는 소비재로서의 부동산을 대표하는 사례이다.

또 공간으로 보는 시각과 자산으로 보는 시각에 의해, 공간으로서의 부동산과 자산으로서의 부동산으로 나눌 수 있다. 공간으로서의 부동산은 기능성, 사회적 가치, 환경적 영향의 측면에서 볼 수 있고, 자산으로서의 부동산은 투자 가치, 재무적 안정, 세금효과, 유동성 제한 측면에서 볼 수 있다. 먼저 공간으로서 부동산에서 '기능성' 측면은 주거, 사무실, 상업, 레크리에이션 등 다양한 활동을 위한 공간서비스를 제공하는 것을 의미하는데, 이는 사람들의 일상생활과 직접적으로 연관되어 있다. '사회적 가치' 측면은 부동산이 커뮤니티 구성의 중심이 되며, 문화적, 사회적 활동의 장소로서의 역할을 하는 것을 의미한다. 그리고 '환경적 영향' 측면은 부동산의 위치, 디자인, 구조 등이 주변 환경에 미치는 영향과 연관지을 수 있는데, 예를 들어, 친환경적인 건물 디자인은 에너지 소비를 줄이고 지속 가능한 발전을 도모할 수 있다.

다음으로 자산으로서의 부동산에서 '투자 가치' 측면은 부동산을 장기적인 가치 상승의 가능성이 있는 주요 투자자산으로 간주한다는 의미이고, 부동산 투자자들은 안정적인 수익 또는 자본이득을 추구하여 투자한다. '재무적 안정' 측면은 부동산이 자산 포트폴리오의 다양화를 통해 재무적 안정성을 제공하며, 또 부동산이 인플레이션에 대한 헤지수단으로 작용할 수 있는 유용성을 가진다. 그리고 '세금효과' 측면은 부동산의 취득과 보유 및 처분 단계에 세금이 발생하는데, 세제 정책을 통해 부동산 시장에 다양한 효과를 발생시킨다. 일부 국가에서는 부동산 투자에 대한 세금 혜택을 제공하여 투자를 유도하기도 한다. '유동성 제한' 측면은 부동산이 주식이나 채권과 같은 금융 자산에 비해 유동성이 낮다는 의미이며, 판매나 구매 과정이 복잡하고 시간이 걸릴 수 있다.

한편 주거용 혹은 비주거용 부동산의 구분은 부동산이 주거서비스를 제공하는 용도로 쓰이는지의 여부로 판별하므로 간단한 구분이다. 단독주택, 연립주택이나 아파트 등의 공동주택, 다세대주택, 다가구주택, 다중주택 등이 일반적인 주거용 부동산이다. 그 밖에 관공서 등 공공시설, 사무실, 상가 등의 업무시설, 공장 등의 부동산을 통칭하여 비주거용 부동산으로 구분한다.

그런데 현실에서는 주거용 부동산이 아닌 시설에 거주하는 경우가 있고, 또 주거용과 비주거용이 혼용되는 부동산도 존재하므로 외관만으로 판단하기 어려운 점이 존재한다. 우리나라 소득세법에서는 '주택'은 허가 여부나 공부(公簿)상의 용도구분과 관계없이 사실상 주거용으로 사용하는 건물을 말하며, 이 경우 그 용도가 분명하지 아니하면 공부상의 용도에 따르고 있다(소득세법 제88조). 오피스텔은 원래 업무용 부동산으로 분류하지만, 내부구조에 바닥난방이나 욕실 등이 설치되는 경우 주거용 오피스텔(주택으로 간주됨)로 구분한다.[2] 또 숙박업소 중에도 단기 숙박이 아닌 장기 체류형 숙박을 전문으로 하는 생활형 숙박시설(레지던스 또는 서비스드 레지던스)는 가정집과 같은 분위기에 호텔 수준의 서비스가 제공되는 숙박업소이지만 실제 기능이나 용도로 판별한다면, 주거용 오피스텔처럼 주거용 부동산으로 볼 수 있다.[3] 한편 외국에서는 고급 주거용 부동산으로 구분하는 콘도미니엄(condominium)[4]을 우리나라에서는 휴양지의 숙박시설인 콘도(condo),[5] 즉 비주거용 부동산으로 구분하는 것은 특이한 점이다.

3. 부동산의 특성

부동산은 일반적인 재화나 서비스와는 다른 특수한 성질을 갖고 있다. 이러한 특수한 성질은 주로 토지의 특성으로부터 나타난다. 건물과 같은 정착물은 대체로 토

2 보다 상세한 주거용으로의 사용 여부 판단은 임대차계약서, 전입신고 여부, 확정일자 부여, 사업자등록 여부, 수도 사용량, 내부구조 등으로 판단한다.

3 소득세법 적용에 있어서, '주택'에 해당하는지 여부의 판단은 실질에 따라 판단하므로 주거용으로 사용하는 오피스텔, 폐가, 무허가주택, 생활형숙박시설 등의 경우에도 사실관계에 따라 주택으로 포함될 수 있다.

4 (옥스퍼드 한영사전) a building or complex of buildings containing a number of individually owned apartments or houses.

5 구입자가 객실 단위로 분양을 받아서, 본인이 사용하지 않는 기간에는 관리회사에 운영권을 맡겨서 임대료 수입을 받는 형태의 호텔이나 이러한 호텔 경영기법을 일컫는다.

지의 특성에 의해 그 특성이 결정된다.

흔히 부동산의 특성으로 많이 언급되는 것으로, 부동성(不動性), 부증성(不增性), 불변성(不變性), 이질성(異質性), 용도의 다양성, 분할거래의 어려움 등이 있다. 이 중 부증성과 불변성, 용도의 다양성은 토지에만 적용되는 특성이다. 건물의 경우 부증성 대신 생산의 장기성(長期性)이, 불변성의 경우 내구성(耐久性)이, 그리고 용도의 다양성 대신 용도의 비가역성(非可逆性)이 적용된다. 이 밖에 높은 거래비용도 부동산의 특성 중 하나인데, 이 특성은 부동성이라든가 이질성, 분할거래의 어려움 등에 의해 파생되는 특성이다.

이런 부동산 특성들은 부동산 시장에 여러 경제적인 문제를 야기한다. 예를 들어 부동성(不動性)은 부동산시장을 지역별로 세분화시키고, 부동산을 외부효과(externalities)의 영향으로부터 벗어나지 못하도록 한다. 부증성(不增性)은 부동산이 제공하는 공간(space)의 공급곡선을 비탄력적으로 만든다. 그리고 부동산의 특성으로부터 파생되는 여러 경제적인 문제들은 시장의 실패나 소득불균형을 가져오게 된다. 정부는 이러한 시장실패나 소득불균형 등을 이유로 부동산시장에 개입하게 된다. 즉, 부동산의 특성으로부터 파생되는 경제적 문제가 정부의 시장개입을 정당화하는 논리적 근거가 되는 것이다.

1) 부동성(不動性)

부동산의 특성 중에서 가장 먼저 들 수 있는 특성이 부동성(immobility)이다. 부동산은 다른 재화와 달리 이동이 불가능하다는 것이다. 부동성은 위치 고정성(fixed location), 이동 불가능성, 비유동성 등으로 불리기도 한다. 부동산의 부동성은 토지의 위치가 고정되어 있다는 특성으로부터 나온다. 건물은 토지에 고착되어 있기때문에 토지가 가지는 부동성이라는 특징을 그대로 적용받게 된다.

2) 부증성(不增性)과 생산의 장기성

부동산 중에서 토지는 공간적으로 생산이 불가능하다. 즉 생산을 통해 토지의 공급량을 늘릴 수 없다는 의미이다. 이를 부증성(不增性, unproductivity)이라고 하는데, 공급의 한정성이라 부르기도 하고, 비생산성, 면적의 유한성 등으로 표현하기도 한다. 바다나 호수를 간척 또는 매립하여 토지면적을 넓힐 수도 있지만, 이는 수면으로 이용되는 토지를 농지 등으로 바꾸는 것에 불과하다. 토지가 제공하는 공간의 용도가 바뀐 것이지, 공간 자체가 증가한 것은 아니다. 물론 토지를 용도별로 본다면, 부증성(不增性)은 성립하지 않는다. 용도변경을 통해 토지의 공급량을 늘릴 수도 있고 줄일 수도 있다. 그러나 전체 토지를 놓고 본다면, 토지는 공간적으로 생산이 불가능하다.

그러나 토지의 정착물에는 부증성(不增性)이 성립하지 않는다. 건물을 예로 들면, 신규 건설을 통해 건물 공간은 늘어날 수 있다. 물론 토지의 제약으로 건물 공간을 늘리는 데 한계가 있지만, 건축기술의 발달로 건물이 고층화되면서 이러한 한계도 점차 사라지고 있다. 다만, 토지의 정착물, 특히 건물은 생산의 장기성이 적용된다. 신규 건설을 통해 공간을 만들어내는 데 시간이 걸린다는 것을 의미한다.

3) 불변성(不變性)과 내구성

비내구재(非耐久財)의 경우, 소비를 하면 해당 재화는 사라진다. 내구재(耐久財)의 경우, 사용하면 점차 그 효용가치가 줄어들어 결국에는 쓸모없는 폐기물이 된다. 사용하지 않더라도 시간이 지나면 내구재의 가치는 하락하게 된다. 그러나 토지의 경우, 시간이 지나더라도 토지가 제공하는 공간의 양은 줄어들지 않고 소모되지도 않는다. 토지가 제공하는 공간은 영속적이라는 의미인데, 이러한 성질을 불변성(indestructibility)이라고 부른다. 다른 용어로는 이용의 영구성, 영속성, 불괴성 등으로도 표현된다.

그러나 토지의 정착물에 대해서는 불변성이 적용되지 않는다. 토지의 정착물은 불변성 대신 내구성(durability)이 적용된다. 건물의 경우, 시간이 흐름에 따른 노후화로 인해 건물이 제공하는 공간의 가치는 점차 감소하게 된다.

4) 이질성(異質性)

부동산이 제공하는 공간은 매우 이질적이다. 유사한 위치에 있는 유사한 용도의 토지라 하더라도 공간의 이질성(heter-ogeneity)을 갖는다. 위치가 아무리 유사하더라도 동일한 위치에는 오직 하나의 토지만 존재하기 때문이다. 그래서 이런 이질성을 다른 표현으로 유일성(uni-queness) 또는 독특성이라고도 한다.

이런 이질성은 정착물에도 그래도 적용된다. 정착물의 경우, 토지가 갖는 이질성에다가 정착물의 이질성까지 더해져 이질성의 정도가 더 심해질 수도 있다. 예를 들어, 건물의 경우 층수, 건축재료, 건축디자인, 내부시설, 브랜드 등에 따라 해당 건물이 제공하는 공간의 질과 가치가 건물마다 다를 수밖에 없는 것이다.

5) 용도의 다양성과 비가역성(非可逆性)

토지가 제공하는 공간은 다른 일반재화와는 달리 그 용도가 매우 다양하다. 농경지, 목초지, 임산지 등으로 사용될 수도 있으며, 공업용지나 업무용지와 같은 2차, 3차 산업용지로 사용될 수도 있다. 그리고 주거용지나 공원용지, 관광휴양지 등과 같은 소비용도로도 쓰일 수 있다. 즉, 토지는 필요에 따라 여러 가지로 이용될 수 있는 이용상의 융통성을 갖고 있다. 이처럼 토지는 이용방법이 다양하므로 두 개 이상의 용도가 동시에 경합(競合)하는 경우가 많고 한 용도에서 다른 용도로의 전환도 가능하다. 이러한 특성을 토지이용의 다양성(modification)이라 하며, 다용도성 또는 변용성이라고도 한다.

그러나 일단 토지가 어떤 특정 용도로 이용되기 시작하면 다른 용도로 변경하는 일은 어렵다. 특히 토지 위에 구조물이 들어설 경우, 이런 경향은 더욱 커진다. 토지 위에 세워진 건물의 경우에도 일단 건물이 설치되고 나면, 해당 건물을 다른 용도로 사용하는 것이 어려워진다. 물론 용도를 변경하는 것이 완전히 불가능한 것은 아니지만, 용도변경에 따른 비용이 크기 때문에 사실상 용도를 변경하는 것이 어렵게 된다. 이런 특성은 용도의 비가역성(irreversibility)이라고 부른다. 용도의 비가역성은 토지의 정착물이 무엇이냐에 따라 비가역의 정도가 달라진다. 정착물을 제거하기 어려울수록, 정착물의 용도가 제한적이고 용도변경이 어려울수록 비가역성은 커지게 된다.

6) 분할 가능성과 분할 거래의 어려움

법률적으로 부동산은 작은 단위로 분할하여 거래할 수 있으며, 작은 단위로 분할되어 있는 부동산을 합병하여 거래할 수도 있다. 특히 소유권은 사용권과 처분권, 수익권이 결합된 권리인데, 이를 분할하여 거래할 수도 있다. 이를 흔히 분할 가능성(divisibility)이라고 부른다.

그러나 부동산을 분할하여 거래할 수 있다고 하더라도, 현실적으로 부동산은 분할하여 거래하는 것이 어렵다. 분할하여 거래할 경우, 해당 부동산의 공간을 경제적으로 이용하는 것이 어렵기 때문이다. 이를 분할 거래의 어려움(large economic unit)이라고 부른다. 부동산을 경제적으로 이용하기 위해서는 일정한 크기 이상의 규모로 거래하여야 하는 것이다. 예를 들어 주택 거래를 생각해 보자. 법률적으로 주택 소유권을 분할하여 거래할 수가 있다. 그러나 실제 주택의 공간을 사용하기 위해서는 주택을 통째로 구입하여야 한다. 즉, 주택을 분할하여 거래할 경우, 해당 주택의 공간을 이용할 수 없는 것이다.

제 3 절 학문으로서의 부동산

1. 부동산학의 정의

1) 부동산학의 개념

부동산학은 학제간 융합된(interdisciplinary) 학문, 즉 다학제 학문으로서 위상을 갖는다. 그러나 부동산학을 별도의 학문영역으로 구분하지 않고, 경제학, 법학, 경영학, 행정학의 한 부분으로 간주하고 부동산학과가 없는 나라들도 많았다.

하지만 점차 부동산학을 고유한 학문으로 인정해가고 있으며 대학에도 부동산학과들이 생기고 있다. 실제 부동산학과의 커리큘럼은 경제학 계열, 법학 계열, 경영학 계열, 도시계획학 계열의 과목으로 운영되고 있다.

2) 부동산학의 특징

부동산학의 특징이 무엇이며 기존 학문들과 어떻게 차별이 되는가? 우선 경제학 분야를 중심으로 살펴보기로 한다. 미시경제학이나 거시경제학 등 일반 경제학에서는 생산요소로서 노동(Labor, L)과 자본(Kapital, K), 2가지를 중심으로 이론을 전개한다. 현실의 경제상황에서는 노동과 자본과 더불어 토지를 포함하여 3가지 생산요소가 투입되지만, 2차원으로 표현하기 위해 토지는 자본에 포함된 것으로 간주한다.

그렇지만 토지경제학, 주택경제학 등의 부동산경제학이나 도시경제학, 환경경제학, 지역경제학, 경제지리학 등의 공간을 대상으로 하는 공간분야 경제학에서는 일반 경제학이 별도로 다루지 않는 토지를 중심적으로 이론을 전개한다. 그리고 통상 설명의 편의를 위해 노동(L)과 자본(K)은 하나로 묶어 자본(Capital, C)으로 정의하고, 대신 토지를 L로 표현하여 토지(Land, L)와 자본(C), 2가지 생산요소를 중심으로 이론을 전개하고 있다.

이처럼 부동산학에서 다루는 경영관련 과목이나 법학 과목들도 일반 경영학, 법학 등의 학문에서 다루는 내용들과는 차별성을 가진다. 부동산의 고유한 특성을 반영하다보니 차이점이 존재하게 되는 것이다. 예컨대 부동산마케팅은 일반 재화와 서비스를 대상으로 하는 일반 마케팅과는 달리, 내구성이 크고 심지어 영속성을 가지기까지 하며 또 매우 큰 자금이 지불되는 부동산이라는 특별한 재화를 대상으로 삼기에 차이가 난다.

2. 부동산학의 범주와 구성

부동산학에 입문하려는 사람을 위한 길라잡이 과목이 부동산학개론이다. 부동산학개론에서는 부동산의 전반적인 영역에 대해 기초적인 지식과 이론을 설명함으로써 부동산에 대한 종합적인 이해와 시각을 가지게 돕는 과목이다.

본 부동산학개론서에 포함될 내용은 크게 4부문으로 구분되는데, 다른 개론서에서는 지금까지 다루지 않았던 부동산정보를 지원 부문에 포함하였다. 부동산 입문, 부동산 이해, 부동산 활동, 부동산 지원 등이다.

부동산 입문에서는 부동산의 특성과 부동산학에 대한 개관을 다룬다. 부동산 이해에서는 부동산 시장, 경제, 정책, 입지, 투자이론을 다룬다. 부동산 활동편에서는 부동산 투자, 신탁, 금융, 개발, 관리, 평가이론을 다룬다. 부동산 지원에서는 부동산 중개, 컨설팅, 정보, 공시제도를 다룬다. 참고로 타 부동산학개론서에서 구분하는 분류 내용과 본서를 비교·정리하였다.

〈표 1-1〉 부동산학개론의 구분

구분	기초	시장	경제	정책	입지	투자	금융	개발/관리	평가	중개	기타
A 출판	기본 원리		각론								담론
B 출판	총론	시장론	경제론	정책론	입지론	투자론	금융론	개발론	평가론	중개론	
C 출판	부동산 기초					부동산 결정			부동산 지원		
본서	입문	부동산 이해				부동산 활동				부동산 지원 (정보 포함)	

질문

1. 개인 차원의 부동산과 국가 차원의 부동산은 각각 어떠한 위상을 가지나?
2. 부동산의 특성을 토지와 건물로 구분하여 살펴보면 어떤 차이점이 있나?

참고문헌

1. 이태교·이용만·백성준, 부동산정책론(제5판), 법문사, 2023.

제 2 편

부동산 이해

제 2 장 부동산 시장론

일반적으로 경제학에서 시장은 경제원리가 작동하는 무대 또는 장소라고 간주하며, 통상 수요와 공급의 원리에 의해 가격이 결정되는 공간이라고 정의한다. 고려하는 대상에 따라 상품시장, 노동시장, 자본시장, 외환시장 등으로 구분하거나 경쟁의 강도에 따라 완전경쟁시장, 불완전시장, 독점시장 등으로 분류한다.

대체로 부동산경제학이나 부동산정책론 등에서는 경제와 시장을 굳이 구분하지 않고 혼합된 개념을 가지고 부동산 경제와 부동산 시장을 통합적으로 기술한다. 부동산 경제에 당연히 부동산 시장이 포함되므로 별도로 나누어 기술할 필요가 없는 것이다. 부동산 경제 파트에서 수요 및 공급에 의한 시장작동원리를 다루고 부동산 시장 파트에서는 하위의 주택시장, 오피스시장 등을 다룬다.

그러나 부동산학의 입문서에 해당하는 본 부동산학개론에서는 두 개념의 명확성과 분석기법의 구분 및 설명의 편의를 위해 시장과 경제를 구분하였다. 개별적인 지역별 부동산유형별 부동산의 거래(매매와 임대)를 중심으로 하는 미시적인 분석이 이루어지는 영역은 부동산 시장에서 다루고, 거시적인 분석이 이루어지는 영역은 부동산 경제에서 다룬다. 그래서 수요와 공급의 개념, 부동산의 공간시장, 부동산의 자산시장, 공간시장과 자산시장의 동시적 균형, 효율적 시장 등의 개념은 제2장 부동산 시장론 파트에 포함하고, 부동산의 국민경제적 영향, 즉 국내총생산(GDP), 고용, 경기순환주기 등과의 관계성과 부동산 산업에 대한 기술 등은 제3장 부동산 경제론 파트에 포함하였다.

제1절 부동산 공간시장과 부동산 자산시장

부동산의 구분에 대한 몇 가지 분류방법을 입문 장에서 언급하였으며, 본 장에서는 분류방법 중 공간으로서의 부동산과 자산으로서의 부동산을 중심으로 논의를 전개한다. 부동산은 공간으로서의 기능적, 사회적, 환경적 가치를 가지면서 동시에 재무적 가치와 투자의 기회를 제공하는 중요한 자산으로서의 성격을 갖는다. 부동산 투자의 결정이나 수요공급의 원리가 작동하는 시장에 대한 이해에 유용한 구분이다.

부동산을 중심으로 거래가 형성되는 공간, 즉 수요와 공급이 이루어지는 공간을 부동산 시장으로 정의한다. 부동산 시장은 크게 공간으로서의 부동산을 다루는 시장(이하, 부동산 공간시장(Space Market))과 자산으로서의 부동산을 다루는 시장(이하, 부동산 자산시장(Asset Market))으로 구분한다. 두 시장은 서로 다른 특성과 기능을 가지며, 부동산 자산시장은 일반 경제학에서 다루는 재화와 서비스처럼 유사한 시장원리에 의해 작동하는 시장으로 볼 수 있고 부동산 공간시장은 부동산의 고유한 특성이 더 뚜렷하게 나타나는 차별화된 원리가 작동하는 시장으로 볼 수 있다.

제2절 부동산 시장의 작동원리

1. 부동산 공간시장

부동산 공간시장은 부동산(예: 주택, 사무실, 상점, 공장)이 생산재 혹은 소비재로서 공간서비스를 제공하여 실제 사용되는 것과 관련된 시장이다. 부동산 공간시장에서의 수요와 공급은 주거나 사업 활동의 필요에 따라 결정되며, 공급자인 임대인과 수요자인 임차인 간의 거래에 의해 시장이 형성된다.

부동산 공간시장에서 수요는 해당 부동산에서 일어나는 경제적 활동에 따라 유도된 또는 파생된 수요이다. 커피에 대한 수요가 많아지면 카페가 우후죽순 늘어나게 되는데, 이는 카페로 쓰일 수 있는 용도의 부동산에 대한 수요의 증가로 연결된다.

그리고 해당 부동산에 대한 수요의 증가는 단기간에 공급이 늘어나지 않을 경우, 임대료의 상승으로 귀결된다.

한편 부동산 공간시장에서의 공급은 실질적으로 경제활동에 사용되는 공간서비스량 즉, 토지나 건물의 연면적이 증가하는 것을 의미한다. 토지의 개량이나 용도의 전환 그리고 건축물의 신축이나 리모델링에 의해 실제로 경제활동에 이용될 공간서비스량이 증가할 때, 공급의 증가로 집계된다.

그리고 부동산 공간시장에서는 공간서비스에 대한 수요와 공급에 의해 임대료가 결정된다. 수요곡선과 공급곡선이 교차하는 점에서 결정된 임대료와 공간서비스량을 각각 균형임대료와 균형공간서비스량이라고 부른다. 균형임대료는 공간에 대한 수요나 공급이 변함에 따라서 변동된다.

1) 수요곡선

부동산 공간시장에서 수요곡선은 일반 재화나 서비스에 대한 수요곡선과 동일하게 우하향하는 곡선이다. 임대료가 상승하면 공간에 대한 수요량이 감소하고 임대료가 하락하면 수요량이 증가한다. 다른 조건이 동일하다고 가정하면, 임차인은 임대료가 낮아질 때 더 많은 공간을 사용할 여력이 생겨서 임차공간을 넓힐 수 있을 것이다. 즉 공간서비스에 대한 수요량이 증가한다.

수요가 변하는 요인으로는 소득의 증감, 선호도나 기호의 변화, 대체관계에 있는 부동산의 임대료변화, 보완관계에 있는 부동산의 임대료변화 그리고 인구의 증감 등이 있다. 세부적으로 소비재로서 부동산 공간에 대한 대표적인 수요결정요인들이 수요에 미치는 영향의 방향은 다음과 같다.

ⓐ **임대료:** 다른 요인들이 불변인 상태에서 임대료가 상승(하락)하면, 일반적으로 공간의 수요량은 감소(상승)한다.

ⓑ **소득:** 다른 요인들이 불변인 상태에서 소득이 증가(감소)하면, 일반적으로 공간의 수요량은 증가(감소)한다.

ⓒ **대체공간의 임대료:** 다른 요인들이 불변인 상태에서 대체공간의 임대료가 상승(하락)하면, 일반적으로 공간의 수요량은 증가(감소)한다.

ⓓ **보완재의 가격:** 다른 요인들이 불변인 상태에서 보완재의 가격이 상승(하락)하면, 일반적으로 공간의 수요량은 감소(증가)한다.

ⓔ **선호도:** 다른 요인들이 불변인 상태에서 선호도가 높으면(낮으면), 공간의 수요량은 증가(감소)한다.

ⓕ **환경:** 다른 요인들이 불변인 상태에서 긍정적인 환경요인이 많아지면 공간의 수요량은 증가하고, 부정적인 환경요인이 많아지면 공간의 수요량은 감소한다.

그리고 생산재로서 부동산 공간에 대한 대표적인 수요결정요인들이 수요에 미치는 영향의 방향은 다음과 같다.

ⓐ **임대료:** 다른 요인이 불변인 상태에서 임대료가 상승(하락)하면, 일반적으로 공간의 수요량은 감소(증가)한다.

ⓑ **생산물의 가격:** 다른 요인이 불변인 상태에서 생산물의 가격이 상승(하락)하면, 일반적으로 공간의 수요량은 증가(감소)한다.

ⓒ **대체 생산요소의 가격:** 다른 요인이 불변인 상태에서 대체 생산요소의 가격이 상승(하락)하면, 일반적으로 공간의 수요량은 증가(감소)한다.

ⓓ **기술의 진보:** 다른 요인이 불변인 상태에서 공간을 많이 사용하는 기술의 진

그림 2-1 부동산 공간의 수요곡선과 수요곡선의 이동

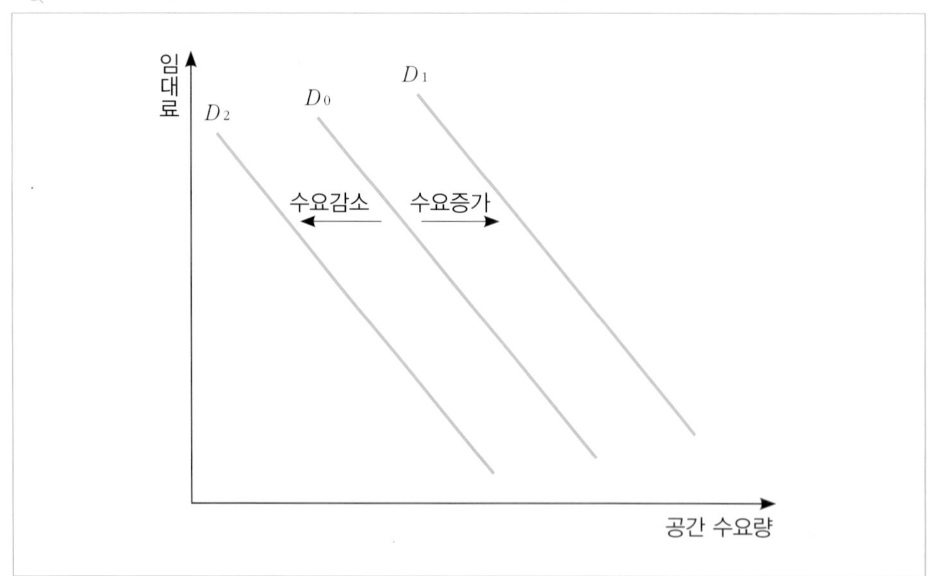

보가 이루어질 경우 공간의 수요량은 증가하고, 반대로 자본이나 노동을 많이 사용하는 기술의 진보가 이루어질 경우 공간의 수요량은 감소한다.

2) 공급곡선

부동산 공간시장에서의 공급곡선은 일반 재화나 서비스의 공급곡선과는 매우 다른 모양을 가진다. 부동산의 특징인 부증성, 생산의 장기성과 연관되어 있으며, 부동산 시장을 여타의 시장과 차별화시키는 핵심요소이다.

(1) 단기공급곡선

토지는 토지개량이나 용도전환이 없으면 공급된 양이 변하지 않는 부증성의 특성을 가진다. 임대료(지대)가 오르더라도 거기에 맞춰서 더 많은 공급이 이루어지지 않는다. 임대료의 변동이 있더라도 공급량은 불변이므로 가격에 대한 공급탄력성은 '0'이고, 완전비탄력성을 가진 곡선, 즉 수직선 형태의 공급곡선이 된다. 마찬가지로 건물도 생산에 긴 시간이 소요되므로 단기간에는 건물의 연면적이 불변이다. 그래서 부동산 공간의 단기공급곡선은 토지와 마찬가지로 수직선 형태의 공급곡선이 된다.

그림 2-2 부동산 공간의 단기공급곡선과 장기공급곡선

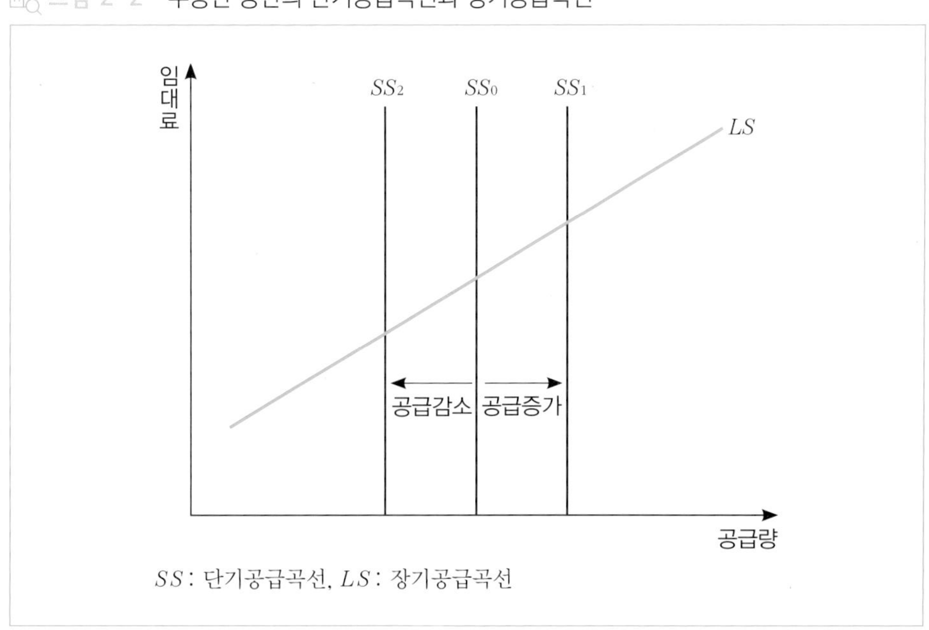

SS: 단기공급곡선, LS: 장기공급곡선

(2) 장기공급곡선

부동산 공간시장에서 장기(長期)는 건물의 경우에는 준공이 되어 사용할 면적이 증가하는 것을 의미하고 토지의 경우에도 용도의 전환이나 토지개량(개간, 간척사업 등)에 의해 증가한 경우를 의미한다. 수요 증가를 반영하여 시간이 경과함에 따라 공간시장에 추가 공간서비스량이 생기고 새로운 수요곡선과 공급곡선에 의해 균형임대료와 균형공간서비량이 결정된다.

단기공급곡선이 수직선형태의 모양을 가졌다면, 장기공급곡선은 우상향하는 모양을 가진다. 새로운 수요곡선과 새로운 공급곡선이 만나는 점들을 연결한 궤적이 바로 장기공급곡선이 다. 장기적으로 수요가 증가하는 경우 우상향하는 공급곡선이 그려진다.

부동산 공간의 공급 결정요인들이 공간의 공급량에 미치는 영향의 방향은 다음과 같다.

ⓐ **임대료:** 다른 공급 결정요인이 불변인 상태에서 임대료가 상승(하락)하면, 일반적으로 부동산 공간의 공급량은 증가(감소)한다.

ⓑ **생산요소의 가격:** 다른 공급 결정요인이 불변인 상태에서 노동이나 자본과 같은 생산요소의 가격이 상승(하락)하면, 부동산 공간의 공급량은 감소(증가)한다.

ⓒ **대체 부동산 공간의 임대료:** 다른 공급 결정요인이 불변인 상태에서 '공급에 있어서 대체관계에 있는 부동산 공간의 임대료'가 상승(하락)하면, 일반적으로 공간의 공급량은 감소(증가)한다.

ⓓ **결합재화의 가격:** 어떤 재화나 서비스를 생산하는 데 있어 불가분의 관계에 있는 요소들 간의 관계를 결합관계라 할 수 있는데, 부동산(토지, 건물)은 어떤 A라는 재화생산에 반드시 결합되므로, 생산된 재화 A는 응당 부동산과 다른 결합관계에 있는 재화 B에 의해 만들어진 재화라고 할 것이다(배추 생산이든 골프장 이용이든 토지를 직접 사용하여 생산). 결합관계에 있는 재화 B의 가격이 상승하면, 그 재화 B의 공급은 늘어날 것이고, 동시에 결합관계에 있는 부동산도 공급량을 늘리게 될 것이다.

ⓔ **기술수준:** 다른 공급 결정요인이 불변인 상태에서 부동산 개발기술수준이 향

상 (하락)되면, 공간의 공급량은 증가(감소)한다.

ⓕ **정부정책:** 다른 공급 결정요인이 불변인 상태에서 신규개발이나 용도전환에 긍정적인 정부정책이 도입되면, 공간의 공급량은 증가하고, 반대로 신규개발이나 용도전환에 부정적인 정부정책이 도입되면, 공간의 공급량은 감소한다.

(3) 용도전환이 불가능한 경우

그런데 수요가 감소하는 경우에는 상황이 다르다. 이미 공급된 토지나 건물을 없애거나 용도를 바꾸어 사용하는 것이 현실적으로 쉽지 않다. 용도전환을 못 하는 경우, 시간이 지나더라도 해당 토지나 건물을 통한 공간서비스량은 그대로이므로, 장기공급곡선은 현재의 공간서비스량에서 아래로 꺾인 공급곡선(Kicked Supply Curve)이 된다(CAB선).

(4) 용도전환이 가능한 경우

만일 용도전환이 이루어지는 경우에는 수요가 감소하면 공간서비스량도 줄게 되어, 현재 공간서비스의 좌측에도 하향하는 곡선이 그려질 수 있다. 그러므로 꺾인 공급곡선이 아니라 일반적인 공급곡선과 같은 모양의 공급곡선이 된다.

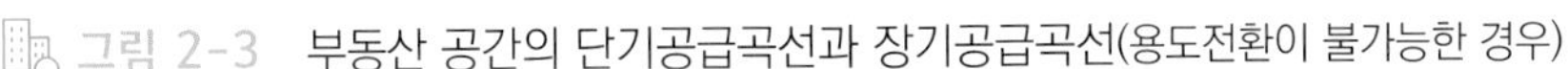
그림 2-3 부동산 공간의 단기공급곡선과 장기공급곡선(용도전환이 불가능한 경우)

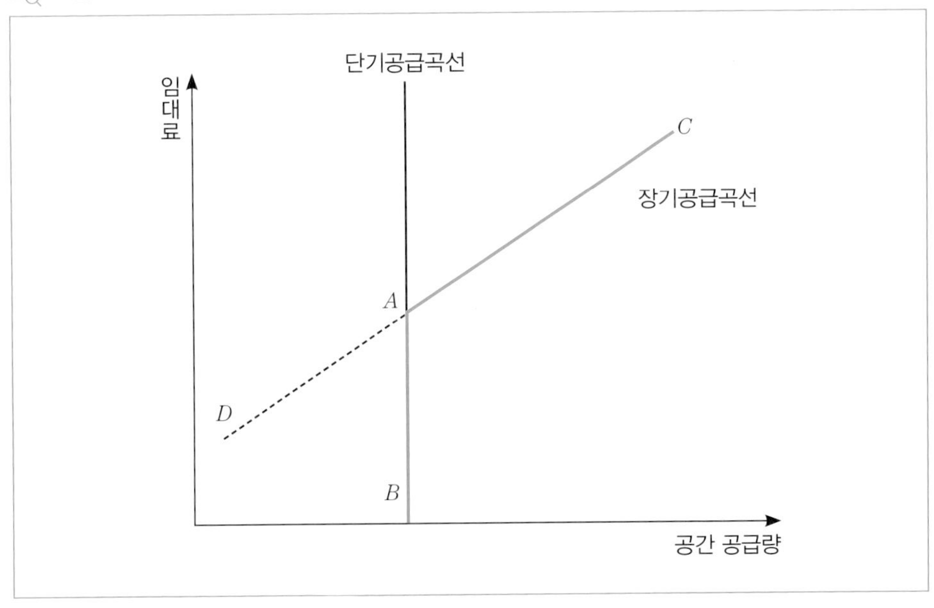

그림 2-4 부동산 공간의 단기공급곡선과 장기공급곡선(용도전환이 가능한 경우)

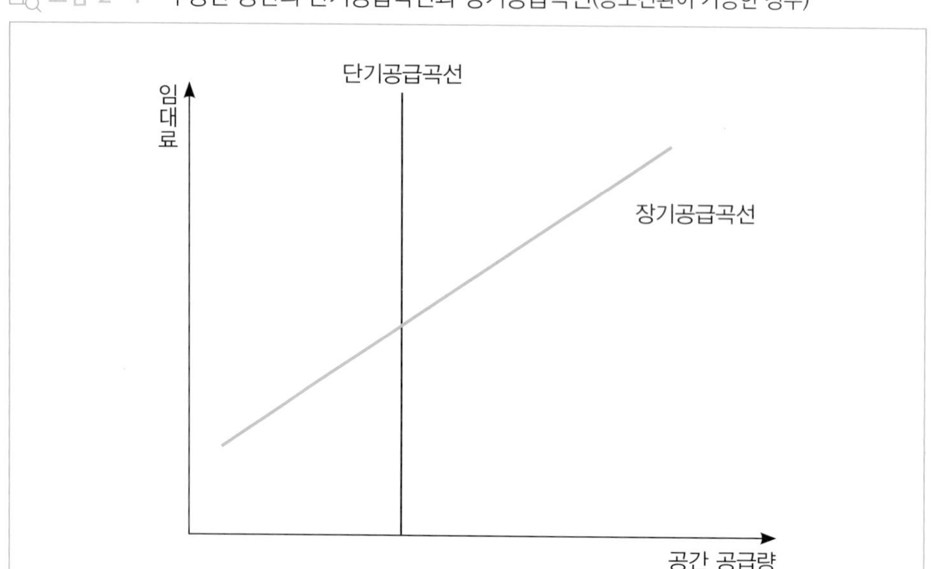

3) 균형임대료의 결정

단기공급곡선과 수요곡선이 만나서 형성된 균형임대료는 수요가 증가하는 경우 임대료는 상승하고 수요가 감소하는 경우 임대료는 하락한다. 헨리조지는 저서 「진보와 빈곤」에서 경제의 발전에 따라 토지에 대한 임대수요가 증가하고 지대도 상승하는데 이는 지주들의 지대수입만 증가시키고 소작인들은 더 높은 지대를 부담하므로 빈곤해진다고 주장하였다. 지주들의 증가된 소득이 불로소득임을 지적하면서 토지단일세를 통해 환수하는 제도를 제안하였다.

장기공급곡선과 수요곡선이 만나는 점의 균형임대료는 장기균형 임대료이다. 용도전환이 불가능한 상황을 나타내는 꺾인 장기공급곡선의 경우, 수요감소로 큰 폭의 임대료 하락이 초래된다. 하지만 용도전환이 가능한 장기공급곡선의 경우, 수요감소로 인한 임대료 하락폭이 꺾인 장기공급곡선에 비해 줄어든다.

그림 2-5 부동산 공간시장의 균형(용도전환이 가능한 경우)

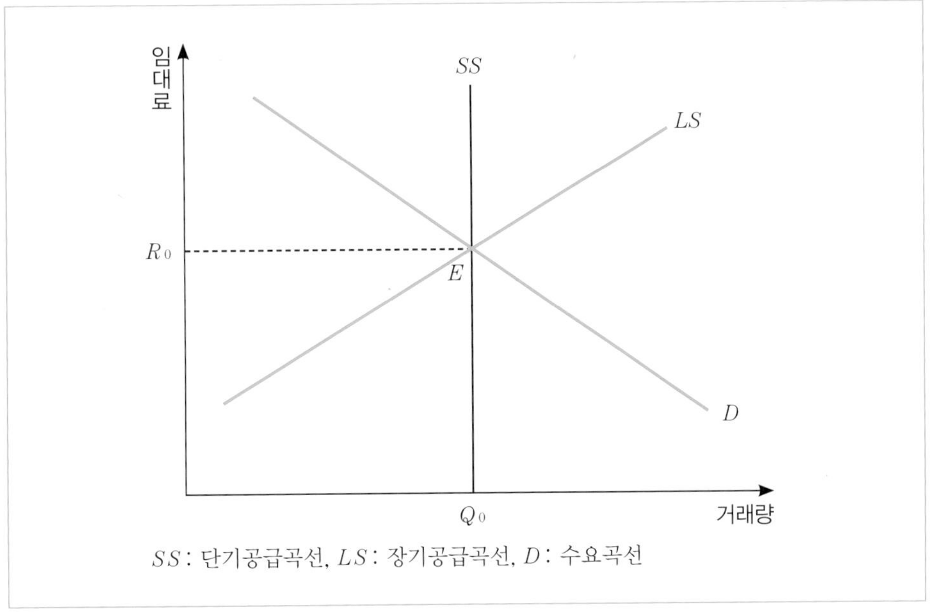

2. 부동산 자산시장

부동산 자산시장은 부동산의 소유권을 다른 재화나 서비스처럼 사고팔 수 있는 매매시장이고, 부동산을 투자 목적으로 구매하거나 판매하는 시장이다. 부동산 자산시장에서의 수요와 공급은 투자 기회, 수익률, 리스크 등의 재무적 요인에 따라 결정되며, 자산시장에서는 부동산의 가격은 결정된다.

수요는 부동산을 구입하고자 하는 매수자에 의해 이루어지고 공급은 부동산을 판매하고자 하는 매도자에 의해 이루어지게 된다. 그리고 수요와 공급의 균형점에서 균형가격 및 균형거래량이 결정된다. 부동산 가격의 변동은 투자자들의 기대와 시장의 전반적인 경제 상황에 따라 결정된다.

1) 부동산의 시장근본가치

부동산 자산시장의 수요곡선은 일반적인 수요곡선과 마찬가지로 우하향하는 곡선이다. 가격이 상승하면 부동산에 대한 수요량이 줄고, 가격이 하락하면 수요량이 증가한다. 그리고 부동산 자산시장의 공급곡선도 일반적인 재화의 공급곡선과 마찬가지로 우상향하는 곡선이 된다. 부동산 소유권을 가지고 있는 매도자는 매도를 희망하는 경우, 공간시장과는 달리 언제든지 부동산을 시장에 공급할 수 있으므로 일반 재화나 서비스를 제공하는 공급자와 동일한 행태를 보이게 된다.

부동산 자산시장에서의 수요와 공급은 해당 부동산이 가지고 있는 시장근본가치(펀더멘털)가 형성된 시장가격(시세)보다 높아질 것이라고 판단하는 경우, 매수자가 많아져 수요가 증가한다. 반대로 시장근본가치가 시장가격보다 낮아질 것이라고 판단하는 경우, 매도자가 많아져 공급이 증가한다.[1]

여기서 시장근본가치는 해당 부동산으로부터 수입(임대료)을 영원히 얻을 수 있다고 가정하고서, 미래 발생할 모든 소득을 현재가치로 환산하여 합한 값이 된다. 이를 식으로 표현하면 다음과 같다.

$$V_t = \frac{R_t}{(1+r)} + \frac{R_{t+1}}{(1+r)^2} + \frac{R_{t+2}}{(1+r)^3} + \cdots$$

여기서 V_t는 t 시점의 시장근본가치이며, R_t, R_{t+1}, R_{t+2}, …는 매기 말에 해당 부동산으로부터 나오는 현금흐름(임대수입)을 의미한다. 그리고 r은 할인율(discount rate)이다.

매기 말 해당 부동산으로부터 나오는 현금흐름 중 R_{t+1}, R_{t+2}, …는 미래에 들어오는 현금흐름이기 때문에 현재 시점에서는 알 수 없다. 만약, 미래에 들어오는 현금흐름이 현재의 현금흐름과 같다면, 위의 식은 다음과 같이 바뀌게 된다.

$$V_t = \frac{R_t}{(1+r)} + \frac{R_t}{(1+r)^2} + \frac{R_t}{(1+r)^3} + \cdots$$

---

1 부동산의 시장근본가치와 시장가격의 관계를 보다 상세히 이해하기 위해서는 재정거래의 개념과 부동산시장의 효율성에 대한 이해가 필요하나 개론 수준의 본 교재에서는 간략히 설명하였다. 부동산의 시장근본가치는 임대료와 임대료 상승률에 대한 기대, 그리고 할인율에 의해 결정되는 데 반해, 부동산의 시장가격은 부동산에 대한 수요와 공급에 의해 결정된다.

그렇다면, 부동산의 시장근본가치와 시장가격은 어떤 관계에 있는가? 질문에 대한 답을 얻기 위해서는 먼저 재정거래(裁定去來: arbitrage trade)라는 개념을 이해할 필요가 있다. 자산의 시장근본가치와 시장가격 간에 괴리가 존재할 경우, 자산 거래를 통해 자본이득(capital gain)을 얻을 기회가 존재한다. 이런 자본이득을 획득하기 위해 이루어지는 거래를 재정거래라고 부른다. 재정거래에는 위험이 따르지 않기 때문에 흔히 '무위험 차익거래'라고도 부른다.

$$= \frac{R_t}{r}$$

만약 미래에 들어오는 현금흐름이 매기 s의 비율로 증가한다면, 위의 식은 다음과 같이 바뀌게 된다.

$$V_t = \frac{R_t}{(1+r)} + \frac{R_t(1+s)}{(1+r)^2} + \frac{R_t(1+s)^2}{(1+r)^3} + \cdots$$

$$= \frac{R_t}{r-s}$$

현시점에서 받는 임대료의 크기, 임대료의 상승률이 크면 시장근본가치는 높아지며, 할인율이 크면 시장근본가치는 낮아지게 된다. 시장근본가치를 감안하여 매매의사를 결정하는 데 매매를 위해 자금을 조달하는 경우, 조달비용(이자율)까지 고려하여 최종적인 판단을 내리게 된다.

2) 시장근본가치와 시장가격

부동산 시장이 효율적이라면, 부동산에 대한 수요와 공급은 부동산 가격과 시장근본가치에 의해 영향을 받을 것이다. 시장가격과 시장근본가치 간에 괴리가 존재할 경우, 재정거래 때문에 수요나 공급이 변하면서 시장가격이 변하게 되는 것이다.

부동산에 대한 수요와 공급이 만나는 점에서 균형가격과 균형거래량이 형성된다. 부동산 매매수요와 공급에 영향을 미치는 주요 요인은 소득의 변화, 금리의 변화, 다른 자산의 가격변화 등이다. 한편 부동산 공급의 경우, 부동산 가격과 시장근본가치 이외에 재고량의 수준과 개발비용에 의해서도 영향을 받는다. 단기적으로는 부동산을 공급할 수 있는 총량은 현재의 재고량 수준을 넘을 수 없다. 현재의 재고량 수준 이내에서 가격 변화에 따라 매각하고자 하는 부동산의 수량이 달라지는 것이다. 그러나 장기적으로는 신규개발이 가능하기 때문에 부동산 공급량이 현재의 재고량 이내로 제한받지 않는다. 다만, 신규개발의 경우 부동산 가격과 개발비용에 따라 개발량이 달라지기 때문에 개발비용이 부동산 공급에 영향을 미친다.

부동산의 시장근본가치에 변화가 있을 경우, 시장가격과 시장근본가치 간에 괴리가 생기게 되고, 수요와 공급이 변하면서 시장가격이 변하게 된다. 예를 들어 어떤 이유에선가 임대료가 상승할 경우, 시장근본가치가 상승하기 때문에 시장가격과 시장근본가치 간에 괴리가 생기게 된다. 이 경우, 부동산 미보유자는 해당 부동산을 매입하고자 하고, 부동산 보유자는 해당 부동산을 매각하지 않으려고 한다. 결국 수요가 증가하고, 공급이 감소하면서 시장가격이 시장근본가치 수준으로 상승하는 것이다. 이때 수요 증가와 공급 감소의 정도는 시장상황에 따라 다르다.

한편 신규개발비용의 하락은 장기적으로 공급 측면에 주로 영향을 미친다. 신규개발비용의 하락은 신규개발을 늘려 장기적으로 부동산의 공급을 증가시킨다. 그리고 신규개발 붐은 임대료를 하락시켜 부동산의 시장근본가치를 하락시켜, 수요감소와 공급증가를 유발한다. 결국 수요가 일부 감소하고, 공급이 큰 폭으로 증가하면서 시장가격이 시장근본가치 수준으로 하락하는 것이다.

예를 들어 [그림 2-6]에서처럼 시장근본가치가 V_0에서 V_1으로 상승할 경우, 시장근본가치가 시장가격(P_0)보다 높은 상태가 된다. 이 경우, 사람들은 해당 부동산을 매입하고자 하는 한편, 부동산 소유주는 해당 부동산을 매각하지 않으려고 하기 때문에 수요가 증가하고 공급이 감소하면서 시장가격이 상승하여, 종국에는 V_1과 같은 수준인 P_1까지 올라가는 것이다.

그림 2-6 부동산 공간시장의 균형(용도전환이 가능한 경우)

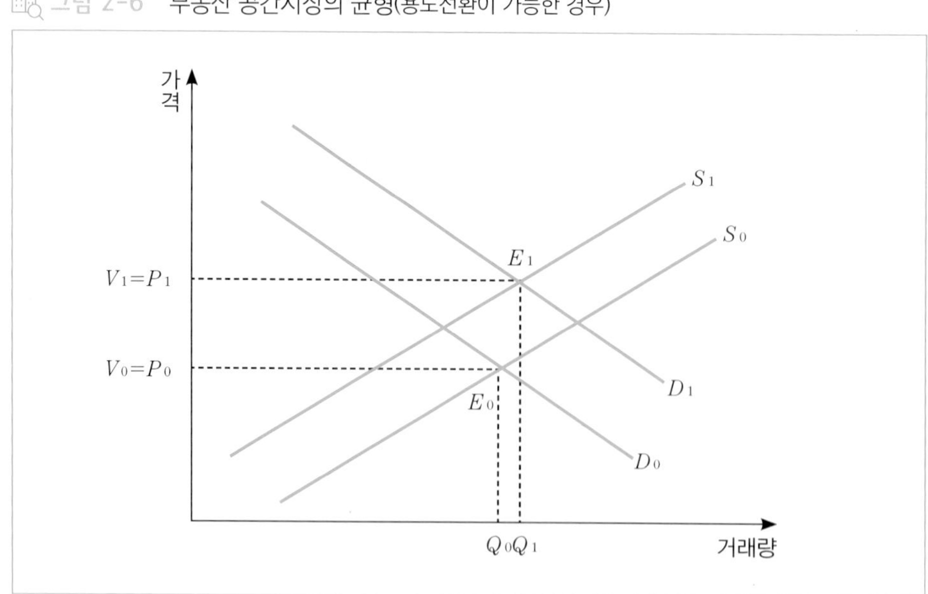

3. 공간시장과 자산시장의 동시적 균형

공간시장에서의 임대료와 자산시장에서의 부동산 가격은 서로 연관되어 있다. 예를 들어, 임대료가 상승하면 부동산의 수익률이 증가하게 되어 자산시장에서의 부동산 가격도 상승할 가능성이 있다. 반대로, 자산시장에서의 부동산 가격이 상승하면 투자자들은 더 높은 임대료를 기대할 수 있으므로, 공간시장에서의 임대료도 상승하는 경향이 있다.

그리고 한 시장에서의 불균형이 다른 시장에 영향을 미치게 되면, 부동산 버블이나 경제 위기와 같은 문제도 발생시킬 수 있다. 부동산의 공간시장과 자산시장은 서로 연관되어 있으므로 두 시장 사이의 동시적 균형은 부동산 시장의 안정성과 건전성을 유지하는 데 중요하다.

1) D-W 4분면 모형

부동산 시장에서 공간시장과 자산시장, 그리고 개발시장이 어떻게 동시에 균형을 이루는가를 설명하는 분석 틀로, DiPasquale과 Wheaton이 개발한 4분면 모형(four-quadrant diagram model, 이하 D-W 4분면 모형으로 약칭)이 있다.[2]

D-W 4분면 모형에서 1/4분면은 공간시장의 균형을 나타내고, 2/4분면은 자산시장의 균형을 나타낸다. 그리고 3/4분면은 개발시장의 균형을 나타내고, 4/4분면은 재고량의 조정식을 보여준다.

[그림 2-7]는 이런 부동산 시장의 동시적 균형 상태를 보여준다. 그림에서 1/4분면은 공간시장에서 단기공급곡선과 수요곡선에 의해 임대료가 결정되는 과정을 보여준다. 2/4분면에서는 자산시장에서 시장가격이 결정되는 과정을 보여주는데, 자산시장이 효율적이라는 가정하에서 직선은 임대료와 부동산 가격 간의 관계를 보여준다. 균형임대료가 R_0이므로 균형가격은 $P_0=kR_0$이다. 여기서 k는 $1/(r-s)$으로써 직선의 기울기를 나타낸다. 3/4분면은 신규개발시장에서 개발량이 결정되는 과정을 보여준다. 신규 부동산 개발량은 부동산 가격과 부동산개발비용의 함수이다. 부동산 가격이 상승하면 개발량이 증가하고, 개발비용이 증가하면 개발량은 감소한

2 DiPasquale, D. and William C. Wheaton, *Urban Economics and Real Estate Markets*, 1996, Prentice Hall, pp.7~20.

그림 2-7 부동산 공간시장의 균형(용도전환이 가능한 경우)

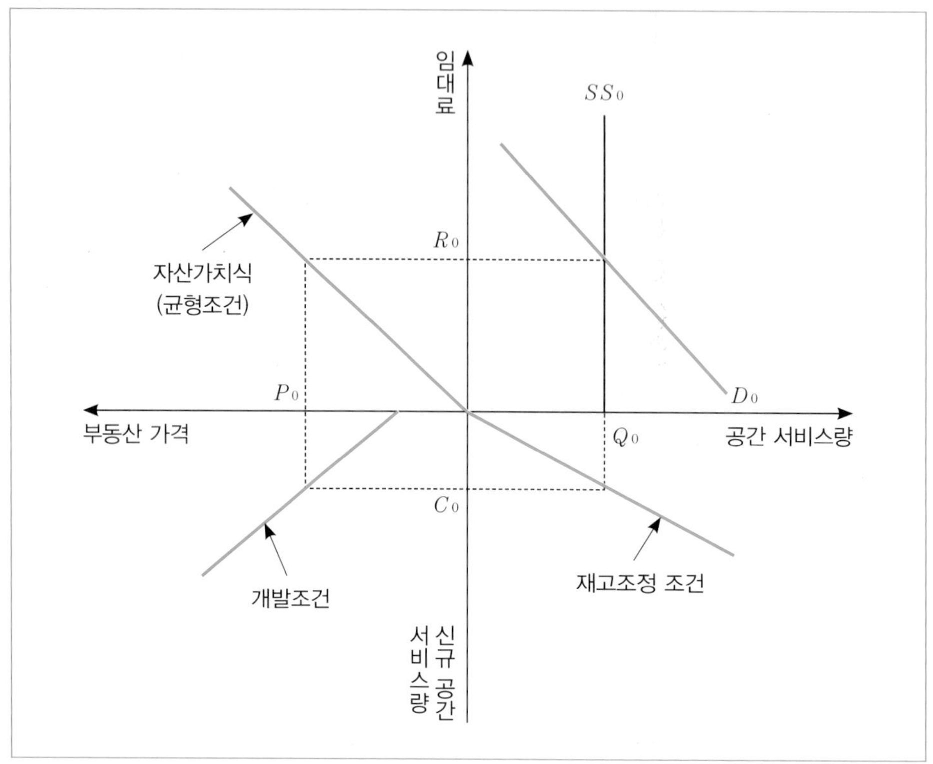

다. 3/4분면에 있는 직선은 $C=f(P, D)$인데, 여기서 D는 개발비용을 나타낸다. 4/4분면은 재고조정을 통해 재고량이 확정되는 과정을 보여준다. 현재의 재고량은 전기의 재고량에서 감가상각 등에 의한 소멸량을 빼주고, 금기의 신규개발량을 더한 것이다. 감가상각률을 γ라고 하면, $Q_t=Q_{t-1}-\gamma Q_{t-1}+C_t$이다. 시장이 균형에 있게 되면, 재고량이 매기 일정해야 하므로, $Q_t=Q_{t-1}=Q_0$이어야 한다. 따라서 동시 균형 조건은 $C_0=\gamma Q_0$이다. 4/4분면에 있는 직선은 바로 이 재고조정에 의한 동시적 균형조건을 표현한 것이다.

2) 모형을 활용한 효과 분석

공간시장이나 자산시장, 또는 개발시장에 변화가 있게 되면, 부동산 시장은 상호 영향을 주고받으면서 전체적으로 변화를 겪게 된다.

그림 2-8 부동산 공간시장의 균형(용도전환이 가능한 경우)

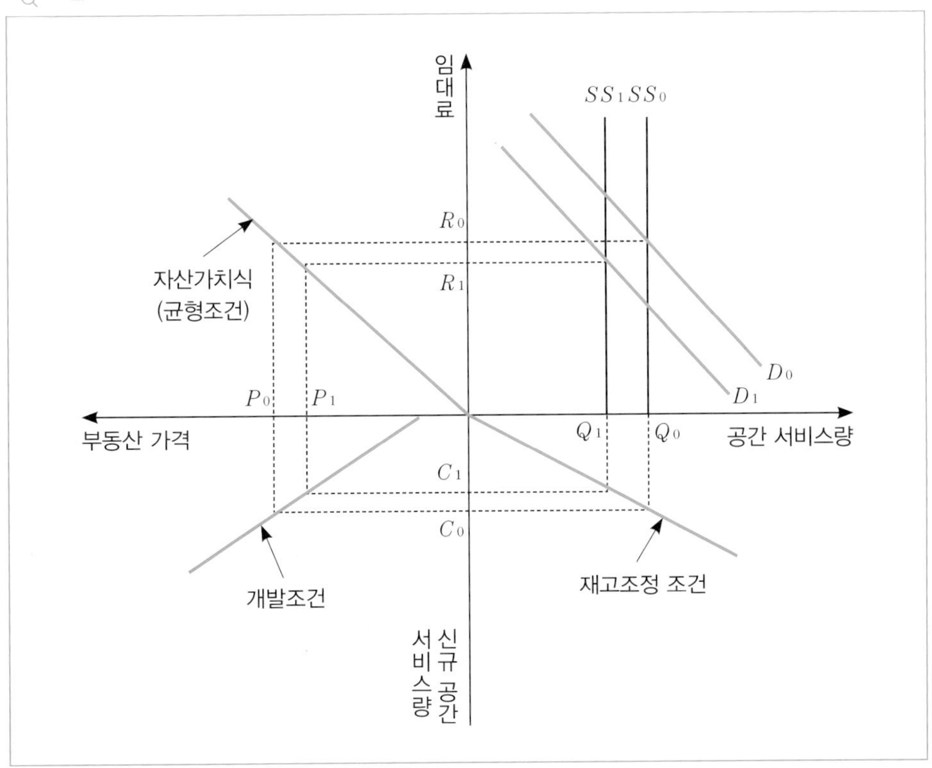

(1) 공간시장에 규제가 가해질 경우

예를 들어 정부가 부동산시장의 과열을 방지하기 위해 공간시장에서 수요 억제 정책을 사용하였다고 가정하자. 이 경우, 수요곡선이 D_0에서 D_1으로 이동하면서 단기적으로는 임대료가 크게 하락하고 이에 따라 부동산 가격도 하락하게 된다. 부동산 가격이 하락하면 신규개발량이 줄어들면서 장기적으로 부동산 재고량이 줄어들게 된다. 부동산 재고량이 줄어들면 공간의 단기공급곡선이 SS_0에서 SS_1으로 이동하면서 임대료가 단기 때보다 올라가게 된다. 만약 공간의 단기공급곡선이 현재의 SS_1 위치보다 더 왼쪽으로 이동할 경우 임대료와 부동산 가격은 정부규제 이전보다 더 높아질 수 있다. 즉, 정부규제로 인한 재고량 감소효과가 어느 정도 되느냐에 따라 정책효과가 달라질 수 있는 것이다.

그림 2-9 이자율 변동에 따른 부동산시장의 변화

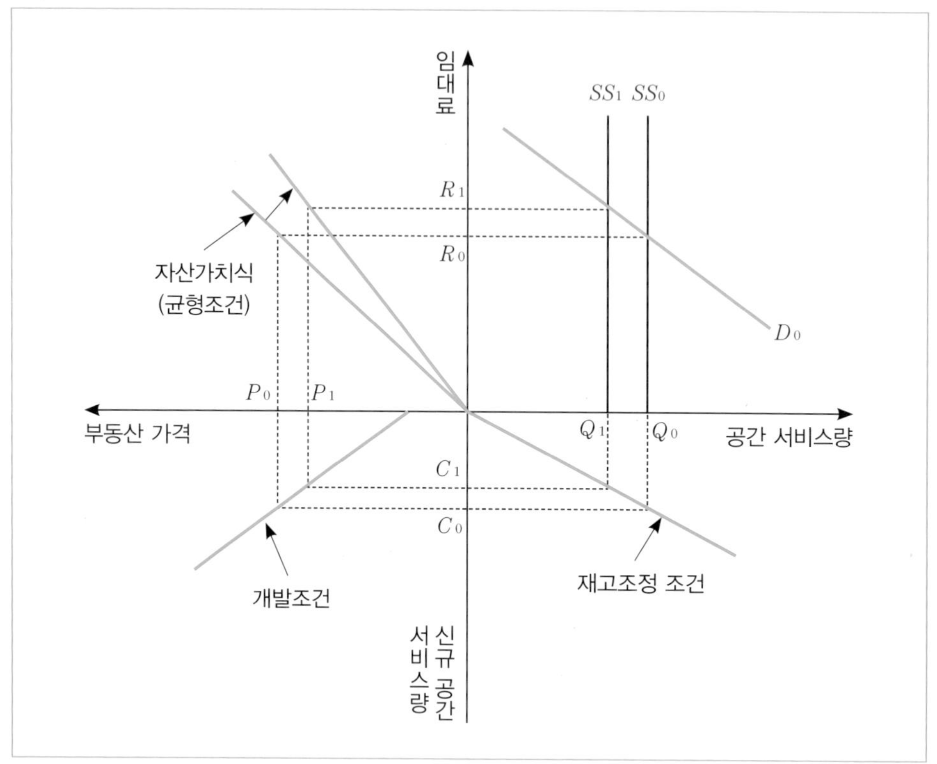

(2) 이자율을 인상할 경우

정부는 부동산 가격의 과열을 방지하기 위해 시장이자율을 올리는 정책을 사용할 수도 있다. 직접 시장이자율을 올리지 않더라도, 부동산 부문에 대한 대출을 제한할 경우 부동산 부문에서 대출이자율이 올라갈 수 있다.

이 경우, 2/4분면에서 자산시장의 균형을 나타내는 선이 원점을 중심으로 하여 우측으로 이동하게 된다. 왜냐하면 이 직선의 기울기는 k인데, $k=1/(r-s)$이므로 r이 상승하면, k는 하락하기 때문이다. 이자율이 상승하게 되면 단기적으로는 공간시장에 아무런 변화가 없기 때문에 임대료는 R_0로 그대로 있지만, 자산시장에서 이자율의 상승으로 자산 가격은 하락하게 된다. 자산 가격이 하락하면, 신규 개발량이 줄어들면서 장기적으로는 부동산 재고량이 줄어들게 된다. 이렇게 되면 공간시장의 단기 공급곡선이 SS_0에서 SS_1으로 이동하면서 임대료가 상승하게 되고, 자산 가격은 이 새로운 임대료 수준에 맞추어 P_0에서 P_1으로 이동하게 된다. 이때 P_1은 규제가 있기 전의 자산 가격보다 낮은 수준이다.

제3절 효율적 시장과 할당 효율성

1. 효율적 시장가설과 유형

주식시장에서 현재 이용가능한 모든 정보를 이미 다 반영하고 있다는 개념으로 통용되는 정의가 효율적 시장가설(efficient market hypothesis, 이하 EMH)이다.[3] 기업가치에는 일반적인 거시경제 정보, 해당 기업이 속한 산업의 정보, 그리고 그 기업의 영업성과, 계획, 경영상태 등에 관한 정보를 포함하여 성과예측에 사용될 수 있는 공개된 이용가능한 모든 정보(publicly available information)가 반영되어야 한다. 어떤 주식이 저평가되어 있는데 이익을 얻을 기회가 주어지는 추가정보가 있다면 투자자들은 그 주식을 매입하려고 몰려들어 주가는 정상수익률을 기대할 수 있을 만큼의 적정한 수준까지 올라가게 된다. 여기서 '정상수익률'이란 그 주식의 위험에 상응하는 수익률을 말한다.

효율적 시장은 부동산시장에서도 적용가능한 개념으로, 모든 이용가능한 새로운 정보가 즉각적으로 부동산의 가치에 반영되는 시장을 의미한다. 효율적 시장가설(EMH)은 약성(weak-form EMH), 준강성(semistrong-form EMH), 강성 효율적 시장(strong-form EMH)으로 구분하며, 3가지 구분은 '모든 이용 가능한 정보'라는 개념의 의미 차이에 따라 정의된다.

1) 약성 효율적 시장(weak-form EMH)

약성 효율적 시장은 현재의 부동산 시장가격이 과거의 정보를 반영하고 있기 때문에 과거의 정보(역사적 정보)를 분석하여서는 정상이상의 수익을 획득할 수 없는 시

3 Zvi Bodie & Alex Kane & Alan J. Marcus, Essentials of Investments 6th Edition, McGraw-Hill, 2008

장이다. 부동산의 가격이 과거의 가격이나 거래량, 미분양 정보와 같은 시장의 거래 자료로부터 얻을 수 있는 모든 정보를 이미 반영하고 있다. 약성 효율적 시장가설은 추세분석의 무익함을 의미한다.

과거 부동산가격을 공개적으로 이용가능하고 이러한 정보를 입수하는 데는 비용도 거의 들지 않는다. 반영할 수 있는 자료가 미래의 성과를 조금이라도 신뢰할 수 있는 신호(reliable signal)를 전달하게 하는 것으로 판단하게 한다면, 모든 투자자는 오래 전부터 그 신호를 이용하는 방법을 알고 있기 때문에 그 가치를 상실하게 된다.

부동산가격의 반복적이고 예측가능한 패턴을 찾아내는 것을 기술적 분석(technical analysis)이라 한다. 그런데 기술적 분석은 이 시장에서 아무런 가치가 없다. 부동산 가격과 거래량에 대한 과거 정보는 최소한의 비용으로도 공개적으로 이용가능할 뿐만 아니라 과거의 부동산가격을 분석하여 얻을 수 있는 모든 정보가 이미 부동산가격에 반영되어 있기 때문이다.

부동산투자자들은 해당 부동산가격에 대한 일반적인 정보를 활용하려고 경쟁하기 때문에 부동산가격은 기대수익률이 위험에 상당하는 수준까지 움직이게 된다. 이 수준에서 부동산가격은 부동산을 매입하기에 적절하게 보인다. 즉 부동산가격은 아주 공정하고 적절하게 매겨져 있어서 누구도 비정상적인 수익률(abnormal return) 또는 초과수익률을 기대할 수 없다. 그러므로 정상이상의 초과이윤을 획득하기 위해서는 현재의 정보를 분석(기본적 분석)하거나 미래의 정보를 분석해야만 된다.

2) 준강성 효율적 시장(semistrong-form EMH)

준강성 효율적 시장은 미래 현금흐름을 현재가치화하는 기본적 분석(fundamental analysis)을 하더라도, 현재 공표된 정보가 즉각적으로 가격에 반영되기 때문에 정상이상의 초과이윤을 획득할 수 없는 시장이다. 특정 부동산 가격에 공개적으로 이용가능한 모든 정보가 이미 반영되어 있는 것이다. 이러한 정보에는 과거의 부동산가격 이외에도 동일한 유형의 부동산에 대한 기본적인 정보, 현금흐름, 이익 예측치 등이 모두 포함된다. 어떤 투자자도 공개적으로 이용가능한 원천에서 구할 수 있는 자료를 구할 수 있는 정보가 모두 반영되어 있다고 할 수 있다. 따라서 준강성 효율적 시장은 약성 효율적 시장의 개념도 내포하고 있다.

적정한 부동산가격을 결정하는 데 있어 해당 부동산의 현금흐름이나 전망, 미래

금리의 예상치, 그리고 위험 등을 모두 활용하는 것을 기본적 분석이라고 한다. 개별 부동산을 취득하여 얻을 수 있는 미래의 모든 현금흐름을 할인하여 현재가치를 산출한다. 도출된 가치가 현재의 부동산가격을 초과하는 경우 기본적 분석가들은 그 부동산의 취득을 권고하게 된다.

기본적 분석은 해당 부동산에 대한 과거의 수익에 대한 연구와 임대료 등 현금흐름에서 시작한다. 기본적 분석가들은 해당 부동산에 대한 이러한 양적 평가 이외에 해당 부동산의 입지, 향후 전망, 인근지역의 변화 등 정성적 평가를 포함한 자세한 경제적 분석까지도 보충하게 된다. 기본적 분석은 단지 좋은 현금흐름을 가져다 줄 부동산을 찾아내는 것보다 훨씬 더 어려운 작업이라 할 수 있다. 부동산 시장의 다른 사람들도 모두 그 부동산이 좋다는 것을 알고 있다면 좋은 부동산을 찾아내는 그 자체로는 투자자에게 아무런 도움이 되지 못한다. 그러한 정보는 이미 모든 투자자에게 알려져 있으면 그 부동산에 높은 가격을 지불할 수밖에 없기 때문에 높은 수익률을 실현하는 것은 불가능하다. 부동산의 시장가격은 이미 공동으로 이용가능한 정보를 모두 반영하고 있기 때문에 경쟁상대의 분석보다 더 좋은 정보가 아니면 높은 수익을 얻을 수 없다. 따라서 미래의 정보, 즉 공표되지 않는 내부정보나 사적정보를 이용하는 경우에라야 정상이상의 초과이윤을 획득할 수 있다.

3) 강성 효율적 시장(strong-form EMH)

강성 효율적 시장은 과거 정보를 비롯하여 현재 정보, 내부정보까지 모두 반영된 완전경쟁시장에 가까운 진정한 의미의 효율적 시장으로 약성 효율적 시장과 준강성 효율적 시장의 개념까지 포함하는 시장이다.

부동산의 가격은 심지어 관련 기관의 내부자(insider)만이 이용가능한 정보까지 모든 정보를 반영한다고 주장한다. 이러한 유형의 효율적 시장은 매우 극단적이라고 할 수 있다. 주식시장에서는 기업내부정보와 사적정보의 구분이 명확하지는 않지만 공개되기 전에 기업경영자가 이를 이용하여 주식거래에서 이익을 얻을 수 있다는 사실을 부정할 수 없을 것이다. 강성 효율적 시장은 현재 공표된 정보뿐 아니라 공표되지 않은 내부정보까지 모두 부동산의 시장가치에 반영된 시장이기 때문에 어떤 사람이 어떠한 정보를 이용하더라도 정상이상의 초과이윤을 획득할 수 없는 시장을 말한다.

2. 할당 효율성

1) 개념

할당 효율성은 부동산 투자와 다른 투자대안에 따르는 위험을 감안하였을 때, 부동산투자의 수익률과 다른 투자의 수익률이 서로 같도록 할당되었다는 것을 의미한다.[4]

부동산투자는 다른 투자대안에 비하여 투자규모가 클 뿐 아니라 수반되는 위험도 상대적으로 더 크기 때문에 투자자들은 다른 투자대안의 수익률 이상을 요구하게 된다. 투자자들의 기대수익률은 기회비용의 개념이 고려된다. 따라서 다른 투자대안의 수익률에 부동산투자로 인하여 발생될 위험이 고려된 위험할증률을 합한 요구수익률 이상이 되어야 투자하게 된다. 물론 인플레이션이 예상되면 무위험률 이외에 위험할증률과 인플레이션 할증률을 더한 요구수익률을 요구할 수도 있다.

만일 부동산투자에 대한 위험이 일정하다고 가정할 시, 부동산의 임대수익률이 다른 투자대안의 수익률보다 높을 경우엔 시중의 자금은 부동산 쪽으로 유입될 것이다. 임대부동산에 대한 경쟁은 초과수요로 이어져 부동산가격은 상승하게 되고 부동산가격의 상승은 결국 임대부동산의 수익률을 떨어뜨리게 된다. 이렇게 되면, 부동산 쪽으로 유입되었던 시중의 자금은 다시 빠져나가게 되어 임대수익률도 다른 투자대안의 수익률과 같아지는 수준으로 떨어져 균형(equilibrium)을 이루게 되고, 이러한 상태를 할당 효율성이라고 한다.

2) 시장의 형태와 할당 효율성

완전 경쟁시장의 특징 중의 하나는 모든 정보가 시장에 공개된다는 것이다. 그래서 시장참여자들은 누구든지 즉시 그 정보를 알 수 있기 때문에 정보획득 비용이 들지 않는다. 그러나 불완전 경쟁시장에서는 정보가 공개되지 않기 때문에 정보의 비대칭성으로 이어진다. 이로 인해 시장참여자 중 일방은 정보획득비용이 필요하므로 할당 효율적 시장이 되기 어렵다. 그러나 반드시 그렇지는 않다. 즉 독점적 경쟁시장에 가까운 부동산 시장은 불완전 경쟁시장이지만 정보를 획득하는 데 드는 비용과

---

4 안정근, 현대부동산학, 법문사, 2004.

초과이윤이 일치하게 되면 할당 효율적일 수 있다는 것이다. 따라서 완전 경쟁시장만 할당 효율적인 것이 아니라 불완전 경쟁시장도 할당 효율적일 수 있다.

효율적 시장가설을 통하여 알 수 있었지만, 강성 효율적 시장은 완전 경쟁시장에 가까워 정보획득비용이 들지 않지만 약성 효율적 시장이나 준강성 효율적 시장은 정보획득비용이 발생한다. 약성이나 준강성 효율적 시장이 할당 효율적 시장이 되기 위해서는 시장참여자 어느 누구도 기회비용보다 싸게 정보를 획득할 수 없어야 한다. 이와 관련하여 정보획득비용이 부동산의 시장가치에 어떠한 영향을 미치는가를 구체적인 예시로 살펴보기로 한다.

3) 정보비용과 부동산의 가치

예를 들자면, A신도시 B지역의 C획지(劃地)에 역(驛)이 들어설 가능성이 있다고 생각해 보자. 지금은 가능성만 있지 어느 누구도 장담할 수 없는 상태이다. 확실히 역이 들어선다는 것은 1년 후에 알 수 있으며, 현재는 역이 들어설 확률과 들어서지 않을 확률로만 고려하는데, 각각 50%라고 가정한다.

1년 후에 역이 확실히 들어서면 B지역의 C획지가격은 2억 2천만원이 되고, 들어서지 않을 경우에는 1억 1천만원이 된다고 추정한다. 이러한 상황이라면 C획지의 소유자는 얼마에 매각하려고 할 것이며, 투자자들은 얼마에 매입하려고 할 것인가? 이때 투자자들의 요구수익률은 10%라고 가정한다. 먼저, C획지의 현재가치(PV)를 구해보면, 1억 5,000만원이 산출된다.

$$PV = \{(220,000,000 \times 50\%) + (110,000,000 \times 50\%)\} / (1 + 0.1) = 150,000,000\text{원}$$

따라서 투자자들은 C획지가 1억 5천만원 이하이면은 매입하려고 할 것이지만 이 금액을 초과하게 되면 투자를 하지 않을 것이다. 만약에 B지역의 부동산시장이 효율적 시장이라면 C획지는 현재가치와 동일한 1억 5천만원이 될 것이며, 이 가격에는 역이 들어설 가능성에 대한 정보가치까지 포함되어 있다고 할 수 있다.

이제 정보의 가치는 얼마인지 계산해 보자. 만일 B지역에 역이 확실히 들어서게 된다는 정보를 확실히 입수했다면 이때의 C획지의 현재가치(PV)는 2억원으로 산출된다.

$$PV = \{(220,000,000 \times 100\%) + (110,000,000 \times 0\%)\} / (1 + 0.1) = 200,000,000\text{원}$$

따라서 정보의 가치는 B지역에 역이 들어서는 것이 확실할 때의 C획지의 현재가치 2억원에서 역이 들어설지 확실히 알 수 없을 때의 현재가지 1억 5000만원을 빼면 5000만원이 된다. 즉 "정보의 가치는 2억원－1억 5,000만원＝5,000만원"이 된다. 그러므로 누군가가 5,000만원 미만의 가격으로 정보를 획득하게 된다면, 초과이득이 발생하게 된다.

이상에서 살펴본 예시처럼 시장에서 정보를 획득한 자가 정보를 이용하여 상당한 초과이득을 얻게 되는 상황이 발생하는 것은 정보의 비대칭성 때문이다. 정보의 비대칭성은 역선택(adverse selection)이나 도덕적 해이(moral hazard) 등의 문제를 발생시켜 시장실패를 초래하게 된다.

부동산 시장을 할당 효율적으로 만들면 이러한 문제는 해결이 되겠지만 현실적으로 쉽지는 않다. 지나친 시장실패가 초래될 경우 정부는 시장개입을 통해 투자자가 매입한 부동산에 대해 일정기간 동안 처분이나 전매 제한 등의 조치를 취함으로써 초과이득을 축소시켜 실수요자 중심으로 부동산 자산이 할당되도록 보완할 수 있다. 또한 처분하더라도 정보비용을 제외한 초과이득에 대하여 세금을 부과하여 초과이득을 상쇄시킴으로써 할당 효율적 시장이 되도록 유도할 수 있다.

질문

1. 일반 경제학의 공급곡선과 부동산 공간시장의 공급곡선은 어떤 차이점이 있는가?
2. D-W 4분면 모형에서 단기금리의 변화와 장기금리의 변화는 각각 어떻게 작동되는가?
3. '모든 이용 가능한 정보'는 효율적 시장의 세부 구분별로 어떤 차이점이 있는가?

참고문헌

1. 이태교·이용만·백성준, 부동산정책론(제5판), 법문사, 2023.
2. 백성준·박태원·김재열, 매경부동산자산관리사, 한국부동산자산관리사협회, 2023.

제 3 장 부동산 경제론

제 1 절 부동산 경제의 개념

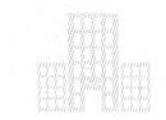

1. 부동산 경제의 의의

부동산 경제는 제2장에서 다룬 부동산 시장과 비교할 때, 더 넓은 경제적 의미와 범위를 가지며 국가경제 발전에 전체적으로 미치는 부동산의 역할을 다룬다.

먼저 규모 및 범위를 보면, 부동산 시장이 개별 부동산의 수요와 공급을 중심으로 하는 거래(매매와 임대) 중심인 반면, 부동산 경제는 부동산 부문이 전체 경제에 미치는 영향을 포괄하여 보다 광범위한 영역을 다룬다. 부동산 시장은 개별 부동산이나 세부 지역을 대상으로, 공간으로서의 부동산 시장과 자산으로서의 부동산 시장에서의 거래를 중심으로 다룬다. 반면 부동산 경제는 부동산 부문이 국가경제에 미치는 총체적인 영향에 초점을 둔다. GDP에 대한 기여, 건설 및 부동산 부문의 고용, 도시 개발에서의 역할 등 부동산이 미치는 광범위한 경제적 영향을 포괄한다.

그리고 영향 요인을 비교하면, 부동산 시장은 시장별 요인에 의해 영향을 받는 반면, 부동산 경제는 거시경제 요인과 더 큰 관련성을 가진다. 부동산 시장을 지배하는 요소는 부동산 특성과 세부 시장지역별 수요와 공급 등이다. 부동산의 위치, 크기, 상태, 편의시설 등의 부동산 특성과 지역별 수요 및 공급에 영향을 미치는 고용률, 인구 증가, 소비자 선호도 등의 요인에 의해 영향을 받을 수 있다. 반면, 부동산 경제는 거시경제 요인, 즉 GDP 성장률, 국가 및 지역경제 정책 등과 관련이 있다. 그 외에 이자율 및 전반적인 경제 건전성, 장기인구통계 동향, 도시화 비율 및 인프라 개발 등의 요인에 의해 영향을 받을 수 있다.

또 분석 기법을 비교하면, 부동산 시장에서는 개별적인 지역별 부동산별 분석이 필요한 경우가 많은 반면, 부동산 경제에는 더 광범위한 지표와 장기적인 추세를 고려한 거시경제적 접근 방식이 필요하다. 부동산 시장분석에 필요한 일반적인 지표는 거래가격, 분양시점, 임대수익률 및 공실률 등이며, 부동산평가 및 시장 세분화 등의 분석이 수행된다. 구체적인 데이터 분석의 예로는 특성변수에 의해 가격을 추정하는 헤도닉 모형, 시장 세분화를 위한 클러스터링 분석 등이 있다. 반면, 부동산 경제 분석을 위한 지표에는 부동산의 GDP 기여도, 건설·부동산 부문의 고용통계, 부동산 투자수준, 경기변동 등이 포함된다. 주요 분석에는 부동산 정책의 경제적 영향 평가, 경제성장과 부동산개발의 상관관계 연구 등이 수행되며, 데이터 분석으로는 부동산 부문에 대한 경제적 변수의 영향을 이해하기 위한 계량경제학적 모델링을 활용한 예측모델, 부동산개발사업의 파급효과분석 등이 있다.

2. 부동산 경제와 부동산 시장의 개념적 연결

부동산 경제와 부동산 시장의 개념적 연결성은 상호의존성, 순환관계, 지표의 영향력 측면에서 살펴볼 수 있다. 먼저 상호의존성을 보면, 부동산 시장의 성과가 부동산 경제에 직접적인 영향을 미치게 되는데, 예컨대 호황을 누리고 있는 부동산 시장은 건설활동을 증가시켜 GDP증가에도 기여하게 된다. 순환관계(피드백 루프)에서 보면, GDP성장률, 이자율, 고용률 등 경제 상황이 부동산 시장에 영향을 미치고, 이는 다시 부동산 경제에 영향을 미쳐 순환관계를 형성한다. 지표의 영향력에서 보면, 부동산 시장의 지표는 소비자의 활동과 시장수급 동향을 나타내는 역할을 하는 반면, 부동산 경제의 지표는 경제정책의 성과와 전반적인 경제추세의 안정성을 나타내는 지표의 역할을 할 수 있다.

한편 부동산 시장의 데이터(매매 가격 및 추세 등)를 분석하면 현재 경제환경에 대한 통찰력을 얻을 수 있으며, 경제지표(GDP성장 및 정책 변화 등)를 연구하면 부동산 시장 추세를 예측하는 데 도움이 될 수 있다. 다양한 규모와 데이터 유형에 초점을 맞추면서, 부동산 시장과 부동산 경제 두 영역에서 계량경제분석, 시장분석 및 경제성분석을 수행하게 되면 부동산 부문에 대한 전반적인 이해를 증진하는 데 기여할 것이다.

부동산 시장과 부동산 경제는 서로 다른 수준(규모와 범위)에서 작동하지만, 양자 간의 상호작용은 부동산 부문의 전반적인 건전성과 추세를 이해하는 데 중요하다.

제2절 부동산 경제의 작동원리

부동산 경제와 부동산 시장의 작동원리를 비교함으로써 부동산 경제의 작동원리를 살펴볼 수 있다. 부동산 시장의 작동원리를 보면, 매매 및 임대 가격결정 측면에서 주로 수요와 공급에 영향을 미치는 요인의 분석을 중심으로 다루었다.

부동산 경제의 특성은 거시경제적 영향, 정책 및 규제 영향, 투자 및 개발 측면에서 나타난다. GDP, 고용 및 인프라 개발에 대한 기여를 포함하여 국가경제에서 차지하는 부동산의 역할이 있다. 또 정책 및 규제 영향에서는 조세 및 용도지역제와 같은 정책이 부동산 경제에 상당한 영향을 미치고 있으며, 투자 및 개발 측면에서는 거래뿐만 아니라 부동산개발, 투자 전략 및 포트폴리오의 관리 등도 포함한다. 그 밖에도 소비자 투자행위, 모기지 및 대출이자율 변화 등에 민감하게 반응한다.

그러므로 부동산 경제의 작동원리는 경제지표, 장기추세, 투자흐름 측면에서 구분해 볼 수 있다. 경제지표 측면에서 볼 때 부동산 시장의 안전성은 국가에서 관리하는 주요 경제지표의 하나이며, 부동산 경기에 대한 판단이 광범위한 국가경제 추세를 예측하는 데 주요하게 작용한다. 장기추세 측면에서 보면 부동산 시장이 단기의 거래적 성격을 띠는 것과 달리 부동산 경제는 장기적인 인구통계학적 추세, 도시화, 거시경제 정책의 영향을 받게 된다. 투자 흐름 측면에서도 개인 및 기관 투자자의 부동산에 대한 투자는 전반적인 경제환경에 영향을 미친다.

제3절 부동산 경기변동 분석

거시경제 환경의 변화에 따른 부동산 시장의 변화, 즉 부동산 경기변동을 살펴볼

수 있는 실증적 모형으로 부동산 벌집모형과 부동산 시계모형이 있다. 부동산 벌집모형은 경제국면별 부동산의 가격과 거래량의 양상을 통해 시장의 상황을 판단하는 기법이며, 부동산 시계모형은 지역별 또는 부동산별 순환주기 및 해당 부동산의 가격 변동률에 따른 경기상황을 판단하는 기법이다.

1. 부동산 벌집모형(Real estate Honey-comb model)

1) 개념

부동산 벌집모형은 엄밀한 이론적 기반에 근거한 모형은 아니며, 실증분석에 의한 경험적인 모형이다. '벌집'이라는 용어는 부동산 시장을 거시경제환경 등과 상호연결하여 6단계 구조로 분해하는 프레임워크이다. 부동산 시장의 다양한 요소의 복합성과 상호관계를 이해하는 데 유용한데, 주로 경제성장률 등의 경제동인에 따른 부동산 및 건설경기를 개념화한 것이다.

주택시장을 중심으로 하는 벌집모형은 거시경제의 예측에 따른 주택거래량(volume)의 변화와 주택공급 시차(time lag)로 인한 수급불일치에 따른 주택가격(price)의 변화를 동시에 나타내며, 6개 국면으로 구분한다.

 그림 3-1 벌집모형

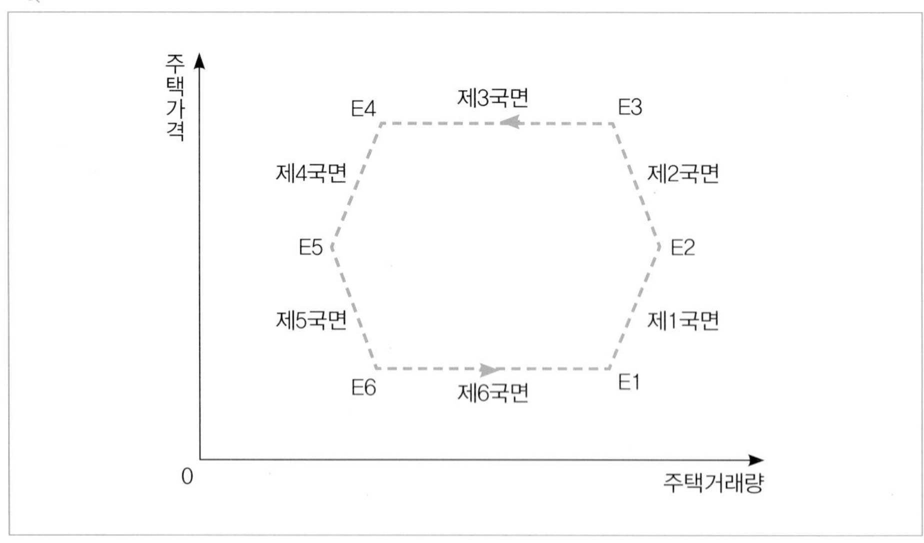

〈표 3-1〉 **벌집모형 국면별 특징**

국 면	가격 지표	거래량 지표	시장 지표	시장 평가
1국면(E1–E2)	증가	증가	강한 상승	active
2국면(E2–E3)	증가	감소	중간	stagnating
3국면(E3–E4)	보합	감소	하락	recession
4국면(E4–E5)	감소	감소	강한 하락	inactive
5국면(E5–E6)	감소	증가	중간	turning
6국면(E6–E1)	보합	증가	상승	recovering

제1국면(E1→E2)은 경기가 호조세를 보이면서 거래량이 증가하고 입주량은 부족하여 가격이 상승하는 국면이다. 제2국면(E2→E3)은 경기침체조짐이 보이고 입주량이 부족한 상황으로 거래량은 약간 줄고 가격은 계속 상승하는 국면이다. 제3국면(E3→E4)은 경기가 침체하고 수급은 균형을 이루는 상황으로 거래량은 급감하고 가격은 보합세를 보이는 국면이다. 제4국면(E4→E5)은 경기가 불황에 빠지고 입주량은 과잉공급으로 거래량도 줄고 가격도 하락하는 국면이다. 제5국면(E5→E6)은 경기가 회복조짐을 보이나 입주량이 과다하여 거래량은 조금 증가하고 가격은 계속 하락하는 국면이다. 제6국면(E6→E1)은 경기가 회복되면서 수급이 일치되는 시점으로 거래량은 증가하나 가격은 보합세를 보이는 국면이다.

2) 적용 및 활용

부동산 시장별로 벌집모형을 국면별로 개념화하고 세부적으로 적용하기까지 필요한 과정과 요소가 있다. 첫째, 부동산의 시장별 또는 지역별 세분화이다. 주거용, 상업용, 산업용, 농업용과 호텔, 병원, 교육 기관 등의 전문용 부동산별로 분석한다. 또 지역별로도 각 부동산에 대해 분석한다. 둘째, 대표적으로 영향을 미치는 경제지표의 선정이다. 이자율, 고용률, GDP 성장률 등의 지표의 변화로 인한 경제의 변화와 부동산에 미치는 영향을 국면별로 구분한다. 셋째, 시장과의 역학관계 설정이다. 공급과 수요를 비교하여 시장상태를 판단하며, 가격(매매가격, 임대료)의 변화를 측정한다. 국면별 가격변화와 거래량의 변화의 판단 및 구분이 벌집모형의 핵심이다. 넷째, 투자 및 자금조달, 개발동향의 국면별 판단이다. 부동산 포트폴리오의 변화나

〈표 3-2〉 국면별 시장 및 참여자의 행동특징

국면	정의	경기	수요자	정부 정책	금융권 동향	건설업체 동향
1	시장회복기	설비투자증가 내수호조, 경기최고조	주택구입 실수요 증가	규제완화유지 단기공급확대 (다세대,다가구)	부동산담보 대출 확대	주택가격 상승에 따라 주택공급 시작
2	시장활황기	성장률 둔화 부분 침체조짐	가격지속상승 가수요자가세	낮은 수위의 가격억제정책 장기공급대책	부동산담보 대출확대	토지매입경재 주택공급확대
3	침체진입기	설비투자위축 경기침체 확실	실수요 감소	가격 안정대책 후속적 추진 담보대출억제	부동산담보 비율 축소	택지매입자제 주택공급감소
4	시장침체기	경기불황 심화 경제위기론 기업구조조정	실수요 및 가수요자위축	안정대책 수위조절 및 부분적 공급규제 완화	개인 및 건설기업 대출 억제	미분양 확대 공급량 축소 선별수주
5	시장불황기	저점통과징후 부분적 회복	수요 위축세 지속	건설경기 회복 위한 주택 및 부동산규제완화	대출억제 정책 유지	주택공급 축소
6	회복진입기	설비투자회복 경기회복조짐	경기회복따라 실수요 증가	규제완화 정책 지속	신규 주택 담보대출 재개	부분적 주택 공급 재개 토지물색

자료: 김선덕(2005), 벌집모형과 중장기주택시장전망, 건설산업전략연구소

모기지 및 대출의 증감, 금융시장의 유동성, 건설업체의 신규개발 가능성 등을 판단한다.

부동산개발회사 및 건설회사의 입장에서 국면별 주요 주택사업 전략을 살펴보면, 가격이 상승하는 제1-2국면에서는 자체 시행사업이 가능하지만, 시장 위험이 커지기 시작하는 3-4국면에서는 자체 시행보다는 시공 수주로 전환할 필요가 있다. 제5-6국면에서는 시장 침체가 지속되므로 시공 선별 수주가 필요하고 동시에 이 시기에는 다음 회복기를 대비해 가장 저렴한 시기에 토지를 매입해서 시행에 대비해야 한다.

부동산 벌집모형은 부동산 시장의 다양한 분야의 국면별 추세를 분석하고 다음 국면을 예측하는 데 사용할 수 있다. 가격 추정을 위한 회귀분석, 추세 판단을 위한 시계열 분석과 같은 통계적 추론을 보완하여 단기적인 국면을 판단하는 데 활용될 수

있다.

결론적으로 부동산 벌집모형은 이론에 기반한 개념은 아니지만, 경험의 개념화는 부동산 시장의 다면적이고 상호 연결된 성격을 체계적으로 이해하는 데 도움을 준다. 다양한 부문과 요인이 어떻게 상호의존적인지, 그리고 한 측면의 변화가 전체 시장에 어떻게 파급력을 미칠 수 있는지를 보여준다.

2. 부동산 시계모형(Real estate Clock model)

1) 개념

부동산 시계모형은 부동산 시장의 순환적 성격을 표현하는 데 사용되는 개념 모형이다. 현재 경제상황과 부동산가격의 상황을 시계 위의 한 점으로 표시하는 방식으로 부동산 투자에 있어서 중요 요소인 타이밍을 부각시킨다. 여러 나라 또는 도시의 상황을 한꺼번에 표시하여 상호 비교할 수 있도록 고안된 분석방법이다. 원은 특정 국가나 도시의 부동산 순환사이클(주기)을 나타낸다. 이 모형은 투자자, 개발자 및 분석가가 시장이 현재 순환주기에 있는지 이해하고 미래 추세를 예측하는 데 유용하다.

부동산 시계에서 주요 변인은 공급과잉(over supply)와 공급부족(under supply)이다. 부동산시계가 9시이면 경기변동상 정점이며 임대료 상승률도 정점에 도달하고 경제성장률은 낮아지기 시작한다. 12시에는 성장률이 둔화에서 침체로 돌아서고,

〈표 3-3〉 부동산시계의 시각별 시장 및 투자

시각	시장구분	시장의 특징	투자 및 건설
9:00	정점 (확장기 → 후퇴기)	임대료 상승률 최대 경제성장률 상승세 둔화	투기적인 투자 유발 수요증가에 따라 건설활동 활발
12:00	하강 국면 (후퇴기 → 수축기)	임대료 하락 시작 경제성장률 침체 전환	투자자의 투자위축 시작 건설공급이 수요를 초과하기 시작
3:00	저점 (수축기 → 회복기)	임대료 하락률 최대 경제성장률 하락세 둔화	투자자의 투자심리 바닥 수요감소에 따라 최소한 건설활동
6:00	상승 국면 (회복기 → 확장기)	임대료 상승 시작 경제성장률 회복 전환	투자자들의 관심 회복 건설활동 재개

그림 3-2 부동산시계

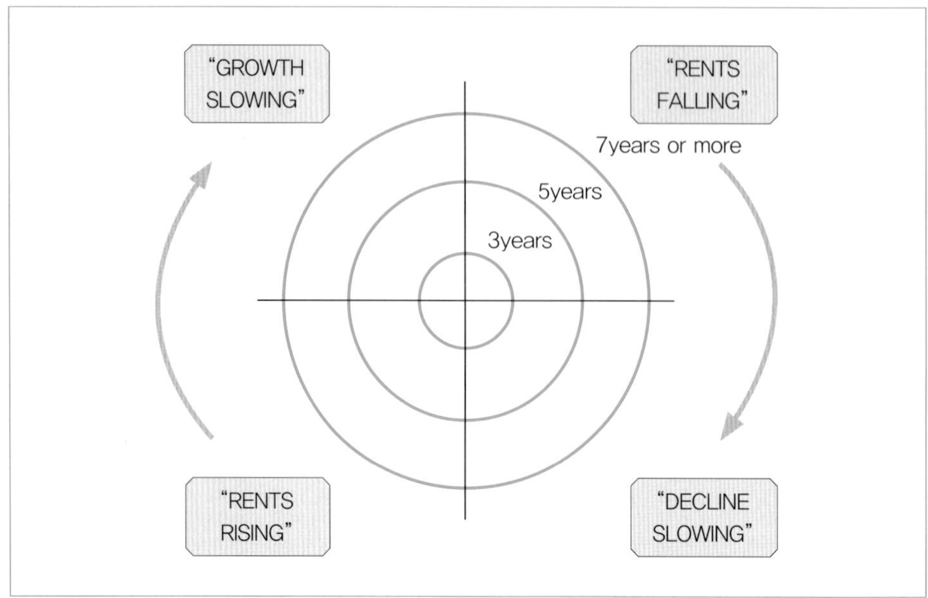

출처: JLL(존스랑라살)

부동산시장은 공급부족 상황에서 공급과잉 상황으로 넘어가면서 임대료가 하락하기 시작한다. 3시에는 경기변동 상으로는 저점으로 경기침체가 둔화되고 임대료 하락이 더 이상 심화되지는 않는다. 6시에는 경기가 침체에서 성장으로 돌아서고 임대료도 오르기 시작한다.

부동산시계와 일반적인 부동산 경기순환을 비교하여 표현하면 아래 그림과 같다. 정점부터 정점까지를 한 주기(사이클)라고 하며 정점과 저점 간의 차이가 진폭이 된다. 부동산시계에서의 주기는 시계를 한바퀴 도는 것에 해당되며, 주기의 크기에 따라 다른 동심원을 그린다.

부동산시계에서 좌표로 만들어진 4개 분면에 붙이는 별칭이 있다. 시계방향으로 1사분면(12~3시)은 하락시장(falling market, 수축기), 4사분면(3~6시)은 침체시장(stagnant market, 회복기), 3사분면(6~9시)은 상승시장(rising market, 확장기), 2사분면(9~12시)은 공급반응(supply response, 후퇴기)으로 불린다.

그림 3-3 부동산 경기순환과 부동산시계와의 관계

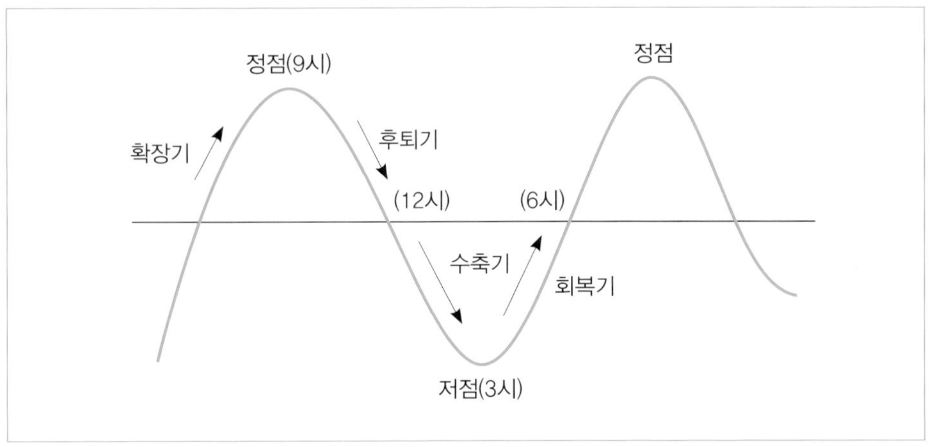

2) 적용 및 활용

부동산시계 모형의 적용 예를 보면, 먼저 시장예측 측면에서는 부동산 투자자와 분석가는 이 모델을 사용하여 미래 시장 행동을 예측하고 정보에 입각한 결정을 내릴 수 있다. 위험관리 측면에서는 시장 순환주기를 이해함으로써 위험과 잠재적 투자 수익을 평가하는 데 도움이 되고, 전략적 계획 측면에서는 부동산개발사업자와 관련 기업은 수익을 최적화하기 위해 시장 주기에 따라 건설 및 리모델링 등과 같은 건설활동 계획을 수립할 수 있다.

한편, 한계 및 제한 사항으로는 개별 시장 및 부동산에 대한 정확한 지표가 아니라는 점이다. 부동산 시계는 일반화된 정보와 주기를 제공하며 개별 현지 시장의 변화를 정확하게 예측하는 데는 한계가 있을 수 있다. 특정 시장의 고유한 특성과 순환에 영향을 미칠 수 있는 외부 변수에 대한 설명이 보충될 필요가 있다. 그리고 경제 정책, 글로벌 이벤트 또는 예상치 못한 상황(예: 코로나 펜데믹 같은 전염병)과 요인이 일반적인 주기를 방해할 수 있다. 지나친 일반화의 오류가 있을 수 있다. 부동산 시장은 복잡할 수 있으며 이를 단순한 주기로 축소하면 중요한 미묘한 차이가 간과될 수 있다.

결론적으로 부동산 시계는 부동산 시장의 순환적 특성을 시각화하고 이해하는 데 유용한 도구이다. 그러나 이는 다른 분석 도구 및 현지 시장에 대한 지식과 함께 주의해서 사용할 필요가 있다. 데이터 과학 측면에서는 순환적 관점을 예측 모델에 통합함으로써 시장 동향 분석을 향상시킬 수 있을 것이다.

제4절 부동산산업

1. 부동산산업의 구조

부동산 경제와 부동산산업은 밀접하게 얽혀 있으며, 각 부문은 역동적인 관계에서 서로 영향을 미친다. 상호 연결성은 두 부문의 추세를 이해하고 예측하기 위해 정보를 수집하고 가공 활용하는 포괄적인 분석이 필요한 사항이다.

부동산 경제는 이미 살펴본 바와 같이 부동산을 중심으로 광범위하게 경제적 영향을 미치는 전체 영역이며, 다음과 같은 영향력을 가진다. 우선 GDP에 대한 기여로, 부동산 활동은 건설, 부동산 거래, 임대 소득을 통해 국가의 GDP에 크게 기여한다. 고용측면에서는 건설뿐만 아니라 부동산 중개, 자산관리, 금융 등 관련 분야에서도 고용 기회를 창출한다. 또 경제정책의 영향 측면으로는 세법 등 통화 및 재정 정책이 부동산 경제에 큰 영향을 미친다. 투자 동향면에서 부동산은 개인 및 기관 투자 모두를 위한 주요 재테크 수단으로서, 폭넓게 금융 시장에 영향을 미친다.

한편 부동산 산업은 부동산 자산의 생성, 유지, 교환과 관련된 사업과 활동의 집합체로서 다음과 같은 분야가 포함된다. 부동산 개발 및 관리 영역에는 부동산개발회사, 건설회사, 부동산 자산관리회사 및 유지관리회사 등이 포함된다. 그리고 부동산중개 및 판매 영역에는 부동산 구매, 판매, 임대와 관련된 회사 및 전문가 등이 있고, 금융 및 투자분야에는 모기지 대출 금융기관, 부동산투자회사(REITs), 부동산펀드 및 투자자가 참여한다. 또 부동산관련 서비스로는 부동산과 관련된 법률, 회계, 세무, 컨설팅, 평가 등의 서비스회사들이 있다.

부동산 산업은 공간시장과 자산시장, 그리고 두 시장을 연결해 주는 부동산개발업으로 구성되어 있는데 이를 도식화한 것이 [그림 3-4]이다. 공간시장과 자산시장, 그리고 부동산개발업은 상호 영향을 주고받는다. 인구나 거시경제, 자본시장 등도 부

그림 3-4 부동산 산업의 구조

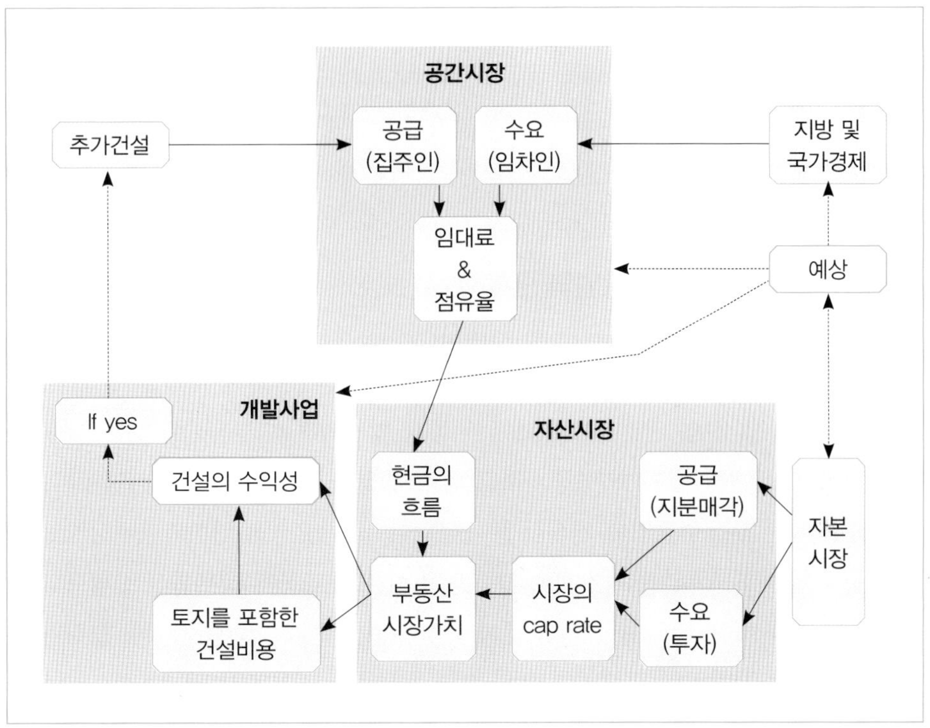

자료: Geltner and Miller, Commercial Real Estate Analysis and Investment, South-Western, 2001, p.25.

동산시장에 영향을 미치는데, 이들은 부동산시장 바깥에서 부동산시장에 영향을 미치기 때문에 흔히 외생변수(exogenous variables)라고 부른다. 인구의 변화, 국민경제 및 지역경제의 변화, 산업구조의 변화 등의 변화가 생기면, 공간시장의 수요가 변하게 된다. 공간시장에서 수요의 변화는 임대료와 점유율 등을 변화시키고, 공간시장에서 창출되는 현금흐름은 자산시장에서 부동산가격을 변화시킨다. 부동산가격의 변화는 부동산개발업에 영향을 미쳐 다시금 공간시장에 영향을 미친다.

한편 자본시장(capital market)의 변화는 수익률 및 자금조달여건의 변화를 통해 자산시장에 영향을 미친다. 수익률의 변화는 부동산 자산을 팔려는 소유자와 사려는 투자자에게 영향을 주어 시장요구 자본환원율(market required capitalization rate)의 변화를 가져오고 부동산가격을 변화시킨다. 그리고 가격변화는 부동산개발업에서 부동산개발의 사업성과 규모를 변화시켜 장기적으로 공간시장에 영향을 미친다.

그리고 미래에 대한 기대(expectation) 및 전망(future forecast)은 공간시장과 자본시장의 변화를 통해 자산시장 및 자산가격에 영향을 미친다. 미래의 임대료에 대한 기대가 바뀌게 되면, 공간시장에서 현금흐름의 변화가 생기고 자산의 수요와 공급이 변하여 부동산가격도 바뀌게 된다. 부동산가격의 변화는 부동산개발업에서 부동산 개발규모를 변경시켜, 장기적으로 공간시장을 변화시킨다.

2. 부동산 경제와 부동산산업의 관계

부동산 경제와 산업의 관계는 다음과 같은 부문으로 나누어 생각해 볼 수 있다. 첫째, 경제 지표 및 산업 건전성 측면에서 부동산 경제지표는 부동산산업의 건전성을 나타내는 역할을 한다. GDP가 증가하고 금리가 낮은 상황이면 부동산 경제지표도 양호하고 이는 부동산산업이 건실함을 나타낸다. 둘째, 정책 영향측면에서 금리나 주택 규제의 변화 등 부동산 경제에 영향을 미치는 경제정책은 부동산 산업에도 직접적인 영향을 미친다. 대출 금리가 낮아지면 부동산 구입을 위한 차입이 늘어나 부동산산업계에 이익이 될 수 있다. 셋째, 투자 흐름면에서 부동산 경제동향은 부동산 산업분야 투자에 영향을 미친다. 경기 회복기에는 일반적으로 부동산 개발 및 투자에 더 많은 자본이 유입된다. 넷째, 시장 역학 및 경제성장 측면에서 건설, 부동산 매매, 임대 등 부동산산업의 활동과 성과는 부동산 경제에 크게 기여한다. 호황을 누리는 산업은 경제 활동의 증가로 이어지고 불황의 경우에는 반대로 경제활동의 침체로 나타난다. 다섯째, 순환관계(feedback loop)를 보면, 부동산산업의 성과가 경제에 영향을 미치고, 다시 산업에 영향을 미치는 순환관계가 있다. 건설활동의 증가는 경제성장을 촉진하고, 경제성장은 다시 부동산 수요증가로 이어져 부동산 산업계에 더 많은 혜택을 준다. 마지막으로 양자 간의 관계를 분석하려면 경제 지표, 산업 성과 지표, 시장 동향을 살펴봐야 한다. 예측 모델링은 경제 데이터를 기반으로 업계 동향을 예측하는 데 사용될 수 있으며, 계량경제학 모델은 정책 변화가 부동산산업에 미치는 영향을 분석할 수 있다. 이러한 상호작용 이해를 바탕으로 부동산 부문의 전략적 의사 결정, 투자 분석 및 정책 개발 등이 실행된다.

3. 부동산산업의 변화와 요인

시대는 부동산산업의 새로운 변화를 요구하고 그에 따른 대응 전략을 요구한다. 1950년대부터 '국토의 계획 및 이용에 관한 법률'이 제정·집행되는 현재까지 부동산 산업의 성장은 경제의 발전과 그 축을 같이 한다. 국토 발전의 개념이 생성된 이후 현재까지 약 70년간의 부동산업의 방향과 흐름은 앞으로 다르게 전개될 것이다. 미래의 흐름을 예측해 볼 수 있는 기본적 변화요인을 정리해 볼 수 있다.

1) 고령사회

UN에 따르면, 65세 이상 인구가 전체 인구에서 차지하는 비율이 7% 이상이면 해당 국가를 고령화사회로 분류한다. 또한 65세 이상 인구가 14% 이상이면 고령사회, 20% 이상은 해당 국가를 초고령사회로 구분하고 있다. 우리나라는 2025~2026년에 초고령사회에 진입이 될 것이며, 세계적으로 유래를 찾아볼 수 없는 급속한 고령사회를 맞이하게 된다. 이러한 고령사회의 핵심은 베이비붐 세대의 고령화에 있다. 지난 50년간은 베이비부머들이 역동적인 노동 활동 참여로 경제 발전의 중심적인 역할을 하던 시대였다. 현재는 점점 경제활동에서 벗어나는 인구들이 늘어나고 있다. 이들의 고령화로 인하여 부동산의 공급과 수요에 상당한 변화가 예상된다.

2) 기술발달

제4차 산업혁명의 정보 기술과 교통 시스템의 발전으로 부동산의 공간 활용 가치에 변화가 일어나고 있다. 입지에 대한 접근방법과 주거·업무·상업공간에 대한 선택요인 및 환경요인 등에도 변화가 일어나고 있다. 가상사회의 도래로 인하여 물리적인 공간의 절대적 필요성이 약해지면서 지역·국가 간의 교류가 활발하게 이루어지고 있다. 이러한 개방성은 부동산의 사용과 소유에 영향을 주고 있다.

3) 보존중시

경제성장의 사회에서 무시되었던 환경보존에 대한 가치가 중시되면서 부동산의 접근 논리가 개발과 보존으로 서로 다투는 시대이다. 부동산 상품은 비가역적이라 잘못된 판단은 사회적 비용을 증가시킨다. 이러한 요인은 부동산 개발 컨설팅에서 환경영향평가나 경관영향평가를 무시할 수 없게 만들고 있다.

4) 목적의 변화

부동산 소유권은 사용·수익·처분에 대한 권리를 포함한다. 부동산의 보유 여부는 사용 및 수익에 따르는 목적 실현에 의해 달라질 수 있다. 그 목적에는 직접 사용에 따른 심리적 만족감과 부동산을 소유함으로 수익을 창출할 수 있는 사업소득 및 운영소득이 있다. 그리고 처분함으로써 자본이득을 도모하는 것이 일반적이다. 자본이득은 부동산을 매입하는 시점에 강력한 동기부여가 되지만, 앞으로 자본이득에 의한 동기부여가 지속적으로 작용할 것인지에 대해서는 논란의 여지가 있다. 자본이득에 대한 기대치 하락은 직접 사용보다는 간접 사용의 가능성을 높이고, 운영소득을 도모하는 목적으로 부동산을 소유하는 방향으로 인식의 변화를 가져올 것이다. 이러한 변화는 자산의 70%–80%를 차지하는 부동산(실물) 자산의 비중은 줄이고 금융자산의 비중은 늘릴 가능성이 있다.

질문

1. 국가경제에서 부동산경제가 차지하는 위상과 비중은 어떻게 나타낼 수 있나?
2. 부동산 벌집모형에서 국면을 판단하는 데 사용하는 지표는?
3. 부동산 시계모형과 경기사이클은 어떻게 매칭되는가?

참고문헌

1. Geltner and Miller, Commercial Real Estate Analysis and Investment, South–Western, 2001.
2. 이태교.이용만.백성준, 부동산정책론(제5판), 법문사, 2023.
3. 김선덕, 벌집모형과 중장기주택시장전망, 건설산업전략연구소, 2005.
4. JLL(존스랑라살), Real Estate Clock.

제 4 장 부동산 정책론

제 1 절 부동산의 특성에 따른 부동산 문제

앞서 설명한대로 부동산이 가지고 있는 특성은 부동산 시장에 여러 가지 문제를 야기한다. 경우에 따라서는 부동산 시장의 여러 문제가 사회적 문제로까지 발전하기도 한다. 이런 이유에서 정부는 부동산 정책을 통해 부동산 시장에 개입하게 된다.

1. 부동산시장의 지역화

먼저 부동산 시장은 부동성(不動性) 때문에 지역화되고 국지화(局地化)된다. 예를 들어 한 도시에서 주택공간이 부족하더라도 다른 지역의 주택을 그 도시로 옮길 수가 없다. 그 결과 한쪽에서는 주택공간이 남아도는 데 반해 다른 한쪽에서는 주택공간이 부족하여 주택문제가 사회문제로까지 번지게 된다. 즉, 부동산 시장에서 수급 불균형 문제는 전국적으로 나타나기 보다는 지역적으로, 국지적으로 나타나는 것이다.

또한 부동산은 부동성(不動性) 때문에 외부환경의 영향으로부터 벗어날 수가 없다. 이른바 외부효과(externalities)의 영향을 쉽게 받는 것이다. 예를 들어 인근 지역에 도로가 신설되거나 지하철역이 신설되는 경우, 해당 부동산은 긍정적인 외부효과(positive externalities)를 얻게 된다. 물론 그 반대인 경우도 있다. 인근 지역에 공해시설이나 혐오시설이 들어설 경우, 해당 부동산은 부정적인 외부효과(negative externalities)를 입게 된다.

2. 비탄력적인 단기공급곡선

부증성(不增性)과 생산의 장기성은 부동산이 제공하는 공간의 단기 공급곡선(short-run supply curve)을 비탄력적으로 만든다. 임대료가 상승하더라도 쉽게 공간의 공급량을 늘릴 수 없기 때문이다. 그러나 장기적으로는 부동산의 공간을 생산해낼 수 있기 때문에 공간의 장기공급곡선(long-run supply curve)은 탄력적으로 바뀐다.

부동산의 불변성 내지는 내구성, 그리고 용도의 다양성과 비가역성도 부동산공간의 단기공급곡선을 비탄력적으로 만드는 요인 중의 하나이다. 부동산은 내구성을 갖고 있을 뿐만 아니라 비가역성도 갖고 있기 때문에 임대료가 하락하더라도 공급량을 감소시키기가 어렵다. 그러나 장기적으로는 부동산의 내구성과 비가역성이 완화되기 때문에 부동산공간의 장기공급곡선은 상대적으로 탄력적으로 변하게 된다.

3. 독점적 경쟁시장과 높은 거래비용

이질성은 부동산시장을 독점적 경쟁시장으로 만든다. 부동산이 제공하는 공간들은 유사하기는 하지만 동일하지는 않다. 동일하지 않기 때문에 부동산시장은 독점적 성격을 갖고 있다. 그러나 유사한 공간들이 주위에 널려 있기 때문에 부동산 시장은 경쟁적 성격을 갖고 있다. 이런 점에서 부동산시장은 독점적 경쟁시장이라고 할 수 있다. 또한 이질성은 부동산의 가격 포착을 어렵게 하고, 정보 획득도 어렵게 만든다. 이로 인해 부동산의 가치를 산정하기가 어렵고, 산정된 가치의 정확성에 대해 신뢰하기가 어렵다.

분할이 가능하기는 하지만, 분할거래가 어렵다는 특성은 부동산의 거래빈도를 낮추는데 한 몫을 한다. 거래빈도가 적다보니 가격 포착 및 가치산정에 어려움이 생기게 된다. 또 분할거래의 어려움은 부동산 거래에서 부채 사용을 불가피하게 만든다. 부채 사용은 거래비용을 높이고, 부동산시장이 자본시장으로부터 영향을 많이 받도록 만든다. 또 시장상황에 바뀌어도 부채조달 때문에 가격이 시장변화에 늦게 반응하도록 만든다.

〈표 4-1〉 부동산의 특성과 효과

부동산의 특성	부동산 시장에 나타나는 효과
부동성(不動性)	– 부동산시장을 지역화, 국지화시킴 – 외부효과의 영향을 많이 받음.
부증성(不增性)/ 생산의 장기성	– 공간의 단기공급곡선은 비탄력적 – 공간의 장기공급곡선은 탄력적
불변성/내구성	– 공간의 단기공급곡선이 비탄력적
이질성	– 독점적 경쟁시장을 형성 – 가격 포착이 어렵고, 정보 획득이 어렵다. – 가치산정이 어렵고, 산정된 가치의 정확성에 대해 신뢰하기 어렵다.
용도의 다양성/ 비가역성(非可逆性)	– 공간의 단기공급곡선은 비탄력적 – 공간의 장기공급곡선은 탄력적
분할 가능성/ 분할거래의 어려움	– 거래빈도가 많지 않아 가격포착 및 가치산정이 어려움. – 부채사용이 불가피하여, 거래비용이 증가하고, 자본시장의 영향을 많이 받는다. – 시장상황 변화에 따른 가격의 반응이 늦다.

4. 세 가지 부동산 문제

부동산의 특성으로부터 초래되는 부동산시장의 특수성은 시장실패, 소득분배의 불평등성, 시장가격의 불안정성 등의 문제를 야기한다.

우선 부동산시장은 외부효과, 독점적 경쟁시장, 정보획득의 어려움 등으로 인해 시장실패가 자주 발생한다. 이런 시장실패 요인때문에 자원배분의 효율성이 보장되지 않는다.

그리고 부동산시장에서는 외부효과 등으로 인해 사회발전의 편익이 부동산 소유주에게 집중되는 경향이 있다. 사회가 발전하면, 각종 사회간접자본이 설치되고 부동산에 대한 수요가 증가하면서 부동산 소유주들은 상당한 편익을 얻게 된다. 이로 인해 소득분배의 불평등성이 확대될 수 있다.

비탄력적인 단기공급곡선이나 높은 거래비용, 부동산시장의 지역화 등은 시장가격의 불안정성을 심화시킨다. 조그마한 수요 변화나 공급 변화에 의해 지역적으로 부동산시장이 과열될 수도 있고 지나치게 침체될 수도 있다.

제2절 부동산정책의 목표

1. 정부의 시장개입 필요성

정부가 시장에 개입하는 것은 크게 세 가지 이유때문이다. 첫째는 시장실패(market failure)를 보완하기 위해 시장에 개입한다. 둘째는 소득의 재분배 또는 형평성 증진을 위해 시장에 개입한다. 셋째는 시장안정이나 경제성장을 위해 시장에 개입한다.

1) 시장실패의 보완

시장의 가격기구에 의한 자원배분은 지금까지 알려져 있는 경제제도 중에서 상대적으로 가장 효율적인 방법이다. 그러나 만약 시장의 실패가 존재할 경우에는 자원이 효율적으로 배분되지 않는다. 이때 정부가 시장에 개입하여 자원의 효율적 배분을 추구하는 것이다.

시장의 실패를 가져오는 요인은 다양하다. 먼저 불완전경쟁시장이 존재할 경우 자원배분은 효율적으로 이루어지지 않는다. 불완전경쟁시장에서는 공급자가 가격결정력을 갖고 있기 때문에 시장가격기구에 의한 자원배분은 효율적인 배분이 되지 않는다.

외부효과가 존재할 때에도 자원배분은 효율적으로 이루어지지 않는다. 외부효과가 존재할 때에는 공급자가 사회적으로 바람직한 수준까지 공급량을 늘리지 않기 때문에 자원배분이 비효율적으로 이루어지게 된다.

외부효과와 비슷하게 공공재도 자원의 효율적 배분을 방해한다. 공공재를 공급하는 공급자는 비용을 충분히 보상받지 못하기 때문에 사회적으로 바람직한 수준까지 공공재의 공급량이 늘어나지 않는다. 특히 지방공공재의 공급을 시장에 맡길 경우 사회적으로 바람직한 수준까지 지방공공재가 공급되지 못한다.

이 밖에 정보의 비대칭성(asymmetric information)도 시장실패를 가져오는 요인 중의 하나이다. 정보가 비용없이 신속하게 유통되지 않으면, 역선택(adverse selection)이나 도덕적 해이(moral hazard) 등의 문제로 자원배분이 비효율적으로 이루어지게 된다.

이런 시장의 실패가 존재할 때, 정부가 시장에 개입하면 자원배분의 효율성을 높일 수 있다. 이것이 바로 정부가 시장에 개입하는 첫 번째 이유이다.

2) 형평성 증진

시장의 가격기구는 자원을 효율적으로 배분하더라도, 소득이나 부(富)의 형평한 분배를 보장하는 것은 아니다. 오히려 시장의 가격기구는 소득이나 부(富)의 편중을 가중시키는 경향이 있다. 시장의 가격기구는 경쟁력이 있는 곳으로 자원을 배분하기 때문에 경쟁력이 떨어지는 곳은 자연히 자원을 배분받지 못해 소득이 감소하고, 부(富)도 감소하게 된다.

소득이나 부(富)의 지나친 편중은 사회의 불안정을 가져올 수 있으며, 이런 사회적 불안정은 궁극적으로 사회 시스템 자체를 붕괴시킬 수 있다. 이 때문에 정부는 시장에 개입하여 소득이나 부(富)의 편중을 시정하려고 한다. 이것이 바로, 정부가 시장에 개입하는 두 번째 이유이다.

3) 시장안정

정부는 종종 시장안정을 위해 시장에 개입을 하기도 하고, 경제성장을 위해 시장에 개입하기도 한다. 시장안정을 위해 정부가 시장에 개입하는 일반적인 상황은 일시적인 수요 공급의 불균형이나 인플레이션 등에 의해 시장가격이 불안할 때 있다. 또한 대부분의 국가에서는 지속적인 경제성장을 위해 산업보호대책을 내세우거나 산업진흥대책을 내세우는 것이 일반적이다.

정부가 시장에 개입하는 세 가지 이유 중에서 시장실패의 보완과 형평성 증진 목적의 시장개입은 대부분의 경제학자들이 정부의 당연한 역할이라고 보고 있다. 그러나 세 번째 이유인 시장안정 내지는 경제성장을 위한 정부의 시장개입에 대해서는 경제학자에 따라 입장이 다르다.

케인즈주의적인 성향의 경제학자들은 시장이란 원래부터 불안정한 성격을 갖고 있으므로 정부가 시장에 개입하는 것이 타당하다고 본다. 또한 경제성장을 위한 정부의 시장개입도 대체로 불가피한 것으로 본다. 그러나 통화주의자들은 이러한 시각에 동의하지 않는다. 경제주체들의 기대가 합리적이기 때문에 시장안정을 위한 정부의 시장개입은 실제로 효과가 없다고 본다. 이런 논란때문에 신자유주의 사조가 세계를 휩쓸기 시작하던 1990년대 중반 이후부터 세 번째 이유에 의한 정부의 시장개입은 점차 축소되는 경향이 있다.

2. 부동산시장에 대한 정부의 시장개입 필요성

부동산시장에 정부가 개입하는 것도 크게 세 가지 이유 때문이다. 즉, 정부는 시장실패를 보완하고 형평성을 증진시키기 위해, 그리고 시장안정을 위해 시장에 개입하는 것이다.

1) 부동산시장에서의 시장실패

부동산시장에서는 외부효과와 공공재 공급, 정보의 비대칭 등으로 인해 시장의 실패가 존재한다. 먼저 외부효과로 인해 시장이 실패한 사례를 살펴보자. 우리는 주위에서 부동산개발로 인해 주변지역의 부동산가격이 상승하는 현상을 쉽게 볼 수 있다. 이를 긍정적 외부효과(positive externalities)라고 부르는데, 부동산개발 사업자 입장에서 보면, 자신이 자본을 투입하였는데, 주변 지역의 부동산 소유주가 그 혜택을 누리는 것이다. 도로개설, 지하철역 설치, 대형유통업체의 입점 등이 이런 사례에 해당한다. 부정적 외부효과(negative externalities)의 사례도 많다. 주택단지 내에 공해시설이 입점하거나 인구집중으로 인해 혼잡이 가중되는 것이 이런 사례에 해당한다. 이렇게 외부효과가 존재하게 되면, 자원배분이 효율적으로 이루어지지 않는다.

외부효과와 비슷하게 부동산시장은 지방공공재 때문에 자원배분의 효율성이 떨어질 수 있다. 일반적으로 지방공공재는 주변 지역에 긍정적 외부효과를 유발하기 때문에 정부의 시장개입을 필요로 한다.

또한 부동산시장의 경우, 정보 유통이 원활하지 않고 투명하지도 않다. 이런 정보의 불완전성 내지는 정보의 비대칭성 때문에 부동산시장은 시장실패를 경험할 수 있다. 이 밖에 부동산시장은 독점적 경쟁시장이기 때문에 시장실패 가능성이 있다. 다만, 독점적 경쟁시장의 경우 자원배분의 효율성을 높이는 측면도 존재하기 때문에 이를 근거로 하여 정부가 시장에 개입하는 경우는 매우 드물다.

2) 부동산시장에서의 형평성 증진

부동산시장은 형평성 증진이라는 측면에서도 정부의 시장개입을 필요로 한다. 경제가 성장하고 사회가 발전하면 자연스럽게 토지공간에 대한 수요가 증가한다. 이런 토지 공간에 대한 수요 증가는 토지 소유주에게 상당한 부(富)를 안겨준다. 이 밖에 긍정적 외부효과는 부동산소유주에게 무상으로 이익을 가져다준다. 이른바 사회발전의 과실이 부동산 소유주에게 무상으로 상당한 이익을 제공하기 때문에 사회적으로 형평성 문제가 제기되는 것이다.

주택이 제공하는 주거공간은 가치재(價値財: merit goods)의 성격을 갖고 있다. 주거공간은 인간이라면 누구라도 필요로 하는 소비재로서, 인간다운 삶을 위해 정부가 최소한의 소비를 보장해 주어야 하는 서비스이다.

3) 부동산시장의 안정

종종 정부는 부동산시장이나 거시경제의 안정을 위해 부동산시장에 개입하기도 한다. 부동산시장은 공간의 단기공급곡선이 비탄력적일 뿐만 아니라 지역적으로 분리되어 있어서, 조그마한 수요 변화에도 가격변동이 심하다. 여기에다가 높은 거래비용과 불안전한 정보유통 등으로 인해 가격변동성이 크다. 이런 가격변동은 단기적이기는 하지만 경우에 따라서는 파괴적인 형태로 나타날 수도 있다. 이런 상황에서는 정부로서도 단기적인 과열이나 극심한 가격침체를 치유하기 위해 시장에 개입할 수가 있는 것이다.

또 경기침체가 심하거나 경기가 과열될 경우, 경기조절의 수단으로 정부가 부동산시장에 개입하기도 한다. 부동산시장 중에서 부동산개발 분야를 조절하면, 비교적

〈표 4-2〉 정부의 시장개입의 목표

시장개입 목표	내 용
시장실패의 보완	– 외부효과에 대한 보완 – 정보 유통의 불완전에 대한 보완
형평성 증진	– 사회발전의 과실이 부동산 소유자에 편중되는 것에 대한 보완 – 주거공간과 같은 가치재에 대한 최소한의 소비 보장
시장안정	– 수요나 공급 변화에 따른 단기적인 시장 불안정에 대한 교정 – 거시경제의 조절

단기간 내에 경기조절 효과를 낼 수 있기 때문에 정부로서는 경기조절 수단으로 부동산시장에 개입하고자 하는 욕구를 억누르기 어려울 수 있다.

3. 부동산정책의 수단들

1) 두 가지 방식의 정책수단

정부가 부동산 시장에 개입하는 수단으로 직접개입방식과 간접개입방식이 있다. 직접개입방식은 정부가 가격이나 거래량을 직접 통제하거나, 정부가 직접 수요자나 공급자로 나서는 방식을 말한다. 정부가 토지의 이용 용도를 정하는 용도지역 제도도 일종의 직접개입방식이라고 할 수 있다. 직접개입방식은 주로 명령(command)이나 통제(control)를 통해 부동산시장을 변화시키는 방법이다. 이 때문에 직접개입방식을 흔히 명령–통제형 정책(command–and–control policies)이라고 부르기도 한다.

간접개입방식은 수요나 공급에 영향을 미치는 요인들을 변화시킴으로써 간접적으로 부동산시장에 개입하는 방식이다. 이 방식은 시장가격기구를 이용한다는 점에서 흔히 시장 기반형 정책(market–based policies)이라고 부르기도 한다. 간접개입방식은 두 가지 유형으로 나누어 볼 수 있다. 하나는 경제적 동기(economic incentives)를 이용하여 수요나 공급을 변화시키는 방법이며, 다른 하나는 부동산시장이 원활하게 작동되도록 관련 제도를 정비하는 방법이다.

2) 직접개입방식

정부가 부동산시장에 개입하는 수단들 중 직접적으로 시장에 개입하는 방식으로는 수용(收用)제도, 선매권(先買權)제도, 최고(最高)가격제, 토지비축제, 부동산거래허가제, 부동산소유제한제, 용도지역·지구제 등이 있다. 수용제도란 정부나 공공기관이 공익적인 목적을 위해 개인이 소유한 토지와 기타 권리를 강제로 취득하는 행위를 말한다. 선매권제도란 정부나 공공기관이 공익적인 목적을 위해 개인이 소유한 토지와 기타 권리를 우선적으로 매수할 수 있는 권리를 말한다. 이때 토지소유자는 토지와 기타 권리를 매각할 의사가 있어야 한다. 최고가격제는 정부가 부동산의 최고거래가격을 정한 뒤 해당 가격 이하의 가격에서만 부동산이 거래되도록 하는 방법이다. 우리나라의 분양가상한제라든가 세계 각국에서 시행되고 있는 임대료 통제(rent control)제도가 최고가격제의 대표적인 예이다.

토지비축제는 정부나 공공기관이 사전에 토지를 매입하여 보유하고 있다가, 토지 수요가 증가할 때 해당 토지를 매각하여 시장가격을 안정시키는 방법이다. 흔히 토지은행제도(land banking)라고도 부른다. 부동산거래허가제나 부동산소유제한제는 부동산거래를 제한하거나 부동산소유를 제한하는 제도이다. 토지 용도 지역.지구제는 지역이나 지구별로 토지의 용도를 제한하는 제도로 토지가 사회적으로 바람직한 방향으로 이용되도록 토지의 이용을 제한하는 제도이다.

3) 간접개입방식

정부의 부동산정책 수단 중 간접개입수단으로는 조세 및 부담금제도, 보조금제도, 금융규제나 지원 등의 방법이 있다. 이러한 방법은 주로 경제적 동기를 통해 수요나 공급을 변화시키는 방법이다. 시장기능의 활성화를 목적으로 하는 부동산정책으로는 부동산거래와 관련한 각종 정보를 시장에 제공하거나, 부동산 관련 소유권제도를 명확하게 설정하는 방법 등이 있다.

조세 및 부담금제도나 보조금제도는 시장참가자들의 수요와 공급을 변화시킴으로써 시장가격과 거래량을 변화시킨다. 조세 및 부담금제도는 수요자나 공급자에게 비용을 부담시킴으로써 시장가격과 거래량을 변화시키는 것인데 반해, 보조금제도는 수요자나 공급자에게 편익을 제공함으로써 시장가격과 거래량을 변화시킨다. 금융규제나 지원 역시 시장참가자들의 수요와 공급을 변화시킴으로써 시장가격과 거래량을 변화시킨다. 금융규제는 수요자나 공급자에게 비용을 부담시키는 방법이고, 금융지원은 수요자나 공급자에게 편익을 제공하는 방법이다.

시장기능 활성화를 목적으로 하는 부동산정책으로 실거래가격 공개, 지적 및 등기제도, 주택성능표시 등이 있다. 이런 정책 수단들은 직접 수요나 공급에 영향을 미치지는 않지만, 시장이 효율적으로 작동되도록 지원하는 역할을 한다.

4) 두 가지 방식의 장단점

일반적으로 간접개입방식은 전국 혹은 넓은 지역에 걸쳐 획일적으로 적용되는 방법이다. 이 방식은 시장기구를 이용하여 정부가 원하는 바를 실현하는 방식이기 때문에 상대적으로 부작용이 작다. 그러나 그 효과가 발휘되는 시기나 크기, 그리고 효과가 발휘되는 지역을 예측하기 어렵다는 단점을 가지고 있다.

이에 반해 직접개입방식은 특정 지역에 제한적으로 영향을 미치는 방식이다. 이 방식은 간접개입방식에 비해 실시효과가 비교적 확실하고, 실시결과를 통제하기 쉽다. 그러나 시장기구를 이용하지 못하기 때문에 예상치 못한 부작용으로 인해 정책효과가 반감될 수도 있다. 예를 들어 어떤 도시 내의 특정 지역을 상업지구로 지정해 놓았는데, 시장의 수요변화로 상업지에 대한 수요는 없고 주택지에 대한 수요만 있을 경우, 한쪽에서는 주택가격이 폭등하는데 다른 한쪽에서는 빈 땅이 널려 있는 상황이 연출될 수 있는 것이다.

정부개입의 방법을 직접개입방식과 간접개입방식으로 분류하였지만, 실제 정책에서는 두 가지 방법이 혼용되는 경우가 많다. 예를 들어 우리나라 농지법에서는 농민만이 농지를 소유할 수 있도록 소유자격을 제한하고 있는데, 만약 소유자격이 없는 사람이 농지를 소유하고 있을 때 이를 어떻게 처리하느냐에 따라 정부 개입방식이 달라질 수 있다. 소유자격이 없는 사람이 보유하고 있는 농지에 대하여 중과세를 한다면 이는 간접개입방식에 해당한다. 하지만, 해당 농지를 강제로 매각하도록 하거나 몰수를 한다면 이는 직접개입방식이 된다.

4. 정부의 실패와 시장개입의 한계

1) 정부의 실패

정부는 시장의 실패를 보완하기 위해, 사회의 형평성을 증진시키기 위해 부동산 시장에 개입한다. 경우에 따라서는 부동산시장과 거시경제를 안정시키기 위해 부동산 시장에 개입하기도 한다. 그러나 정부의 시장개입은 비용을 수반한다.

정부의 시장개입에 따른 비용은 크게 정책수단을 계획하고 집행하며 관리하는데 들어가는 행정비용과 정부의 시장개입에 따른 사회적 후생의 손실, 두 가지로 나누어 볼 수 있다. 전자는 눈에 띄는 비용이지만 후자는 대개 눈에 잘 띄지 않는 사회적 비용이다. 예를 들어 정부가 주택가격 안정이나 형평성 증진을 목적으로 신규주택의 분양가를 규제할 경우, 신규주택 공급량이 감소하면서 사회적 후생의 손실이 발생한다.

정부의 시장개입은 여러 가지 사회적 비용을 메우고도 남을 만큼 충분히 큰 사회적 이익이 전제될 때에만 비로소 그 타당성을 인정받을 수 있다. 그러나 만약 그 반대라면 정부의 시장개입은 오히려 자원배분의 비효율성을 더욱 악화시킬 수 있다. 이런 것을 정부의 실패(government failure)라고 부른다.

2) 정부개입의 한계

시장기구를 이용한 자원배분은 다른 어떤 자원배분수단보다도 효율적인 것으로 알려져 있다. 시장기구가 불완전하기 때문에 정부의 시장개입이 불가피하기는 하지만, 그렇다고 하여 정부에 의한 자원배분이 시장기구에 의한 자원배분보다 완전하다는 의미는 아니다.

정부는 수요자나 공급자에 대한 완전한 정보를 갖고 있지 않다. 특히 정부가 시장에 개입하면, 수요자나 공급자의 행동이 바뀌게 되는데 정부는 수요자나 공급자의 행동이 어떻게 바뀌는가에 대한 완전한 정보를 갖고 있지 않다. 이러한 상태에서 정부가 시장에 개입하면, 예상치 못한 부작용이 발생하여 정부가 의도하는 방향으로 시장이 움직이지 않을 수 있다. 이러한 면에서 볼 때, 정부의 시장개입은 시장기구의 결점을 보완하고 그 기능을 활성화하는 범위에서 벗어나서는 안 된다.

제3절 주요 부동산 정책 및 수단

정부의 부동산 시장 개입은 부동산 문제를 해결 또는 개선함으로써 인간과 부동산과의 관계를 개선하려는 공적인 시도이며, 종합 정책적 성격을 갖는다. 다양한 부동산 정책과 수단이 있지만, 본서에서는 분양가 상한제, 부동산 금융규제, 부동산세제를 간략히 소개하고자 한다.

1. 분양가 상한제

자산시장에서 부동산 가격을 통제하는 대표적인 사례가 우리나라의 분양가 상한제이다. 분양가 상한제는 신규분양주택의 분양가격을 정부가 정한 가격 이상으로 받지 못하도록 통제하는 제도이다. 분양가 상한제를 실시하는 이유는 주택가격을 안정시키고, 무주택자들의 신규주택구입 부담을 덜어주기 위해서이다.

분양가 상한제는 자산시장에서 신규분양주택에 적용된다. 따라서 공급곡선은 장·단기에 관계없이 우상향(右上向)하는 형태를 취한다. 규제가 없을 때에는 공급곡선과 수요곡선이 마주치는 E지점에서 균형을 이루고, 이때의 균형 분양가는 P_0이다. 이 상태에서 정부가 분양가를 P_c로 제한할 경우, 신규주택 개발량은 Q_1으로 제한된다. 따라서 신규분양주택의 공급량은 규제에 없을 때에 비해 Q_0-Q_1만큼 줄어들어 신규분양주택의 품귀현상을 가져올 수 있다.

한편, 낮은 분양가 때문에 수요량은 Q_2로 증가하게 된다. 이에 따라 Q_2-Q_1만큼의 초과수요가 존재하게 된다. 이 경우, '누구에게 분양주택을 배분할 것인가' 하는 문제가 발생하게 된다.

그리고 공급자는 정부가 정한 분양가 P_c 하에서는 신규분양주택을 Q_1 이상 공급하지 않으려고 한다. 이 때문에 분양가 상한제하에서의 실제적인 공급곡선은 $abcd$가 된다. 이 경우, 신규분양주택의 실질적인 시장 가격은 실질적인 공급곡선 $abcd$와 수요곡선 D가 만나는 c점에서의 가격인 P_m이 된다. 실질적인 시장가격 P_m과 분양가격 P_c와 차액을 분양 프리미엄이라고 부른다. 공급자가 Q_1만큼 공급하였을 때, 총 분양 프리미엄은 bcP_mP_c이 된다. 이 분양 프리미엄은 일반적인 수분양자(신규주택 분양을 받은 사람)에게 돌아간다. 수분양자는 분양 프리미엄을 조기에 실현하기 위해 분양권을 매각하기도 한다.

분양가 상한제가 실시되면, 분양가격이 시장가격보다 낮기 때문에 수분양자는 신규분양주택의 질이 다소 떨어지더라도 이를 감내할 의사가 있다. 더군다나 시장에는 신규분양주택을 분양받겠다고 사람들이 기다랗게 줄을 서고 있는 상황이라, 공급자는 주택의 질을 떨어뜨리더라도 주택을 분양하는데 별다른 어려움이 없다. 이런 이유에서 분양가 상한제가 실시되면, 신규분양주택의 질은 하락하게 된다.

분양가 상한제는 여러 가지 부작용을 잉태하기 때문에, 정부는 분양가 상한제를 유지하기 위해 추가적인 규제나 지원책을 도입해야 한다. 예를 들어 분양가 상한제로 신규분양주택의 공급량이 감소하는 것에 대해, 정부는 공기업을 통해 신규주택의 공급을 확대하고자 하고 시행사에 대해서는 조세 및 금융상의 특혜를 주어서 공급량

그림 4-1 분양가 상한제의 효과

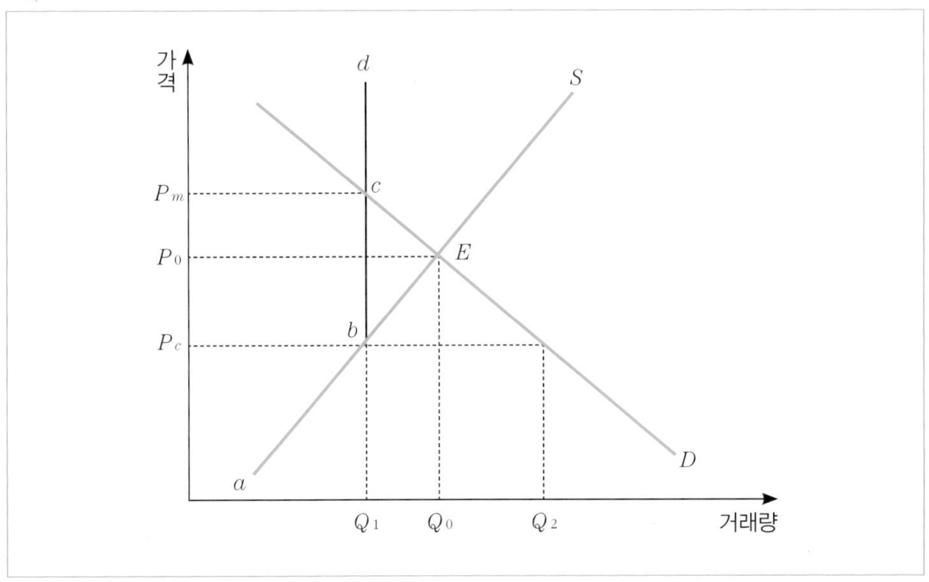

감소가 최소화되도록 노력한다. 초과수요에 대해서는 보통 무주택 기간, 주택청약 예금이나 청약저축 가입기간 등을 고려하여 청약 대상자를 선정하고, 최종적으로는 무작위 추출을 통해 수분양자를 선정한다. 그리고 분양 프리미엄이 발생하여 실질적으로 분양주택의 가격이 상승하는 문제에 대해서는 일정 기간 동안 전매를 제한함으로써 프리미엄의 실현 시기를 늦추고 있다. 신규분양주택의 질이 하락하는 문제의 경우, 주택의 질을 분양가격 산정에 반영하는 방식을 취하고 있다. 즉, 분양주택의 질이 일정 수준 이상인 사업장에 대해서는 분양가격을 높여줌으로써 주택의 질을 높

〈표 4-3〉 분양가 상한제의 문제점과 보완책

문제점	보완책
신규주택 공급량 감소	공기업(주택토지공사)의 주택공급 확대 신규주택건설에 대한 조세 및 금융지원
초과수요	주택청약제도에 의한 분양주택 배분
분양 프리미엄	분양주택의 전매 제한
신규주택의 질 하락	분양가격 산정 시 우수 건설사에 대한 분양가 상향 조정
분양프리미엄이 높은 주택만 청약	대책 없음

이고자 하는 인센티브를 제공해 주는 것이다.

이런 보완책에도 불구하고 분양가 상한제는 그 본래의 정책 목적을 충분히 달성하지 못한다. 즉, 분양가 상한제를 실시하더라도 주택가격은 안정을 찾지 못한다. 오히려 신규주택 공급량이 감소함으로써 시장가격은 규제 이전보다 올라갈 수 있다. 또한 신규주택의 질이 하락함으로써 시장의 다양한 수요를 충족시켜주지 못한다. 다만, 분양가 상한제로 인해 무주택자들의 신규분양주택 구입부담이 줄어드는 효과는 있다. 그러나 이는 운 좋게 수분양자로 당첨된 사람에게만 해당하는 효과이다.

더 나아가, 무주택자들은 자신의 능력이나 선호와는 관계없이 분양 프리미엄이 높은 신규주택만 분양받고자 한다. 그 결과 일부 신규분양주택들은 미분양 되는 가운데, 분양 프리미엄이 높은 신규분양주택들은 천문학적인 청약 경쟁률을 보이기도 한다.

2. 부동산 금융규제

금융규제는 부동산시장이 과열되었을 때 사용할 수 있는 금융정책수단이다. 금융규제의 대표적인 방법으로 대출총액한도 규제와 LTV 비율(loan to value: 부동산가격 대비 대출액 비율) 또는 PTI 비율(payment to income: 소득 대비 원리금지급액 비율) 규제가 있다.

1) 대출총액한도제

대출총액한도 규제는 금융기관으로 하여금 부동산 분야에 대출해줄 수 있는 대출총액을 제한하는 제도이다. 대출총액한도는 일반적으로 시장균형 하에서의 대출총액보다 적은 수준에서 결정한다.

대출총액한도 규제가 실시되면, 금융기관들은 신규 대출을 억제하는 것은 물론이고 기존 대출의 일부를 회수하여야 한다. 이 경우, 자금을 단기로 차입한 기업이나 가계의 대출금이 우선적으로 회수 대상이 되며, 이 중에서도 신용도가 낮은 차입자의 대출금이 최우선적으로 회수 대상이 된다.

[그림 4-2]는 이런 상황을 그림으로 보여준다. 정부가 대출총액한도를 Q_c로 제한하게 되면, 자금시장에서 실질적인 자금의 공급곡선은 Δabc가 된다. 이 경우, 금융

그림 4-2 대출총액한도 규제의 효과

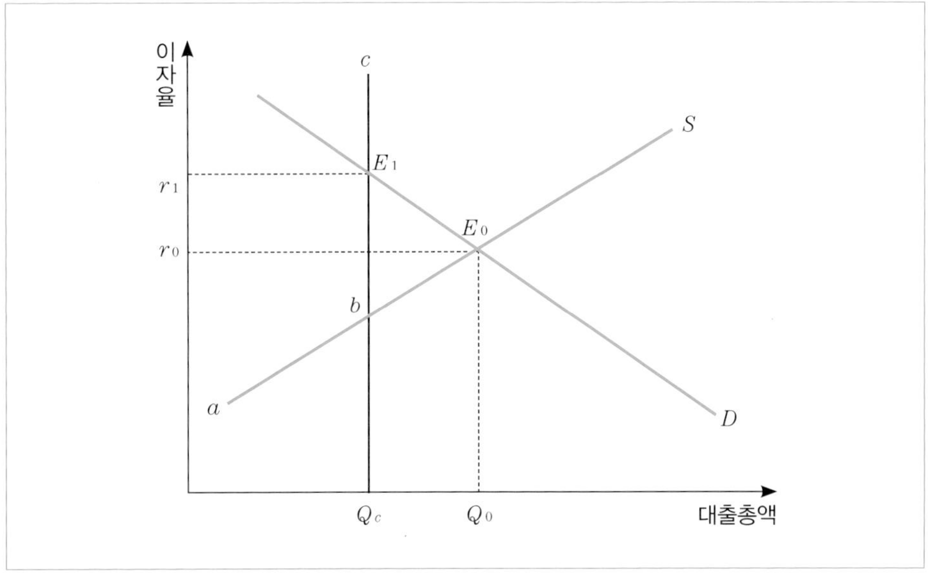

기관들은 $Q_0 - Q_c$에 해당하는 대출액을 회수하고자 하기 때문에 수요곡선 D와 새로운 공급곡선 Δabc가 만나는 E_1에서 새로운 균형이 이루어지고, 이때 r_0보다 높은 r_1이 시장이자율이 된다.

대출금의 상환을 요구받은 차입자는 사금융 시장에서 자금을 차입하여 대출금을 상환하거나, 보유중인 부동산을 매각하여 차입금을 상환하고자 하기 때문에 시장금리가 상승하고 부동산 가격은 하락하게 된다. 만약 대출총액한도의 규제폭이 클 경우, 시장금리의 상승과 부동산 가격의 하락폭이 커지기 때문에 금융기관의 대출부실이 확산될 수 있다. 이 경우, 금융기관은 대출부실을 막기 위해 스스로 부동산 담보대출을 회수하고자 하며, 이것이 부동산 시장을 파국으로 몰고 갈 수도 있다.

이의 대표적인 예가 1990년대 초, 일본의 융자총량 규제이다. 일본은 1980년대 중반 이후 장기간 저금리 체제를 유지해 왔었다. 이로 인해 부동산 가격이 급등하자, 1990년대 초 금융기관들을 대상으로 융자총액을 제한하기 시작하였다. 갑자기 융자총액을 제한하자, 금융기관들은 대출을 회수하기 시작하였고, 자금조달길이 막힌 기업들은 부동산을 팔고자 하였으나 아무도 부동산을 살 기업이 없었다. 결국 많은 기업들이 파산하고, 더불어 금융기관들도 부실로 인해 파산을 하면서 일본은 장기간

불황을 겪게 되었다.

2) LTV 및 PTI 규제

금융규제의 또 다른 방법으로 LTV 비율과 PTI 비율을 규제하는 방법이 있다. LTV 비율을 규제하면, 개별 차입자에게 대출해 줄 수 있는 대출액 규모가 줄어들기 때문에 부동산 시장을 안정시키는 효과가 있다. PTI 비율을 규제할 경우에도 비슷한 효과가 있다. 다만, PTI 비율은 소득에 연동되어 대출액이 결정되기 때문에 고소득층에게는 규제의 효과가 작고, 저소득층에게는 상대적으로 규제효과가 크다. 또 PTI 비율은 부동산담보대출의 이자율에 의해서도 영향을 받는다. 만약 이자율이 낮다면, PTI 비율을 규제하더라도 대출액의 규모가 줄어들지 않는다. 반면, 이자율이 높다면, PTI 비율을 규제할 경우 대출액의 규모가 크게 줄어들 수 있다.

우리나라에서는 주택시장의 상황에 따라 정부가 LTV 비율과 DTI 비율(debt to income: 소득대비 대출액 비율)을 규제하고 있다. DTI 비율은 소득 대비 대출액 비율을 말하는데, 우리나라에서는 PTI 비율과 같은 의미로 사용하고 있다. 즉, 소득 대비 대출원리금 지급액 비율로 사용하고 있다. 정부는 수도권에 한해 LTV 비율을 60%로 제한하고 있는데, 주택투기지역에 대해서는 LTV 비율을 40%로 제한하고 DTI 비율도 40% 이하로 제한하고 있다. 그러나 이런 규제는 시기에 따라 수시로 변하기 때문에 여기서 말하는 비율이 고정되어 있는 것은 아니다.

3) DTI규제의 효과

시장안정을 목표로 한 LTV 및 DTI 규제로 인한 시장참여자들 특히 소득수준에 따른 금융규제의 효과는 다소 차별적인 양상을 보인다. 가계의 경상소득이 낮은 계층이 더 많은 영향을 받고 있고 고가의 중고주택에 대한 수요가 보다 강한 영향을 받는 것으로 분석되었다.[1]

전국의 약 9,300표본가구를 대상으로 계층별 자산보유실태를 최초로 조사한 가계자산보고서(2006년)에 따르면 연간 경상소득 기준으로 5분위와 6분위의 소득은 연간 2,575만원~3,032만원이며 7분위~10분위의 소득은 3,528만원~8,436만원으로 조

---

1 노영훈(2009.11), "DTI 등 금융규제가 부동산시장에 미치는 영향", 부동산포커스, 기획특집2, 참조.

사되었다. 부채 비율 역시 고소득계층으로 갈수록 높아지는 것으로 나타났고 부동산 구입관련 부채액도 늘어나는 것으로 조사되었다.

노영훈(2009)이 실시한 모의실험을 기초로 DTI 규제 강화가 소득별로 어떤 영향을 미치게 되는지를 정리해 보면 〈표 4-4〉와 같다.

이상의 분석결과는 시장안정을 위한 대책이 정부의 금융 및 세제지원을 받아서 자가를 구매할 것으로 기대되는 소득 5분위와 6분위 계층의 가계가 LTV 및 DTI 등 금융규제가 강화되면서 대출가능금액이 축소되어 주택구입을 어렵게 하는 결과를 초래하게 됨을 보여준다. 중간소득계층 중 무주택자의 신규 주택구입은 말할 것도 없고, 중간소득계층 중 자가소유자 중 주택규모를 늘려 이사하는 경우에도 자체적으로 충당해야 할 부분(기존소유주택 처분가액 등)이 커지게 된다. 금융규제에 의존하여 비교적 수월한 시장안정 정책을 펴고 있으나 오히려 주거의 형평성 증진이라는 목표와는 다소 배치되고 있다. 주택정책의 전반적인 목적을 고려하여 강도와 속도의 조절이 필요한 부분이다.

〈표 4-4〉 DTI 50% 적용에 따른 소득대별 대출액 감소효과

구분 (금리 연6%)	DTI 50% 적용시 대출가능액			LTV 50% 적용시		DTI 적용 감소효과		실제 LTV	
	15년만기 원리금균등상환			시가 5억 주택	시가 10억 주택	5억 주택	10억 주택	5억 주택	10억 주택
연소득	연상환 가능액	월상환 가능액	대출액 (DTI 50%)	대출액 (LTV 50%)	대출액 (LTV 50%)	감소액	감소액	실제 LTV	실제 LTV
3000만원	1,500	125	14,813	25,000	50,000	10,187	35,187	29.6%	14.8%
5000만원	2,500	208	24,688	25,000	50,000	312	25,312	49.4%	24.7%
8000만원	4,000	333	39,501	25,000	50,000	−14,501	10,499	79.0%	39.5%
1억원	5,000	417	49,376	25,000	50,000	−24,376	624	98.8%	49.4%

주: 1) 노영훈(2009)의 모의실험 방식을 참조하되, 금리와 연소득 기준을 달리 적용함.
2) 다른 대출은 없고, 기존 LTV 50% 규제가 적용되는 지역에 DTI 50% 규제가 추가되는 상황을 가정함.
3) DTI 적용 감소효과에서 연소득 8,000만원과 1억원의 경우, 시가 5억 주택의 경우 LTV 50% 적용에 의해 실제로는 25,000만원만 대출되므로 '0'이 되고 실제 LTV도 50%가 됨. 다만, 분석의 효과를 부가시키려는 차원에서 음수와 50%가 넘는 LTV를 가상적으로 표시한 것임.

3. 부동산 세제

1) 부동산 세제의 분류

부동산 세제에는 취득단계에 부과되는 거래세, 보유단계에 부과되는 보유세와 임대소득세, 그리고 이전단계에 부과되는 양도소득세나 상속세, 증여세 등이 있다. 우리나라의 경우, 거래세로는 취득세가 있으며 보유세로는 재산세와 종합부동산세가 있다.

부동산 세제는 세금의 부과대상이 토지냐 건물이냐에 따라 토지세와 건물세로 분류되기도 한다. 일반적으로는 토지와 건물을 따로 분리하지 않고, 토지와 건물을 통합하여 하나의 부동산에 대해 세금을 부과한다. 또한 부동산세제는 부동산 건별로 세금을 부과하기도 하고, 소유자별로 합산하여 세금을 부과하기도 한다.

부동산 세제는 세금을 계산할 때 지대나 임대료를 기준으로 세액을 결정하기도 하고, 부동산가액을 기준으로 세액을 결정하기도 한다. 대체로 취득단계나 이전단계에 부과되는 거래세나 양도소득세 등은 부동산가액을 기준으로 세액을 결정한다. 보유단계에 부과되는 보유세의 경우, 부동산가액을 기준으로 세액을 결정하는 것이 일반적이나, 지대나 임대료를 기준으로 세액을 결정할 수도 있다. 임대소득세는 지대나 임대료를 기준으로 세액을 결정한다.

2) 부동산 세제의 경제적 효과

조세(租稅)의 일차적인 목적은 국가가 자신의 활동에 필요한 비용을 조달하는데 있다. 현대 사회에 와서 조세는 재정수입의 확보라는 일차적인 목적 외에 시장실패에 대한 보완이나 사회적 형평성의 증진과 같은 사회·경제 정책의 수단으로 사용하기도 한다.

조세의 원칙 중 중립성은 조세가 시장의 자원배분에 영향을 미치지 않아야 한다는 원칙을 말한다. 조세가 완벽한 중립성을 가진다면, 그 세금은 상당히 이상적인 조세가 될 수 있다. 그러나 조세가 정부의 정책수단으로 사용될 경우에는 오히려 조세의 중립성이 문제가 될 수 있다. 즉, 시장의 실패로 인해 시장이 자원을 효율적으로 배분하지 못할 경우, 정부가 시장에 개입하여 시장의 자원배분에 영향을 미쳐야 한다.

그런데 조세가 중립성을 갖고 있다면, 해당 조세는 정부의 정책수단으로 사용하기 어려운 것이다. 한편 조세가 중립성을 갖고 있지 못하면, 일반적으로 조세의 전가(轉嫁)가 일어난다. 조세의 최종적인 부담자가 바뀌게 되는 것이다. 조세의 전가가 일어나면, 조세의 공평성에도 문제가 생길 수 있다. 조세가 공평하게 부과되더라도, 다른 사람에게 전가되면서 공평성에서 문제가 발생할 수 있는 것이다.

먼저 토지세의 경제적 효과이다.[2] 조세의 전가 현상이 없고, 중립성을 갖는 이상적인 조세를 찾고 있던 경제학자들은 오래 전부터 토지세에 대해 관심을 가져왔다. 고전학파 이래 많은 경제학자들은 토지세가 다른 사람들에게 전가되지 않고, 토지이용에 왜곡을 가져오지 않는다(중립성을 갖고 있다)고 믿었다. 토지세가 전가되지 않고 그 전액이 토지소유자에게 귀착된다는 견해는 사실 중농주의학파에서부터 시작되어 아담스미스, 리카르도 등 고전학파로 전달되었다. 고전학파는 비록 중립성이라는 용어를 쓰지는 않았지만, 토지세가 토지생산물의 생산을 위축시키지 않으며 그 생산물의 가격에도 영향을 주지 않는다는 점, 그리고 토지이용면적에도 영향을 주지 않는다는 점을 강조하였다. 즉, 토지세는 조세의 중립성을 갖고 있다는 것이다(이정전, 1987a).

토지세가 전가되지 않고 중립성을 갖는다는 고전학파의 생각은 신고전학파로 이어졌고, 극단적으로 헨리 조지(Henry George)의 토지단일세론(singletax)으로 연결되었다. 헨리 조지는 토지세가 조세를 전가하지 않고 중립성을 갖고 있는 반면, 다른 조세들은 조세전가나 조세의 비중립성 문제를 안고 있으므로, 다른 조세는 모두 폐지하고 토지세만으로 재정수입을 충당하자고 주장하였다. 특히 지대는 토지소유자의 노력이나 희생 없이 사회적 발전의 결과로 나타나는 불로소득이므로 토지세를 통해 이를 환수하는 것이 정당하다고 보았다.

헨리 조지의 이론을 따르는 학자들은 아직도 토지세를 이상적인 조세로 보고 있지만, 현대 경제학에서는 토지세도 조세전가 현상이 일어나고 중립성을 갖고 있지 않다는 견해를 대체로 수용하고 있다. 토지세의 전가와 귀착 문제, 그리고 토지세의 중립성 문제는 토지 공급곡선의 탄력성과 밀접한 관계가 있다. 고전학파나 헨리 조지가 주장하듯이 토지소유자에게 부과되는 세금이 다른 사람에게 전가되지 않으며, 토

2 상세한 이해를 위한 설명과 그림은 이태교·이용만·백성준, 부동산정책론, 2023, 법문사, pp. 356~366을 참조하기 바란다.

지생산물의 양에도 영향을 미치지 않는 것은 토지의 공급곡선이 완전 비탄력적일 때만 성립한다.

그러나 현실적으로 모든 토지는 용도의 변경이 가능하기 때문에 용도별 토지 공급곡선은 우상향의 형태를 띠게 된다. 왜냐하면 어떤 특정 용도의 토지가격(지대)이 상승하면 다른 용도로 사용되던 토지들이 전용되기 때문에 공급량이 증가하게 된다. 반대로 특정 용도의 토지가격(또는 지대)이 하락하면 해당 토지가 다른 용도로 전환되면서 공급량이 감소하게 된다. 따라서 특정용도의 토지에만 세금을 부과하거나 아니면 중과세할 경우 토지세의 부과는 다른 사람에게 전가되며, 토지세의 중립성도 성립하지 않는다.

다음으로 재산세의 경제적 효과이다. 재산세를 부과하는 이유는 나라별로 다른데, 대부분의 나라에서는 지방공공재를 공급하는데 따른 비용을 조달하기 위해 부동산에 재산세를 부과하고 있다. 즉, 응익(應益)의 원칙에 따라 재산세를 부과하는 것이다. 부동산에 대한 재산세는 지방공공재 공급의 비용조달이라는 측면에서 매우 바람직한 세금이다. 지방공공재의 공급 효과는 특정 지역에 한정하여 나타나기 때문에 이동이 불가능한 부동산에다가 세금을 부과할 경우, 재산세는 응익(應益)의 원칙에 적합한 조세가 될 수 있다. 즉, 부동산은 지방공공재 공급에 따른 편익을 누릴 수 있기 때문에 부동산에 지방공공재 공급 비용을 부과하는 것이 타당한 것이다.

나라에 따라서는 재산세를 소득세 보완용으로 사용하기도 한다. 개인의 소득 파악이 명확하지 않을 경우, 부동산의 많고 적음으로 소득의 많고 적음을 파악하여 세금을 부과하는 것이다. 재산세를 소득세의 보완용으로 사용할 경우, 재산세는 응능(應能)의 원칙에 따른 세금이 된다. 재산세를 소득세의 보완용으로 사용할 경우, 부동산가액을 소유자별로 합산하여 세금을 부과하기도 하고 개별 부동산을 대상으로 세금을 부과하기도 한다. 재산세가 누진적으로 과세되기를 원할 경우 소유자별로 부동산가액을 합산하여 과세하는 것이 타당할 것이다.

재산세를 소득세의 보완용으로 사용하는 것과 유사하게 재산세를 부유세로 사용하는 경우도 있다. 부동산을 많이 보유하고 있는 사람은 부유하다고 보고, 세금을 추가로 부과하는 것이다. 재산세를 부유세로 사용할 경우에는 부동산가액을 인적으로 합산하여 과세할 수밖에 없다. 또 일반적으로는 자산에서 부채를 제외한 순자산만을 대상으로 세금을 부과하는 것이 타당할 것이다. 자산이 많더라도 부채가 많다면 부유하다고 보기 어렵기 때문이다.

재산세가 부과되면, 누가 이를 궁극적으로 부담하는가에 대해 많은 논란이 있다. 재산세 중 토지에 부과되는 세금은 앞에서 본 토지세와 큰 차이가 없다. 다만, 앞에서 본 토지세는 지대에 부과되는 세금인데 반해, 재산세 중 토지에 부과되는 세금은 일반적으로 토지가격에 대해 부과된다는 차이가 있을 뿐이다. 지대에 대해 세금이 부과되던, 지가에 대해 세금이 부과되던 간에 토지에 대해 부과되는 세금은 단기적으로 토지소유자가 부담하게 된다. 그러나 장기적으로는 세금의 전가 현상이 일어나게 된다. 재산세 중 건물에 부과되는 세금의 경우에도 단기냐 장기냐에 따라, 그리고 모든 지역에 동일한 비율로 세금이 부과되느냐 일부 지역에만 부과되느냐에 따라 세금 전가 여부나 정도가 달라진다. 건물에 재산세를 부과할 경우, 모든 지역에 동일한 비율로 부과하던 일부 지역에만 부과하던 관계없이 단기에는 건물소유주에게 세금이 귀착된다. 이는 건물이라는 부동산이 갖고 있는 비가역성(非可逆性)이라는 특성 때문이다. 건물은 일단 건설되면 단기적으로는 이를 되돌리기가 어렵기 때문에 공급곡선이 완전 비탄력적인 상황이 된다. 이런 상황에서 건물소유주에게 세금이 부과되면 다른 쪽으로 세금을 전가할 수 없게 된다.

그러나 장기적으로는 재산세의 전가현상이 일어난다. 먼저 일부 지역에만 건물에 대해 재산세가 부과될 경우(또는 중과할 경우), 장기적으로 해당 지역의 건물(자본투자)이 감소하게 된다. 재산세로 인해 자본수익률이 내려가기 때문이다. 이로 인해 해당 지역의 공간 공급이 감소하여 임대료가 상승하게 되고, 따라서 건물에 대한 재산세의 일부가 건물 공간 이용자에게 전가되는 것이다.

이어서 양도소득세의 경제적 효과이다. 양도소득세는 양도소득이 존재할 때에만 부과되고, 양도소득은 거래 가격에 의해 좌우되기 때문에 타인에게 전가되지 않는 것으로 알기 쉽지만, 양도소득세도 타인에게 전가될 수 있다. 부동산에 투자하는 사람 입장에서 볼 때, 양도소득세는 세후 투자수익률을 낮추는 요인이기 때문에 부동산에 대한 투자를 기피하게 만든다. 공간시장에서는 장기적으로 건물에 대한 투자가 감소하여 공간의 공급이 줄어들고, 이로 인해 장기적으로 임대료가 상승하게 된다. 장기적으로 임대료가 상승하게 되면, 결국 양도소득세는 부동산 이용자에게 부분적으로 전가되는 것이다.

한편 양도소득세는 부동산 보유자로 하여금 거래를 뒤로 미루게 하는 동결효과(凍

結效果: lock-in effect)를 갖고 있다. 부동산을 보유하는 동안 자본이득(capital gain)이 발생하더라도 매각하지 않으면, 양도소득세를 내지 않는다. 자본이득이라는 것은 부동산 보유로부터 발생하는 임대소득의 현재가치가 증가하였기 때문에 발생하는 것이다. 따라서 부동산을 계속 보유하고 있다면, 자본이득에 따른 세금을 내지 않으면서 자본이득의 효과(임대소득이 증가한 부분을 수취하는 것)를 누릴 수 있다. 바로 이런 이유에서 양도소득세를 부과하면, 부동산 소유자는 부동산을 매각하지 않고 보유하는 쪽으로 행동하게 되고, 이로 인해 자산시장에서 자산의 공급이 끊기는 문제가 발생하게 된다.

3) 우리나라 조세체계와 부동산세제

우리나라 조세는 크게 국세와 지방세로 분류된다. 국세는 국가(중앙정부)가 부과하는 세금이고, 지방세는 지방자치정부가 부과하는 세금이다. 국세와 지방세는 세금이 부과되는 목적에 따라 보통세와 목적세로 분류되기도 한다. 특정한 목적을 위해 부과되는 세금을 목적세라 하고, 그렇지 않은 세금을 보통세라고 한다.

국세에는 보통세인 소득세, 법인세, 상속세, 증여세, 종합부동산세, 부가가치세, 개별소비세, 주세, 인지세, 증권거래세, 교통·에너지·환경세가 있으며, 목적세인 교육세와 농어촌특별세가 있다(국세기본법 제2조). 지방세의 경우, 보통세로 취득세, 레저세, 등록면허세, 주민세, 재산세, 자동차세, 지방소득세, 지방소비세, 담배소비세가 있으며, 목적세로 지역자원시설세와 지방교육세가 있다. 지방세는 과세주체에 따라 시·도세(市·道稅)와 시·군·구세(市·郡·區稅)로 구분되기도 한다(지방세기본법 제8조). 국가가 부과하는 세금 중에는 위에서 본 국세 외에 관세가 있다. 관세는 국경을 넘는 물품 등에 부과되는 세금이기 때문에, 국세와 지방세를 합쳐서 내국세(국내에서 부과되는 세금)라고 부르기도 한다.

이상과 같은 국세와 지방세 중에서 부동산과 관련이 있는 조세는 대략 10여 가지이다. 국세 중에서는 임대소득세와 양도소득세(소득세의 일부분), 법인세와 법인세 특별부가세(법인세의 일부분), 상속세, 증여세, 종합부동산세 등이 부동산과 관련이 있는 조세이다. 교육세와 농어촌특별세도 부동산과 관련이 있기는 하지만 양도소득세 등에 덧붙어 부과되는 부가세(附加稅)이기 때문에 직접적으로 부동산과 관련 있는 조세라고 보기는 어렵다. 지방세 중에서는 취득세, 재산세, 지역자원시설세 등이 부동

그림 4-3 우리나라 조세체계

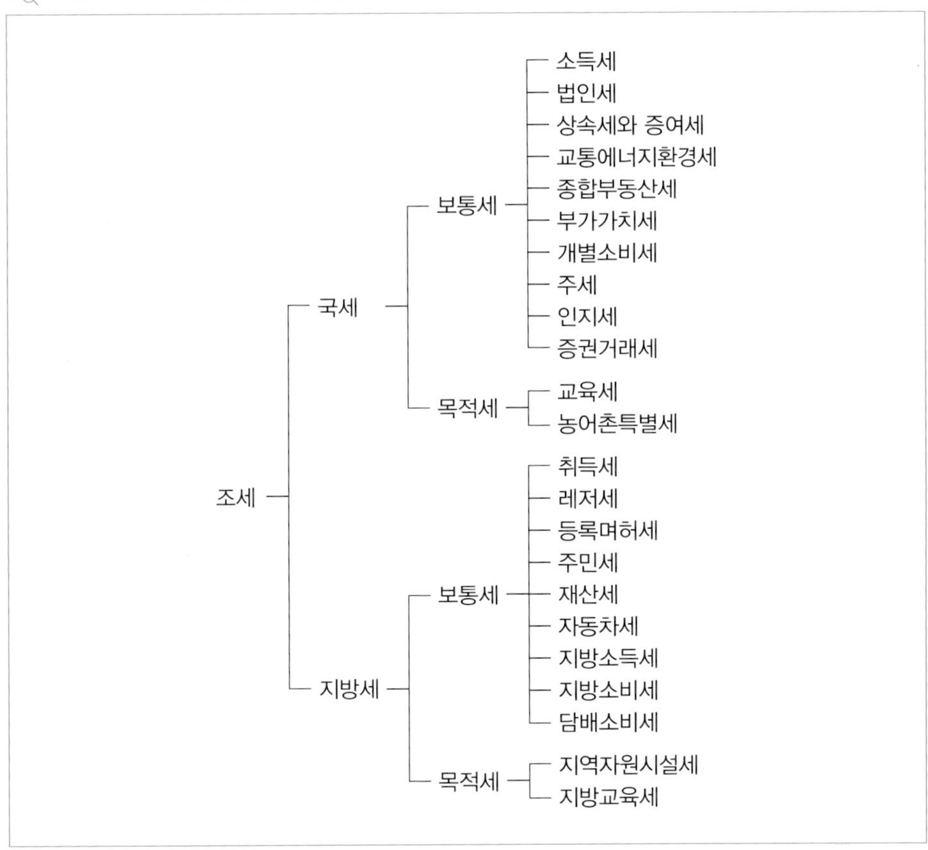

산과 관련이 있는 조세이다.

이상의 부동산관련 세제는 크게 부동산의 취득과 보유, 그리고 이전과 관련한 세제로 나눌 수 있다. 취득세가 부동산 취득과 관련한 세금이고, 재산세와 종합부동산세, 지역자원시설세, 임대소득세 등은 부동산 보유와 관련한 세금이다. 그리고 양도소득세나 상속세, 증여세는 부동산의 이전과 관련한 세금이다.

질문

1. 부동산의 특성과 부동산의 문제를 부동산 정책과 연결 지으시오.
2. 부동산 정책 중 직접적 정책과 간접적 정책을 구분하시오.

참고문헌

1. 이태교·이용만·백성준, 부동산정책론(제5판), 법문사, 2023.
2. 노영훈, "DTI 등 금융규제가 부동산시장에 미치는 영향", 부동산포커스, 기획특집2, 2009.11.

제 5 장 부동산 입지론

제1절 개 요

입지(location)는 건물이 자리를 잡기 위해 장소를 정하는 행위 또는 장소를 차지하고 있는 상태를 의미하는 것으로 모든 부동산 입지를 가지고 있다. 입지(立地)가 상태를 의미하는 것이라면, '민법 99조에 부동산이란 토지 및 그 정착물은 부동산이다.'라고 정의된 것과 같은 의미로 해석할 수 있지만, 사람들이 '입지가 좋다'라는 말 속에는 경제활동을 할 수 있는 공간(space)과 장소(place)의 개념이 포함되어있으므로 다른 개념이다. 경제적 편의성을 근간으로 하여 입지를 해석하여야 한다. 입지는 19세기 말 경제학자인 Marshall에 의해 부지(site)와 위치(situation)의 관점에서 접근하기도 한다. 부지란 부동산이 가지고 있는 물리적 특성, 지리적 좌표를 의미하는 절대적 공간(absolute space)이라 한다. 특정 부동산의 면적, 토양, 경사도, 지형, 위치 등이 여기에 속한다. 위치는 상대적인 공간적 특성을 의미하는 것으로 경제적 영향력을 의미하는 것이다. 특정 부동산이 도시 중심지까지 거리, 또는 접근성, 다른 부동산과 비교하였을 때의 편리성, 이용·사용 가치 등이 여기에 해당한다. Marshall은 지대이론에서 위치의 중요성을 강조하였고, 위치의 가치(situation value)라는 표현을 자주 언급하였다. 채집사회에서 농경사회로 발전하여 가면서 생산성에 직접적인 영향을 주는 물리적 특성인 부지의 중요성이 중시되었다. 농경사회에서 산업의 발달과 도시화로 진행되면서 부지의 물리적 특성보다는 위치의 경제적 특성이 더 중요해지기 시작하였다. 비대면 사회, 1인 사회, 초고령화 사회, AI 사회로 발전해 가면서 부지와 위치의 상대적 중요성이 더 격차가 벌어질 것인지, 아니면 줄어들 것인지는 향후 변화의 추이를 지켜보아야 할 것이다. Hurd는 지가는 경제적 지대에, 지대는 위치에, 위치는 편리함에, 편리함은 가까운 것에 영향을 받는다고 하였다. 즉 지가는 토지의 접근성에 따라 결정된다는 것이다. 따라서 부동산의 최유효이용이라는 관점에서 특정 부동산이 가지고 있는 물리적 특성인 부지와 경제적 특성인 위치를 살펴야 하는 것은 중요한 일이라 할 것이다.

1. 입지의 중요성

What are the three most important things about real estate is location, location, location. 소유와 이용의 부동산활동에 있어 가장 중요한 것 3가지를 꼽으라고 한다면 첫째도 입지, 둘째도 입지, 셋째도 입지라는 것이다. 이용의 주 관심의 대상이 되는 것은 용도의 활용이다. 주거지의 경우에는 주거 만족도로 언급되는 쾌적성, 편리성, 기반시설이 좋은 곳으로, 상업지와 공업지는 사업의 수익을 극대화할 수 있는 곳으로, 농업지는 생산성이 좋은 곳을 선택하게 된다. 부동산이 입지와 불가분의 관계에 있으므로 입지분석이 부동산 활동의 첫 단계가 되는 것이다. 부동산의 고유한 특징 중의 하나가 위치의 고정성(固定性)이다. 다른 말로 부동성(不動性)이라고 하고, 이것이 부동산(不動產)의 절대적 특징이다. 부동산을 다른 자산과 구별하는 가장 기본이 되는 요소이며, '민법 99조에 부동산 이외의 물건은 동산이다.'라고 민법에 정의한 이유이다. 이러한 특징으로 인하여 어느 지역에서 토지에 대한 수요가 증가한다고 하여서, 그 지역에 토지의 공급을 증가시킬 수 없는 것이며, 특정 지역을 중심으로 국지화(局地化)된 시장이 형성되어 그 지역의 환경에 절대적 영향을 받는 것이다. 같은 부동산은 존재하지 않는다는 이질성(異質性) 또는 개별성(個別性)으로 차별화(差別化)되는 부동산의 고유한 특징을 가지게 되는 것이다. 따라서 입지분석이 부동산의 소유와 사용에 대한 의사 결정(Decision Making)하는 중요한 요소가 되는 것이다. 입지와 유사 개념으로 적지(適地)는 용도의 다양성으로 이해하는 것으로 다른 개념이다.

2. 위 상

입지론은 부동산활동의 시작점이기 때문에 입지이론의 전개 과정에 있어서 부동산의 다른 분야에서 개발된 원리나 방법론을 사용한다. 입지론은 융복합 이론으로 접근하게 된다. 다른 분야에는 경제학, 지리학, 지대론, 도시구조론, 시장분석론, 재무론, 관련 법규 등이 있다. 특히 지리학과 경제학이 이론적 발달에 큰 영향을 주었다. 지리학은 공간조직에 상호 간에 어떻게 영향을 주고받는지, 경제학은 제한된 자원을 다양한 상품생산에 어떻게 할당하느냐를 연구하는 학문이다. 초기의 입지론은 경제학적 도구를 활용해 분석한 경제학자들이 산업입지론을 중심으로 진행되었다. 폰튀넨(Von Thunen)의 고립국이론, 베버(Alfred Weber)의 최소비용이론, 스미스(Smith)의 통합이론, 러쉬(A. Losch)의 최대수요이론, 크리스탈러(W. Christaller)의 중심지이론, 호텔링(Hotelling, H)의 입지상호의존이론, 애플바움(Applebaum)의 소매입지이론 등으로 연구되었다. 현재는 많은 학자에 의해 점진적으로 발전하면서 융복합 학문의 특징을 가지게 되었다. 금융학, 경영학, 행정학, 법학, 관리학, 마케팅, 도시계획학이 접목되었으며, 부동산개발론, 부동산시장론, 부동산금융론, 부동산관리론 등으로 연계되어가고 있다.

그림 5-1 입지론 위상

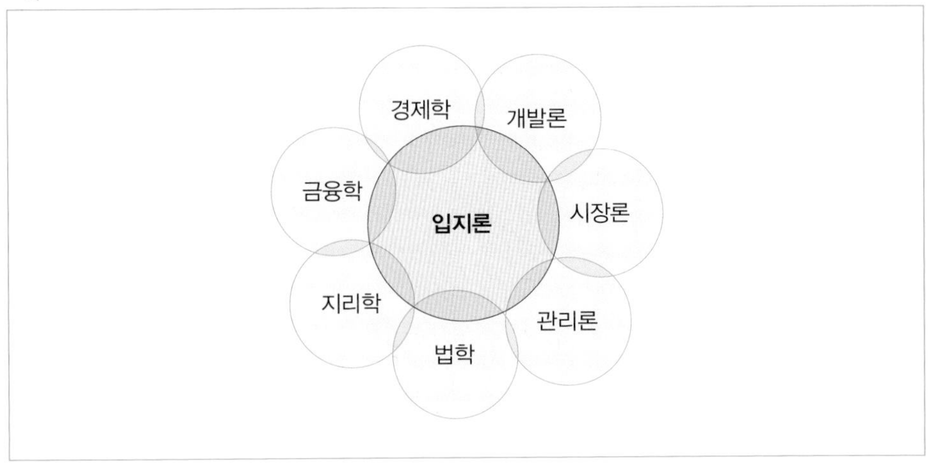

제2절 지대이론

1. Thünen의 농업입지론

현대 입지론의 시작은 폰 튀넨으로부터라고 할 수 있다. 그는 처음으로 시장과 생산물 그리고 거리에 관한 관계를 분석하는 기본 모델을 발전시켰다(1826). 농업입지에 관한 이 연구에서 시장까지 도달하는데 소요되는 서로 다른 농업생산물 간의 수송비 차이가 도시 주변의 농업입지를 결정한다고 보았다. 튀넨의 이론은 농업 활동에 대한 한계를 넘어서 모든 경제활동의 도시 입지를 결정하는 기본적인 이론으로 발전되어, 입지론의 선구자로 인정받게 된다. 가장 생산적이며 경제성이 높은 농산물은 시장과 최단 거리에 있는 토지를 확보하기 위해 경쟁할 것이고, 경쟁력이 없는 농산물은 먼 곳에 위치한다는 논리이다. 이 모델을 설명하기 위해 시장 주변의 농업 환경을 반영하는 기본적인 조건들을 설정했다.

① 연구 대상지역은 끝없는 황야로 평탄하고 비옥한 토지이다.

② 이 지역의 중심에 유일한 마을이 있고, 모든 농작물은 이 마을에서만 판매되므

그림 5-2 농산물가격과 거리의 관계

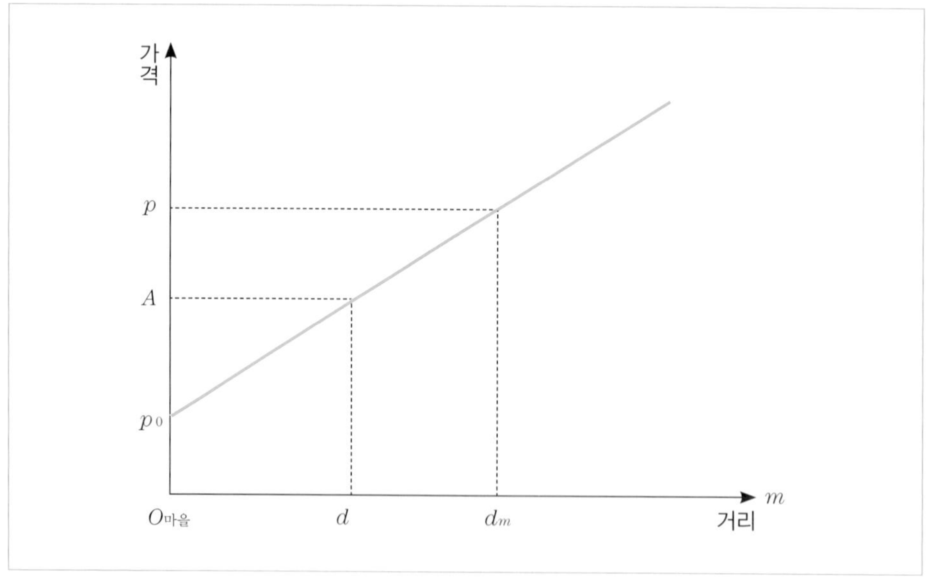

로 모든 농산물은 마을까지 수송되어야 한다.

③ 지형, 토양, 수리, 기후 등의 자연환경 조건은 동일하다.

④ 직선으로 움직이는 교통수단은 동일하며, 수송비는 방향에 따라 다르지 않다.

⑤ 농민의 능력, 규모, 기술 등은 동일하다.

⑥ 고립된 마을이므로 외부와의 교역은 없다.

이러한 가정에서 개별 농산물의 '지대'와 '사용범위'가 어떻게 결정되는지를 설명한다. 밀의 단위면적당 생산량이 q이고, 단위 중량당 생산비는 c, 밀에 대한 단위 중량당 판매가는 p, 단위 거리당 운송비는 cd_m이다. 이러한 경우에 밀을 생산하여 마을에 판매한다고 하면 수익이 발생하는 경우에만 토지소유자에게 지대를 사용료 명목으로 지불할 수 있다. 지대는 수익이 0이 될 때까지 감당할 수 있는 것이다. 이것을 마을과 밀 농사를 하는 농지까지 거리의 함수로 나타낼 수 있다.

$$p = p_0 + cd_m$$
$$R(d) = q(OP - OA) = q(p - p_0 - cd)$$

지대 함수로 그래프로 나타내면 아래와 같다.

위 식에서 $R(d)$가 +라는 의미는 밀 농사를 지어서 수익을 창출한다는 것이고, −라는 반대의 손실을 보았다는 의미이다. 따라서 밀 농사를 할 수 있는 한계 거리를

 그림 5-3 지대곡선

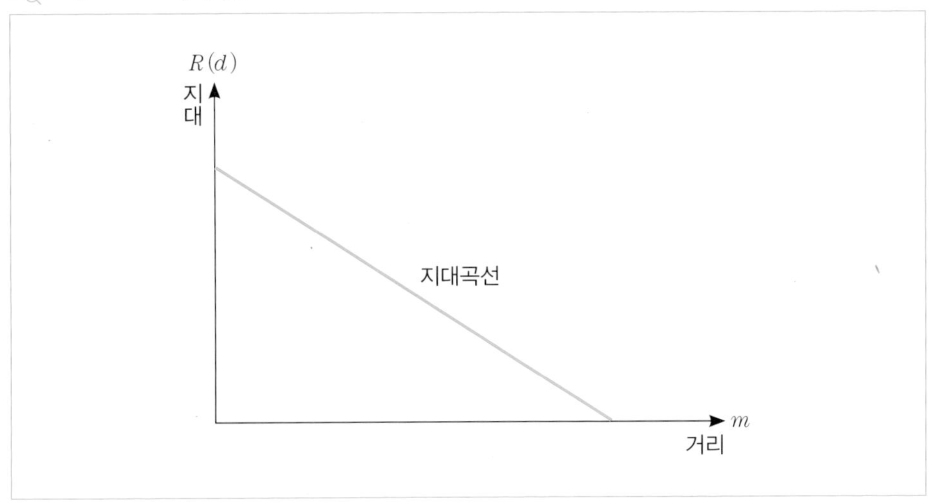

계산할 수 있다. 수익이 창출되지 않는 지점으로 $R(d)$가 0이 되는 지점이다. 밀의 경작 한계는 밀의 가격에 비례하고, 지대는 밀의 단위 중량당 운송비에 반비례한다.

튀넨의 이론에 따르면 지대는 거리의 함수가 되는 것이고, 여기에서 입지지대(location rent)라는 개념이 나오게 되었다. 결국 지대는 토지의 비옥도가 일정하더라도 접근성의 차이에 의해 차별적으로 나타나는 것이다. 이를 도시에 적용하면 도심에서 벌어질수록 토지가격의 차이가 발생하는 것으로 설명할 수 있다.

밀이 아니라 복수의 농산물이 경작되는 것을 가정할 수 있다. 농산물이 다르므로 농산물의 가격, 생산성, 운송비가 다르게 각각 될 것이다. 낙농, 토마토, 밀이 있다고 가정하고 각각의 시장가격, 생산량, 운송비가 아래와 같다.

〈표 5-1〉

농산물	단위면적당 생산량 (톤)	톤당 시장가격 (만원)	톤당 생산비 (만원)	톤·km당 수송비 (만원)
낙농	10	50	35	1
토마토	8	40	25	0.5
밀	5	40	25	0.3

아래와 같이 다른 그래프가 만들어진다.

그림 5-4 입찰 경쟁과 지대곡선

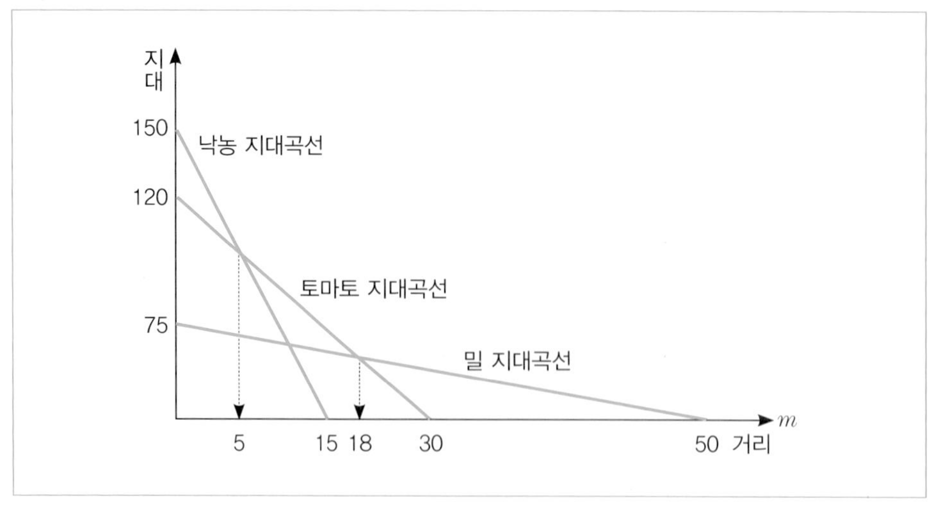

이 그림을 위에서 내려본다고 하면 아래와 같은 동심원 모양의 그림이 나타난다. 중심지에서 가까운 거리를 지배할 수 있는 농작지가 있는 것이고, 이는 다른 농산물과 비교하여 높은 지대를 감당할 수 있기 때문이다. 따라서 협의의 개념에서 지대는 생산과정에서 토지 사용에 대한 대가로 정의할 수 있으나, 광의의 개념으로는 토지와 같이 공급이 제한된 생산요소의 사용에 대한 대가로 확대되는 것이다.

그림 5-5 동심원적 토지이용

이 그림을 도시에 적용하여 나타내면 아래와 같은 지역으로 구분할 수 있다.

그림 5-6 동심원적 도시 토지이용

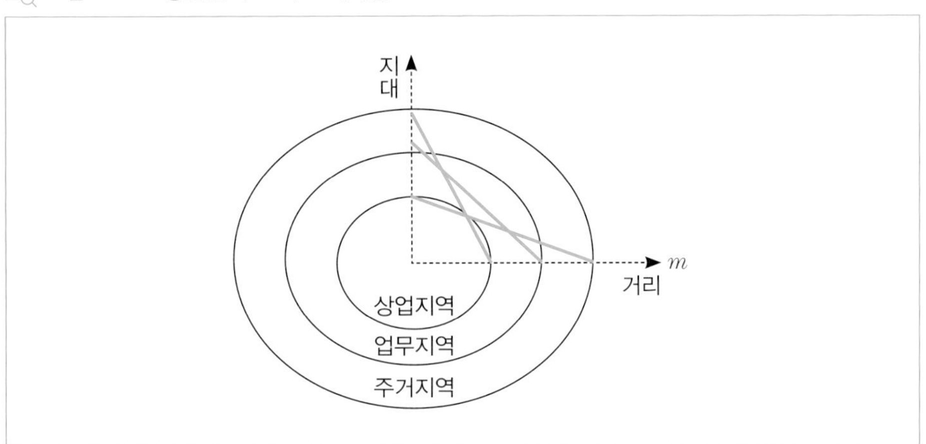

현대 도시의 중심지는 대부분 상업지역으로 형성되어 있고, 상업지를 업무지역과 주거지역 순으로 둘러싸고 있다. 이는 도심의 높은 임대료를 감당할 수 있는 순으로 용도가 자연스럽게 형성되는 것이다. 튀넨의 입지이론은 현재의 토지이용을 설명하는 모형으로도 여전히 사용되고 있으며, 도시가 형성되는 이론의 기본바탕이 되었다.

2. 지대곡선의 변화

1) 토지 생산성 향상과 지대곡선

지대곡선은 도시의 발전, 경제기능의 확대, 경기 변화 등 여러 상황에 따라 변하게 된다. 이러한 지대곡선의 이동은 새로운 형태의 입지경쟁을 유발하게 되고, 새로운 도시의 변화를 가져오게 된다.

그림 5-7 토지 생산량 증가에 따른 지대곡선의 변화

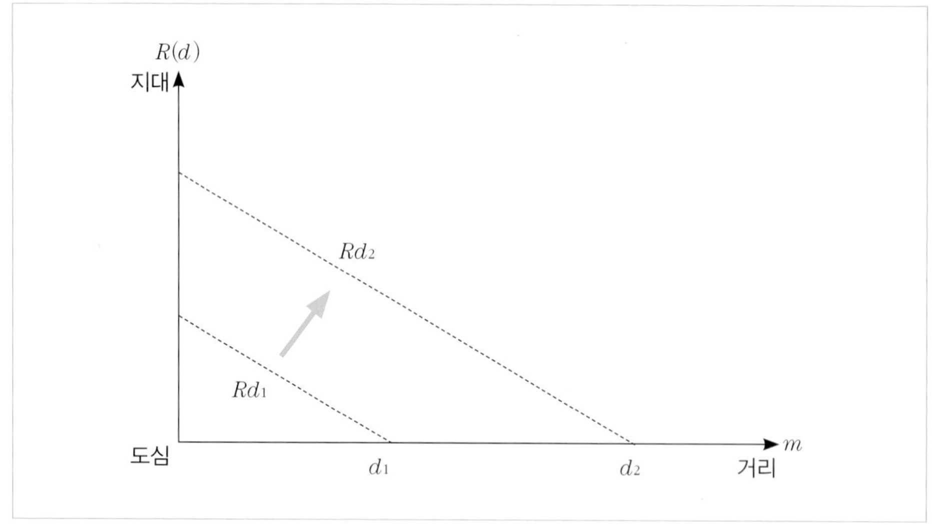

도시의 성장과 발전에 따라 도시에서 경제 활동하는 주체들의 부가가치 창출 능력이 점진적으로 커지게 된다. 이는 토지의 사용에 따른 지대지불 능력향상이 이루어진 것이다. 그림에서처럼 지대곡선이 Rd_1에서 Rd_2로 수평 이동하게 된다. 이에 따라 토지이용의 경계는 d_1에서 d_2로 확대된다. 모든 토지 사용에 부가가치가 늘어나서 도시 전체에 영향을 미친다고 하면, 각각 입지별로 할당되는 토지의 지대가 상승하게 되고, 도시의 경계는 확대하게 된다.

그림 5-8 토지 생산량 증가가 도시 전역에 영향을 미치는 경우

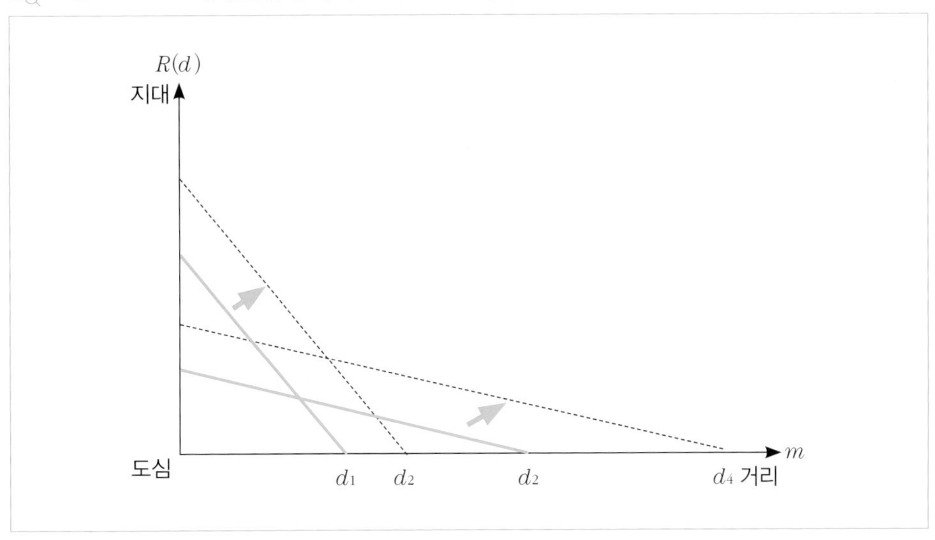

특정된 영역만 도시 토지의 부가가치 상승에 영향을 미친다면, 특정된 토지 용도만 외곽 또는 도심으로 경계가 확장되어 나타나게 된다. 다른 토지의 영역을 침투하게 되는 것이다.

그림 5-9 토지 생산량 증가가 특정된 영역에 영향을 미치는 경우

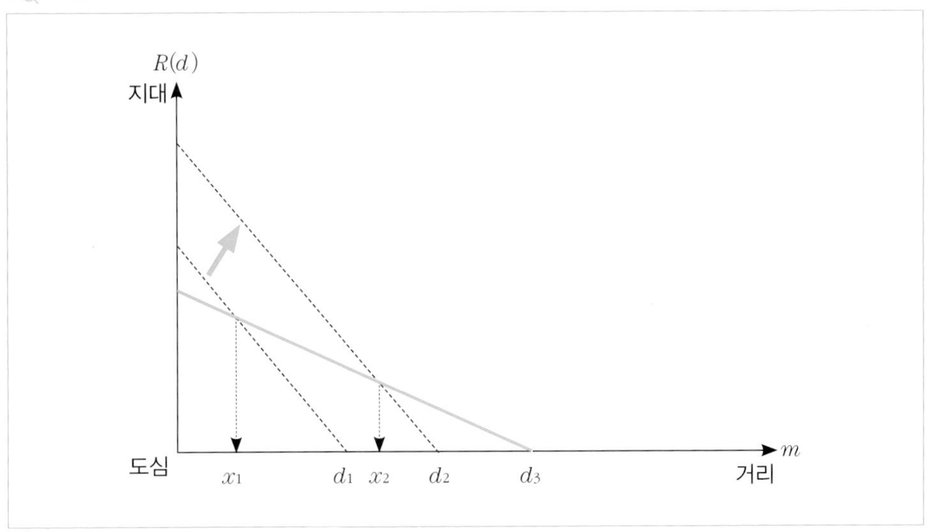

2) 교통 시스템의 발달에 따른 지대곡선의 변화

현대의 교통 시스템의 발전 속도는 빠르게 진행되고 있으며, 과거의 교통수단은 사라지고 있다. 교통시설의 확대와 교통기술의 발달은 거리에 대한 심리적·물리적 마찰계수를 줄인다. 경제활동에 대한 비용이 예전에 비하여 적게 들게 되면서부터 지대지불 능력이 향상되게 된다. 아래 그림에서 보듯이 지대곡선은 Rd_1에서 Rd_2로 지대곡선의 기울기가 완만하게 이루어진다. 이러한 현상은 외곽으로 도시의 확장을 가져온다.

그림 5-10 교통 시스템의 발달과 지대곡선의 변화

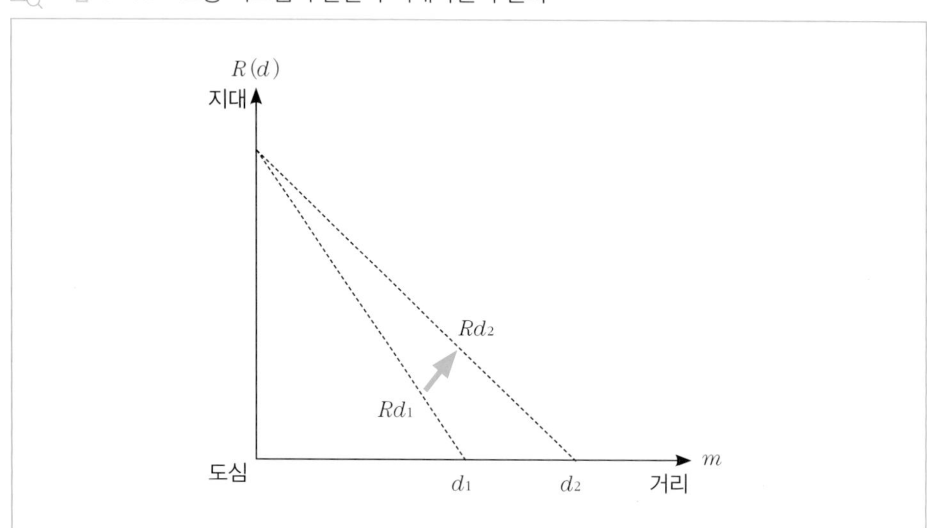

교통 시스템의 발달이 모든 토지 용도에 영향을 미친다고 하면, 도시 전체에 지대지불 능력향상이 발생하게 되는 것이다. 토지 용도에 따라 할당된 지역이 외연으로 확대하는 것이다.

그림 5-11 교통 시스템의 발달이 도시 전역에 영향을 미치는 경우

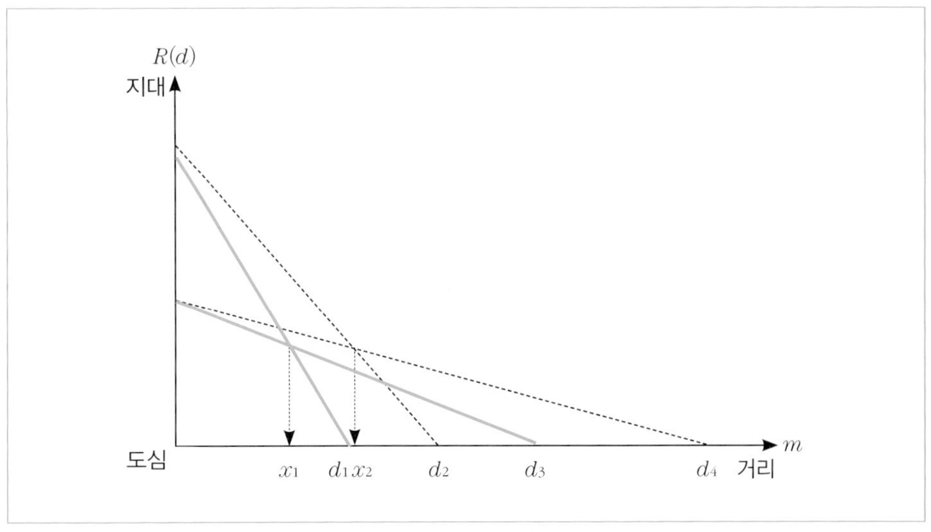

하지만, 교통기술의 발달이 특정 지역의 토지 용도에만 영향을 미친다면 특정 지역의 지대지불 능력만 향상이 될 것이다. 도시 내에서 특정 용도의 토지만 더 부가가치를 창출하게 되는 것이다. 따라서 도심의 외곽뿐만 아니라 도심으로 확대가 동시에 발생하게 된다. 다른 토지의 사용은 제한을 받게 되어 축소되어 간다.

그림 5-12 교통 시스템의 발달이 특정된 영역에 영향을 미치는 경우

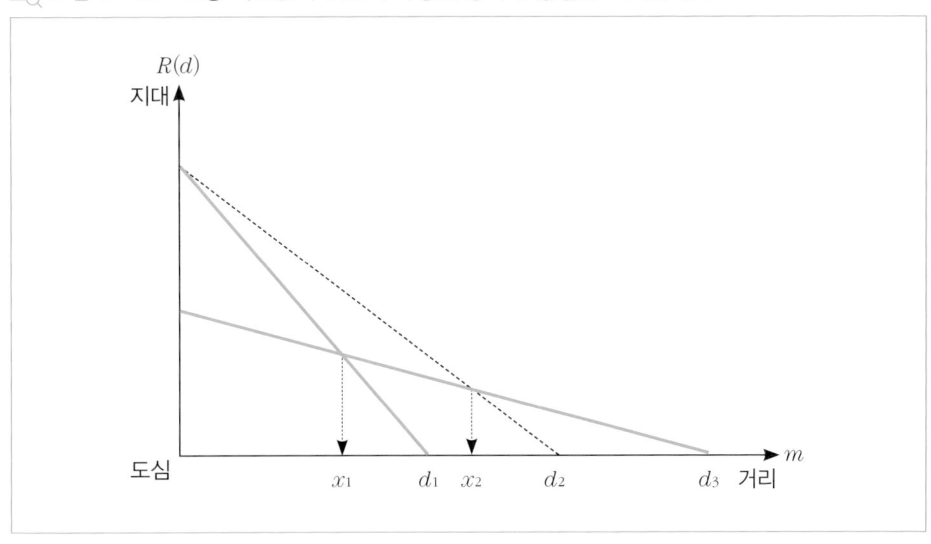

지가(land value)는 매 기간에 해당하는 지대에 대한 현재가치의 합이다. 매 기간에 해당하는 지대(R)가 동일하고, 이것이 계속 지속된다면 지가(V)는 지대(R)를 자본환원율(i)로 할인한 가격이 된다.

$$V = \frac{R}{i}$$

3) 지대에 대한 일반적 견해

초기 고전학파의 경제학자들은 인위적인 자본과 인위적이지 않은 토지로 구분하여 접근하였다. 토지의 자연적 특성을 강조하므로 토지와 자본을 엄격하게 분리하여 토지에서 발생하는 지대를 다른 관점에서 보았다. 이들은 지대를 총생산 중에서 다른 생산요소에 대한 대가를 지불하고 남은 잉여의 한 종류인 불로소득으로 보았기 때문에 과세 대상으로 판단하였다. 이러한 견해와 다르게 신고전학파는 지대는 잉여가 아니라 생산요소에 대한 대가로 접근하였다. 따라서 지대를 생산물 가격에 영향을 주는 요소비용이 되는 것이다. 이들은 임금, 이자, 지대의 3가지는 모두 수요공급의 원리에 따라서 결정되는 한계 생산 가치이므로 지대를 분리하지 않아도 되는 것이다.

(1) 리카도(D. Ricardo)의 차액지대설

차액지대설은 지대 발생의 원인을 농토의 비옥도 따라 농산물 수확량의 차이로 이해한다. 차액지대론에 따르면 지대는 한계지(생산이 이루어지는 토지 중에서 가장 열등한 토지)에서의 생산비용이 높으므로 발생하는 것이다. 리카도는 비옥한 토지의 희소성과 수확체감 현상을 지대의 발생 원인으로 파악한 것이다. 도시가 발전하면서 인구가 증가하고, 수요가 증가하게 된다. 비옥한 토지가 제한적이므로 수확체감의 법칙이 적용되지만, 선택의 여지가 없어 외곽으로 개발되어 경작되어야만 한다. 이러한 경우에 발생하는 생산비의 차이가 지대가 되는 것이다. 리카도의 지대론은 지대가 있어서 곡물 가격이 높은 것이 아니라, 곡물 가격이 높으므로 지대가 있는 것으로 정리할 수 있으며, 결국 지대는 잉여에 불과한 것이다.

(2) 마르크스(K. Marx)의 절대지대설

마르크스는 토지소유자가 토지를 독점하고 있으므로 한계지에서도 지대가 존재한다고 주장한다. 소유자는 한계지라고 해도, 대가가 없이는 토지 사용을 허가하지 않기 때문에 한계지에서도 지대가 존재한다는 것이다. 마르크스는 이를 절대지대라고 한다. 공짜로 빌려주는 땅은 없다는 것이다. 절대지대라는 것은 토지소유자가 소유권을 가지고 있다는 이유로 요구하는 지대이므로 한계지 밖에서도 지대가 발생한다.

(3) 독점지대이론

독점지대란 토지의 사적 소유에 따라 토지공급의 독점현상이 있으므로 독점이윤이 만들어져, 지대로 전환된 것을 말한다. 다른 토지가 생산하지 못하는 독특한 기후와 토양에서 생산되는 농작물은 다른 토지가 생산하지 못하는 최상품을 생산하게 된다. 토지소유자는 독점적인 초과이윤의 지대를 요구할 것이다. 이에 응하지 않는다면 해당 토지소유자는 다른 사람에게 토지를 임대할 것이므로 이전 사람은 독점이윤을 가질 수 없다.

(4) 마샬(A. Marshall)의 지대이론

마샬은 리카도의 지대이론을 기본으로 지대이론을 체계적으로 정립함으로 고전학파이론과 신고전학파의 이론이 연결되도록 하였다. 자연의 토지는 무상으로 공급된 잉여이며, 지대의 많고 적음은 토지의 공급량에 전혀 영향을 주지 못한다. 이러한 것을 마샬은 순수지대라 하였지만, 실제로는 존재하기 어렵다. 따라서 준지대라는 개념을 도입하였다. 일시적으로 토지의 성격을 정하는 생산요소에 대한 대가(기계나 인력투입으로 얻는 소득)이며, 단기적으로는 생산요소의 공급이 제한적이므로 발생하는 지대이다. 마샬은 일시적으로 토지와 유사한 성격을 가지는 생산요소에 귀속되는 소득을 준지대라 한 것이다. 토지는 공급량이 고정되는 반면에, 토지 이외의 생산요소는 공급량이 얼마든지 증가할 수 있다. 일시적으로는 토지 이외의 생산요소에 귀속되는 소득은 단기적으로 지대의 성격을 가지지만, 장기적으로는 생산량을 변화시키는 요인으로 작용하므로 비용의 성격을 가지는 것이다. 이러한 이유로 토지 이외의 생산요소에 귀속되는 소득을 준지대라 마샬은 칭한 것이다.

(5) 파레토(V. Pareto)의 경제지대설

① **전용수입**: 어떤 생산요소가 현재 용도에서 다른 용도로 이전하지 않기 위해서 지급되어야 할 최소한의 금액을 말한다. 전용수입은 노동자가 노동의 대가로

받아야겠다고 생각하는 금액으로 생산요소 공급에 따른 기회비용이다.

② **경제지대**: 생산요소가 얻는 총소득 중에서 전용수입을 초과하는 부분으로 생산요소 공급자의 잉여에 해당한다. 따라서 '경제지대=총소득 – 전용수입'이 된다. 전용수입과 경제지대의 상대적 크기는 생산요소 공급의 가격 탄력성에 좌우되며, 경제지대는 생산요소의 공급이 제한될 때 발생한다. 공급의 가격탄력성이 작을수록 전용수입이 줄어들고 경제지대는 커진다. 공급의 가격탄력성이 완전비탄력적이 되면(공급곡선이 수직), 모든 수입은 경제지대가 되고 전용수입은 없다.

4) 생산요소와 지대

(1) 자본과 토지의 대체

모든 경제활동은 제품을 생산하기 위해서 생산요소를 투입한다. 생산요소의 비율은 제품에 따라 다르게 구성된다. 노동은 일정하다고 전제하고, 토지와 자본의 투입량을 달리하여 제품을 생산한다고 가정한다. 그러면 토지와 자본의 관계는 아래 [그림 5-13]과 같다.

그림 5-13 생산요소 대체성과 도시지대함수

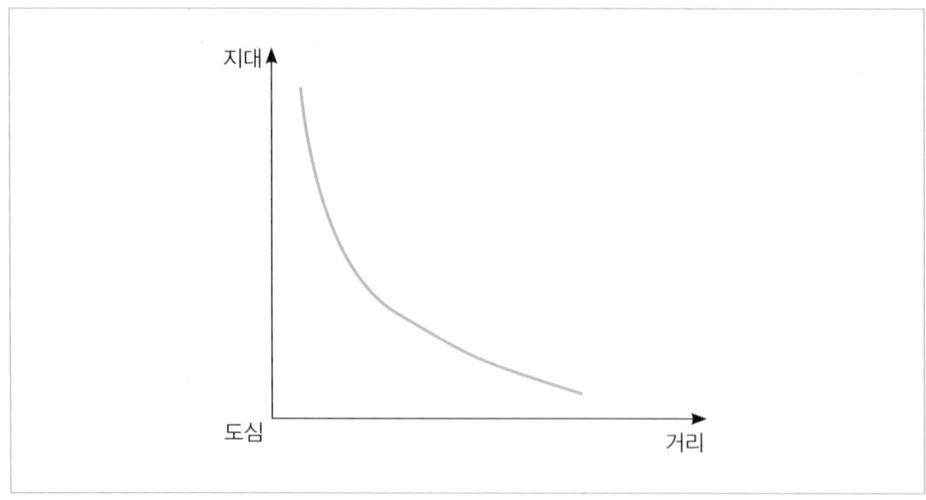

(2) 지대 함수의 기울기

지대곡선의 기울기는 수많은 연구를 통하여 기업의 한계교통비를 기업의 토지사용량으로 나눈 값으로 증명이 되었다.

$$기울기 = \frac{기업의\ 한계교통비}{기업의\ 토지사용량}$$

기업은 도시 중심부에 입지 할수록 교통비를 절감하게 되므로 토지이용에 대한 지불 능력을 확보하게 된다. 따라서 교통비용과 토지비용은 서로 상충관계에 있음을 알 수 있다. 한계교통비가 일정하다면 도심으로부터 멀어질수록 지가가 저렴하므로 토지사용량은 더 늘어나게 되고, 기울기는 감소한다. 즉 시장지대 곡선은 원점에 대해서 볼록한 곡선이 된다. 교통 시스템의 발달 등으로 한계교통비가 감소한다면 지대곡선의 기울기는 완만하게 되며 교외화 현상이 나타난다.

(3) 요소 대체성

요소 대체성은 생산요소의 상대적 가격에 따라 달라질 수도 있지만, 기업이나 산업의 종류에 따라 달라진다. 목축업은 많은 토지가 필요하지만, 금융업은 그렇지 않다. 도심 지역의 건물이 고층화되어가는 것은 토지에 대한 자본의 결합비율이 높아지는 것을 의미하는 것이다. 토지에 대한 자본 비율이 높아질수록 그만큼 토지에 대한 자본의 대체성이 커지므로 토지이용이 집약화되는 것이다. 금융업은 단위면적당 생산성이 높고, 생산물의 단위당 한계교통비가 높으므로 도시 중심부 지역에 위치하게 되는 것이다.

5) 도시 지가 이론

(1) 마샬의 지가 이론

마샬은 도시의 지가는 위치의 유용성에 대한 화폐가치의 총액으로 설명하였다. 즉 도시의 지가에 영향을 미치는 것은 위치(입지)라고 하여 위치(입지)의 중요성을 강조하였다. 도시 토지의 가치는 농업용 토지의 가치에 농업용 이외의 모든 미래 편익을 현재가치로 환원한 값을 더한 것이 된다. 이것을 위치 가치(situation value)라 하였다. 마샬에 의하면 어떤 부동산의 부지 가치는 농업용 가치에 위치 가치를 더한 것이 되는 것이다.

(2) 허드(R. M. Hurd)의 지가이론

지가의 근본은 경제적 지대이고, 지대는 위치에 의존하며, 위치는 편리함에, 편리함은 접근성에 의존하는 것이므로, 지가는 접근성에 의존한다고 하였다.

(3) 헤이그(R. M. Haig)의 마찰비용 이론

도시 토지의 가격은 공간의 마찰 비용에 따라 다르다. 공간 활용의 마찰 비용은 지대와 교통비의 합계이며, 토지이용자는 공간 마찰 비용으로 교통비와 지대를 지불하는 것이다. 도시 중심부에 있을수록 교통비가 절감되는데, 이때 절감되는 비용이 지대가 된다는 것이다.

(4) 알론소(W. Alonso)의 패널티 이론

노동, 시장, 공공기관이 도시 중심지에 있다고 가정하면 중심지에서 거리함수인 수송비에 의하여 지대가 결정된다고 하는 것이다. 패널티 이론의 기본은 마찰비용이론과 마찬가지로 지가는 수송비와 시간의 함수로 지가는 도심지에서 멀어질수록 하락한다는 이론이다.

(5) 하우레이(A. H. Hawley)의 생태학적 이론

인간 생태학자들이 주장하는 것으로 지가는 잠재토지이용자들이 호가((呼價) 과정의 결과물이라는 것이다. 지가는 도시 안에서 입지 선정 활동에 영향을 주고 있으며, 입지 선정 활동의 결과를 보여주고 있다는 것이다.

제3절 도시의 공간구조 이해

1. 형성요인

1) 경제적 요인

도시공간구조의 가장 기본적인 이해 방법으로 주거지역, 업무(공업)지역, 상업지역으로 토지 사용에 대한 지대지불 능력에 영향을 받는다는 관점이다. 지대이론에 따라 지대는 도심에서 외곽으로 갈수록 우하향하는 그래프를 가진다. 도시 중심부는 교통에 대한 접근성이 가장 우수한 지역으로 지대가 가장 높게 형성되어 있다. 이러한 지대를 감당할 수 있는 상업지역과 업무지역이 토지를 지배하게 되는 것이다. 이 지역을 둘러싸서 공업지역이 자리 잡고, 가장 외곽으로 주거지역이 차지하게 되는 것이다. 이러한 지역의 할당에 따라 출퇴근 동선이 발생하는 것이며, 교통 시스템 개발의 방향성이 수립된다.

2) 사회적 요인

도시 생태학(Urban Ecology)의 관점에서 도시의 공간구조를 이해하는 방식이다. 자연 생태계에서는 우세한 종(種)이 열등한 종(種)을 소멸시킨다는 생태학적 이론을 접목한 것이다. 적응 효율성을 뛰어난 상업지역이 공업지역 또는 주거지역보다 도시형성에 결정적인 영향을 미친다는 점을 강조하는 것이다. 어떤 사회집단이나 활동들이 도시 공간에서 자리 잡기 위해서는 초기에 침입(invasion)하여, 기존에 점유하고 있던 집단을 밀어내고 그 지역을 지배하고 완전히 계승(succession)하는 과정을 거치게 된다. 시간이 지나 새로운 집단이 완전히 자리 잡고 기존의 공간에서 완전히 분리(segregation)되는 것이다.

3) 공공 복지적 요인

도시의 공공부문에 있어서는 공간구조형성이 정부의 개입으로 점진적으로 발전해 나간다는 것이다. 경제적 요인과 사회적 요인이 지대이론에 근거를 두고 자유·경쟁에 따라 민간에 의해 진행이 되는 것이라고 한다면, 공공 복지적 요인은 정부에 의해 진행이 되는 것이다. 대표적인 개입이 용도지역으로 규제하는 것이다. 용도지역은 도시 건설을 위하여 하나의 도시를 주거지역, 상업지역, 공업지역, 녹지지역 등으로 구분하는 도시계획이다. 주거지역은 전용주거지역, 일반주거지역, 준주거지역으로 구분하고, 상업지역은 중심상업지역, 일반상업지역, 근린상업지역, 유통상업지역으로 구분하고, 공업지역은 전용공업지역, 일반공업지역, 준공업지역으로 구분하고, 녹지지역은 보전녹지지역, 생산녹지지역, 자연녹지지역으로 구분한다. 이렇게 지역을 세분화함으로 인해 허용된 지역에서만 해당하는 경제·공간적 기능이 이루어지며, 그 밖의 지역으로는 확대되지 못한다.

2. 공간구조 모형

도시의 공간구조를 해석하는 모형은 다양하다. 각각의 부동산활동에 따라 지대지불 능력에 따라 공간에서의 입지가 결정된다. 도시의 모든 지역에서 동일 성격의 경제활동들이 특정 지역을 중심으로 집적화되어 공간을 차지한다. 이러한 패턴은 하나의 구조화된 모형으로 나타나고, 도시의 구조가 만들어지는 것이다. 따라서 지대, 입지, 구조는 도시형성에 있어서 하나의 수레바퀴처럼 이해될 수 있다. 초창기 연구는 산업사회가 활발하게 이루어져 도시로 사람들이 이주하면서 사회적 문제를 연구하면서 시작되었다고도 할 수 있다. 미국의 도시발달과정을 중심으로 연구된 것이 도시구조 이론의 시작이라 할 수 있다.

1) 버제스의 동심원 구조 모형(1925)

시카코대학 사회학 교수로 재직하던 버제스(Burgess)는 "The growth of city"라는 연구논문에서 "concentric zone theory"라는 것을 소개하였다. 버제스는 시카고 도시의 공간구조를 기술한 것이지만, 일반적인 도시에 적용할 수 있다는 점에서 하나의 이론으로 자리 잡았다. 대도시 성장은 도시의 외연 확대를 가지고 오며, 그 과정

그림 5-14 버제스의 동심원 지대 모형

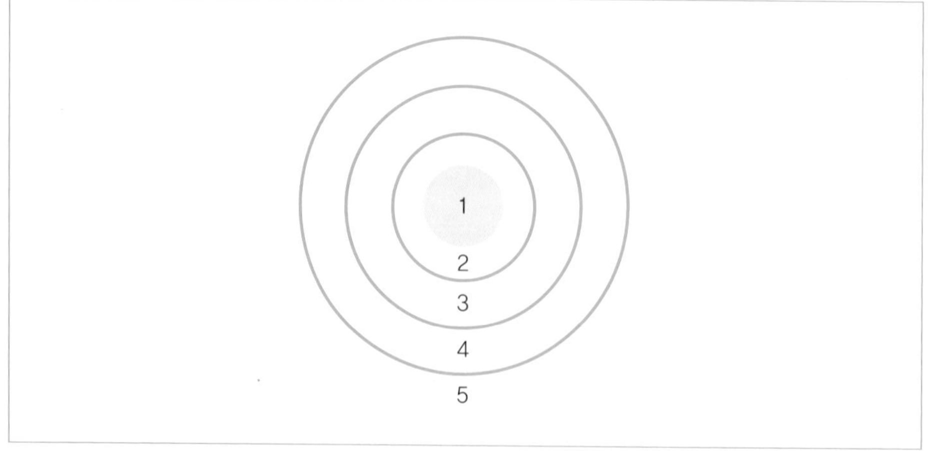

은 5개의 지역으로 구성된 동심원의 형태로 설명할 수 있다고 주장하였다. 이 이론은 튀넨의 지대이론을 확대 적용한 것으로, 위치에 따른 지대가 토지 사용의 분리를 가져오고 있다는 것을 설명한 것이다. 버제스의 동심원모형(concentric zone theory)은 도시의 중심이 하나인 단핵도시라는 가정에서 접근한다. 도시의 성장은 ① 중심업무지구 ② 점이지대 ③ 저소득층 주거지역 ④ 중류층 주거지역 ⑤ 통근자지대(상류층 주거지역)으로 분화된 동심원 모양의 5개의 지대가 있다.

(1) 중심업무지구(CBD:Central Business District): 단핵도시에서 도시의 성장 및 확대되어가는 중심지역이다. 금융, 상업, 업무 및 도시의 정치, 경제, 행정 등의 중심기능들이 집중되어 있고, 도시에서 가장 높은 입지지대를 보여준다.

(2) 점이지대: 상업, 창고업, 경공업이 혼재한 지역으로 CBD를 둘러싸고 있다. CBD의 높은 지대를 감당하지 못한 사무실, 경공업 등이 혼재되어 있다. 점이지대 내부에는 경공업 지대가, 외부에는 주택지대가 있어서 점이지대라 한다. 즉 공장과 주택이 혼재되어 있어 주거 기능이 좋지 않다. 점이지대는 20세기 초반의 도시의 전형적인 모습이다. 도시가 성장하고 확대되면서 교통 시스템이 발전하고, 도심의 접근성이 우수한 지역으로 재개발이 일어나면서 고급주택과 업무시설로 바뀌어 갔다.

(3) 저소득층 주거지역(공장근로자): 점이지대에서 이주해 온 근로자들이 거주하는 지역으로, 저소득층이 밀집한 지역이다. 미국 도시의 공업지역은 도심과 가까운 점이지대에 있었기 때문에 근로자들이 출퇴근 거리가 가까운 지역에 자리를 잡았다.

(4) 중류층 주거지역: 저소득층 지역을 둘러싸고 있으며, 내부에는 중산층이, 외부에서는 고소득층이 자리를 잡는다. 버지스는 제4지대를 중급주택과 고급주택을 포함한 주택지대로 표기하였으나, 1927년 논문을 수정하면서 중급주택지구와 고급주택지구로 분리하였다. 당시 시카코에서는 중산층이라 할 수 있는 백인들이 주로 거주하는 지역이었다.

(5) 통근자 지대(상류층 거주지역): 도시의 가장 외곽에 위치한 지역이다. 베드타운의 성격을 보여주고 있다. 이 지역에는 고소득층이 거주하는 고급주택과 중급 이하의 주택지가 혼재되어 있다. 일반적으로 자동차로 1시간 내외의 출퇴근 거리를 보여준다.

버제스의 동심원 공간구조모형에서 지대의 지불능력에 따라 토지이용이 침입(invasion), 경쟁(competition), 지배(dominance), 천이(succession)의 과정이 반복적으로 발생하면서, 지대가 차별화되어가고 외곽이 확대되는 모습을 알 수 있다. 이러한 과정에서 집중화(concentration)과 분리화(decentralization)가 일어나면서 도심은 더욱더 중심업무지구로 발전하고, 기타기능은 주변 지역으로 이동하는 기능적 분리가 발생한다. 버제스의 모형은 튀넨의 고립국이론을 도시구조에 적용한 첫 연구로서, 이후의 학자들에게 표준화된 도시구조 모형으로 인정받았다. 하지만 21세기에 접어들면서 현실에서는 동심원 구조를 가진 도시를 찾아보기 힘들다는 것, 거대도시로 규모가 커지고, 복잡화된 현대의 도시에는 적용하기 힘들다는 점에서 비판을 받고 있다. 하지만 보편적인 현대 도시에 적용하는 것은 시점의 불일치라는 한계가 있고, 버제스의 이론을 확대해석하는 것이므로 과도한 비판이라는 우려도 있다.

2) 호이트의 선형(扇形)모형

버제스 이후, 도시구조 연구가 활발히 진행되었다. 버제스의 이론을 다각도로 검증하고 문제점을 찾아가면서 새로운 모형이 제시되었다. 가장 대표적인 것이 호이트(Hoyt)가 1939년에 "The Structure and Growth of Urban Area (도시의 구조와 성장)"이란 논문을 통해서 미국의 142개 도시를 대상으로 지대(임대료) 패턴을 구분하였더니 도시의 공간구조가 도심에서 시작한 도로를 따라 방사선 모양으로 형성되어 있다고 발표하였고, 이러한 모형은 선형모형(sectoral model) 또는 부채꼴 모형이라 한다. 호이트는 도시 내부를 동심원과 블록으로 구분하였다. 동심원은 CBD를 중심으로 내부지구, 중간지구, 외부지구로 구분한다. 그리고 각 방향에 따라 블록을 구분하여

그림 5-15 호이트의 선형 도시공간 구조 모형

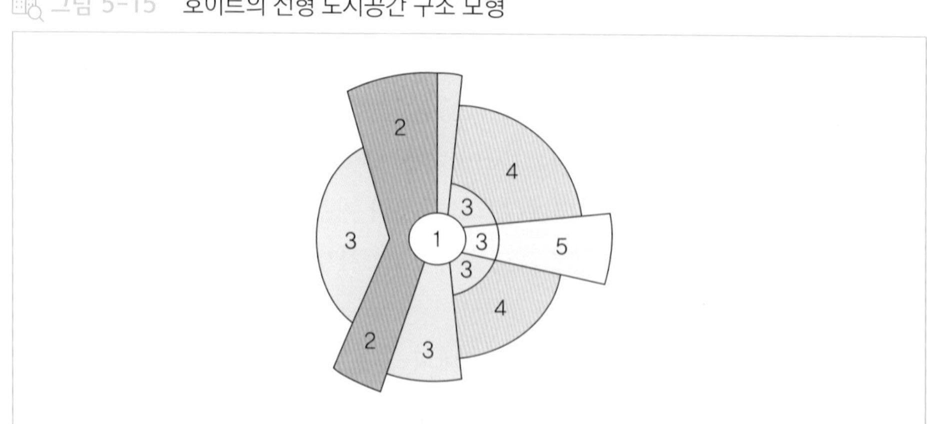

지대의 패턴을 도식화하였다. 아래 그림과 같이 동심원과 부채꼴 모형이 결합 된 상태를 보여주었다.

도시 중심부에는 ① 중심업무지구가 있고, 이 지역을 중심으로 토지이용이 도로를 따라 선(扇)형 모양으로 동질적으로 나타난다. 이 도로 방향에 따라 ② 도매·경공업지구 ③ 저급주택지구 ④ 중급주택지구 ⑤ 고급주택지구로 분리되어 있음을 알 수 있다. 고급주택은 여러 지역에 분포되어 입지하고 있는 모습을 볼 수 있고, 저급 주택은 도매·경공업 지역과 인접한 거리에서 한 방향이 아니라 도시 전역에 분포되어 있다. 호이트의 도시공간 구조 모형은 단핵의 동심원 도시구조를 기본으로 한다는 것은 버제스와 같지만, 버제스의 모형이 실제 현실과 다른 점을 보완한 모형이라 할 수 있는 것이다. 호이트의 연구가 진행되던 1930년대의 미국은 지역지구제의 도입으로 각종 도로망이 확대되고 연결되면서 도시가 성장하던 시기였다. 도시가 교통수단의 발전에 따라 동심원 구조에서 선형 모양으로 바뀌어 가며, 현재의 다핵도시로 성장하는 과도기의 도시구조를 잘 설명하는 모형이라 할 수 있다.

3) 율만과 해리스의 다핵도시 공간구조 모형

현대 도시들은 거대도시가 되면서 도시의 중심지 기능을 하는 핵심지역이 여러 곳으로 분포되어 있다. 2차 세계대전 이후로 미국은 도시가 점점 커지게 되었고, 기존의 도시 공간구조를 설명한 단핵도시 모형을 수정하는 연구가 나타나게 되었다. 도시 지리학자인 해리스(Harris)와 율만(Ullman)은 1945년 “The Nature of Cities(도시의 본질)”이라는 논문을 통해 도시는 다수의 핵심지역을 중심으로 형성된다는 것을 주장하면서 다핵 모형(Multiple Nuclei Model)을 제시하였다. 이 모형은 동심원과 선형 이론의 두 가지를 결합하여 새로운 이론으로 발전시킨 것이다. 해리스와 율만은 도시가 다수의 핵심으로 분리되는 이유로 다음과 같은 요인이 있다고 하였다.

(1) 도시 중심부에 지대가 높아지면서 지가가 상승하면, 모든 도시기능이 무한대로 도심으로 집중(concentration)될 수 없다. 따라서 지불능력이 부족한 몇몇 기능들이 모여서 또 다른 중심부 역할을 하는 핵을 형성하는 경향이 있다는 것이다.

(2) 유사한 도시기능 및 활동은 집중(concentration)으로 인해서 발생하는 부가가치로 이익이 증가하므로 집중 지향성을 가지고 있다.

(3) 몇몇 도시기능 및 활동은 집중으로 인하여 불이익이 발생하는 경우가 있다.

그림 5-16 해리스 울만의 다핵도시 공간구조 모형

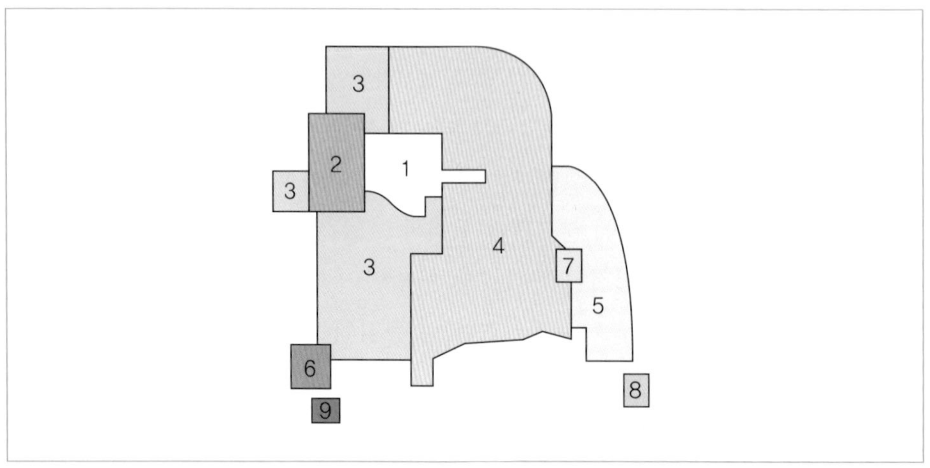

공장이 밀집된 지역과 주거지역이 혼합되는 경우이다. 이 경우, 서로 분리(decentralization)되는 경향이 있어 분산 지향성을 가지게 된다.

(4) 도시기능·활동에는 교통이나 부지에 따라 특별한 편익이 필요로 하기도 한다.

해리스와 울만이 모형에 따르면 ① 중심업무지구(CBD) ② 도매·경공업지구 ③ 저급주택지구 ④ 중급주택지구 ⑤ 고급주택지구 ⑥ 중공업지구 ⑦ 주변업무지구 ⑧ 교외주택지구 ⑨ 교외공업지구로 분포된다. 다핵도시 공간구조 모형에서 도시 규모가 클수록 도시의 핵심 기능을 하는 지역은 더 많아진다. 이 모형은 도시의 기능과 특성이 복잡·다양하게 나타나는 현재의 거대도시 공간구조를 설명할 수 있다. 하지만 이 경우도 모든 도시에 일반화하여 적용할 수 있는 것이 아니라는 점에서 한계가 있다. 또한 건축기술의 발달로 인한 수평이 아닌 수직 공간으로 토지이용의 다양성을 간과하였다.

4) 브라이언트의 대도시권 공간구조 모형

브라이언트 대도시권(Metropolitan Region)의 공간구조 모형을 제시하였다. 이 모형은 대도시의 여러 도시기능·활동들이 인근지역에 경제·사회적으로 영향을 미치는 범위로 거리의 개념이 포함된 것이다. 대도시권이라는 것은 인구, 경제, 사회, 문화, 정치 등이 대도시에 집중되기 때문에 발생하기도 하지만, 교통 시스템의 발달과 대

그림 5-17 브라이언트의 대도시권 공간구조 모형

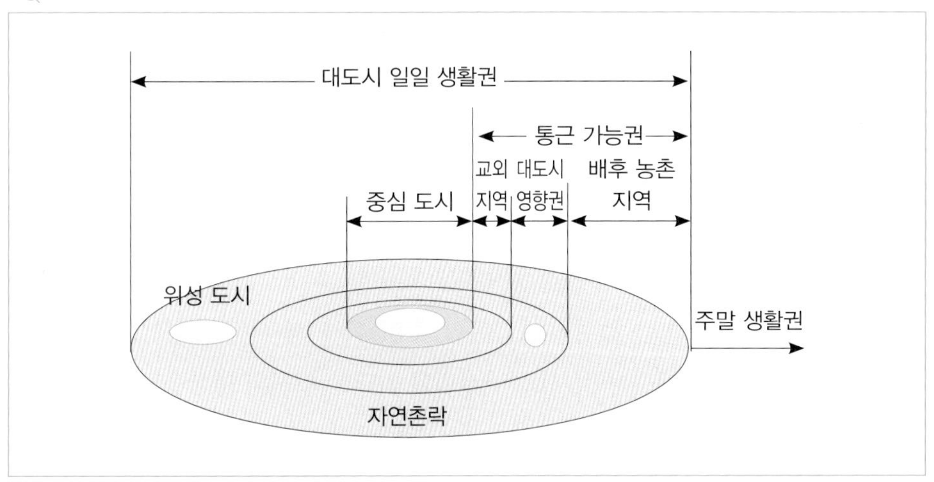

도시의 주택 부족, 인구과밀 현상이 원인인 경우도 있다. [그림 5-17] 처럼 공간구조가 형성되는 것이다.

5) 밴스의 광역도시 공간구조 모형

Urban Realms 모델은 1964년 미국의 지라학자인 밴스(James E Vance Jr.)에 의해

그림 5-18 밴스의 광역도시 공간구조 모형

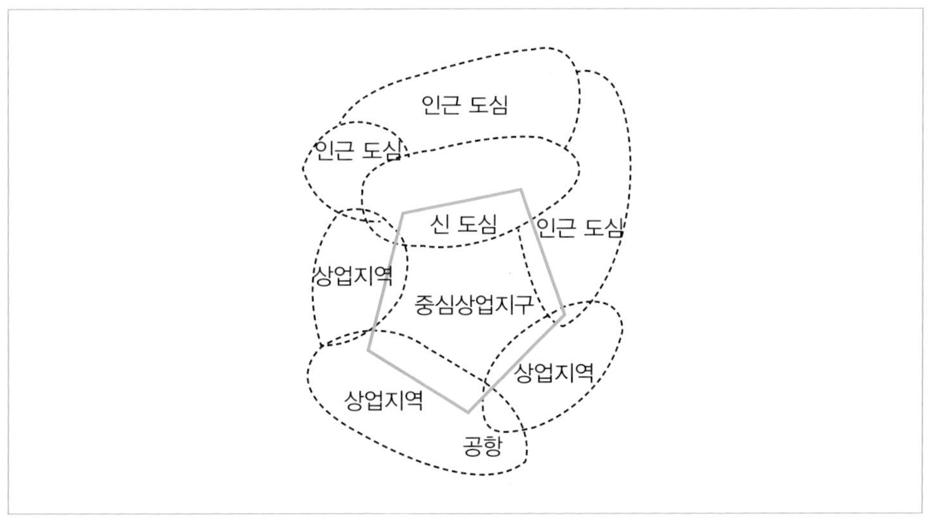

만들어졌다. 「Geography and Urban Evolution in the San Francisco Bay Area」 라는 책에서 "Urban Realms Model"을 설명하였다.

현대기술의 급속한 발전을 통해 도시가 빠르게 변화하였다. 밴스는 샌프란시스코의 도시 생태와 경제활동을 통해 이 모델을 만들었다. 샌프란시스코 만 지역은 샌프란시스코를 중심으로 중소도시들이 외곽에 형성되어 있고, 이러한 중소도시들은 그 지역에서의 CBD를 비롯하여 독자적인 도시 인프라를 구축하였다. 이 모델을 적용하여 보면 CBD의 일부 기능이 다른 지역으로 이동할 수 있으므로 CBD에 대한 중요성이 이전의 연구에서처럼 중시되지 않는다. CBD의 외곽은 작은 영역으로 독립적으로 구분된 지역을 보여주지만, 서로 연결되어 거대한 도시의 형상을 갖게 된다. 중소도시와 샌프란시스코 만, 그리고 샌프란시스코는 기능적으로 상호의존을 하는 것이다. A 지역의 주거·상업·업무 지역이 B 지역과 중복되기도 하고, A 지역에 거주하면서 B 지역에서 근무하고, C 지역에서 쇼핑하는 모습이 나타나는 것이다.

제4절 산업입지 이론

1. 베버의 최소비용이론

1909년 독일의 경제·지리학자 베버(Alfred Weber)가 『Urban den Standort der Industrien』 이란 책을 통해서 공업입지 이론을 처음으로 정리하였다. 그 뒤로 Palander(1935), Hoover(1937), Isard(1956), Smith(1966), Alonso(1967) 등의 학자들이 베버의 이론을 가지고 연구를 계속하여 현대의 산업입지이론이 정립되게 되었다. 20세기 초에 자본의 국제 이동이 활발하면서 기존의 공업지역이 쇠퇴하고 새로운 공업지역이 개발되는 것을 보고, 공장의 입지가 변하는 이유와 최적의 공장입지에 대한 의문을 가졌다. 기업은 이윤을 극대화하는 동기부여가 있음에 착안하여 최소비용에 근거한 모형을 만들게 된 것이다. 베버는 지역요인(regional factors)과 집적요인(agglomeration economics)을 분석 연구하는 것이었다. 지역요인의 3대 요소로는 원료비, 운송비, 노동비이다. 원료비가 운송비에 포함이 된다고 가정하면, 지역요인은 운송비(원료비+운송비)와 노동비에 대한 분석으로, 집적요인에 대해서는 규모의 경제(economies of scale)라는 논리로 접근이 가능한 것이다. 베버는 이론을 일반화하기 위해 다음의 가정을 전제하였다.

① 원료는 공간에 불균등하게 분포한다는 한지(限地) 원료이다.

② 제품의 소비는 규모와 위치가 특정된 장소에 국한된다는 것이다.

③ 노동력은 지리적으로 고정되어 있지만, 공급은 무한이다.

④ 운송비용은 방향과 관계없이 균일하다.

⑤ 운송비는 무게와 거리에 비례관계에 있다.

위와 같은 가정을 토대로 하면 수요와 관련된 요인은 고정되어 있고, 비용이 입지에 따라 차이가 발생한다. 이미 기본 전제조건에서 최소비용입지에 대한 결론 도출을 예상할 수 있다. 결론적으로 공장이 자리 잡을 수 있는 가장 이상적인 입지는 제품 생산에 투입되는 비용을 최소화하는 지역이다. 베버의 모형은 입지 삼각형이라는 2차원적 공간으로 입지를 분석하는 과정을 보여준다. 2개의 원료 산지(M_1, M_2)와 1개의 시장(C)이 있다고 가정한다. 각각의 원료는 x톤, y톤이 투입이 되고, 최종 생산된 제품의 무게는 z톤이다. 원료부터 공장입지(K)까지 거리는 a, b이고, 시장까지 거리는 c이다. 운송비는 $xa+yb+zc$가 된다. 운송비가 최소가 되는 지역이 공장입지(K)가 된다. 원료 중량의 합이 생산된 제품의 무게보다 적으므면 시장지향형의 제품, 원료 중량의 합이 생산된 제품의 무게보다 많으면 원료지향형 제품이 되는 것이

그림 5-19 베버의 입지 삼각형 모델

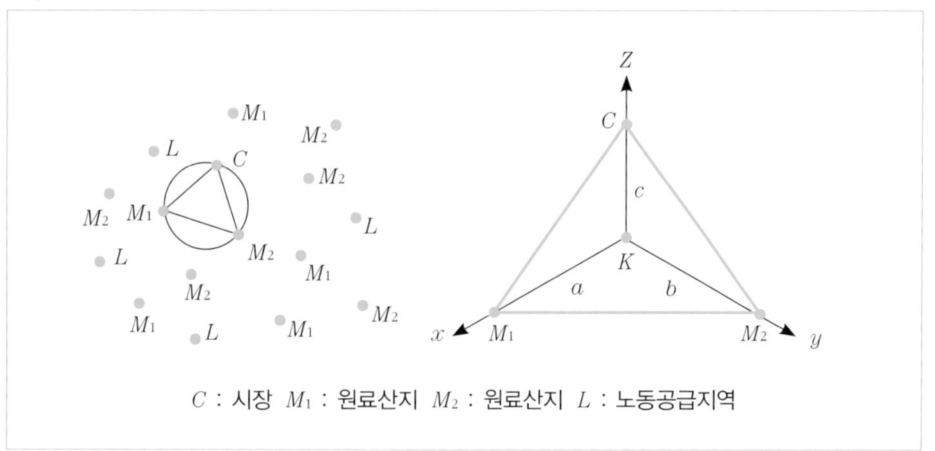

다. 중공업 제품과 경공업 제품을 제조하는 공업입지가 다르게 나타나는 이유이다.

2. 최대수요이론

베버의 이론이 입지이론의 출발점이 되었지만, 입지분석에 있어 장소의 차별성에 대한 차이를 가볍게 처리하였다는 점에서 논란의 여지를 남겼다. 학자들은 최적의 입지를 결정하기 위해서 수요를 반영하여야만 한다는 논리를 제기하였고, 이러한 과정에서 '최대수요이론'이 나오게 되었다. 학자들은 공간조직과 상권조직을 파악함으로 최대수요이론을 정립하여 나갔다.

1) 호텔링(Hotelling)의 상호의존설

호텔링은 최대수요를 창출하기 위해 공장들이 입지를 선택한다는 것을 입증하기 위해 1929년 입지의 상호의존설(locational interdependence theory)을 주장하였다. 해변가에 아이스크림을 판매하는 A와 B를 설정하고, 다음과 같은 가정을 한다. ① 같은 아이스크림을 같은 가격에 판매한다. ② 해변에 균등하게 분포된 피서객들은 가장 가까운 곳으로 이동하여 아이스크림을 구매한다. 판매자 A와 B는 해변의 중앙지점에서의 거리와 해변 끝에서의 거리가 같은 1/4 위치에 자리한다. A가 수익을 극대화하기 위해 A1으로 이동하면, B도 이동하게 된다. 결국 중앙의 M 지역으로 두 사람이 만나게 된다. 해변의 양쪽 끝단에서는 거리가 멀어져서 구매에 대한 의욕이 감소하므로 초기의 수익을 유지하기 어렵게 된다. 결국 수익을 극대화하기 위해서는 A와 B는 원래대로 돌아가 1/4 위치에 자리를 잡게 되는 것이다.

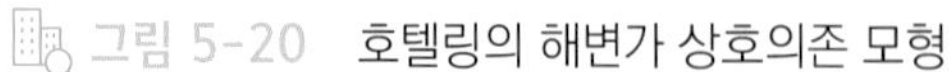
그림 5-20 호텔링의 해변가 상호의존 모형

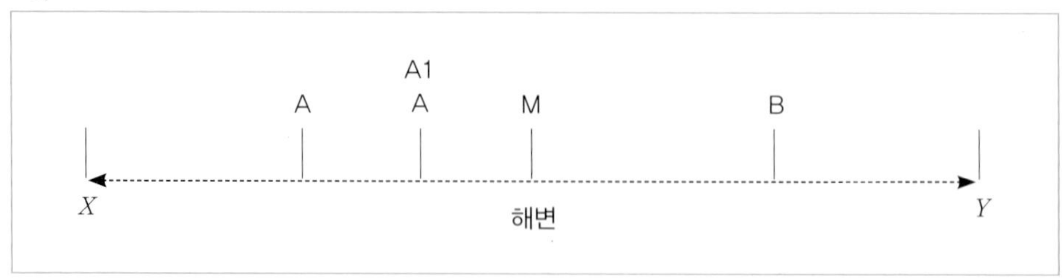

그림 5-21 호텔링의 입지경쟁에 따른 상호의존 모형

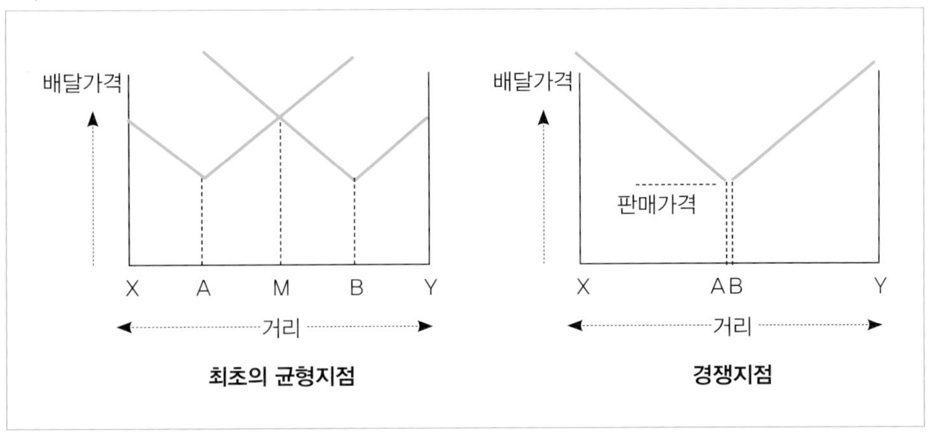

2) 러쉬(A. Losch)의 최대수요이론

러쉬는 1940년에 『Die räumliche Ordning der Wirtschaft (경제의 공간적 질서)』라는 책을 출판하였고, 사후 1954년에 『The Economics of Location』 라는 제목으로 번역되면서 러쉬의 입지이론이 최대수요이론의 근간으로 인정받게 되었다. 베버의 입지이론이 부분적 균형론에 불과하므로 일반적 균형론이란 시각에서 수요의 차이를 인정한 상권에서, 수요가 최대가 되는 지점이 산업입지로 최적의 입지라는 이론을 전개하였다. 다음과 같은 가정을 통해서 이론을 전개하였다. ① 세상은 평탄한 지역으로 단순하다. ② 공급은 일정하다. ③ 상품의 수요는 가격 상승에 따라 감소한다. ④ 상품가격의 증가는 거리에 따른 운송비의 증가로 인한 것이다. 위와 같은 가정을 가지고 정리하면 다음과 같다. 생산지점에서의 수요가 최대가 되고, 거리가 증가하게 되면 가격이 상승하므로 수요는 줄어든다. 한계지점은 수요가 0이 되는 곳이다. 그렇게 되면 그림처럼 수요원뿔(Demand Cone) 모형을 그릴 수 있다. 그림에서처럼 공장도가격 OP_1이 상승할수록 삼각형 P_1PQ_1의 면적이 줄어들고 체적으로 계산되는 전체 수요량도 적어지게 된다. 따라서 가격의 상승은 판매지역의 축소를 예상할 수 있다. 평탄한 지역에서 경쟁하면서 비어있는 공간으로 다수의 생산자가 진입한다. 시장의 모양은 공간의 경쟁이 발생하고, 비어있는 공간이 없어질 때까지 시장의 경쟁이 계속된다. 이는 정상이윤을 얻을 수 있는 한계까지 축소된다. 시장의 모양은 원형에서 육각형으로 변하게 된다.

그림 5-22 러쉬의 원불 모형

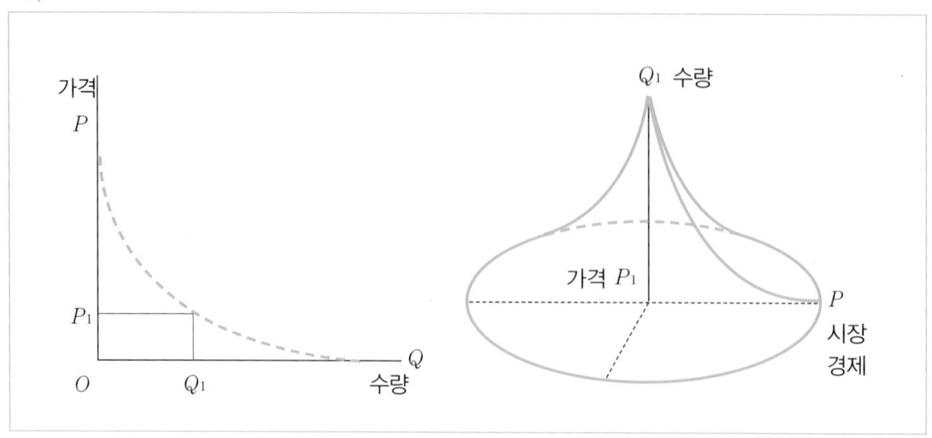

그림 5-23 러쉬의 육각형화 모형

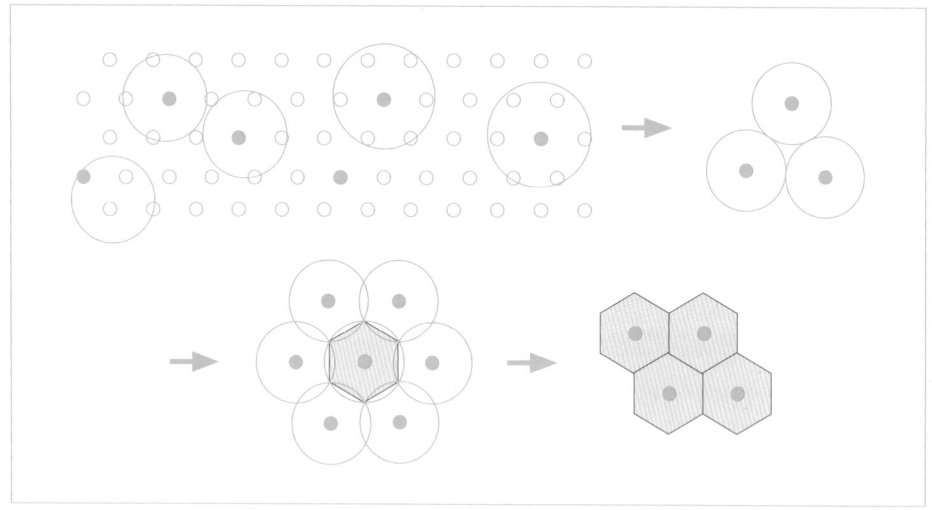

벌집 모양의 6각형의 경계 지역이 형성되면 정상이윤의 초과분이 사라지는 것이며, 시장은 균형상태가 지속된다. 이러한 현상이 발생하면 상품이 도달하지 않는 지역은 없어지고, 단위 지역에서 수요는 최대가 된다.

3. 비용과 수요의 통합이론

스미스(David M. Smith)는 미국의 지리학자로 기존의 수요와 비용의 입지론을 새로운 관점에서 수정 통합하였다. 1970년『Industrial Location』이란 저서를 통해서 자신의 '통합이론'을 완성하였고, 가장 완성도가 뛰어난 입지이론을 수립한 학자로 이름을 얻었다. 총비용과 총수익의 개념을 활용하여 최적 입지의 결정 과정을 보여주었다. 생산 규모에 따라 원료의 사용량, 입지가 달라지고, 규모의 경제도 유한한 것이므로 그 한계는 이윤의 공간한계로 정해진다는 것임을 입증하였다. 아래 그림은 스미스의 공간한계 모형이다.

비용과 수익 곡선의 차이가 발생함에 따라 이윤의 크기가 다르다. 수익은 어느 지점에서나 일정하고 비용이 다른 경우에 이윤 발생의 공간한계는 (1)번 그림의 M_aM_b가 된다. 비용이 어느 지점에서나 일정하고 수익이 다른 경우에는 이윤 발생의 공간한계는 (2)번 그림의 M_aM_b가 된다. 비용과 수익이 지점에 따라서 변동이 되어가면 이윤 발생의 공간한계는 (3)번 그림의 M_aM_b가 된다. 스미스는 기업활동에 있어서 기업가의 경영능력, 정부의 지원, 과세, 외부경제, 생산 규모 등에 의해 공간한계가 변화하는 모양을 관찰하였다. 기업가의 경영 능력이 우수한 경우, 비용곡선이 하향하게 되어 이윤이 커지게 된다. 반대의 경우에는 이윤이 적어진다. 정부 지원도 비용을

그림 5-24 스미스의 공간한계 모형

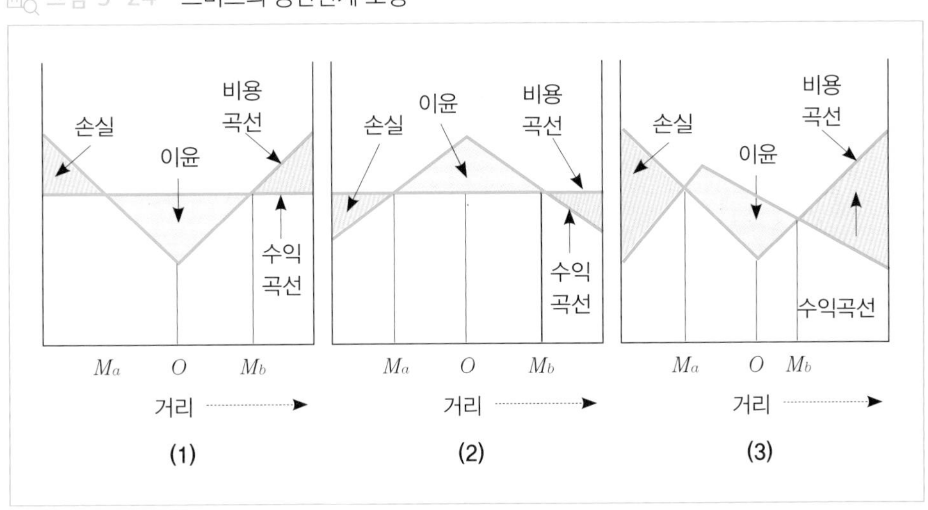

감소하게 하고, 과세의 경우에는 비용이 증가하게 된다. 이런 경우에는 산업입지로서 자리 잡기가 어려워진다. 외부경제효과로 집적효과가 발생한 경우는 생산비 절감으로 인해 이윤이 증가하게 된다. 공업단지를 정부 차원에서 조성하는 이유 중의 하나이다.

4. 행태입지이론

행태입지이론은 프레드(Alan Pred)가 주장한 것으로, 합리적인 의사결정의 관점을 벗어나 행태적(行態的) 접근방법을 시도하였다. 행태행렬(behavioral matrix)의 개념을 이용하여 분석하였다. 의사결정권자는 제한된 정보와 사용 능력을 갖추고 있으므로 모든 기업이 최적의 장소에 입지 할 확률은 다르다는 것이다. 프레드가 주장한 것은 확률의 개념이다. 입지를 선택하는 의사결정은 합리적인 의사 과정을 통해서 결정론적인 판단을 하는 것이 아니라, 의사결정권자의 상황에 따라 확률론적으로 이루어진다는 것이다. 그림에서 열은 의사결정권자가 가지고 있는 정보의 질과 양, 행은 정보를 사용하고 분석할 줄 아는 능력의 정도를 나타낸다. 양쪽 모두가 부족한 A 지점에 있는 기업가는 잘못된 의사결정을 할 수 있으므로 이윤을 얻지 못하는 지역을 선택

그림 5-25 프레드의 행태행렬과 입지 결정 패턴

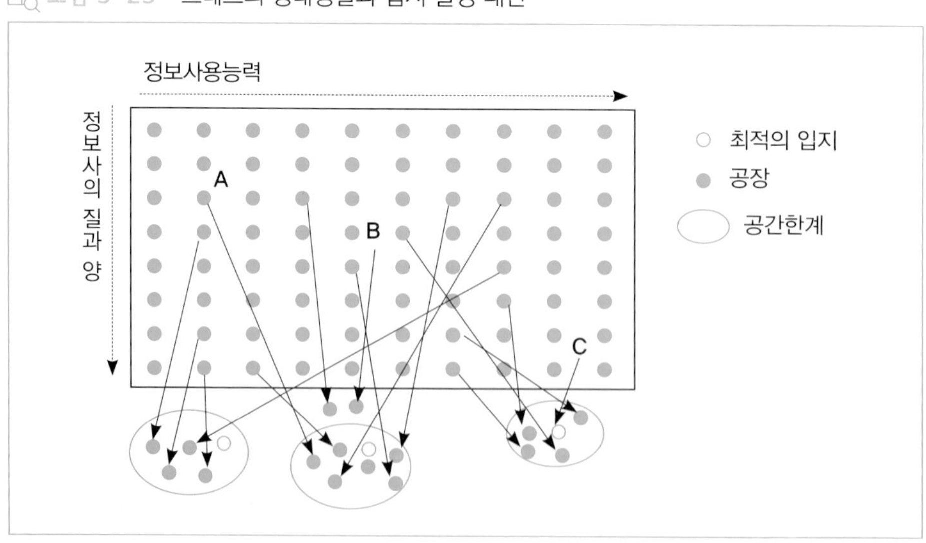

할 가능성이 있다. C 지점에 있는 기업가는 최적의 입지를 선택할 확률이 높다. B 지점은 A와 C의 가능성에 중간 정도 확률이다.

5. 산업집적이론

현대 산업입지 이론의 핵심은 산업집적이론으로 산업 집적 및 클러스터의 기본이 되는 것이다. 이에 대한 최초의 연구자로는 영국의 경제학자인 마샬이다. 마샬은 그의 저서 『Principle of Economy』와 『Industry and Trade』에서 외부경제(external economy)의 효과로 산업 집적을 설명한 산업지구론(industrial district theory)의 이론을 전개하였다. 산업지구는 특정 지역에 전문화된 기능들이 모여있고, 관련 기관과 경쟁사들이 모여, 상호 간에 시너지 효과(외부효과)를 발휘하는 것이다. 제품 생산의 국지화(localization)가 이루어져 생산의 효율성이 발생하여, 비용이 감소하고 기업이윤을 극대화할 수 있는 것이다. 이러한 효과가 발생하는 원인으로 ① 정보 교류의 용이성과 소통의 확대 ② 운송비 및 생산비 절감 효과 ③ 전문인력의 효율적 조달로 정리할 수 있다.

다품종 소량 생산 시대를 맞이하면서 산업의 패러다임이 변화하였다. 실리콘벨리, 프랑스의 소피아 앙티폴리스, 제3 이탈리아[1] 등과 같은 새로운 산업 집적지역이 나타났고, 이를 '신산업지구'라 하여 기존의 '산업지구'와 분리하였다. 이러한 신산업지구는 ① 유연한 생산체계를 추구하는 중소기업 ② 기업상호간의 활발한 정보네트워크 ③ 전문화(조달, 생산, 유통)된 관련 산업의 집중되는 것과 같은 특징을 보여주고 있다.

1990년대 이후는 '산업단지' 대신에 '산업클러스터(Industrial Cluster)'라는 용어가 사용되었다. 미국의 하버드대학 마이클 포터(M. Porter) 교수가 『The Competitive Advantage of Nations』이란 책에서 기업이 입지하고 있는 입지환경의 중요성이 개별 기업의 경쟁력과 이윤 창출에 그 큰 부분을 차지하고 있다고 주장하면서, 산업클러스터의 용어가 확대 사용되었다. 산업클러스터로 인하여 특정 국가가 특정 산업에 있어 세계적인 경쟁력을 확보하는 것으로 조사되면서, 각국은 지식경제와 융합하여

1 북동부지역(전통적인 공업지역), 남부지역(농업지역)의 중간지역에서 급성장하기 시작한 공업지역을 칭하는 말이다.

그림 5-26 클러스터 구성에 대한 포터의 다이아몬드 모형[2]

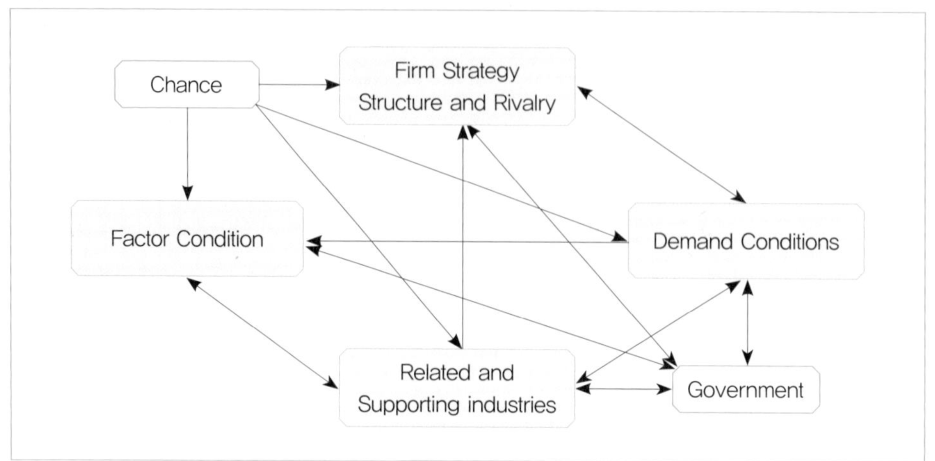

국가정책의 중심으로 자리 잡기 시작하였다. OECD는 'Cluster Focus Group'을 결성하였고, 클러스터를 '독립적 기업들, 지식·정보 기업, 연결 기업, 고객들이 하나의 생산 체인에 묶여서 부가가치를 창출하는 네트워크'로 정의하였다. 클러스터 이론을 통해 수평적·수직적인 네트워크를 통한 창발적인 아이디어가 도출되자, 지역·국가 경제의 발전을 선도하는 이론으로 자리 잡은 것이다.

포터는 다이아몬드 모형에서 기업의 전략구조와 경쟁환경, 유인(요인) 조건, 수요 조건, 관련·지원 기관의 4가지 기능을 기본으로 하여 클러스터를 분석하였다. 유인(요인) 조건은 기업의 입지 선택에 기본적인 검토사항이다. 기업의 전략구조와 경쟁환경은 점점 더 치열해지고 기업생존을 위협하는 사회·경제·기술적 요인들이 과거와 다르게 전개되고 있다. 특정 지역에 입지 한다면 원료의 조달, 인력 공급, 기술 지원 등과 같은 요인들이 풍부한 지역을 선택할 것이다. 관련·지원 기관의 유무는 클러스터의 경쟁력에 중요한 요소가 된다. 대학, 연구소, 관공서, 금융기관, 협회, 회계, 법률 기관 등의 지원은 기업활동을 효율적으로 경영할 수 있는 것이며, 관련된 업체가 모여있으므로 시너지 효과를 유발하며, 상호 간에 정보·기술 등의 공유로 위험관리, 사업관리, 전략관리 등의 경영을 발 빠르게 대처할 수 있다. 기업 경쟁력을

2 Porter,M. E., 1998., "Cluster and New Economics of Competition," Harvard Business Review, Nor,~Dec, 1998.

좌우하는 핵심적인 요소의 하나가 수요시장에 대한 발 빠른 대처이다. 특정 지역에서의 차별화된 기업으로 제품과 서비스를 창출함으로 수요에 전략적 접근이 가능하게 된다.

클러스터를 유형화하는 방법은 학자들에 의해 다양하게 전개되었지만, 아래 표[3]와 같이 주도하는 주체에 따라 정리할 수 있다.

〈표 5-2〉 **클러스터 유형별 특징**

구분	벤처기업형	대기업형	연구소형	특화형	통합형
주체	벤처기업 창업기업	대기업	연구소 대학 공공기관	문화·예술기업 협회	기업, 연구소, 공공기관
핵심 역량	기업가정신 모험정신 사회적 자본	대기업 인프라	기술자 연구자 혁신지원기관	창발 아이디어 사회적 자본	기업가 정신 사회적 자본
핵심 정보	첨단 신기술	생산응용기술	기초연구 응용연구	아이디어	첨단 신기술 응용연구
네트워크	수평적 창업적 산–연–관	수직적 산–학	산–학–연 산–학–관	수평적 사회적	산–학–연 사회적
경제 성격	도시화경제	규모의 경제	국지화경제	국지화경제	국지화경제 도시화경제
금융	벤처케피탈	상업금융 외자유치	정책금융	지역금융	벤처케피탈 상업금융
대표 사례	오타구 샌디에이고 실리콘글렌	시스타 오울루 도요타	쓰쿠바연구단지 대덕연구단지 소피아앙티폴리스 신주과학단지	제3이탈리아 헐리우드 실리콘앨리	실리콘밸리

3 저자 부분 수정, 박원석, 『부동산입지론』, p.208. 양현사, 2011.

제5절 소매입지 이론

소매입지에 대한 이론은 크리스탈러(Christaller)의 '중심지이론'에서 시작되었다. 중심지이론에 의하면 한 지역의 중심지는 그 지역의 인구 규모에 비례하며, 중심지역을 둘러싸고 있는 지역의 상품과 서비스를 제공하면서 교환의 편의를 제공하는 장소이다. 상품과 서비스를 이용하는 고객 또는 수요자들이 분포하는 지역을 배후지(Hinterland)라 하며, 일반적인 용어로는 상권(Market Area)이라 하는 것이다. '소매'는 최종 소비자인 사람들에게 소량의 상품을 판매하는 경제활동을 말한다. 소매부동산은 이러한 행위가 발생하는 공간으로 개별점포, 백화점, 쇼핑몰 등을 지칭한다. 소매용 부동산은 소비자와 최종 접점이기 때문에 입지 선정에서 있어서 고객지향적인 판단을 하게 된다. 소매입지에서는 접근성에 대한 한계 범위가 발생하면서 상권의 개념이 나타나는 것이다. 소매용 부동산의 자리 잡은 토지를 상업지라고 하며, 소매용 부동산의 건축물을 일반적으로 상가라는 개념으로 총칭한다. 상권(Trade Area)은 상가를 이용하는 소비자 거주지역까지의 공간적 범위이다.

1. 중심지이론

중심지이론을 전개하기 위해 크리스탈러는 다음과 같은 가정을 하였다. ① 지역은 동일 균등한 평야로 이동의 장애물이 없다. ② 동일한 기호와 소득을 갖춘 인구의 균등한 분포 ③ 서비스는 마을 중심에서 이루어진다. ④ 운송비는 거리에 비례한다. 상품이나 서비스에 대한 수요는 가격에 의해 결정되며, 가격이 높으면 수요는 감소한다. 마을 중심에서 멀리 떨어진 소비자는 마을 중심까지 이동하여야 하므로, 거리가 멀어질수록 소비자가 부담하는 비용이 증가한다. 특정된 거리가 넘어가면 소비자는 수요에 대한 욕구가 사라져 수요가 0이 되는 지점이 발생한다. 이 지점을 재화의 도달 범위(range)라고 한다. 이를 반지름으로 하여 원으로 그림을 그릴 수 있고, 이 면적이 상권의 범위가 되는 것이다.

판매 활동하는 주체는 소매업자이다. 이들은 상인, 또는 점포사업자로 불린다. 이들이 소매사업을 지속적 유지하기 위해서는 비용을 상쇄시킬 수 있는 최소한의 수요

그림 5-27 크리스탈러 중심지이론 모형

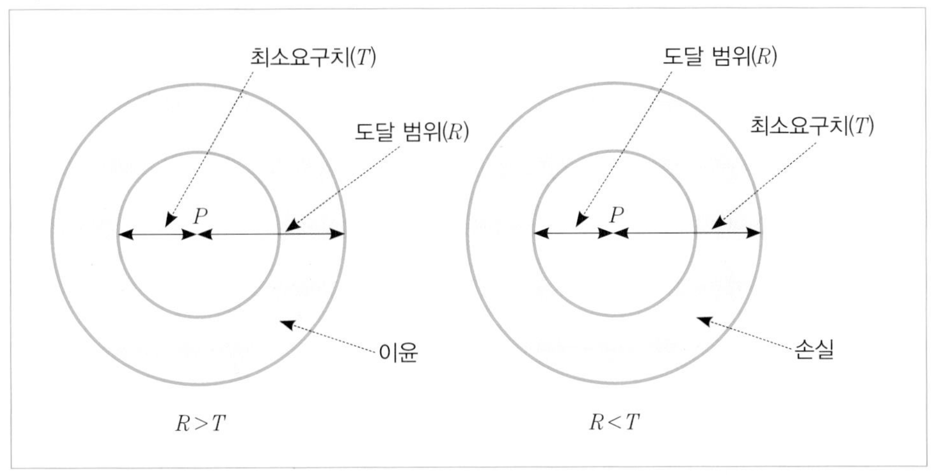

가 있어야만 한다. 이를 최소요구치(threshold)라 한다. 소매업자는 최소요구치를 충족시킬 만큼의 입지에 대한 확보가 절대적으로 필요한 것이다. 이를 '최소요구범위'라 한다. 최소요구범위는 소매업자에게는 최소한의 상권 크기가 되므로 이 지역은 상품의 도달 범위에 있어야 한다. 그렇지 않으면 비용이 수익보다 커지므로 소매업을 유지할 수 없다. 따라서 새로이 소매업에 진출하는 소매업자들은 기존의 소매업자들의 상권과 중복되지 않는 지역을 1번 그림과 같이 입지로 선택할 것이며, 이러한 과정이 경쟁 구도로 이루어지면서 2번 그림과 같은 중복되는 지역이 발생하고, 최종적으로는 3번 그림 같은 육각형의 모습으로 바뀌어 가면서 안정적인 모습을 가

그림 5-28 크리스탈러 중심지이론 육각형 모형

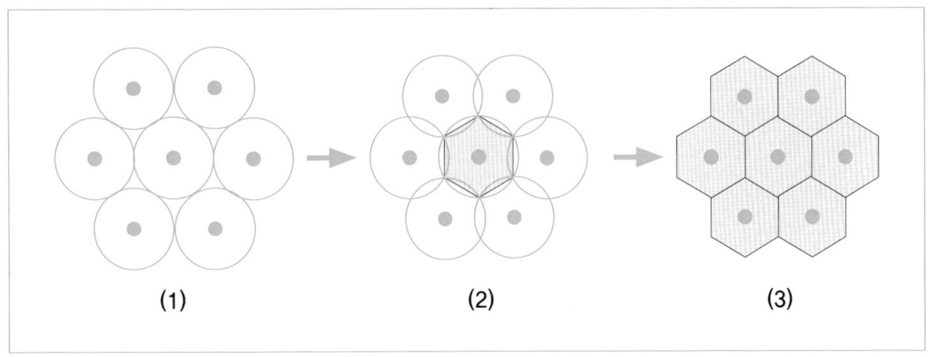

지게 된다.

2. 넬슨의 소매입지 선정

1963년 넬슨(Nelson)은 저서 『The Selection of Retail Location』에서 소매입지를 선정하는 기준을 제시하였다. 이를 넬슨의 8원칙이라 한다.

1) 상권의 잠재력

특정 지역에 어떤 점포가 소매사업을 영위하고자 하면, 그 지역의 상권에서 취급하려는 상품에 대한 수익성 확보가 가능한 상권의 범위를 검토해야 한다. 상권이 범위가 작으면 상품(Item)에 대한 선택을 보류하여야 한다.

2) 상권의 접근 가능성

특정 지역이 정해지었다고 하면, 특정 점포에서 상권 범위에 있는 소비자를 얼마나 흡인할 수 있는지 검토하는 것이다. 넬슨은 ①고객 창출형 ②고객 의존형 ③통행 의존형으로 구분하였다. 고객 창출형은 점포 자체가 가지는 입지 우수성으로 인해서 고객의 방문이 두드러져 매출이 발생하는 형태이다. 고객 의존형은 인근 점포를 방문하는 소비자의 흡인력에 따라 매출에 영향을 받는 입지이다. 통행 의존형은 유동 인구의 통행량이 우수한 소매입지를 말한다.

3) 성장 가능성

상권이 성장할 수 있는 지역을 검토하는 것이다. 현재보다는 인구 유입으로 상권의 규모가 점진적으로 확대되어 미래에 소비자들이 늘어나는 지역이다.

4) 고객의 중간유인성

고객들의 동선을 검토하는 것이다. 소비자들의 동선에 따라 고객을 유인할 수 있는 것이다. 상업지의 출발점에서 목적지까지 도달하는 다양한 동선에서 최적의 입지를 찾는 것이다. 입지가 상업지 어디에 위치하는가에 따라 매출이 달라지기 때문이다.

5) 집적 흡인력

동일 상품 또는 유사한 제품을 판매하는 소매업자가 집중적으로 모여있는 지역인지를 검토하는 것이다. 이러한 지역은 고객들의 방문 선호도가 높아 상권의 범위가 커지기 때문이다.

6) 양립성

상호 보완관계에 있는 제품·서비스가 인접하여 있는지 검토하는 것이다. 보완관계를 통해서 매출을 극대화할 수 있는 것이다. 보완관계에 있는 점포 매출액이 증가하면 같이 매출이 증가하는 것이다.

7) 경쟁의 최소화

경쟁 관계에 있는 점포가 어느 정도 있는지를 검토하는 것이다. 경쟁 점포가 많을수록 수익에 직접적인 영향을 받기 때문이다. 이는 (5) 집적 흡인력과 반대되는 개념이다. 입지 선택을 하는데 있어서 어느 쪽을 선택할 것인지는 상권과 상품을 비교 검토하여 판단하여야 한다.

8) 경제성

소매업을 하기 위해 투자되는 비용과 예상되는 수익을 검토하는 것이다. 해당 지역의 상권의 규모가 비용을 감당하지 못할 수 있기 때문이다. 비용은 초기 투자 비용과 운영·영업비용을 별도로 검토하여야 한다. 소매(점포)사업에 대한 타당성 검토라고 할 수 있다.

제6절 상권분석

1. 상권의 개념

상권은 개별매장(상가), 집단매장(소핑센터, 백화점 등)에 매출을 발생시키기 위하여 방문하는 고객들이 거주하는 지역의 범위로 정의된다. 매출이 발생할 수 있는 도달거리이다. 상권에 대한 지리적·공간적 개념은 애플바움에 의해 도출되었고, 상권의 크기와 질을 결정하는 특성으로 ① 매장 ② 지역 ③ 상품 ④ 비용의 4가지로 분류하였다. 세부적으로는 매장의 면적, 위치, 접근성, 유동 인구, 경쟁업체 분포, 상권의 변동성, 운영비, 세금, 유지비용 등이다. 애플바움은 이러한 요인을 분석하여 거리, 시간, 매출액을 기준으로 1차, 2차, 3차 상권으로 분류하였다.

〈표 5-3〉 상권분류

구분	내용
1차 상권	– 매출액의 60%–70%의 고객 주거 범위 – 매장이 클수록 1차 상권의 범위가 확대될 가능성이 있음 – 반복 구매 형태가 지속적으로 발생
2차 상권	– 1차 상권을 제외한 15%–25%의 매출을 발생시키는 고객 주거 범위
3차 상권	– 통상적으로 15% 미만으로 1차, 2차 상권을 제외한 매출을 발생시키는 1회성 방문으로 지리적 범위의 의미 없음

2. 상권분석 측정 방법

상권분석은 소매부동산 입지분석이 가장 기초적인 절차이다. 상가는 개별성이 강한 부동산이기 때문에, 상권분석도 해당 점포와 상품·서비스에 따라 분석 방법을 다르게 접근하여야 하지만, 일반화하여 적용할 수 있는 기본적인 방법이 있다. 실무에서는 기본적인 방법을 응용하여 해당 점포의 특성과 상품에 적용하여야 한다.

1) 상권분석의 절차

상권분석의 목적은 소매사업의 성공 여부를 판단하기 위해 매출액을 추정하여 의사결정을 하기 위한 것이다. 부수적으로는 소비자의 유형, 상품 경쟁력 분석, 점포의 확장 가능성 등을 위해 상권분석이란 이름으로 시장·환경·타당성 조사가 이루어진다. 상권분석의 과정은 상권의 공간적 범위를 정하고 구획된 공간적 범위에서 매출액을 추정하는 과정이다. 이러한 접근 논리는 3가지가 있다. 특정 지역에 단 하나의 매장만 있다는 가정에서 출발하는 공간독점접근법, 다수의 점포가 있으므로 소비자의 방문 비율에 차이가 있다는 시장침투접근법, 특정 상품·서비스는 특정 소비자만 구매한다는 분산시장접근법이다. 따라서 상권분석 절차의 첫 번째는 공간적 범위를 정하는 것이다. 분석하는 방법으로 고객위치 구현법, 티센 다각형 모형, 컨버스의 분기점 모형, 서베이법 등이 있다. 이러한 조사를 하기 위해 직접 현장을 다니면서 자료를 취합하기도 하지만, 각종 통계자료를 활용하기도 한다. 상권의 공간적 범위가 정해지면 경쟁사들을 비교 분석한다. 경쟁하는 점포의 위치, 시설, 판매가격, 영업 차별성, 임대료 등이다. 마지막으로 유동 인구에 대한 특성을 분석하는 것이다. 유동 인구 분석을 통하여 상권의 잠재적 매출액을 추정하여야만 한다. 잠재 매출액을 추정하는 것이 상권분석의 궁극적 목적이다. 이러한 상권의 규모 및 매출액 추정하는 방법론으로 레일리 소매중력모형, 허프모형, 비율법, 회귀분석모형 등이 있다.

2) 고객위치 구현법(Customer spotting technique)

매장에 대한 상권의 구획에 주로 사용되는 고객위치구현법은 1951년 애플바움과 스피어스의 논문 "How to Measure a Trading Area"에서 소개되었다. 잠재적 상권을 격자형 그리드로 구분하고, 사전 인터뷰로 수집된 고객의 위치를 그리스 상에 나타냄으로 해당 매장의 상권을 구획하는 방법으로 다음과 같은 절차로 진행이 된다.

(1) 1단계: 조사하는 지역의 지도 위에 고객의 주거지를 점으로 표시하여 고객의 위치를 구현하고, 일정한 크기의 사각형 그리드를 중첩하여 해당 격자 안에 구현된 고객을 카운트 할 수 있다.

(2) 2단계: 그리드 내에 샘플로 표시된 고객의 수를 집계하여, 단위 매출액과 해당

그림 5-29 고객위치 구현법 격자 모형

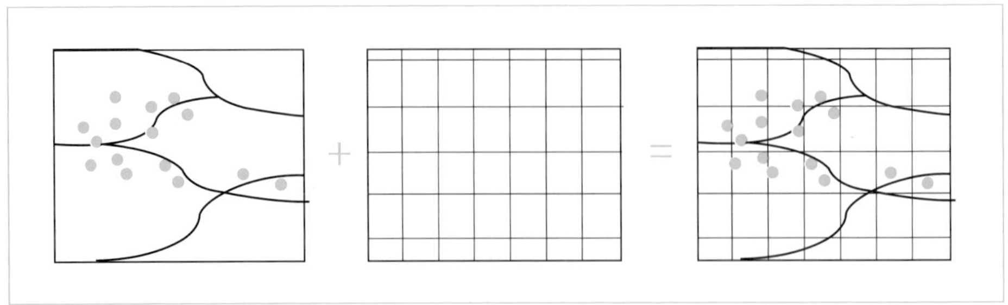

그림 5-30 고객위치 구현법의 상권구획

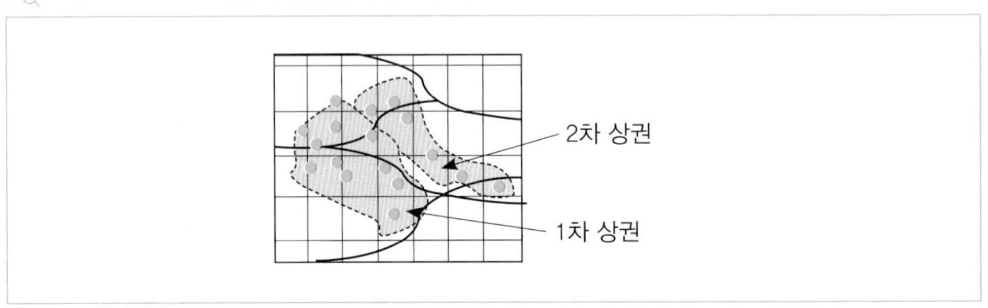

격자 해당하는 매출액을 계산한다.

(3) 3단계: 그리드에 해당하는 1인 매출액을 계산한다. 그리드 안에 있는 매출액을 격자에 해당하는 실제 인구로 나누면 1인당 매출액이 계산된다.

(4) 4단계: 1차 상권인 총매출액의 70%가 되는 범위를 그리드에 표시한다.

(5) 5단계: 2차 상권인 매출액의 20%가 되는 범위를 그리드에 표시한다.

이렇게 고객위치 구현법을 통하면 1차 상권과 2차 상권을 알 수 있다. 이렇게 나타나는 그림은 아메바 형태로 구현될 것이며, 동심원의 모양으로 나타날 가능성이 거의 없다.

3) 티센다각형 모형

티센다각형 모형은 공간독점 접근법으로 이해하는 상권구획모형이다. 소비자들은 가장 가까운 거리에 있는 소매점포를 이용한다는 전제하에 독립된 매장에서 독립된 상권을 할당하는 방법이다.

그림 5-31 티센 다각형 모형

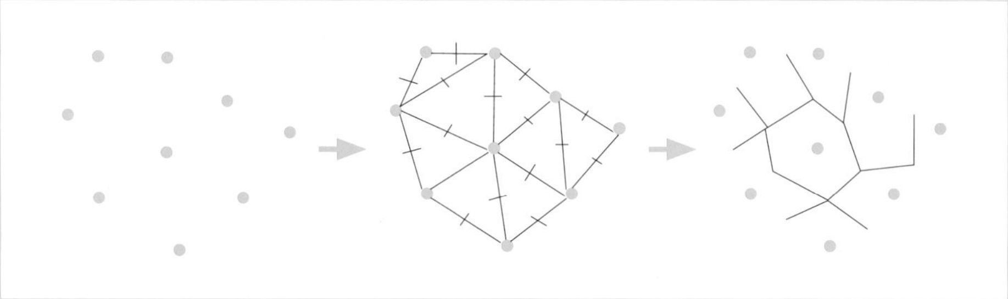

① 매장의 위치를 도면에 나타낸다.

② 매장별로 인접한 매장을 연결하는 선을 그리고, 그 선의 양분하는 지점을 찾는다.

③ 양분된 지점을 서로 연결하면 다각형의 모습이 나타난다.

4) 레일리(W. Reilly) 소매인력법칙

중력모형(gravity model)이란 중력에 의한 인력은 두 물체의 크기에 비례하고 거리에 반비례하는 것이다. 이를 뉴턴의 만유인력의 법칙이라 한다. 1929년에 레일리는 만유인력의 법칙에서 아이디어를 얻어 도시의 세력권을 측정할 수 있는 소매업 중력법칙(law of retail gravitation)을 발표하였다.

$$F = G\frac{M_1 M_2}{d^2}$$

F: 두 물체가 서로 당기는 힘 G: 만유인력상수
M: 질량 크기 d: 두 물체 사이의 거리

레일리는 만유인력의 식에서 다음의 식을 도출하였다.

$$\frac{R_a}{R_b} = \left[\frac{P_a}{P_b}\right]\left[\frac{1/D_a}{1/D_b}\right]^2 = \left[\frac{P_a}{P_b}\right]\left[\frac{D_a}{D_b}\right]^{-2}$$

R_a: 중간에 있는 도시 C 도시로부터 흡인하는 A 도시의 소매인력
R_b: 중간에 있는 도시 C 도시로부터 흡인하는 B 도시의 소매인력
P_a: A 도시의 인구 P_b: B 도시의 인구
D_a: A 도시와 C 도시까지의 거리 D_b: B 도시와 C 도시까지의 거리

그림 5-32 레일리 소매인력법칙

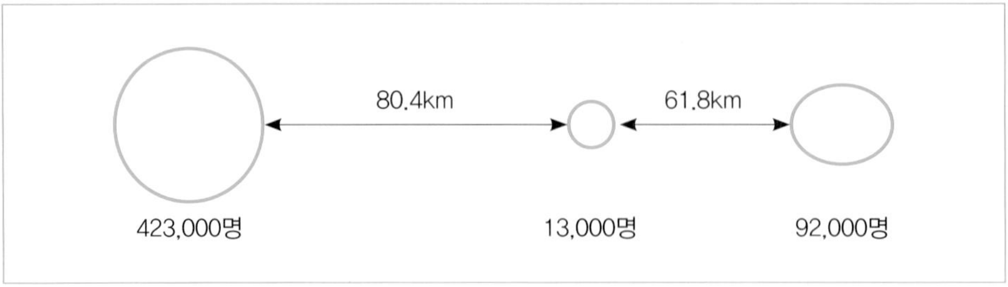

아래와 같이 거리가 떨어진 A, B 도시가 있고, 중간에 C 도시가 자리 잡고 있으며, 인구의 수는 그림과 같다.

$$\frac{R_a}{R_b} = \left[\frac{42.3}{9.2}\right]\left[\frac{80.4}{61.8}\right]^{-2} = \frac{2.7}{1}$$

따라서 R_a와 R_b는 2.7:1의 관계가 성립하므로, R_a는 2.7/(1+2.7)=73%, R_b는 1/(1+2.7)=27%로 계산되므로 C마을 인구 13,000중에서 73%인 9,490명은 A 도시로 가서 상거래 활동을 하고, 27%인 3,510명은 B 도시로 가서 상거래 활동을 한다. 소매인력법칙은 많은 인구를 가지고 있는 도시가 상권의 도달거리가 크므로 원거리에 있는 소비자들도 쇼핑하는 것이다. 따라서 큰 도시에 있는 상가들이 주변의 작은 도시에 거주하는 사람들을 쇼핑고객으로 유인하는 현상이 발생하는 것이다.

5) 컨버스(P. D. Converse)의 분기점 모형(Breaking Point)

컨버스의 분기점 모형을 수정소매인력모형이라고도 한다. 컨버스는 레일리의 이론을 가지고 두 도시 사이에 쇼핑 영향력이 균등해지는 분기점(breakpoint)을 계산할 수 있는 수식을 도출하였다. 컨버스의 분기점 모형은 레일리의 식에서 도출되는 숫자는 비율이므로 분기점이라는 의미는 A 도시와 B 도시 한 곳을 방문한다는 것이다. 따라서 레일리식의 $R_a/R_b=1$이 되는 것이고, 이를 컨버스가 최초로 분기점(Breaking Point)으로 정리한 것이다. 도시의 거주하는 인구로 중력모형을 활용한 것이 레일리 모형이라고 한다면, 컨버스는 개인이 두 도시의 어느 곳을 방문할 것인지를 레일리식에 대입한 것이다. 같은 수식을 해석이 달리 한 것이 두 사람의 차이이다.

그림 5-33 컨버스의 Breaking Point

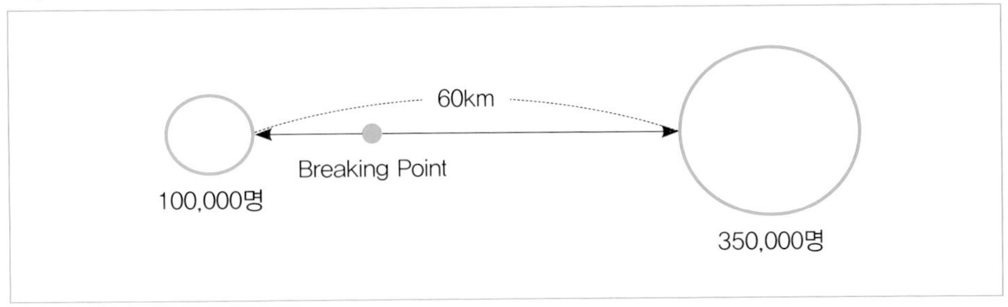

$$\frac{P_a}{D_a^2} = \frac{P_b}{D_b^2} \quad (\because D_b = D_{ab} - D_a)$$

$$D_a = \frac{D_{ab}}{1+\sqrt{\frac{P_b}{P_a}}}$$

P_a: A 도시의 인구
P_b: B 도시의 인구
D_a: A 도시와 Breaking Point까지 거리
D_b: B 도시와 Breaking Point까지 거리
D_{ab}: A 도시와 B 도시까지의 거리

A 도시로부터 20.9km 지점까지 거주하는 소비자들은 A 도시에서 상거래 활동을 하고, 20.9km 넘어서 거주하는 소비자들은 B 도시에서 상거래 활동을 하는 것이다.

$$D_a = \frac{60}{1+\sqrt{\frac{35}{10}}} = 20.9\text{km}$$

6) 허프(D. L. Huff) 확률모형

허프 모형(Huff Model)은 중력모형을 기본으로 매장의 매출액을 추정하는 모형이다. 레일리와 컨버스의 중력 법칙을 그대로 적용하다 보니, 두 지역 간에 대한 상호작용을 설명하였지만 허프는 다수의 지역을 경험적 사례로 적용하여 매장의 규모와 거리에 대한 매개변수 수치를 다양하게 응용할 수 있도록 한 모형이다. 허프 모형을

'공간 상호작용 모형'으로 해석하는 이유이다. 허프 모형은 상업입지를 추정하는 데 주로 사용되며, 특정 지역에 있는 쇼핑 시설의 시장점유율을 계산할 수 있다. 허프 모형은 어떤 매장이 주는 효용의 크기가 클수록 소비자들이 선택할 확률이 높아진다는 것을 토대로 한다. 매장의 효용은 매장의 규모와 거리의 변수에 따라 좌우된다는 것을 전제하였고, 이러한 전제는 중력의 법칙에 근거한 것이다. 즉 매장의 규모에 비례하고 거리에 반비례하는 것이다. 만유인력의 법칙에서는 거리의 제곱에 반비례하는 것을, 허프 모형은 매개변수 α와 β로 대입하여 융통성을 부여하였다.

점포의 효용이 소비자(i) 거주지로부터 점포(j)까지의 거리(D_{ij})와 점포의 규모(S_j)에 의해 결정된다고 제시하였다.

$$U_{ij}=S_j^{\alpha}D_{ij}^{\beta}$$

매개변수 α와 β값은 특정 지역에 대한 소비자의 점포선택과 관련된 조사 결과로부터 얻어진다. 이 값은 점포선택에 있어서 점포 규모와 거리에 대한 소비자의 상대적인 중요도를 반영하는 것이다. 공간 또는 거리의 마찰계수라 한다. 거리 마찰계수 β값이 공간 마찰계수 α값에 비해 큰 것으로 나타날 경우, 그 지역의 거주자(i)는 점포(j)의 크기(규모)보다는 거리를 더 중시한다는 의미이다. 소비자는 이용할 수 있는 다수의 점포에서 한 점포를 선택하여 이용하는 것이다. 지역 내 각 점포는 소비자들에게 선택될 가능성이 모두 가지고 있는 것이다. 즉 결정론적인(deterministic) 접근보다는 확률론적인(probabilistic) 접근이 필요하다는 것이다.

$$P_{ij}=\frac{U_{ij}}{\sum_{k\in N_i}U_{ik}}$$

P_{ij}=소비자 i가 j를 이용할 확률
U_{ij}=소비자 i가 가지는 점포 j의 효용
N_i=소지자 i에 의해 고려되는 점포 대안들의 집합

위 식에 효용함수를 대입하면 최종적인 허프 모형은 다음과 같이 도출된다.

$$P_{ij}=\frac{S_j^{\alpha}d_{ij}^{\beta}}{\sum_{k\in N_i}S_k^{\alpha}d_{ik}^{\beta}}$$

허프 모형을 가지고 특정 지역의 개별점포를 방문하는 소비자 수를 계산하면 아래와 같이 정리된다.

$$F_{ij}=H_i\left[\frac{S_j^{\alpha}D_{ij}^{\beta}}{\sum_j S_j^{\alpha}D_{ij}^{\beta}}\right]$$

H_i=각 지역(i)별 거주자 수

F_{ij}: 각 지역(i)의 거주자들에 대한 개별점포 방문자 수

허프 모형을 가지고 특정 매장의 매출액을 추정할 수 있으며, 아래와 같이 정리된다.

$$M_{ij}=C_i\left[\frac{S_j^{\alpha}D_{ij}^{\beta}}{\sum_j S_j^{\alpha}D_{ij}^{\beta}}\right]$$

C_i=각 지역(i)별 총매출액

M_{ij}: 각 지역(i)에서 개별점포에 대한 매출액

7) 비율법(ratio method)

비율법은 특정 지역 내에 있는 주민 소득의 일정 비율을 해당 매장의 매출액으로 추정하는 방법이다. 상권의 매출액을 단순하게 추정하는 방식으로 활용된다. 계산 방식이 주관적이고 부정확하므로 신뢰성에 문제가 있다. ① 시간, 거리 등으로 상권의 범위를 정한다. ② 해당 상권을 이용할 수 있는 주민들의 지출잠재력을 추정한다. 자료는 통계청 등의 자료를 활용하여 1인당 소득을 추정하여 잠재지출액과 소비자 수를 추정한다. ③ 시장점유율로 해당 점포의 매출액을 추정한다.

8) 회귀모형(regression model)

회귀모형은 종속변수인 매출액에 영향을 줄 수 있는 요인들을 독립변수를 추출하고, 매출액과 변수들의 관계를 회귀모형으로 계산한다. 회귀모형은 입지분석 연구에서 많이 사용되는 방법론이 하나이다.

$$y=a+b_1x_1+b_2x_2+b_3x_3+\cdots+b_nx_n$$

y: 매장의 매출액

x_n: 매출액에 영향을 미치는 요인 변수
b_n: 각 독립변수에 해당하는 회귀계수
a: 상수항

제7절 주거입지 이론

입지론이 최적의 산업입지를 선택하는 과정에서 연구 발전하였기에, 주거입지에 대한 이론은 산업입지, 소매입지만큼 연구가 활발하게 진행되지 못하였다. 현대의 주거입지에 대한 이론의 시작은 튀넨의 입찰지대이론으로 설명할 수 있다.

그림 5-34 소득에 따른 지대곡선

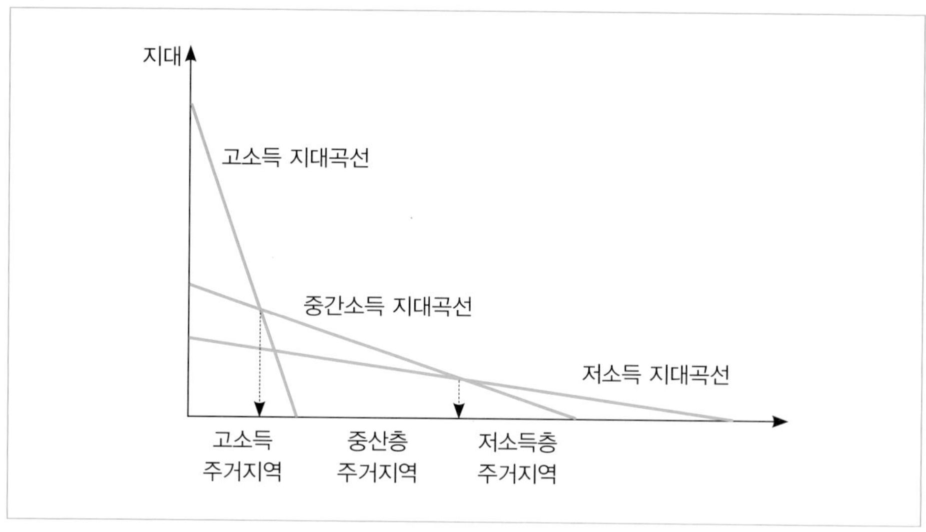

그림 5-35 도시의 지대곡선

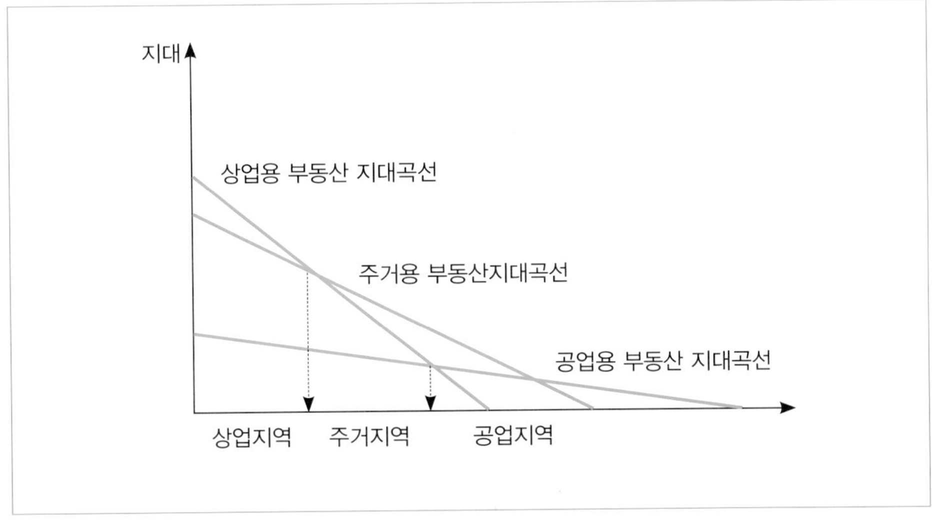

거리에 대한 마찰계수가 상이하므로 위와 같은 그림의 지대곡선이 나타나게 된다.

그림 5-36 고소득 도심 이동 지대곡선

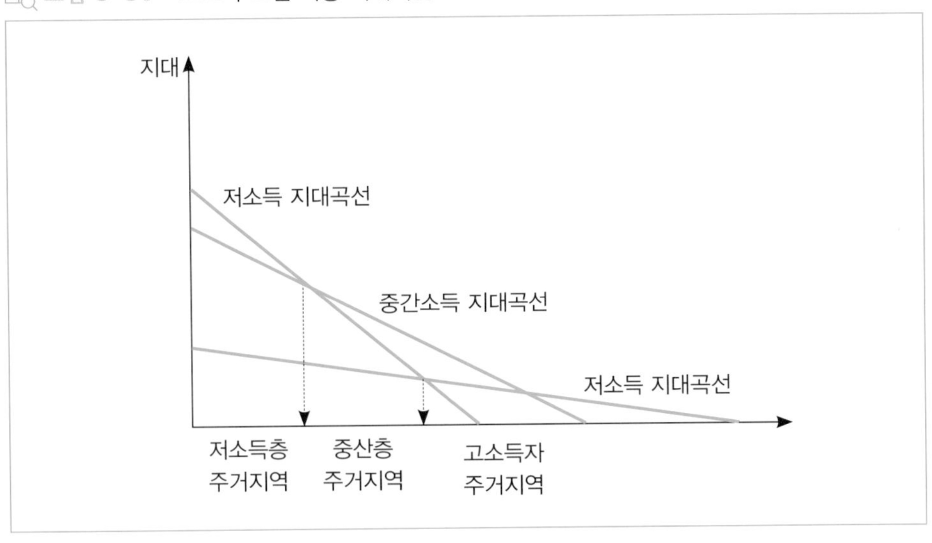

도심 재개발로 인하여 주거환경이 바뀌면서 위와 같은 지대곡선이 나타나 일부 고소득층이 도심에 주거하는 경우가 선진국에서 나타나고 있다. 도심에 고밀도의 고급

주택이 나타나면서 돈이 있는 사람들이 도심으로 이주하는 것이다.

질문

1. 부동산을 소유하여 생기는 소득은 불로소득인가?
2. 강남 아파트 가격이 상승하는 이유는 무엇인가?
3. 지하철역을 중심으로 상업지가 발달하는 이유는 무엇인가?
4. 상권분석의 목적은 무엇인가? 임대인과 임차인 누구의 관점인가?
5. 지식산업센터의 목적은 무엇인가?
6. 공유 오피스는 집적효과가 있는가?

참고문헌

1. Porter,M. E., 1998., "Cluster and New Economics of Competition," Harvard Business Review, Nor,~Dec. 1998.
2. 백성준, 부동산입지분석 이론과 실제. 한성대학교 출판부, 2016.
3. 박원석, 부동산 입지론, 양현사, 2011.
4. 이호병, 부동산입지분석론. 형설출판사. 2009.
5. 조덕훈, 부동산입지론, 부연사, 2009.
6. 안정근, 현대부동산학, 양현사, 2009.

제 3 편

부동산 활동

제 6 장　부동산 투자론
제 7 장　부동산 금융론
제 8 장　부동산 개발론
제 9 장　부동산신탁
제10장　부동산 마케팅
제11장　부동산 감정평가
제12장　부동산 권리분석

제 6 장 부동산 투자론

제 1 절 부동산투자 총론

1. 부동산투자론의 개요

1) 부동산과 투자의 결합

(1) 부동산투자의 개념

부동산투자는 재산이나 부동산에 자금을 투입하여 장기적으로 가치를 높이고 수익을 창출하는 투자 활동을 의미한다.

부동산투자는 건물, 토지, 상업 시설 등 다양한 형태로 이루어질 수 있으며, 주택, 상가, 사무실 등의 부동산 유형에 대한 투자가 포함된다.

(2) 부동산투자의 역사

부동산투자는 역사적으로 안전한 투자 수단으로 인식되어 왔다.

고대 로마 시대부터 현대에 이르기까지 부동산은 재산 보전과 성장의 수단으로 활용되어 왔으며, 부동산투자의 역사는 사회·경제적 변화와 긴밀한 연관성이 있다.

참고 부동산투자의 역사

■ 서양의 구분

① 고대 시대(기원전-17세기)

- 특징: 부동산투자의 초기 단계로, 땅과 건물에 대한 소유와 거래가 주로 농업과 상업 목적으로 이루어짐.
- 예시: 로마 제국 시대의 대규모 부동산 보유 및 국가의 토지 관리 체제.

② 18세기-19세기

- 특징: 산업화와 함께 도시화가 진행되며 주택, 상업용 건물 투자가 늘어남.
- 예시: 영국에서의 산업 혁명으로 인한 도시 부동산 투자 증가.

③ 20세기 초기-1930년대 대공황

- 특징: 대규모 개발 프로젝트와 도시 계획이 활발해지다가 1929년 대공황으로 인해 급격한 부동산 가치 하락.
- 예시: 뉴욕의 월가 크래시로 인한 부동산 시장 침체.

④ 1930년대-1970년대

- 특징: 경기 회복과 함께 주택 시장이 회복되고 상업 부동산 투자가 활발해짐.
- 예시: 1950년대 미국의 주택 붐 및 상업용 건물의 증가.

⑤ 1980년대-2000년대

- 특징: 금융 혁명과 글로벌화로 인해 부동산 투자가 다양화되고 글로벌 시장에 영향을 받음.
- 예시: 2008년 금융 위기로 인한 부동산 시장 충격과 이후의 글로벌 부동산 투자 증가.

⑥ 현대(2000년대 이후)

- 특징: 디지털 기술의 발전으로 부동산 데이터 분석과 예측이 강조되며 지속가능한 투자가 주목받음.
- 예시: 빅데이터와 인공지능을 활용한 부동산 시장 예측 및 투자 전략의 혁신.

■ 한국의 구분

① 전통 시대 (기원전 - 19세기 초)

- 특징: 땅은 양반과 국가가 소유하며, 주로 농지 소유로 전통적 토지관계가 형성됨.
- 예시: 양반 사대부의 대대적 부동산 보유 및 토지의 상속 제도.

② 19세기 후반-일제 강점기 (1897년-1945년)

- 특징: 일제의 토지 조직과 강제 개발로 인해 부동산 구조에 변화가 생김.

- 예시: 일본의 토지관리 체계 도입 및 도시화 추진.

③ 해방 후-1960년대

- 특징: 대한민국 정부의 토지개혁으로 농지 소유가 균형화되고 도시 부동산 시장이 형성됨.
- 예시: 1962년 토지개혁 정책으로 농지 소유 구조 개선.

④ 1970년대-1990년대

- 특징: 산업화와 도시화로 주택 부동산 시장이 활성화되며 투자가 증가.
- 예시: 주택건설 정책과 신도시 개발로 주택 시장 성장.

⑤ 2000년대 이후

- 특징: 급격한 부동산 가격 상승과 투자 열풍으로 인해 부동산 투자가 대중화됨.
- 예시: 2008년 금융위기로 인한 부동산 시장 충격과 이후 정부의 부동산 안정화 정책.

⑥ 현대(2010년대-현재)

- 특징: 디지털 기술의 발전과 글로벌화로 인해 부동산 투자 다양화 및 글로벌 시장 영향을 받음.
- 예시: 스마트 시티 프로젝트 및 글로벌 부동산 투자 증가.

한국의 부동산투자 역사는 근대화와 경제성장, 정부 정책 변화 등 다양한 변화와 함께 진행되어 왔다. 현재는 글로벌 시장과의 연계, 지속 가능한 투자에 대한 관심이 높아지고 있다.

2) 부동산 시장의 특성

(1) 부동산 시장의 주체

부동산 시장의 주체는 주로 투자자, 개발업자, 소비자, 중개인, 정부 등이 포함된다.

투자자는 수익을 목적으로 부동산에 투자하며, 개발업자는 부동산 개발 및 건설에 참여한다.

(2) 부동산 시장의 주요 요인

부동산 시장은 금리, 인구 흐름, 정책 변화, 경제 상황 등 다양한 요인에 영향을 받는다.

금리 변동은 주택 구매 및 투자에 영향을 미치며, 인구 흐름은 지역별 부동산 수요에 변화를 일으킨다.

3) 부동산투자론의 필요성과 목적

(1) 부동산투자론의 현대적 중요성

부동산투자론은 현대 사회에서 부동산이 가지는 중요성을 이해하고 효과적으로 투자하는 방법을 연구하는 중요한 분야이다.

급변하는 경제 환경에서 안정적이고 수익성 있는 부동산 투자 전략의 수립이 중요하다.

(2) 부동산투자론의 학문적 목표

부동산투자론의 학문적 목표는 부동산 시장의 특성, 부동산 투자의 원리, 효과적인 투자 전략 등을 탐구함으로써 학문적 토대를 제공하는 것이다.

이를 통해 학자들은 실무자와 투자자에게 부동산 시장을 더 잘 이해하고 효과적으로 운용할 수 있는 지침을 제공한다.

2. 부동산투자의 기본 이론

1) 부동산 가치와 가치평가

부동산 투자를 이해하고 성공적으로 수행하기 위해서는 부동산의 가치 평가가 필수적이다. 부동산 가치와 그를 평가하는 방법에 대한 이해는 투자자에게 핵심적인 역할을 한다.

(1) 부동산 가치의 형성 요인

① **위치**: 부동산의 지리적 위치는 주변 환경, 교통, 시설 등과 연관되어 가치에 영향을 미친다.

② **수급과 수요**: 부동산 시장에서의 공급과 수요는 가격에 직접적인 영향을 미치며, 수급 부족이나 과잉은 가치에 변동을 일으킬 수 있다.

③ **건물 및 시설 특성**: 건물의 크기, 구조, 시설의 유무 및 품질은 부동산의 가치에 큰 영향을 미친다.

④ 경제 상황: 지역 또는 국가의 경제 상황은 부동산 시장의 안정성과 투자 가치에 영향을 미친다.

⑤ 환경 요인: 주변 환경, 자연 재해의 위험성, 규제 등이 가치에 영향을 줄 수 있다.

(2) 가치평가의 주요 방법론

① 비교판단법: 유사한 부동산 거래를 기반으로 대상 부동산의 가치를 평가하는 방법으로 시장 데이터와 거래내역을 분석하여 가치를 산정한다.

② 소득반환법: 부동산이 생성하는 소득을 기반으로 가치를 평가하는 방법으로 임대수익, 배당 등을 고려하여 투자 가치를 결정한다.

③ 비용접근법: 부동산을 새로이 건설할 경우 소요되는 비용을 기반으로 가치를 평가하는 방법으로 주로 특수용도 부동산에 적용된다.

2) 부동산 수익과 위험

(1) 부동산 투자의 수익성 분석

부동산 투자의 수익성은 다양한 요인에 의해 결정되며, 투자자는 이러한 요인을 고려하여 수익을 최대화할 수 있는 전략을 구사해야 한다.

① 임대 수익: 부동산을 임대하면 임대료를 통해 일정한 현금 흐름을 얻을 수 있으며, 임대 수익은 부동산 투자의 주요 수익원 중 하나이다.

② 가치 상승: 부동산의 가치는 경제적 상황, 지역의 발전 등에 따라 증가할 수 있다. 향후 부동산 가치 상승을 예측하여 투자하는 것이 수익을 극대화하는 방법 중 하나이다.

(2) 부동산 투자의 위험 평가

부동산 투자에는 다양한 위험 요인이 존재하며, 이를 정확하게 평가하고 관리하는 것이 중요하다.

① 시장 위험: 부동산 시장의 변동성은 부동산 가치에 영향을 미치는 주요 요인 중 하나이다. 경기 침체, 금리 변동 등이 시장 위험으로 작용할 수 있다.

② 금리 위험: 금리 상승은 부동산 투자에 부정적인 영향을 미칠 수 있으며, 투자자는 금리 변동성에 대비한 전략을 수립해야 한다.

③ **운영 위험**: 부동산 운영에 따른 문제, 수리 및 유지보수 비용 등이 운영 위험으로 작용할 수 있다.

3) 부동산 투자 전략

(1) 투자목표의 수립

투자자는 부동산 투자에 대한 명확한 목표를 수립해야 한다. 수익률 목표, 투자 기간, 위험 허용 정도 등을 명시하고 이를 기반으로 효율적인 투자 전략을 수립해야 한다.

(2) 포트폴리오 다변화 전략

투자자는 단일 부동산에 종속되지 않고 여러 부동산에 투자하여 포트폴리오를 다변화시키는 전략을 채택해야 한다. 이는 시장의 변동성에 대한 효과적인 대응 및 위험 분산을 가능하게 한다. 여러 지역, 용도, 유형의 부동산에 투자하여 포트폴리오의 안정성을 높이는 것이 중요하다.

3. 부동산투자의 다양한 형태

1) 주택 투자

(1) 단독주택 vs. 다가구주택

부동산 투자자는 주택에 투자하는 다양한 방법을 고려할 수 있다.

① **단독주택**: 단독 주택에 투자는 주거용으로 활용되는 부동산에 투자하는 것을 의미한다. 주거 지역의 선호도와 부동산 시장의 흐름을 고려하여 단독주택을 선택하는 것이 중요하다.

② **다가구주택**: 다가구주택은 여러 가구가 함께 생활하는 형태로, 복수의 가구가 공간을 공유하면서 임대 수익을 창출할 수 있다. 지역의 인구 구조와 대세에 따라 단독주택과 다가구주택 중 어떤 형태를 선택할지 결정해야 한다.

(2) 주택 리모델링과 가치 상승

주택 리모델링은 부동산 투자의 중요한 전략 중 하나로, 기존 주택을 개선하여 가치를 상승시키는 것을 목표로 한다.

① **내부 리모델링**: 주택 내부의 구조나 시설을 개선하여 주거 편의성을 향상시키고, 시장 가치를 높일 수 있다.

② **외부 리모델링**: 주택 외부의 디자인이나 조경을 개선하여 주변 환경과의 조화를 이루며, 시각적 가치를 높이는 것이 가능하다.

2) 상업용 부동산 투자

(1) 상가, 사무실, 호텔 등 다양한 형태

상업용 부동산 투자는 다양한 형태의 부동산에 투자할 수 있는 기회를 제공한다.

① **상가**: 소매업체가 운영하는 상가 부동산에 투자할 경우, 지역의 상업적 활동과 소비 트렌드를 고려하여 상가의 위치와 유형을 선택해야 한다.

② **사무실**: 중소기업이나 기업의 사무 공간으로 활용되는 부동산에 투자할 경우, 지역의 경제 활동과 기업의 입주 유형을 고려하여 사무실 부동산을 선정하는 것이 중요하다.

③ **호텔**: 관광 지역이나 중심 도시에서 호텔 부동산에 투자할 경우, 여행 업계의 동향과 지역의 관광 수요를 고려하여 호텔 부동산을 선택하는 것이 핵심이다.

(2) 임대료와 임차인 신뢰의 상관관계

부동산 투자에서 임대료 수익은 핵심적인 부분이며, 임차인과의 신뢰 관계는 장기적인 투자 성공에 영향을 미친다.

① **임대료 수익**: 부동산 투자자는 지역별 시장 임대료 동향을 파악하고, 안정적이고 예측 가능한 임대료 수익을 기대할 수 있는 부동산에 투자해야 한다.

② **임차인 신뢰**: 임차인과의 신뢰 관계는 임대 기간 동안 원활한 임대 관리와 부동산 유지에 중요한 역할을 한다. 상호 신뢰를 기반으로 한 긍정적인 관계는 투자자와 임차인 모두에게 이로운 결과를 가져올 수 있다.

3) 토지 투자

(1) 토지 가치 평가의 고려 사항

토지 투자는 부동산 투자의 중요한 부분으로, 토지의 가치를 평가하는 데에는 다양한 고려 사항이 포함된다.

① **지리적 위치**: 토지의 지리적 위치는 주변 환경, 교통 편의성, 인프라 등을 고려하여 평가되며, 주변 지역의 발전 가능성이 토지 가치에 큰 영향을 미친다.

② **용도 제한 및 규제**: 해당 토지의 용도 제한과 지역 규제 사항은 투자의 성공을 좌우할 수 있다. 관련 법규를 철저히 검토하고, 향후 개발 가능성을 고려하여 가치를 평가해야 한다.

③ **환경적 요소**: 토지의 자연환경과 생태계, 자연재해의 위험성 등이 토지의 가치에 영향을 미친다. 이러한 환경적인 측면을 고려하여 토지 투자의 위험을 최소화하는 전략이 필요하다.

(2) 개발 가능성과 토지 투자의 기회

토지 투자는 주로 향후 개발 가능성을 기대하고 이에 따른 기회를 탐색하는 것이 주된 목표이다.

① **주변 개발 동향**: 토지의 주변 지역의 개발 동향을 파악하여 어떤 방향으로 발전될지 예측하는 것이 중요하다. 이를 통해 개발 가능성을 가늠하고 투자 기회를 찾을 수 있다.

② **인프라 개선 및 계획**: 주변 지역의 국가 또는 지방 정부의 인프라 개선 계획이나 도시 개발 계획을 주의 깊게 살펴보는 것이 필요하다. 이러한 계획이 토지 가치에 어떤 영향을 미칠지 예측하고, 투자 기회를 찾아야 한다.

③ **부동산 시장 동향**: 부동산 시장의 전반적인 동향과 특정 지역의 부동산 시장 흐름을 파악하여 어떠한 투자 기회가 있는지를 판단하는 것이 필요하다. 부동산 시장의 미래 전망을 고려하여 토지 투자의 방향을 결정할 수 있다.

토지 투자에서는 전략적이고 장기적인 시각으로 투자 기회를 발굴하고, 토지의 특성과 가능성을 철저하게 평가하는 것이 핵심이다.

4. 부동산투자의 관리와 운용

1) 부동산 자산의 운용

(1) 자산의 증가와 관리

부동산 자산의 증가와 관리는 효과적인 운용 전략에 깊게 연관되어 있다.

① **자산의 증가**: 새로운 투자 기회를 발굴하고 기존 자산의 가치를 향상시키는 방법을 찾아, 전체 부동산 포트폴리오의 가치를 지속적으로 증가시키는 노력이 필요하다.

② **부동산 포트폴리오 최적화**: 다양한 부동산 유형 및 지역 간의 포트폴리오를 최적화하여 리스크 분산과 수익 극대화를 동시에 고려하는 전략이 필요하다.

2) 부동산 투자의 성과 측정

(1) 투자 수익률과 투자성과 지표

부동산 투자의 성과를 정확히 측정하고 분석하기 위해서는 다양한 지표와 수익률을 고려해야 한다.

① **투자 수익률**: 투자에 대한 총 수익을 초기 투자액으로 나눈 비율로 계산하며, 연간 수익률, 누적 수익률 등을 종합적으로 고려하여 성과를 평가한다.

② **투자성과 지표**: ROI(투자수익률), ROE(자기자본이익률) 등과 같은 지표를 활용하여 부동산 투자의 재무적 성과를 정량적으로 파악한다.

참고

■ 자기자본이익률(Return on equity: ROE)

경영자가 주주의 자본을 활용하여 얼마만큼의 이익을 올리고 있는가를 나타내는 지표로, 기업의 손익계산서상의 순이익을 자기자본으로 나눈 비율을 뜻한다.ROE가 높다는 것은 그만큼 기업이 자본을 효율적으로 운용해 이익을 많이 낸다는 뜻이며, 주가도 높게 형성되는 경향이 있다.

* 자기자본이익률(ROE) = 순이익/자기자본 × 100

■ 투자수익률(Return on Investment: ROI)

경영성과를 종합적으로 측정하는 데 이용되는 가장 대표적인 재무비율이다. 순이익을 총투자액으로 나누어 산출하는데, 총투자는 재무상태표상의 총자본과 금액이 같고 이것은 다시 총자산과 같기 때문에 총자본이익률 혹은 총자산이익률(Return on Asset: ROA)도 투자수익률과 같은 의미로 쓰인다. ROI 분석은 미국의 화학회사 듀퐁(Du Pont)사가 사업부의 업적을 평가·관리하기 위한 방법으로 개발됐다. 경영성과의 종합척도가 곧 투자수익률이라 보고 이를 결정하는 재무요인을 체계적으로 관찰하여 통제하는 기법이다.

* 투자수익률(ROI) = 순이익/총투자액(총자본) × 100

ROE와 ROI는 투자자들이 투자를 결정할 때 고려하는 중요한 참고지표다. ROI는 경영성과를 종합적으로 판단하지만, 타인자본의 사용으로 ROI가 증가하는 경우도 있어 기업의 효율성을 제대로 측정하지 못할 수도 있다. 이러한 단점을 ROE를 이용함으로써 보완할 수 있다.

(2) 리스크 조절과 성과 측정

투자의 리스크를 효과적으로 관리하고 성과를 안정적으로 측정하기 위해서는 다양한 방법을 사용해야 한다.

① **리스크 조절**: 다양한 부동산 유형과 지역을 조합하여 포트폴리오를 다각화하고, 재무 구조를 최적화하여 리스크를 효과적으로 관리한다.

② **성과 측정**: 정확하고 신뢰성 있는 성과 측정을 위해 여러 지표와 분석 도구를 활용하며, 특히 부동산 시장의 특성에 맞는 표준 지표를 사용한다.

3) 부동산 투자의 세무 전략

(1) 부동산 세금의 이해

부동산 투자에는 다양한 세금 요소가 포함되어 있으며, 세금의 이해가 효과적인 세무 전략 수립에 중요하다.

부동산 관련 세금: 토지 및 건물에 대한 취득세, 보유세, 양도소득세 등 각종 세금을 정확히 이해하고 준수해야 한다.

〈표 6-1〉 부동산 보유단계별 세금 종류

구 분	국 세	지 방 세
취 득	농어촌특별세, 부가가치세	취득세, 지방교육세
보 유	종합부동산세,농어촌특별세 (종합부동산세의 20%)	재산세, 재산세 과세특례
임 대	임대소득세	지방소득세(임대 소득세의 10%)
양 도	양도소득세, 부가가치세	지방소득세 (양도소득세의 10%)
무상이전	상속세, 증여세	취득세, 교육세, 지방교육세

(2) 세무 최적화 전략

① **절세 전략**: 세법의 취약점을 활용하여 합법적으로 세금을 최소화하는 전략을 수립하고, 부동산 투자의 효율적인 세무 계획을 구상한다.

② **재무 구조 최적화**: 부동산 투자의 세무 효과를 극대화하기 위해 재무 구조를 최적화하고, 혜택을 받을 수 있는 세법을 적극 활용하는 전략을 수립한다.

5. 부동산 시장의 동향과 전망

1) 국내 부동산 시장

(1) 국내 부동산 시장의 특징

국내 부동산 시장은 다양한 특징을 가지고 있으며, 이를 이해하는 것이 효과적인 투자를 위한 기반이 된다.

① **수요와 공급의 미스매치**: 수요와 공급 사이에 미스매치가 지속적으로 발생하며, 이로 인해 부동산 가격의 상승 또는 하락이 발생할 수 있다.

② **정책에 민감한 특성**: 국내 부동산 시장은 정부의 다양한 정책에 영향을 받기 때문에 정책 변화에 민감하게 반응한다.

(2) 정책 변화에 따른 시장 영향

정부의 부동산 관련 정책은 국내 시장에 직접적인 영향을 미치고 있다.

① **부동산 규제 강화**: 최근 몇 년간 부동산 규제가 강화되면서 주택 시장에서는 가

격 안정을 위한 노력이 지속되고 있다.

② **금리 정책의 영향**: 중앙은행의 금리 정책 변화가 부동산 시장에 큰 영향을 미치고 있으며, 이를 예측하여 투자 전략을 수립하는 것이 필요 하다.

2) 국제 부동산 시장

(1) 글로벌 부동산 투자 동향

글로벌 부동산 시장은 국제적인 투자 동향에 크게 영향을 받는다.

① **투자 규모의 확대**: 국제 부동산 시장에서는 투자자들의 국가 간 자금 이동이 활발하게 이루어지고 있으며, 이에 따라 투자 규모가 확대되고 있다.

② **다양한 부동산 유형의 수요**: 다양한 부동산 유형에 대한 국제적인 투자 수요가 증가하고 있으며, 특히 상업용 부동산에 대한 투자가 높아지고 있다.

(2) 국제 시장의 영향 요인

① **경제적 요인**: 국제적인 경제 동향이 국제 부동산 시장에 큰 영향을 미치며, 세계적인 경기 침체나 회복은 부동산 가격 및 투자에 영향을 미칠 수 있다.

② **정치적 요인**: 국제 정치 상황이 부동산 시장에 미치는 영향은 증시와 함께 주목받고 있으며, 정치적 불안이 투자 심리에 영향을 미칠 수 있다.

③ **환율 변동**: 국제 투자의 경우 환율 변동은 중요한 영향 요인 중 하나로 작용하며, 환율의 변동이 투자 수익률에 영향을 미칠 수 있다.

6. 부동산투자의 윤리와 책임

1) 투자자와 투자 대상자 간의 윤리적 고려

(1) 투자자의 윤리적 책임

투자자는 다양한 윤리적 고려사항을 고려하여 투자 결정을 내리고 투자 활동을 수행해야 한다.

① **정보 투명성**: 투자자는 투자 대상인 부동산에 대한 정보를 정확하게 파악하고, 투명하게 공개하여 타 투자자들과의 공정한 경쟁 환경을 유지해야 한다.

② **사회적 책임**: 투자자는 자신의 투자로 인해 발생하는 사회적 영향을 고려해야

한다. 지역사회 발전, 환경보호 등과 같은 측면에서의 책임을 다해야 한다.

③ **금융 거래의 공정성**: 투자자는 금융 거래 및 계약에서 공정하고 투명한 관행을 유지해야 하며, 부당한 혜택을 얻지 않도록 노력해야 한다.

(2) 투자 대상의 책임

① **투자 대상자의 권리 보호**: 부동산 투자의 경우 임대인, 임차인, 그리고 지역 주민 등 다양한 투자 대상자가 있다. 투자자는 이들의 권리를 존중하고 보호해야 한다.

② **지역사회에 대한 고려**: 투자 대상인 부동산이 위치한 지역사회의 특성과 요구에 대한 고려가 필요 하다. 지역 발전에 도움이 되는 투자를 선호하고, 지역 주민과의 원만한 관계를 유지해야 한다.

③ **환경 측면의 고려**: 투자 대상 부동산이 환경에 미치는 영향을 고려하고 친환경적이며 지속 가능한 투자를 선호해야 한다.

부동산투자에서의 윤리적 책임은 단순히 이익 추구뿐 아니라 사회적, 환경적 측면을 모두 고려하여 종합적인 책임을 다하는 것이다. 투자자가 윤리적으로 투자를 수행함으로써 긍정적인 사회적 가치 창출과 지속 가능한 부동산 시장 발전에 기여할 수 있다.

2) 부동산투자 전문가의 윤리

(1) 부동산 중개인과 윤리적 고려사항

① **정직성과 투명성**: 중개인은 거래 당사자들 간의 정보 전달에서 중요한 역할을 한다. 따라서 정직성과 투명성을 기반으로 거래를 이끌어내어야 한다. 모든 정보를 공평하게 제공하고, 이해하기 쉽게 설명함으로써 신뢰를 구축해야 한다.

② **이해당사자의 권익 보호**: 중개인은 구매자와 판매자 양쪽의 권익을 적절하게 고려하고, 이해당사자들 간의 협상에서 공평한 중재자 역할을 해야 한다.

(2) 부동산 투자 컨설턴트의 역할과 윤리

① **전문성과 지식**: 투자 컨설턴트는 투자에 대한 탁월한 전문 지식을 가져야 하며, 클라이언트에게 정확하고 신뢰성 있는 정보를 제공해야 한다.

② **이해당사자의 이익 우선**: 투자 컨설턴트는 클라이언트의 이익을 최우선으로 고

려해야 한다. 이해당사자의 목표와 필요에 따라 최적의 투자 전략을 제시해야 한다.

(3) 투자에 관한 정직성과 투명성

① **정직한 자문**: 투자 전문가는 투자에 대한 모든 측면을 솔직하고 정직하게 전달해야 한다. 예상치 못한 위험이나 단점도 투명하게 알리는 것이 중요하다.

② **투자 결정에 대한 권고**: 투자 컨설턴트는 클라이언트에게 투자 결정을 내리는 데 있어서 권고를 제공할 수 있지만, 클라이언트의 결정을 존중하고 이해당사자 간에 열린 소통을 유지해야 한다.

부동산 투자 전문가의 윤리적 행동은 부동산 시장의 건강한 발전과 투자자들의 신뢰를 유지하는 데에 기여한다. 이를 통해 지속 가능한 부동산 시장과 클라이언트의 만족도를 동시에 달성할 수 있다.

7. 부동산투자의 미래 동향

1) 기술과 부동산투자의 융합

(1) 인공지능과 부동산 투자

① **데이터 분석과 예측**: 인공지능 기술은 부동산 시장 데이터를 분석하고 미래 동향을 예측하는 데 사용된다. 투자자들은 빅데이터와 기계 학습을 활용하여 투자 결정을 더 효과적으로 내릴 수 있다.

② **자동 거래 시스템**: 인공지능은 자동 거래 시스템을 통해 부동산 거래를 효율적으로 수행하고 투자 전략을 최적화하는 데 활용된다.

(2) 블록체인 기술의 적용

① **거래의 투명성**: 블록체인은 거래의 투명성을 증가시키며 부동산 거래 과정에서 발생할 수 있는 부정행위를 방지하는 데 기여한다.

② **분할 소유권**: 블록체인은 부동산 자산을 더 작은 단위로 분할하고 토큰화하여 투자자들에게 더 쉬운 접근성을 제공한다.

③ **NFT 연계 자금세탁방지 시스템 구축**: 불법적인 자금흐름을 차단하기 위해 NFT와 연계하면 부동산 투자와 금융의 결합한 시스템으로서 거래활성화와 투명

성, 희소성 가치 향상에 기여 할 것이다.

참고〉 **NFT**

NFT: 'Non-Fungible Token'의 머리글자이다. 우리말로는 '대체 불가능한 토큰'으로 번역된다. 블록체인 기술을 적용한 디지털 토큰으로, 각 토큰은 저마다 고유한 인식값을 부여받음으로써 서로 대체할 수 없는 가치와 특성을 지니게 되어 교환과 복제가 불가능하다.

2) 지속 가능성과 부동산투자의 연계

(1) 환경·사회·지배구조 (ESG) 기준

① **환경적 영향**: 투자자들은 부동산의 환경 영향을 고려하여 친환경 건물에 투자하는 경향이 높아지고 있다.

② **사회적 책임**: ESG 기준은 부동산 기업이 지역사회와의 상호작용, 사회적 책임을 고려하여 투자하는 데 영향을 미치고 있다.

참고〉

■ ESG원칙이 부동산 투자에 미치는 영향과 중요성

수익과 환경 사회 책임의 조화 오늘날 부동산 시장은 빠르게 변화하고 있으며, 이러한 환경에서 ESG(환경, 사회, 지배구조) 원칙의 중요성이 강조되고 있다. ESG는 환경, 사회, 지배구조 측면에서 부동산 투자의 지속 가능성을 고려하는 접근 방식을 의미한다. 이러한 원칙을 통합한 부동산 투자는 환경 문제와 사회적 책임을 충족시키면서도 재무적 이익을 추구하는 핵심 전략이 된다.

1. 에너지 효율성: 지속 가능한 미래를 위한 핵심

에너지 효율성은 ESG 중심 부동산 투자의 핵심이다. 부동산 개발자와 관리자는 에너지 효율적인 기술과 관행을 통합하여 환경 영향을 최소화하고 운영 비용을 절감할 수 있다. LED 조명, 에너지 효율적인 HVAC 시스템, 스마트 빌딩 제어 기능을 도입하여 에너지 소비를 획기적으로 줄일 수 있다. 또한, 재생 에너지원을 활용하면 에너지 효율성을 더욱 향상할 수 있다.

2. 지속 가능한 소재: 환경을 생각한 재료 선택

지속 가능한 소재를 선택하는 것은 건설과 유지 관리의 환경적 영향을 줄이는 데 도움이 된다. 부동산 투자자는 재생 목재, 저 VOC 페인트, 재활용 강철과 같은 친환경 건축 자재를 사용하여 환경적 영향을 최소화할 수 있다다. 이는 폐기물을 줄이고 천연 자원을 보존하며 환경 영향을 최소화한다.

3. 녹색 건물 인증: 환경적 책임을 입증하는 방법

LEED(에너지 및 환경 설계 리더십) 및 BREEAM(건축 연구 설립 환경 평가 방법)과 같은 녹색 건물 인증은 부동산의 지속 가능성을 검증하는 방법이다. 부동산 투자자는 자신의 프로젝트에 이러한 인증을 취득하여 환경적 책임을 나타낼 수 있다. 이러한 인증은 환경에 민감한 임차인의 관심을 끌며 세금 감면 및 에너지 비용 절감과 같은 재정적 이점도 제공한다.

4. 커뮤니티 참여: 지역 사회와 협력

지역 사회와의 협력은 ESG 중심 부동산 투자에서 중요한 측면이다. 투자자는 지역 행사를 후원하거나, 자선 활동에 기여하거나, 비영리 단체와 협력하여 지역 사회 개발을 지원할 수 있다. 이를 통해 투자자는 지역사회와 긍정적인 관계를 구축하고 새로운 프로젝트에 대한 지원을 얻을 수 있다.

5. 사회적 포용: 모든 이용자를 위한 공간

사회적 포용은 모든 사람이 접근하고 환영받을 수 있는 부동산 환경을 만드는 것을 의미한다. 임대 건물은 휠체어 접근이 가능하고 경사로 및 엘리베이터와 같은 시설을 갖춤으로써 이동에 어려움을 겪는 개인을 고려할 수 있다. 임차인 선택 시 차별을 피하고 다양성을 촉진하면 부동산 내에서 조화롭고 사회적으로 책임 있는 커뮤니티를 조성할 수 있다.

6. 건강 및 웰빙: 임차인의 건강을 촉진

실내 공기 질과 자연 채광을 고려하여 건물을 설계하면 임차인의 건강과 웰빙을 증진시킬 수 있다. 부동산 개발자는 대형 창문을 통해 충분한 햇빛을 확보하고, 공기 여과 시스템을 도입하여 실내 공기 질을 개선할 수 있다. 또한, 체육관, 공동 정원, 휴식 공간과 같은 편의 시설을 제공하면 임차인의 웰빙에 기여할 수 있다.

7. 교통 연결성: 지속 가능한 교통 옵션 장려

대중교통 허브와의 근접성은 ESG 중심 부동산 투자에서 중요한 역할을 한다.

개발자는 친환경적인 출퇴근을 장려하고 자동차 의존도를 줄이는 위치를 선택할 수 있다. 건물 내에서 자전거 거치대, 카풀 차선, 걷기 쉬운 경로를 만들어 지속 가능한 교통 옵션을 지원할 수 있다. 이는 환경에 미치는 영향을 최소화하면서 환경을 고려하는 세입자에게 더욱 매력적인 장소가 된다.

8. 지속 가능한 관행: 자원 관리와 폐기물 감소

지속 가능한 관행은 폐기물 감소와 책임 있는 자원 관리를 포함한다. 자산 관리에서 재활용 프로그램, 퇴비화, 효율적인 폐기물 처리 프로세스를 구현하면 매립지로 가는 폐기물을 크게 줄일 수 있다. 또한, 물 사용을 최적화하는데 기여하는 저유량 설비, 빗물 수집, 건식 처리를 통해 귀중한 자원을 보존하면서 운영비용도 절감할 수 있다.

9. 윤리적 거버넌스: 투명성과 무결성을 강조

부동산의 윤리적 거버넌스는 투명성, 무결성, 법률 및 규정 준수와 관련이 있다. 부동산 관리자는 임차인과의 정직한 거래, 공정한 임대 정책, 건강 및 안전 기준과 같은 법적 요구 사항을 준수할 수 있다. 임차인 협회와 협력하고 그들의 우려 사항을 처리하는 것은 윤리적 거버넌스, 신뢰 및 장기적인 임차인 관계 조성의 모범이라고 할 수있다.

10. 위험 관리: 환경적, 사회적 위험 평가와 완화

ESG 중심 부동산 투자에는 환경적, 사회적 위험을 평가하고 완화하는 것이 포함된다. 홍수가 발생하기 쉬운 지역에 위치한 부동산은 홍수 통제 조치를 구현하고 기후 관련 사건에 대한 보험을 가지고 있어야 한다. 또한, 환경 문제에 대한 회복력을 개발하는데 중점을 둔다면 예상치 못한 중단으로부터 투자를 보호할 수 있다.

■ ESG 중심 부동산 투자의 장점

ESG 중심의 부동산 투자 전략은 환경, 사회, 지배구조 측면에서의 책임을 강조하면서도 재무적 이익을 추구할 수 있는 효과적인 방법이다. 이러한 전략은 미래에 대비하고 재무적 리스크를 줄이며 장기적으로 지속 가능한 수익을 안정화하는데 도움을 준다. 또한, 사회적 책임과 지역사회 참여를 강조하는 ESG 전략은 부동산 개발자와 투자자에게 긍정적인 평판을 구축하고 부동산 가치를 향상한다. 마지막으로, 윤리적 거버넌스 측면에서는 투명하고 윤리적인 관리를 강조하는 것이 투자자와 세입자의 신뢰를 구축하고 부동산 운영을 효율적으로 관리하는데 도움을 준다.

ESG 중심의 부동산 투자 전략은 환경, 사회, 지배구조 측면에서의 책임을 강조하면서도 재무적 이익을 추구할 수 있는 효과적인 방법이다. 한국의 부동산 시장에서도 ESG 원칙을 적용함으로써 지속 가능한 미래를 구축하고 동시에 투자의 안전성과 수익성을 확보할 수 있다. ESG 중심의 부동산 투자는 환경 문제와 사회적 책임을 고려하며, 동시에 재무적 이익을 극대화하는 방법으로, 미래를 준비하고 지속 가능한 부동산 시장에서의 경쟁력을 확보하는 데 도움을 줄 것이다.

(2) 지속 가능한 투자 전략

① **장기적 투자 관점**: 지속 가능성은 투자자들에게 장기적 관점에서 수익 창출과 사회적 가치 창출을 모두 고려하는 투자 전략을 채택하게 한다.

② **윤리적 투자**: 투자자들은 윤리적 기준을 충족하는 부동산 프로젝트에 더 많은 투자를 할 것으로 예상된다.

부동산투자의 미래 동향에서는 기술과 지속 가능성이 투자 결정에 큰 영향을 미치고 있으며, 투자자들은 새로운 기회를 모색하고 변화하는 시장에 더 민첩하게 대응하고 있다.

3) 글로벌 시장 동향과 부동산투자의 미래

(1) 지역별 시장 동향

① **북미 지역**: 미국과 캐나다 부동산 시장은 안정적이며, 기술과 지속 가능성에 대한 투자가 증가하고 있다.

② **유럽**: 유럽 부동산 시장에서는 지속가능한 도시 개발과 ESG 기준을 충족하는 투자가 증가하고 있다.

③ **아시아**: 중국과 싱가포르 등 아시아 지역에서는 기술 혁신과 신도시 개발에 관한 투자가 증가하고 있다.

(2) 새로운 투자 기회와 도전

① **디지털 부동산**: 블록체인과 디지털 자산화 기술은 새로운 투자 기회를 제공하며, 부동산 자산을 더 효율적으로 운용할 수 있게 한다.

② **도시 재생 프로젝트**: 기존 도시의 재생 및 개발 프로젝트는 지속가능성과 도시

환경의 향상에 기여하며 투자자들에게 새로운 시장을 열어준다.

③ **코로나19의 영향**: 글로벌 부동산 시장은 코로나19 대유행으로 인해 변동이 있었으나, 원격 근무와 산업구조의 변화로 인해 투자 방향이 조정되고 있다.

부동산투자의 미래에서는 다양한 지역에서 나타나는 시장 동향과 함께 디지털 기술과 지속 가능한 투자가 더욱 중요해지고 있다. 투자자들은 이러한 동향을 반영하여 새로운 기회를 찾고, 글로벌 시장의 변화에 대응하는 데 주목하고 있다.

8. 부동산투자론의 중요성

1) 부동산투자론의 중요성 재강조

① **투자 전략 수립**: 부동산투자론은 투자자가 효과적인 전략을 수립하고 실행하는 데 필수적으로 작용한다.

② **리스크 관리**: 다양한 투자 옵션과 수익성 분석을 통해 부동산투자론은 리스크를 최소화하고 안전한 투자를 돕는다.

③ **시장 이해**: 부동산 시장 동향 및 글로벌 경제의 영향을 파악하여 투자에 대한 효과적인 결정을 내릴 수 있도록 지원한다.

2) 부동산학과의 유기적 연계

(1) 부동산투자론과 다른 학문 분야와의 상호 작용

① **경제학**: 수요 및 공급에 대한 경제적 원리를 이해하여 투자 전략을 구성한다.

② **금융학**: 자금 조달 및 운용 전략을 통해 투자의 수익성을 높이는 방법을 연구한다.

③ **도시 및 지역 계획**: 도시 개발 프로젝트와 지역적 특성을 고려하여 투자의 지리적 영향을 평가할 수 있다.

(2) 학문 연구와 실무의 결합

산업 현장과의 협력을 통해 학문적 연구를 실무에 적용하고, 실무 경험을 토대로 학문적 이론을 발전시킬 수 있다.

실무 중심의 교육과 연구를 통해 학생들이 현장에서 부동산투자에 대한 도전과제를 이해하고 대응할 수 있도록 한다.

부동산투자론은 부동산학과 다른 학문 분야와의 조화로운 유기적 연계를 통해 학문적 성장과 실무 적용의 기회를 제공할 수 있다. 이를 통해 학문과 실무가 상호 보완적으로 발전함으로써 부동산 투자 분야에서의 지식과 전문성을 향상시킬 수 있다.

제2절 부동산투자 의사결정

1. 부동산투자 의사결정 개요

1) 부동산 투자

투자의 속성은 확정되지 않은 미래의 수익을 위해 현재의 어느 정도의 지출을 희생해야 하는 특징이 있다. 그러므로 투자라는 것은 목적에 따른 계획과 예상수입 등에 대한 정확한 분석이 필수로 요하는 영역이다.

부동산 투자는 부동산의 특성에 의해 다른 투자 대상과 비교해 여러 투자 목적을 이루는 것이 가능한 투자 영역이다.

2) 부동산 투자의 목적

부동산 투자에는 기본적으로 다섯 가지 이상의 목적이 포함된다.

(1) 현금소득 및 자본 이득 극대화

부동산으로부터 얻는 소득은 크게 두 가지이다. 하나는 부동산을 매도할 때 생기는 자본, 또 하나는 부동산을 운영함으로써 생기는 소득이 있다. 자본으로서 이득은 부동산을 보유하는 동안 부동산 가치가 상승하여 생기는 투자자 몫의 증분을 의미한다. 투자자는 영업소득세율보다 자본이득세율이 높을 경우 절세할 수 있다.

(2) 지분 수익률의 극대화

부동산투자는 일반적으로 금융기관을 통해 차입을 통한 투자가 이루어지도록 하여 증폭시키는, 일종의 레버리지(지렛대 효과)를 활용하는 경우가 많다. 지렛대 효과라는 것은 타인의 자본(차입/부채)을 활용하여 자신의 자본(지분)을 증가시키는 방식을 의미한다. 다만 이 경우 판단의 착오, 물가변동 등으로 순영업소득이 차입에 대한 지불액보다 적어 손해를 감수해야 할 수도 있다.

(3) 절세효과

부동산이나 동산을 담보로 잡고 일정기간 동안 빌려주는 돈을 '저당대부액'이라고 한다. 이러한 저당대부액의 이자는 세금 공제 대상이다. 또한 고정자산의 가치감소를 산정하여 고정자산액에서 공제하는 '감가상각액' 역시 공제 대상이기 때문에 합법적인 선에서 절세가 가능하다.

(4) 인플레이션 방어

일반적으로 재화 가격의 상승과 부동산(건물비용, 토지가격) 등은 인플레이션 되는데, 연구에 따르면 부동산 투자가 이러한 인플레이션에 대한 유력한 방어수단으로 알려져 있다.

(5) 소득의 연기

단기간에는 자본이 필요하지 않으나, 어느 정도의 기간이 소요된 후에 소득실현을 원할 경우 토지 개발 사업, 부동산 등에 투자 하는 것은 목적 달성에 유리한 방안이 된다.

2. 부동산투자의 의사결정

1) 투자 결정시 고려사항(준비단계)

부동산 투자를 결정하기 전 짚고 넘어가야 할 중요한 단계가 있다. 물에 입수하기 전 준비운동을 하는 것처럼, 부동산 투자를 하기 위해 거액의 자금이 들어가는 만큼 적어도 아래 4가지 요인은 확인하고 투자결정을 할 필요가 있다.

(1) 부동산 투자시기의 적시성

사실상 부동산 투자의 성공여부는 '투자 시기 선택'에 있다고 해도 과언이 아니다.

그만큼 부동산 투자를 '언제'하느냐가 관건인데, 투자자 입장에서는 시기를 결정하는 것도 쉽지는 않다. 거시적인 관점에서 부동산 투자는 일반적으로 경기가 호황일 때 주로 이루어진다. 부동산을 매입하는 것은 상당한 액수의 돈이 들기 때문에 대부분의 투자자들이 대출 없이는 구매가 어렵기 때문이다. 경기가 활성화 됐을 때는 주택담보대출을 받기도 수월하고, 또 대출금 상환 역시 차질 없이 진행할 수 있다. 미시적으로 투자자입장에서 살펴보자. 투자자 입장에서도 경기가 호황일 때 부동산 투자를 진행하는 것이 옳을까? 답은 '옳지 않다'이다. 경기가 막 좋아지려는 시기나 혹은 경기가 이미 활황을 넘어서 정점인 상태에서 투자를 진행하면, 투자자 입장에서는 손해를 볼 수 있다. 경기가 활성화된 상태에서는 부동산 투자를 하려는 수요자가 많기 때문에 부동산의 가치가 가장 높은 시기다. 그렇기 때문에 부동산 투자를 고려하고 있는 투자자라면, 경기가 불황인 시기 혹은 저점을 찍고 회복기로 전환되려는 시기에 투자를 결정하는 것이 좋다.

(2) 부동산투자의 안전성

부동산 투자 시기를 결정하는 것만큼이나 중요한 것은 바로 부동산 투자의 안전성이다. 사실 부동산을 매입하려는 목적이 실거주가 아닌 '투자'가 목적이라면, 부동산을 통해 수익을 내고 이후 유동자금이 필요할 때는 다시 매매가 가능한 부동산이어야 한다. 매매가 가능하다는 말은 또 다른 투자자도 투자를 결정할 만큼 투자가치가 있는 자산이어야 한다는 뜻이다.

그렇다면 모든 부동산이 모두 투자가치가 있을까. 그렇지 않다. 부동산 투자 시 원금회수가 불가능한 경우도 있다. 기초적인 상하수도 시설이나 전력시설 등이 마련되지 않거나 혹은 맹지(길이 없는 땅)일 경우 사실상 부동산이 자산으로서의 가치는 없다고 볼 수 있다. 이럴 경우에는 원금조차 확보할 수 없는 경우가 대부분이다. 이런 점에서 부동산 투자를 통해 확보한 자산을 후일에 안전하게 처분할 수 있으며, 또 합리적으로 원금도 회수할 수 있는 안전성 확보가 중요하다.

(3) 부동산투자의 환금성

부동산 매입은 사실 일반 재화를 구입하는 것보다 더 큰 금액의 자금이 필요하다. 매입과정에서 거액의 돈이 필요한 만큼, 향후 유동 자금이 필요할 경우 얼마나 빨리 부동산이 환금(換金)되는지 여부도 중요한 투자결정 요소다. 환금성과 관련해서는 사실상 매수자가 있는지 여부가 관건이다. 부동산에 대한 수요자가 많으면 투자자는 시세차익도 노릴 수 있다는 장점이 있다. 이를 위해 투자자들은 투기심리를 조장하는 지나친 부동산 광고에 현혹되어선 안 되고, 향후 부동산 처분이 순조롭지 못한 부동산에 대해서는 투자를 진행하지 않아야 한다.

(4) 부동산투자 수익의 확실성

앞서 언급했듯 부동산 매입과 투자는 엄연히 그 의미가 다르다. 부동산의 투자는 사실상 '경제적 이익'을 위해 진행하는 것이다. 투자를 결정한 부동산이 아무리 안전하고, 환금성이 좋다고 하더라도 부동산을 통해 얻는 수익이 없다면 투자의미가 없기 때문이다. 따라서 투자를 염두에 둔 부동산이 정기적으로 고정적인 수익을 산출할 수 있는지 여부 혹은 부동산 가치가 상승해 투자자가 향후 더 큰 시세차익을 얻을 수 있는지 등 수익의 확실성이 분명히 있어야 한다.

2) 투자결정의 5단계

지금까지는 부동산 투자를 결정하기 전에 염두에 두어야 할 사항을 살펴봤다. 이제부터는 투자를 염두에 둔 부동산을 고려해 부동산의 특성이나 부동산 투자의 특성을 살펴볼 필요가 있다. 이를 위해서는 부동산 투자결정 단계가 중요한다. 사실 부동산 투자를 고려하는 투자자들은 여러 가지 형태의 부동산 활동과 관련된 의사결정을 하고 있다. 예를 들어 전문가 상담을 받거나 혹은 투자자들끼리 커뮤니티를 형성해 투자의견을 공유하는 등 부동산 시장에서 다양한 경로로 투자 결정을 위해 의견교환을 하고 있다.

그렇다면 이제는 부동산 투자를 결정하기 위해 필요한 의사결정 과정인 다음의 5가지 단계를 살펴보자.

(1) 1단계: 투자자의 목표 파악

부동산 투자를 결정하는 1단계 의사결정은 바로 '투자자의 목적 확정'이다. 부동산에 투자하려는 투자자들은 다양한 투자 목적을 가지고 있다. 예컨대 정기적인 고정수입(월세), 부동산 가치 상승으로 인한 시세차익, 증여, 부동산을 활용한 사업 등이다. 그러나 사실상 그 중에서도 일반적으로 투자자들의 대체적인 목적은 일단 '부의 극대화'에 있다고 볼 수 있다. 때문에 기본적인 부동산 투자의 전제를 '기대수익의 극대화'에 있다고 가정하고 투자 결정을 시작하는 게 좋다.

(2) 2단계: 투자환경의 분석

그 단계에서는 투자환경을 분석하는 것이다. 부동산 투자환경에는 단순히 부동산 경기 상황만이 아니라 투자에 영향을 주는 제도적, 세금적 환경도 포함된다. 예를 들어 부동산 투자를 위해 대출을 진행하려는데 경기가 너무 호황인 상태라 금융당국이 은행 대출이자를 높인다면 부동산 투자를 결정하는데도 많은 어려움이 생길 수 있는 것이다. 또한 종합소득세를 인상하는 등 부동산 투자를 고려하는 투자자들에게 불리한 세금제도가 도입된다면 이 또한 부동산 투자를 결정하는데 걸림돌이 될 수 있다. 이런 점에서 부동산 투자를 결정하는 데 투자환경을 분석하는 것도 그만큼 중요하다. 뿐만 아니라 염두에 둔 부동산의 실질 환경도 부동산의 용도와 가치를 결정하기 때문에 중요한 분석 요소가 된다. 부동산의 입지선정, 용도결정 등을 위해서도 투자환경을 분석하는 것은 절대적으로 필요하다.

일반적으로 투자 대상물 분석 단계에는 도시분석, 지역분석, 투자대상물 분석 등 세 가지 단계를 거쳐 결정한다. 특히 지역분석이 가장 중요한데, 지역분석이란 대상 부동산이 어떤 지역이고, 어떤 특성을 갖고 있고, 또 해당 지역 내에서 부동산 가격 형성은 어떻게 이루어지고 있는가를 판단하는 것이다. 또한 구체적으로 토양의 상태, 부지의 이용가능성, 학군, 공급처리시설, 공공시설 등을 면밀히 살펴보는 과정도 필요하다.

(3) 3단계: 비용편익 분석

지금까지 투자 목표와 투자 환경에 대해 확인했다면, 이제는 좀 더 구체적으로 부동산 투자로부터 기대되는 편익과 비용을 분석하는 과정이 필요하다. 비용과 편익은 사실 여러 가지 기준에 의해 측정될 수 있지만, 일반적으로는 '화폐적 척도'에 의해 측정된다. 즉 현금의 흐름을 기준으로 비용과 편익이 계산되는 것인데, 예를 들어 화폐적 척도에서 말하는 비용이란, 투자자가 부동산 투자를 하는데 있어 그리고 투자 이후 지속적으로 '지출'하는 현금비용을 말한다. 반면 화폐적 척도에서 말하는 편익이란, 부동산을 매입 후 얻게 되는 경제적 이익 즉 현금수입을 말한다. 부동산 투자의 경우 일반 재화를 구입하는 것과 달리 거래비용이 상당히 거액이고, 투자 결정도 상대적으로 장기적으로 진행된다. 그래서 투자결정 이전에 비용과 편익을 분석하는 과정이 중요하다. 특히 비용과 편익에 따른 현금흐름은 부동산 투자 성격에 따라 달라질 수 있는데, 투자 대상에 따라 비용과 편익이 장기적으로 진행될 수 있고, 단기적으로 한 번에 모든 것을 해결할 수도 있다.

(4) 4단계: 투자의 타당성 판단

비용과 편익 분석 단계를 거친 후에는 해당 부동산 투자의 타당성을 판단하는 과정으로 넘어간다. 이때 투자자는 자신만의 투자대상을 선정하는 결정 기준 즉 투자기준을 설정해 투자의 타당성을 검증한다. 투자 타당성 분석 역시 환경 분석과 마찬가지로 기술적, 법률적, 경제적 측면에서 투자 타당성 분석을 진행한다. 특히 일반적으로는 부동산 투자 타당성 분석을 진행할 때 비용과 편익에 대한 분석과 투자 타당성 분석을 결합해 판단한다.

기술적 타당성 분석은 투자 대상인 부동산의 위치, 면적, 모양, 구조 등 표면적인 상황에 대한 분석을 의미한다. 법률적 타당성 분석은 해당 부동산의 소유권 문제, 저당권 설정 여부, 권리 관계 등에 문제가 없는 여부를 살펴보는 과정이다. 마지막으로 경제적 타당성 분석이란 부동산 투자의 핵심이 '수익 극대화'에 있는 만큼, 해당 부동산 투자를 통해 수익 획득 가능성이 있는지를 확인하는 것이다.

(5) 5단계: 투자결정

마지막 단계인 투자결정에서는 1~4단계 과정을 통해 도출된 결과를 토대로 최종적으로 투자를 할 것인가 말 것인가를 결정한다. 투자여부를 결정하는 기준에는 보통 두 가지 방법이 사용된다. 하나는 기대수익률과 요구수익률을 비교하는 방법이 있고, 다른 하나는 투자가치와 시장가치를 비교하는 것이다. 요구수익률보다 기대수익률이 월등히 높으면 경제적 기대이익이 높아지는 만큼 투자를 강행해도 좋은 것이고, 투자가치보다 시장가치가 높으면 시세차익을 통한 수익확보가 가능하다는 것이기에 이 또한 투자를 진행해도 나쁘지 않다는 결론이다.

3. 부동산 투자의 위험과 수익

부동산 투자에는 언제나 크고 작은 위험이 뒤따를 수 있다. 해당 부동산에 투자를 하게 되는 기댓값이 추정치에 의존하기 때문이다. 추정치는 현재와 미래간의 시차로 인해 근본적인 불확실성이 뒤따를 수밖에 없기에 이처럼 내·외적으로 영향을 받게 되며 이를 부동산투자에 따른 미래현금흐름의 불확실성, 즉 부동산 투자위험이라 부른다.

1) 위험의 네 가지 유형

부동산 투자위험은 크게 네 가지 유형으로 나누어볼 수 있다. 사업상의 위험, 금융상의 위험, 법적 위험, 인플레이션 위험이다.

(1) 사업상의 위험

사업상의 위험(Business Risk)이란 부동산 투자 시 자체적으로 발생하게 되는 수익성이 가진 위험이다. 첫째로, 경기의 위축이나 기술수준의 변화, 인구의 변화 혹은 시장상황의 급변 등으로 인한 수요와 공급의 변화 등 부동산 산업의 시장성에 위험이 발생하는 '시장위험'을 들 수 있다. 예를 들어, 수요와 공급을 잘못 예측해 미분양을 증가시키고 공실을 증가시키는 등의 경우가 있다. 둘째로, 사무실 관리, 근로자의 파업, 영업경비의 변동, 관리 미숙 등 부동산의 운영으로부터 발생해 수익성의 불확실성을 증대시키는 '운영위험'이 있다. 또, 불리한 지리적 위치에 투자하거나 위치의 적절성을 장래까지 보장할 수 없는 부동성에 기반을 둔 위험으로 '위치적 위험'이 있다. 부동산의 수익이나 미래 예측할 수 있는 가치상승의 기대가 입지에 크게 기반을 둔 경우가 이에 속한다.

(2) 금융상의 위험

부동산 투자 시 투자재원으로 부채가 이용되는 경우 부채로 인해 야기될 수 있는 위험으로 '금융적 위험'이 있다. 부채가 많아질수록 원금과 이자의 채무불이행을 통한 파산위험이 증대되기에 발생한다. 이처럼 부동산 투자 시 자기자본 이외에 부채를 사용하게 되는 경우, 부채의 사용이 지분수익률에 미치는 영향을 레버리지 효과 혹은 지렛대 효과라고 한다. 레버리지 효과란 저당된 자본을 이용해 지분자본의 수익률을 증폭시키는 것을 말하는데, 즉 부채 차입금을 지렛대 삼아 자기자본이익률을 높이는 것이다. 이는 타인자본을 사용할 때 드는 각종 금리비용보다 더 높은 수익률이 기대될 때 활용하는 것으로 종합수익률이 이자율보다 높게 되면 정(+)의 지렛대 효과로 지분수익의 향상을 가져올 수 있으나 종합수익률이 이자율보다 작게 되면 부

(−)의 지렛대효과가 발생해 채무불이행에 빠질 수 있다.

(3) 법적 위험

부동산을 둘러싼 법적 환경의 변화로 말미암아 부동산 수익에 불확실성을 야기할 수 있는 위험으로 '법적 위험'이 있다. 법적 위험은 부동산 세제, 감가상각법 변경, 부동산 임대료에 관한 법률 개정, 화폐정책, 재정정책 등 정부 정책이나 각종 토지이용규제 등의 변화로 인해 야기될 수 있다. 이는 부동산 투자에 대한 수요와 공급, 그리고 투자자의 요구수익률에 근본적 변동이 일어나기 때문에 발생한다.

(4) 인플레이션 위험

물가상승 이슈로 부동산의 실질가치가 하락하는 경우 등 물가상승 대비 부동산에 대한 구매력이 낮아지는 경우에 뒤따르는 '인플레 위험'이 있다. 화폐가치가 낮아지거나 물가가 상승하는 경우 인플레가 발생하는데, 인플레의 정도에 따라 이자부담도 크게 커질 수 있다. 부동산 투자 시 원금의 실질가치가 하락하는 위험을 피하기 위해 고정이자율보다 변동이자율을 일반적으로 선호하게 되는데, 이때 투자자인 채무자의 이자부담이 크게 증대된다.

2) 부동산 투자와 수익률

위와 같이, 부동산 투자 시에는 위험이 늘 발생할 수 있으며 따라서 위험과 수익과의 상관관계에 대한 이해가 투자에 큰 비중을 차지하게 된다. 일단 부동산 투자 시 고려할 수 있는 수익률에 대한 이해가 필요하다. 부동산 투자수익률은 당해 부동산에 대한 투자를 결정하게 되는 가장 중요한 결정요인으로, 투하된 자본 대비 산출 가능한 비율을 지칭한다. 수익률의 종류로는 크게 기대수익률, 요구수익률, 실현수익률이 있다.

(1) 기대수익률

기대되는 예상수입, 예상 지출을 토대로 산출하는 수익률로 예상수익률이나 내부수익률이라고도 부른다.

(2) 요구수익률

투자 시 뒤따르는 위험비용을 감안해 충족되어야 할 최소한의 수익률을 말한다.

해당 부동산 투자 시 놓치게 되는 다른 기회에 대한 비용의 발생으로 기회비용이라고도 하며 필수적 수익률 혹은 외부수익률로 불린다. 요구수익률은 내부적으로 위험을 감안한 수익률로 위험이 커지게 되면 비례해 요구수익률도 커진다.

(3) 실현수익률

투자를 통해 실제적으로 달성된 수익률로 '실현수익률'도 있다. 실제 발생한 수익률이기 때문에 실제수익률, 사후수익률, 역사적 수익률 등으로 불리며 투자의 의사결정시에는 알 수 없고 과거 실현수익률의 자료로서 기능을 한다.

(4) 수익률 간의 관계

기대수익률과 요구수익률은 투자결정과정에 그 상대적 크기에 따른 상관관계를 가진다. 투자자가 기대하는 기대수익률이 요구수익률보다 낮은 경우, 투자가 발생하지 않아 부동산 수요가 감소하고 이는 부동산 가격의 하락으로 이어진다. 가격이 하락하면 기대수익률이 증가해 요구수익률과 동률이 되는 '균형'이 되며, 균형 시에 투자자는 당해 부동산에 투자하게 된다.

반대로, 투자자의 기대수익률이 요구수익률보다 높은 경우, 많은 투자자들이 투자를 원하게 되어 수요가 증가해 부동산 가격이 상승하게 된다. 가격이 상승하면 기대수익률은 하락하게 되고 요구수익률과 균형이 되어 투자자가 투자를 실행하게 된다.

3) 투자가치와 시장가치

부동산 투자 시에는 해당 투자가 어느 정도의 가치가 있는지에 관한 투자가치와 해당 투자에 어느 정도의 비용이 들 것인지에 대한 시장가치의 비교가 이뤄진다. 투자가치는 대상 부동산에 대한 투자자의 주관적 가치이다. 미래 기대되는 수익을 현재가치로 환원하며, 환원에 필요한 할인율은 요구수익률을 사용한다. 즉, 투자에 대한 기대순수익을 요구수익률로 나눠 투자가치를 산정하며 따라서 위험이 클수록 분모에 해당하는 요구수익률이 커져 투자에 대한 위험이 높아지면 부동산의 투자가치가 하락하게 된다.

부동산의 시장가치는 공정한 매매가 가능한 조건이 충족된 공개경쟁 시장에서 성립될 수 있는 가격으로, 대상 부동산이 시장에서 가지는 객관적 가치를 의미한다. 따라서, 투자가치가 특정 투자자에게 기대될 수 있는 효용가치라고 한다면, 시장가치는 평균적이며 전형적인 투자자에게 기대되는 효용의 가치이다. 투자자의 입장에서 투자가치가 시장가치보다 크다면 투자는 실현되며, 투자가치가 시장가치보다 작으면 투자는 실현되지 않는다.

4) 위험과 수익과의 관계

투자자는 투자 시 발생할 수 있는 위험을 중대하게 고려하게 된다. 일반적으로 기대수익률이 같은 대안이 복수로 존재한다면 사람들은 대부분 위험이 적은 쪽을 선택하게 되며 이를 '위험회피적'이라 지칭한다. 대부분의 투자자는 위험회피적에 해당하며 위험회피적 투자자라 하더라도 감수할 수 있는 다른 유인책이 있거나 회피할 수 없는 위험이라면 위험을 감수하게 된다. 이처럼 위험에 대해서 투자자는 여러 가지 유형을 보이게 되는데, 위험에 대한 투자자의 태도를 크게 위험회피형과 함께 위험선호형, 위험중립형 등으로 나누어 볼 수 있다. 위험선호형이란 위험이 커지게 되더라도 그 보상에 대한 대가기회의 존재로 인해 기꺼이 위험을 감수하려는 유형을 지칭한다. 또, 위험중립형은 위험의 크기를 크게 고려하지 않고 기대수익률에 의존하는 유형을 말한다. 따라서 한계효용이 위험의 크기와 무관하게 수익률에 정비례하게 된다.

일반적으로 위험과 수익은 비례관계를 가진다. 위험이 커지면 커질수록 요구하는 수익률도 함께 커지게 되며, 위험과 수익률의 이와 같은 관계를 '위험-수익의 상쇄관계(Risk-Return Trade-Off)라 한다. 일반적으로 투자가가 투자에 따른 위험과 그 대가를 고려할 때 고려하는 요소는 크게 두 가지 이다. 하나는 불확실한 미래를 선택해 놓친 대안에 대한 기회비용이며 이는 모든 투자자들이 기본적으로 요구하는 것으로 요구수익률을 구성하는 최저수익률이다. 이는 무위험률로 보통 표현되는데, 무위험률은 정부가 보증하는 등 장래 기대되는 수익이 확실한 경우의 수익률을 말한다. 무위험률은 순수하게 시간가치에 대한 대가를 지칭하며, 신용의 제한, 화폐의 공급과 수요, 저축률과 투자율 등 일반경제상황에 크게 영향을 받는다. 무위험률이 상승하면 요구수익률이 상향되며 무위험률이 하락되면 요구수익률이 하향된다.

투자에 뒤따르는 비용에는 무위험률 에서의 경우처럼 투자대안에 대한 기회비용과 함께 투자 자체에 내제된 위험에 대한 비용이 존재한다. 이는 투자자들이 가진 성향에 따라 요구수익률 반영 정도가 달라지며, 위험할증률로 표현된다. 위험할증률이란 투자자 개인이 피할 수 없는 위험이 증대됨에 따라 상승하는 위험에 대한 대가를 말한다. 위험할증률은 시장위험뿐 아니라 개별 투자자가 가지고 있는 다양한 위험에 영향을 받는다. 위험회피도가 클수록 요구수익률선의 기울기가 가팔라지고, 위험회피도가 작을수록 요구수익률선의 기울기가 완만해지는 경향을 보인다. 위험할증률은 무위험률과 합해 위험조정률로 표현되기도 한다. 위험과 수익의 관계에 영향을 주는 또 다른 중대 요소로는, 인플레이션이 있다. 예상되는 인플레율은 요구수익률에 반영되게 되며 이는 'fisher효과'라 한다. 인플레율을 감안하게 되면 투자자의 요구수익률은 무위험률과 위험할증률, 그리고 인플레 예상 할증률을 합한 값이 된다.

5) 투자결정에서 위험을 처리하는 방법

투자결정에서 위험을 처리하는 것은 매우 중요한 영역이다. 때문에 다양한 방법이 사용되고 있다.

(1) 투자금 손실 최소

먼저 투자시 안전한 곳에만 투자를 실행해 투자금 손실을 최소한으로 하도록 하는 방법이 있다. 위험한 투자를 제외하는 방법으로, 정부 채권이나 정기예금 등 안전한 투자수단에만 투자한다. 물론 위험은 부정적인 효과 이외에 긍정적인 효과도 함께 가지고 있기 때문에 투자에서 무조건 배제하는 방법은 바람직한 방법이라고 하기는 어렵다.

(2) 보수적 예측

다음으로, 보수적 예측방법이 있다. 투자수익에 대한 예측에 있어 가능한 한 보수적으로, 낮게 예측하고 그것을 기준으로 투자결정을 하는 경우를 말한다. 최대, 중간, 최소 등으로 투자수익을 추계하고 그 중 최소 추계치를 잡아 판단의 준거로 삼는 것이다. 다만, 이 같은 투자방법으로는 최대한 안정적으로, 위험을 회피할 수는 있어도 부를 극대화하려는 목적은 달성하기 힘들다.

(3) 위험조정할인율

세 번째로, 위험조정할인율을 사용할 수 있다. 미래 소득을 현재가치로 환원 시, 위험이 높은 투자는 더욱 높은 할인율을 설정해 현재가치를 측정하는 방법이다. 즉, 요구수익률을 위험의 정도에 따라 가감하는 방법으로, 이 방법은 현금을 기준으로 해 변동가능성을 계량화하기 쉽고, 측정값의 가치를 다른 가치들과 비교하기 용이해 널리 쓰이고 있다. 다만, 위험에 추계되는 값의 주관적 부여 문제와 더불어 실제로 위험이 시간에 따라 일정비율로 증가하지는 않기 때문에 현실과 괴리가 커질 수 있는 단점이 존재한다. 또, 이 방법은 미래 기간 중 예상되는 각종 현금수지를 단 하나의 위험조정률로 할인하기 때문에 기간별 위험이 다른 경우 서로 다른 할인율을 사용하지 못해 정확성이 다소 떨어질 수 있다.

(4) 기타 방식

이외에도, 투자결정 시 위험을 처리하는 방법은 무궁무진한데, 특히 포트폴리오 투자전략에 의해 투자하는 방안으로 집중보다는 여러 가지 대안에 분산투자해 위험을 감소시키는 전략인 분산투자가 있으며, 해당 부동산의 투자수익이나 가치에 영향을 미칠 법적·환경적·금융적 요소 등에 대해 여러 가지 다양한 현장조사를 수행하는 자산실사를 투자자 혹은 대출자가 위험을 감소시키기 위해 실행하는 듀 딜리젼스도 있다. 또, 국가나 지역별 경제동향이나 시장상황, 건축 공법, 양식 등 시간에 따라 변화할 수 있는 요건들로 인해, 부동산 보유기간이 장기화될수록 자산가치의 손실발생 우려가 있기 때문에 적당한 매각전략을 조율하고 최적의 보유기간을 찾는 전략도 투자 위험을 처리하는 하나의 방법으로 꼽힌다.

4. 부동산 투자의 분석과 기법

부동산 투자 분석 기법은 분석방식과 효용에 따라 크게 세 가지로 분류해 볼 수 있다. 첫째로, 부동산 투자 분석 기법 중 가장 광범위하게 활용되는 '할인현금수지분석법'이다. 할인현금수지분석법은 부동산 투자의 평가와 투자분석에 이용되는데, 미래에 기대되는 현금수지를 현재가치로 환원해 대상의 시장가치를 구하거나 투자 의사결정에 활용한다. 이와 달리 '어림셈법'은 투자기간 전체에서 발생 가능한 현금흐름의 고려 대신 초년의 세후 현금수지를 산정해 투자의 타당성을 분석하는 툴로 정확성은 낮지만 간편하다는 장점으로 크게 활용된다. 마지막으로 비율분석법은 투자에서 발생하는 현금수지를 여러 가지로 비율화해 분석하는 툴로 투자의 안정성이나 수익성, 활동성 등을 백분위화 해 측정하는 방법을 말한다.

1) 할인현금수지분석법(DCF 분석법)

할인현금수지분석법은 미래에 예측되는 현금수입과 지출을 현재가치로 할인해 비교하는 방식으로 여러 해의 소득을 기준으로 잡아 소득과 자본이득을 함께 고려한다. 세후현금흐름을 기준으로 소득을 잡고 모든 소득을 현재가치로 환원하여 결정하는 방식이다. 이때, 미래 발생 가능한 현금수지의 예측에는 대상 부동산의 과거자료와 따로 설정한 비교 부동산의 시장자료를 토대로 해 다양한 미래예측기법이 사용된다. 또한, 이 과정에서 리스크도 함께 분석한다. 평가된 리스크를 근거로 적절한 위험조정할인율을 결정하고, 이것을 투자자의 요구수익률로 설정 후 미래의 현금수지를 현재가치로 환원할 때 사용한다.

가치평가 판단기준 할인현금수지분석의 세부적인 분석 툴로 순현가법, 내부수익률법 및 수익성지수법 등이 있다.

(1) 순현가법(NPV: Net Present Value)

순현재가치는 대상부동산에 투입된 비용의 현재가치의 합과 창출되는 수익의 현재가치의 합의 차이이다.

순현가는 부동산 투자시, 유지비나 관리비 등의 비용이나 각종 세금을 제외하고 매년 투자회수가 가능할 것으로 생각되는 순수입의 현재가치 합계에서 토지구입비와 건설비 등 총 초기투자비를 제외한 현재가치로서의 수익을 일컫는다. 이때 할인율은 사업의 리스크를 고려한 투자의 요구수익률이 되며, 따라서 순현가가 양수이면 요구수익률을 만족한다는 의미로, 음수일 경우에는 요구수익률을 만족하지 못함을 의미한다.

$$NPV = \sum_{t=0}^{n} \frac{I_t}{(1+k)^t} - \sum_{t=0}^{n} \frac{O_t}{(1+k)^t}$$

I_t = 기간 중 현금유입

O_t=기간 중 현금유출

t=기간

k=기대수익률(자본비율)

■ 순현재가치(NPV)

• 투자안의 초기 투자비와 할인률로 미래의 현금흐름을 추정

$$NPV = \underbrace{-Inv}_{\text{PV of Cost}} + \underbrace{\frac{CF_1}{(1+k)} + \frac{CF_2}{(1+k)^2} + \cdots + \frac{CF_t}{(1+k)^t}}_{\text{PV of Benefit}}$$

• 투자안이 양의 순현재가치(NPV>0)이면 가치가 증가(투자 결정)

• 순현재가치(NPV) 계산 흐름도

(2) 내부수익률법(IRR: Internal Rate of Return)

내부수익률이란 대상 부동산에 대한 현금유입의 현재가치와 현금유출의 현재가치를 같도록 만드는 할인율을 의미한다.

외부로부터 주어지지 않고 투자사업 자체에 내재되어 있는 수익률을 매년의 현금수지와 지속기간을 통해 계산하는 분석 툴이 내부수익률법이다. 내부수익률은 미래 예상된 현금수입과 현금지출의 현재가치의 합을 서로 같게 만드는 할인율을 말한다. 즉, 순현가를 0으로 만드는 할인율을 구하고 그를 통해 투자에 대한 내부수익률과 요구수익률을 비교하려 투자를 결정하는 방법이다. 따라서 내부수익률이 요구수익률보다 같거나 크다면 투자하고 내부수익률이 요구수익률보다 작다면 투자를 제고해야 한다.

$$\sum_{t=0}^{n} \frac{I_t}{(1+r)^t} = \sum_{t=0}^{n} \frac{O_t}{(1+r)^t}$$

I_t=기간의 현금유입

t=기간

O_t=기간의 현금유출

r=내부수익률(투자수익률)

■ 내부수익률(IRR)

- 순현재가치(NPV)를 "0"으로 만들어주는 할인율
  - 투자로 지출되는 현금의 현재가치와 그 투자로 유입되는 미래 현금유입액의 현재가치가 동일하게 되는 수익률

$$NPV = -Inv + \frac{CF_1}{(1+IRR)} + \frac{CF_2}{(1+IRR)^2} + \cdots + \frac{CF_t}{(1+IRR)^t} = 0$$

- IRR > 목표수익률: 투자안의 경제성 있음

  IRR < 목표수익률: 투자안의 경제성 없음

참고 〉 엑셀활용의 NPV, IRR 의미와 값 구하는 방법

구분	2022-12-31	2023-12-31	2024-12-31	2025-12-31
건물매입	-100			
임대료		10	11	12
건물매각				105
합계(net cash)	-100	10	11	117

wacc (가중평균자본비용) 10%

[NPV]

-(정의) 투자에서 창출되는 미래의 현금흐름을 적절한 이자율(WACC)로 할인하여 현재가치로 계산한 값들의 합

-(구하는방법) 연도별 현금흐름을 현재가치(22년 기말시점)으로 각각 할인하고 그 값들을 모두 더하자

구분	2022-12-31	2023-12-31	2024-12-31	2025-12-31	합계(=NPV)
현재가치(PV)	-100	9	9	88	6
산출근거		=10/(1+10%)	$=11/(1+10\%)^2$	$=117/(1+10\%)^3$	

[IRR]

-(정의) 투자로부터 예상되는 미래현금흐름이 투자원금과 일치하는 할인율 (NPV가 '0'이 되는 수익율이자 연평균수익률)

-(구하는방법) 엑셀수식을 이용해서 구하자

IRR 12% ← **12%= IRR(C7:F7,C3:F3)**

사례 1

3년간 매년 말 100억원의 임대료를 받고, 3년 뒤 1,000억원에 매각자가 다시 매입해주는 조건으로 빌딩을 900억원에 매입하였다. 이 투자의 내부수익률은? (단, 비용은 없다고 가정)

(단위: 억)

연도	현금흐름
0	-900
1	$\frac{100}{(1+r)}$
2	$\frac{100}{(1+r)^2}$
3	$\frac{100}{(1+r)^2}+\frac{1000}{(1+r)^3}$

$$900=\frac{100}{(1+r)}+\frac{100}{(1+r)^2}+\frac{100}{(1+r)^2}+\frac{100}{(1+r)^2}$$

위 식을 만족하는 r이 내부수익률

$r=0.1433$(내부수익률은 클수록 좋음)

사례 2

수익성 부동산에 대한 A안과 B안에 대한 투자안이 있을 경우 어느 방법에 투자할 것인가? IRR과 NPV 값을 구하고 의사 결정하시오.

You are considering two investment opportunities with cash flows as below.

N	Investment A	Investment B
0	(200,000)	(220,000)
1	20,000	
2	(18,000)	
3	30,000	
4	45,000 + 226,000	
5		354,312
IRR	**11.56%**	**10%**

1. Which one would you choose if you decide by IRR?
2. Which one would you chose if you decide by NPV if your target yield is 8%?
   NPVa = 26,094.48　　NPVb = 21,138.79　A > B

■ 엑셀을 활용한 IRR,NPV 값을 이자율별로 구함

N	A	B	A - B
0	(200,000)	(220,000)	20,000
1	20,000	0	20,000
2	(18,000)	0	(18,000)
3	30,000	0	30,000
4	271,000	0	271,000
5	0	354,312	(354,312)
	=IRR(C5:C9)	=IRR(D5:D10)	=IRR(E5:E10)
IRR	11.56%	10.00%	6.56%
NPV @ 8%	26,094	21,139	
	=C$5+NPV($B18,C$6:C$10)	=D$5+NPV($B18,D$6:D$10)	
K	NPVa	NPVb	NPVa - NPVb
6.00%	42,694	44,763	(2,069)
6.56%	37,920	37,920	0
8.00%	26,094	21,139	4,956

출처: CCIM 문제를 재구성

(3) 수익성지수법

마지막으로, 수익성지수법이란 편익비용률법이라고도 하며, 현금유입의 현재가치와 현금유출의 현재가치를 구해 투자가치를 평가하는 방식이다. 예상되는 현금유입의 현재가치를 예상되는 현금유출의 현재가치로 나눠 수익성지수로 설정해 평가한다. 따라서 수익성지수가 1보다 클 경우 현금유출의 현재가치보다 현금유입의 현재가치가 크기 때문에 투자를 채택하고, 수익성지수가 1보다 작을 경우 그 투자를 제고한다.

일반적으로는 순현가법이 내부수익률법보다 투자판단의 준거로 선호되며, 이론적으로도 우수한다. 순현가법이나 내부수익률법은 둘 모두 당해 기간 중 발생하는 손익을 당해 사업에 재투자한다고 가정하는데, 요구수익률은 유사한 다른 투자대안에 투자할 때 얻어지는 수익률을 설정해 얻는 반면 내부수익률은 해당 투자사업 자체에 대한 수익률 이상의 의미를 가지지 못한다. 따라서 '재투자에 대한 수익률'을 고려할 때 요구수익률을 사용하는 순현가법의 가정이 내부수익률을 사용하는 내부수익률법보다 현실적이라 할 수 있다. 또, '부(富)의 극대화 문제'도 있다. 순현가법을 사용해 가정하면 내부수익률법과 달리 가용금액을 집중투자하거나 분산투자하는 등 부의 극대화를 달성하기 위한 여러 방안을 설정할 수 있다. 때문에 순현가법은 투자액에 대해 요구수익률을 충족시킨 뒤 남은 순현가를 투자자의 부의 증대를 위해 다른 곳에 투자할 수 있다.

$$비할인현금유출입비율 = \sum_{t=0}^{n} I_t \Big/ \sum_{t=0}^{n} O_t$$

$$할인현금유출입비율 = \sum_{t=0}^{n} \frac{I_t}{(1+k)^t} \Big/ \sum_{t=0}^{n} \frac{O_t}{(1+k)^t}$$

2) 어림셈법

어림셈법이 널리 활용되는 가장 큰 이유는 계산의 간편함 때문이다. 어림셈법은 할인현금수지분석법처럼 투자기간 전체에서 발생하는 현금흐름을 고려하지 않고 전체 기간 중 한 해의 소득을 기준으로 투자를 분석하는 방식으로, 처분시 발생하는 자본이득도 고려하지 않아 정확성은 다소 낮더라도 개략적인 투자수익을 간편하게 분석하고자 할 때 자주 활용되는 방법이다.

어림셈법은 크게 두 가지 유형으로 나누어 볼 수 있다. 승수를 사용해 여러 종류의 현금수지를 표현하는 승수법과 수익률의 형태로 표시하는 수익률법이 있다.

(1) 승수법

승수법은 크게 네 가지 형태의 승수를 사용해 투자를 분석한다. 첫째, 총투자액을 총소득으로 나눈 값은 총소득승수이다. 총소득승수는 총소득에 대한 총투자액의 배수로 계산이 간단하지만 대손상각이나 운영 등 금융비용과 세금에 대한 고려를 하지 않는 단점이 있다. 둘째로, 순소득승수는 총투자액을 순운영소득으로 나누어 순운영소득에 대한 총투자액의 배수를 구한다. 자본회수기간이라고도 불린다. 다음으로 세전현금수지승수가 있다. 지분투자액을 세전현금흐름으로 나누어 세전현금흐름에 대한 지분투자액의 배수를 구해 세전현금의 승수를 구한다. 마지막으로 지분투자액을 세후현금흐름으로 나누어 세금 공제 후 현금흐름에 대한 지분투자액의 배수를 구하는 세후현금지승수가 있다.

(2) 수익률법

어림셈법의 다른 유형으로 수익률법은 종합자본환원율과 지분배당률, 그리고 세후수익률을 구하는 방식이다. 순운영소득을 총투자액으로 나누어 종합자본환원율을 구해 투자를 고려한다. 종합자본환원율은 부동산을 평가할 때 흔히 사용되며, 종합자본환원율의 역수는 순소득승수가 된다. 또, 지분배당률은 세전현금흐름을 지분투자액으로 나눈 것으로 지분투자액에 대한 세전 현금흐름을 비율화한 것이다. 세전수익률 이라고도 한다. 마지막으로 세후수익률은 세후현금흐름을 지분투자액으로 나눈다. 지분투자액에 대한 세금 공제 후 현금흐름을 비율화한 것으로 세후현금수지승수의 역수이다.

어림셈법은 이처럼 분석하고자 하는 다양한 분석 툴을 통해 다각도로 분석 가능하지만, 한 가지 방법에 의해 계산된 비율을 다른 방법에 의해 계산된 비율과 직접적으로 비교할 수 없다는 한계를 가진다. 이는 미래의 현금수지를 할인해 계산하지 않는 근본 구조적 한계에 기인한다. 또, 화폐에 대해 시간가치를 고려하지 않는다는 단점은 부동산 보유기간 중 현금수지 변동이 심할 때 투자결정의 판단준거로 사용하지 못하게 만드는 결과를 가져온다.

3) 비율분석법

비율분석법은 투자의 안정성이나 수익성, 활동성 등을 경험적 수치를 사용해 백분율화 해 측정하는 방법이다. 주로 투자에 대한 리스크를 평가하기 위해 현금수지를 여러 비율로 분석한 것으로 흔히 쓰이는 비율로는 대부비율, 생산성비율, 부채감당률, 채무불이행률 등이 있다.

(1) 대부비율

대부비율이란 부동산 가치에 대한 융자액을 비율화한 것으로 융자액을 부동산 가치로 나눈 값이다. 대부비율이 높을수록 채무불이행시 원금회수가 어려워지며, 대부비율은 부채비율과 밀접한 관계가 있다. 부채비율은 타인자본을 자기자본으로 나누어 계산한다.

(2) 생산성비율

생산성비율은 부동산이 가진 생산성을 평가하는 지표로 공실과 불량부채를 합한 값을 임대단위수와 임대료를 곱한 가능조소득으로 나누어 비율화해 공실 및 불량부채를 비율화한 공실률과, 영업경비를 가능조소득으로 나누어 영업경비가 가능조소득에서 차지하는 비율인 영업경비비율, 순영업소득을 가능조소득으로 나누어 순영업소득에서 가능조소득이 차지하는 비율을 분석하는 소득비율 등이 있다.

(3) 부채감당률

다음으로 부채감당률은 순운영소득이 대출금의 원리금상환액의 몇 배수가 되는지를 비율화한 것이다. 부채감당률이 1에 가까울수록 대출자나 차입자는 모두 위험한 상황에 처해짐을 뜻하며, 1보다 작게 되면 부동산을 통해 얻어지는 순운영소득이 부채를 감당하지 못함을 뜻한다.

(4) 채무불이행률

채무불이행률은 운영경비에 부채서비스액을 더해 유효총수득으로 나눈 것으로 유효조소득이 영업경비와 부채서비스액을 감당할 수 있는 능력이 있는지를 측정하는 비율이다. 영업경비와 부채서비스액이 유효조소득에서 차지하는 비율이 커질수록 그만큼 채무불이행의 가능성이 커지며, 이를 손익분기점이라고도 한다. 마지막으로 총자산회전율이란 총소득을 부동산의 가치로 나눈 것으로 해당 부동산이 소유한 가치를 얼마나 효과적으로 이용하고 있는지를 측정하는 비율이다.

4) 부동산 투자의 미래가치, 현재가치와 자본환원계수 판단

부동산 투자 시 고려해야 할 가장 중요한 개념 중 하나로, 화폐의 시간가치를 들 수 있다. 화폐의 시간가치는 투자나 자금조달 분석에 있어 상당히 중대한 개념이다. 기본 가정은 똑같은 1,000원도 오늘의 1,000원과 내일의 1,000원이 다른 가치를 지닌다는 전제에서 출발한다. 일반적으로 투자자들은 동일한 금액도 불확실한 미래에 예측되는 현금보다는 현재의 확실한 현금을 보다 선호기 때문이다. 그러므로 현재 화폐가 가진 가치를 미래에도 투영하길 원한다면 투자자들은 현재가치에 추가가치가 더해지기를 바라게 된다. 즉, 현재와 미래의 화폐가치가 동일하려면 시간이 흐를수록 화폐의 가치가 상승해야 한다. 현재가치의 산정은 미래가치의 일시불의 현재가치를 구하는 경우와 더불어 건물 임대료와 같이 일정기간마다 일정금액이 발생하는 경우에는 연금의 현재가치, 또 대출받은 금액에 대해 매월 동일 금액 원리금 상환을 하게 될 때, 차입금 상환액을 현재가치로 환원하기 위해 저당상수를 활용하여 구하는 경우 등이 있다.

화폐에는 이처럼 시간가치가 존재하기 때문에 현재가치와 미래가치를 비교해 투자타당성을 분석하는 일은 매우 중요한다. 투자는 현재 시점에서 이뤄지나 그 수익은 미래에 발생되기 때문이다. 현재가치와 미래가치를 비교할 때에는 미래에 발생할 수익을 현재가치로 환산하여 현재의 투자금과 비교하거나, 현재의 투자자금이 미래에 발생시킬 수익을 비교하는 방법이 있다. 즉, 현재가치나 미래가치를 어떤 한 시점으로 환산해 비교하게 되는 것이다.

이때 활용되는 개념이 이자율과 할인율이다. 현재 가치를 미래의 어느 시점으로 환산해 계산하기 위해서는 매년 받을 수 있는 이자율을 곱하고, 미래 가치를 현재가치로 환산하기 위해서는 할인율을 나눠주어 계산한다. 결국 할인율과 이자율은 유사하지만 서로 반대되는 개념으로, 할인율과 이자율은 목적에 따라 용어만 달라질 뿐 본질은 같다. 다만, 이자율에는 일반적으로 시장이자율 이외에 위험프리미엄이 함께 포함됨을 잘 파악해야 한다. 단기적으로는 정부 정책에 의해, 장기적으로는 저축과 대출의 수요와 공급에 의해 결정되는 시장이자율과는 달리 위험을 통한 프리미엄은 투자가 가진 위험에 대한 투자자의 보상이다. 위험이 높아지면 보다 높은 보상을 기대하게 되며, 위험이 높은 투자에 대해서는 대출 시에도 높은 이자를 약속해야 한다. 따라서 장기간에 걸쳐 사회, 경제적 변동성이나 민감도가 높은 투자사업은 높은 리스크 프리미엄을 가지게 되어 높은 이자율이 적용된다.

화폐의 시간가치에 영향을 주는 또 다른 요소로 단리와 복리를 들 수 있다. 단일 기간 이상 투자 시 최초 투자한 원금에만 이자가 발생하는 구조를 단리라 하며, 최초 원금에 이자가 더해져 계속적으로 이자에 이자가 발생하는 구조를 복리라 한다. 때문에 단리는 시간의 흐름에 따른 차이 없이 일정한 이자가 발생하지만, 복리는 시간이 흐름에 따라 이자의 발생분이 증가하고 그에 더해 시간이 흐름에 따라 격차가 계속적으로 더욱 커지게 된다.

따라서, 이자율에 크게 영향을 받는 미래가치의 경우 투자 기간이 장기화될수록 복리로 인한 영향력이 갈수록 커지게 된다. 부동산 투자의 대부분은 대출을 받아 지렛대 효과를 이용하려는 경향이 있기 때문이다. 이자율이 변하면 복리의 경우 부담해야 하는 이자가 상당히 크게 증가하기 때문에 투자가 장기화될수록 체계적이고 세밀한 분석으로 접근해야 한다.

현금흐름을 측정할 때에는 이자율과 달리 할인율이 이용된다. 현금흐름은 개인사업자나 법인 등의 부동산 투자사가 영업활동으로 얻은 현금의 유입, 유출을 통해 발생한 현금의 흐름을 나타내는 것이다. 현금흐름은 기업의 영업활동의 평가에 쓰인다. 따라서 투자분석 시에는 미래 예상되는 현금흐름을 예측하는 과정이 필수적으로 필요한데 이때 개별 투자사업에 대한 현재가치는 미래 예상되는 현금흐름에 투자에 따른 위험을 반영해 적절히 설정한 할인율로 나눈 현재가치로 정의할 수 있다. 또한 현금흐름은 여러 기간에 걸쳐 발생하는 만큼 기간만큼의 할인율을 계산해 주어야 한다. 미래에 각각 시간차를 두고 발생하는 현금흐름을 투자가 이뤄지는 시점인 현재가치로 환원해 수익성을 평가하는 것이다.

〈표 6-2〉 화폐의 시간가치 종류 비교

분류명칭	내 용	계 산 식	특 징
1. 단리법 (단순이자법)	이자가 투자기간 동안 투자원금에 대해 단순히 더해지는 방식	이자 = 원금 × 이율 × 기간	단순하고 계산이 쉽지만 실제 투자환경과 부합하지 않아 사용이 제한적이며 정확도가 낮다.
2. 복리법	이자가 각 기간 동안 원금에 더해져서 새로운 이자의 기반이 되는 방식	이자 = 원금 × $(1+이율)^{기간-원금}$	투자원금이 기간이 증가함에 따라 지수적으로 증가하는 특징이 있어 실제 투자환경에 더 부합한다.
3. 연속복리법	복리법의 특수한 경우로, 이율이 무한히 쪼개져서 계산되는 방식	이자 = 원금 × $e^{(이율 \times 기간)-원금}$	시간의 무한대로 수렴함으로써 좀 더 정확한 계산이 가능하며 금융 모델링에서 사용된다.
4. 할인법 (현가법)	미래의 이자를 현재가치로 할인하여 계산하는 방식	현재가치 = $\frac{미래가치}{(1+이율)^{기간}}$	현재 소비가 미래 소비보다 가치 있다고 가정하며 투자의 현금흐름을 현재가치로 환산한다.
5. 연속할인법	할인법의 연속적인 경우로, 할인율이 무한히 쪼개져서 계산되는 방식	현재가치 = 미래가치/$e^{(이율 \times 기간)}$	연속복리법과 비슷하게 미래의 가치를 현재로 환산하지만 할인율이 연속적으로 적용된다.
6. 실질이자율	미래의 이자를 인플레이션 등을 고려하여 현재 가치로 환산하는 방식	실질이자율 = $\frac{(1+명목이율)}{(1+인플레이션율)-1}$	물가 상승 등을 고려하여 이자의 실질적인 가치를 파악하며 투자의 실질 수익률을 평가하는 데 사용된다.

참고

■ 미래가치와 현재가치, 자본환원계수 이해

화폐의 시간 가치란?

만일 누군가 현금 1천만원을 제시하며 지금 받을 지 내년에 받을 지라고 묻는다면 모두들 당연히 지금 받겠다고 한다.

왜냐하면 그 돈을 받아서 은행에 예금을 하게 되면 내년에는 1천만원에 이자가 붙어 더 많은 돈을 받을 수 있기 때문인 이유가 가장 클 것이다.

또는 그 돈을 지금 받아서 평소 가고 싶었던 해외여행을 바로 떠날 수도 있다.

현재의 현금은 미래의 동일한 액수의 현금보다 높은 가치를 가지며, 현재의 현금은 미래의 동일한 액수의 현금보다 선호될 수밖에 없다.

예 1억원을 펀드에 투자하고 1억1천만 원을 1년 후에 돌려받는 것과 5년 후에 돌려받는 것은 그 가치가 매우 다르게 느껴집니다. 이와 같이 화폐는 시간의 흐름에 따라 다른 가치를 가지게 되는 데 이를 화폐의 시간가치(TVM: Time Value of Money)라고 한다.

▣ 단리 vs 복리

화폐의 시간가치에 대한 이해에서 우선적으로 알아야 할 것은 이자 계산방식인데 이러한 이자 계산방식에는 단리(單利, simple interest)와 복리(複利, compound interest)가 있다.

1. 단리

단리는 일정한 시기에 원금에 대해서만 이자율을 곱하여 이자를 계산하는 방식인데 이자는 주로 고정된 이율을 기반으로 계산된다.

단리로 계산된 이자는 원금과 이자를 합한 총액에서 이자 뺀 후, 다시 이자를 계산하는 방식이다.

이것은 매년 같은 금액의 이자가 발생하며, 원금은 변하지 않는다.

주로 단기 예금, 대출 등 간단한 금융 계약에서 사용된다.

예 1,000만원을 연 10%의 단리로 2년간 예금을 했다면 첫 1년간의 이자는 원금의 10%에 해당하는 100만원이고, 1년 후 2년 만기까지의 이자도 원금의 10%에 해당하는 100만원으로 2년간의 전체 이자는 총 200만원이 되는 것이다.

2. 복리

복리는 중복된다는 뜻의 한자어 복(複)에서 알 수 있듯이 이자를 계산할 때 앞에서 지급한 이자를 원금에 더한(중복한) 금액에 이자율을 곱하여 이자를 계산하는 방식이다.

복리는 초기 투자 원금에 대한 이자뿐만 아니라, 이자가 발생한 후에도 그 이자를 포함한 원금에 대해 이자를 계산하는 방식이다.

이로 인해 원금이 시간이 지남에 따라 계속 증가하고, 이에 따라 이자도 더 많이 발생한다.

복리는 투자를 장기간 유지하려 할 때 주로 사용되며, 투자 수익을 더욱 가속화시킬 수 있다.

예 1,000만원을 연 10%의 복리로 2년간 예금을 했다면 첫 1년간의 이자는 원금의 10%에 해당하는 100만원으로 단리방식과 동일하지만, 1년 후 2년 만기까지의 이자는 원금에 첫 1년간 이자 100만원을 더한 1,100만 원의 10%에 해당하는 110만원이 된다.

즉, 복리로 계산한 2년간의 전체 이자는 210만원으로 단리방식보다 이자가 10만원 더 많아지는 것이다.

이러한 계산 방식을 장기간에 걸쳐 적용하게 되면 해를 거듭할수록 단리와 복리의 금액 차이는 기하급수적으로 늘어나게 되므로 과거부터 현재까지 복리 저축의 중요성을 강조하고 있는 이유이다.

■ 단리, 복리 계산 방식 정리

단리와 복리의 가장 큰 차이는 이자가 계산되는 방식이다.

단리는 원금만을 기반으로 이자를 계산하고, 복리는 원금과 그 이자를 합한 총액을 기반으로 이자를 계산한다.

1. 단리방식

원리금＝원금×[1＋(이자율×기간)]

2. 복리방식

원리금＝원금×(1＋이자율)기간

복리방식은 "원금과 이자가 재투자 된다"고 가정하는 이자 계산방식이다.

같은 금액, 같은 이자율이라면 단리보다는 복리로 하는 것이 이자를 더 많이 받을 수 있고, 그 적용기간이 길어질수록 이자 차이가 급격히 벌어지게 되는 것이다.

또한 복리의 경우 투자기간이 동일하다고 해도 한 해에 이자가 계산되는 주기에 따라 전체 이자금액이 달라진다.

다시 말해, 이자를 1년 단위로 계산하는 것을 연복리(연 1회), 6개월 단위로 계산하는 것을 반기 복리(연 2회), 3개월 단위로 계산하는 것을 분기 복리(연 4회), 그리고 1개월 단위로 계산하는 것을 월복리(연 12회)라 하는데, 투자 기간이 같다면 복리의 경우 이자를 계산하는 주기가 짧을수록(이자 부리 횟수가 많을수록) 만기에 수령하는 전체 이자금액이 더 많아지는 것이다.

따라서 시간이 지남에 따라 복리는 더 많은 이자를 누적시키며, 투자의 성과를 향상시킬 수 있다.

투자를 고려할 때, 단리와 복리를 고려하여 어떤 방식이 더 이익일지 신중하게 고려해야 한다.

그림 6-1 SIMPLE & COMPOUND INTEREST

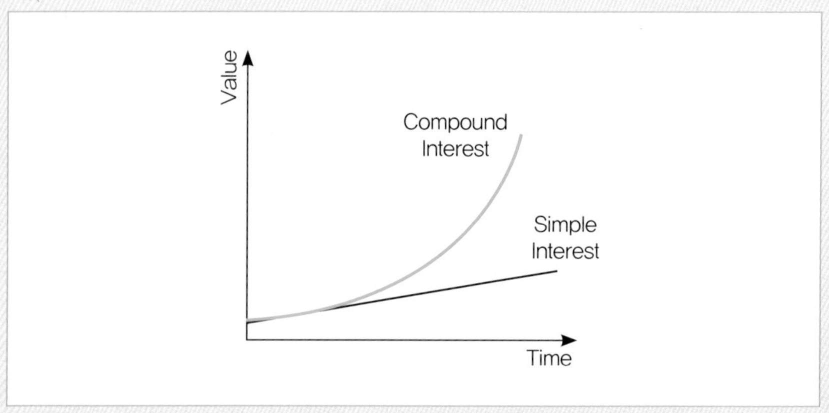

■ 자본환원이율의 개념

자본환원율은 대상 부동산의 수익을 현재 시점 가치로 변환시켜주는 이율이다.

〈미래가치〉 미래가치 = 현재가치 × 내가계수

$$F = A \times (1+R)^n$$

F: 미래에 받을 금액
A: 현재 투자하는 금액 또는 원금
R: 연 이자율
n: 기간(연)

* **내가계수**: 내가계수(Future Value Factor)는 현재의 금액을 미래 가치로 환산하기 위해 사용되는 계수

① 일시불의 내가계수: 1원을 이자율 r%로 저금하였을 때 n년 후에 찾게 되는 금액을 구함
② 연금의 내가계수: 매년 1원씩 받게 되는 연금을 이자율 r로 계속 적립했을 때 n년 후에 찾게 되는 금액을 구함
③ 감채기금계수: n년 후 1원을 만들기 위해서 매년 불입해야 하는 액수를 구함

〈현재가치〉 현재가치 = 미래가치 × 현가계수

$$A = \frac{F}{(1+R)^n}$$

F: 미래에 받을 금액
A: 현재 투자하는 금액 또는 원금
R: 연 이자율
n: 기간(연)
* **현가계수**: 현가계수(Present Value Factor)는 미래의 금액을 현재 가치로 환산하기 위해 사용되는 계수.

④ 일시불의 현가계수: 할인율이 r%일 때 n년 후의 1원이 현재 얼마만한 가치가 있는지를 나타냄
⑤ 연금의 현가계수: 매년 1원씩 n년 동안 받게 되는 연금을 일시불로 환원한 액수를 구함
⑥ 저당상수: 일정액을 빌렸을 때 매 기간마다 갚아야 하는 원금과 이자의 합계를 구함

〈자본환원계수에 대한 정리〉

자본환원계수	목적		수식
일시불내가계수	– 기간초에 불입된 일시불에 대해서 일정 기간 후의 원리금의 합계를 구함	FV = 일시불의 미래가치 PV = 일시불의 현재가치	$FV = PV \times (1+r)^n$
연금내가계수	– 매 기간마다 일정액을 불입했을 때 기간 말에 달성되는 누적액을 구함	FVA = 연금의 미래가치 A = 연금(적립액)	$FVA = A \times \frac{(1+r)^n - 1}{r}$
감채기금계수	– 일정 누적액을 기간 말에 만들기 위해서 매 기간마다 적립해야 할 액수를 구함	FVA = 연금의 미래가치 A = 연금(적립액)	$A = FVA \times \frac{r}{(1+r)^n - 1}$

일시불현가계수	– 일정 기간 후의 일시불이 현재 얼마만한 가치를 가지고 있는가를 알아봄	FV = 일시불의 미래가치 PV = 일시불의 현재가치	$PV = FV \times \frac{1}{(1+r)^n}$
연금현가계수	– 매 기간마다 일정액을 지불받게 될 때, 이것의 현재가치를 구함	PVA = 연금의 현재가치 (대출금) A = 연금(상환액)	$PVA = A \times \frac{1-(1+r)^n}{r}$
저당상수	– 일정액을 빌렸을 때 매 기간마다 갚아 나가야 할 원금과 이자의 합계를 구함	PVA = 연금의 현재가치 (대출금) A = 연금(상환액)	$A = PVA \times \frac{r}{1-(1+r)^n}$

질문

1. 부동산 시장에서 투자 가능성을 평가하는 데에는 어떤 요소들이 고려되어야 하며, 투자자는 어떻게 위험을 효과적으로 관리할 수 있는지 설명하시오.
2. 부동산 투자의 수익성을 높이기 위한 전략에는 어떤 것들이 있으며, 효과적인 부동산 포트폴리오 관리를 위한 핵심 원칙은 무엇인지 논하시오.
3. 부동산투자 가치평가 방법중 NPV와 IRR 분석 기법에 대한 구체적인 계산식과 의사결정에 대하여 설명을 하시오.
4. 화폐의 시간가치에 대한 개요 설명과 자본환원율과 자본환원계수에 대한종류를 나열하고 설명하시오.
5. 지속가능한 부동산 투자의 중요성을 강조하고, 특별히 ESG 연계하여 부동산 투자자가 환경 및 사회적, 윤리적 책임을 어떻게 고려할 수 있는지에 대해 논하시오.

참고문헌

1. 이용만·임재만, 부동산금융론 이론과 실재, 다산출판사, 2023.
2. 이태교·이용만·백성준, 부동산정책론, 법문사, 2023.
3. 김승희·신우진·서광채·이용훈, 부동산학개론, 이루, 2017.

4. 송요섭 외, 부동산 자산관리론, 두성사, 2022.

5. 국토교통부 홈페이지. https://www.molit.go.kr/

6. 금융감독원 홈페이지. https://www.fss.or.kr/

7. 금융투자협회 홈페이지. https://www.kofia.or.kr/

8. CCIM 협회 홈페이지. https://ccimkorea.com/

제 7 장 부동산 금융론

제1절 부동산 금융 총론

1. 부동산 금융론의 개요

1) 부동산 금융론의 개념

부동산 금융론은 부동산과 금융의 상호작용을 연구하는 학문으로, 부동산 시장과 금융 시장 간의 관계를 탐구한다. 이 학문은 부동산 자산의 금융화, 금융 기관의 부동산 투자, 부동산 금융 상품 등을 다루어 부동산과 금융의 복잡한 상호관계를 이해하는 데 중점을 둔다.

2) 부동산 금융론의 역사

부동산 금융론은 금융학과 부동산학의 발전과 함께 급속히 성장한 학문으로, 초기에는 부동산 시장의 기초 이론과 금융 이론 간의 관계를 탐구하며 시작되었다. 시간이 흐름에 따라 금융상품의 다양성과 금융기관의 부동산 투자 전략에 대한 연구가 진전되었다.

(1) 서양의 역사

① 초기 시기(19세기 중반-20세기 초반)

부동산 금융론의 초기 발달은 19세기 중반에서 20세기 초반으로 거슬러 올라갑니다. 이 시기에는 주로 부동산 투자와 금융의 단순한 상호작용을 다루는데 중점을 두

었습니다. 땅과 건물에 대한 투자의 특성과 그에 따른 금융적 측면을 탐구하는 초기 단계였다.

② 금융위기와 부동산(20세기 중반-1970년대)

20세기 중반에서 1970년대까지의 시기는 금융 위기와 부동산 시장의 급격한 변화가 부동산 금융론에 큰 영향을 미쳤다. 대표적으로 1929년의 대공황과 이에 따른 금융시장의 불안정성이 연구되었다. 이 기간 동안 금융과 부동산이 서로 어떻게 영향을 주고받는지에 대한 연구가 확대되었다.

③ 금융혁신과 글로벌 부동산시장(1980년대-1990년대)

1980년대부터 1990년대에 이르는 시기에는 금융혁신과 함께 글로벌 부동산 시장의 급격한 성장이 이루어졌다. 이는 부동산 금융의 복잡성과 다양성을 증가 시켰다. 신용 파생상품, 부동산 투자 신탁(REITs), 금융 파생상품 등의 등장으로 인해 부동산 금융론의 연구는 금융상품의 형성과 부동산 투자 전략의 최적화에 초점을 맞추게 되었다.

④ 금융위기와 부동산거품 문제(2000년대 이후)

2008년의 금융위기는 부동산 금융론에 새로운 시각을 제공했다. 금융위기로 인한 부동산 거품과 금융시장의 불안정성은 부동산 금융의 잠재적인 위험과 그에 따른 정책적 개입의 필요성을 강조했다. 이후 글로벌 부동산 시장의 안정성과 지속 가능성에 대한 연구가 확대되었다.

⑤ 현대(2010년대-현재)

현재에 이르러서는 글로벌 부동산 시장의 미래에 대한 불확실성과 디지털 기술의 발전 등이 부동산 금융론에 대한 연구 주제로 떠오르고 있다. 지속적인 금융 혁신과 금융시장의 동향에 대한 이해가 부동산 금융론의 발전을 뒷받침하고 있다.

(2) 한국의 역사

① 1950년대-1980년대: 재건기와 도시화

1950년대 한국은 한국전쟁 이후의 재건기로, 부동산 금융에 대한 체계적인 연구는 미미했다. 이 시기는 국가 경제의 안정화와 도시화가 중요한 이슈로 부상했으며, 주택 및 부동산 시장이 국가 발전의 중추적인 부분으로 부상했다.

② 1990년대: 금융자본의 개방과 부동산 투자

1990년대에는 금융시장의 국제화와 자본의 자율성이 강화되면서 부동산 투자에 대한 관심이 높아졌다. 부동산 금융에 대한 이해와 연구가 증가하였고, 이 기간에는 부동산 금융 상품의 다양성과 금융자본의 부동산 시장 진입이 두드러지게 나타났다.

③ 2000년대 이후: 부동산 시장의 변동과 금융위기

2000년대 이후, 한국 부동산 시장은 급격한 가격 상승과 함께 거품 현상이 나타났다. 이는 부동산 금융의 새로운 도전과 함께 금융위기에 대한 민감도를 증가시켰다. 금융위기 이후 정부는 부동산 시장을 안정화하기 위한 다양한 정책을 시행하면서 부동산 금융에 대한 연구의 중요성이 강조되었다.

④ 현대(2010년대–현재): 기술 혁신과 지속 가능한 투자

현재에 이르러서는 디지털 기술의 발전과 지속 가능한 투자에 대한 관심이 높아지면서 부동산 금융에 대한 접근과 연구가 확대되고 있다. 스마트 시티, 블록체인 기술 등의 새로운 기술이 도입되면서 한국 부동산 금융론은 글로벌 트렌드에 민감하게 대응하고 있다.

3) 부동산 금융론의 필요성과 목적

(1) 부동산 금융론의 현대적 중요성

부동산 금융론은 현대 사회에서 부동산 시장과 금융 시장의 상호작용이 더욱 복잡해지고 중요해짐에 따라 중요성을 갖추고 있다. 금융상품의 다양성과 금융기술의 발전으로 인해 부동산 금융은 투자자들에게 새로운 기회와 도전을 제시하고 있다.

(2) 부동산 금융론의 학문적 목표

부동산 금융론의 학문적 목표는 부동산과 금융의 복합적인 특성을 이해하고, 효과적인 부동산 금융 전략을 개발하는 데 있다. 또한 금융 정책과 부동산 시장 정책의 상호작용을 연구하여 안정적이고 지속 가능한 부동산 금융 시스템을 유지하도록 기여한다.

2. 부동산 금융의 기초 이론

1) 금융 이론의 기본 개념

금융 이론은 금융 시스템 및 금융 상품의 원리와 특성에 대한 이론적 기반을 제공한다. 주요 개념은 다음과 같다.

(1) **시간가치의 개념:** 돈은 시간이 지남에 따라 가치가 변한다는 개념. 현재 가치와 미래 가치의 관계를 설명함.

(2) **위험과 수익의 관계:** 투자에 따른 수익은 위험과 직결되며, 이를 효과적으로 관리하는 방법에 대한 이론적 고찰.

2) 부동산과 금융의 상호 작용

부동산과 금융은 서로 밀접하게 연관되어 있으며, 다양한 상호 작용이 발생한다.

(1) **부동산 자산가치의 형성:** 금융시장의 상황과 경제적 요인은 부동산 자산의 가치에 영향을 미침.

(2) **금융 제도의 부동산 지원:** 금융 제도는 주택담보대출 및 부동산 투자를 지원하는 역할을 수행.

3) 부동산 금융의 기초 원리

(1) **자산가격 이론:** 자산가격은 수요와 공급에 따라 형성되며, 부동산 금융에서는 이를 통해 부동산 투자의 수익과 위험을 분석.

(2) **금융 파생상품의 활용:** 부동산 금융에서는 금융 파생상품을 활용하여 리스크 관리 및 투자 전략 수립.

(3) **신용 이론:** 주택담보대출 등의 금융 상품은 신용에 기반하며, 신용 이론은 부동산 금융에서 중요한 역할을 함.

3. 부동산 금융 시장의 특성

1) 부동산 금융 시장의 주체

부동산 금융 시장에는 다양한 주체가 참여하고 있으며, 이들 주체들은 다음과 같은 특성을 가지고 있다.

(1) **은행 및 금융기관:** 부동산 금융 상품을 제공하고 주택담보대출 등을 중개하는 주체로, 대출 이자 및 서비스 수수료를 통해 수익을 창출.

(2) **투자자 및 투자기관:** 부동산에 투자하는 투자자와 이들의 자금을 관리하는 투자기관이 부동산 금융 시장에서 활동.

(3) **부동산 개발업체:** 부동산 프로젝트를 기획하고 진행하는 업체로, 자금 조달을 위해 부동산 금융 시장과 연계.

2) 금융 파생상품과 부동산 투자

금융 파생상품은 부동산 금융 시장에서 다양한 역할을 수행한다.

(1) **부동산 파생상품:** 주택가격 지수 향상에 따라 수익을 창출하는 파생상품들이 부동산 투자에 활용.

(2) **리스크 헤지:** 금융 파생상품을 활용하여 부동산 가격의 변동으로부터 오는 리스크를 관리하고 헤지.

3) 부동산 금융 시장의 동향

부동산 금융 시장은 변화하는 경제 및 금융 환경에 따라 다양한 동향을 보인다.

(1) **금리 변동의 영향:** 중앙은행의 정책 금리 변동이 주택담보대출 및 부동산 금융 시장에 미치는 영향에 대한 연구와 적응 전략.

(2) **투자 패턴의 변화:** 글로벌 경제 상황이나 지역적인 부동산 시장의 변화에 따라 투자자들의 부동산 금융 시장 참여 패턴이 조정.

(3) **기술의 적용:** 디지털 금융 기술과 블록체인 등의 혁신적인 기술이 부동산 금융 시장에 도입되어 효율성과 투명성이 증대.

4. 부동산 금융 상품

1) 주택담보대출과 부동산 금융

(1) 주택담보대출의 개념과 특징

주택담보대출은 주택을 담보로 받아 얻는 대출로, 대출액의 상당 부분이 주택 구매나 개량에 사용된다. 이는 주택 소유자들이 부동산을 담보로 자금을 조달하고, 금융기관은 안정적인 담보 아래 대출을 제공하는 메커니즘이다.

(2) 주택담보대출의 영향 요인

① 금리 수준: 중앙은행의 기준금리 변동에 따라 주택담보대출의 금리가 변동.

② 신용 평가: 대출 신청자의 신용 등급이 대출 조건과 금리에 영향.

2) 부동산투자펀드의 운용과 수익성

(1) 부동산투자펀드의 개념과 특징:

부동산투자펀드는 다수의 투자자 자금을 모아 부동산에 투자하는 펀드로, 주택, 상업용 부동산 등 다양한 유형의 부동산에 투자한다. 투자자들은 펀드의 수익과 손실을 나누게 되어 있다.

(2) 부동산투자펀드의 수익성 평가

① 자산 가치 증가: 부동산 시장의 성장과 함께 펀드의 자산 가치가 상승.

② 임대 수입: 부동산투자펀드가 보유한 부동산이 임대되어 발생하는 수익.

3) 금융상품의 다양성과 특징

(1) 다양한 부동산 금융상품

① 부동산 채권: 부동산 프로젝트에 투자하는데 사용되는 채권.

② 금융 디리버티브: 주택가격 지수나 부동산 투자 관련 파생상품.

참고

■ 주택가격 지수 파생상품(Derivatives)

1. 개념 및 특징

- 주택가격 지수: 특정 지역의 주택가격 움직임을 측정한 지수.
- 주택가격 지수 파생상품: 이 지수의 가격 움직임에 기반한 파생상품.

2. 활용과 목적

- 투자 전략: 투자자들은 주택시장의 향방을 파악하고 향후 가격 움직임에 대응하는 전략 수립.
- 헤지 용도: 부동산 관련 위험에 대비하기 위한 헤지(Hedge) 수단으로 활용.

■ 부동산 투자 관련 파생상품

1. 부동산 선물(Futures) 및 옵션(Options)

- 부동산 선물: 미래의 특정 부동산 자산을 특정 가격에 사거나 팔 수 있는 계약.
- 부동산 옵션: 미래의 특정 시점에 부동산을 사거나 팔 수 있는 선택권 부여.

2. 특징 및 활용

- 투자 전략: 향후 부동산 가격 변동에 대한 투자 전략 수립.
- 금융 기관의 위험 관리: 금융 기관들이 부동산 대출과 관련된 위험을 관리하기 위한 수단으로 활용.

■ 금융 파생상품의 장점과 고려사항

1. 장점

- 리스크 헤지: 주택가격 지수 및 부동산 파생상품은 부동산 시장의 가격 변동에 대한 리스크를 줄이는 데 활용될 수 있음.
- 투자 다양성: 투자자들은 부동산 시장에 직접 투자하지 않고도 부동산 시장의 향방에 대한 투자 다양성을 확보.

2. 고려사항

- 시장 불확실성: 부동산시장은 다양한 영향을 받아 예측이 어려울 수 있으며, 따라서 파생상품 투자에는 시장 불확실성을 고려해야 함.
- 투자자 프로파일: 투자자의 투자 목표, 성향, 리스크 허용 수준 등을 고려하여 파생상품을 활용하는 것이 중요.

(2) 금융상품의 특징

① 리스크 다양성: 다양한 부동산 금융상품을 조합하여 투자 포트폴리오를 다양화.

② 유동성: 부동산투자의 유동성이 제한적인 특성을 고려하여 금융상품의 유동성을 고려.

5. 금융기관과 부동산 금융

1) 은행의 부동산 금융 역할

(1) 주택담보대출

① 목적: 주택 구매 및 개량을 위한 자금 지원.

② 담보물: 주택 자체가 주로 담보물로 활용.

(2) 부동산 투자 대출

① 목적: 투자용 부동산 구매를 위한 자금 지원.

② 수익성: 투자 부동산의 임대 수익을 통한 원리금 상환.

(3) 부동산 관련 금융 상품 제공

부동산투자펀드 등: 다양한 금융 상품을 통해 투자자들에게 부동산 시장 참여 기회 제공.

2) 금융회사와 부동산 투자

(1) 부동산 투자회사(REITs)

① 운용 역할: 부동산 자산을 모아 투자하고, 투자자들에게 수익 분배.

② 유동성: 주식 거래를 통해 부동산 투자 기회 제공.

(2) 부동산 투자 상품 제공

주택채권, 파생상품 등: 다양한 금융 상품을 활용한 부동산 투자 기회 제공.

3) 보험사의 부동산 금융 전략

(1) 부동산 투자 포트폴리오 구축

① **자산 다양성**: 부동산을 포트폴리오의 일부로 편입하여 리스크 분산.

② **장기 투자 전략**: 장기적인 관점에서 부동산 자산의 가치 상승을 목표.

(2) 부동산 금융 상품 개발

부동산 관련 보험 상품: 자연재해 등으로 인한 부동산 손실에 대비한 금융 상품 개발.

(3) 금융 파생상품 활용과 구체적 내용

- **헤지 전략**: 금융 파생상품을 활용하여 부동산 관련 위험을 효과적으로 관리.

① 이자율 스왑(Interest Rate Swaps)

- **목적**: 금리 리스크 관리.
- **활용 방법**: 금융기관이나 투자자는 이자율 스왑을 통해 특정 금리로 고정하거나 부동적으로 설정함으로써 이자 비용의 변동성을 피할 수 있다. 부동산 대출금에 적용되어 이자 지출의 예측 가능성을 높게 한다.

② 포워드 커버드 이자율 스왑(Forward Covered Interest Rate Swaps)

- **목적**: 외화 대출의 이자 비용 관리.
- **활용 방법**: 외화로 발행된 부동산 채무의 이자 비용을 관리하기 위해 사용된다. 특히 금리 및 환율의 예측 불확실성을 감소시키고 안정성을 확보하는 데 도움이 된다.

③ 금리 선물 계약(Interest Rate Futures)

- **목적**: 특정 시점에서의 이자율을 미리 확정.
- **활용 방법**: 금리 선물 계약은 예상치 못한 이자율 상승 또는 하락에 대비하여 부동산 대출이나 투자의 이자 비용을 관리하는 데 사용된다.

④ 신용 파생상품(Credit Derivatives)

- **목적**: 부동산 채권의 신용 리스크 관리.
- **활용 방법**: 금융 기관이나 투자자는 신용 스왑, 신용 옵션 등의 파생상품을 이용하여 특정 부동산 채권의 신용 리스크를 분산하거나 최소화한다. 이는 부동

산 금융 시장에서 신용 위험에 대한 효과적인 대응 수단으로 사용된다.

⑤ 부동산 파생상품(Property Derivatives)

- **목적:** 부동산 자산 가치의 변동성 관리.
- **활용 방법:** 부동산 투자자는 부동산 가치의 상승 또는 하락에 대비하여 부동산 파생상품을 활용할 수 있다. 예를 들어, 부동산 가격 지수와 연동된 파생상품을 통해 가치 변동에 대한 리스크를 관리한다.

6. 부동산 금융의 관리와 위험 분석

부동산 금융 포트폴리오의 구성, 리스크 관리, 그리고 금융 위험 분석과 대응 전략에 대한 내용은 부동산 금융의 안정성과 지속 가능한 수익을 도모하는 데 중요하다.

1) 부동산 금융 포트폴리오의 구성

(1) **자산 다변화:** 부동산 금융 포트폴리오는 다양한 부동산 금융상품을 조합하여 구성된다. 주택담보대출, 부동산투자펀드, 주식 등 다양한 자산 유형이 포함된다.

(2) **목표 수익과 위험 수준 설정:** 투자자는 수익 목표와 위험 허용 수준을 고려하여 포트폴리오를 조정한다.

(3) **부동산 시장 동향 분석:** 시장 동향을 파악하고 다양한 부동산 종류와 지역 간에 분산하여 포트폴리오를 구성한다.

2) 리스크 관리와 부동산 금융

(1) **신용 리스크 관리:** 금융기관은 대출 채권 등에서 발생할 수 있는 신용 리스크를 효과적으로 관리한다. 신용 위험이 있는 자산에 대한 신중한 평가와 대응이 이루어진다.

(2) **시장 리스크 관리:** 금융시장의 변동성에 대응하기 위해 투자 전략을 조정하고 헤지 도구를 활용하여 시장 리스크를 최소화한다.

3) 금융 위험 분석 및 대응 전략

(1) 이자율 리스크 관리: 금리 변동에 대응하기 위해 이자율 스왑, 이자율 선물 등의 파생상품을 활용하여 이자율 리스크를 최소화한다.

(2) 환율 리스크 관리: 외화 자산을 보유하는 경우 환율의 변동에 대한 대응 전략을 수립한다. 포워드 환율 계약 등을 활용하여 환율 변동성을 최소화한다.

(3) 신용 위험 분석: 투자 대상자나 대출 채권의 신용 위험을 철저히 분석하고, 필요한 경우 신용 보험 또는 파생상품을 활용하여 대응한다.

7. 부동산 금융과 정책

부동산 금융은 정부 정책, 금리 정책, 그리고 금융규제와의 상호작용에 크게 영향을 받는다. 아래는 각각의 주제에 대한 내용이다.

1) 정부 정책과 부동산 금융 시장

(1) 주택 정책: 정부는 주택시장에 영향을 미치는 다양한 정책을 시행한다. 주택담보대출 확대 정책, 주택 임대 시장 활성화 등이 부동산 금융 시장에 영향을 미친다.

(2) 세제 정책: 세제 우대 혜택이나 세금 감면 정책은 부동산투자를 촉진하거나 억제할 수 있다.

(3) 금융 지원 프로그램: 정부는 부동산 금융에 대한 지원 프로그램을 마련하여 소득이 낮은 계층의 주택 구입을 촉진하거나 경제 활성화를 도모할 수 있다.

2) 금리 정책의 부동산 금융 영향

(1) 이자율 수준과 주택시장: 중앙은행의 금리 정책이 부동산 금융 시장에 직접적인 영향을 미친다. 낮은 이자율은 주택 구입을 촉진할 수 있고, 높은 이자율은 주택시장을 둔화시킬 수 있다.

(2) 금리 변동에 따른 리스크 관리: 금융 기관과 투자자는 금리의 변동성을 예측하고 이에 대비한 효과적인 리스크 관리 전략을 마련해야 한다.

3) 금융규제와 부동산 금융의 상호작용

(1) **대출 규제와 여신심사 강화:** 금융기관은 주택대출의 여신심사 강화 및 대출 규제를 준수해야 한다. 이는 부동산 금융의 건전성을 유지하는 데 중요하다.

(2) **부동산 투자 규제:** 정부는 부동산 투자에 대한 규제를 통해 금융시장의 안정성을 확보하고 투기적인 요소를 제어할 수 있다. 이러한 정부 정책, 금리 정책, 그리고 금융규제는 부동산 금융 시장의 건전성과 안정성을 조절하며, 균형 있는 시장 운영을 지원한다.

8. 부동산 금융의 미래 전망

부동산 금융은 디지털화, 지속 가능성, 그리고 글로벌 동향에 영향을 받아 미래 전망이 크게 변화하고 있다.

1) 디지털화와 부동산 금융의 융합

(1) **스마트 컨트랙트와 블록체인:** 부동산 금융에서는 블록체인과 스마트 컨트랙트를 활용한 거래가 늘고 있다. 이를 통해 거래의 투명성과 효율성이 증가하고 부동산 투자의 소액화가 가능해지고 있다.

(2) **피어 투 피어 금융:** 디지털 금융 기술의 발전으로 인해 개인 간 부동산 투자 및 금융 거래가 늘어나고 있다.

2) 지속 가능성과 부동산 금융의 새로운 동향:

(1) **ESG 기준의 적용:** 지속 가능성을 고려한 투자가 강조되고 있다. 부동산 금융에서도 환경, 사회, 지배구조 (ESG) 기준을 고려한 투자가 늘어나고 있다.

(2) **녹색 부동산 투자:** 친환경적이며 지속 가능한 부동산 프로젝트에 대한 투자가 증가하고 있다.

3) 글로벌 부동산 금융 시장의 전망

(1) **국제적인 거래의 증가:** 글로벌 부동산 투자의 국제화가 진행되고 있다. 다양한

국가 간의 부동산 투자가 증가하고, 이는 글로벌 부동산 금융 시장을 형성하고 있다.

(2) **지역별 성장과 동향:** 서구 국가뿐만 아니라 아시아 등 신흥 시장에서도 부동산 금융 시장이 성장하고 있으며, 지역별로 다양한 동향이 나타나고 있다.

부동산 금융은 디지털화와 지속 가능성 등 새로운 환경에 대응하며 글로벌 시장에서의 역할을 강화하고 있다. 향후에는 기술의 발전과 지속 가능한 투자에 대한 수요가 더욱 증가할 것으로 전망된다.

9. 부동산 금융의 중요성

부동산 금융은 금융 시장에서 중요한 위치를 차지하고 있으며 부동산 투자 및 금융에 대한 이해는 학문적인 측면 뿐만 아니라 실무적인 측면에서도 큰 중요성을 가지고 있다.

1) 부동산 금융론의 중요성 재강조

(1) **투자 다양성 확보:** 부동산 금융은 투자 포트폴리오를 다양화하고 수익을 극대화하는 데에 중요한 역할을 한다. 다양한 부동산 금융 상품을 활용함으로써 투자자는 다양한 자산에 투자하고 리스크를 분산할 수 있다.

(2) **경제 발전과의 연계:** 부동산 금융은 부동산 시장의 건전한 성장과 경제 발전에 기여한다. 부동산 금융 시장의 안정성은 전반적인 금융 시스템의 안정성에도 영향을 미치며, 이는 국가의 경제적 안정성과 직결된다.

(3) **금융 시장 효율성 강화:** 부동산 금융은 부동산 시장의 효율성을 높이고 거래의 투명성을 강화한다. 이를 통해 부동산 시장의 안정성을 유지하고 시장 참여자들 간의 정보 비대칭성을 감소시킨다.

2) 부동산학의 미래적 발전 방향

(1) **융합적 연구와 교육:** 부동산학은 금융, 경제학, 데이터 과학 등 다양한 학문과 융합될 필요가 있다. 특히 부동산 금융과 관련된 심층적인 연구와 교육이 필요하며, 이를 통해 실무자 및 학자들이 금융 시장의 동향을 이해하고 대응할 수 있다.

(2) **테크놀로지와의 결합:** 부동산학에서는 인공지능, 빅데이터, 블록체인 등 현대

적인 기술들과의 결합이 필요하다. 부동산 금융의 미래는 기술의 발전과 금융의 융합에서 큰 힘을 얻을 것으로 예상된다.

(3) 지속 가능성 강조: 부동산학에서는 지속 가능성과 관련된 주제에 더욱 중점을 두어야 한다. 환경·사회·지배구조 (ESG) 기준을 통한 투자, 친환경 부동산 금융 등이 부동산학의 발전 방향에 포함될 것이다.

부동산 금융의 중요성은 향후에도 계속해서 증가할 것으로 예상되며, 이에 부동산학은 현대적이고 실무적인 관점에서 발전해 나가야 한다.

제 2 절 부동산 금융 의사결정

1. 부동산 금융의 의사결정 이해

'부동산 금융'이라는 단어를 들었을 때 대부분의 사람들은 직관적으로 그 의미를 유추할 수 있을 것이다. 오래전부터 부동산이 하나의 재테크 수단이 되면서 더 이상 '부동산 금융'이라는 단어가 우리 일상에서 새로운 개념이 아니기 때문이다. 하지만 정확하게 부동산 금융이 무엇을 의미하는지, 어떤 범주까지 부동산의 개념에 포함되는지 설명할 수 있는 사람은 드물 것이다. 지금부터 부동산 금융에 대한 협의(狹義)부터 광의(廣義)까지 살펴보면서 명확한 이해를 돕고자 한다.

1) 부동산 금융의 개념

'부동산 금융'이란 부동산 범주에 포함되는 산림, 택지, 농경지, 건물 등을 담보로 하는 모든 금융활동을 말한다. 예컨대 재산으로 갖고 있는 산림이나 농경지를 담보로 은행에서 대출을 받는 행위도 부동산 금융에 포함된다. 혹은 부동산을 담보로 투자를 진행하는 것도 부동산 금융으로 볼 수 있다. 즉 경제주체들이 '부동산'을 매개로 행하는 모든 금융활동에 대해 부동산 금융으로 칭한다. 다시 정리하면, 부동산 금융은 크게 ① 부동산 대출 ② 부동산 유동화 ③ 부동산 투자 3가지 카테고리로 구분할 수 있다.

다만, 부동산 금융은 일반적으로 상업금융과 달리 '부동산'이라는 담보물이 있기 때문에 장기 저리(低利)이고, 부동산을 현금화하기까지 시간이 오래 걸리기 때문에 자금의 회전 속도가 느리다는 특징이 있다. 그래서 일반적으로 시장에서 말하는 '부동산 금융'은 '장기 저리(低利)'에 방점이 찍혀 자금을 조달하기 위한 경제활동을 의미한다. 쉽게 설명하자면 국가가 무주택 서민, 신혼부부, 사회초년생 등을 대상으로 주택을 공급하고, 집값을 장기 저리로 상환 받는 것도 그 예가 될 수 있다.

그렇다면 부동산 금융이 이루어지는 장소는 바로 부동산 금융시장이다. 부동산 금융시장이라고 해서 다른 금융시장과 다른 점은 없다. 부동산 금융시장 역시 경제 주체가 ① 수요자 ② 공급자 ③ 중개자 이렇게 구성된다.

우선 부동산 시장에서 '수요자'의 역할을 살펴보자. 이들은 주로 부동산을 구입하거나 투자를 하는데 있어 돈이 부족한 개인이나 기업을 말한다. 또는 부동산을 갖고 있지만, 당장 유동자금이 필요한 개인이나 기업도 부동산을 담보로 대출을 받는 경우 부동산 시장의 수요자로 정의한다.

다음으로 부동산 시장에서 '공급자'는 자금이 필요한 사람에게 돈을 빌려주는 주체를 말한다. 이들은 주로 여윳돈을 가지고 있기 때문에 부동산에 투자할 의향이 있는 상태다. 여기서 한 가지 짚고 넘어갈 점은 '공급자 범주'다. 부동산 시장에서 공급자는 '예금자와 투자자'를 뜻하는데, 여기서 예금자는 은행 등 금융기관에 예금보험제도 한도 이내의 금액의 자금을 예금한 사람들을 칭한다. 즉 5,000만원 이하의 금액을 여유자금으로 갖고 있는 예금자를 말하는 것이다. 반면 투자자는 예금보험제도 한도를 초과하는 금액을 금융기관에 예금한 개인이나 기업도 포함되는데, 여기에는 각종 연·기금 등의 기관투자자도 속한다.

마지막으로 부동산 시장에서 '중개자'는 자금의 '수요자'와 '공급자'를 직접 연결해주는 개인이나 기업을 뜻한다. 중개자는 단순하게 '부동산' 매입과 매수만을 연결해주는 것에서부터 공급자들의 부동산 투자를 대신해주는 것까지 폭넓은 역할을 수행하고 있다. 중개자 유형은 ① 금융기관 ② 특수목적기구 ③ 간접투자기구(집합투자기구)로 나뉜다. 구체적으로 금융기관은 은행권과 비(非)은행권으로 구분된다. 특수목적기구(SPV: Special Purpose Vehicle)는 부동산이라는 자산을 '증권화'하기 위해 설립된 회사나 기구를 의미하고, 간접투자기구(CIV)는 다수의 부동산에 투자 의향이 있는 공급자들에게 자금을 받아 부동산관련자산에 대신 투자하는 부동산투자 회사나

기구를 뜻한다.

지금까지 부동산 시장을 운영하는 세 축을 확인한 것이라면, 부동산 금융시장의 종류에는 무엇이 있을까. 부동산 금융시장은 ① 주택금융시장 ② 부동산개발금융시장 ③ 부동산간접투자 상품시장 ④ 상업용 부동산 금융시장 등이 있다. 주택금융시장에는 주택담보대출, MBS, 역모기지 시장이 하위 범주로 포함되며, 개발금융시장에는 사회간접자본 PF, 복합개발 PF, ABS 등이 속해있다. 부동산 간접투자 상품시장에는 리츠(부동산투자회사) 등이 있고, 상업용 부동산 금융시장에는 상가, 오피스텔, 숙박업소, 콘도 등 투자를 통해 수익금을 받을 수 있는 부동산만을 대상으로 한다.

(1) 부동산 금융의 중요성

그렇다면 이쯤에서 생기는 의문은 '부동산 금융시장이 언제 이렇게 활성화됐을까'라는 것이다. 그 답은 부동산이 우리 경제에서 얼마나 많은 비중을 차지하는지를 보면 알 수 있다. 부동산 자산이 우리나라 국부(國富)에서 굉장히 높은 비율을 차자하고 있기 때문에 그 중요성도 높아졌다.

즉 '부동산'은 한 가정의 자산과 부채에 가장 많은 비중을 차지하고 있는 만큼 국가의 정책을 설정하는데도 큰 영향력을 미치고 있는 것이다.

또 부동산 금융에서 빼놓을 수 없는 부분이 '부동산 담보대출'이다. 부동산이라는 안전 자산이 있기 때문에 부동산 담보 대출은 금융기관에서 가장 핵심적인 역할을 하고 있다고 볼 수 있다. 가계 대출뿐만 아니라 기업대출에서도 부동산을 담보로 대출을 진행하기 때문에 전체 금융기관의 부동산담보대출 규모는 우리가 예상했던 것보다 더 큰 비중을 차지하고 있다.

(2) 부동산 금융시장의 현황

그러나 부동산 금융이 우리 경제에서 차지하는 규모나 중요도와 달리, 우리나라 부동산 금융시장은 선진국에 비해 상대적으로 크게 발전하지 못하는 모습이다. 특히 우리나라에서는 부동산담보대출이 가장 활성화되어 있는 데도 불구하고, 부동산 구입을 하는데 있어 부동산 담보대출의 이용도가 다른 나라에 비해 낮은 수준이다.

그 원인으로 지목되는 것이 바로 '부동산 시장의 불안전성'이다. 우리나라는 특히 부동산이라는 것이 투자활용의 대상으로 인식되기 보다는 하나의 '고유자산'으로 여겨지는 경향이 상대적으로 강해 부동산 금융시장의 자율화에도 불구하고 활성화되지 못했다. 특히 부동산 투자 시, 투자자의 현금지급 부담 비율을 의미하는 'LTV-ratio'가 낮은 수준에 머물고 있다는 것이 그 방증이다. LTV-ratio가 낮다는 것은 부동산에 투자하는 데 있어 투자자가 현금으로 지급해야 하는 비율이 높다는 것을 의미하기 때문에, 그만큼 충분히 여유자금을 갖고 있지 않은 투자자라면 투자를 포기할 가능성도 있는 것이다. 이렇게 단적인 예시만으로도 우리나라 부동산 금융의 제도가 얼마나 미흡한 지 확인할 수 있다.

2) 부동산 금융의 의의

앞서 언급한 것처럼 부동산 금융은 '부동산'을 중심으로 한 경제주체들의 금융활동을 총칭하는 것으로, 최근에는 부동산을 유동화 방법에 따라 부동산 금융이 포괄하는 범위도 확대되는 추세다. 이는 부동산 유동화 과정이 과거에는 '현금화'가 대부분이었다면, 최근에는 '증권화', '채권화' 등의 방식으로 변화되고 있다.

그렇다면 이쯤에서 '부동산 금융'이 우리 경제에 왜 필요한 것인가'라는 근원적 의문이 생길 수 있다. 지금까지 부동산 금융이 우리 경제에서 차지하는 규모와 그 중요도를 확인했지만, 이 금융이 도대체 경제에 어떤 순기능을 하는지 궁금증이 생길 수 있기 때문이다. 이 질문에 대한 답은 생각보다 쉽게 구할 수 있다. 사실 우리나라처럼 국토 면적이 좁은 국가에서는 부동산 자산이 하나의 투자재로 경제적 가치가 상당히 높다. 다만 좁은 면적 한도에서 큰 경제적 가치를 창출해야 하기 때문에 상당한 투자자금 또한 필요하다는 점도 간과해선 안 된다. 이런 점에서 '부동산'이라는 자산은 일반 재화와 달리 구입비용이 상당히 높기 때문에 투자나 매각을 결정하는 데 있어서 결정을 쉽게 할 수 없다. 이 지점이 바로 부동산 금융의 존재 이유가 된다. 부동산 금융이 없다면, 수요자는 부동산 매입까지 상당한 자금이 필요하다. 이로 인해 수요자는 긴축재정을 유지하게 되고 이는 결국 국가 경제 전반의 소비 위축을 심화시켜 경제 위기를 초래할 수 있다. 사회 구성원의 상당부분이 부동산 매입을 희망(?)한다는 점을 감안한다면, 한 가정의 소비 긴축이 경제 전반의 위축을 초래할 수 있다. 이에 부동산 금융이 없다면, 국가 경제에 순환되는 유동자금 역시 확보되기 어렵다는 분석이다.

물론 공급자 입장에서도 마찬가지다. 부동산 금융이 없다면 '부동산'이라는 담보물에 대한 신뢰를 확보할 수 없기 때문에 투자를 통해 수익창출을 꾀하는 생각조차

할 수 없을 것이다. 특히 기업의 경우 투자대비 감가상각에 따른 절세효과도 거둘 수 있다. 여기서 말하는 기업 영역의 부동산 금융은 기업에서 일반적 영업활동으로부터 창출된 경제적 이익이 아니라 부동산 담보 자산에 의해 창출된 이윤을 바탕으로 이루어지는 금융활동을 뜻한다.

3) 부동산 금융의 기능

지금까지 우리사회에 왜 부동산 금융이 필요한지 확인했다면, 부동산 금융의 기능을 구체적으로 살펴보자. 부동산 금융의 기능을 부동산 금융 중 가장 큰 비율을 차지하고 있는 '주택금융'을 중심으로 살펴보면 다음과 같다.

(1) 주택 소유 촉진

기본적으로 '주택 가격'은 일반적인 수요자의 소득 수준보다 높은 수준에서 형성되어 있다. 즉 대부분 수요자의 소득수준으로는 주택구입 자금이 턱없이 부족한 실정이다. 이런 점에서 부동산 금융은 주택구입에 필요한 자금을 공급함으로써 수요자의 주택구입능력을 제고시킬 수 있는 것이다. 더 나아가 장기적으로 수요자로 하여금 주택소유를 촉진시키는 기능도 가능하다.

(2) 부동산 산업 육성

부동산 금융의 가장 핵심적인 부분인 부동산 대출을 통해 수요자들의 주택구입능력을 향상시켜 주택거래 시장을 활성화할 수 있다. 특히 부동산 시장의 활성화는 개인과 기업 모두에게 순기능으로 작용한다. 부동산 금융을 통해 부동산 거래가 활성화된다면, 부동산 개발과 건설을 촉진시켜 건설업과 개발업을 성장시키는 데 일조할 수 있다. 부동산 금융을 통해 부동산 수요가 증가하면 관련업체들은 적정이윤을 확보할 수 있고, 재무구조 역시 탄탄하게 만들 수 있기 때문이다. 또 이에 대한 국가의 정책적 지원이 뒷받침된다면 부동산 공급뿐만 아니라 산업 전반에도 더 큰 플러스 요인으로 작용할 수 있다.

(3) 경기조절

앞서 언급한대로 우리나라 경제에서 부동산 금융이 차지하는 비중은 상당하다. 이는 역으로 생각하면 다른 산업에 비해 부동산 산업에 대한 경제적 파급효과가 크다고 볼 수 있다. 정부가 경제 위기이거나, 물가가 너무 올라 긴축재정으로 경제를 운영해야 할 경우 가장 먼저 부동산 정책을 손보는 것도 이런 이유 때문이다. 따라서 하이인플레이션 상황에서 금융당국이 대출금리를 인하하고 대출 규제를 완화해 부동산 경기를 부양하는 반면, 경기가 과열된 경우에는 금리 인상과 규제 확대 등을 적용해 경기를 진정시키는 것도 부동산 금융의 핵심적 기능으로 꼽힌다.

(4) 주거안정 및 국민복지 향상

마지막으로 부동산 금융의 핵심적 역할에는 주거안정과 국민복지 향상을 빼놓을 수 없다. 앞서 말한 대로 사실 대부분의 부동산 수요자 입장에서는 자기자본만으로 부동산을 구입하기에는 한계가 있는 것이 현실이다. 무(無) 주택자는 부동산 금융을 이용해 주택구입시기를 앞당길 수 있어 주거안정을 도모하고 사회 전체적으로는 국민 복지를 향상시킬 수 있다.

특히 부동산 금융이 저소득층에는 새로운 삶의 활로를 모색할 기회를 제공하기도 한다. 상대적으로 낮은 금리로 주택 대출자금을 지원해주기 때문에 새로운 삶의 동력이 될 수 있고, 사회적으로는 부동산 금리로 소득재분배 효과까지 거둘 수 있다.

4) 부동산 금융의 원칙

부동산 금융의 수많은 순기능에도 불구하고 부동산 금융에도 원칙은 반드시 존재한다. 부동산 금융이 가진 플러스 요인들이 사회와 경제에서 제 기능을 발휘하기 위해서라도 원칙에 입각에 운영될 필요가 있다. 특히 부동산 금융에서 가장 중요한 원칙은 자금의 확보, 대출금리 책정, 대출 채권의 유동화 등이 꼽힌다.

(1) 자금 확보

충분한 자금 확보의 원칙은 부동산 금융에서 왜 중요할까. 그 원인은 부동산 금융의 특징에서 찾을 수 있다. 부동산 금융은 앞서 언급했듯 단기간에 유동 자산으로 바꾸기엔 시간이 오래 걸리는 자산이다. 즉 기간도 장기적이고, 자금의 규모도 크기 때문에 부동산 금융 자체적으로 유동 자금을 확보하기에 어려움이 따른다. 그렇다고 무조건적으로 부동산 금융시장을 안정적으로 유지하기 위해 정부 재정지원에만 의존할 수도 없다는 점에서 부동산 금융 역시 자체적으로 재원을 확보할 필요가 있는 것이다. 민간 자금을 다양한 경로로 유치해야 하고, 저소득층 지원을 위해 별도의 예산도 마련해야 한다.

(2) 대출금리 책정

가장 이상적인 부동산 대출 금리는 물론 '낮은 이자율'이 적합하다. 부동산 구입을 원하는 수요자 입장에선 당연히 고액의 대출금을 오랜 시간에 걸쳐 상환해야 하기 때문에 대출금리가 '장기적이고 낮은 수준'에 책정되길 바랄 것이다. 저소득층 입장에서도 대출 금리가 상승할 경우 이에 따른 상환 부담이 높아지기 때문에 새로운 도약이 아니라 또 하나의 부담으로 작용할 수 있다. 이런 점에서 '장기적으로 낮은 수준'의 부동산 금리가 바람직하다. 하지만 부동산 대출금리가 시장금리와 균형을 이루어야 한다는 원칙은 절대적으로 지켜져야 한다.

만약 부동산 대출금리가 일반 금융당국의 금리보다 너무 낮게 책정될 경우, 이에 대한 이윤창출이 어렵기 때문에 민간자금 확보가 어렵다. 뿐만 아니라 대출금을 제공하는 은행입장에서도 경제적 이윤창출을 할 수 없기 때문에 부동산 대출 상품을 축소할 가능성도 있다. 은행은 대출에 따른 '이자'가 주요 수입원인데, 부동산 대출 금리가 너무 낮게 책정됐다면 수지타산이 맞지 않기 때문이다.

(3) 부동산 대출에 따른 사후 관리

부동산 대출은 거액의 자금을 장기적으로 대출하는 것이기 때문에 자금 공급자 입장에서는 신용위험에 상당히 노출되어 있다. 예를 들어 공급자가 매수한 부동산의 자산 가격이 하락을 할 수도 있고, 혹은 자금 수요자가 경제적 상황 등의 이유로 신용이 악화돼 채무불이행 가능성이 상존하기 때문이다. 이에 수요자에게 부동산 대출을 해줄 경우 수요자와 부동산에 대한 LTV, DTI 등을 충분히 염두에 두고 대출 결정을 할 필요가 있다. 사실 부동산 금융의 사후관리 부분은 공급자 차원이 아닌 국가적 차원에서 정책적 보완책이 필요하다.

(4) 대출채권의 유동화

부동산 금융의 가장 큰 리스크는 '장기적 금융상품'이라는 점이다. 장기적 금융이라는 것은 달리 말하면 부동산을 현금자산 혹은 유동자산으로 바꾸기 위해선 상당한 시간이 소요된다는 것이다.

5) 부동산 금융의 유형

부동산 금융의 유형에는 개발단계별, 부동산형태별, 건설형별, 투자형태별, 운용자금형별, 익스포져(Exposure)별 등으로 구분할 수 있다. 앞서 언급한 부분들이 상위 카테고리라면, 하위 카테고리에 해당하는 부동산 금융 유형은 다음의 표를 통해 확인해보자.

〈표 7-1〉 부동산 금융 유형

개발형별	건설형별	부동산형태별	투자형태별	운용자금형
토지매입금융	건축비용금융	주거용 부동산 금융	지분투자형(PF)	부동산 개발 금융
택지개발금융	시설공사금융	상업용 부동산 금융	부동산투자회사	건설기간 운영금융
		업무용 부동산 금융	부동산펀드	
			유가증권형	

(1) 주택금융

위 표에는 없지만 부동산 금융을 논하는 데 '주택금융'을 빼놓을 순 없다. 부동산 금융 중에서도 가장 비중이 크고 핵심적인 부분을 차지하고 있기 때문이다.

주택금융의 정의는 집을 한 번이라도 구하거나 구입하고자 했던 사람들이라면, 모두 짐작할 수 있을 것이다. 주택금융은 일정한 금액의 자금을 통해 주택을 구입하고자 하는 사람이나, 혹은 주택을 짓는 건설업자에게 자금을 지원하는 금융 방법을 말한다. 주택을 짓는 건설업자에게 주택금융을 지원한다면, 사회적으로 주택 공급을 확대하는 데 기여할 수 있고, 주택을 구입하고 싶지만 자금이 부족한 개인이나 기업체에 돈을 지원해 이를 달성할 수 있게 도와주는 것도 주택금융의 한 축으로 볼 수 있다.

특히 주택은 인간의 기본적인 생활과 직결되어 있는 만큼 주택금융 역시 사회적 중요도는 굉장히 크다. 뿐만 아니라 사회 구성원 전체와 관련이 있는 만큼 주택금융에 대한 국민적 관심도 상당하다. 뉴스에서 천정부지로 치솟는 아파트 값을 통제하기 위해 정부가 주택금융 정책을 가장 먼저 손을 보는 것도 이러한 맥락에서 이해할 수 있다. 그래서 새 정권이나 새로운 장관이 임명됐을 경우 가장 먼저 시작하는 것도 주택금융정책의 수립이다.

다만, 주택금융 역시 자금의 수요자(대출자)와 공급자(투자자)의 영역이 명확하게 나눠져 있는 만큼, 주택금융을 수요자 금융과 공급자 금융으로 구분할 수 있다.

먼저 공급자 금융은 아파트나 주택, 주거용 오피스텔 등 '주거지'를 짓는 건설업자에게 제공하는 자금조달 방법을 말한다. 이와 반대로 수요자 금융은 주택을 구입하려는 사람, 혹은 보유하고 있는 부동산이 너무 오래돼 재건축을 하려는 사람, 전·월세 등을 구하는데 필요한 모든 금융거래를 말한다. 수요자 금융에 속하는 주택전세자금 등은 앞서 언급한대로 장기 저리(低利)로 공급되는 것이 가장 큰 특징이다.

(2) 개발단계별 부동산 금융

다음으로는 '개발단계별' 부동산 금융이다. 개발 단계에 따른 부동산 금융에는 ① 개발금융 ② 건설금융 ③ 운영비 금융 등이 있다. 쉽게 말해 개발 금융은 주택을 짓기 위해 땅을 구입하거나, 혹은 보유하고 있는 땅을 개발하기 위해 필요한 자금을 끌어오는 것을 말한다. 예컨대 전원주택단지 조성 혹은 대규모 아파트 단지를 조성하기 위해 건설회사가 땅을 매입하는 것도 개발 금융의 사례로 볼 수 있다.

건설금융은 건축물이나 주택을 짓는 데 필요한 설비 등 오직 '건설을 하는 데 필요한 자금을 의미하고, 운영비 금융은 부동산 개발이나 건축을 하기 위해 필요한 전반적인 운영자금 조달을 뜻한다.

(3) 투자형태별 부동산 금융

투자형태별 부동산 금융에는 지분투자형인 프로젝트 파이낸싱(PF), 간접투자형인 부동산 전문회사인 리츠(REITs), 부동산 펀드, 부동산 관련 유가증권형태인 자산유동화증권(ABS), 주택저당증권(MBS) 등이 있다. 특히 최근에는 프로젝트 파이낸싱(PF)에 대한 관심이 높아지고 있는 추세다. 부동산 금융에서 프로젝트 파이낸싱(PF)은 부동산 자체에 대한 평가보다는 부동산 관련 프로젝트의 사업성을 평가하는데 방점이 찍혀있다. 해당 프로젝트를 통해 발생하는 경제이익(Cash Flow)이 조달한 대출의 상환 재원이 되는 부동산 금융 상품이다.

예를 들어 부동산 개발을 전제로 한 모든 토지매입에 대한 자금 대출도 프로젝트 파이낸싱(PF)로 볼 수 있다. 또 부동산개발을 주관하는 시공사가 사업부지 매입을 하거나 해당 사업부지 개발에 소요되는 모든 대출 자금도 프로젝트 파이낸싱(PF)의 대표적 예시 중 하나다.

(4) 익스포져(Exposure)별 부동산 금융

마지막으로 익스포져(Exposure)별 부동산 금융에 대해 알아보자.

부동산 금융과 관련된 '익스포져'에 대해 정확한 개념을 알고 있는 사람은 많지 않다. 부동산 익스포져(exposure)는 부동산과 연계된 모든 금융의 위험노출액을 말한다. 예를 들어 금융기관이 주택 건설을 진행하는 시공사에 대출을 승인하고 진행했으나, 공사 중간에 시공사가 갑자기 부도가 나거나 일부러 부도를 냈을 경우 금융기관이 입는 경제적 피해금액을 '익스포져'라고 하는 것이다.

이런 점 때문에 부동산 금융에 있어 익스포져를 예상하고 확인하는 과정은 필수적이라 할 수 있다. 특히 위험노출 정도를 일정한 기준으로 분류해 자금의 유동성을 확보하는 것은 부동산 금융에 있어 가장 중요하다. 구체적으로 익스포져별 부동산 금융은 다음과 같이 3가지 유형으로 세분화할 수 있다. 분류된 각각의 익스포져 유형들은 최대한 위험노출을 줄일 수 있도록 설계돼 부동산 금융에서 그 위험도를 줄였다고 할 수 있다.

참고

■ 수익창출 부동산 금융(IPRE)

리스료, 임대료 등의 수익 발생 가능성이 있는 공동주택이나, 비농지, 비주거용부동산 등 부동산 자산에 투자하는 저위험 부동산 금융을 말한다. 특히 부동산 보유자가 갖고 있는 부동산을 활용하기 위해 재건축을 하거나 이를 지원하기 위한 대출 상품도 수익창출 부동산 금융에 포함된다.

■ 고변동성 상업용 부동산 금융(HVCRE)

고변동성 상업용 부동산 금융은 수익창출 부동산 금융과 달리 손실률, 변동성이 높은 부동산에 투자하는 금융상품을 말한다. 구체적으로 말하면, 한 개인이 금융기관 대출을 통해 부동산을 구입했지만 이 자산의 경제적 이윤 창출이 저조해 대출금을 갚을 가능성이 낮아진 '부동산' 자체를 담보로 한 대출 상품을 의미한다. 즉 대출금을 갚을 능력이 부족한 부동산 자산에 대해 이 자산 자체를 담보로 대출을 해주는 상품을 뜻한다. 또는 지어진지 오래된 부동산을 개인이나 사업체가 대출을 통해 매입하고, 이 부동산에 대한 경제적 가치를 높여 되팔기 위해 재건축을 진행하는 데 필요한 자금을 조달하는 모든 과정도 고변동성 상업용 부동산 금융으로 볼 수 있다.

2. 부동산개발금융과 대출

부동산 금융의 가장 핵심은 '부동산 개발'이라 할 수 있다. 부동산 개발은 개발과정을 통해 자산의 가치를 증대시키는 것인데, 단순하게 '부동산 개발=건설'이라고 이해해선 안 된다.

부동산 개발은 토지, 노동 등 생산요소와 자본, 기술 등 인공적인 힘을 결합해 하나의 새로운 가치를 창출하는 모든 과정을 의미하기 때문이다. 이런 점에서 부동산 개발은 부동산이라는 가치를 효과적으로 활용하기 위해 목적과 방법을 구체화시키는 과정으로 이해할 수 있다. 특히 새로운 가치를 창출하는 과정의 가장 핵심적인 수단이 되는 '자금'은 절대 빼놓고 이야기할 수 없기 때문에 부동산 금융(대출)과 부동산 개발은 분리해서 그 개념을 이해할 수 없다.

1) 금융 조달방식에 따른 구분

(1) 지분금융

① 부동산 신디케이트

부동산 금융에서 자금을 조달하는 중요한 방법 중 하나인 '신디케이트'는 부동산 지분 금융의 하나다. 부동산 신디케이트는 부동산을 투자하려는 다수의 투자자가 부동산 전문가를 동원해 하나의 부동산 프로젝트를 수행하는 것을 말한다. 즉 부동산 투자 영역에서 다수의 투자자가 공동의 목표를 위해 진행하는 프로젝트인 것이다. 여기서 말하는 투자자는 일반 개인들도 포함되지만, 은행과 같은 자금을 빌려주는 금융기관들도 투자자가 될 수 있다. 프로젝트에 투자자로서 참여한 금융기관들은 공통의 대출 조건을 설정해 대출금을 지원하고 프로젝트를 수행할 수 있다. 이들은 장기간 저리(低利)로 대출을 알선해주거나 다양한 분야에 대출을 해줄 수 있다.

일반적으로 신디케이터는 부동산을 개발하는 건설업체를 말한다. 이들은 다수의 투자자로부터 모인 자금을 바탕으로 부동산을 개발하고 이에 대한 수수료나 지분 참가를 통해 수익을 얻는다. 부동산 신디케이터들은 부동산 개발을 전문적으로 하기 때문에 부동산을 취득해 관리, 개발, 매각 등 부동산과 관련된 전반적인 사업에 종사하고 있다. 다만 부동산이라는 것이 고액의 자산인 만큼 신디케이터들 역시 하나의 부동산 개발만으로는 업체를 운용할 수 없다. 그래서 신디케이터들도 자체적으로 부동산을 매입하기 위해 자본을 형성한다. 그러나 실제로 이들이 자체적으로 모을 수 있는 자기자본금은 부족하기 때문에 자본을 조달할 수 있는 투자자를 모집하고, 이들을 위해 부동산을 취득·관리·매각 등을 대행해 수수료를 받는 관리자의 역할이 주를 이루고 있다.

특히 이 과정에서 투자자들이 놓치지 말아야 할 것이 있다. 신디케이터들 역시 자신들이 원하는 투자목적이나 투자정책 방향에 따라 다양한 형태를 갖고 있기 때문에, 투자자들이 신디케이트에 참가할 경우 그 수익과 위험을 다른 투자 대상과 비교평가하는 과정이 필요하다. 예를 들어 만약 투자자들의 성향이 '세금은 적게, 꾸준한 수익 창출'인 안정성 투자를 추구한다면, 투자목표 대상은 '현금흐름 창출력이 좋은 부동산'일 것이다. 반면 꾸준한 수익보단 위험을 감수하더라도 향후 시세차익이 큰 프로젝트를 원하는 도전적 투자를 추구하는 투자자라면 시세차익 발생 가능성이 큰 토지나 개발지역 부동산을 선호할 수 있다.

이렇게 투자자들의 성향에 따라 신디케이트의 목적과 투자 추구 방향도 달라지기 때문에 신디케이트를 선정하는 데도 신중을 기해야 한다.

② 조인트 벤처

최근 부동산 시장에서 경쟁이 심화되면서 이를 타개할 하나의 방법으로 조인트 벤처가 널리 이용되고 있다. 조인트 벤처는 2인 이상의 개인이나 업체가 하나의 특정 목적을 달성하기 위해 맺은 공동의 계약을 뜻한다. 특히 부동산 분야에서는 단일사(社)나 개인이 단독으로 시공이 불가능한 건설공사를 인수하기 위해 조인트 벤처를 주로 이용한다. 큰 건설공사를 수주하기 위해서 경쟁을 벌여야 하는 건설업자들 입장에선 조인트 벤처가 적절한 수단이 될 수 있다. 경쟁에 효과적으로 대응할 수 있고 또 혼자보단 둘이 함께 하는 것이 더 큰 시너지를 발휘할 수 있기 때문이다. 물론 경영관리부터 시작해 이익과 손실도 함께 부담한다. 이는 조인트 벤처의 장점과도 이어진다. 조인트 벤처를 맺은 업체들은 단독투자에 비해 규모의 경제를 달성할 수 있기 때문이다. 단독투자가 아니기 때문에 적은 돈으로 위험성도 상당부분 분산시킬 수 있고, 적은 돈으로 큰 이익도 취할 수 있다. 또 새로운 분야에 진출을 고려했던 업체라면 조인트 벤처를 통해 새로운 시장 진입도 수월하게 할 수 있다. 조인트 벤처는 단순히 부동산 개발 분야에만 국한돼 활용되는 것이 아니라 연구개발이나 생산, 마케팅 등 여러 분야에 걸쳐 협력관계가 필요할 때 진행되는 경우도 많기 때문이다.

그렇다면 조인트 벤처의 경우 두 회사가 어떻게 투자 지분을 나눌 수 있을까. 일반적으로 조인트 벤처에 참여하는 업체들은 50대 50으로 지분을 투자하는 경우가 많다. 혹은 51대 49처럼 불균등하게 투자를 진행하는 경우도 있는데, 지분율 결정은 조인트 벤처 계약을 맺은 상대방 업체의 기여도나 교섭능력에 따라 달라질 수 있다. 기업의 이윤과 손실 역시 출자 지분율에 따라 분배한다.

③ 부동산 펀드

부동산 펀드의 역사는 2004년으로 거슬러 올라간다. 정부가 발표한 부동산 억제 정책인 간접투자자산운용업법 시행 후 등장한 상품이 바로 부동산 펀드이기 때문이다. 부동산 펀드는 다양한 사유로 인해 부동산을 더 이상 보유, 유지하기 어려운 개인이나 기업체, 혹은 고금리 상품에 투자를 희망하는 투자자들에게 새로운 투자대안으로 주목받고 있다.

부동산 펀드는 부동산에 투자하기 위해 개인이나 기업들이 자금을 모집하는 금융상품으로서, 앞서 언급한 신디케이트를 위한 '신디케이트 론(Loan)'과 유사한 측면이 있다. 구체적으로 투자자로부터 자금을 모은 부동산 펀드 운용사는 아파트, 상가 등 임대사업을 통해 창출된 수익 등을 투자자에게 지분에 따라 배당하는데, 여기에는 부동산 개발 수익이나 대출이자 수익도 포함된다. 주로 운용 실적에 따라 투자수익을 배분하는 수익구조를 가지고 있다는 특징이 있다.

④ 부동산투자회사(REITs: Real Estate Investment Trusts)

부동산 투자회사인 '리츠'는 일반 투자자들로부터 자금을 모아 부동산 또는 부동산 관련 상품에 투자하고, 그 투자수익을 투자자에게 배당하는 회사를 뜻한다. 최근 부동산투자회사의 평균 배당률이 6%인 것으로 나타나면서 다른 일반 투자 배당에 비해 엄청난 투자가치를 보이고 있다. 지난해 5월 국토부가 발표한 '2016년 부동산투자회사의 결산보고서'에 따르면 리츠가 운용하는 자산 규모는 2016년 말 기준으로 25조원을 돌파했고, 평균 배당률이 6% 수준으로 일반 예금 금리의 4배 가까이 되는 높은 배당수익률을 기록했다. 리츠를 통한 부동산 투자는 그 대상을 분산함으로써 투자 리스크를 감소시키면서도 높은 투자수익을 기대할 수 있다는 데 가장 큰 장점이 있다.

리츠는 부동산에 직접 투자하는 지분형(Equity) REITs, 부동산 담보 대출에 투자하는 모기지 REITs, 지분형 REITs와 모기지 REITs를 결합한 하이브리드 REITs가 있다.

참고

■ 미국의 리츠(REITs)제도

분류기준	종류	특징
투자대상	지분형	총투자자산의 75% 이상을 부동산 소유지분으로 구성, 임대료가 주수입원
	모기지형	총투자자산의 75% 이상을 부동산 관련 대출이나 저당담보증권으로 구성
	혼합형	총투자자산이 부동산 소유지분, 부동산 관련 대출, 저당담보증권 등에 분산
환매여부	개방형	투자자의 환매요구에 언제든지 응하는 형태
	폐쇄형	투자자는 리츠에 환매를 요구할 수 없고 증권시장에 매각하여 회수하는 형태
존속기한	무기한	존속기간이 정해져 있지 않음
	기한부	일정기간 후에 보유자산을 매각하여 매국대금을 투자자에게 배분하고 해산

미국의 리츠는 소득을 창출하는 상업용 부동산 자산을 소유하거나 개발할 목적으로 운영되는 회사, 신탁, 조합 등을 말한다. 미국의 리츠 제도는 공인된 거래소인 증권거래소에서 상장돼 거래되기 때문에 투자자들에게는 유동성 확보 측면에서 매우 유리하다. 또한 적은 돈으로 다양한 종류의 투자가 가능하기 때문에 일반적인 유가증권 투자에 비해 투자자들이 떠안는 위험도가 상당히 적다고 할 수 있다. 특히 부동산은 고액 자산인 만큼 유동성 확보가 쉽지 않은데, 이를 증권화함으로써 하나의 금융수단으로 자리 잡는데 기여했다. 또 리츠 제도를 통해 소액 자본으로 대규모 상업용 부동산을 소유할 기회를 얻을 수 있다는 점에서 투자자들에게도 새로운 투자처로 각광받고 있다. 아울러 자본시장을 통한 새로운 부동산 투자자금 조달 수단을 제공할 수 있다.

■ 우리나라 부동산투자회사 제도

우리나라의 경우 2001년 7월에 부동산투자회사법 제정을 통해 리츠 제도를 도입했다. 제도 도입 당시 우리나라가 외환위기를 막 겪은 이후였기 때문에, 국내 경기 활성화 측면에서 소액 투자자들의 자금을 유동화 시키는 하나의 방법으로 도입됐다. 하지만 아직까지 미국만큼 활성화되지 못하고 있는데, 그 이유로 지목된 것은 바로 부동산이 국내에서 재테크 수단이 되면서 부동산투자회사를 통하지 않더라도 충분히 개인이 금융기관의 대출을 통해 투자를 할 수 있기 때문이다. 즉 투자자들 스스로 부동산 투자를 하는데 어려움이 없기 때문에 굳이 부동산투자회사에 대한 필요성을 느끼지 못한 것이다. 하지만 최근에는 정부의 각종 부동산 억제 정책으로 인해 부동산 경기가 위축되면서 투자자들은 투자처를 확보하지 못해 부동산투자신탁을 통한 부동산 투자도 급속도로 증가하고 있다. 다음은 REITs의 종류를 설명한다.

■ 자기관리 REITs

자기관리리츠는 부동산 투자를 전문으로 하는 주식회사다. 여기서 주목해야 할 점을 자기관리 리츠의 가장 큰 특징은 '상근직원'을 둔 실체가 있는 회사라는 점이다. 자기관리 리츠는 부동산 투자를 원하는 일반투자자를 대상으로 투자자금을 모아 부동산에 직접 투자하거나, 부동산 담보 대출을 진행해 이자 수익을 확보하고 배분한다.

특히 상근직원이 직접 부동산 투자운용을 관리하기 때문에 위탁관리리츠와는 구분된다. 투자자 입장에서는 상근직원과 실체가 있는 회사라는 점에서 신뢰를 확보할 수 있고, 배당수익이나 투자한 부동산 자산의 가치가 올라 지분 매각 때 시세차익을 확보할 수 있다는 장점이 있다. 또 투자 지분이 증권거래소 등 공인 시장에서 거래되기 때문에 급하게 자금이 필요할 경우 유동성 확보가 가능하다. 다만 자기관리 리츠는 법인이자 투자수단이라는 성격을 동시에 갖고 있어 법인세와 투자 수익에 대한 배당소득세를 이중으로 납부해야 한다.

위탁관리 REITs

위탁관리 리츠는 투자자의 자산과 운용을 위탁하는 회사를 말한다. 일반적으로 부동산을 대상으로 투자하는 '리츠'의 본래 도입 취지를 살리기 위해 명목적으로 도입한 회사라고 이해할 수 있다. 이에 위탁관리 리츠는 회사의 실체가 없다. 그래서 원칙적으로 위탁관리 리츠는 자산관리회사 및 특별관계자와 서로 부동산이나 증권의 거래행위를 할 수 없다. 다만 ① 일반분양, 경쟁입찰 등에 의한 거래 ② 위탁관리 부동산투자회사가 보유하고 있는 부동산을 이사회가 정한 가격 이상으로 임대하는 거래 ③ 위탁관리 부동산투자회사의 합병·해산·분할 또는 분할합병에 따른 불가피한 거래 등은 예외로 인정한다.

기업구조조정 REITs

다수의 투자자로부터 자금을 공모해 구조조정대상 기업의 부동산이나 부동산 관련 증권에 투자해 그 수익을 투자자들에게 배당하는 '회사형 부동산투자신탁'을 뜻한다. 기업구조조정 리츠는 투자자들에게 대규모 부동산에 대한 투자기회를 제공하고, 기업의 구조조정을 지원하는 등 사회적 기능을 수행한다. 뿐만 아니라 대규모 상업용 부동산에 대해 다수의 투자자가 소규모 지분 형태로 투자를 진행하기 때문에 부동산 금융시장과 연계성이 높아지면서 자본시장 발전에 기여한다. 이런 순기능으로 기업구조조정 리츠는 외환위기 당시에도 큰 역할을 했다. 당시 자금조달이 어려운 기업이 보유하고 있던 부동산 자산을 외국계 투자기관에 매각할 수 있게 하면서 기업들이 외환위기를 극복하는 데 도움을 줬다.

⑤ 프로젝트 파이낸싱(PF)

프로젝트 파이낸싱이란 '미래'를 담보로 투자자들에게 투자를 받기 위한 수단을 의미한다.

투자 대상의 신용도나 담보물 등이 아닌 하나의 프로젝트 자체의 사업성만을 판단 기준으로 삼고 자금을 조달하는 금융방법을 말한다. 여기서 자금을 투자 받은 프로젝트 수행자는 프로젝트를 진행한 뒤 이후 발생한 이익을 통해 대출금을 갚는다. 다만, 여기서 유의해야 할 점은 프로젝트 금융이 프로젝트 자체를 수행하기 위해 동원된 자금만을 의미하는 것이 아니라, 자금을 동원하는 데 필요한 '방법'을 의미한다. 한 회사가 자신의 담보나 신용을 기반으로 자회사를 만들어 대출을 받는다는 점에서 기존의 기업금융과는 구별되는 특징을 갖고 있다.

사실 부동산 금융에 있어 프로젝트 금융은 '미래가치'에 투자하는 것이기 때문에 위험도가 다른 어떤 부동산 금융투자보다 크다고 할 수 있다. 그래서 프로젝트 금융을 수행하는 데 있어 발생하는 '리스크'에 대해 투자자와 자금 대출자 간의 합의가 필수적이다. 대출을 해주는 자금 공급자 입장에선 지분 투자를 하는 만큼 그 위험을 최소화하고, 만약 그 위험이 발생하더라도 대출자에게 전가하고 싶기 때문이다. 반면 대출자 입장에서는 프로젝트 자체에 대한 위험은 어쩔 수 없다고 하더라도 지분 투자로 인한 위험은 받아들일 수 없다는 것이 양측의 일반적 입장이다. 따라서 프로젝트 금융이 성공하기 위해서는 이들 양측이 합의하는 수준의 위험 배분이 이루어져야 한다.

이런 점에서 투자자들은 공인된 금융기관을 매개로 프로젝트의 계획부터 수익성이나 사업수행능력 등 광범위한 분야에 걸쳐 심사하고 있다. 예컨대 프로젝트가 해외의 대규모 공장을 설립하는 경우 혹은 도로나 항만을 건설하는 인프라 사업인 경우 사업을 진행하는 기간만 하더라도 5년 이상이 될 수 있다. 이에 따라 투자자들은 프로젝트 사업성을 평가하는 과정에서 위험도를 평가하고, 대출금리나, 수익률 등을 빠짐없이 통제하고 산출한 후 투자를 진행하는 것이 좋다.

또한 프로젝트 금융을 성공하기 위해서는 다양한 유형의 '자금조달방법'을 강구해 프로젝트에 필요한 자금을 충분히 확보하는 것이 무엇보다 중요하다.

우선 프로젝트에 소요되는 자금의 규모가 결정되면, 이를 조달하는 형태를 결정해야 하는데 그 형태로는 자기 자본금을 출연, 타인자본 유치, 혹은 보증 등을 통해 확보하는 방법이 있다. 일반적으로 자기자본금 출연은 공모나 사모에 의해 조달된다. 타인자본을 유치하기 위해서는 직접 채권을 발행하거나 외화증권 등을 통해 직접 타인자본을 유치할 수 있다. 또는 프로젝트 회사나 금융회사 등 프로젝트와 유관한 개인이나 업체들을 통한 간접금융에 의해 자금을 조달하는 방법이 있다.

참고〉

■ 프로젝트 금융(PF)

발전소, 교통시설 등은 건설하는 데 큰 비용을 수반한다. 때문에 이런 대형 건축물이나 설비를 건축하는데 필요한 자금을 조달하는 것도 익스포져별 부동산 금융으로 분류된다. 기본적으로 이 유형은 프로젝트의 규모가 큰 만큼, 국가나 공인된 기관에서 건설을 진행하기 때문에 이 프로젝트 자체를 담보로 건설자금을 조달하고, 향후 건축물이 완성된 후 발생하는 이윤을 상환재원으로 한다.

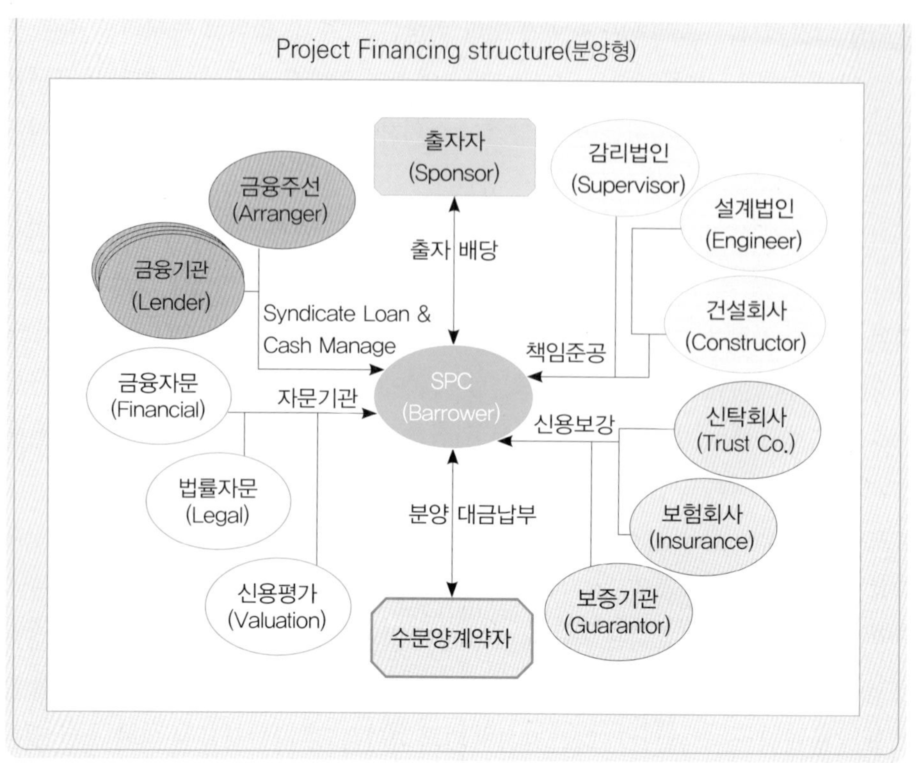

(2) 부채금융

① 부채증권

ⓐ **주택저당증권(MBS)**

주택저당증권이란 금융기관이 주택담보대출채권에 대한 '현금흐름'을 담보로 다시 한 번 2차적으로 발행, 매각되는 수익증권이다. 사실 주택저당증권에는 매우 다양한 상품군이 있기 때문에 발행기관, 보증기관 혹은 증권 종류에 따라 살펴봐야 한다. 우선 기본적으로 주택저당증권은 '공공부문' 주택저당증권(MBS)과 '비(非) 공공부문' 주택저당증권(MBS)로 나눌 수 있다. 먼저 공공부문 MBS란 정부나 정부가 인증한 금융기관의 직·간접적으로 지원과 관리감독을 받는 공공기관이 발행, 보증하는 주택저당증권을 말한다. 예를 들어 일본의 주택금융지원기구(JHF), 홍콩의 모기지공사(HKMC) 등이 발행하는 MBS가 공공부문 주택저당증권의 한 사례가 될 수 있다. 우리나라에서는 일반적으로 한국주택금융공사가 MBS를 발행하고 있다. 투자자들이 공공기관 MBS를 선호하는 이유는 아무래도 신용에 따른 리스크를 줄일 수 있기 때문이다. 정부나 정부인증기업이 원리금 지급을 보증하기 때문이다.

반면 비공공부문 MBS는 민간금융회사가 발행, 보증하는 증권을 말하는데, 정부나 공공기관의 지급보증이 없기 때문에 투자자들은 이에 대한 리스크를 수반해야 한다.

주택저당증권(MBS) 상품은 증권의 종류에 따라 크게 네 가지로 구분할 수 있다. 지분형 MBS, 채권형 MBS, 혼합형 MBS, 다계층채권(CMO)이 그것이다.

ⓑ 지분형 MBS(지분이전증권, MPTS)

주택담보대출 지분이전증권(MPTS: Mortgage Pass-Through Seculities)은 주택저당증권(MBS)의 하위 개념으로 볼 수 있다. 지분이전증권는 주택담보 대출을 통해 나타나는 현금의 유입과 흐름인 '현금흐름'과 저당권에 대한 소유권을 나타내는 지분증권을 말한다. MPTS는 기초자산인 주택담보대출을 기반으로 한 모든 현금흐름을 중도 운용하지 않고 그대로 투자자에게 지급되기 때문에 대출자의 '조기상환위험' 역시 투자자가 부담한다. 예를 들어 시중 은행의 대출이자율이 낮아지면, 대출자들의 대출금 상환이 예상했던 것보다 빨리 이루어질 수 있다. 이렇게 되면 투자자들 역시 예상했던 시기보다 빨리 원금을 회수할 수 있게 되는데 투자자들은 수익률 변동이나 자금 운용을 하는 데 있어 발생하는 위험을 부담하게 되는 것이다. 조기상환은 차입자가 주택담보대출을 만기 전에 다 갚아버리는 것을 말하는데, 보통 시중 은행의 대출이자가 하락할 시기에 발생한다. 대출자 입장에서는 자금을 조달한 금융기관이 아닌 새로운 금융기관에서 낮은 이자율로 대출을 받고, 이자율이 높은 기존 대출을 상환하는 것이 훨씬 유리하기 때문이다. 이런 조기상환리스크를 지분형 MBS인 MPTS에서는 투자자가 부담하게 되는 것이다.

ⓒ 채권형 MBS(주택저당채권, MBB)

주택담보대출 채권인 주택저당채권(MBB: Mortgage Backed Bond)은 금융기관이 대출자의 주택담보대출을 진행할 때 주택을 담보로 설정한 저당권을 '담보'로 하는 채권에 대해 발행하는 증권이다. 즉 대출자가 주택을 담보로 대출을 할 경우, 은행은 주택에 대한 저당권을 설정하는데 이 저당권에 의해 담보되는 채권을 기반으로 발행하는 증권을 의미한다. MBB는 앞서 언급한 MPTS와 달리 대출자가 납부하는 현금흐름이 투자자에게 바로 지급되지 않는 특징을 갖고 있다. 즉 담보자산의 현금흐름이 투자자에게 이전되지 않기 때문에 조기상환의 위험을 투자자가 아닌 채권 발행자가 전적으로 부담한다. 주택저당 채권 발행자는 주택담보대출을 통해 유입되는 돈(원리금)과 자금 운용을 통해 유입되는 돈을 합한 전체 현금흐름을 자산운용의 기반으로 해 MBB 투자자에게 투자수익금을 지급하는 구조를 갖고 있다.

ⓓ **혼합형 MBS(저당직불채권, MPTB)**

'지분-채권 혼합형 MBS'인 저당직불채권(MPTB: Mortgage Pay-Through Bond)은 저당이체증권을 담보로 발행되는 채권으로, 채권 발행기관은 저당권을 보유하고 원리금을 받을 수 있는 권리는 투자자에게 이전하는 증권을 말한다. 주택저당담보부채권(MBB)과 저당이체증권(MPTS)가 혼합된 형태라고 할 수 있다. 지분-채권 혼합형 증권인 MPTB는 채권투자자에게 지급되는 현금흐름은 투자 당시 고지한 표면금리에 의해 설정되고, 원리금은 대출자가 분할상환하거나 조기상환을 통해 유입되는 대로 투자자에게 자동이체 된다. 특히 대부분 주택대출을 대상으로 하고 있기 때문에 발행 채권액수보다 많은 저당권을 도관체(conduit)에게 편입시키거나, 국채 등 추가 담보물을 투자자에게 제공해 투자 위험을 제거하고 있다. 여기서 말하는 도관체란, 투자자간 혹은 투자자와 금융기관 사이를 매개하는 회사를 말한다.

ⓔ **다계층채권(CMO)**

혼합형 MBS의 일종인 다계층채권(CMO: Collateralized Mortgage Obligation)은 주택담보 대출 사업을 주력으로 하는 미국의 금융회사인 '프레디 맥'이 1983년 처음 발행한 주택저당증권(MBS) 상품이다. 다계층채권(CMO)는 자동이체증권을 담보로 발행한 다단계 증권을 뜻한다. 주요 발행기관에는 투자은행, 주택금융기관, 보험회사 등이 있다. 다계층채권은 MPTS의 약점으로 꼽히는 중도상환 문제를 개선할 목적으로 만들어졌다. MPTS의 경우 시중 은행의 대출금리가 낮아지면 대출자들의 중도상환이 빨라지게 되고, 이로 인해 현금흐름이 불확실해지기 때문이다. 이를 보완하고자 서로 다른 만기 채권을 구성해 저당채권의 현금흐름을 원활히 만든 것이 바로 다단계 채권인 것이다.

다계층채권은 발행 채권마다 만기가 다르다는 점에서 장기 투자자들은 물론 단기 투자자들에게도 선호 대상이 되고 있다. 특히 다수의 투자자들이 다계층채권에 대한 투자를 선호하면서 주택저당증권 발행 구조를 고도화시켰고, 시장규모 확대를 이끌었다는 분석도 있다.

다만 다계층채권의 계층이 상대적으로 소액이고, 채권 발행기관들마다 표준화된 기준이 마련되지 않아 비유동적 증권이라는 불안요소는 있다. 또 정부가 원리금에 대한 지급보증을 하지 않아 MPTS만큼 투자가 활성화되지 못했다는 점도 하나의 단점으로 꼽힌다.

다계층채권 역시 MPTS와 마찬가지로 자산 운용에 대한 필요비용만을 제외하고 직접 투자자에게 이익금을 이전한다. 따라서 다계층채권에 투자한 투자자라면 조기 상환 위험성을 감수해야 한다.

ⓕ 자산담보부증권/자산유동화증권(ABS)

부동산 개발이 발전함에 따라 자산매입이나 개발자금 조달 등에 대한 다양한 방법들이 등장했다. 특히 자산유동화 증권(ABS)의 경우 '자산유동화에 관한 법률'이 제정된 후 다양한 형태의 자산을 기반으로 다양한 형식의 증권이 발행되어 왔다. 예를 들어 자산유동화증권은 기업구조조정에 따른 재무구조 개선, 부실채권 처분 등에 많이 활용되었고, 부동산 PF 대출채권을 유동화하기 위해서도 ABS의 발행은 증가했다. 즉 은행 및 기업의 자금조달 수단으로 자산유동화 증권을 활용하고 있는 모습이다. 그럼 자산유동화증권(ABS)의 정확한 정의를 짚고 넘어가보자. 자산유동화증권(ABS)란 기관이나 기업 등이 보유하고 있는 자산 중 일부를 유동화하기 위해 모으고, 이를 도와주는 중개회사에 매각한다. 자산을 매입한 중개회사는 이 자산을 담보로 다시 자산유동화증권(ABS)를 발행해 이를 통해 발생하는 현금으로 원리금을 상환하는 증권이다.

자산유동화증권(ABS)의 가장 큰 장점은 기업과 기관 등 자산보유자들이 유동화 중개회사에 매각하기 위해선 갖고 있는 자산을 정리해야 한다는 점에서 자산보유자의 재무상태를 개선할 수 있다. 또한 만약 자산보유자가 매출채권을 유동화하기 위해 중개회사에 매각했고, 이를 중개회사가 ABS로 발행할 경우 갖고 있는 자산에 대한 증권 발행이기 때문에 표면적으로는 부채를 증가시키지 않고 자금을 조달할 수 있는 것이다.

② 부채 금융방식

부채 금융방식에는 크게 두 가지 금융이 있다. 하나는 '저당금융'이고, 다른 하나는 '신탁증서금융'이다. 저당금융이나 신탁증서금융의 경우 부동산을 담보로 자금을 운용한다. 즉 부동산 자산에 대한 저당을 설정하거나 채권을 발행해 대출을 하는 것이다. 이에 자산을 통해 대출을 진행한 만큼 대출자는 상환 의무를 갖게 되고, 이자 등 금융비용 역시 발생한다.

ⓐ **저당금융**

자산보유자가 자신이 갖고 있는 부동산 자산에 저당을 설정하고, 이를 바탕으로 금융기관으로부터 직접 자금을 대출받는 방법을 저당금융이라 한다. 쉽게 우리 사회에서 이용하는 주택담보대출이나 토지 담보대출 등을 그 예로 볼 수 있다. 대출을 지원한 금융기관은 대출자가 채무를 불이행할 경우 '경매' 방식으로 저당을 잡은 부동산 자산에 대해 강제집행 할 수 있다.

ⓑ **신탁증서금융**

대출자가 자신이 보유한 부동산 자산에 대해 신탁회사와 신탁계약을 체결하고, 자산에 대한 소유권을 일체 신탁회사에 이전한다. 이후 신탁회사는 금융기관에 수익증권을 교부하고, 금융기관은 이를 통해 대출자에게 필요한 돈을 대출해주는 전 과정을 신탁증서금융이라고 한다. 구체적으로 신탁회사로부터 수익증권을 교부받은 금융기관은 매 기간 대출자로부터 부동산 담보에 따른 돈을 받는다. 그렇다면 신탁회사는 수익증권 교부 업무만 하는 걸까. 그렇지 않다. 신탁회사는 대출자와 체결한 신탁증서에 기록된 저당기간동안 부동산 자산에 대한 소유권을 대신 보유한 후, 대출금을 대출자가 완전히 상환할 경우 대출자에게 다시 소유권을 환원시켜준다. 혹은 중간에 신탁 자산에 대한 매수자가 나타날 경우 소유권을 이전하기도 한다. 만약 대출자가 채무를 불이행할 경우 신탁회사가 직접 공매(公賣) 방식으로 강제 집행할 수 있다.

③ 혼합형: 메자닌금융(Mazzanine Financing)

ⓐ **메자닌 금융의 정의(지분금융+부채금융)**

경제 운영 주체인 기업은 기본적으로 자금을 조달해야 할 경우 보유하고 있는 주식을 매각하거나 채권을 발행해 자금을 확보한다. 최근 M&A 규모가 커지고 그만큼 조달해야 하는 금액도 증가하자 기업들의 자금조달은 어려운 실정이다. 이런 상황을 해결할 수 있는 방안으로 떠오르는 것이 바로 메자닌 금융이다. '메자닌'이란 건물 1층과 2층 사이에 있는 라운지를 뜻하는 이탈리아어로, 주식과 채권(자본)의 중간형태인 메자닌을 이용해 자금을 조달하는 방법이 바로 메자닌 금융이다. 메자닌 금융은 특히 은행이나 금융기관 등에서 대출이 어려운 기업에게 각광 받는 기법으로, 대출을 받을 때 부동산 등 고정자산을 담보로 하지 않고 기업의 배당우선주식이나 신주인수권부사채 등을 담보로 제시한다. 다만 여기서 대출을 해주는 금융기관이 기업의 대주주가 되더라도 기업의 경영에는 직접 참여할 수 없다는 전제조건이 포함되어 있다.

메자닌 금융은 주식과 채권(자본)이 혼합된 형태이기 때문에 기대 수익률과 리스크의 크기는 채권보다 높지만, 주식보다는 낮다. 또 기업체가 메자닌 금융을 하기 위해 발행하는 증권은 자본적 요소와 부채적 요소가 결합되었기 때문에 상황에 따라 다양한 형태로 자본조달이 가능하다는 장점도 있다.

ⓑ 메자닌 금융의 예시

메자닌 금융의 대표적인 예로는 전환사채와 신주인수권부사채가 있다.

㉠ 전환사채(CB: Convertible bond)

우선 전환사채는 전환(轉換)이라는 말에서 유추할 수 있듯이 채권을 주식으로 바꿀 수 있는 권리를 가진 사채다. 즉 일정 조건을 기반으로 채권을 발행한 회사의 주식으로 전환할 수 있는 권리가 부여됐다. 전환 된 채권은 주식이 되는 채권과 주식의 중간성격을 가졌다고 볼 수 있다. 만약 채권을 주식으로 전환하지 않을 경우 전환사채는 일정한 이자를 받을 수 있고, 채권이 만기가 되면 원금도 받을 수 있는 보통 채권으로 남는다.

채권을 발행한 기업 입장에서는 채권에 대한 낮은 이자를 지급하고 대출을 받을 수 있기 때문에 특히 주식시장이 호황인 경우 자금조달 수단으로 많이 이용되고 있다. 투자자 입장에서도 전환사채는 리스크가 큰 투자 대상은 아니다. 전환사채 자체만을 볼 때 일반채권보다 이자율은 낮지만 고정적인 이자소득을 보장받을 수 있다. 또 기업의 사업 성장성이 높을 경우 전환권을 통해 주식으로 바꾼다면 주식매각차익도 확보할 수 있다는 점에서 선호되고 있다.

㉡ 신주인수권부 사채(BW: Bond with Warrant)

신주인수권부사채는 채권을 발행한 회사의 주식을 '매입'할 수 있는 권리가 부여된 채권이다.

앞서 설명한 전환사채는 '전환권'을 행사하고 나면 '채권'으로서의 기능은 사라지지만, 신주인수권부사채의 경우에는 신주인수권을 행한 이후에도 해당 채권은 만기까지 그대로 유지할 수 있다. 이에 신주인수권부사채를 갖고 있는 채권자들은 일반채권과 마찬가지로 일정한 금액의 이자를 받으면서 만기시 채권금액도 상환 받을 수 있다. 또는 채권자가 자신이 갖고 있는 신주인수권을 가지고 신주 발행을 기업에 청구하면, 신주 발행에 따른 주식의 매매 차익이나 배당이익도 노릴 수 있다.

'신주인수권'은 채권을 발행한 회사가 채권을 발행한 이후에도 자금을 더 조달하기 위해 신주를 발행할 때, 신주인수권을 갖고 있는 채권자들은 미리 체결된 가격에 따라 일정한 수의 주식을 우선적으로 인수할 수 있는 권리이기 때문이다. 투자자에게 1석 2조의 경제적 효과를 부여하는 만큼, 채권을 발행한 회사에서도 채권에 대한 투자 수요가 촉진되면서 자금조달을 더욱 효율적으로 달성할 수 있다. 또 만일 채권자들이 추가로 돈을 지불해 신주인수권을 행사하더라도 채권은 그대로 유지되기 때문에 추가 자금 조달도 가능하다.

2) 금융 자금조달 목적에 따른 구분

(1) 주택소비금융

주택소비금융은 소비자 금융의 한 사례로 '주택'과 관련된 현금흐름을 총칭한다. 예컨대 주택을 구입하기 위해 대출을 하려는 사람이나, 보유한 주택을 개량하기 위해 대출을 받으려는 사람에게 주택을 담보로 자금을 대출해 주어 주택 거래를 원활하게 하는 것을 말한다.

참고 〉 저당대부

저당대부는 주택소비금융의 하위개념으로, 주택을 구입 혹은 재건축하고자 하는 실수요자를 대상으로 주택을 담보대출을 뜻한다. 신혼부부, 사회초년생, 무주택 서민 등에 대한 지원으로 주택담보대출이 활용되고 있어 대부분 장기 저리(低利)로 대출이 승인되고, 대출금은 대부분 분할상환으로 이루어진다.

(2) 주택개발금융

보유한 부동산이나 토지에 대해 주택을 건설하고자 하는 '건설업자'를 대상으로 한 금융이 바로 주택개발금융이다. 즉 공급자 금융의 하나로, 정부는 주택개발금융을 통해 주택건설 촉진을 달성하고자 한다. 그래서 건설업자가 건축을 하는 데 있어 수반되는 자금을 전반적으로 지원해주는 건설업자 금융으로 볼 수 있다.

참고 **건설대부**

주택소비금융의 저당대부와 비교할 때 상대적으로 대출조건이 단기 고리(高利) 대출인 편이다. 특히 건축공정에 따라 단계적으로 대출 승인이 이루어지기도 하고 대출금 상환은 완공과 동시에 일시불로 이루어진다.

3) 저당대출과 COFIX

(1) 저당대출

① 주택담보대출

저당대출 중 가장 큰 비율을 차지하고 있는 유형은 주택담보대출과 상업용부동산저당대출이다. 그 중에서도 주택담보대출은 저당대출의 가장 기본이 되고 있다. 대부분의 주택담보대출은 담보물인 부동산을 바탕으로 진행되는 금융기법을 말하는데, 주택에 저당권을 설정한 대출이나 주택을 담보로 한 대출을 말한다. 특히 대출을 해주는 채권자인 금융기관이 대출자에게 주택자금을 빌려주는데, 만일 대출자가 대출금(원리금)을 제 때 갚지 않을 경우 저당권을 설정해둔 주택을 처분해 대출금을 회수할 수 있다. 이처럼 주택담보대출은 주택에 설정된 저당권과 대출 형태의 채권이 결합된 상품이기 때문에 주택저당대출, 주택대출 등으로 말하기도 한다. 사실 각 금융기관마다 주택담보대출의 종류는 상당히 많기 때문에 특성을 파악하기 위해서는 일정 기준을 세워 분류한다. 일반적으로는 크게 대출금리의 변동여부, 원리금의 상환방식, 신용보증의 유무 등으로 나누어진다.

② 상업용부동산저당대출(CML)

상업용부동산저당대출(CML)은 소득이 발생할 수 있는 상업용 부동산 자산에 저당권을 설정한 대출을 말한다. 다른 말로는 소득발생부동산이라고 하기도 한다. 상업용 부동산에는 용도를 기준으로 주거용(임대주택), 사무용(오피스 빌딩), 소매용(백화점, 마트), 산업용(공장 등), 숙박, 의료용 등으로 분류된다.

사실 위에 나열한 상업용 부동산 종류만 보더라도 주택담보대출에 비해 거액의 자금이 소요된다는 것을 알 수 있다. 필요한 자금의 액수가 큰 만큼, 거의 모든 상업용 부동산의 거래에는 금융기관의 대출이 필연적으로 수반될 수밖에 없다. 또한 상업용 부동산대출은 경기변동에 크게 좌우된다. 경기가 호황일 대는 상업용 부동산의 수요가 높아지기 때문에 상업용 부동산 저당대출의 수요도 증가하지만, 경기가 불황일 때는 그 수요도 감소하기 때문이다.

주택저당대출과 마찬가지로 상업용부동산저당대출도 차입자에 대한 소구가능 여부, 조기상환의 허용 여부 및 불이익 정도, 담보자산의 종류와 대출의 속성, 원리금 상환방식 등에 따라 그 형태와 용도를 구분할 수 있다.

(2) 위험성

대출을 해주는 금융기관의 입장에서 저당대출은 사실 가장 안정적인 수익 상품이다. 그러나 이를 역으로 생각해보면 저당대출의 가장 큰 리스크는 역시 대출자의 채무불이행을 꼽을 수 있다. 애초에 대출자가 원리금을 상환하지 않으면 수익이 발생할 수 없는 구조이기 때문이다.

저당대출의 위험성을 가장 큰 비중을 갖고 있는 주택담보대출로 이해해보자. 주택담보대출은 일반적으로 대출자가 대출금(원리금)을 매월 상환하도록 되어 있다. 만일 대출자가 예정된 상환 날짜에 납부하지 않으면, 금융기관은 이를 '연체'로 분류하고 연체이자를 부과한다. 금융기관이 대출자에 연체 원리금 납부를 독촉했음에도 연체가 발생할 경우 금융기관은 그 대출을 부도처리한다. 주택담보대출이 부도처리가 되면 채권자인 금융기관은 담보주택을 경매에 처분하는 절차에 돌입하는데, 이 과정 역시 금융기관인 채권자에게는 불리하다. 저당권을 설정한 주택에 대해 강제 경매처리를 한다고 하더라도, 회수 금액은 대출시점에 평가한 주택가격에 비해 그 가치가 현격이 떨어졌을 수 있다. 또 경매 과정에서 유찰이 발생하면 최종 낙찰가격은 감정가격보다 낮은 가격선에서 형성되기 때문에 최종적으로 회수금액이 대출잔액보다 적을 경우 금융기관(채권자) 입장에서는 손실이다.

좀 더 깊게 들어가서 사회구조적인 관점에서 주택담보대출의 위험성을 살펴보자. 주택담보대출이 증가하면 채권자인 금융기관에게도 무조건적으로 좋은 것은 아니다. 특히 우리나라의 경우 전체 가계대출에서 주택담보대출이 차지하고 있는 비중이 상당하다. 문제는 가계부채 액수가 불어나는 만큼 주택담보대출의 연체율 역시 빠르게 증가하고 있다는 점이다. 이렇게 대출자들의 채무불이행 가능성도 높아지면서 은행 입장에서도 구조적 리스크를 수반해야 하는 것이다.

(3) COFIX(주택담보대출 기준금리)

2010년 2월 도입된 COFIX는 은행 자본조달 비용을 반영한 주택담보대출의 기준금리다. COFIX는 은행연합회가 매달 한 번씩 9개 시중은행인 농협, 신한, 우리, SC제일, 하나은행 등으로부터 정기예금, 정기적금, 상호부금, 주택부금, 환매조건부채권 등 자본조달 상품 관련 정보를 제공받아 산출하는 대출비용지수다. 이 지수는 시중은행 주택담보대출의 기준금리가 되고 뿐만 아니라 개별 주택담보대출의 금리도 결정된다. 사실 COFIX가 도입된 배경에는 기존 주택담보대출 금리의 기준이 되었던 양도성예금증서(CD) 금리가 실제 시장의 금리를 제대로 반영하지 못하고 있다는 지적 때문이었다.

이 COFIX 지수는 크게 잔액기준, 신규취급액 기준, 단기 COFIX로 구분된다. 잔액 기준의 경우, 은행이 보유한 잔액 전체를 기준으로 산출하는 것이고, 신규취급액은 지정된 월(月)에 새로 취급된 금액만을 대상으로 계산한다.

3. 저당상환방법의 구분

1) 원리금 균등상환방식

주택담보대출의 대출금에 대해 원금과 이자를 대출기간 동안 매달 같은 금액으로 나누어 상환하는 방식이다. 이자는 고정이자율이 적용되는데 대출 초기에는 원금이 많이 남아있으므로 이자를 많이 지급해야 하지만, 원금을 상환할수록 갚아야 할 상환금액이 줄어들기 때문에 이자도 점차 줄어들게 된다. 즉 초기에는 이자부담이 크지만, 후기로 갈수록 이자부담은 적어지지만 원금상환 비중은 커진다. 일반적인 주택담보대출의 상환 방식으로 원리금 균등상환방식이 많이 쓰이고 있다. 다만 고정이자율이 적용되기 때문에 대출자 입장에서는 대출금을 상환하는 과정에서 시중대출금리가 인하할 경우 원금을 조기에 상환하고 다시 새로 대출을 받으려 할 가능성이 있다. 때문에 대출을 해준 금융기관은 이런 리스크를 줄이기 위해 대출자가 조기상화할 경우 '패널티 조항'을 계약서에 명시하기도 한다.

2) 원금균등상환방식

원금균등상환방식은 대출금액을 대출기간으로 균등하게 나누어 매월 일정한 금액의 원금을 갚고 이자는 매월 원금 상환으로 줄어든 '대출 잔액'에 대해서만 상환하는 방식이다. 즉 갚아야 할 대출 원금은 일정하나, 이자는 대출 초기에만 많고 원금을 갚기 때문에 융자잔고 금액이 줄어들어 후기로 갈수록 이자 납입 금액은 적어지게 된다. 이 방식은 시중은행의 장기주택담보대출 상품에서 많이 쓰인다.

3) 체증식 상환방식

체증식 상환방식은 주택을 담보로 자금을 조달한 후, 첫 달에는 '이자만' 납입하고 다음 달부터는 매달 원금이 분할로 조금씩 늘어나면서 마지막 상환할 때 가장 큰 납입금을 상환하는 방식이다. 즉 쉽게 이야기 하면 금융기관에서 빌린 대출금에 대해 대출 초기에는 적게 내고, 후기로 갈수록 납입금액이 커지는 것이다. 사실 체증식 상환방식은 금융기관에서 선호하지 않는 방식이다. 그 이유로는 돈을 빌려주는 금융기관 입장에서는 불리하기 때문이다. 사실 돈의 가치는 매순간마다 되기 때문에 화폐가치가 꾸준히 하락하는 경우라면 전적으로 돈을 빌려준 대출자에게 불리하다. 즉 돈의 가치가 가장 높을 때 상환금이 가장 적을 수 있고, 돈의 가치가 가장 낮을 때 상환금을 가장 많이 받을 수 있기 때문이다.

4) 주택담보인정비율(LTV)

주택담보인정 비율(Loan-to-value ratio, 이하 LTV)은 흔히 주택담보대출비율이라고 한다. 구체적으로 금융기관에서 주택담보대출을 할 때 담보물의 가격에 대비해 대출을 승인하는 금액의 비율을 뜻한다. 쉽게 대출자 입장에서는 주택 등 담보물 가격에 대비해 최대한 빌릴 수 있는 금액 비율이라고 생각하면 된다. 예를 들어, 만약 LTV가 60%라고 가정할 때 대출자가 보유한 아파트 가격이 4억원이라고 하면, LTV 60%을 적용한 2억 4,000만원이 대출가능하다는 뜻이다. 즉 금융기관이 대출가능금액을 대출자의 부동산 가격에 비례해서 정하겠다는 것이다. 여기서 중요한 것은 대출자 입장에서 대출금액이 '얼마가 필요하다'는 것은 고려대상이 아니다.

그렇다면 금융기관은 왜 이렇게 대출가능 비율을 정해놓고 대출을 승인하는 이유는 무엇일까.

금융기관 입장에선 대출자에게 단지 부동산만을 담보로 대출을 진행할 경우 상환 과정에서 대출자가 부도가 나 채무를 이행하지 못할 경우를 대비한 것이다. 만일 부도가 나더라도 담보자산을 처분해 대출금 상환에 충당하고 부족한 부분이 발생하지 않기 위해 일정한 담보인정비율을 설정한 것이다.

사실 우리나라는 LTV 측면에서 볼 때 미국이나 유럽 등 다른 국가들과 비교해 매우 보수적인 기준을 갖고 있는데, 우리나라에서는 서브프라임모기지 사태 등을 방지하기 위해 마련 되었다기 보다 부동산 경기 과열을 방지 혹은 통제하기 위해 마련된 제도이기 때문이다.

5) 총부채상환비율(DTI)

총부채상환비율(Debt-to-income ratio, 이하 DTI)은 대출가능 금액을 대출자의 총 소득에 비례해 정하는 것을 말한다. 앞서 LTV는 대출자가 갖고 있는 자산에 비례해 대출금을 산정한다면, DTI는 대출자의 총 소득을 기준으로 대출금을 결정한다. 즉 대출자의 상환능력을 따져서 그 만큼만 빌려주겠다는 것이다. 예를 들어 연간 총 소득이 1억원이고, DTI가 40%로 설정됐다고 한다면, 대출기관에서는 총부채의 원금과 이자를 합한 상환액이 1년에 4,000만원을 초과하지 않도록 대출 규모를 제한하는 것이다.

사실 DTI의 궁극적 목표는 무분별한 대출로 인한 금융 부실을 방지하고, 국가 전체의 재무건전성을 높이기 위함이다. 때문에 그 비율과 적용 대상 역시 정부가 결정한다.

4. 유형별 개발금융 구조 사례

디벨로퍼는 개발사업의 자금조달을 위해 다양한 금융기관, 신탁회사, 건설회사의 신용과 제도 및 시스템을 활용하여 자금을 조달한다. 결국 개발자금에 대한 리스크를 어떻게 헷지 하기 위해 누가 신용공여를 할 것인가에 대한 책임한계를 구분하여 법적 구속력을 의사결정하는 것이 중요하다. 디벨로퍼가 자금조달을 어떤 구조로 할 것인가에 따라, 신탁구조, 금융권 대출을 이용한 자체 개발, SOC 사업, 펀드 활용 등으로 구분 할 수 있는 다양한 사례를 보여줄 수 있다.

사례 1 시행사의 독립성 확보를 위하여 차입형토지신탁(개발신탁)구조 활용

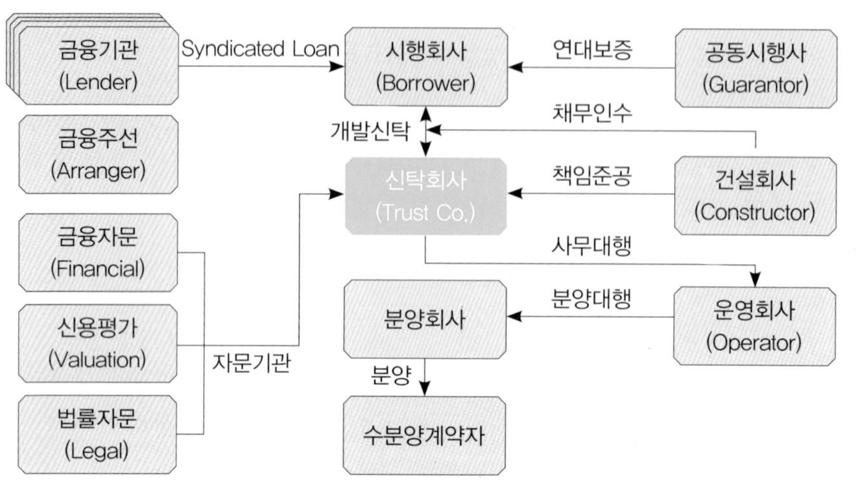

사례 2 일반 개발사업(신탁방식)

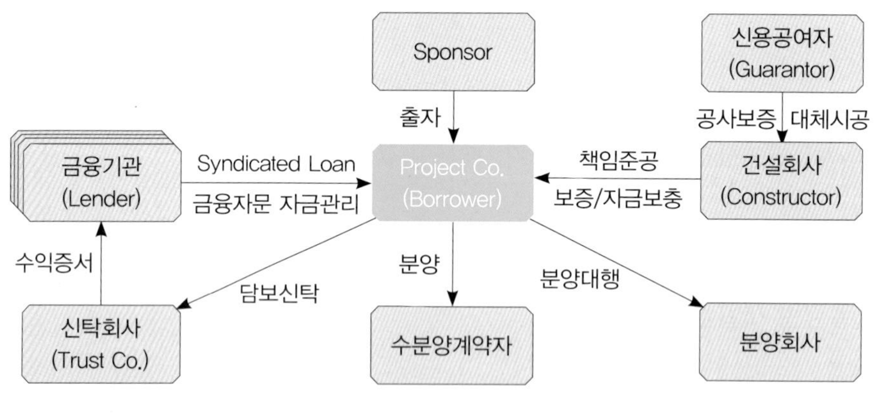

사례 3 일반 개발사업(자체사업)

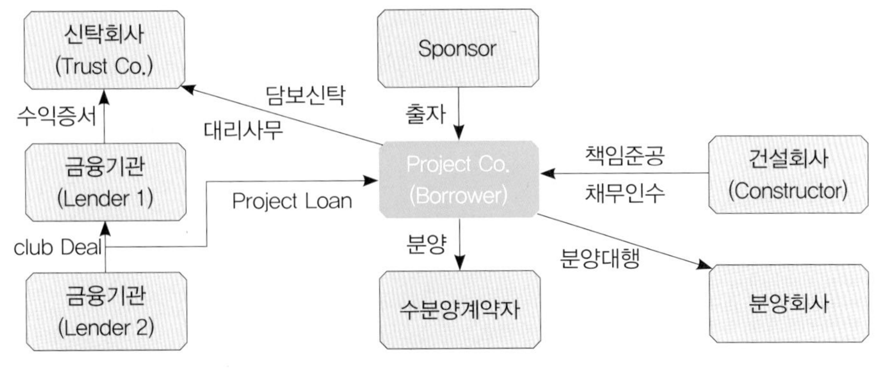

사례 4 민자역사/사회간접시설에 대한 순수 민간자본 참여

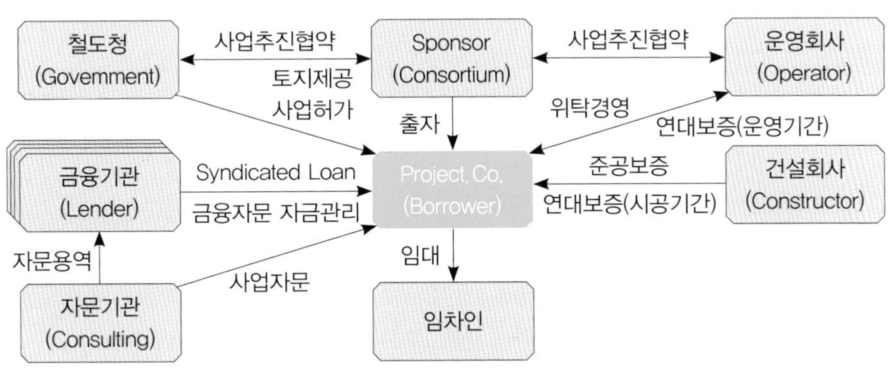

사례 5 부동산펀드 활용 개발사업

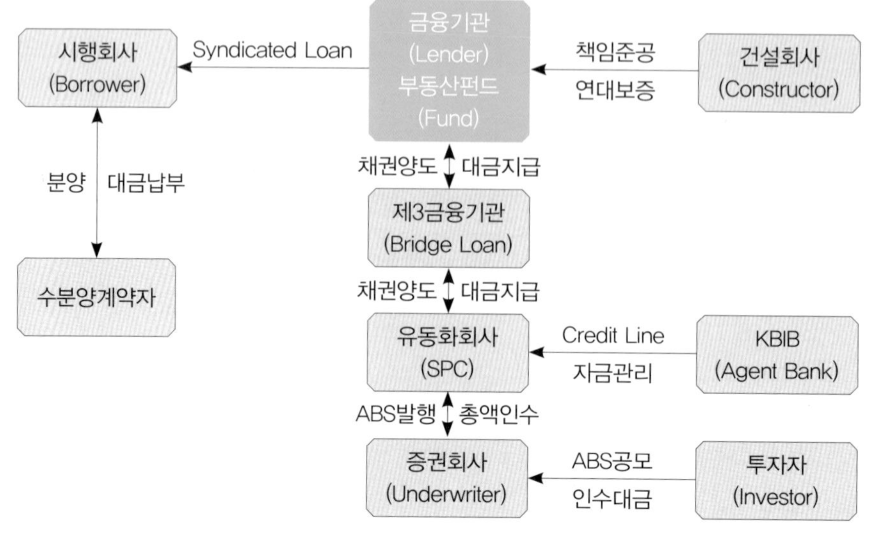

질문

1. 금융기관이 부동산 대출을 평가하고 관리할 때 고려해야 할 중요한 리스크 요인들은 무엇이며, 이를 관리하기 위한 전략은 어떤 것인지 논하시오.
2. 다양한 금융상품이 부동산 투자에 어떻게 영향을 미치는지 설명하고, 각 상품의 장단점을 비교하며 투자자에게 어떤 옵션이 적합한지 논하시오.
3. 부동산 금융의 유형에는 개발단계별, 부동산형태별, 건설형별, 투자형태별, 운용자금형별, 익스포저(Exposure)별 등으로 구분할 수 있다. 본서에서 구분한 방법에 대하여 설명하시오.
4. 금융 자금조달 목적에 따른 구분, 즉 부채금융과 메자닌 투자, 지분투자방식으로 구분할 수 있는데, 이에 대한 금융조달 방법에 대해 각각 설명하시오.
5. 부동산 금융이 지속가능한 발전과 사회적 책임을 어떻게 고려할 수 있는지에 대해 논하고, 금융기관들이 이를 실천하기 위한 방안을 제시하시오.

참고문헌

1. 이용만·임재만, 부동산금융론 이론과 실재, 다산출판사, 2023.
2. 김승희·신우진·서광채·이용훈, 부동산학개론, 이루, 2017.
3. 송요섭 외, 부동산 자산관리론, 두성사, 2022.
4. 백성준, 부동산 입지분석 이론과 활용, 한성대학교출판부, 2016.

제 8 장 부동산 개발론

제1절 부동산 이용 및 개발

1. 개발의 정의와 특성

부동산 개발이란 개발의 초기 단계인 계획 및 구상으로부터 프로젝트 완료 시점까지의 과정을 몇 개의 단계로 진행하는 것을 의미한다. 이러한 일련의 진행은 대상부동산의 소유 또는 임대 등으로부터 시공, 판매, 임대 또는 유지 관리 등의 다양한 활동이 포함된다. 대표적인 부동산 개발은 주거용 부동산, 업무용 부동산, 상업용 부동산, 산업단지, 도시개발 등으로 다양하고 복잡한 프로젝트가 포함된다. 이와 더불어 부동산 개발은 지역 사회나 국가에 사회적, 경제적 및 환경적으로 영향을 주게 되며 토지의 집약적 이용을 통한 최유효 이용의 원리가 적용된다.

부동산 개발은 사회와 경제에 영향을 주게 되며, 경제적, 사회적 및 환경적 측면에서 고려해야 할 요소들이 다양하다. 부동산 개발의 특성을 살펴보면 다음과 같다.

1) 투자의 장기성

대부분의 부동산 개발프로젝트는 장기적인 투자가 요구된다. 구상 및 계획단계로부터 부지 매입, 시공 및 운영 등은 단기적으로 실행될 수 없고, 법적인 위험 요소가 내포되었으면 기간은 더욱 늘어나게 된다. 따라서 투자자는 장기적인 수익을 기대하여야 한다.

2) 개발의 복합성

부동산 개발은 다양한 단계의 실행과 관련된 이해 당사자들과의 협력을 통하여 이루어지게 된다. 이러한 이해 당사자들은 설계, 시공, 금융, 법률, 감리 및 유지 관리 등 다양한 전문가들의 협력이 요구된다.

3) 개발의 다양성

부동산 개발의 유형은 주거용, 업무용, 상업용 및 산업용 등 다양한 부동산 유형의 개발이 가능하며 유형별 특성에 맞추어서 개발이 진행되어야 하며 이에 따른 법적인 요구사항도 달라진다. 이와 더불어 개발의 유형에 따라 다양한 디자인 및 설계를 할 수 있다.

4) 사회적 영향

부동산 개발은 지역 사회의 고용과 일자리 창출에 큰 영향을 주게 된다. 또한 지역의 기반 시설(Infrastructure)인 도로, 전력, 통신망, 상·하수도 뿐만 아니라 교육시설이나 편리시설 등 다양한 시설의 구축을 통하여 지역 사회에 중대한 변화를 주게 된다.

5) 시장성

부동산 개발은 경기에 영향을 많이 받는다. 경기가 좋을 때 착공이 많아지며, 금리가 높아지면 착공을 지연시키는 경우가 많다. 이와 같이 부동산 개발은 경기변동, 금리 변동 및 시장의 수요와 공급의 균형에 매우 민감한 특성을 지니고 있다.

6) 법과 규제

부동산개발은 국토의 효율적 이용이라는 측면에서 국가의 법률과 지방자치단체의 조례 등을 준수하여야 한다. 특히 지방자치단체별로 다양한 조례를 통한 개발의 규제를 하고 있으므로 관련된 지방자치단체와의 협력은 필수적이다.

2. 토지의 최유효 이용

토지는 물리적인 한계로 인하여 새로 창출되지 않는 특성이 있다. 따라서 가장 효과적으로 최고의 가치를 창출할 수 있도록 이용하여야 한다. 이러한 이용은 도시계획 및 부동산개발에 영향을 주고 있으며 용도적 지정, 규제 등을 고려한 계획 및 개발이 이루어져야 한다. 토지의 최유효 이용은 부동산학의 지도원리로, 판단의 기준으로는 물리적 채택 가능성, 합리적·합법적 이용 및 경제성(최고수익성) 등이 있다.

1) 물리적 채택 가능성

개발 대상의 토지는 개발, 건설 또는 재활용될 수 있는 자연적 조건, 건축공법의 적용성 및 기반 시설의 이용가능성 등이 물리적으로 적합해야 한다는 원리이다. 이러한 원리는 토지의 지형, 지질, 토질 등 물리적 특성을 고려하며 환경규제 및 자연재해 위험을 평가하는 중요한 원리이다.

토지의 이용이 합리적이고 합법적이고 또한 경제성이 있더라도 물리적으로 채택할 수 없으면 토지의 최유효 이용이 될 수 없다. 따라서 개발하려는 토지의 물리적 이용이 가능한지에 관한 판단이 필수적이다.

경치가 좋은 바닷가나 입지가 좋은 숲속에 팬션을 건설하려고 구상을 하였다면 제일 먼저 개발하려는 토지에 대한 물리적 채택 가능성을 고려해야 한다. 거주에 필수적인 생활용수 공급과 하수처리, 쓰레기처리, 전기 및 통신, 그리고 대상 토지까지의 진입로 중에서 어느 것이라도 부족하게 되면 개발이 어려워지거나 개발하더라도 최유효 이용이 될 가능성이 감소하게 된다.

2) 합리적, 합법적 이용

투기를 목적으로 하는 토지의 이용이나, 불확실한 장래에 대한 토지의 이용 등 불합리한 이용은 부동산학의 지도원리에 어긋나는 것이다. 또한 합법적으로 허용되는 토지에 대해서만 이용할 수 있다. 국토의 효율적 이용을 위하여 전국을 지역지구제로 구분하였으며, 토지 이용제, 환경규제 및 지자체에서 규정하는 각종 조례에 반하지 않는 합법적인 이용이 되어야 한다는 원리이다.

3) 경제성

토지의 최유효 이용의 궁극적 목표는 경제적 타당성에 있다. 좋은 입지의 물리적 선택하고 합법적으로 개발하였음에도 불구하고 개발에 대한 적정한 이윤을 창출하지 못하거나 개발에 투입된 비용에 비하여 개발된 부동산의 가치가 현저하게 낮을 경우에는 토지의 최유효 이용의 원리에 반하게 된다.

상업용 부동산을 개발할 수 있는 토지임에도 불구하고 주거용 부동산을 개발하는 경우나 허용된 고도까지 개발하지 않는 경우, 개발 후의 부동산 가치에 상당한 차이가 발생할 수 있다. 따라서 개발에 따른 모든 지출을 상쇄하고 그 이상의 이윤이 남는 수준의 개발이 되어야 한다는 원리이다.

3. 부동산개발 과정

부동산개발 단계는 보통 7단계 또는 8단계로 구분하고 있다. 개발을 위한 계획과 구상(idea)단계, 예상 수입과 비용을 계산하는 예비타당성분석(preliminary feasibility analysis)단계, 부지를 구입·리스(gain control of site)단계, 계획인가를 위한 타당성 분석(feasibility analysis)단계, PF 등을 통한 금융조달(financing)단계, 시공(construction)단계, 마케팅·영업(marketing·sales)단계와 마지막으로 관리 및 유지(maintenance)단계로 세분화 된다. 워포드는(L. E. Wofford)는 부동산개발 단계를 구상단계, 예비타당성분석단계, 부지구입단계, 타당성분석단계, 금융단계, 건설단계, 마케팅단계 등 7개 단계로 구분하였다.

1) 계획 및 구상

부동산개발의 첫 단계로써 계획 및 구상은 매우 중요하다. 개발해야 할 목표와 방향성을 제시해야 한다. 시장의 흐름을 정확하게 파악하고 개발이 완료되는 미래의 시점에서 가치가 가장 높은 형태의 부동산과 성장 가능성이 있는 지역을 선정하여야 한다. 이를 위하여 부동산 정보 및 PropTech 기술의 접목은 매우 중요하다.

개발 대상이 되는 부동산 형태를 살펴보면, 주거용, 업무용, 상업용 부동산 중에서 아파트를 건설할 것인지, 오피스텔 또는 근생시설, 쇼핑센터 등 다양한 부동산 중에서 어떤 형태의 부동산이 가장 적합한지에 대한 분석이 필요하다. 이에 따른 부지 선정 또한 고려 대상이 된다.

부동산 개발하려는 지역의 선정도 매우 중요하다. 특히 업무용이나 상업용 부동산의 경우 지역별로 사용에 차이가 있으며, 한 지역에서 다른 지역에로의 개발 흐름을 잘 파악하여야 한다.

이와 더불어 자금을 어떻게 조달할 것인지에 대한 검토도 중요하다. 개발의 규모에 맞는 자금을 조달하고 분배하는 과정에 대한 분석도 필요하다. 마지막으로 시공은 어떤 회사와 어떠한 방식으로 할 것인지, 마케팅과 영업은 어떻게 할 것인지에 대한 개괄적인 구상은 매우 중요하다.

2) 예비타당성 분석

부동산 개발에 대한 목표와 방향이 정립되면 개발이 완료되었을 때 예상되는 지출과 수입을 개략적으로 계산하여 수익성을 검토해야 한다. 부동산 개발은 결국 수익성을 최종 목적으로 하고 있기 때문이다. 따라서 예비타당성 분석에서 타당성이 있으면 다음 단계로 넘어가지만, 타당성이 없는 것으로 분석이 되면 중단하고 다시 첫 단계로 되돌아가서 계획과 구상을 변경해야 할 필요가 있다.

지출 비용 측면에서 살펴보면, 토지 구매 비용, 시공 비용, 부대시설 비용, 개발업자들의 이윤 및 마케팅/영업 비용 등이 포함된다. 이외에 고려해야 할 지출 비용으로, 완전한 분양을 하지 못했을 경우 부담액은 증가할 수밖에 없다. 따라서 부동산 경기가 위축되는 국면에서는 분양 예상 비율을 몇 단계로 분류하여 지출 비용을 보다 세부적으로 분석하는 것이 바람직하다.

수입 측면에서 살펴보면, 주거용 부동산 개발의 경우에는 대부분 분양가격으로 결정이 되지만, 수익성 부동산의 경우 대상 부동산으로부터 장래 산출이 기대 소득을 기초로 하는 소득 접근법으로 대상부동산의 시장가치를 추계하는 것이 타당하다. 즉, 소득 접근법에 의한 순영업소득을 도출하여 자본환원율로 할인하면 시장가치를 구할 수 있게 된다.

3) 부지 구매

부지가 미리 준비된 경우가 아니라면 예비적 타당성 분석 결과에 따라 부지의 구입을 준비해야 한다. 부지 선택에 있어서 가장 중요한 것은 개발사업에 알맞은 용도의 부지를 구입하거나 용도의 변경이 가능한 부지가 맞는지 검토하여야 한다. 부지와 관련되어 접근성, 확장성 뿐만 아니라 상·하수도, 전기, 통신 및 각종 편의시설이 유용한지도 검토 대상이 된다.

4) 타당성 분석

이 단계는 부동산 개발 실행이 가능성이 있는지에 대한 분석단계이다. 물리적, 법적, 경제적 검토를 하여야 한다. 따라서 공법상 규제, 개발비용, 개발 이후의 시장분석, 예상 수익 등에 대한 현금흐름의 분석이 요구된다. 예비타당성 분석에서와 마찬가지로 수익성이 뛰어나면 부지의 물리적 특성이나 법적인 규제가 다소 미흡하더라도 개발사업이 확정될 수 있다.

5) 금융 조달

타당성 분석 결과 개발사업에 무리가 없는 것으로 평가되면 이 평가서를 바탕으로 금융 조달을 해야 한다. 대출의 종류에는 저당대출과 건축대출이 있다. 저당대출은 개발이 완성되었을 경우에 그 완성된 부동산을 담보로 하는 대출이다. 건축대출은 건축에 필요한 자금을 대출해 주는 경우이다. 최근에는 유가증권을 발행하여 직접 자금 조달을 하는 방식의 금융기법도 활용되고 있다.

건축대출은 개발사업의 처음부터 끝까지 건설에 필요한 자금을 대출받는 경우로 개발사업이 완성되면 저당대출을 받아서 건설대출을 상환하게 된다. 대출에 필요한 서류들은 각 대출 금융기관마다 약간의 차이는 있지만 대부분 타당성분석에 대한 매우 상세한 검토자료의 제출을 요구하고 있다. 대출기관은 나름대로 자신들의 대출기준에 맞는지 평가하기 위하여 시장성분석, 부지분석 및 가치분석 등을 진행하게 된다.

6) 시공

시공은 부동산개발사업 전체 중에서 가장 중요한 부분이다. 시행을 담당하는 개발업자는 시공을 담당할 업체를 이미 선정하였거나 선정이 마무리되는 단계라고 할 수 있다. 건축자재의 품질은 사업의 성패에 영향을 미치게 된다. 또한 시공에 소요되는 비용이 타당성분석에서 검토한 비용을 초과하게 되던지, 예상치 못한 공법적 위험에 직면할 수 있다. 제도적, 행정적 및 환경적 문제도 직접적으로 영향을 주게 된다.

시공 계약에 있어서 부동산 개발 주체가 직접 각 부분의 전문업체를 선정하여 개발사업의 일부분을 하청주는 방식이 있다. 부동산 개발 주체가 많은 경험이 있는 경우에는 이 방식이 비용이 절감되며 시공 공사 기간도 자신이 직접 관리할 수 있는 장점이 있다. 한편, 설계부터 시공이 완성될 때까지 전체적으로 책임을 지는 원청업자 또는 일반계약업자를 선정해서 시공을 완전하게 위임할 수 있다. 이 방식은 비용이 들지만 책임 전체를 시공업자에게 전가하는 방식이므로 부동산개발 주체는 직접적인 위험에서 어느 정도 벗어날 수 있다.

7) 마케팅/영업

마케팅 또한 부동산개발사업에서 중요한 부분으로 궁극적인 성패여부가 달려있다. 따라서 개발사업 초기부터 적극적인 마케팅을 해야 한다. 마케팅의 주된 목표는 개발된 부동산의 매도 또는 임대이다. 양질의 임차인은 결국 더 높은 가격을 제시하는 매수자를 유인하는 효과가 있다. 따라서 중요 임차인(Anchor Tenant 또는 Key Tenant라고 부른다)을 찾는 것이 성공의 관점이라 할 수 있다.

시공이 완료되고 임대나 매도가 되어야 하는 시점에서 미분양, 공실의 발생 등은 부동산개발 주체에 상당한 부담으로 작용하게 된다. 이자율의 상승은 매도가격의 저하 또는 임대료의 하락을 가져올 수 있다. 임대기간이 길어질수록 추가적인 비용이 발생되므로 개발이 완성되면서 공실없이 매도 또는 임대되는 것이 가장 이상적이다. 외국에서는 개발이 완성된 부동산을 부동산중개업체에 위임하여 임대 또는 매도하고 있다.

8) 관리/유지

과거 분양만 하던 형태에서 벗어나서 부동산의 유지 관리도 고려하는 시장으로 변하고 있다. 이렇게 함으로써 장기적인 가치를 유지할 수 있게 되며 장기적인 수입도 가능하게 된다. [그림 8-1]은 부동산 개발의 전체 단계를 나타내고 있다.

그림 8-1 부동산 개발 전체 단계

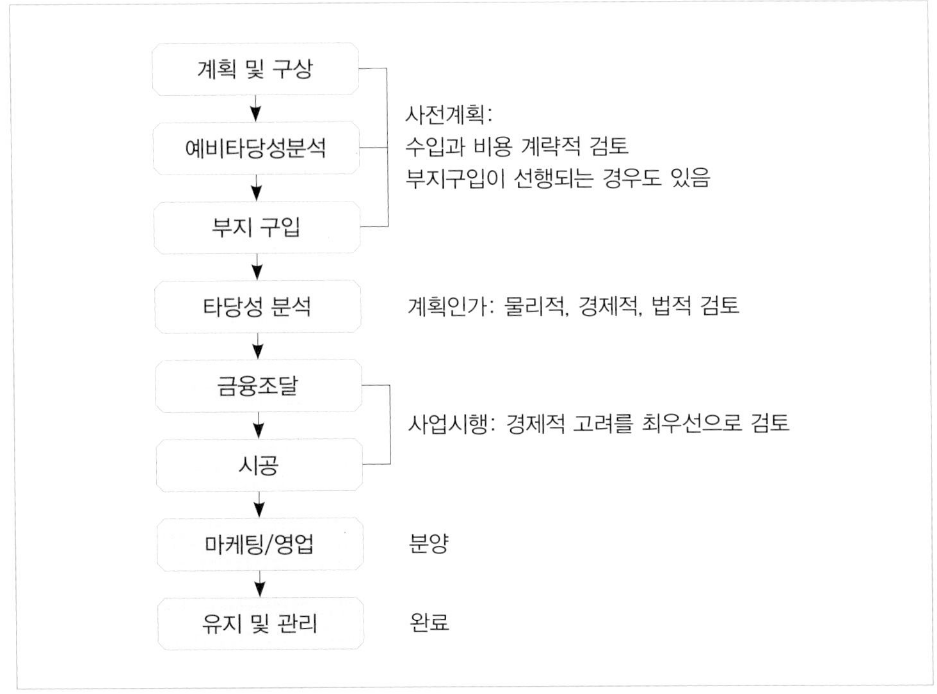

4. 부동산 개발 이해관계자(Stakeholders)

부동산 개발은 매우 복잡하고 다양한 업무가 복합적으로 진행되는 사업으로 이해관계자(stakeholder)가 서로 연결되어 있다. 토지소유자, 시행사, 시공사, 수분양자, 금융기관, 인허가 기관, 신탁회사, 분양대행사 및 업무지원기관 등이 유관적으로 작용한다.

1) 토지소유자

토지소유자는 부동산 개발 프로젝트의 핵심 이해관계자 중 하나로, 개발에 사용될 토지의 소유자이다. 토지를 개발하려면 토지소유자와 합의하고, 필요한 권한을 부여받아야 한다.

2) 시행사(SPC-Special Purpose Company)

SPC는 민간 개발사라고도 하며, 부동산 개발 프로젝트를 수행하기 위해 설립된 특수목적회사이다. 이 회사는 프로젝트의 자금 조달, 계획 수립, 시공, 운영 등을 총괄하며, 다른 이해관계자들과의 협력을 조정한다.

3) 수분양자(분양받는자)

수분양자는 부동산 단위를 구매하거나 임대하는 사람 또는 법인이다. 수분양자는 부동산 구매자, 임차인 또는 공간 운영자 등이 될 수 있다.

4) 시공사(건설회사)

시공사는 부동산 개발 프로젝트를 실제로 건설하고 시공하는 역할을 담당한다. 설계, 공사, 시설 유지관리 등의 작업을 수행하며, 책임시공일 경우에는 프로젝트가 완성될 때까지 시공에 책임을 진다.

5) 금융기관

금융기관은 부동산 개발 프로젝트의 자금 조달을 지원하는 역할을 한다. 대출, 유동자금 제공, 투자 등을 통해 프로젝트의 자금을 지원하며, 시행사와 금융 계획에 대한 협의를 진행한다.

6) 인허가 기관

인허가 기관은 주로 정부기관의로 부동산 개발 프로젝트가 법적으로 승인되고 규제에 따라 진행되도록 감독한다. 건축 허가, 환경 허가, 도시 계획 승인 등을 처리하며, 프로젝트가 법적 규정을 준수하는지 확인한다.

7) 신탁회사

신탁회사는 부동산 개발 프로젝트의 자금을 관리하고 보호하는 역할을 한다. 예를 들어, 분양대금을 보관하고 필요한 지출을 관리하며, 자금의 투명성을 유지한다. 이와 더불어 소유권의 위탁 시에는 「신탁법」에 따라 개발이 완료될 때까지 신탁회사에 소유권이 잠시 이전된다.

8) 분양대행사

분양대행사는 부동산 단위의 분양 및 판매를 담당하는 업체이다. 토지소유자 또는 시행사를 대행하여 수분양자와의 계약 및 거래를 중개하며, 마케팅 및 판매 활동을 수행한다. 선진국에서는 부동산중개업체에서 대부분 분양 대행을 하고 있다.

9) 업무지원기관

업무지원기관은 부동산 개발 프로젝트를 지원하기 위한 다양한 전문 서비스를 제공한다. 법률 자문, 사업성 평가, 부동산 감정평가 등을 수행하여 프로젝트의 합법성과 경제적 타당성을 검토한다.

[그림 8-2]는 부동산개발의 이해관계자를 나타내고 있다. 시행사가 개발부지를 구입시에 토지 대금을 토지소유자에게 지불하고 사업부지의 매매계약에 따른 소유권

그림 8-2 부동산개발의 이해관계자

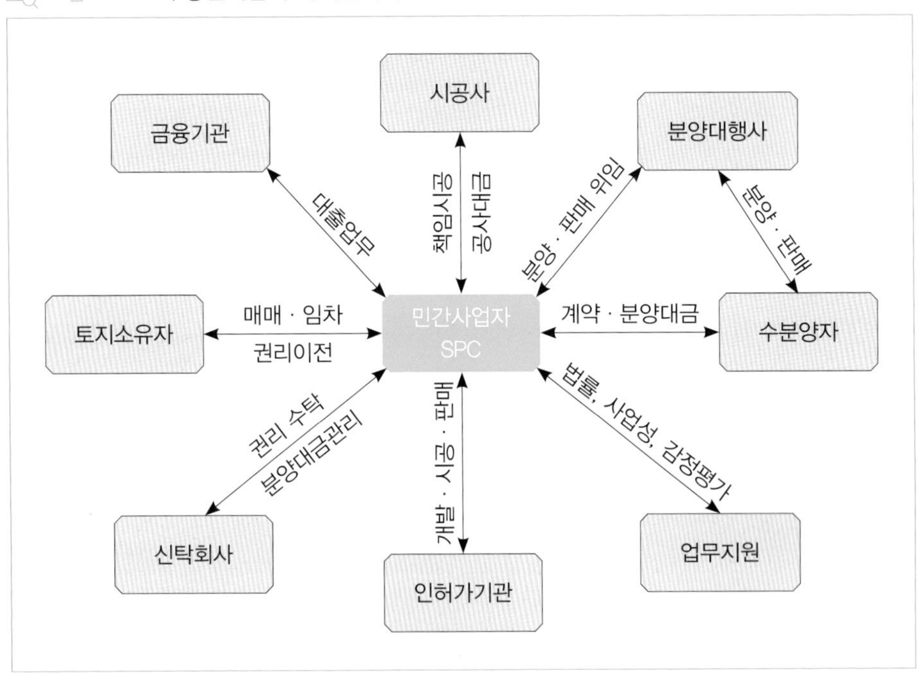

을 이전받는다. 시행사는 인허가 기관으로부터 사업에 필요한 인허가를 획득한다. 시행사는 토지를 담보로 또는 사업을 담보로 금융기관으로부터 대출을 받는다. 시공사는 시행사와의 계약을 통하여 시공을 실시하고 개발 완료 때까지 시공에 대한 책임을 지게 된다. 신탁회사는 토지의 소유권 또는 수분양자의 분양대금 등을 수탁받아 보관을 하게 된다. 업무지원기관은 시행사를 도와서 사업이 원활하게 시행할 수 있도록 지원한다. 지원업무로는 법률적 자문, 감정평가 및 수익성 평가 등이 있다. 분양대행사는 완공된 시설이나 부동산을 판매 또는 수분양자를 대상으로 한 분양을 한다.

제2절 부동산 개발의 분류

1. 개발 형태에 따른 분류

1) 신도시 개발사업

신개발 사업이란, 「도시개발법」에 따라 도시개발과 같이 기존의 용도를 변경하여 새로운 용도로 전환하는 개발로, 미개발된 임야나 농지를 토지조성, 토지 형질변경 등을 통하여 새로운 택지를 확보하는 것을 의미한다. 토지취득방식에 따라 수용·사용, 사용 및 환지 방식 등으로 개발하는 사업이다.

(1) 수용·사용 방식

계획적이고 체계적인 도시개발을 위하여 토지를 확보할 때 사용하는 방식으로 집단적 조성과 공급이 가능하게 된다.

(2) 환지 방식

개발지역의 지가가 현저히 높아서 수용과 사용방식이 어려울 때 사용하는 방식으로 필요에 따라 대지로써 효용증진, 공공시설 정비, 토지교환, 분할, 합병, 형질변경을 통하여 개발이 이루어진다.

환지계획 작성 내용으로는 환지설계, 환지명세, 청산지명세, 체비지·보류지명세, 입체환지(아파트) 건축계획 등이 있다. 환지 작성 원칙은 구 토지와 유사하게 면적식(위치, 지목, 면적)과 평가식(토질, 수리, 이용, 환경)을 종합적이고 합리적으로 판단하여야 한다. 가격평가로는 공인평가기관에서 선 평가 후에 토지평가협의회에서 심의를 진행한다.

(3) 혼용방식

수용방식과 환지 방식을 혼용한 방식으로 분할혼용과 미분할혼용으로 구분한다. 분할혼용방식은 사업구역 내에서 수용방식 구역과 환지 방식 구역을 분할하여 구분하는 방식이다. 미분할혼용방식은 수용방식에 의한 토지 개발 후에 환지 신청자에 제한하여 새로 개발된 토지를 지정해주는 방식이다.

2) 기존 도시 재개발 사업

오래되고 낡은 기존 도시의 재개발을 위한 시행으로 보전재개발, 수복재개발, 개량재개발 및 철거재개발이 있다. 도시의 상태와 목표에 따라 다양한 재개발이 선택되며 역사, 문화 등 다양한 요소를 고려하여 재개발을 실행하게 된다. [그림 8-3]은 구 도시 재개발 사업의 분류를 나타내고 있다. 가장 소극적인 개발은 보전재개발이며, 가장 적극적인 개발은 철거재개발이다.

(1) 보전 재개발(Conservation Redevelopment)

가장 소극적인 도시 재개발 사업으로, 기존 시설 중에서 노후화나 불량이 발생하지 않았지만, 미래에 발생할 우려가 있는 경우에 사용되는 재개발 방식이다. 미리 노후화나 불량화를 예방하고, 시설을 유지하거나 개선함으로써 도시 환경을 보전하는

그림 8-3 도시 재개발 사업의 분류

보전 재개발	수복 재개발	개량 재개발	철거 재개발
가장 소극적 개발	소극적 개발	적극적 개발	가장 적극적 개발

목적을 가진다.

(2) 수복 재개발(Restoration Redevelopment)

소극적인 도시 재개발 사업으로, 기존 시설 중에서 낡고 노후화되어 불량한 원인만 선택하여 일부 개선하거나 제거하는 방식으로 특히 보전할 역사적 가치가 있는 도시에서 주로 시행된다.

(3) 개량 재개발(Improvement Redevelopment)

적극적인 도시 재개발 사업으로, 기존 도시의 물리적 환경인 시설, 구조 등이 현재 수준에 부적합한 경우, 기존 시설을 확장, 개선 또는 새로운 시설의 추가를 통하여 도시 환경의 질적 수준을 높이는 재개발 방식이다.

(4) 철거 재개발(Demolition Redevelopment)

가장 적극적인 도시 재개발 사업으로, 부적당하거나 낡은 시설물 등 기존 환경을 완전 철거 및 새로운 시설물로 대체하여 도시 환경을 새롭게 하는 가장 전형적인 재개발 방식이다.

3) 「도시 및 주거환경 정비법」에 따른 정비 사업

정비 사업이란, 「도시 및 주거환경정비법」에 따라 '도시기능의 회복이 필요하거나 주거환경이 불량한 지역을 계획적으로 정비하고 노후·불량 건축물을 효율적으로 개량하는 사업'을 의미한다. 주요 정비 사업에는 주거환경개선사업, 주택 재개발 사업 및 주택재건축사업 등이 있다.

「도시 및 주거환경정비법」에 따른 정비 사업은 일반인에게 매우 중요한 사업이다. 따라서 이해를 돕기 위하여 복잡한 정비 사업의 단계를 도식화하고 단계별 진행에 대한 간단한 설명을 추가 하였다.

(1) 주거환경개선사업

공익사업으로, 도시의 저소득층 주민이 집단 거주하면서 정비기반시설이 극히 열악한 환경을 개선하기 위한 사업이다. 주로 단독 주택과 다세대 주택이 밀집된 지역에 노후되고 불량 건축물이 과도하게 밀집되어 있어서 정비기반시설 등의 확충이 필요한 지역에서 실행된다. 정비구역 내에 소재한 토지나 건물, 지상권 소유자를 대상으로 하며, 임차권자는 해당되지 않는다. 인가받은 관리처분계획에 의거하여 환지로 공급하거나 완공된 건축물을 공급한다.

(2) 재개발 사업

공익사업으로, 정비기반시설이 열악하고 노후·불량 건축물이 밀집된 지역에서 주거환경을 개선하기 위하여 시행하는 사업이다. 정비구역 내에 소재한 토지나 건물, 지상권 소유자를 대상으로 하며, 임차권자는 해당되지 않는다. 인가받은 관리처분계획에 의거하여 환지로 공급하거나 완공된 건축물을 공급한다.

(3) 재건축사업

공익사업이 아니며, 정비기반시설은 양호하나 노후·불량 건축물이 밀집한 지역에서 주거환경을 개선하기 위하여 시행하는 사업이다. 정비구역 내에 소재한 건축물 및 그 부속 토지소유자를 대상으로 하는 사업이다. 인가받은 관리처분계획에 의거하여 주택, 부대시설, 복리시설 및 오피스텔 등을 건설하여 공급한다.

[그림 8-4]는「도시 및 주거환경정비법」에 따른 정비 사업의 간략한 단계를 나타내고 있다. 사업의 특성에 따라 다소 차이는 있을 수 있다. 다음은 각 단계별 개략적인 설명이다.

① 기본계획

기본계획이란,「도시 및 주거환경정비법」제3조에 의거한 인구 50만 이상인 대도시를 대상으로 10년 단위 5년 계획으로 주택재개발, 주택재건축 등의 도시 정비 목표와 실천적 전략을 제시하는 법정계획이다. 도지사가 대도시가 아닌 시로서 기본계획을 수립할 필요가 없다고 인정하는 시에 대하여는 기본계획을 수립하지 아니할 수 있다.

수립의 대상으로는, 도시 및 주거환경 정비를 위한 국가 정책 방향, 제4조 제1항에 따른 도시·주거환경정비기본계획의 수립 방향, 노후·불량 주거지 조사 및 개선계획의 수립, 도시 및 주거환경 개선에 필요한 재정지원계획, 그 밖에 도시 및 주거환경 개선을 위하여 필요한 사항으로서 대통령령으로 정하는 사항 등이 포함된다.

② 정비계획

정비계획은 공공에 의한 정비계획 수립과 민간에 의한 정비계획 입안 제안으로 구분될 수 있다. 지정권자는 정비구역 지정을 위하여 직접 정비계획을 입안할 수 있다.

그림 8-4 「도시 및 주거환경정비법」에 따른 정비 사업의 단계

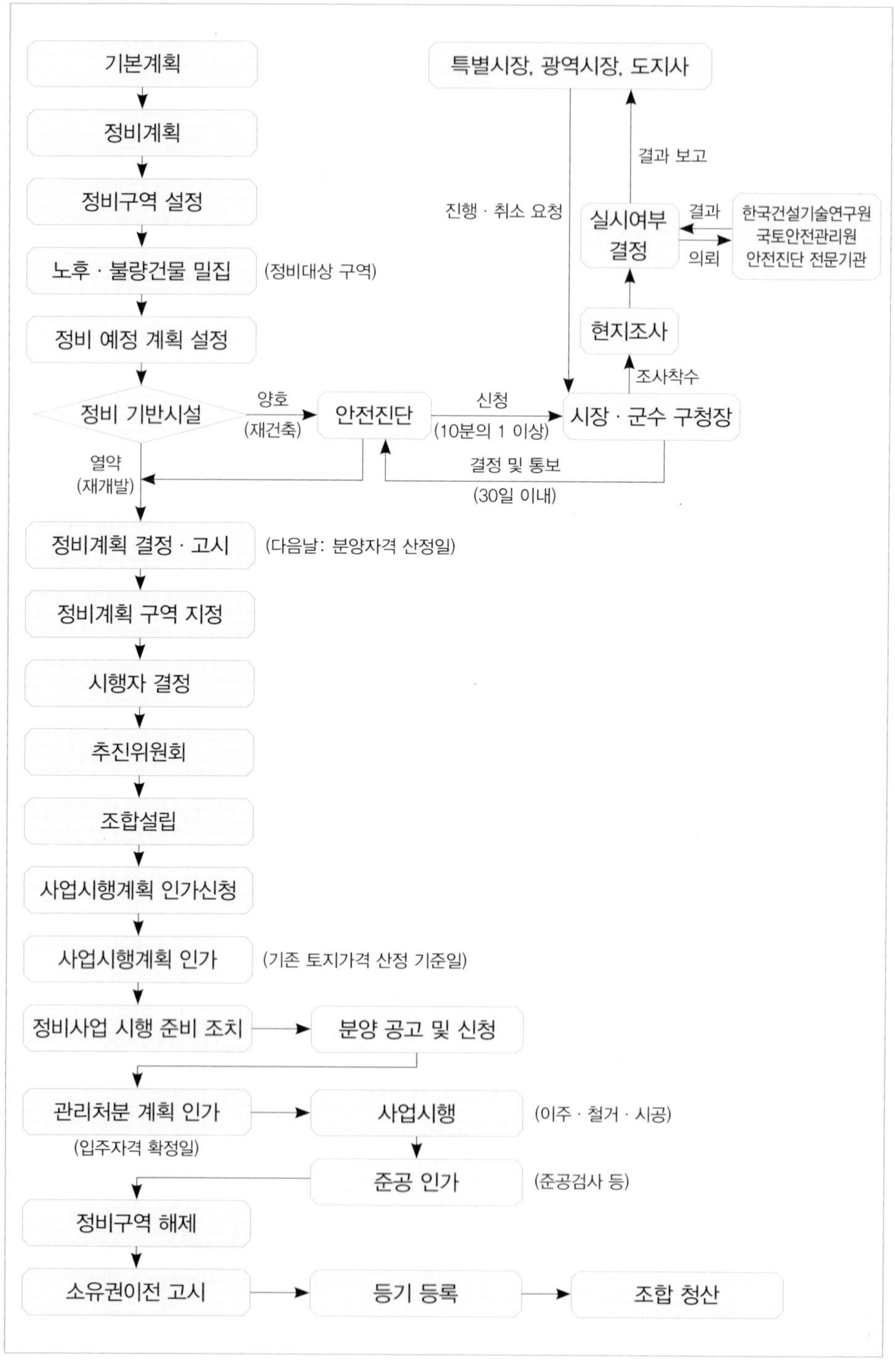

기본계획
정비계획
정비구역 설정
노후 · 불량건물 밀집
(정비대상 구역)
정비 예정 계획 설정
정비 기반시설
양호
(재건축)
안전진단
신청
(10분의 1 이상)
시장 · 군수 구청장
열악
(재개발)
결정 및 통보
(30일 이내)
조사착수
현지조사
실시여부
결정
결과
의뢰
한국건설기술연구원
국토안전관리원
안전진단 전문기관
결과 보고
특별시장, 광역시장, 도지사
진행 · 취소 요청
정비계획 결정 · 고시
(다음날: 분양자격 산정일)
정비계획 구역 지정
시행자 결정
추진위원회
조합설립
사업시행계획 인가신청
사업시행계획 인가
(기존 토지가격 산정 기준일)
정비사업 시행 준비 조치
분양 공고 및 신청
관리처분 계획 인가
(입주자격 확정일)
사업시행
(이주 · 철거 · 시공)
준공 인가
(준공검사 등)
정비구역 해제
소유권이전 고시
등기 등록
조합 청산

ⓐ **정비계획 수립:** 동법 제4조에 의한 10년 단위의 계획을 수립하여야 한다. 지구단위계획에 포함된 정비 또는 재개발의 경우는 일반적으로 공공에 의해서 진행된다. 동법 제5조에는 환경, 교통, 주거지 관리, 밀도, 세입자의 주거 안정 대책 등 기본계획의 세부 내용이 제시되어 있다.

ⓑ **정비계획 입안 제안:** 토지 등의 소유자인 민간이 시장·군수·구청장 등에게 정비계획의 입안 제안이 가능하다. 재건축인 경우는 일반적으로 민간에 의해서 진행된다.

③ 정비구역

정비구역의 지정권자는 특별시장·광역시장·특별자치시장·특별자치도지사·시장 또는 군수(광역시의 군수를 제외)이다. 노후·불량건축물이 밀집하는 등 대통령령으로 정하는 요건에 해당하는 구역에 대하여 정비구역을 지정(변경지정을 포함한다)할 수 있다.

공공에 의한 재건축 및 재개발·재건축사업의 지정개발에 따라 정비사업을 시행하려는 경우에는 기본계획을 수립하거나 변경하지 아니하고 정비구역을 지정할 수 있다. 정비구역의 진입로 설치를 위하여 필요한 경우에는 진입로 지역과 그 인접지역을 포함하여 정비구역을 지정할 수 있다. 자치구의 구청장 또는 광역시의 군수는 정비계획을 입안하고 지방의회의 의견을 첨부하여 특별시장·광역시장에게 정비구역 지정을 신청하여야 한다.

④ 노후·불량 건축물

건축물이 훼손되거나 일부가 멸실되어 붕괴, 그 밖의 안전사고의 우려가 있는 건축물, 내진성능이 확보되지 아니한 건축물 중 중대한 기능적 결함 또는 부실 설계·시공으로 구조적 결함 등이 있는 건축물, 주변 토지의 이용 상황 등에 비추어 주거환경이 불량한 곳에 위치한 건축물, 건축물을 철거하고 새로운 건축물을 건설하는 경우 건설에 드는 비용과 비교하여 효용의 현저한 증가가 예상되는 건축물, 도시미관을 저해하거나 노후화된 건축물로서 대통령령으로 정하는 바에 따라 시·도조례로 정하는 건축물 등을 의미한다.

⑤ 정비기반시설

도로, 상하수도, 구거(溝渠: 도랑), 공원, 공용주차장, 공동구(「국토의 계획 및 이용에 관한 법률」 제2조제9호에 따른 공동구), 그 밖에 주민의 생활에 필요한 열·가스 등의 공급시설로서 대통령령으로 정하는 시설을 의미한다.

⑥ 안전진단

건축물 및 그 부속토지의 소유자 10분의 1 이상 동의를 받아 정비계획 입안권자에게 안전진단을 의뢰하여야 한다. 정비계획의 입안권자는 동법에 따라 해당 건축물의 구조안전성, 건축마감·설비노후도, 주거환경 적합성을 심사하여 안전진단 실시 여부를 결정하여야 하며, 안전진단의 실시가 필요하다고 결정한 경우에는 대통령령으로 정하는 안전진단기관에 안전진단을 의뢰하여야 한다.[1] 자문기관으로는 '국토안전관리원', '한국건설기술연구원' 또는 안전진단 전문기관 등이 있다.

「주택 재건축 판정을 위한 안전진단 기준」 법률에 의거한 재건축 안전진단은 현지조사와 안전진단으로 구분하며, 안전진단은 '구조안전성 평가 안전진단'과 '주거환경 중심 평가 안전진단'으로 구분한다.

⑦ 시행자 선정

공공은 주로 주거환경개선사업을 시행하며, 이 경우, 시장·군수등이 토지주택공사(LH) 등 또는 공공기관이 출자 설립한 법인이 시행자가 될 수 있다. 또한 공공은 등록된 건설사업자를 공동시행자로 선정할 수 있다. 민간인 조합 또는 토지 등 소유자는 주로 재건축사업의 시행 주체가 된다.

⑧ 추진위원회

조합설립을 위한 추진위원회를 구성해야 한다. 토지소유자 등의 과반수의 동의를 받으면 조합설립을 위한 추진위원회의 구성이 가능하다. 추진위원회는 '추진위원장' 1인 및 감사를 포함한 5명 이상의 위원을 두어야 하며 '운영 규정'을 제정해야 한다. 구성의 방법과 절차는 국토교통부령에 따라야 하며, 시장·군수 등의 승인을 받아야 한다.

추진위원회의 주요 업무로는, 정비사업전문관리업자의 선정 및 변경, 설계자의 선정 및 변경, 개략적인 정비 사업 시행계획서의 작성, 조합설립 인가를 받기 위한 준비업무가 있다. 그 밖에 조합설립을 추진하기 위하여 대통령령으로 정하는 업무로 운영 규정의 작성, 토지 등 소유자의 동의서 접수, 조합설립을 위한 창립총회의 개최, 조합정관 초안 작성, 그 밖의 추진위원회 운영 규정으로 정하는 업무 등이 있다.

---

1 2024년 1월 10일 윤석열 대통령은 30년 이상 노후된 아파트는 안전진단 없이 재건축이 가능하도록 하겠다고 하였다.

⑨ 조합설립

시장·군수 등, 토지주택공사(LH) 등 또는 지정개발자가 아닌 자가 정비사업을 시행하려는 경우에는 '토지등소유자'로 구성된 조합을 설립하여야 한다. 다만, 토지등소유자가 20인 미만인 경우에는 토지등소유자가 직접 또는 등록사업자와 공동 재개발사업을 시행하려는 경우에는 그러하지 아니하다.

ⓐ 재개발사업 조합설립

재개발사업의 추진위원회(제31조에 따라 추진위원회를 구성하지 아니하는 경우에는 '토지등소유자'를 의미)가 조합을 설립하려면 '토지등소유자'의 4분의 3 이상 및 토지면적의 2분의 1 이상의 토지소유자 동의를 받아 정관, 각종 서류 등을 첨부하여 시장·군수 등의 인가를 받아야 한다.

ⓑ 재건축사업 조합설립

재건축사업의 추진위원회(제31조에 따라 추진위원회를 구성하지 아니하는 경우에는 '토지등소유자'를 의미)가 조합을 설립하려면 주택단지의 공동주택의 각 동(복리시설의 경우에는 주택단지의 복리시설 전체를 하나의 동으로 간주)별 구분소유자의 과반수 동의(공동주택의 각 동별 구분소유자가 5 이하인 경우는 제외)와 주택단지의 전체 구분소유자의 4분의 3 이상 및 토지면적의 4분의 3 이상의 토지소유자의 동의를 받아 시장·군수 등의 인가를 받아야 한다.

주택단지가 아닌 지역이 정비구역에 포함된 때에는 주택단지가 아닌 지역의 토지 또는 건축물 소유자의 4분의 3 이상 및 토지면적의 3분의 2 이상의 토지소유자의 동의를 받아야 한다.

⑩ 사업시행계획

'토지등소유자'가 재개발사업을 시행하려는 경우에는 사업시행계획인가를 신청하기 전에 사업시행계획서에 대하여 '토지등소유자'의 4분의 3 이상 및 토지면적의 2분의 1 이상의 토지소유자의 동의를 받아야 한다. 다만, 인가받은 사항을 변경하려는 경우에는 규약으로 정하는 바에 따라 '토지등소유자'의 과반수의 동의를 받아야 하며, 경미한 사항의 변경인 경우에는 '토지등소유자'의 동의를 필요로 하지 아니한다.

⑪ 정비사업시행

정비사업시행은 정비사업의 공사가 본격적으로 진행하는 것을 의미한다. 이를 위해 선제적 조치로써 이주민을 위한 임시거주시설이나 임시상가의 설치를 하여야 한다. 동법 제61조에 의거하여 임대주택 등의 시설에 임시거주나 주택자금의 융자알선 조치를 하여야 한다. 정비사업의 공사가 완료 시에는 완료한 날부터 30일 이내에 임시거주시설을 철거 및 원상회복이 요구된다.

⑫ 시행사업 방법의 종류

ⓐ **주거환경개선사업:** 정비구역 내에서 정비기반시설을 새로 설치하거나 확장하고, 토지소유자가 주택 개량하는 방법, 정비구역 내에서 주택을 건설한 후 토지소유자에게 우선 공급하거나 다른 자에게 공급하는 방법, 환지를 통한 공급 방법, 관리처분계획에 따라 주택 및 부대시설을 건설하여 공급하는 방법 등이 있다.

ⓑ **주택재개발사업:** 정비구역 내에서 관리처분계획에 따라 주택, 부대시설, 및 오피스텔을 건설하여 공급하거나, 환지를 통한 공급 방법이다.

ⓒ **주택재건축사업:** 정비구역 내 또는 정비구역이 아닌 구역에서 관리처분계획에 따라 주택, 부대시설, 및 오피스텔을 건설하여 공급하는 방식이다. 주택단지 외 건물은 특별한 경우와 정비구역 내에서만 시행된다.

ⓓ **도시환경정비사업:** 정비구역 내에서 관리처분계획에 따라 건축물을 건설하여 공급하거나, 환지를 통한 공급 방법이다.

ⓔ **주거환경관리사업:** 정비구역에서 정비기반시설 및 공동이용시설을 새로 설치하거나 확장하고, 토지소유자가 주택을 보전, 정비하거나 개량하는 방법이다.

ⓕ **가로주택정비사업:** 가로구역에서 관리처분계획에 따라 주택을 건설하거나 보전 및 개량하는 방법이다.

ⓖ **오피스텔 건설사업:** 준주거지역 및 상업 지역에서만 건설할 수 있으며, 오피스텔의 연면적은 전체 건축물 연면적의 30% 이하이어야 한다.

⑬ 분양공고 및 분양신청

사업시행자는 사업시행계획인가의 고시가 있은 날(사업시행계획인가 이후 시공자를 선정한 경우에는 시공자와 계약을 체결한 날)부터 120일 이내에 '토지등소유자'에게 통지하고, 분양의 대상이 되는 대지 또는 건축물의 내역 등 사항을 해당 지역에서 발간되는 일간신문에 공고하여야 한다. 다만, 토지등소유자 1인이 시행하는 재개발사업의 경우에는 그러하지 아니하다. 분양신청을 하지 아니한 자들은 관리처분계획이 인가·고시된 다음 날부터 90일 이내에 토지, 건축물 또는 그 밖의 권리의 손실보상에 관한 협의를 하여야 한다.

⑭ 관리처분계획인가

분양신청 기간이 종료된 때에는 분양신청의 현황을 기초로 관리처분계획을 수립하여 시장·군수 등의 인가를 받아야 하며, 관리처분계획을 변경·중지 또는 폐지하려는 경우에도 또한 같다. 다만, 경미한 사항을 변경하려는 경우에는 시장·군수 등에게 신고하여야 한다.

종전의 토지 또는 건축물의 소유자·지상권자·전세권자·임차권자 등 권리자는 관리처분계획인가의 고시가 있은 때에는 소유권 이전고시가 있는 날까지 종전의 토지 또는 건축물을 사용하거나 수익할 수 없다.

⑮ 사업시행

사업시행이란 정비 사업을 위한 사업시행 계획서에 따른 구체적이며 포괄적인 실행을 의미한다. 선정된 시공업체에 의한 시공단계이다.

⑯ 정비사업의 준공인가

사업시행자가 정비사업 공사를 완료한 때에는 시장·군수 등의 준공인가를 받아야 한다. 준공인가신청을 받은 시장·군수등은 지체 없이 준공검사를 실시하여야 한다. 준공검사를 실시한 결과 정비사업이 인가받은 사업시행계획대로 완료되었다고 인정되는 때에는 준공인가를 하고 공사의 완료를 해당 지방자치단체의 공보에 고시하여야 한다. 준공인가 이전이라도 완공된 건축물이 사용에 지장이 없는 등 기준에 적합한 경우에는 입주예정자가 완공된 건축물을 사용할 수 있도록 사업시행자에게 허가할 수 있다.

⑰ 정비구역의 해제

정비구역의 지정은 준공인가의 고시가 있은 날(관리처분계획을 수립하는 경우에는 이전고시가 있은 때를 의미)의 다음 날에 해제된 것으로 본다. 이 경우 지방자치단체는 해당 지역을 「국토의 계획 및 이용에 관한 법률」에 따른 지구단위계획으로 관리하여야 한다. 또한, 정비구역의 해제는 조합의 존속에 영향을 주지 아니한다.

⑱ 소유권이전고시

사업시행자는 지체 없이 대지확정측량을 하고 토지의 분할절차를 거쳐 관리처분계획에서 정한 사항을 분양받을 자에게 통지하고 대지 또는 건축물의 소유권을 이전하여야 한다. 다만, 정비사업의 효율적인 추진을 위하여 필요한 경우에는 해당 정비사업에 관한 공사가 전부 완료되기 전이라도 완공된 부분은 준공인가를 받아 대지 또는 건축물별로 분양받을 자에게 소유권을 이전할 수 있다. 대지 및 건축물의 소유권을 이전하려는 때에는 그 내용을 해당 지방자치단체의 공보에 고시한 후 시장·군수 등에게 보고하여야 한다. 이 경우 대지 또는 건축물을 분양받을 자는 고시가 있은 날의 다음 날에 그 대지 또는 건축물의 소유권을 취득한다.

⑲ 분양 등기(소유권 등) 등록

사업시행자는 이전고시가 있은 때에는 지체없이 대지 및 건축물에 관한 등기를 지방법원지원 또는 등기소에 촉탁 또는 신청하여야 한다. 이전고시가 있은 날부터 등기가 있을 때까지는 저당권 등의 다른 등기를 하지 못한다.

⑳ 조합의 해산

조합장은 정비사업의 준공에 따른 소유권 이전 고시가 있은 날부터 1년 이내에 조합 해산을 위한 총회를 소집하여야 한다. 조합장이 이 기간 내에 총회를 소집하지 아니한 경우 조합원 5분의 1 이상의 요구로 소집된 총회에서 조합원 과반수의 출석과 출석 조합원 과반수의 동의를 받아 해산을 의결할 수 있다. 이 경우 요구자 대표로 선출된 자가 조합 해산을 위한 총회의 소집 및 진행을 할 때에는 조합장의 권한을 대행한다.

시장·군수 등은 조합이 정당한 사유 없이 해산을 의결하지 아니하는 경우에는 조합설립인가를 취소할 수 있다. 해산하는 조합에 청산인이 될 자가 없는 경우에는 시장·군수 등은 법원에 청산인의 선임을 청구할 수 있다.

2. 개발 주체에 따른 분류

부동산개발 주체에 따른 사업의 분류는 공공 개발 방식, 민간 개발 방식 및 공공과 민간의 합동 개발 방식이 있다.

1) 제1섹터(공공)

공공이 개발의 주체가 되는 개발로 국가, 지방자치단체, 공기업인 주택도시보증공사 또는 토지주택공사 등이 사업의 주체가 되는 것을 의미한다.

2) 제2섹터(민간)

민간이 개발의 주체가 되는 개발로 다양한 브랜드명을 가진 건설회사들이 사업의 주체가 되는 것을 의미한다. 또한 토지소유자나 조합이 시행자가 될 수 있다.

3) 제3섹터(공공-민간 혼합)

공공부문과 사적부분의 공동개발로 민간이 자금투자를 통해서 공공사업에 진출하는 방식이다. 이를 통해 민간의 기술이 투입되고 공공의 행정관련 절차를 간소화 해주는 방식으로 주로 사회간접자본(SOC)의 개발이나 도시조성사업 등에 많이 적용된다. 원래 개념은 NGO(비정부기구)나 비영리적 조직이 주체가 되는 의미로 사용되고 있다.

(1) 건설·이전·운영(BTO: Build-Transfer-Operate)

도로나 지하철 등 투자비 회수가 가능한 시설의 개발 방식이다. 민간사업자가 투자 자금을 조달하고 기반시설의 완공과 동시에 국가나 지방자치단체인 공공에 귀속된다. 이와 동시에 일정기간 동안 사업 시행자가 운영하면서 시설이용료를 직접 징수하여 투자된 자금 및 이익을 회수하는 방식의 개발이다. 이때 운영과 관리에 대한 책임은 사업 시행사에게 귀속된다.

공적 주체로부터 최소 운영 수입을 보장받아서 안전한 투자금 회수를 할 수 있다. 이 유형의 개발은 주로 공공시설, 에너지발전소, 도로, 다리, 철도나 대형 기반 시설 개발에 사용된다. 장점으로는 공공이 직접 자금을 투입하지 않아도 되며, 경험이 많은 민간 개발자가 전문 지식으로 효율적으로 직접 운영과 관리를 할 수 있으며, 공공과 민간이 함께 위험을 공유할 수 있어 관리에 대한 위험부담이 낮아지게 되므로 공공과 민간의 협력이 필수적이다. 투자금 회수와 수익적인 측면에서는 장기적으로 접근해야 한다. [그림 8-5(상)]은 BTO 방식의 개발을 나타내고 있다.

(2) 건설·이전·임대(BTL: Build-Transfer-Lease)

학교나 기숙사 등 투자비 회수가 어려운 시설의 개발 방식으로 사전목표수익률 확보되어야 한다. BTO 방식의 개발과 마찬가지로 민간사업자가 투자 자금을 조달하고 기반 시설의 완공과 동시에 국가나 지방자치단체인 공공에 귀속된다. 소유권은

그림 8-5 BTO 방식(상) 및 BTL 방식(하)의 개발

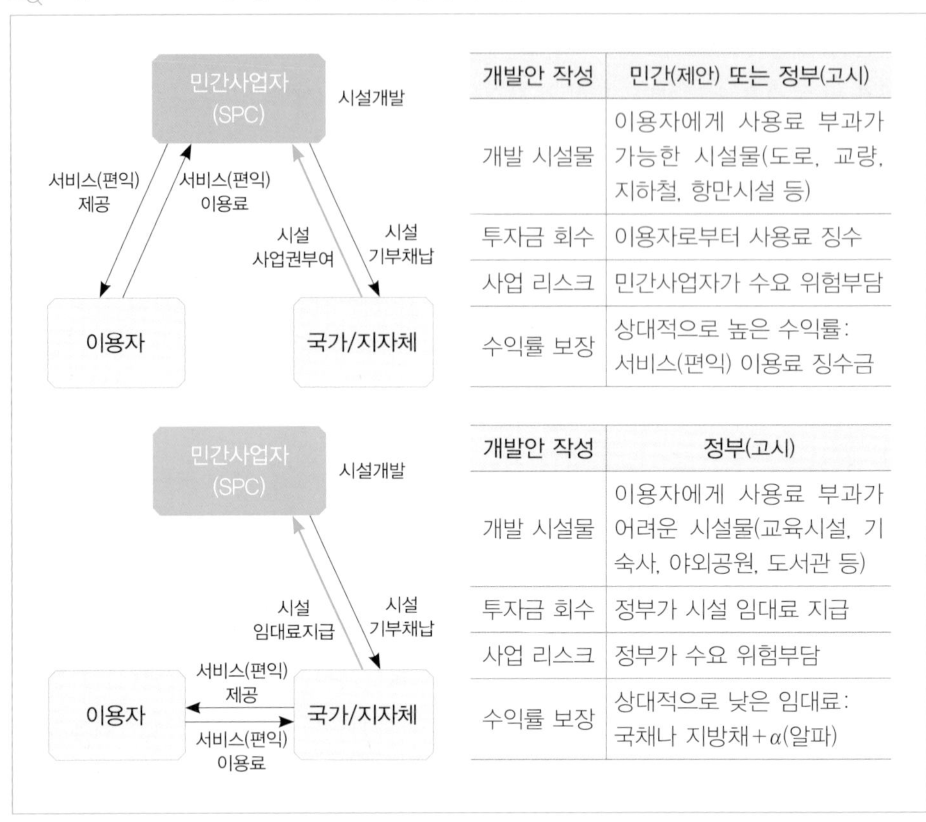

개발안 작성	민간(제안) 또는 정부(고시)
개발 시설물	이용자에게 사용료 부과가 가능한 시설물(도로, 교량, 지하철, 항만시설 등)
투자금 회수	이용자로부터 사용료 징수
사업 리스크	민간사업자가 수요 위험부담
수익률 보장	상대적으로 높은 수익률: 서비스(편익) 이용료 징수금

개발안 작성	정부(고시)
개발 시설물	이용자에게 사용료 부과가 어려운 시설물(교육시설, 기숙사, 야외공원, 도서관 등)
투자금 회수	정부가 시설 임대료 지급
사업 리스크	정부가 수요 위험부담
수익률 보장	상대적으로 낮은 임대료: 국채나 지방채+α(알파)

사업 시행자에 있으며 공공은 약정 동안 개발된 시설을 임차하여 사용·수익하는 방식의 개발이다. 이때 공공은 사업 시행자에게 일정 동안 시설의 관리 및 운영권을 위임하게 된다. 기본 사용수익률은 국채나 지방채를 상회한다. [그림 8-5(하)]는 BTL 방식의 개발을 나타내고 있다.

(3) 건설·운영·이전(BOT: Build-Operate-Transfer)

민간사업시행자가 투자비를 조달하고 프로젝트를 진행하여 사회기반시설을 완공 후, 운영을 일정기간동안 유지하여 투자비를 회수하고 수익을 창출한 이후에 시설을 공공에 이전하는 방식의 개발이다. 운영이 끝나면 공공에게 소유권과 운영에 관한 책임을 이전하게 된다. 이 유형의 개발은 주로 인프라, 에너지, 운송, 텔레커뮤니케이션과 같은 대규모 프로젝트에서 사용된다.

(4) 건설·임대·이전(BLT: Build-Lease-Transfer)

민간사업시행자가 투자비를 조달하고 프로젝트를 진행하여 사회기반시설을 완공 후, 사업운영권을 임대하여 투자비를 회수하고 수익을 창출하여 투자비를 회수하고 약정한 임대 기간이 만료 시에 개발된 시설물을 공공에 이전하는 방식의 개발이다. 공공은 자금을 직접 투자하지 않게 되어 자금 효율성이 높아지게 되고 민간의 전문적 지식을 활용하므로 프로젝트의 효율적 운영이 가능해진다. 따라서 공공과 민간의 협력이 필수적이며 임대 계약의 조건 등이 매우 중요하다.

(5) 건설·소유·운영(BOO: Build-Own-Operate)

민간사업시행자가 투자비를 조달하고 프로젝트를 진행하여 사회기반시설을 완공 후, 소유권을 자신이 보유한 후 운영 및 유지·관리를 하는 방식이다. 민간은 직접 프로젝트를 소유하고 운영하기 때문에 보다 큰 자율성을 갖게 된다.

3. 개발 방식에 따른 분류

1) 공영 개발 방식

공영 개발은 토지개발의 일부 또는 전체를 공공이 직접 시행하는 방식의 개발이다. 정치적 목적의 달성, 개발의 효율성과 형평성 추구 및 부동산시장의 실패에 따른 공공의 개입이 요구될 때 필요한 개발이다.

장점으로는 공익성 확보, 효율적 토지이용 및 저렴한 토지의 대량 공급을 통하여 투기를 억제하고 지가안정이 가능하게 된다. 단점으로는 토지 매입과 보상단계에서 개발사업자와 주민 간 갈등이 발생 될 수 있으며, 토지 구입 초기비용에 따른 재정지출이 공공만으로는 어렵게 된다.

2) 비공영 민간 개발 방식

민간부문에 의한 개발로, 다양한 방식의 부동산 개발이 있으며 개발프로젝트의 특성, 자금조달 능력, 위험관리 전략 등에 따라 개발 방식을 선택하고 다양한 상황변화에 대응할 수 있는 옵션을 선택하는 것이 바람직하다.

(1) 등가교환 개발 방식

공사비 대물 공사 방식으로, 공사비를 대물로 지급하는 방식이다. 토지소유자는 자신의 토지를 제공하고 주거용이나 상업용 등 다른 부동산이나 자산으로 등가교환을 한다. 토지소유자 관점에서 개발자금의 부담 없이 개발을 진행하고, 완공된 부동산 일부를 교환 받으며, 개발업자는 토지의 매입비용 없이 건축비 부담만 하면 된다.

(2) 사업수탁 개발 방식

사업위탁 개발 방식으로, 토지소유자가 사업 시행을 수탁자인 개발업자에게 위임하는 개발 방식이다. 전체적인 사업의 주체는 위탁자인 토지소유자로써 소유권자인 위탁자의 명의로 진행하고 개발업자는 단지 프로젝트를 개발하는 등 사업의 대행을 수행한다.

토지소유자는 개발에 대한 모든 자금을 조달하며, 수수료를 개발업자에게 지불하고 개발에 대한 결과물은 토지소유자에게 모두 귀속된다. 개발업자는 개발 후 분양이나 임대를 대행하는 것이 일반적이다.

(3) 토지신탁 개발 방식

토지소유자가 부동산 신탁회사에 소유권을 신탁하여 부동산 개발을 위임하는 방식이다. 부동산 신탁회사는 사업 주체인 개발자가 되어 토지를 개발하고, 개발된 부동산의 수익을 나누거나 분배한다. 신탁계약의 조건에 따라서 처분 신탁의 경우, 토지 개발이 완료 후에 분양하거나 임대하여 그 수익을 신탁자인 토지소유자에 돌려준다. 일반 신탁의 경우, 개발이 완료되고 신탁 기간이 종료되면 토지소유자에게 개발된 토지와 건물 일체를 반환하게 된다. 부동산 신탁회사는 부동산 개발 대행에 대한 수수료를 받는다는 점에서 토지수탁 개발 방식과 차이가 있다.

(4) 신차지(新借地) 방식

토지소유자는 개발업자에게 토지를 무상으로 임대하거나 사용하도록 계약을 체결하고 개발업자는 개발이 완공된 이후에 건물의 임대를 통한 안정된 임대료 수익을 토지소유자에게 지대형식으로 지급하게 된다. 계약에는 임대료, 부지 사용 목적, 부지 개발 규모 및 기간, 갱신 옵션 등이 포함될 수 있다.

개발이 완성되어 계약이 종료되는 시점에서 토지는 토지소유자에게 무상으로 반환되고 건물은 시가로 양도하여 차익을 실현하게 되는 방식의 개발이다. 장점으로는 개발초기에 개발업자는 비교적 저렴한 개발비용으로 토지개발을 진행할 수 있게 된다. 장기적인 계약이 요구되는 단점이 있다.

(5) 자력 개발 방식

자체 개발사업 방식으로, 토지소유자가 개발프로젝트를 직접 기획하고 설계 및 자금을 조달하여 개발을 시행하는 방식으로 가장 일반적인 개발 방식이다. 토지소유자는 개발사업에 대한 전문적인 지식을 갖추고 있고 자금과 관리능력이 충분하면 자력개발 방식은 사업추진 속도가 빠르며 가장 높은 수익성을 얻을 수 있는 장점이 있다.

단점으로는 토지소유자에게 모든 책임이 전가되므로 매우 높은 사업 위험성이 존재하므로 높은 위기관리 능력이 요구된다.

(6) 투자자모집 개발 방식

상업용 부동산이나 대단지 주택 개발에 필요한 자금조달을 위하여 투자자를 모집하고 사업자금을 조달하는 방식의 개발이다. 투자자에게는 투자 수익의 일정부분을 배당하거나 투자에 대한 지분을 받게 된다.

(7) 공사비 분양금 지급 개발 방식

분양금으로 공사비를 청산하는 개발 방식으로, 토지소유자가 개발업자에게 개발을 발주하고 개발업자에게 분양 수익금으로 공사비를 정산하는 방식의 개발이다.

(8) 컨소시엄 구성 개발 방식

여러 조직이나 법인이 출자하여 연합조직이나 연합법인을 구성하여 대규모 개발사업을 진행하는 방식의 개발이다. 각 조직은 자신의 전문적 지식과 사업자금을 조달하여 사업의 안정성을 확보하고 위험요소를 분배할 수 있는 장점이 있다.

단점으로는 연합조직의 구성에 따른 사업 시행에 더 많은 시간이 소요될 수 있으며, 출자회사 간의 이해관계의 상충이 상호 간 발생 될 수 있다. 사업이 지연되거나 실패 시 책임소재가 명확하지 않다.

제3절 부동산 개발 타당성 분석

부동산 개발의 타당성 분석에는 위험분석과 경제적 타당성 분석이 있다. 위험분석은 통제 가능한 위험과 통제 불가능한 위험이 존재한다. 경제적 타당성 분석에는 부동산시장의 분석과 개발사업의 수익성을 평가하는 경제성분석이 있다.

1. 위험분석

부동산 개발사업은 시간이 많이 소요되는 사업이므로 개발 단계부터 사업 기간 동안 다양한 위험에 노출되게 된다. 워포드(L. Wofford)는 부동산개발위험을 법률적위험, 시장위험 및 비용위험으로 구분하고 있다.

1) 법률적 위험

법적위험은 통제 불가능한 위험 요소로써 제도적·행정적 위험인 공법과 사법적 위험이 있다. 공법적 위험은 토지이용과 관련된 다양한 규제제도에 따른 위험이 존재하며, 사법적 위험은 토지소유권이나 임차권과 관련되어 발생 될 수 있는 다양한 위험이 존재한다.

공법상 용도지구제나 조례에 따른 규제는 부동산 개발에 많은 영향을 주게 된다. 특히 조례는 각 지방 자치단체(지방정부)마다 조례가 일률적이지 않고 규제에 차이가 있으므로 특정 지역의 지방정부와의 협력은 필수적이다. 이와 더불어 개발 인허가가 취소되거나 반려되는 위험이 존재하며, 이 경우 개발사업은 상당한 타격을 받을 수 있게 된다. 이러한 손실에는 대상 토지가격의 하락과 함께 설계비용, 개발행위의 인허가 비용, 각종 부담금, 토지오염 등 환경영향평가 검사 비용, 법무와 관련된 비용 등 직접적인 손실이 발생 될 수 있다. 또한 적기에 판매나 임차할 수 없게 되어서 발생 되는 간접적인 손실도 있을 수 있다.

사법상 위험 요소를 회피하기 위하여 소유권이나 임차권 또는 지상권 등에 대한 면밀한 분석이 요구된다. 개발업자 대부분은 변호사나 법무팀과의 협력을 통하여 개발을 진행하기 때문에 이 부분에 대한 언급은 거의 없는 편이다. 계약서, 등기권리증, 등기부등본뿐만 아니라 개발부지에 대하여 이해관계가 있는 모든 사람에 대한 확실한 점검은 필수적이다.

개발에 따른 추가적인 위험으로 환경이나 여론에 의한 위험도 존재한다. 특히 인근지역 주민들과의 마찰은 부동산개발사업이 원활하게 진행될 수 없는 매우 중대한 지연의 원인이 될 수 있다.

법률적 위험을 최소화하기 위하여 이용계획이 확정된 토지를 개발부지로 구입하여 이용하는 것이 유리하지만 지가의 상승에 따른 구매 비용 증가로 이어질 수 있다.

2) 시장위험

시장위험은 수요와 소비에 대한 위험 요소로써 대출이율의 변동, 경기 침체로 인한 공실률의 증가 등은 시장위험 요소가 될 수 있다. 특히 부동산시장의 불확실성에 의한 장래에 판매나 임대가 되지 않을 수 있는 불확실성이 가장 큰 시장위험 요소이다.

시장위험을 회피하거나 위험부담을 줄이기 위하여 개발이 완성된 장래에 판매나 임대될 가능성인 시장성을 조사하고 분석하여야 한다. 이러한 작업은 흡수율 분석을 통해서 실행된다. 흡수율은 특정 지역이나 시장에서 공급된 부동산이 얼마나 빨리 판매되거나 임대되는지를 나타내는 지표로, 과거나 기존 시장에서의 흡수율을 통하여 개발된 부동산이 장래의 흡수율을 파악하고 해석할 수 있게 해준다. 높은 흡수율은 부동산시장이 활성화 되어 부동산 판매나 임대 수요가 높으며 빨리 팔리거나 임대를 할 수 있음을 나타낸다. 반면, 낮은 흡수율은 부동산시장의 비활성화로 부동산 판매나 임대 수요가 낮으며 늦게 팔리거나 임대될 수 있음을 나타내어 부동산 개발의 의사결정을 지원하게 된다.

시장위험을 최소화하기 위하여 선 분양제를 통하여 초기 단가를 낮추는 방법이 있다. 또한 개발 초기부터 적극적인 마케팅을 통하여 공실이나 미분양이 되지 않도록 하여야 한다. 시장위험은 초기에 높아지다가 개발 완공 시점에서는 낮아지지만 부동산 개발의 가치는 이와 반대로 초기에는 낮았지만, 개발 완공 시점에서는 높아지는 특성이 있다.

3) 비용증가 위험

비용증가 위험은 재무적 위험 요소로써 아무리 잘 계획된 예산안이라도 개발과정에서 발생할 수 있는 다양한 위험 요소의 발생으로 인하여 개발비용이 증가하게 될 수 있다.

예상되는 비용증가 위험의 종류로는 공사 기간 중 예상치 못한 재해의 발생, 공사 기간의 지연에 따른 장기화, 건축재료가격의 상승, 인건비의 증가, 행정절차에 의한 추가 지급액 및 다양한 공공시설의 이용 또는 접목에 있어서 개발업자는 기존 시설의 연장 또는 신설에 따른 추가 비용이 발생 될 수 있다.

특히 전혀 예상하지 못한 코로나19(COVID-19) 감염증의 발생으로 지역이 봉쇄되고 인적자원의 교류가 끊긴 상태에서 공사 기간의 지연은 필연적으로 되었다. 또한, 코로나19의 종식과 함께 예상하지 못한 금리 인상, 정부의 대출 규제, 긴축재정, 저성장, 높은 인플레이션의 발생, 높은 실업률, 공실률의 증가 등은 개발사업에 치명적인 영향을 주고 있다.

비용증가 위험을 최소화하기 위하여 개발업자는 시공사와의 최대가격보증계약(Guaranteed Maximum Price Contract)을 통하여 비용증가 위험을 최대한 시공사에 전가할 수 있지만, 코로나19와 같이 예상치 못한 위험 상황에서는 공사비증가는 물론이고 개발프로젝트 자체가 지연되거나 개발사업을 완성할 수 없는 위험에 직면하게 될 수 있다.

2. 경제적 타당성 분석

경제적 타당성 분석은 크게 시장분석과 경제성분석으로 구분으로 구분된다. [그림 8-6]은 부동산 개발에 있어서 경제적 타당성 분석의 체계를 나타내고 있다.

1) 분석의 유형 및 단계

(1) 시장분석

경제적 분석을 지원하기 위하여 실행하는 분석으로, 개발을 시행할 지역의 입지에 맞는 부지를 선정하고 투자자의 투자목적을 만족시킬 수 있는지에 대한 분석을 한

그림 8-6 부동산개발의 경제적 타당성분석 체계도

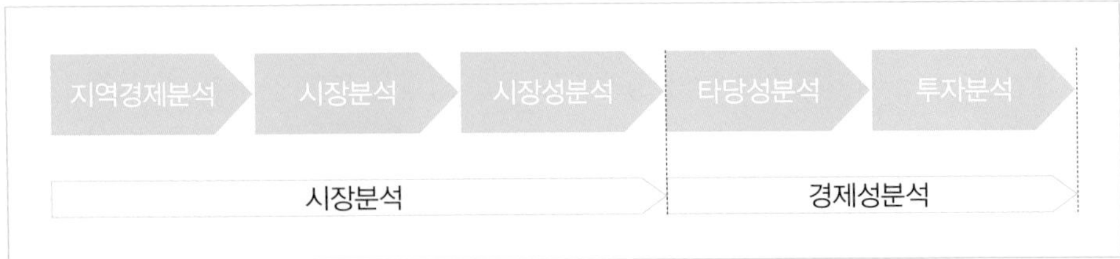

다. 이러한 분석에는 지역 경제분석, 시장분석 및 시장성분석이 있다.

부동산 시장분석을 통하여 특정 지역이나 시장에서의 부동산 수요와 공급을 평가하고 그 지역의 인구 통계, 경제지표를 고려한 수요를 예측 및 시장의 규모, 경쟁 업체의 파악, 가격 추이, 임대료 변동 등 다양한 정보를 수집하고 분석한다.

(2) 경제성분석

최종적인 결정을 위한 분석으로, 부동산 개발사업의 내용이 개발업자의 수익성을 충족시킬 수 있는지에 관한 판단을 위하여 타당성 분석과 투자분석을 하는 것을 의미한다. 이러한 분석을 통하여 총비용과 총수익을 예상할 수 있다. 예상되는 수익으로는 임대 수익과 판매 수익이 포함되며, 지출 비용으로는 부지구매 비용, 개발 및 시공비용, 운영 및 유지 관리 비용이 포함된다. 또한 현금흐름의 분석도 중요하다. 미래가치를 환산하기 위하여 투자의 시간 가치를 반영한 할인율이 적용된다.

2) 단계적 요인 분석 및 내용

(1) 지역경제 분석

지역경제 분석에 있어서, 입지계수(LQ, Location Quotient)분석은 특정 지역에서 지역경제에 영향을 주는 특정 산업 분야가 다른 지역에 비하여 얼마나 특화되었는지를 분석하고 지역경제의 강점과 약점을 파악하는 데 사용된다. 이를 통하여 특정 지역에서 개발사업과 연관된 거시적인 경제, 정책, 시장 특성을 파악할 수 있게 된다.

입지계수 분석을 통해 특정 지역의 경제 특성을 이해하고, 산업의 특화를 파악하여 정책 결정이나 사업 전략을 개발하는 데 도움을 줄 수 있다. 이 분석은 지역의 경제 구조와 경제적 특징을 파악하는 데 중요한 도구 중 하나이다.

입지계수 분석은 특정 지역(Region)에서의 특정 산업(Industry)에 종사하는 고용률

(Employment)과 전국 지역에서의 해당 산업에 종사하는 고용률의 비율로 판단이 된다. 공식은 다음과 같다. 특정 지역의 특화된 산업이란 용인의 반도체 산업, 경남의 조선산업 등 특정 지역에 일자리와 경제활동에 큰 영향을 주는 산업을 의미한다.

입지계수의 수식은 다음과 같다.

$$\text{입지계수} = \frac{\text{특정지역에 특화된 } A\text{산업의 고용률}}{\text{전국의 } A\text{산업의 고용률}} = \frac{\dfrac{\text{특정지역의 } A\text{산업 고용인구}}{\text{특정지역의 총 고용인구}}}{\dfrac{\text{전국의 } A\text{산업 고용인구}}{\text{전국의 총 고용인구}}} \qquad \text{(식 1)}$$

LQ 분석의 결과는 다음과 같다.

① LQ < 1: 특정 산업 분야가 전국 지역에 비해 상대적으로 낮은 중요성을 가지고 있음을 나타낸다. 해당 산업 분야가 특정 지역에서 적절하지 않거나 지역경제의 안정성을 유지하여 특별한 관심을 두지 않는 산업일 수 있다. 따라서 대상 지역에서는 특정 산업의 중심지가 아니며, 그 개발은 중요하지 않거나 개발하는 것이 바람직하지 않을 수 있다.

② LQ=1: 특정 산업 분야가 전국 지역과 비슷한 중요성을 가지고 있음을 나타낸다. 해당 산업 분야가 전국 평균과 균등하게 분포된 일반적인 산업 분야로 간주된다. 거시경제의 분석과 특정 산업 분야의 추세를 파악하고 개발하는 것이 바람직하다.

③ LQ > 1: 특정 산업 분야가 전국 지역에 비해 상대적으로 높은 중요성을 가지고 있음을 나타낸다. 해당 산업 분야가 특정 지역에 특화된 산업으로 전국이나 다른 지역으로 수출함으로써 지역경제의 성장을 뒷받침하는 지역의 특화 산업을 의미한다. 따라서 대상 지역에서는 특정 산업의 중심지가 되며, 그 개발은 해당 지역의 경제활동과 지역 산업의 중심이 될 수 있으므로 개발하는 것이 바람직하다.

(2) 시장분석

부동산시장분석은 시장성분석을 위한 특정 부동산 개발 프로젝트의 성공에 중요한 역할을 하는 핵심적인 과정으로 대상 부동산이 속한 근린 지역 시장의 수요와 공급에 대한 분석이다. 이 분석에 있어서 주요 관점은 다음과 같다.

① **시장 지역 확정**: 부동산시장분석은 먼저 대상 부동산 개발프로젝트의 시장 지역을 정확히 확정해야 한다. 이 지역은 일반적으로 지리적 범위로 정의되며, 도시 전체 또는 특정 지역 사회나 근린 지역과 같은 수준이 될 수 있다.

② **시장분석의 범주화**: 시장분석은 시장 특성에 따라 차별화와 세분화를 고려해야 한다. 차별화는 부동산 제품의 특성을 기반으로 대상 부동산을 다른 부동산과 구별하는 것을 의미하며, 세분화는 소비자 특성을 기반으로 가능한 사용자를 범주화하여 다른 사람과 차별화하는 것을 의미한다. 개발업자는 시장 지역에서의 수요자 계층을 세분화 관점에서 분석하고, 경쟁 부동산의 제품 차별화 측면에서 공급경쟁자를 구분하는 것이 필요하다.

③ **요소 고려**: 부동산 시장분석은 개발 부동산의 입지와 부지를 분석하는 단계이며, 시장분석을 통해 부동산개발 프로젝트의 경제적 타당성과 특화된 경쟁 전략을 개발할 수 있으며, 효율적인 자원 할당과 불필요한 정보 수집을 줄일 수 있다. 부동산개발의 성공을 위해서는 정확한 시장분석이 필수적으로 물리적, 사회적, 법적, 경제적 요소 등 다양한 측면을 고려해야 한다.

(3) 시장성분석

시장성분석은 특성 부동산이 가진 경쟁력을 바탕으로 해당 부동산이 잘 판매될 수 있는지 분석하는 것으로, 흡수율(Absorption Rate) 분석은 일정 기간에 주택 또는 상업용 부동산 등이 소비되는 비율을 측정하고 예측하는 지표로 부동산시장의 추세 파악할 수 있는 중요한 지표 중 하나이다. 개발자나 투자자는 이러한 흡수율 정보를 활용하여 부동산 개발의 수익성과 시장에서의 경쟁 가능성을 평가하고 전략을 개발하는 데 활용할 수 있다.

흡수율의 수식은 다음과 같다.

$$\text{흡수율} = \frac{\text{판매(임대)된 부동산 단위수}}{\text{총 부동산 단위수}} \times 100(\%) \qquad \text{(식 2)}$$

(식 2)에서 판매(임대)된 부동산 단위 수는 일정 기간에 실제로 거래된 주택, 아파

트, 상업용 부동산 등 다양한 부동산 유형을 포함한다. 총 부동산 단위 수는 특정 시장 내의 판매(임대) 가능한 모든 부동산 단위의 총수를 나타낸다.

흡수율은 부동산시장의 활동 수준과 거래의 움직임을 파악하는 데 도움을 줄 수 있다. 흡수율이 높다는 것은 활발한 시장거래와 함께 부동산 단위가 빠르게 거래되고 있음을 나타낸다. 흡수율이 낮다는 것은 시장거래가 둔화하거나 부동산 공급이 과다한 경우를 나타낼 수 있다.

(4) 타당성분석

타당성분석은 대상 부동산 사업의 성공 여부를 판단하는 것으로, 민감도분석(Sensitivity Analysis)은 감응도 분석이라고도 하며 다양한 시나리오를 고려하여 투자의 결과에 어떤 투입 요소가 부동산 가치와 수익성에 어떻게 영향을 미치는지를 평가하는 데 사용된다. 이에 따라서 미래 예측의 불확실성을 파악하고 위험을 이해하는 데 도움을 줄 수 있다. 민감도분석의 일반적인 단계는 다음과 같다.

① **분석 변수 선택**: 부동산 가격, 저당 조건, 임대료, 공실률, 운영 비용, 영업경비, 할인율, 세금 등과 같은 요소가 민감도분석에 포함될 것인지에 관한 결정을 한다.

② **기준 시나리오 설정**: 해당 변수들의 기본값을 사용하여 프로젝트의 재무 성과를 계산한다. 이 결과는 분석의 기준이 된다.

③ **다양한 시나리오 실행**: 하나 또는 다수의 변수를 선택하여 부동산 가격을 상승시키거나 감소시키는 등 다양한 변형된 시나리오를 실행해 본다.

④ **재무 결과 평가**: 설정된 기준 시나리오의 재무 결과와 와 각 시나리오를 실행한 결과의 재무 결과를 NPV, IRR, ROI 등과 같은 재무지표를 통해 상호 비교한다.

(5) 투자분석

부동산 개발의 수익성 분석은 프로젝트의 재무적인 성과를 평가하는 분석으로 부동산 개발업자나 투자자들이 프로젝트에 자금을 투자하고 수익을 얻을 수 있는지에 대한 결정을 위해 분석하게 된다. 투자기간 동안의 현금흐름의 예측과 분석을 진행한다. 미래의 현금흐름을 현재가치로 환산을 위한 할인율이 적용된다. 분석에서 중요한 재무지표 중 하나는 순현재가치(NPV, Net Present Value)와 내부수익률(IRR, Internal Rate of Return) 및 투자수익률(ROI, Return of Investment) 분석이며 투자 결정을 지원하는 중요한 도구가 된다.

NPV는 프로젝트가 현재 가치로 얼마나 가치 있는지를 나타내며, 특정 시점의 가치를 현재 가치로 환원하여 투자 수익과 비용을 고려하여 계산된다. NPV가 양수(NPV>0) 인 경우, 투자가 이익을 창출할 수 있다는 것과 경제적인 타당성이 있다는 것을 의미한다. NPV가 클수록 투자의 가치가 높아진다.

IRR은 프로젝트의 NPV가 0이 되는 할인율을 나타내며, 투자에 대한 예상 수익과 비용이 균형을 이룰 때의 수익률로 투자 수익률을 측정하는 데 사용된다. 내부수익률이 기대수익률보다 높을 경우(IRR>기대수익률), 수익성이 있는 프로젝트가 될 것으로 예상되므로 투자를 권장할 수 있어 투자 자금의 유입이 용이해 진다. IRR은 비선형 방정식을 이용하여 계산을 하여야 한다.

ROI는 투자의 수익성을 나타내며, 다양한 유형의 투자와 비즈니스 활동을 비교하고, 투자 결정을 내릴 때 도움을 주는 중요한 지표 중 하나이다. ROI가 양수(ROI>0)인 경우, 투자 수익이 투자 비용을 초과하는 경우로 이익이 창출되는 것을 나타낸다. 높은 양수의 ROI는 투자의 높은 효율성을 나타내며, 높은 수익을 가져온 것을 의미한다. ROI가 음수(ROI<0)인 경우, 투자 수익이 투자 비용을 초과하지 못하고 손실을 초래한 것을 나타낸다.

3) 분석의 영향 요소

[표 8-1]에서는 개발사업의 시장분석과 경제성분석에 대한 영향 요소와 간략한 설명을 나타내고 있다. 각 개발사업의 특성이나 목적 및 투자현황에 따라서 각 영향 요소의 비중이 달라질 수 있다.

[표 8-1] 부동산 개발의 경제적 타당성 분석 요소

<table>
<tr><th colspan="2">유형</th><th>영향 요소</th><th>내용</th></tr>
<tr><td rowspan="5">시장분석</td><td>지역 및 도시 분석</td><td>인구밀도 및 소득 수준
경제적 상황
고용률, 실업률
도시의 성장·개발 형태
교통체계</td><td>지역의 공간적 개념은 개발사업이 시장에 영향을 줄 수 있는 해당 개발의 범위로 개발사업의 특성에 따라 달라질 수 있다. 개발 부지에 대한 광의의 분석을 한다.</td></tr>
<tr><td>근린분석</td><td>지역의 안전성
교육시설
교통 편의성</td><td>개발하고자 하는 부지를 둘러싸고 있는 인접 지역의 분석으로 다양한 요소와 그 영향을 파악하여야 한다.</td></tr>
<tr><td>부지분석</td><td>부지의 규모
지형 및 접근성
주변 환경
잠재적 개발 가능성</td><td>개발될 부동산이 입지 할 실제 대상부지에 대한 분석으로 개발 대지에 대한 잠재적 가치를 평가한다. 잠재적 개발을 위한 용도지역제(지구지역제)에 대한 분석이 요구된다.</td></tr>
<tr><td>수요분석</td><td>인구분석
주택수요 동향
구매자 선호도
흡수율</td><td>부동산과 임대료 가격에 영향을 주는 중요한 요인을 분석한다. 이를 통하여 개발 사업의 유효수요를 예측하고 판단한다.</td></tr>
<tr><td>공급분석</td><td>공실률, 임대료 수준
입주율, 재고량
건축허가량 및 착공량
건축비용의 변동·추이
금융의 변동 및 추이
정부의 부동산 정책</td><td>공급에 영향을 줄 수 있는 현재 또는 미래에 예상되는 건설량 및 착공량, 허가량 등의 데이터를 분석하고 예측한다.</td></tr>
<tr><td rowspan="5">경제성분석</td><td>세전현금흐름 분석</td><td>가능 총소득
공실률 및 불량부채
영업경비
순영업소득
부채서비스액</td><td>투자 수익성을 판단하는 중요한 분석으로 부동산 프로젝트의 총 소득과 비용 차감을 통하여 현금흐름을 분석한다.</td></tr>
<tr><td>세후현금흐름 분석</td><td>감가상각
영업세
자본이득세</td><td>투자자가 받을 수 있는 실제 수익성을 판단하는 중요한 분석으로 세금 및 기타비용을 모두 제외한 순수한 현금흐름을 분석한다.</td></tr>
<tr><td>시장가치 및 투자가치</td><td>환원율
할인현금수지분석</td><td>부동산 개발의 미래가치를 예측하고 할인을 통한 현재가치로의 환원을 한다.</td></tr>
<tr><td>내부수익률</td><td>내부수익률분석</td><td>부동산 개발에 있어서 현금흐름의 분석을 통하여 투자가 얼마나 수익성이 있는지 판단에 사용한다.</td></tr>
<tr><td>투자결정</td><td colspan="2">위의 분석단계들을 통하여 부동산 개발자와 투자자에게 결정에 필요한 정보를 제공해주며, 개발프로젝트가 경제적이고 합리적인 투자인지 여부를 최종적으로 판단한다.</td></tr>
</table>

(1) 지역 및 도시분석

거시적인 지역적 분석으로 특정 지역 또는 도시에서 부동산 개발 프로젝트를 진행할 때 도시특성에 맞게 신중하게 평가하고 고려해야 할 영향 요소들은 다음과 같다.

① **인구밀도 및 소득 수준**: 지역 또는 도시의 인구 규모와 소득 수준은 부동산 개발에 큰 영향을 줄 수밖에 없다. 높은 인구밀도 및 소득 수준을 가진 지역은 더 큰 수요를 창출할 가능성이 있으며, 부동산 개발 프로젝트가 성공할 기회가 더 높을 수 있다. 또한 임대료나 가격 결정에도 인구밀도와 소득 수준은 직접적인 영향을 주게 된다.

② **경제적 상황**: 지역 또는 도시의 경제적 상황은 부동산 개발의 수익성에 영향을 주게 된다. 경기 침체 기간에는 수요가 감소하고 부동산 가치가 하락할 수 있으며, 경제 성장 시기에는 수요가 증가하고 부동산 가치가 상승할 수 있다. 따라서 이러한 경제적 상황에 대한 분석은 매우 중요하다.

③ **고용률과 실업률**: 고용률이 높은 지역은 주거 및 상업 부동산에 대한 수요가 높을 가능성이 있다. 이와 반대로 실업률이 높은 지역에서는 부동산 시장이 둔화되고 수요가 감소할 수 있다. 따라서 고용률과 실업률은 분석도 중요한 요소 중 하나가 될 수 있다.

④ **도시의 성장·개발 형태**: 도시의 성장과 개발 형태는 지역의 주요 부동산 시장을 형성하게 된다. 도시의 확장이나 재개발 프로젝트는 부동산 개발에 새로운 기회를 제공할 수 있으며, 도시계획과 개발 형태는 부동산개발의 허가 및 규제에 영향을 미칠 수 있게 된다. 따라서 도시의 성장추세 및 주요 개발 형태 등에 대한 분석은 중요하다.

⑤ **교통체계**: 교통체계는 지역의 접근성과 타 도시와의 연결성을 결정하는 중요한 요소가 된다. 잘 발달된 교통 인프라는 부동산 개발 프로젝트의 성공을 촉진할 수 있으며, 도로교통, 철도교통 및 항공 교통 등 교통 시스템의 가용성은 해당 도시에서의 프로젝트 성공에 영향을 줄 수밖에 없다.

(2) 근린분석

거시적인 지역적 분석이 마무리되고 나면 부동산개발 프로젝트의 성공과 수익성에 영향을 줄 수 있는 특정 지역의 미시적인 근린분석을 통하여 위치선정 및 환경적 고려하여 경쟁력을 높여야 한다.

① **지역의 안전성**: 부동산 개발의 중요한 고려사항 중 하나는 지역의 안전성이다. 안전한 지역은 주거자와 비즈니스 운영자에게 매력적일 수 있다. 범죄율이 낮고 방범 등 안전 시스템이 적절하게 운영되는 지역은 부동산 개발에 유리할 수 있다. 안전한 환경은 부동산 가치를 높일 수 있으며, 장기적으로 임대료나 판매 가격에 긍정적인 영향을 미칠 수 있게 된다.

② **교육시설**: 교육시설은 특히 교육열이 높은 한국에서는 매우 중요한 요소로 주거 지역의 매력도를 높일 수 있게 된다. 좋은 학교, 대학교, 어린이집 등이 주변에 있으면 주거용 부동산 프로젝트는 매우 매력적이며 이러한 시설이 가깝게 위치하면 부동산개발 프로젝트의 성공에 절대적인 영향을 주게 된다.

③ **교통 편의성**: 교통 편의성은 부동산 개발에 큰 영향을 미치는 요소 중 하나이다. 대중교통 시스템의 가용성 및 편의성, 도로 접근성, 주변 지역과의 연결성 등이 고려 대상이 된다. 교통 편의성이 높은 지역은 주거 및 상업 지역으로서 더욱 매력적이며, 이에 따라 임대료나 부동산 가치가 상승할 수 있게 된다.

(3) 부지분석

거시적 분석을 통하여 미시적인 근린분석이 마무리되고 나서 부동산 개발의 해당 부지분석은 부동산개발의 경제적 타당성을 평가하는 중요한 고려사항 중 하나로, 특정 부지의 올바른 선택과 설계를 위한 특성과 잠재적 가치를 평가하는 데 관련이 있다.

① **부지의 규모**: 부동산 개발을 위해 선택한 부지의 규모는 매우 중요한 요소이다. 부지의 크기는 개발이 가능한 유형과 규모를 결정하며, 주거용, 상업용 또는 복합적 부동산개발에 활용될 수 있다. 규모가 더 큰 부지는 더 큰 개발프로젝트나 다양한 개발을 수용할 수 있지만, 개발과 운영을 위한 비용도 증가할 수 있다.

② **지형 및 접근성**: 부지의 지형과 접근성은 부동산 개발에 영향을 미치는 중요한 요소이다. 지형은 부지의 경사, 토양 조건, 자연재해 위험 등을 나타내며, 이러한 요소는 건축물의 설계와 안전성에 영향을 준다. 접근성은 도로, 고속도로, 대중 교통 수단과의 연결성을 나타내며, 부동산의 가치 및 이용가능성을 결정

한다.

③ **주변 환경**: 주변 환경과의 조화는 부동산 개발의 성공과 연관성이 있다. 주변 지역의 개발 상태, 주변 건물의 형태, 인프라 및 서비스의 가용성 등이 고려되어야 한다. 주변에 유해 시설물 등이 있어서 개발프로젝트와 어울리지 않거나 개발을 제한하는 요소가 있다면 부동산 가치의 하락과 개발 가능성에 부정적인 영향을 줄 수 있다.

④ **잠재적 개발 가능성**: 부동산 개발의 잠재적 가능성은 부지가 어떤 종류의 개발에 적합한지를 나타낸다. 지역지구제(용도지구제, zoning)에 따른 부지의 용도가 상업용, 주거용, 농업용 또는 산업용으로 어떻게 활용될 수 있는지를 고려해야 한다. 용도지역의 변경은 매우 어려우므로 개발프로젝트의 용도에 알맞은 부지를 선정하고 이와 더불어 경쟁부지에 대한 지역지구제도 분석도 함께 하는 것이 도움이 된다.

(4) 수요분석

부지에 대한 분석이 마무리되고 나서 대상 개발사업의 판매나 임대를 위한 유효수요를 분석하는 것으로, 시장 조사와 수요 예측을 통해 투자자와 개발자가 어떤 유형의 부동산을 개발해야 하는지 결정하는 중요한 과정이다.

① **인구분석**: 인구의 흐름은 특정 지역 또는 도시에서의 부동산 수요에 영향을 준다. 인구의 증가 또는 감소는 부동산시장에 직접적인 영향을 미칠 수 있으며, 인구의 이동 패턴은 부동산 개발의 위치와 유형을 결정하는 데 중요하다. 예를 들어, 인구가 감소하는 지역에서는 주거용 부동산 뿐만 아니라 상업용 부동산의 수요가 감소할 수밖에 없다.

② **주택수요 동향**: 주택수요 동향은 특정 시장에서 주거용 부동산에 대한 수요의 패턴과 추세를 나타낸다. 과거 대가족(Extended Family)의 주택수요와 현재 소가족(Small Family) 또는 일인가구(Single-Family Household)에 따른 주택 구매자의 방의 개수, 화장실 개수 등의 요구 조건, 주거 유형 (아파트, 단독주택, 고층 빌딩 등)에 대한 선호도, 주거 공간의 크기 등은 서로 차이가 있게 되며 이러한 주택수요의 추세를 잘 이해하여야 한다.

③ **구매자 선호도**: 부동산시장에서 구매자의 선호도는 부동산 개발의 성공에 큰

영향을 준다. 구매자들이 어떤 유형의 부동산을 선호하고, 어떤 시설과 편의시설을 원하는지를 이해하는 것은 중요하다. 예를 들어, 학생이 있는 젊은 가족은 학군이 좋은 쾌적하고 안전한 주거지역을 선호할 수 있으며, 일인가구원은 교통의 편의성과 접근성이 좋은 주거지역을 선호할 가능성이 크다.

④ **흡수율**: 흡수율은 부동산시장에서 새로운 부동산 단위가 시장에 어떻게 빠르게 흡수되는지를 나타내는 지표이다. 높은 흡수율은 시장에서 개발프로젝트가 수용되고 수요를 충족시킬 수 있다는 것을 의미하며, 낮은 흡수율은 개발 단위의 재고가 높을 수 있음을 나타낸다. 흡수율은 부동산 개발의 시기 및 규모를 결정하는 데 도움을 줄 수 있다.

(5) 공급분석

공급분석은 부동산 개발의 수익성을 평가하고 향상시키기 위한 중요한 고려사항 중 하나로 기존에 공급된 공급량과 장래에 기대되는 공급량을 분석하는 것이다. 기존의 공급은 시장 조사를 통하여 현재 시장에서 공급되고 있는 관련된 전체 토지의 이용을 분석하면 된다.

① **공실률**: 공실률은 특정 지역 또는 부동산시장에서 현재 공실되어 있는 부동산 단위의 비율을 나타낸다. 공실률이 높을 경우 시장에서 판매 경쟁이 치열할 수 있으며, 임대자들은 다른 옵션을 고려 또는 보다 많은 편익을 요구할 가능성이 높아진다.

② **임대료 수준**: 임대료 수준은 부동산 개발의 수익성에 중요한 영향을 준다. 임대료가 높을수록 부동산 개발 프로젝트의 수익성이 높아질 수 있으나, 높은 임대료는 잠재적 임차인들에게 부담될 수 있으므로 수요와 공급에 따른 적정한 임대료 수준이 고려되어야 한다.

③ **입주율**: 입주율은 부동산 단위의 임대 또는 판매가 얼마나 빨리 일어나는지를 나타낸다. 높은 입주율은 부동산 개발 프로젝트가 수요를 충족시키고 시장에서 빨리 성공할 가능성이 크다는 것을 의미한다. 수요와 공급의 원리에 따라 입주율이 높아지면 공급이 증가될 가능성이 있으므로 적기에 프로젝트를 완성하는 것이 중요하다.

④ **재고량**: 재고량은 현재 시장에서 판매 가능한 미분양 부동산 단위의 양을 나타

낸다. 높은 재고량은 시장에서 경쟁이 치열하고 부동산의 판매 가격이나 임대료가 하락할 가능성이 있음을 시사할 수 있다.

⑤ **건축허가량 및 착공량**: 건축허가량은 특정 지역에서 새로운 부동산개발 프로젝트가 승인된 수량을 나타낸다. 착공량은 실제로 건설이 시작된 부동산개발 프로젝트의 수량을 나타낸다. 높은 건축허가량 및 착공량은 시장에 더 많은 공급이 들어가고, 시장에서의 경쟁을 높일 수 있다. 건축허가량과 착공량은 향후 공급될 부동산의 판매 가격이나 임대료에 영향을 주게 된다.

⑥ **건축비용의 변동 및 추이**: 건축비용은 부동산 개발 비용을 결정하는 중요한 요소 중 하나이다. 건축비용은 대부분 자재비용, 공사비용 및 인건비로 구성되어 있어서 비용의 변동 및 추이를 고려하여 개발 예산을 계획하고, 개발프로젝트의 수익성을 평가해야 한다. 개발비용이 높다는 것은 결국 판매나 임대할 부동산의 가격이 높아질 가능성이 크다는 것을 의미한다.

⑦ **금융의 변동 및 추이**: 금융 시장의 변동과 금리 변동은 부동산 개발에 중대한 영향을 준다. 금융의 변동은 결국 경기의 변동과 연결되어 있으며, 개발업자의 신용과도 연관된다. 금융 조건이 나쁜 경우 투자 비용이 더 커질 수 있으며, 금융 조건이 좋은 경우 투자 비용이 낮아질 수 있다.

⑧ **정부의 부동산 정책**: 부동산 개발 프로젝트는 정부의 부동산에 관한 규제 및 정책에 따라 다르게 영향을 받을 수 있다. 정부의 부동산 정책으로, 부동산 개발에 필요한 토지 사용 허가, 환경규제, 건축 조례, 부동산 개발 억제 또는 확장, 세제 정책, 금융지원정책 등이 있다. 부동산 개발은 정부의 정책 변화에 중대한 영향을 받는다. 또한 부동산 공급에 필수적인 기반 시설 및 편의시설 등의 설치 등은 정부의 도움이 필수적이다.

부동산 개발자나 투자자들은 성공적인 부동산 프로젝트의 실행을 위하여 해당 지역에서의 특정 부동산의 수요와 공급에 대한 철저한 분석이 요구된다. [그림 8-7]은 부동산 시장분석의 주요 요소인 수요와 공급이 어느 한쪽의 변화에 따른 균형 가격과 균형거래량의 변동을 나타내고 있다.

수요와 공급 중 한쪽만 변하는 경우를 살펴보면, 수요에는 변화가 없지만, 공급이 증가하거나 감소하여 부동산 가격에 영향을 주는 경우와 그 반대로 공급에는 변화가 없지만, 수요가 증가하거나 감소하여 부동산 가격에 영향을 주는 경우이다. 이렇듯

그림 8-7 수요와 공급의 단일 변화에 따른 균형 가격과 균형거래량

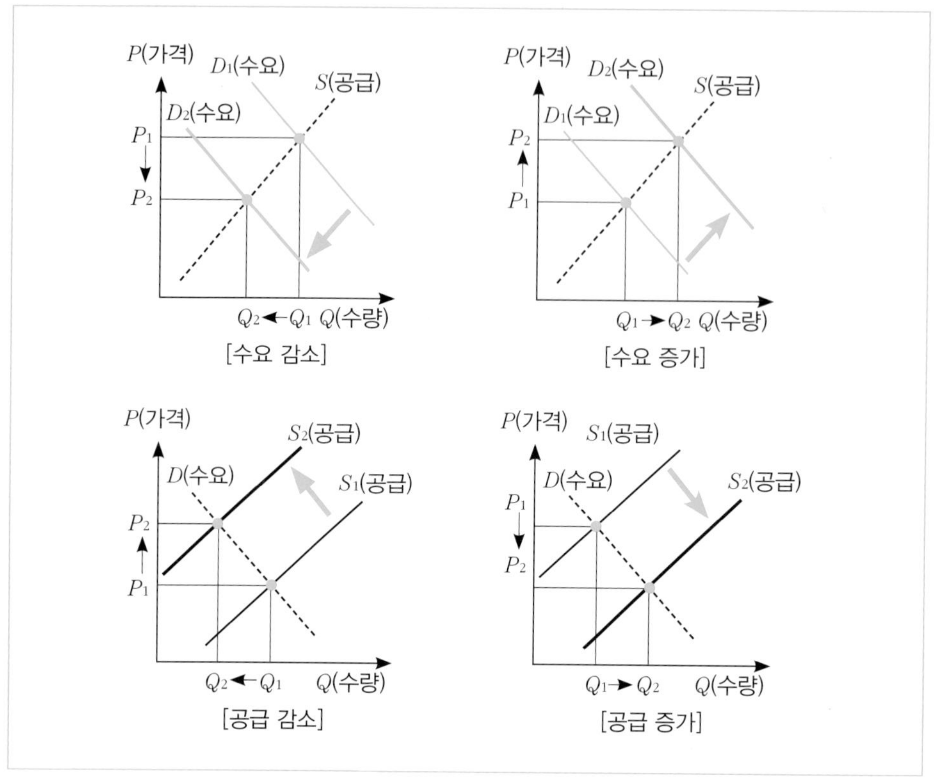

이 수요와 공급에 영향을 주는 요소로는 경제 상황, 부동산 정책, 금리, 착공량의 증감, 세계정세, 인구의 증감, 소득 수준의 향상 등 다양하다.

[그림 8-8]은 부동산 시장분석의 주요 요소인 수요와 공급이 동시에 변화하는 상태에서의 균형 가격과 균형거래량의 변동을 나타내고 있다. 실제적인 상황에서의 부동산시장에서 나타나는 수요와 공급의 균형으로 순간마다 외부의 환경적 충격에 의해서 지속적으로 움직이고 있어 관찰이 매우 복잡하고 어렵다.

그림 8-8 수요와 공급의 동시 변화에 따른 균형 가격과 균형거래량

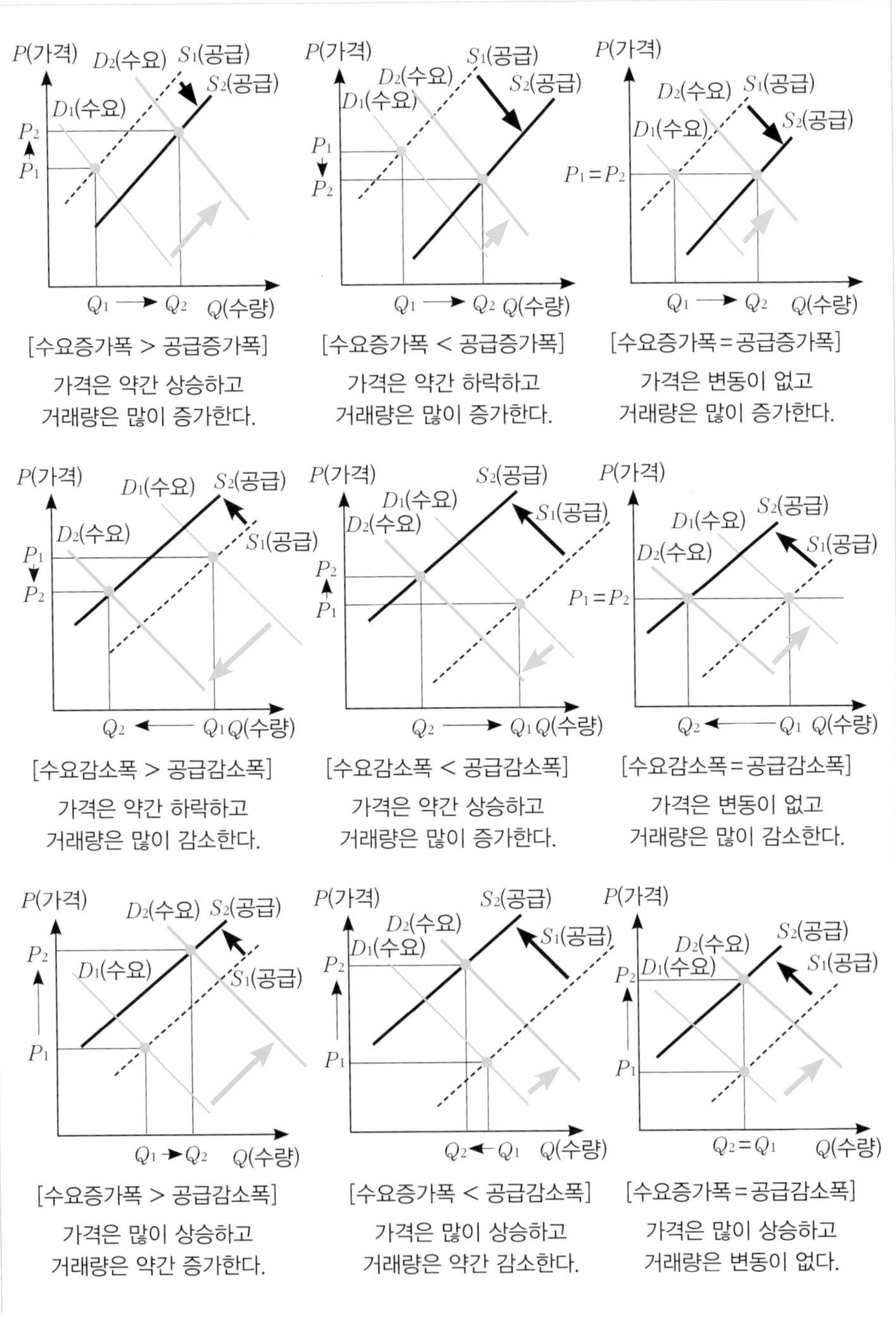

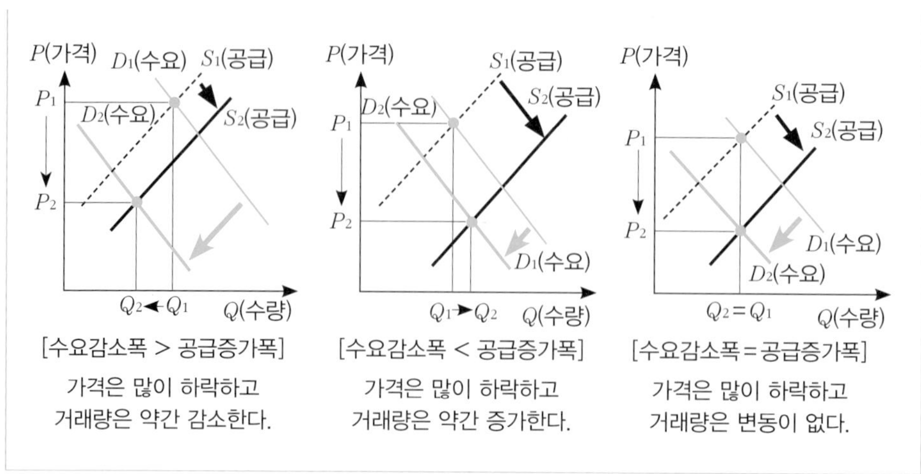

제4절 부동산개발금융

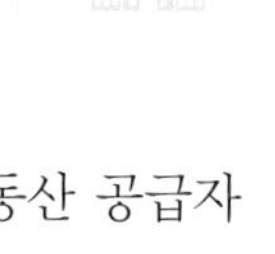

부동산개발금융은 부동산 프로젝트를 개발 또는 시행하기 위하여 부동산 공급자나 개발업자가 자금을 조달하는 데 사용되는 금융기법 중 하나이다. 전통적으로는 주로 주거용 부동산, 상업용 부동산 및 시설물 개발에 적용된다. 사업자금 조달 방식으로는 사업성을 담보로 하는 금융기법인 프로젝트 파이낸싱(Project Financing, PF)금융, 채권 등의 발행을 통한 부채금융, 주식 등 지분을 발행하는 지분금융 및 주식과 채권이 혼합방식인 메자닌(Mezzanine) 금융기법 등 다양한 기법이 사용되고 있다.

1. 부동산 PF 금융

기존 기업금융은 기업의 신용 또는 부동산의 담보를 통하여 개발자금을 조달하는 것과는 달리, PF 금융 또는 프로젝트 파이낸싱 금융은 부동산개발 프로젝트로부터 장래에 발생하는 현금흐름(수익성)을 담보로 자금을 조달하는 방식이다.

1) PF 금융 특징

PF 금융은 담보와 신용이 없이 단지 개발프로젝트로 인한 장래의 현금흐름(수익성)에 기초하여 금융을 조달하므로 대출기관은 위험이 크며, 따라서 대출금리가 높고 별도의 수수료를 요구하게 된다. 개발사업주는 대출에 필요한 다양하고 복잡한 업무를 수행해야 하므로 개발자금이 사업주에게 신속하게 공급되지 못하는 단점이 있다.

금융 대출기관은 사업주와 사업을 분리해서 사업주가 파산하여도 사업은 지속될 수 있으며, 사업주는 프로젝트 개발회사를 통하여 법인세를 절감할 수 있으며, 부외금융 효과와 채무수용 능력이 높아질 수 있는 장점이 있다.

2) PF 자금 조달 구조 및 특성

PF 자금 조달을 위한 다양한 이해관계자들이 상호 연결되어 있다. 이에 따라 개발의 위험이 어느 정도 분산되지만, 개발이 실패 시에는 이해관계자들 간에 조정이 필요하게 된다.

(1) 다양한 사업주

다양한 당사자들이 프로젝트 개발에 관여하고 있다. 개별 사업주(Project Sponsor)들이 프로젝트 개발회사에 출자하여 대주단(SPC)을 구성한다. 개발사업 주체인 시행사, 시공을 담당하는 시공사, 부동산 신탁을 담당하는 신탁회사, 개발 대출금을 제공하는 금융회사, 개발사업의 완공시 분양대행사 및 수분양자 등으로 구성되어 있다. 이와 더불어 전문가집단에 의한 금융, 법률, 기술, 환경, 신용 등의 자문을 받아야 한다.

(2) 개별사업주의 부외금융(Off-Balance Sheet Financing) 효과

프로젝트 개발업자가 PF 자금의 조달 시 자산과 부채를 자신의 기업의 재무상태표(Balance Sheet)에 포함하지 않는다. 프로젝트 파이낸싱은 법적, 회계적으로 독립된 프로젝트회사(SPC)가 수행하기 때문이다. 따라서 개별 사업주 자신은 채무수용 능력이 개선되고 신용등급을 강화시킬 수 있게 된다. 이와 더불어 자산과 부채를 분리해 개발프로젝트가 개발자금 상태에 영향을 최소화할 수 있어 위험을 분산시키는 효과가 있다.

(3) 비소구(非訴求)금융(Non-Recourse Financing)

개발프로젝트가 실패하거나 상환 능력이 부족할 경우 대출금 상환은 개발프로젝트 자체의 수익과 자산만 사용하게 되므로 개별 사업주의 자산은 위험에서 제외된다. 이러한 원리는 개발프로젝트의 SPC가 자금을 상환하는 주체가 되는 조달방식이기 때문이다. [그림 8-9]에서 개별사업주는 개발프로젝트 사업과 자신의 사업체가 비소구 상태로 분리되어 있는 것을 알 수 있다.

(4) 제한적 소구(訴求)금융(Limited Recourse Financing)

비소구금융과 유사한 금융방식이지만, 개별사업주가 위험의 일부를 부담하기 위하여 자신의 자산이나 부동산의 일부를 담보하는 방식이다. 이러한 원리는 금융기관은 프로젝트개발 사업의 위험을 회피하기 위하여 실무적인 보증을 요구하기 때문이다. 이러한 보증의 종류로는 개발사업 토지의 권리 신탁, 결제관리 계좌의 에스크로우 설정 및 부동산신탁회사에 위탁, 담보신탁, 프로젝트개발 사업의 실패나 부도 시 부채인수 약정, 개발 후 이익에 대하여 대출금 선 상환과 공사비 청산 이후에 차액을 개발이익으로 지급, 책임준공 및 분양 등 다양하다.

3) 금융기관에 의한 PF 대출채권의 유동화

유동성 위험을 감소시키기 위하여 자산유동화증권(ABS, Asset Backed Paper) 또는 회사채증권(ABCP, Asset Backed Commercial Paper)를 발행한다. 금융감독원에서는 ABS에 대한 정의로, 유동화자산을 기초로 하여 자산유동화계획에 따라 발행되는 출자증권. 사채. 수익증권 기타의 증권을 의미한다. ABCP란 ABS와 기업어음인 CP를 결합한 형태로 자산을 담보로 발행하는 증권이다. [그림 8-9]는 부동산개발사업의 일반적인 프로젝트 파이낸싱 구조를 나타내고 있다.

(1) PF ABS

부동산개발사업의 ABS는 [그림 8-9]에서 금융기관이 부동산 프로젝트 개발사에 PF 대출을 지원하고 받은 PF 채권을 바탕으로 자산유동화전문회사(SPC)에서 발행하는 일종의 자산유동화증권이다. 이에 따라 금융기관은 프로젝트 개발사에서 발행하는 PF 채권을 유동화전문회사(SPC)에 매각한다. 이렇게 함으로써 금융기관은 PF 대출에 따른 유동성 위험을 줄이고 더 많은 자금을 확보할 수 있게 된다. 자산유동화전

그림 8-9 부동산개발사업의 일반적 프로젝트 파이낸싱 구조

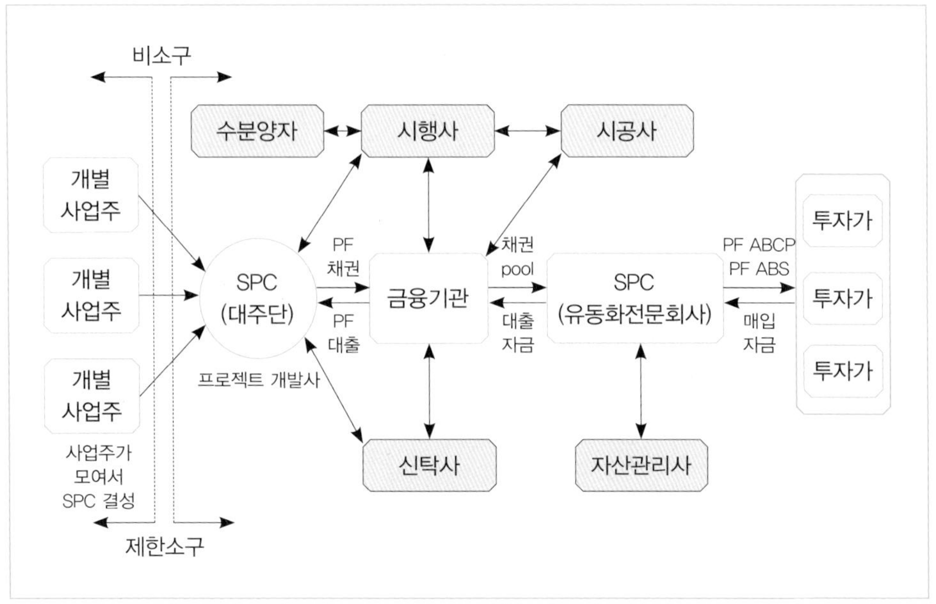

문회사는 금융기관으로부터 받은 PF 대출채권을 기초로 하여 PF ABS를 발행하고 기관투자자 등에 판매하게 된다.

[그림 8-10]은 금융감독위원회(금감원)에서 발행하는 ABS 발행 추이에 대한 자료를 바탕으로 ABS의 연도별 흐름을 나타내고 있다. 금감원은 PF ABS에 대한 자료는 제공하지 않고 있다. 표에서 1999년은 ABS 발행 데이터를 처음으로 제공한 연도이며 1988년도에 한국의 외환위기에 따른 가장 낮은 지표를 나타내고 있다. 2008년도에 발행되는 ABS는 미국의 금융위기에 따른 영향을 받고 있으며, 2020년도에 코로나-19의 영향에도 불구하고 풍부한 유동성과 저금리를 바탕으로 발행 건수가 증가하였으나, 2021년도를 기점으로 가파르게 감소하고 있다. 2023년도는 2분기까지의 발행 건수와 발행자금을 나타내고 있다.

(2) PF ABCP

부동산개발사업의 ABCP는 자산담보부 기업어음으로 발행한 유동화증권이다. SPC (Special Purpose Company)가 매출채권, 리스채권, 회사채 등의 자산을 담보로, 주로 만기가 도래한 PF ABS를 상환하기 위하여 1년 이내 만기인 ABCP를 발행한다.

그림 8-10 연도별 ABS 발행 추이

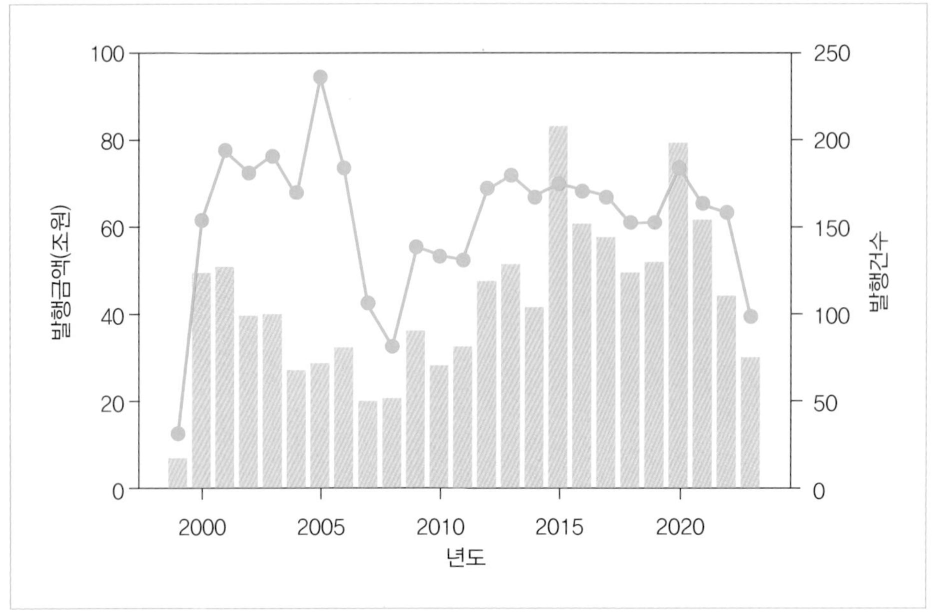

출처: 금융감독원자료 참조

[그림 8-10]에서 PF ABS의 절차와 마찬가지로 금융기관이 부동산 프로젝트 개발사에 PF 대출을 지원하고 받은 PF 채권을 바탕으로 자산유동화전문회사에서 발행하는 회사채 등은 자산을 담보로 발행하는 단기 자금조달을 위한 기업어음(CP)의 성격을 갖는다.

PF ABS는 「자산유동화에 관한 법률」이 따라 단순 도관체(Conduit) 역할을 하는 SPC를 설립하고 PF ABS를 발행하여야 한다. 또한 개발목적이 완료되면 자동적으로 SPC가 해산되므로 일시적으로 유지하는 서류상 회사(Paper Company)라고도 한다. 반면, PF ABCP는 주로 「상법」에 따라 설립된 SPC를 통해서 발행된다는 점이 서로 상이하다. 또한 PF ABCP의 SPC는 「자산유동화에 관한 법률」이 아닌 「상법」에 의해서 규율되므로 법인세 및 이자소득세 등이 부과되며 개발목적이 완료되어도 지속적으로 유지할 수 있다. 또한, 단기 차입자금의 금리가 장기 차입자금의 금리보다 비교적 저렴하므로, 이자 비용의 절감을 위하여 PF ABCP를 단기적으로 발행하여 장기 PF ABS의 차환이 가능하다.

질문

1. 지속가능한 부동산개발을 위한 전략은 어떤 것이 있나?
2. 부동산개발 프로세스에서의 주요 과제는 무엇이 있는가?
3. 부동산개발에서 개발의 종류와 내용은 무엇인가?
4. 부동산개발에서 재건축 정비사업의 진행 프로세스는 어떻게 되는가?
5. 부동산개발금융이란 무엇인가?

제 9 장 부동산신탁

제1절 부동산 신탁 총론

1. 부동산 신탁의 이해

1) 부동산 신탁의 개념

부동산 신탁은 부동산 투자에 관한 특정한 재무 도구로, 신탁회사가 투자자의 자금을 모아 부동산 투자에 사용하고, 이로부터 발생하는 소득이나 이익을 투자자에게 분배하는 방식이다. 부동산 신탁은 부동산 시장에서 효율적으로 자금을 유동화하고 다양한 투자자에게 부동산 투자 기회를 제공하는 역할을 수행한다.

2) 부동산 신탁의 역사

부동산 신탁의 역사는 다양한 국가와 지역에서 다르게 발전해왔다. 초기에는 부동산 신탁이 다른 자산 유형과 함께 포트폴리오를 다양화하는 수단으로 간주되었다. 역사적으로 보면 부동산 신탁이 부동산 시장의 성장과 더불어 급속하게 발전해왔으며, 다양한 형태로 변화해왔다.

부동산 신탁의 역사는 금융 시장과 부동산 시장의 발전과 함께 진행되었다. 다양한 국가와 지역에서 다르게 형성되었지만, 기본적으로 투자자들이 부동산에 투자하기 위한 효율적이고 안전한 수단을 찾는 과정에서 부동산 신탁이 발전해왔다.

참고 〉 부동산 신탁의 역사적 과정

1) 초기 형성(19세기 중반-20세기 초반)

19세기 중반에서 20세기 초반까지, 부동산 신탁은 미국에서 보험회사들이 부동산 투자에 사용하기 시작했다. 이 당시에는 부동산을 효과적으로 관리하고 다양한 투자자들에게 제공하기 위한 수단으로 사용되었다. 특히, 이러한 단계에서는 부동산 투자에 대한 단기적인 Bedell Trust와 같은 형태의 신탁이 흔했다.

2) 법적 기반의 확립(1930년대)

미국에서는 1930년대에 제정된 '부동산 회사법 (Real Estate Investment Company Act)'을 통해 부동산 투자 회사(REITs)의 개념이 도입되었다. 이는 부동산에 대한 대중 투자를 촉진하기 위한 조치였으며, 이는 부동산 신탁이 향후 급속하게 발전하는 기틀을 마련하게 되었다.

3) 급격한 성장과 현대화(1970년대 이후)

1970년대 이후, 부동산 신탁은 세계적으로 급격한 성장을 이루었다. 미국에서는 REITs가 더욱 발전하여 다양한 부동산 종류에 투자할 수 있는 방안이 확대되었다. 이로 인해 부동산 신탁이 금융 시장에서 안전하고 투명한 투자 도구로 자리매김하게 되었다.

4) 글로벌 흐름과 다양성(2000년대 이후)

2000년대 이후, 부동산 신탁은 세계적으로 다양한 형태로 발전하고 있다. 다양한 국가에서 부동산 신탁이 도입되면서 지역별, 국가별로 다양한 특성을 갖는 부동산 신탁이 등장하고 있다. 글로벌 경제의 변화와 함께 부동산 신탁은 더욱 다양한 형태와 기능으로 진화하고 있다.

3) 2000년대 이후 부동산개발과 함께 발전된 부동산투자신탁 종류

2000년대 이후, 글로벌 부동산 시장의 확대와 함께 다양한 부동산투자신탁이 등장하고 있다. 특히 부동산개발과 관련하여 새로운 유형의 투자신탁이 발전하고 있다. 구체적인 종류는 제2절의 신탁실무에서 언급하고 있다.

(1) 부동산개발신탁(Real Estate Development Trusts)

① **특징 및 발전 배경:** 2000년대 이후, 부동산개발신탁은 주로 새로운 부동산 프

로젝트의 개발과 관련된 자금을 모으는데 사용되고 있다. 개발신탁은 특정 지역이나 도시에서 인프라 개발, 상업용 부지 개발, 주거용 부지 개발 등 다양한 부동산 프로젝트를 지원하고자 하는 투자자들을 유치하기 위해 등장했다.

② **투자 방식**: 부동산개발신탁은 부동산 프로젝트를 진행하는 개발사와 투자자 간에 협력 관계를 형성한다. 투자자들은 프로젝트에 투자하고, 프로젝트 수익이 발생하면 해당 수익을 나누는 방식으로 운영된다.

(2) 부동산 리츠형 펀드 (Real Estate Investment Trusts Funds)

① **특징 및 발전 배경**: 부동산 리츠형 펀드는 부동산 투자 신탁의 한 유형으로, 부동산 리츠(REITs)를 기반으로 한 펀드이다. 이는 부동산에 투자하고자 하는 투자자들에게 다양한 부동산 자산에 대한 포트폴리오 다변화 기회를 제공한다.

② **투자 방식**: 부동산 리츠형 펀드는 다양한 부동산 리츠에 투자하고, 투자자들은 해당 펀드를 통해 부동산 시장의 다양한 세그먼트에 분산된 포트폴리오에 투자할 수 있다.

(3) 지속가능 부동산투자신탁(Sustainable Real Estate Investment Trusts)

① **특징 및 발전 배경**: 최근에는 지속 가능성이 강조되면서, 지속가능 부동산투자신탁이 발전하고 있다. 이러한 투자신탁은 환경, 사회, 거버넌스(ESG) 측면에서 부동산 투자의 영향을 평가하고 지속 가능한 개발을 지향한다.

② **투자 방식**: 지속가능 부동산투자신탁은 지속 가능성 기준에 부합하는 부동산 프로젝트에 투자하고, 환경 보호, 사회 책임, 효과적인 거버넌스에 중점을 둔다.

이와 같은 부동산투자신탁의 발전은 부동산 시장에 더 많은 투자 기회를 제공하고, 투자자들에게 다양한 포트폴리오 구성 기회를 제공하고 있다.

이처럼 부동산 신탁은 그 역사를 통해 금융 시장과 부동산 시장의 변화에 부응하며 발전해왔으며, 지속적으로 다양화되고 현대화되고 있다

4) 부동산 신탁의 필요성

부동산 신탁은 현대 금융 시장에서 중요한 역할을 수행하며 다양한 이유로 인해 그 필요성이 부각되고 있다.

(1) 자금 유동화와 투자 다양성

부동산 신탁은 부동산 자산을 효과적으로 유동화하고, 투자자에게는 다양한 부동산 투자 기회를 제공함으로써 자금 유동성을 향상시키는 역할을 한다.

(2) 부동산 시장의 접근성 향상

일반 개인 투자자들이 부동산 시장에 진입하기 어려운 상황에서 부동산 신탁을 활용하면 작은 금액으로도 부동산 투자에 참여할 수 있는 기회를 얻을 수 있다.

(3) 투자 리스크 감소

다양한 부동산 자산을 관리하고 분산 투자를 통해 투자 리스크를 감소시키는데 도움을 준다. 특정 부동산에 의존하지 않고 다양한 자산으로 구성된 포트폴리오를 형성할 수 있다.

2. 부동산 신탁의 기본 원리와 개념

1) 부동산 신탁의 정의

부동산 신탁은 부동산 투자를 위해 여러 투자자의 자금을 모아 특정 부동산 자산을 취득하거나 관리하는 재무 도구이다. 이는 신탁회사가 일정한 규모의 자금을 모은 후 이를 부동산에 투자하고, 그 수익을 투자자들에게 배당하는 형태로 운영된다.

2) 부동산 신탁의 주요 특징

(1) 자산 다양화 (Diversification)

부동산 신탁은 투자자들의 자금을 모아 다양한 부동산 자산에 투자한다. 이를 통해 투자자는 단일 부동산에 의존하지 않고 여러 부동산에 분산된 투자 기회를 얻을 수 있다.

(2) 운용 전문성 (Professional Management)

부동산 신탁은 전문 운용진이 부동산 자산을 효과적으로 관리하고 수익을 극대화하기 위해 노력한다. 이는 투자자들이 부동산 관리에 필요한 노하우를 보유하지 않아도 투자에 참여할 수 있게 한다.

(3) 유동성 제공 (Liquidity Provision)

부동산 신탁은 일반적으로 유동성이 높은 투자 도구이다. 투자자들은 신탁지분을 매매하거나 이체함으로써 상대적으로 쉽게 투자 포트폴리오를 조절할 수 있다.

3) 부동산 신탁의 장단점

(1) 장점

① 다양한 투자 기회 제공: 부동산 신탁은 다양한 부동산 프로젝트에 투자하므로 투자자들에게 다양한 투자 기회를 제공한다.

② 전문 운용 및 관리: 부동산 신탁은 전문 운용진에 의해 효과적으로 관리되며, 부동산 시장 동향을 분석하여 최적의 투자 결정을 내린다.

③ 유동성 확보: 신탁지분은 거래소에서 매매될 수 있어, 투자자들은 상대적으로 높은 유동성을 누릴 수 있다.

(2) 단점

① 시장 변동성의 영향 받음: 부동산 시장의 변동성에 영향을 받기 때문에 부동산 시장의 불안정성이 신탁의 수익에 영향을 미칠 수 있다.

② 수익의 불확실성: 부동산 신탁의 수익은 부동산 시장의 성과에 크게 의존하므로, 예상 수익이 불확실할 수 있다.

③ 운용 수수료 부담: 전문 운용진을 고용하고 부동산 자산을 유지하기 위해 운용 수수료가 부과되므로, 이는 일부 투자자에게 추가적인 비용으로 다가갈 수 있다.

부동산 신탁을 선택할 때에는 투자목표와 위험 성향을 고려하여 장단점을 면밀히 검토하는 것이 중요하다.

3. 부동산 신탁의 주요 참여자

1) 신탁회사의 역할과 책임

(1) 부동산 신탁회사의 정의

부동산 신탁회사는 부동산 신탁을 설립하고 운용하는 주체로, 투자자들의 자금을 모아 부동산 자산을 취득하거나 관리한다.

(2) 역할과 책임

① **신탁 설립 및 운용**: 부동산 신탁회사는 투자자들로부터 자금을 모아 부동산 자산을 취득하거나 운용한다.

② **자산 관리**: 부동산 신탁회사는 취득한 부동산 자산을 전문적으로 관리하고 운용하여 투자 수익을 극대화하려고 노력한다.

③ **투자자 보호**: 신탁회사는 투자자들의 이익을 보호하고, 투자 상품에 관한 정보를 제공하여 투자자들이 합리적인 결정을 내릴 수 있도록 돕는다.

2) 투자자의 입장과 이익

(1) 투자자의 정의

투자자는 부동산 신탁에 투자한 자로, 부동산 신탁의 신탁지분을 보유하고 있다.

(2) 이익

① **수익 창출**: 투자자는 부동산 신탁의 운용 수익을 일정 비율로 배당받는다.

② **포트폴리오 다변화**: 부동산 신탁에 투자함으로써 투자자는 부동산 시장의 다양한 세그먼트에 투자하고 포트폴리오를 다변화시킬 수 있다.

③ **전문 운용진 활용**: 투자자는 부동산 신탁을 통해 전문 운용진의 노하우와 경험을 활용할 수 있다.

3) 수탁재산의 소유자와 권리

(1) 수탁재산의 소유자

수탁재산은 부동산 신탁에 의해 취득된 부동산 자산을 가리키며, 부동산 신탁회사가 이를 소유하게 된다.

(2) 권리

① **수익권**: 부동산 신탁의 투자자들은 부동산 운용 수익을 일정 비율로 나눠받는 수익권을 보유한다.

② **행사 권리**: 일부 부동산 신탁에서는 투자자들이 결정에 영향을 미치는 주주 결

의권 등을 행사할 수 있도록 하는 권리가 부여될 수 있다.

③ **재투자 권리**: 일부 부동산 신탁에서는 투자자들이 추가적인 자금을 투자하거나 신탁을 연장할 수 있는 권리를 부여할 수 있다.

부동산 신탁은 이러한 다양한 참여자들 간의 권리와 의무를 명확히 정의하여 투명하고 공정한 운용을 지원하고 있다.

4. 부동산 신탁의 종류와 형태

1) 부동산투자신탁(REITs)과의 차이

(1) 부동산투자신탁(REITs)의 정의

부동산투자신탁(REITs)은 부동산 자산에 투자하고, 투자 수익을 주주에게 배당하는 투자 도구이다. REITs는 주로 건물, 주택, 상업용 부지 등 다양한 부동산 자산에 투자한다.

(2) 차이점

① **운용목적의 차이**: 부동산투자신탁은 주로 특정 부동산 프로젝트에 투자하거나 부동산 포트폴리오를 운용하는 데 중점을 둡니다. 반면 REITs는 다양한 부동산 자산에 투자하고, 주주에게 배당을 주는 것이 목적이다.

② **유동성의 차이**: 부동산투자신탁은 주로 개별 부동산 프로젝트에 투자하므로 유동성이 낮을 수 있다. 반면 상장된 REITs는 거래소에 상장되어 있어 상대적으

그림 9-1 REITs 구조

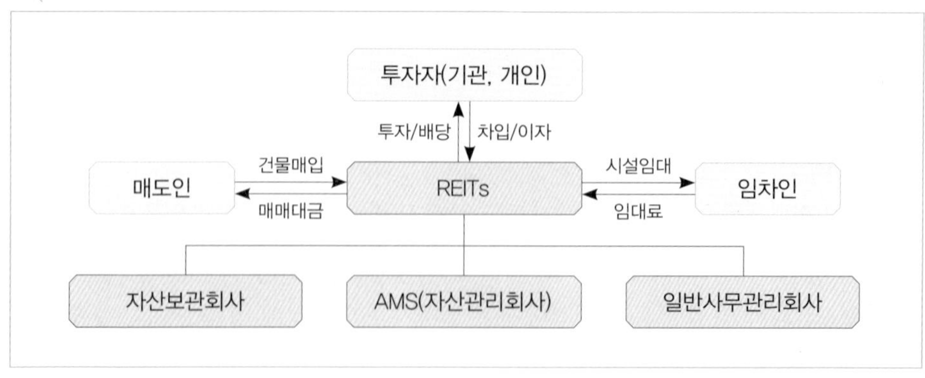

로 높은 유동성을 제공한다.

2) 신탁재산 형태와 다양성

(1) 신탁재산의 형태

부동산 신탁은 주로 다양한 형태의 부동산 자산을 신탁재산으로 가진다. 이에는 주택, 아파트, 상업용 부지, 호텔, 사무실 등이 포함될 수 있다.

(2) 다양성

부동산 신탁은 다양한 부동산 자산 유형에 투자함으로써 투자자들에게 포트폴리오 다변화의 기회를 제공한다. 이를 통해 부동산 시장의 다양한 세그먼트에 투자하고 리스크를 분산할 수 있다.

3) 부동산 신탁의 법적 형성

(1) 법적 형성 과정

부동산 신탁의 법적 형성은 각 국가의 법률과 규정에 따라 다를 수 있다. 일반적으로 신탁회사가 투자자로부터 자금을 모아 부동산 자산을 취득하고, 이를 신탁재산으로 지정한다.

(2) 법적 구조와 규정 준수

부동산 신탁은 투자자와 신탁회사 간의 계약과 법적 구조를 통해 운영된다. 이러한 법적 구조는 투자자의 권리와 의무, 신탁재산의 운용 방침 등을 명확하게 규정하며, 해당 규정은 현지 법규 및 규정을 준수한다.

(3) 감독 및 보호

일반적으로 부동산 신탁은 해당 국가의 금융 당국이나 감독 기관에 의해 감독되며, 투자자를 보호하기 위한 다양한 규제를 준수해야 한다.

부동산 신탁은 법적인 프레임워크 내에서 운용되며, 투자자와 신탁회사 간의 계약이나 현지 법규를 준수하여 안전하고 투명한 운용을 제공한다.

5. 부동산 신탁 운용과 수익

1) 투자 전략과 관리

(1) 투자 전략 수립

부동산 신탁은 투자 전략을 수립하여 어떤 부동산 자산에 투자할 것인지, 어떻게 운용할 것인지 결정한다. 이는 수익 목표, 리스크 허용 수준, 투자 기간 등을 고려하여 계획된다.

(2) 부동산 포트폴리오 관리

부동산 신탁은 다양한 부동산 자산에 투자하여 포트폴리오를 다변화하고, 리스크를 분산시킨다. 특정 부동산 시장의 특성, 수요 및 공급 동향 등을 분석하여 효과적인 포트폴리오를 유지하려고 노력한다.

2) 신탁재산의 가치 평가

(1) 주기적 가치 평가

부동산 신탁은 주기적으로 신탁재산의 가치를 평가한다. 이는 독립적인 감정사나 감정평가 업체를 활용하여 시장 조사와 수치 분석을 통해 이루어진다.

(2) 시장 조사와 분석

부동산 신탁은 투자한 지역의 부동산 시장 동향을 지속적으로 모니터링하고, 수요와 공급, 경기 변동 등을 분석하여 신탁재산의 현재 및 장기적인 가치를 평가한다.

3) 부동산 신탁 수익의 주요 원천

(1) 임대료 수익

부동산 신탁은 투자한 부동산을 임대하여 임대료를 수익의 주요 원천으로 삼다. 임대료는 지역 시장조건, 부동산 유형, 임차인과의 계약 조건 등에 따라 다양하다.

(2) 자산 가치의 증가

신탁재산의 가치가 시간과 함께 상승하면, 부동산 신탁은 해당 가치의 상승분을 수익으로 얻을 수 있다. 이는 부동산 시장의 성장이나 개발 프로젝트의 성공 등으로 인해 발생할 수 있다.

(3) 평가 및 매각 수익

특정 시점에 신탁재산을 평가하고 매각할 때 발생하는 수익도 부동산 신탁 수익의 일부이다. 이는 부동산 시장의 가치 변동 및 투자 전략의 성과에 따라 달라진다.

부동산 신탁은 전문적인 운용과 효과적인 투자 전략을 통해 다양한 수익원을 확보하며, 투자자들에게 안정적이고 꾸준한 수익을 제공한다.

6. 부동산 신탁과 부동산 시장의 상호작용

1) 시장 환경 변화에 따른 영향

(1) 부동산 시장 영향

부동산 신탁은 지역별, 국가별 부동산 시장의 변화에 민감하게 반응한다. 시장의 수요 및 공급 변화, 경기 전망, 정책 변화 등이 부동산 시장에 영향을 미치며, 부동산 신탁의 운용 성과에 영향을 미칠 수 있다.

(2) 투자 전략의 조정

부동산 신탁은 변동하는 시장 환경에 따라 투자 전략을 조정한다. 예를 들어, 수요가 높은 지역으로의 포트폴리오 재조정이나 리스크 관리를 통한 투자 전략 변화 등이 이에 해당한다.

2) 금리 변동과 부동산 신탁

(1) 금리 영향

금리의 상승이나 하락은 부동산 신탁에 영향을 미친다. 일반적으로 금리 하락 시 부동산 투자가 유리해지며, 이로 인해 부동산 신탁의 수익률이 상승할 수 있다.

(2) 금리 리스크 관리

금리 변동에 대한 리스크를 최소화하기 위해 부동산 신탁은 금리 파생상품을 활용하거나 투자 전략을 세밀하게 조정한다. 이는 투자자의 이익을 보호하고 안정적인 운용을 지원한다.

3) 부동산 시기와 신탁재산의 가치 변화

(1) 부동산 시기 영향

경기 변동이나 부동산 시기에 따라 부동산 시장의 특성이 변화한다. 부동산 신탁은 이러한 변화를 고려하여 투자 전략을 조절하고, 수익 창출 및 자산 가치 유지를 목표로 한다.

(2) 가치 변화 요인

신탁재산의 가치는 부동산 시장의 흐름, 개발 프로젝트의 성과, 임대료 수준 등에 영향을 받는다. 특정 지역이나 유형의 부동산이 성장하는 시기에는 가치 상승이 기대될 수 있다.

부동산 신탁은 부동산 시장의 동향을 지속적으로 모니터링하고, 다양한 시나리오에 대비하여 유연한 투자 전략을 유지함으로써 안정적인 운용을 지원한다.

7. 부동산 신탁의 규제와 법적 쟁점

1) 국내외 부동산 신탁 규제 동향

(1) 국내 규제

국내 부동산 신탁은 금융당국의 감독 및 규제를 받는다. 금융위원회 등 국내 감독기관은 부동산 신탁의 운용과 관련된 법규를 통제하며, 투자자 보호 및 시장의 안정을 위해 꾸준한 감독을 실시하고 있다.

(2) 국제 규제 동향

국제적으로는 부동산 신탁이 글로벌 투자자와 국가 간 자본 이동을 촉진하는 역할을 고려하여 규제가 점차 더 강화되고 있다. 국제 간 규제 협력 및 투자의 투명성 증진이 규제 동향의 일부이다.

2) 부동산 신탁과 관련된 법적 문제 해결 전략

(1) 계약 및 소송 관리

부동산 신탁은 계약 체결 시에 투자자와의 합의사항을 명확하게 기록하고, 법적 문제가 발생할 경우 이를 관리하기 위한 전략을 수립한다. 법률 자문을 활용하여 잠재적인 리스크를 최소화하고, 필요한 경우 소송 절차를 효과적으로 진행한다.

(2) 투자자 교육 및 안내

부동산 신탁은 투자자에게 법적인 측면을 명확하게 설명하고, 투자자 교육을 통해 법적인 문제에 대한 이해도를 높인다. 이를 통해 투자자들이 법적인 쟁점에 대비하고 적절한 의사결정을 할 수 있도록 지원한다.

3) 부동산 신탁의 윤리적 고려사항

(1) 투명성과 투자자 의사소통

부동산 신탁은 투명하고 정직한 운용을 통해 투자자에게 윤리적으로 책임을 다하고 있다. 투자자와의 소통을 강화하여 투자 상품의 특징, 리스크, 수익 기대치 등을 명확히 전달한다.

(2) 이해당사자의 공정한 대우

부동산 신탁은 이해당사자들 간에 공정한 대우를 제공하고, 이를 통해 윤리적인 운용을 유지한다. 투자자, 신탁회사, 관련 당사자 간의 이해관계를 투명하게 유지하여 갈등을 예방하고 해결한다.

부동산 신탁은 법적인 쟁점에 대비하기 위해 적절한 법률 자문을 활용하고, 윤리적인 운용을 통해 투자자의 신뢰를 유지하며 규제 준수에 최선을 다하고 있다.

8. 부동산 신탁의 글로벌 동향과 비교 분석

1) 주요 국가의 부동산 신탁 시장 개요

(1) 미국

미국은 세계 부동산 신탁 시장에서 큰 점유율을 차지하고 있다. 주택 및 상업용 부동산 신탁(REITs)이 활발하게 거래되며, 다양한 부동산 자산 유형이 포함된 포트폴리오를 구성하는 경향이 있다.

(2) 일본

일본의 부동산 신탁 시장은 안정적이고 성숙한 특성을 갖추고 있다. 주택 및 사무실 부동산에 대한 신탁이 활발하며, 투자자들에게 안정적인 수익을 제공한다.

(3) 유럽

유럽 국가들은 각자 다른 부동산 신탁 시장을 가지고 있다. 영국, 독일, 프랑스 등에서는 상업용 부동산에 대한 투자가 주를 이루며, 지역 특성에 따라 다양한 차별화된 시장이 형성되어 있다.

2) 글로벌 부동산 신탁의 성장 동력

(1) 글로벌 포트폴리오 다변화

투자자들은 지역 간 및 부동산 유형 간의 다변화를 통해 글로벌 부동산 신탁에 투자하고 있다. 이는 리스크 분산과 안정적인 수익을 추구하는 데 도움이 된다.

(2) 금융 기술과 디지털화

금융 기술의 발전과 디지털화는 글로벌 부동산 신탁 시장을 혁신하고 있다. 스마트 계약, 블록체인 기술 등의 도입으로 거래 프로세스의 효율성이 증가하고, 투자자들 간의 상호 작용이 강화되고 있다.

3) 다양한 국가 간 부동산 신탁의 차이와 공통점

(1) 규제와 세법의 차이

각 국가는 부동산 신탁에 대한 규제와 세법을 다르게 적용하고 있다. 이로 인해 투자자들은 국가 간의 법적 차이를 고려하여 투자 전략을 수립한다.

(2) 부동산 시장 특성

각 국가의 부동산 시장은 지역적인 특성에 따라 크게 다르다. 토지 가격, 수요·공급 상황, 개발 가능성 등이 국가 간에 차이를 보이며, 이는 부동산 신탁의 특성에 영향을 미친다.

(3) 투자자 선호도의 차이

투자자들은 지역별로 다르게 부동산 신탁에 투자하는 경향이 있다. 일부 국가에서는 안정적인 임대수익을 중시하며, 다른 국가에서는 자산 가치의 성장을 더 중요시하는 경우가 있다.

부동산 신탁은 각 국가의 부동산 시장 특성과 규제 환경을 고려하여 글로벌 시장에서 안정적이고 효과적인 운용을 추구하고 있다.

9. 부동산 신탁의 미래 전망

1) 기술과 부동산 신탁의 융합

(1) 블록체인 기술의 도입

블록체인 기술은 거래의 투명성과 안전성을 향상시키는 데 기여할 수 있다. 스마트 계약을 통한 자동화된 거래 프로세스와 분산 원장 기술은 부동산 신탁의 운용 및 거래 효율성을 향상시킬 것으로 전망된다.

(2) 빅데이터와 인공지능 활용

빅데이터 및 인공지능 기술은 부동산 신탁에서 데이터 수집 및 분석, 투자 전략 수립에 적용될 것이다. 실시간 시장 동향 분석과 예측 모델의 개발을 통해 투자자들은 더 나은 의사결정을 할 수 있을 것으로 기대된다.

2) 지속 가능성과 부동산 신탁의 연계

(1) ESG 기준의 강화

지속 가능한 투자에 대한 관심이 증가함에 따라, 부동산 신탁은 환경, 사회, 거버넌스(ESG) 기준을 준수하고 투자 대상 부동산의 지속 가능성을 고려한 투자 전략을 채택할 것으로 예상된다.

(2) 녹색 부동산 신탁의 확대

환경 보호와 지속 가능성에 중점을 둔 녹색 부동산 신탁이 더 많이 등장할 것으로 전망된다. 투자자들은 환경 친화적인 부동산 프로젝트에 투자하고 지속 가능한 수익을 추구할 것으로 예상된다.

3) 글로벌 시장 동향과 부동산 신탁의 전망

(1) 글로벌 투자 추세

글로벌 부동산 신탁 시장은 투자자들이 국경을 넘어 다양한 지역에 투자하는 추세를 보일 것으로 예상된다. 이는 글로벌 부동산 시장의 통합을 촉진하고 투자 포트폴리오의 다변화를 지원할 것이다.

(2) 신규 시장과 부동산 신탁의 확장

신규 시장에서의 부동산 신탁의 확장이 예상된다. 특히 신흥 시장에서의 부동산 개발 및 투자가 활발해지면서 부동산 신탁이 새로운 기회를 모색할 것으로 예측된다.

부동산 신탁은 기술 혁신과 지속 가능성에 주목하며 글로벌 시장에서 미래에 걸쳐 더욱 중요한 역할을 수행할 것으로 전망된다.

10. 부동산 신탁의 미래적 의의

1) 부동산 신탁의 중요성과 미래적 의의

(1) 글로벌 자산 다변화 수단

부동산 신탁은 투자자들에게 안정적이고 예측 가능한 수익을 제공하는 글로벌 자산 다변화 수단으로 인식되고 있다. 미래에도 글로벌 투자 포트폴리오에서 부동산 신탁의 중요성은 계속 강조될 것으로 예상된다.

(2) 지속 가능성과 부동산 신탁

지속 가능한 투자가 강조되는 시대에, 부동산 신탁은 환경, 사회, 거버넌스(ESG) 기준을 충족시키는 부동산 투자 방식으로 더욱 중요해질 것으로 예측된다. 투자자들은 지속 가능성에 민감한 투자를 선호하며, 부동산 신탁이 이에 부응할 것으로 예측된다.

2) 부동산 신탁에 대한 추가적인 연구의 필요성

(1) 기술과 부동산 신탁의 융합

기술 혁신은 부동산 신탁 시장에 새로운 가능성을 열어놓고 있다. 블록체인, 인공지능, 빅데이터 등의 기술을 활용한 부동산 신탁 운용 방식의 변화와 이에 따른 리스크 및 수익 모델에 대한 연구가 필요하다.

(2) 지역 특성 및 문화적 차이의 고려

부동산 신탁의 성공적인 운용을 위해서는 지역 특성과 문화적 차이를 고려한 연구가 중요하다. 각 국가의 부동산 시장 특성과 규제 환경에 따라 다른 부동산 신탁 모델의 필요성에 대한 연구가 필요하다.

(3) 윤리적 측면과 투자자 신뢰

지속 가능성 및 윤리적 측면에서 부동산 신탁의 투명성과 투자자 신뢰를 높일 수 있는 연구가 요구된다. 부동산 신탁이 윤리적 가치 및 사회적 가치를 고려한 운용을 강조하는 방향으로 연구가 진행되어야 한다.

미래의 부동산 신탁은 기술 혁신, 지속 가능성, 지역 특성 등 다양한 측면에서의 연구와 발전이 필요하다. 이를 통해 부동산 신탁은 미래 투자 시장에서 더욱 중요한 역할을 수행할 것으로 기대된다.

제2절 부동산 신탁 실무

부동산 신탁은 주로 신탁회사에서 주요사업으로 하는 업무이다. 이를 위해 신탁활용자, 이해관계자, 신탁회사는 신탁에 관련된 활용 방식과 관련법에 대한 이해가 필요하다.

1. 부동산 신탁 활용

1) 부동산 컨설팅

고객 의뢰에 따라 부동산 전문가들이 부동산이용에 대해 조사·분석하여 개발 또는 이용 가능한 최적의 방안 및 자금 조달 등을 제시해 주는 제도이다.

그림 9-2 부동산 컨설팅

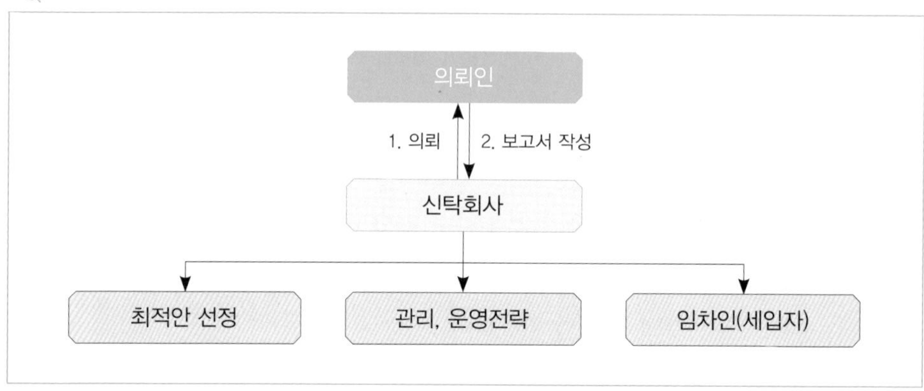

2) 신탁방식의 도시 정비사업

도시 정비구역 안에서 정비기반 시설 정비 및 주택개량, 주거환경 개선 등 재개발·재건축을 통해 도시의 가치를 상승시키는 사업으로 신탁회사가 사업시행자 또는 사업대행자가 되어 사업을 진행한다.

그림 9-3 신탁방식의 도시 정비사업

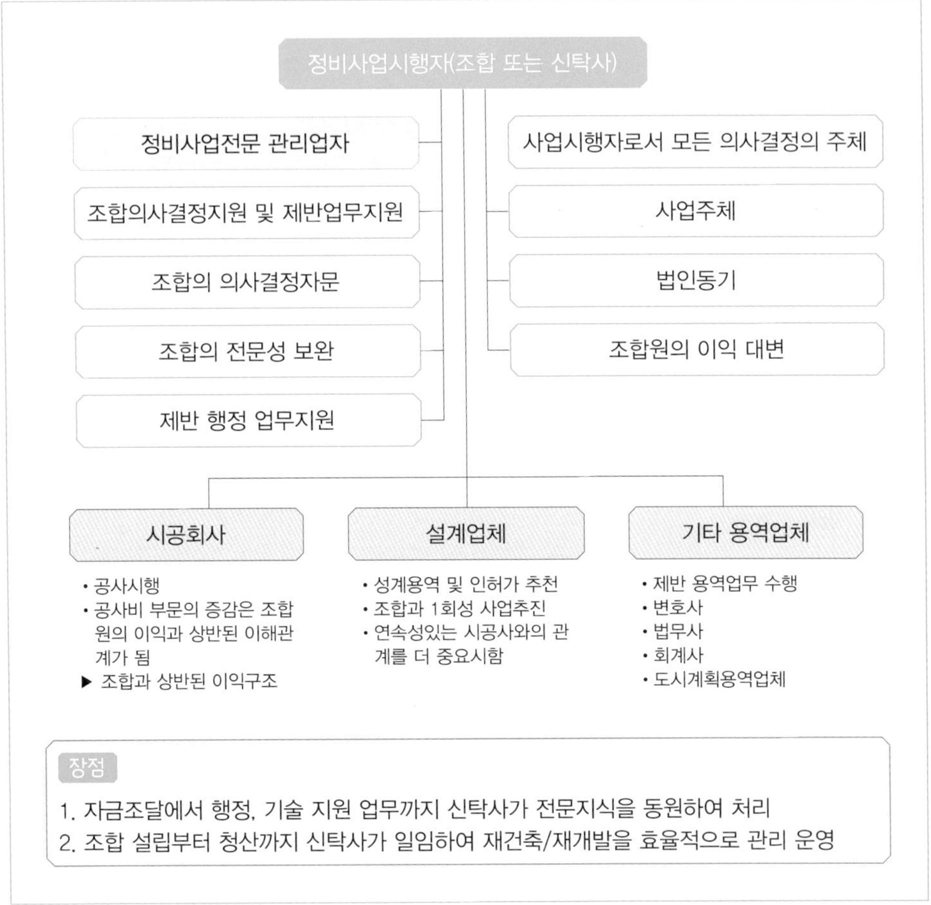

2. 부동산 신탁 유형

1) 관리신탁

부동산 관리신탁은 부동산과 관련된 자산을 전문적으로 관리하는 특별한 형태의 신탁이다. 이는 부동산 소유자나 투자자가 부동산 관리와 운용에 대한 일련의 업무를 전문적인 신탁사에 위임하는 방식으로 작동한다. 부동산 관리신탁은 부동산의 소유, 운용, 유지보수, 임대, 매매 등 다양한 업무를 효율적으로 수행하고 부동산 자산의 가치를 극대화하기 위해 설계되어 있다.

그림 9-4 부동산 관리신탁

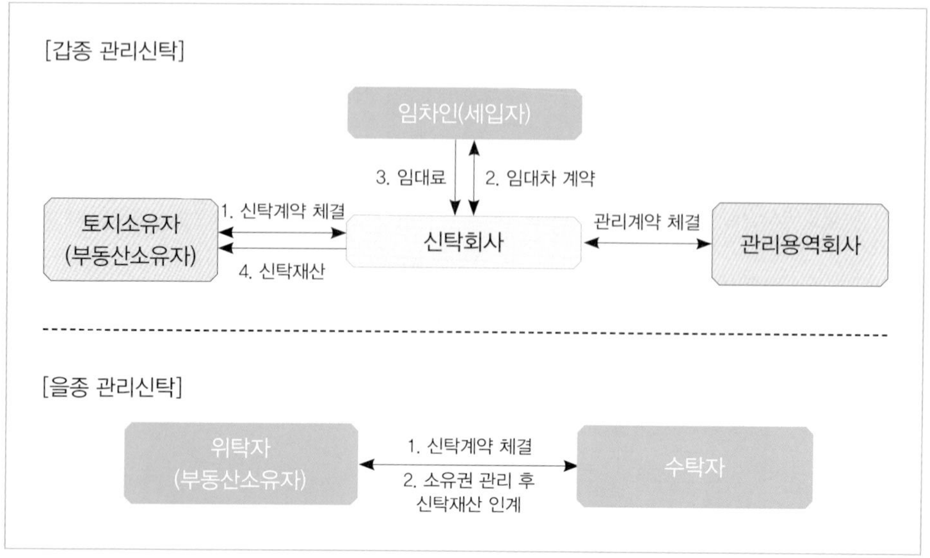

(1) 주요 특징과 의미

① **전문성과 전문 운용**: 부동산 관리신탁은 부동산에 대한 전문 지식을 가진 전문가들이 부동산 관리와 운용을 담당한다. 이는 부동산 소유자 또는 투자자가 전문적인 서비스를 받을 수 있도록 도와준다.

② **부동산 운용의 최적화**: 관리신탁은 부동산을 효율적으로 운용하여 수익을 극대화하고 자산 가치를 높이기 위해 다양한 전략을 구사한다. 이를 통해 투자자에게 안정적인 수익을 제공하고 부동산 자산을 지속적으로 관리한다.

③ **자산 다양화**: 부동산 관리신탁은 여러 부동산 투자에 대한 포트폴리오를 구성하고 운용함으로써 투자자의 자산을 다양화한다. 이는 리스크 관리에 도움을 주며 안정적인 수익을 추구할 수 있도록 한다.

④ **임대 및 매매 업무**: 부동산 관리신탁은 부동산의 임대 및 매매 업무를 효율적으로 수행한다. 이는 부동산 소유자에게 임대수익을 창출하거나 부동산을 적절한 시기에 매각하여 이익을 실현할 수 있도록 돕다.

⑤ **부동산 관련 서비스 제공**: 부동산 관리신탁은 부동산에 관련된 다양한 서비스를 제공한다. 예를 들면 시설 유지보수, 재무 관리, 세무 서비스, 법률 자문 등이 있다.

(2) 단점

① 보수요율 낮아 업무효율성 크지 않다.

② 사해신탁 가능성 높고 강제집행 면탈 수단으로 악용될 수 있다.

③ 위탁자가 다수이거나 조합사업 등에서 다수지주 존재시 활용가능하다.

④ 수탁검토시 건물 제외하고 토지만 수탁하는 것이 바람직하다.

⑤ 권리제한사항 일체 말소 원칙을 준수해야 한다.

2) 처분신탁

부동산 처분신탁은 부동산 소유자가 특정 부동산을 처분하기 위해 전문적인 신탁사에 해당 자산을 위탁하고, 해당 신탁사가 부동산의 효과적이고 전문적인 처분을 수행하는 제도를 나타낸다. 이는 부동산 소유자가 부동산 매각에 필요한 복잡한 절차와 관리 업무를 외부 전문가에게 위임하여 부동산 처분과정을 간소화하고 최대한의 가치를 추구할 수 있도록 돕기 위한 방법 중 하나이다.

계약관계자는 위탁자 겸 수익자, 수탁자, 매수(예정)자이며 처분대금 관리업무가 수반되지 않는 경우 사해신탁(사해행위) 가능성 있으므로 위탁자와 매수자간의 매매계약서 내용 확인 후 매매계약서상의 대금이 실제 교부되었는지 확인이 필요하다. 처분대금을 당사가 직접 관리하는 것을 원칙으로 하여 처분업무를 진행한다.

그림 9-5 부동산 처분신탁

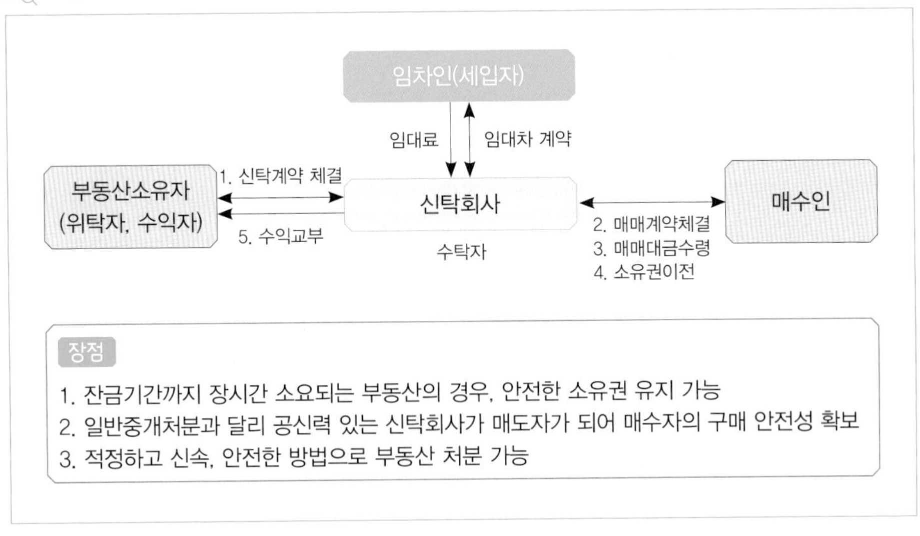

참고판례 대법원 2013. 12. 12. 선고 2012다111401 판결

위탁자가 가지고 있는 담보신탁계약상의 수익권은 위탁자의 일반채권자들에게 공동담보로 제공되는 책임재산에 해당하므로, 위탁자가 위와 같이 담보신탁된 부동산을 당초 예정된 신탁계약의 종료 사유가 발생하기 전에 우선수익자 및 수탁자의 동의를 받아 제3자에게 처분하는 등으로 담보신탁계약상의 수익권을 소멸하게 하고, 그로써 위탁자의 소극재산이 적극재산을 초과하게 되거나 채무초과상태가 더 나빠지게 되었다면 이러한 위탁자의 처분행위는 위탁자의 일반채권자들을 해하는 행위로서 사해행위가 된다.

3) 담보신탁

부동산 담보신탁은 부동산 소유자가 자산을 담보로 하여 특정 목적을 위해 신탁사

그림 9-6 부동산 담보신탁

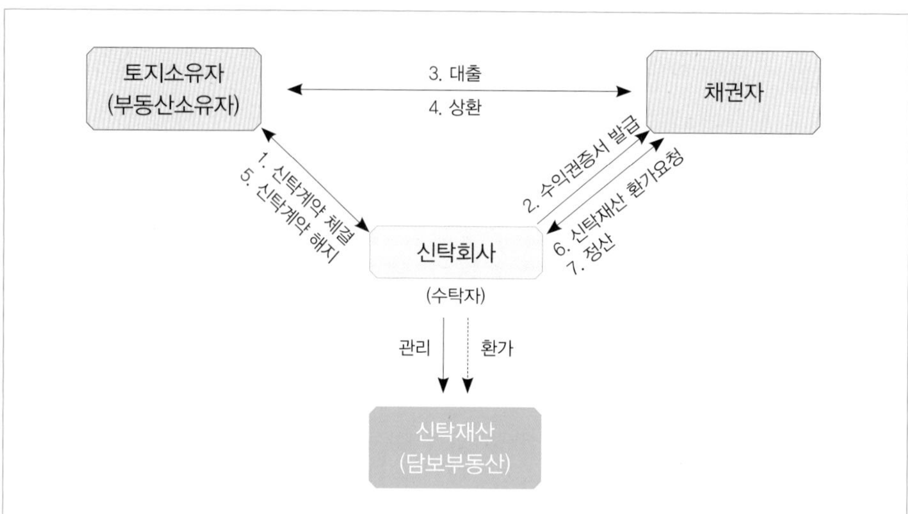

장점

1. 저당권 설정대비 채무 부담 비용 저렴
2. 금융기관의 대출의사 결정 시 대상 부동산에 대한 조사와 대출 실행 후 신탁재산에 대한 관리를 통해 용이한 대출채권 관리 가능
3. 신탁기간 중 예상치 못한 제3의 채권으로부터 보호 가능
4. 채무불이행시 신탁 부동산을 환가하여 그 환가대금을 채권자에게 채무 변제금으로 교부하고 잔여금은 위탁자에 배당

에게 위탁하는 제도를 나타낸다. 일반적으로 부동산을 담보로 대출을 받거나 특정 목적의 자금을 조달하기 위해 활용된다. 이 경우, 부동산 소유자는 자신의 부동산을 담보로 한 부동산 담보권을 신탁사에게 이전하고, 그에 대한 대출 또는 자금을 활용할 수 있다. 이러한 방식으로 부동산 담보신탁은 부동산 자산의 유동성을 높이고 금융 거래의 효율성을 증대시키는 데 사용될 수 있다.

(1) 확인 사항

- 담보가치(잔존가치)가 충분할 것
- 신탁사무처리비용(ex제세공과금, 소송비용 등) 발생시 처리가 가능한지 여부
- 위탁자 신용상태 / 대리사무 수반여부
- 소액 물건의 경우 권리제한사항(압류, 가처분, 근저당, 임대차 등 포함)이 없는 것을 원칙으로 함

  예 최초 신탁등기 이후 물건(필지)를 추가로 신탁받아야 하는 경우 원부변경(×) 신규신탁(○)

(2) 임대차관리

- 우선수익자 동의서를 정확하게 징구하고, 우선수익자 동의서와 같은 내용으로 당사명의 동의서 발급함

  (보증금 수령계좌 명의를 누구로 할 것인지, 보증금 액수가 얼마인지)
- 보증금이 대출금에 상환된 경우, 신탁 정산시 임대차보증금을 우선수익자보다 선순위로 정산 필요

(3) 제세공과금

- 주의항목: 재산세/ 교통유발부담금/ 관리비/ 등록면허세
- 재산세 등 미납시 고액상습 체납자 공시 등으로 회사 신용 및 이미지에 부정적 영향을 미침
- 권고안에 신탁사무처리비용 우선수익자 함께 부담하는 내용 포함됨
- 권고안 계약서를 가급적 내용수정 없이 사용 필요(소액 담보 필수)

4) 수익권 질권 설정

- 우선수익권에 준하는 담보제공 효과
- 관리업무 증가되는 반면 설정보수는 크지 않음

  예 자금집행, 해지 시 질권자 채권침해 고려하여 업무처리 필요. 우선수익권 증액 시 질권자 동의 필요.
- 수탁자의 질권 설정 승낙(동의)서상에 확정일자 받아야 우선권 보장됨

> **민법 제450조(지명채권양도의 대항요건)**
> ① 지명채권의 양도는 양도인이 채무자에게 통지하거나 채무자가 승낙하지 아니하면 채무자 기타 제삼자에게 대항하지 못한다.
> ②전항의 통지나 승낙은 확정일자있는 증서에 의하지 아니하면 채무자 이외의 제삼자에게 대항하지 못한다.

예 확정일자 취득에 대한 의무 내지 책임에서 당사 면책사항 반영 요망
- 공사비 채권(시공사의 우선수익권) 질권 설정시 문제

  : 자금집행 포괄동의서 사전징구

  : 시공이익 상당액에 대하여 질권설정한 것으로 볼 수 있으므로, 마지막회차 공사비 지급시에는 포괄동의서 징구에도 불구하고 질권자 채권상환여부 확인 내지 질권자 동의후 집행하여야 안전함

5) 대리사무신탁

부동산 대리사무는 일반적으로 부동산 신탁업에서 사용되는 용어 중 하나로, 신탁회사가 부동산 관련 업무를 대행하거나 처리하는 것을 나타낸다. 이는 부동산 신탁업체가 투자자나 신탁재산의 소유자를 대신하여 부동산 거래나 운용과 관련된 다양한 사무를 처리하는 서비스를 의미한다. 부동산 대리사무에는 부동산 거래의 계약서 작성, 관리, 부동산 자산의 유지보수, 임대 및 입주 관리, 세금 및 기타 법률적인 문제 처리 등이 포함될 수 있다. 이는 부동산 신탁업체가 클라이언트에게 편리하고 포괄적인 서비스를 제공하고, 부동산 자산을 효율적으로 운용하기 위한 노력의 한 부분이다.

그림 9-7 부동산 대리사무신탁

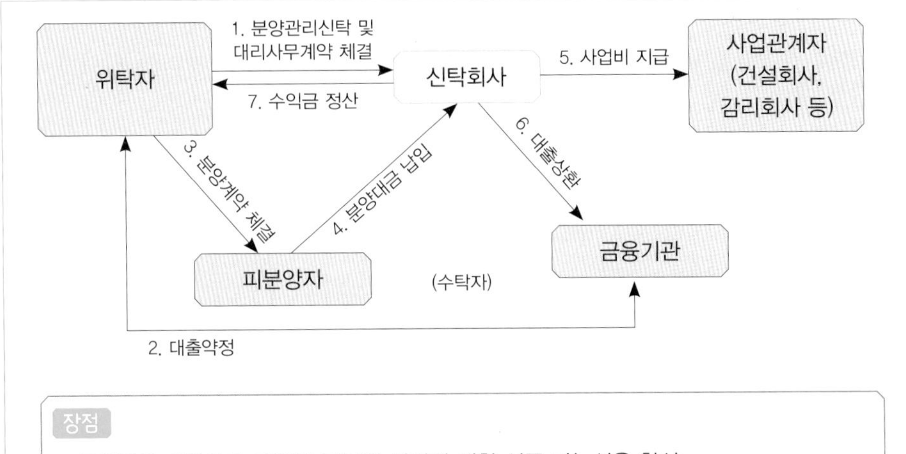

장점

1. 공신력을 바탕으로 다양한 종류의 거래에 대한 성공 가능성을 향상
2. 신탁회사의 전문성과 정보력을 통해 철저한 사업계획 수립과 시공사 선정이 가능하고 인허가 기간 단축
3. 분양수입금을 신탁회사가 대리 관리하는 경우 신탁회사의 공신력으로 분양 계약자의 불안감을 해소하여 분양 촉진 및 금융기관으로부터의 자금 조달 용이

(1) 대출금(대여금)

– 자금집행 절차상 대여자의 동의받아 집행하는 내용 포함하여야 함

(2) 신청금 / 분양대금

– 신청금은 환불 이외 사업비 용도의 자금집행은 불가능함/ 신청자가 원할 경우 반환하여야 함 / 분양대금 관리의 경우 분양요건(분양승인 등) 충족여부 필수 체크

(3) 투자금

– 투자자 1인으로 특정하는 것이 바람직함/ 투자자가 수인일 경우 별도 계좌 개설하여 투자자별로 분별관리/ 투자금 입급시 투자자 명의로 직접 입금하여야 함 (제3자가 대신 입금하는 것은 불가)

(4) 인허가

– 인허가 명의를 신탁사 명의로 취득하는 업무로 대리사무로 보기 어려움/ 토지신탁의 부수업무임/ 인허가 명의 취득시 사업주체(건축주)로서의 의무 내지 책

임이 발생되며 각종 비용을 부담하게 될 가능성이 있음/ 비용처리 및 우발상황에 대비하여 부동산 신탁 동시 진행을 원칙으로 함/ 통상적으로 관토 수주 임박하여 관리형토지신탁계약 체결 전제로 담보신탁 + 수탁자 명의의 인허가 취득 형태로 진행되고 있음

예 공동사업업무협약: 부동산개발업법상 개발업 면허 관련 업무협조 (건축주 명의는 위탁자 단독명의)

부동산개발업의 관리 및 육성에 관한 법률 시행령

제7조(공동사업주체의 부동산개발)

② 제1항에 따라 공동으로 부동산개발을 하려는 토지소유자와 등록사업자는 개발된 부동산의 사용·처분, 수익의 분배, 사업비의 부담, 사업기간, 그 밖에 사업추진상의 각종 책임 등에 관하여 협약을 체결하여야 한다.

부동산개발 공동사업의 협약에 관한 규정

제3조(공동사업수행의 유형) 공동사업협약은 공동사업주체가 공동사업을 수행하는 방식에 따라 다음 각 호와 같이 구분한다.

1. 공동수행방식: 공동사업주체 구성원이 토지평가액과 개발사업비 등을 기준으로 일정 출자비율에 따라 연대하여 공동으로 사업 수행
2. 분담수행방식: 공동사업주체 구성원이 일정 분담내용에 따라 각각 책임을 지고 공동으로 사업 수행

예 주택법상 주택면허 대여 금지

주택법

제90조(등록증의 대여 등 금지) 등록사업자는 다른 사람에게 자기의 성명 또는 상호를 사용하여 이 법에서 정한 사업이나 업무를 수행 또는 시공하게 하거나 그 등록증을 대여하여서는 아니 된다.

(5) 지역주택조합

– 조합설립 이전에 분담금 및 업무 대행비 관리/ 토지확보 내지 사업계획승인 요원함/ 사업좌초 가능성 크므로 사업 중단 시 자금집행관련 책임 부담하지 않도록 주의(계약서 정해진 범위내에서 집행절차준수 및 집행증빙 완비 할것/ 민원 및 소송

최소화 관점에서 사업관리 필요

(6) 협동조합

– 협동조합기본법에 따라 설립된 조합이 임대주택사업에 출자할 목적으로 조합원을 모집함에 있어 출자금 및 행정용역비를 관리/ 토지확보 및 사업계획승인 안된 상태로 사업진행단계가 지역주택조합과 유사하여 지역주택조합의 자금집행기준을 적용함/ 조합원은 향후 임대주택법령에 따른 임차인 모집시 조건에 부합하는 경우 임차인으로 전환될 가능성이 있으나 전환이 보장되는 것은 아님 (조합원모집계약서상 임차인 지위를 보장하는 내용으로 가입시킬 경우 위법 소지 큼)

6) 분양관리신탁

부동산 신탁업에서 사용되는 분양관리 용어는 일반적으로 부동산 프로젝트의 분양 단계에서 발생하는 다양한 업무를 관리하고 수행하는 활동을 나타낸다. 부동산 개발자나 투자자는 새로운 주택이나 상업용 부동산을 분양하여 판매할 때, 이를 효과적으로 관리하고 실행하기 위해 분양관리 서비스를 부동산 신탁업체에 위탁할 수 있다.

분양관리는 다음과 같은 주요 활동을 포함할 수 있다

- **계약 및 문서 작성:** 분양에 관련된 계약서 및 문서를 작성하고 관리한다. 이에는 분양계약, 입주계약, 보증서 등이 포함될 수 있다.
- **마케팅 및 판매:** 분양된 부동산의 마케팅 및 판매 활동을 계획하고 추진한다. 이는 광고, 전시회 참가, 온라인 프로모션 등을 포함할 수 있다.
- **고객 지원 및 상담:** 분양 관련 문의사항에 대한 응대 및 상담 서비스를 제공하고 고객 지원을 관리한다.
- **입주 관리:** 분양된 부동산에 대한 입주 절차를 관리하고 입주자들에게 필요한 정보와 지원을 제공한다.
- **자금 관리:** 분양으로 인해 발생하는 자금의 유입 및 지출을 관리하고 회계 서비스를 제공한다.
- **법적 및 규제 준수:** 관련 법적 규정 및 규제에 대한 준수를 담보하고 필요한 절차를 수행합니다.

- 수분양자 보호 관점 및 준공가능여부 관점으로 접근
- 수주심의생략보고: 시공사 3개년도 요약 재무제표 첨부

예 개발부담금 (담보신탁 & 인허가명의 위탁자)

대법원 2018. 1. 11. 선고 2017두61263

개발이익 환수에 관한 법률상 개발사업시행자의 지위는 개발이익 향유 여부에 따라 달라지며 단순히 인허가명의를 기준으로 판단할 수 없는 바, 위탁자인 원고회사가 개발행위 허가를 받은 지위를 보유하고 있더라도 수탁자를 개발이익환수법상 사업시행자로 볼 수 있으며 (이하 생략)

그림 9-8 분양관리신탁

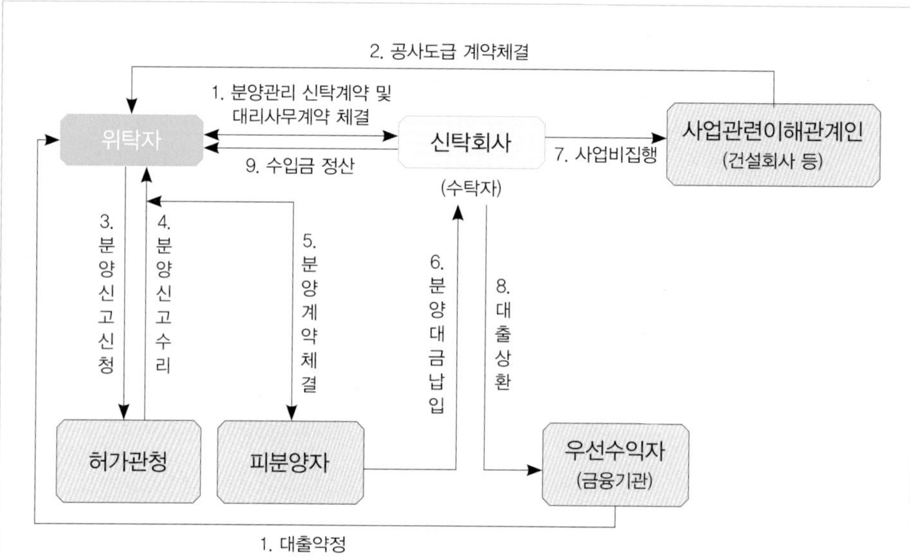

장점

1. [건축물의 분양에 관한 법률]에 따라 선분양이 가능하도록 후분양에 따른 사업자의 초기 부담 축소
2. 사업부지 미확보, 건축허가 불비 등에 따른 피분양자의 피해를 방지하여 분양과정의 투명성과 거래안정성 추구
3. 피분양자 권리보호장치 수단으로서 분양율 제고 지향

단순 담보기능 이외에 해당 신탁부동산에 개발행위가 수반되고 개발행위(ex분양에 따른 소유권이전행위 등)에 신탁회사가 관여 내지 협조하는 경우, 수탁자를 사업시행자로 간주하는 것으로 판단됨

개발행위(착공, 분양 등)가 수반되는 신탁상품의 경우 당사에 개발부담금이 부과되는 것을 전제로 사업 진행하여야 함

7) 관리형토지신탁

관리형토지신탁은 부동산 토지에 대한 관리와 운용을 특화된 방식으로 수행하는 신탁 형태를 나타낸다. 이는 일반적으로 부동산 개발자나 투자자가 부동산 토지를 효과적으로 관리하고 운용하기 위해 신탁업체에 위탁하는 서비스를 의미한다.

<관리형토지신탁의 특징과 활동>

- **부동산 토지의 관리:** 관리형토지신탁은 토지에 대한 일반적인 관리를 수행합니다. 이는 정비, 유지보수, 보안, 정리 등과 관련된 활동을 포함할 수 있다.
- **임대 및 운영:** 토지에 대한 임대 및 운영을 효과적으로 수행합니다. 이는 임대계약 관리, 입주자와의 의사소통, 임대료 수금 등을 포함할 수 있다.
- **법적 및 규제 관리:** 토지 관련 법적 문제와 규제 준수를 담보하고 필요한 절차를 수행합니다.
- **투자자 서비스:** 관리형토지신탁은 투자자들에게 필요한 정보와 서비스를 제공합니다. 이는 자금 흐름 관리, 정기적인 보고서 작성 등을 포함할 수 있다.
- **환경 및 사회적 책임:** 토지 운용 시 환경 및 사회적 책임을 고려하여 실천하며, 지속 가능한 관리를 지향합니다.
- **자금 관리:** 토지 관련 자금의 유입과 지출을 관리하고 회계 서비스를 제공합니다.

(1) 확인 사항

– 사업구조(중요)/ 분양성(중요)

– 사업비 확보여부

확보: 서면심의 / 미확보: 시공사 업무수행능력 및 위탁자 신용

예 시공사 선정기준

그림 9-9 관리형토지신탁

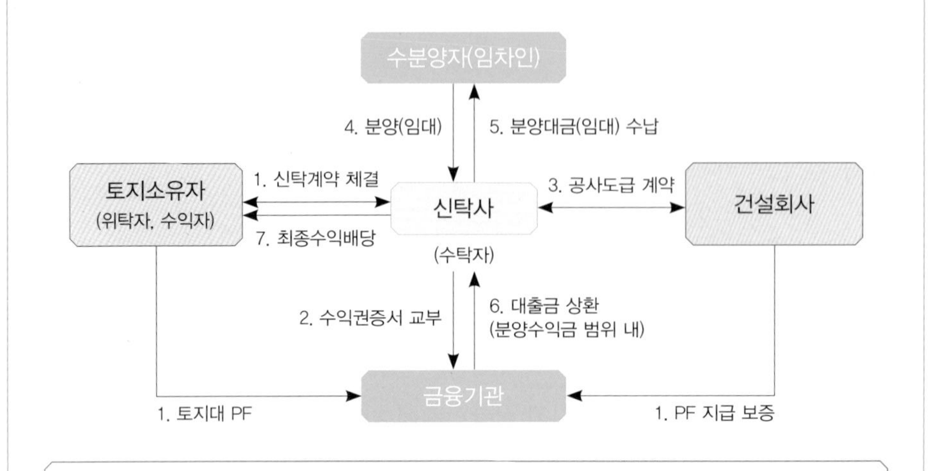

장점

1. 위탁자의 부도 또는 파산 발생시 신탁회사가 사업시행자이므로 신탁재산은 독립재산으로 별도 관리되어 안정적 사업 추진 가능
2. 신탁회사의 명의로 분양(임대)계약을 체결하여 중복계약, 분양대금 유용 등 분양사고 예방
3. 약정위반, 부당행위의 원칙적인 방지를 포함해 시공사와 시행사간 예기치 않은 분쟁으로 인한 준공 및 입주 지연 등을 사전에 예방하고 이해관계인은 실질적인 권한 추구

관리형토지신탁업무규정

제47조 (공사발주 및 도급계약 체결) ① 시공회사 선정은 이 규정 제3장 제6절을 적용 하되, 관리형토지신탁사업의 시공사는 시공능력평가액 기준 상위 100위 이내 또는 신용등급이 공인평가기관에서 발표한 회사채 등급 BBB- 이상인 업체로서 재무상태가 양호한 업체이여야 한다. 단, 사업성이 매우양호하고 공사비 등 사업비 재원이 충분히 확보되거나 신탁계약 및 사업약정서상 위탁자의 의무이행을 금융기관등이 부담하는 등 시공사의 신용을 보강할 수 있는 사업관계자가 이행을 보증할 경우 또는 사업성이 매우양호하면서 시공능력이 우량하고 재무상태가 객관적인 기준에 의거 투자적격으로 인정되는 경우에는 신탁심사위원회의 심의를 거쳐 예외로 할 수 있다.

- 신탁사무처리비용(사업비 일체 포함) 충당가부
- 계약서: 시공사의 위탁자 의무이행보증 문구 중요

(2) 분양시기

- 선분양: PF대출약정서, 건축허가 및 허가조건(부관) 기안에 첨부
- 후분양: 준공후 분양 내용 특약반영 여부 체크

(3) 중도금대출협약

- 수탁자 책임범위 신탁재산(현금) 범위내에서 협조의무
- 대출 원리금에 대한 보증채무, 대위변제의무 당사 부담할 수 없음
- 미분양분 포함하여 중도금대출 세대 이외 호실에 대하여 선순위 담보제공 지양

(4) 분양광고

- 수익보장문구/ 옵션제공/ SOC사업 시기 변동가능성/ 전용면적 표기/ 발코니 여부/ 실외기 위치 등

8) 차입형토지신탁(개발신탁)

차입형토지신탁은 부동산 신탁의 한 유형으로, 토지 소유자나 개발자가 부동산 투자를 위해 신탁회사에 토지를 맡기고, 이를 토대로 신탁회사가 외부에서 자금을 차입하여 부동산 프로젝트를 수행하는 방식을 의미합니다.

이러한 형태의 신탁은 주로 부동산 개발이나 토지 활용 프로젝트를 위해 필요한 자금을 조달하고자 할 때 사용된다.

〈주요 특징〉

- 자금 차입: 차입형토지신탁에서는 토지 소유자가 필요한 자금을 직접 차입하지 않고, 대신 신탁회사를 통해 외부에서 자금을 차입합니다.
- 신탁회사 역할: 신탁회사는 자금을 차입하고, 이를 기반으로 부동산 프로젝트를 추진합니다. 이를 위해 토지를 신탁받아 관리하고, 차입된 자금을 효과적으로 운용합니다.
- 투자자 보호: 차입형토지신탁은 자금을 차입하고 부동산 프로젝트를 수행하는 과정에서 투자자의 이익을 보호하는 메커니즘을 포함합니다. 투자자에게는 일정 수준의 안정성과 수익성이 제공되어야 합니다.
- 부동산 프로젝트 수행: 차입된 자금을 기반으로, 신탁회사는 부동산 프로젝트를 수행합니다. 이는 토지의 개발, 건설, 임대 등 다양한 형태일 수 있다.
- 이자 지급: 차입된 자금에 대한 이자는 토지 소유자 또는 개발자가 부담해야 하며, 이는 프로젝트의 수익을 기반으로 이루어집니다.

그림 9-10 수익 극대화를 위한 토지 개발

차입형토지신탁은 개발 노하우가 없거나 자금력이 부족한 토지 소유자가 토지를 효율적으로 활용하여 수익을 얻을 목적으로 신탁회사에 신탁하는 상품입니다. 신탁회사는 토지 소유자의 의견과 전문지식을 결합하여 건설자금을 조달하고 택지를 조성하거나 건물을 건축한 후, 이를 분양 또는 임대한 후 발생한 수익을 토지 소유자에게 환원합니다.

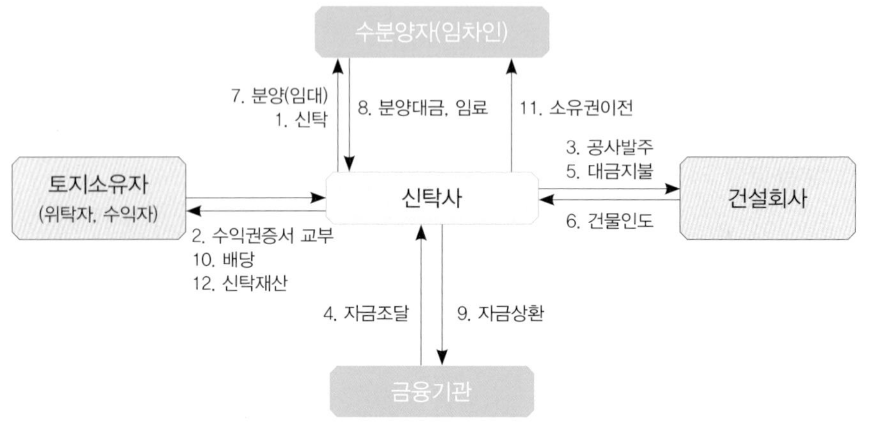

장점

1. 자금이나 건축 경험이 없어도 전문가에 의한 효과적인 토지개발 가능
2. 사업운영에 따른 자금부담과 절차상의 번거로움 회피 가능
3. 토지 소유자의 수익 극대화 추구
4. 공신력 높은 사업주체가 직접 분양 및 임대, 사업을 진행하여 분양성 향상

(1) 확인 사항

– 분양성(중요)/ 사업구조(중요)

–기타: 충분한 검토시간 확보 / 수주심의 결과 존중 문화

(2) 계약서

– 용역(공사/설계/감리)발주 관련, 당사의 용역비 지급의무를 신탁재산 범위내 한정(권고)

(3) 중도금대출협약

– 수탁자 책임범위 신탁재산(현금) 범위내에서 협조의무

- 대출 원리금에 대한 보증채무, 대위변제의무 당사 부담할 수 없음
- 미분양분 포함하여 중도금대출 이외 호실에 대하여 선순위 담보제공 불가

9) 프로젝트금융투자회사(PFV, Project Financing Vehicle)-법인세법 제51조의2 제1항(세제혜택)

"프로젝트금융투자회사"는 부동산 프로젝트를 주된 사업으로 하는 금융투자회사를 지칭합니다. 이러한 기업은 부동산 개발, 투자, 자금 조달, 운용 등 부동산 프로젝트와 관련된 다양한 금융 활동을 수행하는 전문화된 회사입니다. 특수목적 사업을 위하여 별도로 설립한 법인세법상의 프로젝트 금융 투자회사 특수목적회사(SPC) 겸 명목회사(Paper company)입니다.

☞PFV 세제혜택

소득공제 혜택 (법인세법 제51조의 2, 조세특례제한법 제104조의 31)

2025년 12월 31일 이전에 끝나는 사업 限

배당가능 이익의 90%이상 배당시 동액을 당해연도 소득금액에서 공제

상법상 이익 준비금 등을 제외한 전액을 배당시 법인세 면세효과

〈주요 특징과 역할〉

- 부동산 프로젝트 투자: 프로젝트금융투자회사는 주로 부동산 프로젝트에 투자합니다. 이는 주택 건설, 상업용 부동산 개발, 리모델링 프로젝트 등 다양한 형태를 포함할 수 있다.
- 자금 조달과 운용: 회사는 부동산 프로젝트를 위한 자금을 조달하고, 이를 효과적으로 운용하여 프로젝트를 수행합니다. 자금의 조달은 차입, 유상증자, 발행 증권 등 다양한 방법을 활용할 수 있다.
- 투자 전략 수립: 프로젝트금융투자회사는 부동산 시장 동향 및 수익성을 고려하여 효과적인 투자 전략을 수립합니다. 이는 수익을 극대화하고 동시에 투자 위험을 최소화하는 것을 목표로 합니다.
- 부동산 자산 관리: 투자한 부동산 자산을 효과적으로 관리하고 운용하는 것이 중요합니다. 이는 임대, 매매, 유지보수, 관리 등을 포함할 수 있다.
- 수익 분배: 프로젝트의 수익이 발생하면, 해당 수익은 투자자에게 분배된다. 이는 주로 배당, 이자 지급, 투자자에 대한 혜택 제공 등의 형태로 이루어집니다.
- 금융 상품 제공: 프로젝트금융투자회사는 부동산 프로젝트 관련 금융 상품을 개발하고 제공할 수 있다. 주택담보대출, 부동산투자펀드 등이 그 예시입니다.

그림 9-11 PFV 구조도

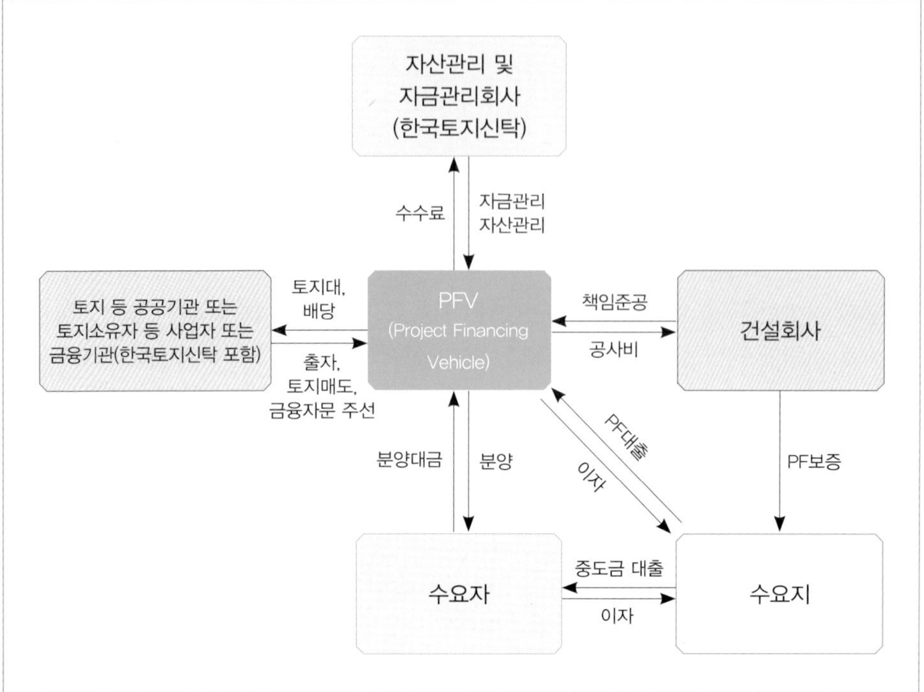

PFV(Project Financing Vehicle)와 SPC (Special Purpose Company)의 차이점

PFV(Project Financing Vehicle)와 SPC(Special Purpose Company)는 프로젝트 기반 금융 및 사업 구조에서 사용되는 용어로, 주로 특정 프로젝트를 위한 자금 조달과 운용을 위해 설립된다. 그러나 PFV와 SPC는 목적과 사용되는 맥락에서 약간의 차이가 있다.

PFV(Project Financing Vehicle)

- 목적: PFV는 일반적으로 큰 규모의 인프라 프로젝트나 금융 프로젝트를 위한 특수

한 법적 엔터티로 사용된다. 프로젝트의 자금 조달, 관리, 운용을 중앙에서 조정하여 프로젝트의 성공과 수익을 극대화하는 데 중점을 둡니다.

- 운용: PFV는 주로 특정 프로젝트에 대한 자금을 조달하고, 해당 자금을 프로젝트에 투입하여 수익을 창출하고 이를 투자자들에게 분배하는 역할을 수행합니다.

SPC(Special Purpose Company)

- 목적: SPC는 특정한 목적이나 비즈니스를 수행하기 위해 설립되는 법적 엔터티로, 주로 부동산, 에너지, 기술 등 다양한 산업에서 활용된다. 특정 프로젝트나 자산을 위한 법적 엔터티로 활용된다.
- 운용: SPC는 특정 프로젝트나 자산을 효과적으로 운용하고, 해당 프로젝트의 성공 또는 실패와 관련된 리스크를 분산시키기 위해 사용된다. 일반적으로 특정 프로젝트의 목적을 달성하기 위해 한정된 기간 동안 운용된다.

요약하면, PFV는 주로 프로젝트 기반 금융과 운용에 중점을 두는 법적 엔터티이며, SPC는 특정 목적이나 사업을 위한 법적 엔터티로 사용되는데, 두 용어는 목적과 사용되는 맥락에서 차이가 있다.

(1) 사업관계자

– 최대출자자/ 자산관리회사(AMC)/ 자금관리회사(FMC)/ 기타 출자자(시공사 등)

(2) 출자금 채권보전

– 최대출자자 등 사업관계자가 별도로 제공하는 예금 채권에 당사를 위한 질권 설정

(3) 계약서

– 신탁사 지분 양수도 및 질권 실행을 위한 문구 → ‘정관’, ‘출자자협약서’, ‘예금 채권 근질권설정계약서’ 등에 반영

질문

1. 부동산 신탁의 정의와 목적에 대해 설명하고, 부동산 신탁이 부동산금융 시장에서 어떤 역할을 하는지 자세히 기술하시오.
2. 부동산 신탁의 장단점을 비교분석하고, 부동산 신탁이 투자자와 부동산 관리에 어떠한 혜택을 제공하는지 논의하시오.
3. 부동산 신탁의 최근 동향 및 미래 전망에 대해 조사하고, 부동산 신탁의 활용 가능성과 발전 가능성에 대한 의견을 기술하시오.
4. 부동산 개발사업의 경우, 관리형토지신탁과 차입형토지신탁(개발신탁) 방식이 무엇인지 설명하고, 자금조달 및 운영 측면에서 어떤 방식을 선택해야 할 것인지에 대해 비교하여 기술하시오.

참고문헌

1. 부동산 신탁 ABC, 선명법무법인, 선명회계법인, 선명, 2012.
2. 김재희, 부동산신탁의 이해, 리북스, 2014.
3. 김승희·신우진·서광채·이용훈, 부동산학개론, 이루, 2017.
4. ㈜무궁화신탁 홈페이지(http://www.mgtrust.co.kr/) 신탁실무자료
5. 한국자산신탁(주) 홈페이지(https://www.kait.com/)

제10장 부동산 마케팅

제1절 마케팅 이해

1. 마케팅의 정의[1]

마케팅은 시장 경제를 관리하는 기업경영의 한 분야로 소비자를 대상으로 하여 시장을 창조, 유지, 발전시키는 모든 과정으로 소비자와 관련된 전체활동이다. 마케팅은 상품과 서비스 행위를 어떻게 구성하고 전달할 것인지에 대한 모든 일련의 행위를 포함하며, 또한 상대방이 자신에 대해 가지고 있는 잠재욕구를 자극하여 필요로 하게끔 만드는 행위, 상품과 용역을 생산자로부터 소비자에게 원활히 이전하기 위한 비즈니스 활동을 포함한다. 즉, 생산자와 소비자의 희망을 결합해서 능률적인 공급을 하는 것이 마케팅이다.

마케팅을 어떻게 정의하고 해석할 것인지에 대한 통일된 정론은 없지만, 사회·경제적 관점과 기업의 관점으로 다루고 있다. 전자의 경우에는 상품 혹은 서비스를 교환하거나, 이들을 화폐가치로 부가하거나 하는 과정으로 물질적인 것으로 그치지 않고 소비자의 욕구를 최대한 만족시키기 위하여 생산지점에서부터 소비지점까지 유통되게 하는 모든 경제 과정으로 해석한다. 후자의 경우에는 상품 혹은 서비스의 전달을 통한 고객의 만족이나 시장 창출을 의미하며, 이는 생산에서부터 소비까지 상품 또는 서비스의 흐름을 유통하기 위한 서비스 업무로 해석한다. 미국 마케팅협회의 용어 정의 위원회(The Committee of the American Marketing Association)에서는 마케

1 wikipedia.org에서 마케팅 정의 취합 정리

팅은 상품 혹은 서비스를 생산자에서 소비자 혹은 사용자에까지 유통하는 것에 대한 기업경영 활동의 수행과정으로 정의하였다.

이와 같은 견해들을 종합해 보면 마케팅은 생산자에게 생산재를 제공하고 소비자에 재화나 서비스를 제공하여 이윤을 얻음과 동시에, 사회의 생산성을 높이고 소비생활 수준을 높이기 위한 유통 활동의 계획과 실행의 프로세스라고 할 수 있다. 그러나 기업 마케팅을 미시적으로 보면 마케팅은 '욕망을 충족하는 재화와 서비스를 계획하고, 가격을 정하고 판매를 촉진하여 배급하는 의도를 갖는 상호작용적인 경영활동의 전체적 시스템'이라고 정의할 수 있다.

미국에 있어서는 1900~30년까지의 생산 중심적 시대와 1930~50년대에 이르기까지의 협의의 판매관리 중심시대를 거쳐 1950년대 이후에 비로소 현대적인 마케팅의 개념이 확립되었다고 한다. 오늘날에 있어서 마케팅 콘셉트(marketing concept)는 고객지향적 또는 소비자 중심적인 모습을 가지고 있다. 이를 경영에서는 전사적 마케팅(total marketing) 또는 통합적 마케팅(integrated marketing)을 지향하는 것으로 이해한다.

고객지향성(customer oriented)이란 현대 마케팅의 중심개념이 되는 것으로서 생산자와 소비자의 상호이익을 바탕으로 하는 행동 원리로 이해한다. 전통적인 판매개념에서는 기술부는 제품을 설계하는 것이고, 생산부는 그것을 생산, 판매부는 판매하도록 업무를 구분하였다. 오늘날의 마케팅 개념에서는 시장 조사나 판매예측에서 선행이 되어, 모든 경영활동에 대한 계획을 세우는 과정의 하나이다. 치밀하고 사실에 입각한 고객지향적 기반을 제공하는 것이다.

〈표 10-1〉 **마케팅 분류**

전통적 마케팅 (product-out-market)	high-pressure marketing	상품을 생산하여 시장에 일방적 공급
	linear-marketing	공급자 위주(소비자 피드백 없음)
	lagging-marketing	생산 이후에 가격, 유통 결정
현대적 마케팅 (product-in-market)	low-pressure marketing	시장 이해·분석·수용
	cyclical marketing	수요자의 현상을 반영
	leading marketing	사전 계획과 전략에 따라 생산
	integrated marketing	관계부서의 총역량을 집중

전사적 마케팅(total marketing)이란 경영활동의 핵심역량을 마케팅에 두고 기업의 유지·발전은 고객지향성을 중심으로 이루어져야 한다는 것이다. 다른 경영활동인 인사·재무·생산 등은 마케팅을 원활히 수행할 수 있도록 하는 지원 분야로 해석한다.

2. 마케팅 4M의 등장과 SWOT 분석

Product(상품), Price(가격), Promotion(판촉), Place(장소)는 J. E. Mccarthy 미시간 주립대학교 교수가 1960년대에 제안한 마케팅의 기본 요소로 마케팅의 이론으로 정립되었다. 4P의 요소로 마케팅의 목적을 이루기 위해 각각의 개별 내용을 취사선택하여 재구성 통해 하나의 전략을 수립하는 과정을 4P MIX라 한다.

〈표 10-2〉 마케팅 4P

	내용
Place	제품이나 서비스를 어디에 판매할 것인지에 대한 유통의 경로를 Place라 한다. 비용과 수익에 대한 분석을 걸쳐서 Place에 대한 최적의 방안을 찾는다.
Product	제품은 소비자의 욕구를 충족시키는 재화나 서비스이다. 제품의 종류에 따라서 그 가치는 다르다. 기업에서는 이러한 가치를 바탕으로 수익성 있는 가격책정을 하며, 광고 전략을 구성하는데 기초가 된다.
Price	고객이 가격을 지불하고, 이는 실제 가치뿐 아니라 고객이 기꺼이 소비할 수 있는 가격을 포함한다. 가격전략에는 독점적 위치를 확보하기 위해서 가격을 올리는 전략 또는 소비자 접근성을 높이기 위해서 가격을 낮추는 전략으로 나눌 수 있다.
Promotion	제품이나 서비스를 소비자에게 전달하는 것이다. 광고, 홍보, 마케팅 전략, 마케팅 채널 등의 업무를 Promotion이라 한다.

이러한 4P는 정보기술 발전과 인터넷 사회로 바뀌면서 "The Immutable Laws Of Marketing"과 'Positioning'의 공동 저자인 Al. Ries가 마케팅 전략의 첫 번째 요소는 제품이지만, 4P 대신에 Merchandise(상품), Market(시장), Media(미디어), Message(메시지)를 포함한 4M 을 새로운 마케팅 요소로 제안하였다. 4P는 기업이 Product와 Price 제공하며 소비자에게 연결하는 과정이 Promotion과 Place로 정의하지만, 4M

는 고객이 누구이고(Market), 고객에게 제공되는 것이 무엇인지(Merchandise), 고객이 상품이나 서비스를 이용하도록 하는 방법으로 Media와 Message가 중요한 가치를 갖는다는 것이다.

〈표 10-3〉 마케팅 4M

	내용
Merchandise	무엇을 소비자에게 제시할 것인지 고민하는 것으로 상품이 아닌 상품을 포함한 카테고리를 소비자에게 제시
Market	제시하는 상품을 모든 시장에 접목할 필요성이 없다. 소비하는 시장에 대한 구체적인 브랜드 상품으로 구체적으로 접근
Media	브랜드와 가장 적합한 미디어를 집중적으로 선택하여 소비자에게 전달
Massage	구매 의사결정에 대한 동기부여를 소비자들에게 각인되어 신속한 판단을 제공

SWOT는 상품 또는 기업의 내외부 환경분석을 통하여 마케팅 전략을 종합적으로 수립하기 위해서 행하는 것으로 4P 또는 4M의 내용을 토대로 마케팅 전략을 수립하는 기본적인 구상 방법이다.

〈표 10-4〉 SWOT 분석

구분		내적 환경	
		Strength	Weaknesses
외적 환경	Opportunity	기회를 이용하기 위해 어떻게 강점을 사용할 것인가?	기회를 이용하지 못하도록 하는 약점을 어떻게 극복할 것인가?
	Threats	위협의 가능성을 줄이기 위해 어떻게 강점을 사용할 것인가?	위협이 현실로 되는 것을 방지하기 위해 어떻게 약점을 극복할 것인가?

SWOT 분석은 경영 및 마케팅 기획 전략을 수립하는 여러 방법 중에 가장 효과적인 분석 방법의 하나로 인정받지만, 경쟁자에 대한 변수를 분석 과정에 소홀히 한다는 해결하기 어려운 문제에 대해서 가볍게 접근한다는 단점이 있다. 이러한 분석의 한계를 극복하기 위해서는 경쟁하는 상품에 대한 분석을 통해 비교 검토가 이루어져야 한다.

3. 마케팅의 변화

1) 1980년 이전

상품에 대한 대량생산에 중점을 두어 수요자인 고객들에 대한 관리는 부족한 시대였다. 일반인들은 기업에서 대량으로 생산시스템을 갖추었음에도 제품의 수요에 비해 공급이 부족하여 구매가 어려웠던 시기이다. 따라서 기업은 생산량 증가와 비용의 절감에 집중하던 시대이다. 마케팅의 개념이 희박한 시대였다.

2) 1980년대 <From sale to Marketing>

공급자들의 경쟁이 치열해지면서 제품에 대한 기능 또는 디자인에 대한 차별화 전략이 나타나기 시작하였고, 수요자들에 대한 서비스 관리의 중요성을 인식하였다. 소량 다품종 시대로 전환되면서 고객들의 감동을 중시하는 소비자 중심의 시장으로 진입하기 시작하였다. 판매를 극대화하는 촉진 전략의 수립 및 실행으로 타켓마케팅, 브랜드 마케팅, 포지션 마케팅 등의 개념이 도입되었다.

3) 1990년대 <Relation or Story-telling Marketing>

소비자들이 상품의 기능과 디자인뿐만 아니라 구매함으로 가질 수 있는 가치에 집중하기 시작하였다. 시장의 변화에 따라 공급자들의 경쟁은 더욱 심해졌고 제품의 차별화 전략에 가치를 부여하기 시작하였다. Well-being 사회로 사람들이 추구하는 소비패턴이 바뀌어 가면서 상품 선택에 이성과 감성이 같이 작용하였다. 이러한 사회로 변하면서 공급자들은 시장 점유를 지속적 유지하기 위한 관계형 마케팅, 스토리 텔링 마케팅 등을 전략적으로 수립하였다.

4) 2000년대 <LOHAS or Big-Data Marketing>

경제적으로 풍요로운 사회가 되어가면서 사회적 이슈에 관심 많아지고 참여가 늘어나는 사람들이 늘어났다. 사회적 약자에 대한 배려와 환경에 관심을 가지는 기업들이 사람들은 높게 평가하였고, 그러한 제품을 소비하는 모습이 나타났다. 기업과 개인의 사회적 공생이 중요한 이슈로 되었다. IT의 기술 발전과 Internet의 보급으로 빅데이터를 이용한 분석 마케팅 시대가 시작되었다.

5) 2010년대 이후 <Network Marketing>

IT 기술의 급속한 발전은 AI가 도입되면서 인류는 4차 산업혁명을 맞이했다. 소유의 가치로 살았던 사람들은 고령화로 경제적 사회의 중심에서 은퇴하고, 2000년을 전후하여 태어난 MZ세대들은 사용에 대한 체험의 가치를 더 중시하게 되었다. 네트워크 마케팅, 게릴라 마케팅, 케릭터 마케팅 등의 다양한 마케팅 기법이 나타났다.

4. 마케팅 기법 변화

1) Targeting Marketing

불특정 다수의 소비자 전체가 아닌 지역, 계층, 나이 등으로 제한된 사람을 대상으로 상품이나 서비스의 전달에 대한 집중하는 마케팅이다. Target Marketing 또는 Niche Marketing이라 한다.

2) Brand Marketing

상품이나 서비스가 다른 상품과 구별될 수 있도록 하는 이름, 로고, 디자인 등을 소비자에게 각인시킴으로 인하여 상품 이용에 대한 거부감을 작게 하고 신뢰가 형성되도록 하는 기법이다. 브랜드가 각인되어 사용가치를 소비자가 가지게 되면 다른 상품과 차별화가 되어 시장에서 독점적 위치를 차지하게 되는 것이다.

3) Position Marketing

고객에게 특정 상품이나 서비스가 각인되도록 하여 소비를 유발하는 마케팅 기법이다. 공급에 대한 경쟁이 치열하면서 상품의 차별화를 통한 고객들에 대한 접근 전략의 하나이다. 고객들의 Mind에 상품의 가치가 어디에 있는 것인지 파악하여 경쟁력 있는 상품으로 자리매김을 할 수 있도록 하는 마케팅이다.

4) Relation Marketing

직접 마케팅의 대상인 상품 또는 서비스의 거래가 이루어지고 나면, 고객과의 관계 형성을 유지·발전시켜 나감으로 상품의 만족 외에 기업(직원)과의 친밀감과 신뢰감을 형성하여 지속적인 상품이나 서비스의 이용을 극대화하는 마케팅이다.

5) Cause Marketing

사람들이 관심을 가지는 사회적 문제의 해결을 위한 노력을 기업의 제품 또는 이미지와 연결하여 소비자들이 갖는 인식의 변화를 자연스럽게 유도하는 마케팅 기법이다. Brand Marketing의 한 방법으로 차별성을 구축해 나가는 방법으로 선택된다.

(6) Story-Telling Marketing

상품 자체의 기능이나 브랜드보다는 상품에 담겨있는 의미나 상품에 담겨있는 Story로 소비자들과 소통함으로 사용에 대한 몰입과 재미를 느낄 수 있도록 하는 감성 마케팅이다. 브랜드 마케팅과 다른 기법으로 해석한다.

(7) LOHAS Marketing

Life styles Of Health And Sustainability란 지속 가능한 사회로 발전해 나가기 위해서는 친환경적인 제품의 생산과 소비에 집중하여야 한다는 것이다. 현재 사용하는 자원은 후대에도 사용 가능한 자원이 되도록 자연환경을 보호할 필요성이 있다는 관점에 집중하는 마케팅이다.

(8) Up-Scale Marketing

상품의 품질과 양은 동일 또는 더 많이 제공하고 가격은 저렴하게 유지하는 마케팅 기법이다. 유통 채널의 전문화 및 그룹화가 이루어지면서 나타나기 시작하였다.

(9) Big-Data Marketing

Big-Data라는 것은 기존의 분석 장비로는 처리할 수 없을 정도의 방대한 규모의 데이터를 말하는 것이다. 정형화된 Data뿐만 아니라 이메일, 검색 키워드 등의 정형화 되지 않은 Data를 포함하는 것이다. 이러한 두 가지 유형의 Data 수집, 분석, 가공하여 새로운 정보로 마케팅에 활용하는 것이다. 부동산에 있어서는 기존의 정형화된 행정정보와 공간정보와 비정형화된 데이터를 연결 분석하여 전략적으로 부동산 상품을 시장에 유통하는 마케팅 기법이다.

(10) Network Marketing

제조업, 도매업, 소매업, 소비자로 연결되는 일반적인 유통경로를 거치지 아니하고, 제품을 매입한 조직 및 개인을 거래에 참여하는 유통방식이다. 즉, 제품이나 서비스 이용을 위해 계약한 고객을 판매원같이 이용하여 판매와 유통망을 확대해 나가는 방법이다. 일반적으로 Multi-Level Marketing이라 한다.

(11) Guerrilla Marketing

소규모의 인원으로 적의 경비가 허술한 지역을 기습적으로 공격하여 피해를 준 후 신속하게 후퇴하여 숨어서 기회를 엿보는 군사적 전술을 마케팅 전략에 응용한 것이다. 일반적으로 신생 기업이 선두 기업들이 놓치고 있는 틈새시장을 공략하거나, 적은 비용을 활용하여 고객에게 강한 인식을 심어주는 마케팅 방법이다.

(12) Viral Marketing

인터넷의 발전으로 인하여 전파 가능한 매체를 동원하여 자발적·비자발적으로 상품에 대한 소문이나 평판이 확장되어 소비자들의 관심을 유발하도록 하는 마케팅이다. 악의적인 방향으로 관심이 확장될 위험도 있다. 블로그, 동호회, 지식인 검색 등이 이에 해당한다.

(13) Key-word Marketing

인터넷 검색사이트에 특정 단어를 검색하게 되면 특정 상품이나 서비스가 노출되도록 연결하는 마케팅이다.

제2절 부동산 마케팅

현대의 부동산 시장은 공급자 중심에서 수요자 중심으로, Capital Gain에서 Operating Gain으로 부동산의 투자 목적이 변하고 있다. 이러한 시기에 부동산 개발, 투자, 금융에 있어서 마케팅 전략의 중요성은 커지고 있다.

아파트, 상가, 오피스텔, 토지 등의 부동산 상품을 시장에서 취급하는 주체로는 신규상품을 전문으로 공급하는 개발업과 기존상품을 의뢰받아서 중개하는 중개업으로 크게 구분할 수 있다. 이러한 개발업과 중개업에 보조적으로 금융이 참여하여 거래의 가능성을 높이도록 한다.

1. 부동산 마케팅 특징

일반적으로 공급자 우위 시장에서의 마케팅은 판매라는 개념과 동일화되어 상품에 대한 촉진 활동으로 정의한다. 그러나 시장이 수요자 중심(Customer Oriented Marketing)으로 재편되고 변동성이 다양화되면서 기존의 의미뿐만 아니라 시장의 수요를 새롭게 창출하고 유지하고 발전시키기 위한 기획 및 전략을 마케팅의 개념에 포함하고 있다. 따라서 부동산 마케팅은 상품 및 서비스에 대한 기획을 통하여 시장에 새로운 가치를 창출하고 고객을 발굴하여 판매하는 일련의 전략적 행위이다.

마케팅의 궁극적 목적은 수요자에게 상품 또는 서비스를 전달할 수 있는 지속적인

〈표 10-5〉 마케팅 4P와 부동산 Mix

4P(4M)	부동산 marketing에 접목
Place (Market)	투자수요, 실수요, 은퇴자, 신혼, 1인 가구 등 (상권, 교통, 배후세력, 교통, 학교 등)
Product (Merchandise)	상품 전략 (주택, 아파트, 오피스텔, 상가 등)
Price (Message)	가격 전략 (미래가치, 수익률, 시장가격 등)
Promotion (Media)	판매 전략 (분양 대행, 중개, 광고, 홍보 등)

관계를 유지하고, 새로운 상품 및 서비스에 대한 가치를 창출하여 시장 경쟁에 있어서 지속적 우위를 점하는 것이다. 단발성·복합성·장기성 거래로 이루어지는 부동산 시장의 특성상 기존 부동산 시장과 신규 부동산 시장에서 다소 차이가 발생할 가능성도 있다.

〈표 10-6〉 부동산 상품의 특징

부동산 상품의 특징	내용
단발적	일생에 걸쳐 특정인이 부동산을 사는 행위는 극히 제한적이다. 대부분 한두 번의 경험을 가질 뿐이고, 이러한 기회도 없는 사람이 많다. 또한 부동산은 개인 상품으로는 최고의 고가 상품이다. 부동산의 부동성, 부증성으로 일반 상품처럼 대량생산이 불가능하고, 일반인이 쉽게 상품을 검색하고 비교 검토를 할 수가 없다.
장기적	부동산은 기본적으로 내구성이 강한 상품이다. 내구성이 강한 상품의 특성으로 인하여 일반 상품처럼 중고의 개념이 거의 없다. 정치적 요인의 변화, 정책의 방향, 사회구조의 변화 등의 요인이 시간에 걸쳐 일어나므로 일반적인 상품과 다르게 시간이 지날수록 가격이 더 상승하는 경우가 일반적이다.
복합적	부동산은 토지와 건축물이지만, 특정 부동산이 위치한 입지 특성으로 인해 복합적으로 가격에 대한 검토가 이루어지고 있다. 부동산 시장의 특성에 따라 가격에 변수가 많으므로 일반 상품처럼 가격에 대한 적정 가격을 산정하기 어렵다.

위 표와 같은 부동산 상품의 성격으로 인하여 부동산 상품은 단순한 물리적 객체의 이동이 아니라 부동산에 대한 권리의 이동을 의미한다. 이러한 권리는 다른 재화와 달리 재산권의 개념으로 경제적 권리가 포함되어 있다. 따라서 부동산 마케팅은 다음과 같이 분류를 할 수 있다.

〈표 10-7〉 부동산 마케팅 분류

	방법	내용	비고
매매 마케팅	분양 또는 중개	단독주택, 아파트, 빌라, 상가, 빌딩, 토지 등의 개별적인 상품의 소유권 이동에 따른 마케팅	개발업 분양업 중개업
서비스 마케팅	영업 또는 판매	회원모집, 시설 이용, 임차인 등의 부동산 및 시설 이용에 대한 판매 또는 모집하는 마케팅	판매업 중개업 서비스업

2. 부동산 마케팅의 종류

아이디어 기획, 시장성 분석, 가격 결정, 잠재 고객 발굴 및 대응 전략, 경쟁력 분석 등으로 업무가 이루어지며 분양마케팅과 중개마케팅 그리고 서비스 마케팅의 항목으로 실무가 이루어진다.

1) 분양 마케팅

분양사업자가 건축하는 건축물의 전부 또는 일부를 2인 이상에게 판매하는 것을 분양이라 한다. 분양하는 대상은 바닥면적의 합계가 3,000㎡ 이상인 건축물은 또는 일정 규모 이상의 업무시설 및 건축물에 대한 분양은 「건축물 분양에 관한 법률」의 적용을 받아 「자본시장과 금융투자업에 관한 법률」에 따른 신탁업자와 신탁계약 및 대리사무계약을 체결하였거나, 또는 금융 기관 등으로부터 분양보증을 받으면 착공

〈표 10-8〉 부동산 마케팅 종류와 내용

마케팅 구분	핵심	세부 내용
시장 조사	분양성 조사	수요 시장 분석 분양성 조사(가격, 입지, 시장 가격, 분양률 등) 관련 법규 조사 시장의 NEED 파악 (상품의 설계 및 디자인, 규모 조사, 편의시설 등)
전략 수립	마케팅 전략	판매 마케팅 수립 차별화 전략 영업자료 기획 광고, 홍보, 이벤트 계획 분양 홍보물 제작
사전 마케팅	사전영업	영업 조직 (현장, 광고, TM) 및 분양 상담사 교육 가망 고객 선정 및 DB 분양·임대 청약 부동산 사이트 광고 TV, 현수막 광고, 전단지 광고 등 투자 설명회, 이벤트 프로모션 (경품, 사업지 홍보, 행사 기획)
메인 마케팅	계약·임대 계약	모델하우스 오픈, 분양 상담(1:1), 사전 예약제, 분양 촉진 이벤트, 사은품, 계약관리

신고 하여야 분양을 할 수 있다. 그렇지 않으면 건축물의 사용승인에 대하여 다른 건설업자 2 이상의 연대보증을 받아 이를 공증받아 골조 공사의 3분의 2 이상 완료가 되면 분양을 할 수 있다.

분양 사업에 대한 검토는 크게 4가지로 구분한다.

개발주체가 직접 분양하는 경우가 있지만, 대부분은 계약을 통해 분양대행사를 통해서 업무를 위임한다. 분양대행업을 하는 사업자는 분양 사업에 대한 제안서를 작성하여 개발주체와 협상을 통해 영업에 대한 위임을 받는다. 그러나 국내에서 활동하는 거의 모든 분양상담사의 영업 조직은 현장에 따라 즉흥적으로 만들어지고, 해산되는 시스템이다. 더군다나 분양 대행 사업자의 대부분은 영업을 수주하기 위한 제안서를 만들기 때문에 사업내용에 대한 지식과 경험이 부족한 경우가 많으며, 사업 현장에 따라 영업 조직을 만들어야 하므로 제안서의 내용과 실제 분양은 다른 모습을 보이게 된다. 더군다나 실무에서는 분양상담사의 영업력, 상품에 대한 이해, 부동산에 대한 이해가 낮은 경우가 대부분인지라 제안서와 실제 영업 활동에는 차이가 발생하고 있다. 따라서 분양 마케팅 전략의 기획과 실무계획은 사업 전에 수립하여야 하지만, 대부분은 이러한 전략이 없이 이루어지고 있어 분양 사기라는 사회적 문제로 나타나기도 한다. 분양 영업 조직은 크게 3가지로 구분한다.

〈표 10-9〉 **분양 영업 종류**

현장 영업	사업지 인근 지역에서 유동 및 거주 인구들을 대상으로 한 개척 영업 DB를 이용한 고객 발굴 작업
광고 영업	신문, 방송, 기타 매체를 통해 상담 신청한 고객 영업
TM 영업	무작위 전화를 통한 고객 영업

분양 사업의 구조는 아래와 같다.

그림 10-1 분양 영업 조직

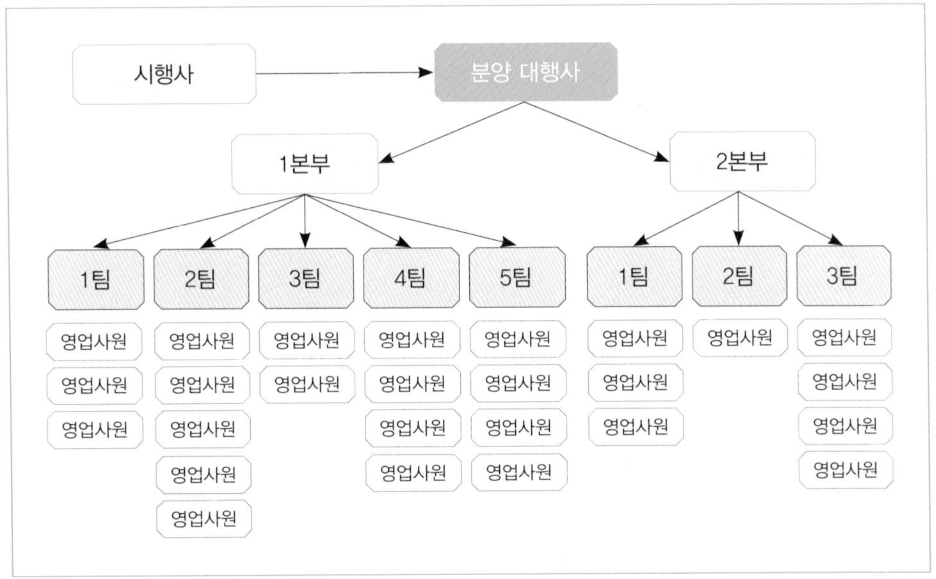

2) 중개 마케팅

부동산 중개 시장은 중개업소의 증가로 인하여 체계적인 마케팅 전략을 통한 경쟁력 확보가 필요한 시점이나, 아직도 공인중개사 1인과 중개보조원 1-2인으로 구성된 소규모의 중개업소가 대부분이라 영세성과 후진성에서 탈피하지 못하고 있다. 정보의 비대칭성으로 인하여 지역에서 활동하는 공인중개사의 역할이 절대적으로 필요한 때가 있었으나, 현재는 IT 기술의 발전과 정보의 공개로 인하여 대형화 및 법인화된 중개업소의 등장이 필요한 시대가 되었다. 앞으로 대형화된 중개업체의 등장으로 인하여 중개 마케팅의 큰 변화를 예상할 수 있다.

(1) 중개 광고의 현실

중개업 마케팅의 핵심은 매물에 대한 광고이다. 중개업 시장이 생성되었을 때부터 지금까지 매물을 보고 찾아온 손님을 유치하는 전략으로 ㉠ 매물확보 ㉡ 매물홍보 ㉢ 고객상담 ㉣ 계약체결의 순서로 진행된다. 초기에는 직접 광고 또는 신문 광고가 대부분이었다. 인터넷이 보급되면서 1998년 이후로 부동산 114, 스피드뱅크, 부동산 써브와 같은 부동산정보제공업체들이 생겨나면서 가맹 네트워크를 통한 광고가 있었고, 네이버가 등장하면서 부동산 매물 광고는 네이버에서 독점적인 위치를 차지하였다. 현재는 네이버에서 플랫폼으로 이동하고 있다. 실무에서는 매물확보 및 광고가 중개 마케팅의 전부로 인식되고 있다. 이러한 요인으로 인하여 개별 중개업소 간에 경쟁이 치열하고 몇몇 중개업소들이 컨소시엄 형태로 물건을 공유하여 정보 비대칭에 있는 고객들과의 계약 협상을 유도하고 있다.

(2) 물건 확보

실무에서의 물건작업은 매도인이 직접 물건을 중개업소를 찾아와서 매도의뢰를 하는 경우와 중개사들이 개별적으로 매도 물건을 수집하는 것이다. 간혹 소개의 경우도 있으나 이러한 경우도 위 방법의 하나일 뿐이다. 주거용 부동산의 경우에는 대부분 전화접촉으로 이루어지고, 비주거용 부동산의 경우는 직접 건물주나 대리인을 만나 의사를 타진하고 다닌다. 실무에서 이루어지는 물건 확보는 대부분 매도인의 의뢰로 이루어진다. 따라서 중개업자는 매도인과의 상담 과정에서 전속 중개계약을 유도하고자 한다.

(3) 중개계약(전속)

대부분의 중개계약은 일반계약 관계로 의뢰인이 불특정 다수의 중개업자에게 의뢰하는 형태로 특별한 계약서를 작성하지 않으며, 대부분 구두로 이루어진다. 서로에 대한 신뢰가 없어 적극적인 상담이 이루어지지 않으며, 빈번한 접촉으로 신뢰가 형성되어야 본격적인 중개가 이루어진다. 독점과 전속 중개계약이 있다. 미국 부동산 중개사연합회(NAR)에서는 의뢰인이 직접 계약하였을 때 수수료를 받지 않는 것으로 구분하지만, 국내에서는 독점과 전속 중개계약을 실무에서 구분하지는 않고 사용한다. 중개사에게 독점권을 부여하여 의뢰인에게 유리한 협상을 할 수 있도록 하는 것이 목적이라 할 수 있으나, 실무에서는 매물 광고에 대한 독점적 지위를 부여하는 역할만 있을 뿐, 본래의 독점 중개계약에 대한 목적이 약한 것이 실무에서의 모습이다. 간혹 단독 중개도 있으나 오늘날 거의 모든 중개는 공동중개의 형태로 이루어지고 있다. 중개 대상 물건을 담당하는 중개사가 있고, 고객을 담당하는 중개사가 서로 다른 것이다. 공동으로 중개업무를 행하는 것이다. 토지 중개에서 많이 나타나는 형태지만, 의뢰인이 제시한 가격을 초과한 금액은 중개업소의 수수료로 지급하기도 한다. 이러한 형태를 순가중개계약이라 한다.

중개업이라는 것은 다른 사람의 의뢰에 의하여 일정한 보수를 받고 중개를 업으로 행하는 것을 말한다(공인중개사법 2조 3항). 공인중개사는 공인중개사자격을 취득한 자를 말한다(공인중개사법 2조 2항). 이러한 중개업은 공인중개사가 중심이 되어 이루어지고 있다. 공인중개사는 특정 지역에서 중개업을 영위하므로, 그 지역에 대한 주거용 및 비주거용 부동산 상품에 대해서는 전문가라 할 수 있다. 지역의 전문가로 인정하므로 부동산을 매입하고자 하는 의뢰인은 부동산의 고정성으로 인하여 지역 전문가인 공인중개사를 찾아 상담하게 되는 것이다. 그러나 인터넷 정보망이 급속하게 발전하면서 IMF 이후에는 아파트 전문가, 상가 전문가, 빌딩 전문가, 토지 전문가, 경매 전문가 등 각각의 부동산 상품별로 전문가들이 나타났다. 이들은 인터넷을 기반으로 전국적으로 활동하면서 급속하게 지역 전문가로 활동하는 공인중개사들과 경쟁하게 되었다. 이로 인해서 공인중개사들의 중개업은 위축되었다. 부동산 컨설팅업과 중개업의 경계에서 상품 전문가와 지역 전문가들 간에 충돌이 발생하고 있다.

3) 서비스 마케팅

부동산은 소유권과 관계없이 사용권에 대한 시장이 별도로 있다. 부동산을 직접 사용도 하지만, 대부분이 부동산은 소유자와 사용자가 다르다.

제3절 부동산 판매 전략

유효한 고객을 발굴하여 고객들의 잠재적 동기부여에 부동산에 대한 욕망으로 계약을 위한 마케팅에 기반한 화법 및 행위에 대하여 기본적인 안을 수립하여야 한다. 미국 사업가인 E. Elmo Lewis가 1898년에 판매자와 구매자의 상호작용을 최적화하기 위해 AIDA 이론을 도출하였다. 이것은 고객의 구매 의사결정까지의 고객의 행태를 분석하고 측정하는 가장 기본적인 마케팅 기법이다. 광고 및 판매에 대한 프로세스를 과학적으로 정리한 마케팅 기법으로 평가받고 있어 지금도 가장 많이 사용되는 이론이다. Attention, Interest, Desire, Action의 4단계로 정리한다.

1. 주목(Attention)

일반적으로 광고·홍보 수단을 통해서 고객이 부동산 상품에 대해 인지하는 과정이다.

2. 흥미(Interest)

고객이 부동산 상품을 인지는 하였지만, 소유하고 싶다는 의욕은 아직 없는 상태이다. 따라서 고객이 흥미를 더 가지도록 상품에 대한 차별성, 장점, 만족 등을 부각하는 과정이다.

3. 욕망(Desire)

고객이 계약할 것인지, 포기할 것인지 갈등하는 것을 파악하고, '상품이 좋다'에서 '가지고 싶다'로 고객의 심리를 바꾸는 과정이다.

4. 행동(Action)

고객이 구매자가 되도록 과정이다. 계약에 대한 행위가 진행되는 과정이다.

부동산을 구매할 능력이 있는 불특정 다수에게 신문 광고, 인터넷, 블로그, 홍보물 등의 수단을 통해서 상품의 특징과 개요를 설명하여 관심을 가지도록 유도한다. 관심을 가진 잠재 고객이 방문, 전화 등으로 만남의 접점이 형성되면 부동산 상품에 대한 설명이 진행된다. 고객의 구매 목적을 파악하고, 고객의 불안과 걱정 요소를 제거하여 흥미를 유발할 수 있는 화법으로 상담을 진행한다. 대부분 고객은 이 단계에서 망설인다. 의사결정에 대한 시간이 충분하지 않다는 이유로 보류하는 모습을 보여준다. Closing 단계로 넘어가는 과정이다. 의사결정을 고객에게 전적으로 위임하는 것은 판매 전략의 실패로 귀결될 가능성이 많이 있다. 마케팅의 핵심은 의사결정 과정이 자연스럽게 프로세스에서 나와야 한다. 그렇게 의사결정을 통해서 법률적인 계약행위로 마무리되는 것이 AIDA이다. AIDA에서 Attention과 Action은 단순 행위로 접근·이해의 기법으로 파악할 수 있지만, Interest와 Desire는 고객과의 1:1 만남에서 이루어지는 고도의 협상 과정이다. 따라서 부동산 지식과 경험을 갖춘 전문가적인 상담이 이루어져야 할 것이며, 그렇지 못한 경우에는 흥미를 유발하지도 못하고 상품에 대한 신뢰가 떨어지고, 고객의 관심은 후회로 바뀌며 마케팅에 대한 위협요인으로 시장에 작용하게 된다.

제4절 시장세분화(Market Segmentation)

부동산 사업을 효과적으로 수행하기 위한 마케팅 전략 수립은 부동산 시장에 대한 세분화 작업이 이루어져야 한다. 전체를 세분시장으로 구분하는 것은 부동산의 용도의 다양성과 이질성이 따라 소비자 계층이 다르기 때문이다. 따라서 마케팅은 전체 시장을 비슷한 고객층으로 구분하고, 구분된 집단별로 차별화된 접근 전략을 수립해야 한다.

부동산 시장에서 시장 세분화하는 목적은 다음과 같이 3가지로 정리할 수 있다.

① 사용자들의 욕구 파악을 통하여 상품의 설계가 이루어질 수 있다.

② 수요자들의 욕구 파악을 통하여 기대수익에 대한 예측 전망을 할 수 있다.

③ 잠재 고객들의 발굴로 새로운 상품기획을 할 수 있다.

세분화 기준은 다음과 같이 정리할 있다.

1. 지역

지역에 따라 부동산업에 적합한 상품이 있다. 아파트, 빌라, 연립, 단독호텔, 펜션, 상가주택, 쇼핑 시설, 업무시설 등에서 최적의 부동산 상품을 선정하여 기업의 이윤을 극대화할 수 있는 것으로 공급사업에 참여하여야 한다. 지역적 특성을 무시하고, 공급자의 욕망으로 개발되는 경우 부동산 사업은 실패로 귀결될 확률이 높다.

2. 인구

나이·성별·가구원·소득·직업·교육 등의 인문·사회학적인 변수에 따라 부동산 상품에 대한 선호도가 다르다. 부동산 사업을 한다면 고객에 대한 Targeting이 있어야 한다. 목표시장에 대한 정확한 분석을 통해서 부동산 상품에 대한 마케팅 전략이 수립되어야 한다.

3. 고객

인구에 대한 세분화가 이루어졌다면, 세분화한 계층에 대한 구매동기를 파악하는 과정에서 또다시 그룹화(세분화)할 필요성이 있다. 대표적인 것이 생활방식과 개성 등과 같은 문화적 특성에 따라 고객을 세분화하는 것이다. 고객들의 행동 방식에 대한 동질성을 확인하는 과정이다. 같은 나이라고 하여도 도시보다는 지방을 선호하는 사람들이 있고, 그들이 선호하는 주택과 생활방식은 도시에 거주를 희망하는 사람들과는 다른 것이다. 고객들에 대한 이러한 세분화는 비대면 사회, 1인 가구, AI 사회 등으로 발전해가면서 앞으로 더욱더 세밀하게 이루어질 것이다.

제5절 기타 부동산 마케팅

1. 공간 마케팅

1인 사회 심화, MZ세대의 성장, COVID-19로 인한 비대면 사회, SNS 사회, 페르소나 사회, Death-boom의 시점을 지나면서 부동산의 새로운 환경이 나타났다. 부동산의 이용 가치를 더 중시하는 사람들이 나타나기 시작한 것이다. 공간에 대한 디자인이 중시되고, 소유가 아니라 일시적인 사용에 만족하는 것이다. 자산 증식을 위한 부동산의 소유보다, 부동산 공간 사용에 대한 시간 소유를 더 중시하는 것이다. 현재는 과도기적인 시점이라서 전체 부동산 시장에 나타나는 현상은 아니지만,

Baby-boom 세대들의 사망이 늘어날수록 이러한 변화는 점점 빠르게 나타날 것이다. 공간 마케팅은 경험을 중시하는 것이다. 공간 마케팅은 사용자의 만족을 높이고, 공간을 공유(share)하는 사람들의 기대 욕구를 충족하는 것이다. 교통 시스템의 발전과 함께 이러한 마케팅이 널리 시장에 나타나게 되면 주거·비주거 생활권이 탈도시화로 더욱 넓어질 것이다.

2. 도시 마케팅

장소마케팅(Place Marketing)의 한 종류로 일반적으로 장소마케팅은 비도시를 활성화하여 관광 효과를 극대화하는 과정에서 발달하였으나, 최근에는 도시의 부정적 이미지를 개선하고, 노후화된 도시 지역을 활성화하는 차원에서 검토되는 마케팅이다. 공익을 추구하는 것이 중심이 되므로 도시재생 차원에서 정책적으로 접근한다. 공공부문과 민간의 협력, 이해집단과 지역주민의 협조가 필요하므로 마케팅에 대한 위상 정립이 관계자 사이에 필요하다.

질문

1. 마케팅과 세일의 차이는 무엇인가?
2. 일반 마케팅과 부동산마케팅의 차이가 있는가? 있다면 그것은 무엇인가?
3. 자신의 거주지역을 SWOT으로 분석해보고, 마케팅 전략을 수립할 수 있는가?
4. 개발과 분양의 사업 주체가 다른 경우가 많다. 마케팅 전략의 주체는 누구인가?

참고문헌

1. 이태교·방송희, 부동산마케팅, 법문사, 2016.
2. 심형석, 부동산마케팅론, 도서출판 두남, 2007.

3. 경국현, 상가투자에 돈있다. 이코북, 2007.

4. J. C. Hansen, R, R. & Warner. R. W.(1977) , 『Counseling: Theory and Process 2nd』, Allyn & Bacon, S. H. Osipow, W. B. Walsh & DJ. Tosi(1980), 『A Survey of Counseling Methods』(Homewood, III: The Dorsey Press), p.6.

5. Dale M.Lewison(1991), 『Retailing 』, Macmillan.

6. 위키피디아(wikipedia.org).

제11장 부동산 감정평가

제1절 부동산감정평가 기초

1. 부동산감정평가 서론

1) 부동산학의 개념

부동산학은 부동산과 관련된 다양한 측면을 탐구하는 학문으로, 부동산의 정의, 특성, 시장 동향, 가치 평가, 관리 등을 포괄적으로 다루며, 부동산 시장의 이해를 깊이 있게 제공한다.

참고 〉 부동산의 최유효이용과 부동산 감정평가 활용

부동산 감정평가에서 부동산의 최유효이용(the highst and the best use) 측면을 고려하는 것은 중요한 측면 중 하나이다. 최유효이용은 특정 부동산이 가장 효과적으로 활용될 수 있는 용도를 나타낸다. 이를 감안하여 감정평가를 수행하는 것은 여러 가지 이유로 중요하다고 할 수 있다.

① 투자 가치 실현

최유효이용은 부동산에 투자하는 입장에서 가장 수익성 높은 용도를 고려한다. 부동산 투자자는 투자한 부동산이 가장 효과적으로 활용될 수 있는 방법을 알고 싶어한다. 감정평가는 이러한 투자 가치를 실현하기 위해 필요한 중요한 단계이다.

② 금융 거래 및 대출

금융 기관은 대출이나 부동산 관련 금융 거래를 승인할 때 최유효이용을 고려한다. 감정평가가 정확하게 이루어지면 부동산의 가치를 정확하게 평가할 수 있고, 이는 금융 거래의 기초가 됩니다.

③ 도시 및 지역 개발

도시 또는 지역 개발 계획을 수립할 때 최유효이용을 고려하는 것이 중요하다. 부동산이 최적의 용도로 활용되면 지역의 발전과 경제 성장에 기여할 수 있습니다. 감정평가는 이러한 개발 계획을 지원하기 위해 필수적이다.

④ 자원 효율성

부동산이 최유효이용으로 사용될 때 자원의 효율성이 극대화된다. 이는 에너지, 시설, 및 기타 자원의 효과적인 사용을 의미한다. 감정평가는 이러한 자원 효율성을 고려하여 부동산의 가치를 결정하는 데 도움이 된다.

⑤ 법적 규제 준수

특정 지역에서는 부동산이 특정 용도로 사용되도록 법적으로 규제될 수 있다. 최유효이용을 고려하는 감정평가는 이러한 규제를 준수하고 부동산의 합법적인 용도를 확인하는 데 도움이 된다.

2) 부동산 감정평가론의 위치

부동산감정평가론은 부동산학의 핵심 부분으로, 부동산의 가치를 정확하게 평가하고 전달하는데 중점을 둔다. 부동산 시장의 투명성을 높이고 거래의 공정성을 유지하는 데에 핵심적인 역할을 한다.

3) 부동산 감정평가의 중요성과 의의

부동산 감정평가는 부동산 거래와 투자의 핵심 요소로서, 시장의 안정성과 믿음성을 유지하는 데 필수적이다. 정확한 감정평가는 시장의 효율성을 향상시키며, 다양한 이해당사자들에게 현실적이고 신뢰할 수 있는 정보를 제공하여 의사결정을 지원한다

2. 부동산학의 기초 이론

1) 부동산의 정의와 특성

부동산은 육체적인 토지와 그 위에 존재하는 건물로 이루어져 있으며, 자연적이거나 인위적으로 형성된 지리적 위치와 연계되어 있다. 이는 물리적 특성뿐만 아니라 환경적, 사회적 특성도 포함하며, 부동산학은 이러한 복잡한 특성들을 이해하고 분석하는데 중점을 둔다.

- real estate: 토지와 그 정착물과 같이 자연물, 물리적 실체를 의미한다. 不動産(부동산)은 움직이지 않는 재산, real estate (실질적 자산)으로 이해될 수 있다.
- real property: 소유권에서 나온 양도권, 관리권, 향유권 등의 법적 권리적인 측면을 뜻한다.
- realty: 물리적 부동산과 소유권 등 위 둘의 개념을 포괄하는 개념이다.

그림 11-1 부동산의 물리적 개념

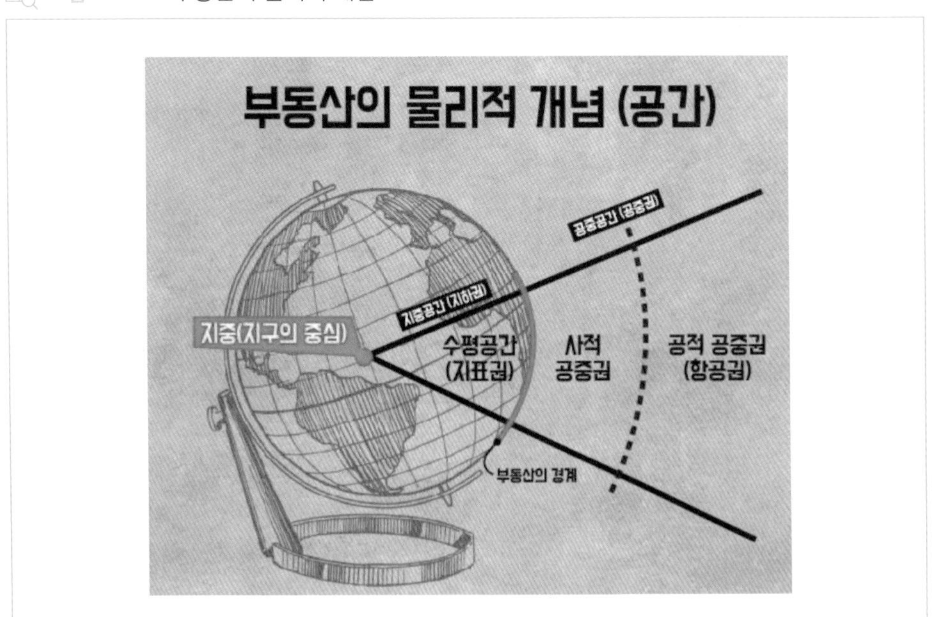

2) 부동산 시장의 구조

부동산 시장은 다양한 참여자들이 부동산을 거래하고 교환하는 공간이다. 이 시장은 주택, 상업용 부동산, 토지 등 다양한 부동산 유형으로 구성되며, 수요와 공급의 상호작용에 의해 가격이 결정된다. 부동산 시장의 구조를 이해하는 것은 가치 평가와 투자 결정에 있어서 핵심적이다.

3) 부동산 가치와 가치평가의 기본 개념

부동산 가치는 시장에서의 수요와 공급에 따라 형성되며, 감정평가는 이 가치를 정확하게 평가하는 과정이다. 부동산 가치평가는 다양한 방법론을 활용하여 이루어지며, 주택, 상업용 부동산, 특수용도 부동산에 따라 적절한 방법이 선택된다. 가치평가는 부동산 시장에서 거래의 공정성과 효율성을 유지하는 핵심적인 도구로 작용한다.

3. 부동산 감정평가론의 기초

1) 감정평가의 정의와 목적

감정평가는 부동산의 가치를 명확하게 평가하는 과정으로, 특정 목적을 위해 시장가치를 결정하는 것을 주목적으로 한다. 주로 부동산 거래, 세무 목적, 금융 거래, 보험 청구 등 다양한 상황에서 필요한데, 이를 통해 부동산 시장의 투명성을 높이고 이해당사자들에게 정확한 정보를 제공한다.

〈표 11-1〉 감정평가의 대표적 기능

정책적 기능	일반 경제적 기능
부동산의 효율적 이용·관리	자원의 효율적 배분
적정 가격형성 유도	거래질서 확립과 유지
손실보상의 적정화	의사결정의 판단기준 제시
과세의 합리화	파라미터(Parameter)적 기능

2) 감정평가의 역사적 변천

감정평가는 오랜 역사를 가지고 있으며, 초기에는 주로 주택 및 농지의 가치 평가에 중점을 두었다. 시간이 흐름에 따라 감정평가는 전문적이고 체계적인 방법론을 발전시켜왔으며, 현대에는 다양한 부동산 유형에 대한 감정평가가 중요한 위치를 차지하고 있다.

참고 〉

부동산감정평가의 역사적 변천에 따른 주요변화와 특징

1. **고대 시대:** 고대 문명에서도 부동산 감정평가가 이루어졌다. 다양한 문명에서 부동산의 소유와 가치에 대한 기록이 남아 있으며, 이는 세금 징수와 관련이 있었다.
2. **중세 시대:** 유럽의 중세 시대에는 부동산 소유와 교환이 주로 농지를 중심으로 이루어졌다. 땅의 생산력과 성과에 따라 가치가 측정되었다.
3. **혁명과 산업화:** 18세기와 19세기의 혁명과 산업화는 도시화와 산업화를 촉진했다. 이로 인해 도시 부동산의 가치 평가가 중요해지면서 감정평가 방법이 다양화되었다.
4. **20세기 초:** 20세기 초기에는 주로 비교 매매 방식이 사용되었다. 유사한 부동산 거래를 비교하여 가치를 평가하는 방법이 일반적이었다.
5. **20세기 중반 후의 변화:** 20세기 중반 이후에는 소득방식과 원가방식이 더 중요해지면서 다양한 부동산 평가 방법이 사용되었다. 특히 투자성과의 중요성이 부각되었고, 부동산 투자자들에게 부동산의 소득 생산성과 투자 가치를 측정하는 방법이 강조되었다.
6. **정부 규제의 강화:** 각 국가에서는 부동산 시장의 안정성과 투명성을 위해 정부 규제가 강화되었다. 규제 및 표준화된 평가 기준이 도입되었으며, 전문 감정사의 역할이 강화되었다.
7. **컴퓨터 기술의 도입:** 20세기 말과 21세기에는 컴퓨터 기술의 발전으로 데이터 분석과 모델링이 부동산 감정평가에 활발히 사용되고 있다. 자동화된 시스템과 데이터베이스를 활용하여 정확하고 효율적인 부동산 감정평가가 가능해졌다.

한국의 감정평가 역사

일제강점기 농공은행에서 현대 감정평가가 도입되었다. 1970년대 부동산학이 정립되면서 1972년 건설부 산하 국토이용관리법에 의거 토지평가사제도, 재무부 산하 부동산감정평가에 관한 법률에 의거 공인감정사제도가 출발했다.

지금의 감정평가제도는 1989년 7월 1일부터 시행(1989년 4월 1일 공포)된 「지가공시및토지등의평가에관한법률」의 규정에 따라 실시된 제도로서 종전의 토지평가사제도와 공인감정사제도를 통합 일원화시킨 것이다.

「부동산가격공시및감정평가에관한법률」 [1]의 제정 이유는 정부가 매년 전국의 토지 중에서 표준지를 선정하고 이에 대한 적정 가격을 조사·평가하여 이를 공시함으로써 관련 기관에서 토지를 평가할 때에 이를 기준으로 하도록 함으로써 다원화되어 있던 토지평가제도를 체계화하고, 또한 「토지평가사」와 「공인감정사」로 이원화되어 있는 감정평가자격을 「감정평가사」로 일원화함으로써 토지·건물·동산 등에 대한 감정평가제도를 효율화하려는 것이었다.

「부동산 가격공시 및 감정평가에 관한 법률」은 2016년 1월 16일 「부동산 가격공시에 관한 법률」과 「감정평가 및 감정평가사에 관한 법률」로 나뉘어졌다. 「감정평가 및 감정평가사에 관한 법률」은 감정평가 및 감정평가사에 관한 제도를 확립하여 공정한 감정평가를 도모함으로써 국민의 재산권을 보호하고 국가경제 발전에 기여함을 목적으로 하고 있다.

3) 감정평가의 기본 원칙

감정평가의 기본 원칙은 정확성, 객관성, 일관성, 상세성 등으로 구성되어 있다. 이러한 원칙들은 평가자가 정확하게 데이터를 수집하고 분석하며, 편견 없이 객관적으로 가치를 평가하도록 지침을 제공한다. 또한, 일관성과 상세성은 평가 결과의 높은 품질과 투명성을 보장하는 데 중요하다.

4. 부동산 감정평가 방법론

〈표 11-2〉 감정평가 3방식 비교

평가방식명	내 용	특 징	장 점	단 점
1. 비교판단 (Comparison) 방식	유사한 부동산 거래를 비교하여 대상 부동산의 가치를 결정하는 방식	– 시장에서 발생한 실거래 자료를 기반으로 평가 – 유사한 특성의 부동산 거래를 기준으로 비교함	– 객관적이며 시장 상황을 반영 – 데이터 기반으로 신뢰성이 높음	– 시장 변동에 영향을 많이 받음 – 특정 지역이나 시기의 부동산 데이터가 부족할 경우 정확도 저하
2. 소득방식 (Income) 방식	부동산이 얼마의 소득을 창출할 수 있는지를 기반으로 가치를 평가함	– 임대 수익, 영업 수익 등을 통해 부동산이 생성할 수 있는 소득을 고려 – 일반적으로 수익자산의 가치 평가에 활용	– 투자 목적 부동산의 가치 평가에 유용 – 임대 소득 등의 안정적인 수익이 기대되는 부동산에 적합	– 수익이 불안정한 부동산에는 적합하지 않음 – 수익을 정확히 측정하기 어려운 경우 평가의 어려움
3. 원가방식 (Cost) 방식	부동산을 새로이 건설할 경우 발생할 비용을 기반으로 가치를 평가함	– 대상 부동산을 새로이 건설할 경우 발생할 수 있는 비용을 기반으로 평가 – 대개 시가 산정, 대체비용 등을 고려하여 가치 평가	– 새로운 부동산 건설 시의 비용을 측정하는 데 유용 – 재건축 등의 특수한 상황에서 활용 가능	– 기존 건물의 평가에는 부적합 – 시장 변동에 따라 대체비용이나 시가와 차이가 발생할 수 있음

1) 주택 및 상업용 부동산의 비교판단법

주택 및 상업용 부동산의 비교판단법은 시장에서 비슷한 부동산의 거래 정보를 기반으로 대상 부동산의 가치를 평가하는 방법이다. 비슷한 지역, 크기, 특성을 가진 부동산의 거래가격을 분석하여 대상 부동산의 가치를 추정한다. 주로 주택이나 상업용 부동산에서 활용되는데, 시장에 충분한 거래 데이터가 있는 경우 유용하게 사용된다.

비교판단법(Comparison Approach)은 주택과 상업용 부동산의 가치를 결정하는 데에 널리 사용되는 감정평가 방법 중 하나이다. 이 방법은 시장에서 유사한 특성을 가진 부동산 거래를 참고하여 대상 부동산의 가치를 평가하는 원리에 기반하고 있다. 주로 주택이나 상업용 부동산에 적용되며, 비슷한 지역, 크기, 특성을 가진 부동산 거래를 찾아내어 비교함으로써 대상 부동산의 가치를 결정한다.

(1) 주요 단계와 고려 사항

① **시장 조사 및 데이터 수집**: 유사한 부동산 거래를 식별하기 위해 시장에서 데이터를 수집하고 조사한다. 이때 부동산의 위치, 크기, 건축물 특성, 용도, 시장 동향 등을 고려한다.

② **비교 가능한 거래 선택**: 유사성을 기반으로 대상 부동산에 적합한 비교 거래를 선택한다. 선택된 거래는 대상 부동산과 유사한 지리적, 물리적, 기능적 특성을 공유해야 한다.

③ **조정**: 선택된 비교 거래의 가격을 대상 부동산에 맞게 조정한다. 이때 거래간의 차이를 고려하여 조정을 수행한다. 예를 들어, 대상 부동산이 선택된 거래보다 더 크거나 작다면 크기에 대한 조정이 필요하다.

④ **최종 가치 평가**: 조정된 비교 거래의 가격을 기반으로 대상 부동산의 최종 가치를 평가한다. 이는 시장에서 예상되는 거래 가격을 반영하는 것으로, 유사한 거래를 참고함으로써 정확하고 현실적인 가치 평가를 제공한다.

(2) 한계와 주의사항

① **부동산의 고유성**: 모든 부동산은 고유한 특성을 가지고 있어 완전히 동일한 비교 거래를 찾기 어렵다. 따라서 조정 단계에서 주의가 필요하다.

② **시장 변동성**: 부동산 시장은 변동성이 높기 때문에 이를 고려하지 않으면 비교판단법의 정확성에 영향을 미칠 수 있다. 최근 거래를 기반으로 하는 것이 중요하다.

③ **전문가의 주관성**: 비교판단법은 전문가의 주관적인 판단이 크게 작용하는 방법이다. 따라서 신중한 시장 조사와 조정이 필요하다.

비교판단법은 부동산 감정평가에서 중요한 도구 중 하나로, 정확한 데이터와 전문가의 경험이 결합될 때 가장 효과적으로 활용될 수 있다

2) 소득환원법의 이해와 활용

소득환원법은 투자용 부동산의 가치를 결정할 때 사용되는 방법으로, 부동산이 생성하는 소득을 기반으로 가치를 평가한다. 임대 수익, 가치 증가, 비용 등을 종합적으로 고려하여 소득을 반환하는데, 특히 상업용 부동산이나 투자용 주택 등에서 활용된다. 소득환원법은 향후 소득을 고려한 실질적인 가치 평가를 제공한다.

소득환원법(Income Approach)은 부동산 감정평가에서 부동산이 생성하는 소득을 기반으로 가치를 평가하는 방법론 중 하나이다. 이 방법은 특히 상업용 부동산이나 투자용 부동산에 적용되며, 부동산이 생성하는 현금흐름을 분석하여 가치를 결정한다. 주로 임대 소득이나 향후 현금 흐름을 기반으로 한다.

(1) 주요 원리와 단계

① **임대 소득의 추정**: 먼저, 대상 부동산이 생성하는 임대 소득을 추정한다. 이는 현재 및 향후 임대 계약, 임대료 수준, 시장 수요 등을 고려하여 수행된다.

② **할인 요인 적용**: 추정된 임대 소득을 향후의 현재 가치로 환산하기 위해 할인 요인을 적용한다. 할인 요인은 시간 가치를 고려하여 미래의 소득을 현재 가치로 변환하는 데 사용된다.

③ **지출 및 관리비 고려**: 소득환원법은 순 소득을 기반으로 하기 때문에 운영 비용, 유지 보수 비용, 관리 비용 등을 고려하여 순 소득을 산출한다.

④ **시장 수요 및 대체 비용 고려**: 부동산이 속한 시장의 수요와 대체 가능성을 고려하여 가치를 조정한다. 시장에서 비슷한 특성을 가진 부동산이 있는 경우, 그 부동산의 거래를 참고하여 가치를 조정한다.

⑤ **유리한 투자 수익률 결정**: 소득환원법에서는 투자의 리스크에 따라 기대 수익률을 고려한다. 유사한 투자에 대한 기대 수익률을 기반으로 대상 부동산의 가치를 결정한다.

(2) 장·단점과 주의사항

① **장점**: 현금 흐름을 중심으로 하는 실질적인 가치 평가가 가능하다. 투자자의 관점에서 부동산의 가치를 평가할 수 있다.

② **단점**: 정확한 소득 및 비용의 추정이 어렵다면 정확한 결과를 얻기 어렵다. 시장 수요, 대체 가능성 등의 변수를 정확하게 예측하기 어렵다.

(3) 활용 사례

소득환원법은 주로 투자용 부동산이나 상업용 부동산에서 활용된다. 예를 들어, 사무실 건물이나 상업용 지식산업단지의 가치를 평가하는 데에 사용될 수 있다. 특히 임대 계약이 존재하고 임대 소득이 실현 가능한 경우에 유용하게 적용된다.

소득환원법은 부동산의 투자 가치를 정확하게 평가하고자 할 때 실용적인 방법 중 하나이며, 전문가의 정확한 소득 추정과 신중한 조정이 필요하다.

3) 특수용도 부동산의 비용접근법- 부동산 원가법

특수용도 부동산의 비용접근법은 부동산을 새로이 건설하거나 대규모 개조할 때 사용된다. 이 방법은 부동산의 대체 비용을 고려하여 건설 비용, 재개발 비용, 토지 가치 등을 종합하여 가치를 평가한다. 주로 산업용 부지나 특별한 용도를 가진 부동산에서 활용되는데, 특수한 특성을 고려한 가치 평가가 필요한 경우에 유용하다.

부동산 원가법(Cost Approach)은 특수용도 부동산의 가치를 평가하는 데에 사용되는 방법 중 하나로, 해당 부동산을 현재 건설비용의 총합으로 평가하는 원리에 기반한다. 주로 새로운 건물을 건설하거나 복원하는 경우에 적용되며, 부동산이 가지는 특별한 용도와 기능을 고려하여 평가된다.

(1) 주요 단계와 고려 사항

① **건물 건설 비용의 산정**: 건물을 새로이 건설할 때 필요한 모든 비용을 고려하여 건설 비용을 산정한다. 이에는 건축 자금, 노동비, 재료비, 토지 획득 비용, 건물 설계 비용 등이 포함된다.

② **경과 연도에 따른 감가상각**: 건물은 시간이 흐름에 따라 가치가 감소하므로, 건물을 사용함에 따른 경과 연도에 따른 감가상각을 반영한다. 이는 건물의 내구성, 기대 수명 등을 고려하여 적용된다.

③ **특수 용도와 기능에 대한 조정**: 특수용도 부동산은 주로 특정 목적을 위해 사용되기 때문에 이를 고려하여 가치를 조정한다. 예를 들어, 공장, 연구소, 의료 시설 등의 특수 용도에 따른 특별한 요구 사항을 고려하여 가치를 결정한다.

④ **토지 가치의 고려**: 특수용도 부동산의 가치 평가에서는 건물뿐만 아니라 해당 토지의 가치도 고려되어야 한다. 특히, 토지 자체의 가치가 높은 경우 이를 적

절하게 반영해야 한다.

⑤ **정비 및 건설 비용 변동의 고려**: 건설 비용은 시간이 지남에 따라 변동할 수 있으므로, 현재 건설 비용을 산정할 때에는 가능한 한 최신의 시장 동향을 반영해야 한다.

(2) 장단점과 주의사항

① **장점**: 신규 건물에 대한 평가에 적합하며, 건물의 새로운 상태를 반영한다. 특수용도 부동산이나 특별한 기능을 가진 부동산에 적용이 가능하다.

② **단점**: 기존 건물의 경우, 시간이 흐름에 따라 감가상각 등을 고려하지 않으면 정확한 평가가 어렵다. 특수용도 부동산의 경우, 특별한 요구 사항과 특수 기능을 고려하여 정확한 가치 평가를 수행해야 한다.

(3) 활용 사례

특수용도 부동산 중에서 주로 새로운 건물을 건설하거나 복원하는 경우에 사용된다. 예를 들어, 연구소, 의료 시설, 공장 등 특수한 기능이 필요한 부동산에 대한 평가에 활용된다.

4) 다양한 감정평가 방법의 비교와 적용

다양한 감정평가 방법의 비교와 적용은 주어진 상황에 따라 적절한 방법을 선택하고 활용하는 것을 의미한다. 상황에 따라 비교적 정확한 비교판단법이나 투자 용도의 소득환원법, 특수한 부동산의 경우 비용접근법이 더 적합할 수 있다. 전문가는 이러한 방법들을 조합하여 감정 평가를 수행하며, 시장 조건과 대상 부동산의 특성을 고려하여 종합적이고 정확한 가치를 도출한다.

5. 감정평가에서의 데이터와 기술의 활용

1) 빅데이터와 부동산 감정평가

빅데이터는 부동산 감정평가에서 많은 정보를 추출하고 분석하는 데에 혁신적인 방법을 제공한다. 대량의 부동산 거래 데이터, 지리적 정보, 건축물 특성 등을 기반으로 머신러닝 알고리즘을 사용하여 시장 동향을 예측하고 가치를 평가할 수 있다. 이를 통해 보다 정확하고 동적인 부동산 가치 평가가 가능해지며 향후 시장 변동성에 대한 예측력이 향상된다.

2) 인공지능과 부동산 가치 평가

인공지능은 부동산 가치 평가에서 패턴 인식, 의사 결정 지원, 예측 분석 등 다양한 작업에 활용된다. 기계 학습 모델은 주택 시장 동향, 투자 가능성 등을 학습하고 예측하는 데 사용된다. 또한, 인공지능은 정확하고 신속한 데이터 처리를 통해 감정평가 프로세스를 효율적으로 수행할 수 있다.

3) GIS 및 현지 조사 도구의 활용

지리 정보 시스템(GIS)은 지리적 데이터를 시각화하고 분석하는 데에 사용된다. 부동산 감정평가에서는 지리적 위치, 교통, 인프라, 환경 등의 정보를 지도상에 표시하고 이를 기반으로 가치 평가를 수행한다. 또한, 현지 조사 도구는 부동산 전문가가 현장에서 필요한 정보를 수집하고 평가하는 데에 활용된다. 이는 감정평가의 정확성을 향상시키며, 다양한 데이터 소스를 종합하여 감정가치 평가를 가능하게 한다.

6. 부동산 감정평가와 시장의 관계

1) 시장의 영향 요인

시장은 부동산 가치에 직접적인 영향을 미치는 다양한 요인을 포함한다. 이러한 요인에는 경제 상황, 금리 수준, 인구 이동, 국가 정책, 지역적 특성 등이 포함된다. 부동산 감정평가에서는 이러한 시장 영향 요인들을 신중하게 고려하여 가치를 산정하며, 이는 부동산의 가치 변동성을 이해하는 데 핵심적이다.

2) 부동산 감정평가와 투자 전략

부동산 감정평가는 투자 전략에 직접적인 영향을 미친다. 투자자는 감정평가 결과를 기반으로 특정 부동산에 대한 투자 결정을 내리며, 가치 평가는 투자 수익률을 예측하는 데에도 사용된다. 투자 전략의 성공은 정확하고 투명한 감정평가에 크게 의존하며, 투자자들은 가치 평가를 통해 시장의 기회와 리스크를 신중하게 평가한다.

3) 시장 변동성과 감정평가의 관련성

부동산 시장의 변동성은 부동산 감정평가에 직접적으로 영향을 미친다. 변동성이 높은 시장에서는 가치 평가가 더 어렵고 불확실성이 높아진다. 따라서 부동산 감정평가는 시장의 변동성을 예측하고 고려하여 수행되어야 한다. 또한, 감정평가 결과는 변동성에 대응하는 투자 및 리스크 관리 전략의 일부로 사용된다. 신뢰성 있는 감정평가는 투자자에게 시장의 불확실성을 줄이는데 도움을 줄 수 있다.

7. 부동산 감정평가의 실제 응용

1) 금융 기관에서의 부동산 감정평가

금융 기관은 대출, 담보 평가, 투자 결정 등 다양한 목적으로 부동산 감정평가를 활용한다. 대출 심사 시에는 담보로 제공되는 부동산의 가치를 정확하게 파악하여 대출 한도를 결정하고, 투자 금융에서는 투자 대상 부동산의 가치를 평가하여 투자 결정에 활용한다. 또한, 금융 기관은 부동산 시장 동향을 파악하기 위해 정기적인 감정평가를 수행한다.

2) 부동산 투자자의 감정평가 활용

부동산 투자자는 투자 전략 수립 및 실행을 위해 부동산 감정평가를 적극적으로 활용한다. 특히 투자 대상 부동산의 현재 가치와 잠재적인 가치 상승 여부를 평가하여 투자 수익률을 예측하고, 포트폴리오의 다양성을 확보하기 위해 감정평가 결과를 종합적으로 고려한다.

3) 부동산 개발과 감정평가의 상호 관련성

부동산 개발에서는 감정평가가 핵심적인 역할을 수행한다. 부동산 개발자는 토지 및 건물의 가치를 정확하게 파악하여 투자의 타당성을 판단하고, 금융 기관이나 투자자로부터 자금을 조달하기 위해 감정평가 보고서를 제출한다. 또한, 부동산 개발 프로젝트가 진행됨에 따라 변하는 시장 조건에 대응하기 위해 정기적인 감정평가가 수행되어야 한다. 이는 프로젝트의 수익성을 최적화하고 리스크를 최소화하기 위한 필수적인 요소이다.

8. 국가별 부동산 감정평가의 차이와 영향

1) 다양한 국가의 부동산 시장 특성

다양한 국가의 부동산 시장은 지역적, 경제적 특성에 따라 큰 차이를 보인다. 고밀도 도시와 비교적 희소한 지역, 경제 성장률, 인구 구성 등이 모두 부동산 시장의 특성을 형성한다. 또한, 각 국가는 주택 소유 문화, 투자 성향, 금융 시스템 등에서도 차이를 나타내고 있다.

2) 법규 및 문화적 차이에 따른 감정평가의 변화

(1) 법규의 영향

각 국가는 부동산 시장을 규제하기 위한 법규를 독자적으로 가지고 있으며, 이는 감정평가에 영향을 미친다. 일부 국가에서는 감정평가 시 일정한 표준이나 규정을 준수해야 하며, 이로 인해 감정평가 방법과 결과에 일관성이 유지되고 있다.

(2) 문화적 차이의 영향

각 국가의 문화적인 특성은 부동산 시장에서의 선호도와 가치 평가에 영향을 미친다. 주택의 크기, 형태, 주거 환경에 대한 인식의 차이는 감정평가 시에 반영되어야 한다. 또한, 투자 성향과 리스크 인식도 문화적 차이에 따라 다르게 나타난다.

3) 국가별 비교

(1) 미국 vs. 일본

미국은 대형 부동산 시장과 투자 문화로 알려져 있으며, 부동산 감정평가는 주로 비교판단법과 소득환원법을 중심으로 진행된다. 반면에 일본은 부동산 시장이 상대적으로 제한되어 있으며, 가치 평가에는 토지의 특성이 큰 영향을 미친다.

(2) 독일 vs. 중국

독일은 안정적이고 신뢰성 있는 부동산 시장으로 알려져 있으며, 감정평가는 정교한 방법론과 법규에 기반하여 이루어진다. 반면 중국은 급격한 도시화와 부동산 가격의 불안정성이 특징이며, 정부의 규제에 따른 변화가 감정평가에 큰 영향을 미친다.

이처럼 국가 간 부동산 시장의 특성과 법규, 문화적 차이는 감정평가에 상당한 영향을 미치며, 전문가들은 해당 국가의 특성을 잘 이해하고 적절한 감정평가 방법을 채택함으로써 정확하고 효과적인 부동산 가치 평가를 수행한다.

9. 부동산 감정평가의 미래 전망과 도전 과제

1) 기술 발전의 영향과 도전

빅데이터와 인공지능의 적용: 앞으로 빅데이터와 인공지능의 발전은 부동산 감정평가에 큰 영향을 미칠 것으로 예상된다. 대량의 데이터와 고급 분석 기술을 활용하여 정확한 시장 동향 예측과 가치 평가가 가능해질 것이다. 그러나 기술 발전에 따른 도전 과제로는 데이터의 정확성과 프라이버시 문제, 그리고 기술을 제대로 활용할 수 있는 전문가의 부족 등이 있다.

2) 지속 가능성과 감정평가의 연계

환경 지속 가능성 고려: 미래에는 부동산 감정평가에서 지속 가능성 측면이 강조될 것으로 예상된다. 부동산의 환경 영향과 친환경적 건축물 등에 대한 가치평가가 중요시되며, 감정평가 결과가 지속 가능한 개발과 투자를 유도하는 역할을 할 것이다.

3) 글로벌 시장 동향과 부동산 감정평가의 미래

- **글로벌 시장 통합과 다양성:** 글로벌 부동산 시장에서의 통합이 진행될 것으로 예상되며, 다양한 국가 간의 시장 특성과 규제에 대한 이해가 필수적일 것이

다. 또한, 다양한 부동산 유형에 대한 표준화된 평가 방법의 필요성이 커질 것으로 예상된다.

- **실시간 데이터와 시장 변동성 대응:** 미래에는 실시간 데이터의 중요성이 더욱 커질 것으로 예상된다. 글로벌 시장 동향을 신속하게 파악하고, 시장의 급변에 대응하기 위해 실시간 데이터 수집과 분석 기술이 감정평가에 더욱 적용될 것이다.

이러한 전망에서 기술의 진보와 지속 가능성, 글로벌 시장 동향 파악 능력이 중요한 역할을 할 것이며, 이에 따른 교육과 역량 강화가 부동산 감정평가 전문가들에게 요구될 것이다.

10. 부동산감정평가 중요성

1) 부동산 감정평가론의 중요성 재강조

부동산 감정평가는 부동산 시장에서 핵심적인 역할을 수행하며, 다양한 목적을 위해 가치를 명확하게 평가하는 중요한 도구로 작용한다. 정확한 감정평가는 금융 기관, 투자자, 부동산 개발자 등 다양한 이해당사자들에게 정확하고 신뢰성 있는 정보를 제공하며, 부동산 시장의 투명성과 효율성을 높이는 데 기여한다.

2) 부동산학개론의 다른 주제와의 유기적 연결

부동산 감정평가론은 부동산학 개론의 다양한 주제와 유기적으로 연결된다. 부동산의 정의와 특성, 부동산 시장의 구조, 가치와 가치평가의 기본 개념 등이 부동산 감정평가의 기초를 형성한다. 또한, 부동산 감정평가는 부동산 시장의 동향과 변동성을 이해하는 데에도 중요하게 작용하며, 금융 기관과 투자자들이 부동산에 투자할 때 핵심적인 고려사항으로 부상한다. 따라서 부동산학 개론을 통해 이해된 부동산의 다양한 측면들이 감정평가에 어떻게 영향을 미치는지 이해하는 것이 중요하다.

제2절 부동산감정평가 확장

1. 부동산 감정평가에서의 윤리와 교육

1) 객관성과 정확성의 중요성

(1) 감정평가 전문가의 윤리적 책임

① 정의와 역할: 감정평가 전문가는 부동산의 가치를 공정하고 정확하게 결정하는 역할을 수행한다. 이는 객관성과 정확성을 기반으로 한다.

② 이해와 공정성: 전문가는 윤리적 책임으로써 해당 부동산 시장, 법규, 윤리 규정을 이해하고 준수해야 한다. 공정성은 모든 이해당사자에 대해 동등하게 적용돼야 하며, 이는 인종, 성별, 종교, 경제적 지위 등의 차별이 없음을 의미한다.

③ 독립성과 의존성 방지: 감정평가 전문가는 의뢰자에 대한 독립성을 유지해야 하며, 의뢰자에게 의존하지 않고 객관적이고 독립적인 판단을 행해야 한다.

(2) 정확한 데이터 수집과 분석의 필요성

① 데이터의 신뢰성: 감정평가에서 사용되는 데이터는 정확하고 신뢰성 있어야 한다. 토지 정보, 건물 특성, 시장 동향 등의 데이터가 부정확하거나 조작된 경우 가치 평가에 오차가 발생할 수 있다.

② 시장 조사의 중요성: 부동산 감정평가는 지역 시장의 특성을 이해하는 것에서 출발한다. 정확한 시장 조사는 주변 부동산 거래, 유사한 특성을 가진 부동산의 판매 가격 등을 고려하여 정확한 가치 평가를 가능케 한다.

③ 통계 및 모델의 적용: 데이터를 수집하고 분석하는 과정에서 통계학적 모델이나 적절한 분석 방법을 활용하여 정확한 추정치를 도출해야 한다. 특히 대용량 데이터를 다룰 때에는 데이터 과학 기법을 통한 정확한 분석이 필요하다.

④ 업계 표준 및 규정 준수: 감정평가 전문가는 업계에서 정해진 표준과 규정을 준수해야 하며, 이를 통해 정확성을 유지하고 의뢰자에게 신뢰성 있는 결과를 제공해야 한다.

(3) 끊임없는 교육과 개발

부동산 감정평가는 끊임없이 변화하는 시장과 기술에 대응해야 한다. 전문가는 꾸준한 교육과 개발을 통해 최신 트렌드와 동향에 대한 이해를 높여야 한다.

객관성과 정확성은 부동산 감정평가의 핵심 가치이며, 이는 전문가의 윤리적 책임을 강조하는 중요한 원칙이다. 이를 준수함으로써 감정평가는 더 높은 신뢰성을 갖고 이해당사자들에게 공정하고 정확한 가치 평가를 제공할 수 있다.

2) 이해당사자와의 윤리적 관계

(1) 투명하고 공정한 소통의 중요성

① **이해당사자와의 신뢰 구축:** 감정평가 전문가는 이해당사자와의 투명하고 공정한 소통을 통해 신뢰를 구축해야 한다. 의뢰자와 다른 이해당사자들에게 가치 평가 과정과 결과에 대한 명확하고 이해하기 쉬운 정보를 제공해야 한다.

② **정보 제공의 일관성:** 객관성과 정확성을 기반으로 한 정보를 일관성 있게 제공함으로써 이해당사자들이 가치 평가 과정을 이해하고 신뢰할 수 있도록 해야 한다.

③ **의문이나 불분명한 점에 대한 설명:** 이해당사자가 가치 평가 결과에 대해 의문이나 불분명한 점이 있을 경우, 감정평가 전문가는 이를 명확하게 설명하고 해소해야 한다. 투명성 있는 의사소통은 의심이나 불만을 최소화하며 관계를 강화시킨다.

(2) 이해당사자의 이해를 돕기 위한 윤리적 접근

① **비전문가에게도 이해 가능한 언어 사용:** 가치 평가 전문 용어나 복잡한 개념을 비전문가에게도 이해 가능한 언어로 전달해야 한다. 이를 통해 이해당사자들이 가치 평가 결과를 보다 쉽게 이해하고 수용할 수 있다.

② **이해당사자의 우려와 니즈 고려:** 이해당사자들의 우려와 니즈를 고려하고 존중하는 것이 중요하다. 예를 들어, 의뢰자의 특별한 용도나 목적에 대한 고려를 반영하여 가치 평가를 수행해야 한다.

③ **공정한 대우:** 모든 이해당사자에 대해 공정하게 대우해야 하며, 이는 부당한 혜택을 주거나 받지 않는 등의 윤리적인 접근을 필요로 한다.

3) 부동산 감정평가 전문가의 윤리적 책임

(1) 자격과 교육 요건의 중요성

① 전문적인 자격과 교육: 부동산 감정평가 전문가는 필요한 자격과 교육을 취득해야 한다. 이는 객관성과 정확성을 유지하는 데 중요하며, 고객이 신뢰할 수 있는 전문가로서의 역량을 갖추는 데 기여한다.

② 계속적인 교육과 발전: 부동산 시장의 동향과 기술적인 변화에 대응하기 위해 전문가는 계속적인 교육과 발전을 통해 최신 정보와 기술에 대한 이해를 유지해야 한다.

(2) 윤리규정 준수와 감정평가의 신뢰성 유지

① 윤리규정 준수: 전문가는 감정평가에 관련된 윤리규정을 엄격히 준수해야 한다. 이는 객관성, 정확성, 투명성, 독립성 등에 대한 원칙을 따르는 것을 의미한다.

② 객관성과 독립성 유지: 감정평가 전문가는 의뢰자나 다른 이해당사자로부터의 영향을 받지 않고 객관적이고 독립적으로 가치를 평가해야 한다. 객관성이 유지되면 의뢰자와 다른 이해당사자들이 가치 평가 결과를 신뢰할 수 있다.

③ 최선의 판단과 높은 표준 유지: 전문가는 최선의 판단을 내릴 의무가 있으며, 고품질의 감정평가를 위해 표준에 따라 신뢰성 있게 작업해야 한다.

부동산 감정평가 전문가는 윤리적 책임을 준수하고 이해당사자와의 관계에서 투명하고 공정한 접근을 취함으로써 객관성과 신뢰성을 높이고, 부동산 시장에서의 신뢰를 구축할 수 있다.

2. 부동산 감정평가와 세무적 영향

1) 감정평가와 세무 전략의 연계

(1) 감정평가 결과와 세무 전략의 일치성

① 세무 전략과의 조화: 부동산 감정평가 결과는 세무 전략과 조화되어야 한다. 세무 전략의 목표와 부동산의 감정가치가 일치함으로써 세무적 혜택을 최대화

할 수 있다.

② 감정가치의 합리성: 세무적 혜택을 얻기 위해서는 부동산 감정가치가 합리적이고 정당한 것으로 인정받아야 한다. 지나치게 고평가되거나 저평가된 부동산은 세무 당국의 감시 대상이 될 수 있다.

(2) 세무적 혜택 및 부동산 가치에 대한 세무적 영향

① 세액 절감: 정확하게 부동산을 감정평가하면 부동산 소유자는 과세 기준에 따라 적절한 세액을 지불하게 된다. 합리적인 감정가치를 기반으로 한 감정평가는 세액을 최소화하고 세무적 혜택을 얻을 수 있도록 도와준다.

② 재무 계획: 정확한 부동산 가치를 알고 있으면 효율적인 재무 계획을 수립할 수 있다. 예를 들어, 부동산을 처분하여 자금을 확보하는 등의 전략을 통해 세무적 이점을 취할 수 있다.

2) 부동산 감정평가의 세무적 측면 이해

(1) 세무적 관점에서의 부동산 가치 평가

① 공정한 시장 가치의 중요성: 세무적으로 부동산을 평가할 때는 공정한 시장 가치가 중요하다. 이는 공정한 거래 가격이나 유사한 부동산 거래를 고려하여 부동산을 평가하는 것을 의미한다.

② 과세 가치와의 일치: 부동산 감정가치는 종종 과세 목적으로 사용된다. 세무 당국은 과세 목적을 위해 감정평가 결과를 신뢰하고 활용한다.

(2) 감정평가 결과의 세무 신고 및 처리 방법:

① 세무 신고서 작성: 정확한 감정평가 결과를 기반으로 세무 신고서를 작성해야 한다. 이 신고서는 부동산 가치와 그에 따른 세금을 정확하게 보고하는 데 사용된다.

② 세무 당국과의 협력: 부동산 소유자는 필요한 경우 세무 당국과 협력하여 감정평가 결과에 대한 설명이나 추가 정보를 제공할 수 있다. 투명하고 협력적인 태도는 세무적 문제를 최소화할 수 있다.

3) 세무상의 전략적 감정평가의 활용

(1) 부동산 감정평가를 통한 세무 전략의 최적화

① **자산의 최적 구조화**: 부동산 감정가치를 고려하여 자산을 최적으로 구조화함으로써 세무적 혜택을 최대화할 수 있다. 예를 들어, 비용적절한 감정평가를 통해 부동산을 처분하여 세금을 최소화할 수 있다.

② **투자 목적에 따른 가치평가**: 특정 투자 목적을 위한 감정평가를 통해 효과적인 세무 전략을 수립할 수 있다. 예를 들어, 재무 계획을 위한 감정평가나 세액 절감을 목표로 한 감정평가 등이 해당한다.

(2) 부동산 소유자와 투자자를 위한 세무적 조언

① **효과적인 세무 계획 수립**: 부동산 소유자나 투자자는 부동산 감정평가를 통해 효과적인 세무 계획을 수립할 수 있다. 이를 통해 세금 부담을 최소화하고 자산을 최적으로 활용할 수 있다.

② **세무 전문가와의 협력**: 부동산 소유자나 투자자는 세무 전문가와 협력하여 감정평가 결과를 기반으로 한 세무 전략을 수립해야 한다. 전문가의 조언을 듣고 적절한 세무적 결정을 내릴 수 있다.

부동산 감정평가는 세무적 측면에서 중요한 역할을 한다. 정확하고 합리적인 감정가치를 기반으로 세무 전략을 수립하면 세금 부담을 최소화하고 부동산을 효율적으로 관리할 수 있다.

3. 부동산 감정평가에서의 지역 특성 고려

1) 지역 특성과 부동산 가치의 상관성

(1) 지역 특성이 부동산 가치에 미치는 영향

① **위치 가치**: 부동산의 지리적 위치, 교통 인프라, 주변 시설 등이 지역 특성으로 작용하여 부동산의 가치에 큰 영향을 미친다. 이는 주거지역에서의 생활 편의성, 상업지역에서의 접근성 등으로 나타난다.

② **지역 시장 동향**: 특정 지역의 부동산 시장 동향은 부동산 가치에 직접적으로

영향을 미친다. 시장의 수요와 공급, 경기 상황 등이 부동산의 가격 형성에 영향을 미치며, 이는 지역 특성으로 이해할 수 있다.

(2) 지역적인 특성을 반영한 감정평가의 중요성:

① **정확한 가치 평가:** 특정 지역의 부동산 가치를 정확하게 평가하기 위해서는 그 지역의 특성을 잘 이해하고 반영해야 한다. 이를 통해 정확성과 신뢰성 있는 감정평가 결과를 얻을 수 있다.

② **시장에 대한 이해:** 특정 지역의 시장 특성을 고려한 감정평가는 해당 지역에서의 거래와 가치 형성 메커니즘을 이해하는 데 도움이 된다. 지역 시장에 대한 철저한 조사는 감정평가 전문가에게 중요한 자원이 된다.

2) 문화적인 측면에서의 지역 감정평가 고려 사항

(1) 지역의 문화 요소와 부동산 가치의 연관성

① **문화적 풍토:** 특정 지역의 문화적 특성, 예를 들어 역사적인 가치, 예술적 활동, 지역적인 축제 등은 부동산 가치에 영향을 미친다. 부동산이 속한 지역의 문화적 풍토를 고려하지 않고는 전반적인 가치를 완전히 이해하기 어렵다.

② **지역적 선호도:** 지역 주민들의 생활 방식, 가치관, 선호도는 부동산의 가치에 영향을 미친다. 예를 들어, 특정 지역에서는 특정 유형의 부동산이 높은 가치를 가질 수 있으며, 이는 지역적 선호도에 기인한 것일 수 있다.

(2) 문화적인 측면에서의 감정평가의 유의성

① **맞춤형 가치 평가:** 특정 지역의 문화적인 특성을 고려한 감정평가는 해당 지역의 주민들이 가치를 두는 특정한 측면을 반영할 수 있다. 이는 가치 평가를 맞춤형으로 만들어 지역 내의 다양한 문화적 측면을 반영할 수 있게 한다.

② **부동산 투자자의 이해:** 부동산 투자자들은 특정 지역의 문화적인 측면을 이해함으로써 해당 지역에서의 투자 가능성을 더 정확하게 판단할 수 있다. 이는 향후 가치 상승 가능성을 예측하는 데 도움이 된다.

3) 지역 특성에 따른 부동산 감정평가 방법의 변화

(1) 특정 지역에 맞는 감정평가 방법의 선택

① **시장 비교분석의 조정**: 특정 지역의 시장 특성에 따라 시장 비교분석에서 사용되는 요소들을 조정해야 한다. 지역적 특성을 고려하여 비교 대상을 선택하고 조정함으로써 더 정확한 가치 평가가 가능하다.

② **소통 및 협력**: 지역 감정평가에는 지역 주민, 지방 당국, 지역 업계 전문가와의 소통과 협력이 중요하다. 이들의 지식과 경험을 활용하여 부동산 감정평가 모델을 개발할 수 있다.

(2) 지역적인 특성을 반영한 감정평가 모델의 개발

① **데이터 수집의 특화**: 특정 지역에 특화된 데이터 수집이 필요하다. 지역적 특성을 정확히 반영하려면 지역 관련 데이터, 문화적 행사 정보 등을 수집하여 모델에 통합해야 한다.

② **지리 정보 시스템(GIS) 활용**: GIS를 활용하여 지역의 지리적 특성을 시각화하고 분석함으로써 지역적인 변화를 이해하고 감정평가 모델에 반영할 수 있다. 지형, 기후, 교통 등의 공간적 정보를 활용하여 가치 평가 모델을 조정할 수 있다.

③ **현지 조사와 전문가 의견 수렴**: 특정 지역의 부동산 특성을 이해하기 위해 현지 조사가 필요하다. 지역 전문가와의 협력을 통해 특정 지역에 적합한 가치 결정 요소를 도출하고 모델에 통합할 수 있다.

④ **지역적 특성에 따른 변수 설정**: 특정 지역의 부동산 시장에서 중요한 변수들을 모델에 통합하여 가치 평가에 반영해야 한다. 지역적인 특성에 따라 중요한 변수는 다를 수 있으며, 이를 고려하여 모델을 조정해야 한다.

⑤ **문화적 특성을 반영한 평가 지표 개발**: 특정 지역의 문화적 특성을 반영하기 위해 문화적 가치에 관련된 평가 지표를 개발할 수 있다. 이를 통해 문화적 측면에서의 부동산 가치를 정확히 평가할 수 있다.

⑥ **지역적 특성에 따른 통계 분석**: 지역 감정평가 모델을 개발할 때 특정 지역의 통계 자료를 분석하여 시장 동향 및 특성을 파악할 수 있다. 이를 통해 모델의 정확성을 높일 수 있다.

⑦ 지역적인 변동성 예측 모델: 특정 지역의 부동산 시장이 미래에 어떻게 변동할지 예측하는 모델을 개발할 수 있다. 이는 투자자나 시장 참여자들에게 유용한 정보를 제공할 수 있다.

지역 특성을 고려한 감정평가 모델의 개발은 부동산 가치를 더 정확하게 평가하고, 특정 지역에서의 부동산 투자나 거래에 대한 결정을 지원하는 데 기여한다.

4. 부동산 감정평가 동향과 과제

1) 부동산 감정평가 현장의 동향

(1) 감정평가 실무에서의 최신 동향

① 자동화 및 인공지능 적용: 부동산 감정평가에서는 최신 기술의 적용이 두드러지고 있다. 자동화 및 인공지능 기술을 활용하여 데이터 수집, 분석, 가치 평가 등의 과정이 효율적으로 이루어지고 있다.

② 빅데이터 활용: 부동산 시장 데이터의 규모가 커지면서 빅데이터를 통한 시장 동향 분석이 강화되고 있다. 다양한 데이터 소스를 활용하여 보다 정확한 시장 가치 평가가 이루어지고 있다.

(2) 기술과 데이터의 현장 적용:

① 드론 및 위성 이미지 활용: 감정평가 현장에서는 드론과 위성 이미지를 통해 부동산의 지리적 특성을 정밀하게 조사하고 시각화하는 기술이 활용되고 있다. 이를 통해 지형, 건축물의 상태 등을 빠르게 파악할 수 있다.

② 클라우드 기술 활용: 데이터의 대용량화로 인해 클라우드 기술이 부동산 감정평가에서 활발히 사용되고 있다. 대용량 데이터의 저장과 공유가 원활해지면서 현장에서 실시간으로 데이터를 활용하는데 도움이 되고 있다.

2) 현장에서의 도전과 과제

(1) 감정평가 실무에서의 어려움과 해결책

① 데이터 불완전성: 현장에서는 종종 필요한 데이터가 부족하거나 불완전할 수

있다.

- **해결책**: 외부 데이터 소스 활용, 데이터 수집 프로세스 강화, 시장 조사 강화를 통한 보완.

② **지역 특성 변동성**: 지역 특성은 시간에 따라 변할 수 있으며, 이는 감정평가의 정확성에 영향을 미칠 수 있다.

- **해결책**: 정기적인 시장 조사 및 현지 조사, 통계 분석을 통한 변동성 예측 및 적용.

③ **복잡한 부동산 투자 환경**: 다양한 부동산 투자 환경에서의 감정평가는 복잡하며, 다양한 변수가 상호작용할 수 있다.

- **해결책**: 전문가와의 협력, 팀 내 다양한 전문성 결합, 감정평가 모델의 다양한 변수 고려.

④ **기술 발전에 따른 적응 어려움**: 빠르게 발전하는 기술에 대한 적응이 어려울 수 있다.

- **해결책**: 꾸준한 업데이트와 교육, 협업을 통한 기술 지식 공유, 산업 동향을 주시하며 대비.

(2) 부동산 감정평가 전문가로서의 경험 공유

① **소통의 중요성**: 현장에서의 성공적인 감정평가에는 이해당사자와의 원활한 소통이 핵심이다. 이해당사자의 요구와 의견을 정확히 파악하고 이를 감정평가에 반영하는 데 중점을 둬야 한다.

② **다양한 유형의 부동산 경험**: 다양한 부동산 유형에 대한 경험은 감정평가 전문가로서의 역량을 향상시킨다. 주거용, 상업용, 특수용도 등 다양한 유형을 다루며 케이스 스터디를 통해 학습한다.

③ **지속적인 전문 교육**: 부동산 시장은 변화가 빠르기 때문에 지속적인 전문 교육이 필수이다. 새로운 감정평가 방법, 기술, 법률 등의 정보를 습득하여 실무에 적용해야 한다.

④ **윤리적인 감정평가**: 감정평가 전문가로서 윤리적인 책임을 갖추는 것이 중요하다. 공정성과 투명성을 유지하며 이해당사자의 신뢰를 증진시켜야 한다.

제3절 부동산감정평가 실무

1. 한국의 "부동산감정평가 실무기준"

1) 개요

한국의"부동산 감정평가 기준실무 해설"은 정부에서 제정(감정평가 및 감정평가사에 관한 법률,약칭: 감정평가법)하고 관리하는 표준이 있으며, 주로 부동산 시장의 투명성과 안정성을 확보하기 위해 한국감정평가협회, 국감정원이 마련하였다. 본서는 "부동산 감정평가 기준실무 해설"중에서 일부만 기술하였으므로 자세한 것은 기준실무 해설을 참고하기 바란다.

이 기준에서 사용하는 용어의 뜻은 다음 각 호와 같다.

1. "토지 등"이란 다음 각 목의 재산과 이들에 관한 소유권 외의 권리를 말한다.
   가. 토지 및 그 정착물
   나. 동산
   다. 저작권·산업재산권·어업권·광업권 그밖에 물권에 준하는 권리
   라. 「공장 및 광업재단 저당법」에 따른 공장재단과 광업재단
   마. 「입목에 관한 법률」에 따른 입목
   바. 자동차·건설기계·선박·항공기 등 관련 법령에 따라 등기하거나 등록하는 재산
   사. 유가증권
2. "감정평가"란 토지 등의 경제적 가치를 판정하여 그 결과를 가액(價額)으로 표시하는 것을 말한다.
3. "시장가치"란 감정평가의 대상이 되는 「감정평가 및 감정평가사에 관한법률」 제2조 제1호에 따른 토지 등(이하 "대상물건"이라 한다)이 통상적인 시장에서 충분한 기간 동안 거래를 위하여 공개된 후, 그 대상물건의 내용에 정통한 당사자 사이에 신중하고 자발적인 거래가 있을 경우 성립 될 가능성이 가장 높다고 인정되는 대상물건의 가액을 말한다.
4. "감정평가업자"란 감정평가사사무소 개설신고를 한 감정평가사와 설립 인가를 받은 감정평가법인을 말한다.
5. "기준시점"이란 대상물건의 감정평가액을 결정하는 기준이 되는 날짜를말한다.

6. “기준가치”란 감정평가의 기준이 되는 가치를 말한다.
7. “시산가액”이란 대상물건의 감정평가액을 결정하기 위하여 각각의 감정평가방법을 적용하여 산정한 가액을 말한다.
8. “최유효이용”이란 객관적으로 보아 양식과 통상의 이용능력을 가진 사람이 부동산을 합법적이고 합리적이며 최고·최선의 방법으로 이용하는 것을 말한다.
9. “일시적인 이용”이란 관련 법령에 따라 국가나 지방자치단체의 계획이나 명령 등으로 부동산을 본래의 용도로 이용하는 것이 일시적으로 금지되 거나 제한되어 다른 용도로 이용하고 있거나 부동산의 주위 환경 등으로 보아 현재의 이용이 임시적인 것으로 인정되는 이용을 말한다.
10. “가치형성요인”이란 대상물건의 경제적 가치에 영향을 미치는 일반요인, 지역요인, 개별요인 등을 말한다.
11. “인근지역”이란 감정평가의 대상이 된 부동산(이하 “대상 부동산”이라 한다)이 속한 지역으로서 부동산의 이용이 동질적이고 가치형성요인 중 지역요인을 공유하는 지역을 말한다.
12. “유사지역”이란 대상 부동산이 속하지 아니하는 지역으로서 인근지역과 유사한 특성을 갖는 지역을 말한다.
13. “동일수급권”이란 일반적으로 대상 부동산과 대체 · 경쟁관계가 성립하고 가치형성에 서로 영향을 미치는 관계에 있는 다른 부동산이 존재하는 권역을 말하며, 인근지역과 유사지역을 포함한다.
14. “제시 외 건물 등이 있는 토지”란 감정평가를 의뢰하는 자(이하 “의뢰인”이라 한다)가 의뢰하지 않은 건물·구축물 등 지상 정착물이 있는 토지를 말한다.
16. “감정평가관계법규”란 「감정평가 및 감정평가사에 관한 법률」(이하 “법”이라 한다), 같은 법 시행령 및 시행규칙, 「감정평가에 관한 규칙」(이하 “규칙”이라 한다) 및 감정평가에 관한 사항을 규정하고 있는 다른법령 등을 말한다.

감정평가 실무기준은 「감정평가 및 감정평가사에 관한 법률」 제3조 제3항 및 「감정평가에 관한 규칙」 제28조에 따른 감정평가의 구체적 기준을 정함으로써 감정평가업자(소속 감정평가사를 포함한다. 이하 같다)가 감정평가를 수행할 때 이 기준을 준수하도록 권장하여 감정평가의 공정성과 신뢰성을 제고하는 것을 목적으로 한다.

■ 관련 규정

- [감정평가]

「감정평가사법」 제2조 제2호

- [시장가치]

「감칙」 제2조 제1호

- 구 「감칙」 제4조 제1호

제4조(정의)

- [토지 등]

「감정평가사법」 제2조 제1호

「감정평가사법 시행령」 제2조

제2조(기타 재산)

- [감정평가업자]

「감정평가사법」 제2조 제4호

「감정평가사법」 제10조

제10조(감정평가업자의 업무)

- [기준가치]

「감칙」 제2조 제3호

- [기준시점]

「감칙」 제2조 제2호

- [시산가액]

「감칙」 제12조 제2항

제12조(감정평가방법의 적용 및 시산가액 조정)

- [일시적인 이용상황]

「표준지공시지가 조사·평가 기준」 제3조 제3호

- [가치형성요인]

「감칙」 제2조 제4호

- [인근지역]

「감칙」 제2조 제13호

「표준지공시지가 조사·평가 기준」 제3조 제8호

- [유사지역]

「감칙」 제2조 제14호

「표준지공시지가 조사·평가 기준」 제3조 제9호

- [동일수급권]

「감칙」 제2조 제15호

「표준지공시지가 조사·평가 기준」 제3조 제10호

2) 제도적 기반

한국에서는 부동산 감정평가를 위한 제도적 기반으로 '한국감정원'과 '한국자산관리공사(KAMCO)' 등이 중요한 역할을 수행하고 있다.

3) 감정평가의 범위

기업, 금융기관, 정부기관, 부동산 중개업체 등 다양한 부문에서 부동산 감정평가가 이루어지고 있다. 주택, 상가, 사무실, 공장 등 다양한 유형의 부동산이 대상에 포함된다.

4) 감정평가의 목적

부동산 감정평가의 목적은 다양하다. 주로 부동산 거래, 세무 목적, 자산 평가, 담보 제공, 리츠(부동산투자회사) 등에 활용된다.

5) 감정평가 기준 및 방법

한국에서는 부동산 감정평가를 위한 기준이 있으며, 이는 한국감정원이 발표하는 '부동산 감정평가기준' 등이 포함된다. 감정평가에는 비교 매매, 소득방식, 원가방식 등 다양한 방법이 사용된다.

6) 전문 감정사의 역할과 윤리

감정평가는 전문 감정사의 역할이 중요하다. 한국에서는 감정사 자격을 취득한 전문가가 부동산 감정평가를 수행하며, 이를 통해 신뢰성과 투명성을 확보한다.

감정평가업자의 개요

감정평가업자는 감정평가제도의 공공성과 사회성을 충분히 이해하고, 전문인으로서 부여된 책임과 역할을 인식하여 행동을 스스로 규율하여야 한다.

윤리규정의 준수

감정평가업자는 감정평가관계법규 및 이 기준에서 정하는 윤리규정을 준수 하여야 한다.

품위유지

감정평가업자는 감정평가 업무를 수행할 때 전문인으로서 사회에서 요구하는 신뢰에 부응하여 품위 있게 행동하여야 한다.

부당한 감정평가의 금지

감정평가업자는 신의에 좇아 성실히 업무를 수행하여야 하고, 고의나 중대한 과실로 부당한 감정평가를 해서는 아니 된다.

자기계발

감정평가업자는 전문인으로서 사회적 요구에 부응하고 감정평가에 관한 전문 지식과 윤리성을 함양하기 위해 지속적으로 노력하여야 한다.

자격증 등의 부당한 사용의 금지

감정평가업자는 자격증·등록증이나 인가증을 타인에게 양도·대여하거나 이를 부당하게 행사해서는 아니 된다.

청렴

① 감정평가업자는 법 제23조의 규정에 따른 수수료와 실비 외에는 어떠한명목으로도 그 업무와 관련된 대가를 받아서는 아니 된다.

② 감정평가업자는 감정평가 의뢰의 대가로 금품·향응, 보수의 부당한 할 인, 그 밖의 이익을 제공하거나 제공하기로 약속해서는 아니 된다.

보수기준 준수

감정평가업자는 법 제23조 제2항에 따른 수수료의 요율 및 실비에 관한 기준을 준수하여야 한다.

업무윤리–의뢰인에 대한 설명 등

① 감정평가업자는 감정평가 의뢰를 수임하기 전에 감정평가 목적·감정평가조건·기준시점 및 대상물건 등에 대하여 의뢰인의 의견을 충분히 듣고 의뢰인에게 다음 각 호의 사항을 설명하여야 한다.

1. 대상물건에 대한 감정평가 업무수행의 개요
2. 감정평가 수수료와 실비, 그 밖에 의뢰인에게 부담이 될 내용

② 감정평가업자는 대상물건에 대한 조사 과정에서 의뢰인이 제시한 사항과 다른 내용이 발견된 경우에는 의뢰인에게 이를 설명하고 적절한 조치를 취하여야 한다.

③ 감정평가업자가 감정평가서를 발급할 때나 발급이 이루어진 후 의뢰인의 요청이 있는 경우에는 다음 각 호의 사항을 의뢰인에게 설명하여야 한다.

1. 감정평가액의 산출 과정 및 산출 근거
2. 감정평가 수수료와 실비, 그밖에 발생한 비용의 산출 근거
3. 감정평가 결과에 대한 이의제기 절차 및 방법
4. 그밖에 의뢰인이 감정평가 결과에 관해 질의하는 사항

불공정한 감정평가 회피

① 감정평가업자는 객관적으로 보아 불공정한 감정평가를 할 우려가 있다고 인정되는 대상 물건에 대해서는 감정평가를 해서는 아니 된다.

② 불공정한 감정평가의 내용에는 다음 각 호의 사항이 포함된다.

1. 대상물건이 담당 감정평가사 또는 친족의 소유이거나 그 밖에 불공정 한 감정평가를 할 우려가 있는 경우
2. 이해관계 등의 이유로 자기가 감정평가하는 것이 타당하지 아니하다고 인정되는 경우

비밀준수 등 타인의 권리 보호

감정평가업자는 감정평가 업무를 수행하면서 알게 된 비밀을 정당한 이유 없이 누설하여서는 아니 된다.

7) 정부 규제와 표준화

정부는 부동산 시장의 안정성을 위해 규제를 시행하고, 감정평가의 표준화를 촉진하고 있다. 이를 통해 시장 참여자들 간의 공정한 거래와 부동산 가치의 정확한 평가를 지원하고 있다.

8) 시장 변동 대응

부동산 시장의 변동에 따라 감정평가 기준과 방법이 조정되고 있으며, 신속하게 변화하는 시장 상황에 대응하기 위해 지속적으로 개선과 보완이 이루어지고 있다.

9) 감정평가의 원칙(감정평가 실무기준 해설 기준)

(1) 시장가치기준 원칙(Market Value Basis)

① 설명: 이 원칙은 부동산의 감정평가 시 시장에서의 현재 가치를 기준으로 하는 것을 의미한다. 즉, 해당 부동산이 현재의 시장 조건에서 거래된다면 어느 정도의 가격으로 거래될 것인가를 고려한다. 이는 가장 일반적으로 사용되는 원칙 중 하나이다.

② 법령 근거: 대통령령『감정평가기준』제3조에 따라 "감정평가는 해당 토지 또는 건물이 위치한 장소에서 부동산의 유사한 거래가 이루어질 때의 시장가치를 기준으로 하여야 한다"라고 명시되어 있다.

> ① 대상물건에 대한 감정평가액은 시장가치를 기준으로 결정한다.
> ② 제1항에도 불구하고 다음 각 호의 어느 하나에 해당하는 경우에 대상물건의 감정평가액을 시장가치 외의 가치를 기준으로 결정할 수 있다.
> 1. 감정평가관계법규에 기준가치를 시장가치 외의 가치로 하는 것에 관한 규정이 있는 경우
> 2. 의뢰인이 기준가치를 시장가치 외의 가치로 할 것을 요청한 경우
> 3. 감정평가의 목적이나 대상물건의 특성에 비추어 사회통념상 기준가치를 시장가치 외의 가치로 하는 것이 필요하다고 인정되는 경우
>
> ③ 제2항에 따라 감정평가 할 때에는 다음 각 호의 사항을 검토하여야 한다. 다만, 제2항 제1호의 경우에는 그러하지 아니하다.
> 1. 해당 시장가치 외의 가치의 성격과 특징
> 2. 시장가치 외의 가치를 기준으로 하는 감정평가의 합리성 및 적법성
>
> ④ 감정평가업자는 시장가치 외의 가치를 기준으로 하는 감정평가의 합리성 및 적법성이 결여되었다고 판단될 때에는 의뢰를 거부하거나 수임을 철회할 수 있다.

(2) 현황기준 원칙(As Is Basis)

① 설명: 이 원칙은 부동산의 현재 상태를 기준으로 감정평가를 수행하는 것을 의미한다. 즉, 부동산이 현재의 상태에서 어떠한 변화 없이 유지된다면, 그 가치를 평가하는 것이다.

② 법령 근거: 대통령령『감정평가기준』제4조에 따라 "감정평가는 해당 토지 또는

건물의 현황을 기준으로 하여야 한다"라고 규정되어 있다.

① 감정평가는 기준시점에서의 대상물건의 이용상황(불법적이거나 일시적인 이용을 제외한다) 및 공법상 제한 상태를 기준으로 한다.
② 제1항에도 불구하고 [300-5]에 따른 감정평가조건을 붙여 감정평가 할 수 있다.
③ 대상물건의 이용 상황이 불법적이거나 일시적인 경우에는 다음 각 호의 방법에 따라 감정평가 한다.
   1. 대상물건이 일시적인 이용 등 최유효이용에 미달되는 경우에는 최유효이용을 기준으로 감정평가 하되, 최유효이용으로 전환하기 위해 수반되는 비용을 고려한다.
   2. 대상물건이 불법적인 이용인 경우에는 합법적인 이용을 기준으로 감정평가하되, 합법적인 이용으로 전환하기 위해 수반되는 비용을 고려한다.

(3) 개별물건기준 원칙 (Individual Property Basis)

① 설명: 이 원칙은 부동산을 개별적으로 평가하는 것을 강조한다. 즉, 동일한 지역이라 하더라도 부동산의 특성에 따라 평가가 다를 수 있다.

② 법령 근거: 대통령령『감정평가기준』제5조에 따라 "감정평가는 해당 토지 또는 건물의 개별적 특성을 고려하여야 한다"라고 규정되어 있다.

감정평가는 대상물건마다 개별로 한다. 다만, 다음 각 호의 경우에는 그에 따른다.
1. 둘 이상의 대상물건이 일체로 거래되거나 대상물건 상호간에 용도상 불가분의 관계가 있는 경우에는 둘 이상의 대상물건에 대하여 하나의 감정평가액을 산정하는 일괄감정평가를 할 수 있다.
2. 하나의 대상물건이라도 가치를 달리하는 부분이 있는 경우에는 각각의 감정평가액을 별도로 산정하는 구분감정평가를 할 수 있다.
3. 일체로 이용되고 있는 대상물건의 일부분에 대하여 감정평가 하여야 할 특수한 목적이나 합리적인 이유가 있는 경우에는 부분감정평가를 할 수 있다.

2. 감정평가기준 이론

1) 감정평가 및 감정평가사에 관한 법률(약칭: 감정평가법)

[시행 2023. 8. 10.] [법률 제19403호, 2023. 5. 9., 일부개정]

또한, 감정평가 기준은 감정평가에 관한 규칙"[시행 2023. 9. 14.] [국토교통부령 제1253호, 2023. 9. 14., 일부개정]에 의거하여 시행한다.

2) 감정평가 방식 개요

감정평가사는 법률, 규정, 시장관행에 근거하여 평가대상의 주된 방식으로 평가하고 다른 방식으로 해당평가액의 합리성을 검토한 후 평가액을 확정한다.

감정평가액에 대한 모든 근거와 논리 또한 감정평가서에 기재하여 정보이용자들에게 제공한다. 물건 또는 권리를 감정평가하는 방식을 크게 세 가지로 분류하면 다음과 같다.

(1) 원가방식

건물평가의 주된 방식으로 비용성의 원리와 대체의 원칙에 입각한 방법이다. 평가대상과 같은 기능을 하거나 효용을 누릴 수 있도록 재조달하기에 들어가는 비용과 적절한 개발이윤을 합하여 대상의 가격을 산정한다. 건물, 기계기구 등 가치의 감가가 이루어지는 자산의 평가에 유용한 방식이다.

(2) 비교방식

아파트, 상가등 집합부동산 평가의 주된 방식으로 시장성의 원리와 대체의 원칙에 근거한 방식이다. 활용도가 높아 평가실무상 중추적인 역할을 한다. 평가대상과 가치형성요인이 유사한 거래사례를 수집하여 평가대상의 가격을 산정하는 방식이다. 이론적으로는 쉬운 방식이지만 부동산의 개별성 때문에 유사한 사례를 수집하는 것이 상당히 까다롭다. 지구가 하나인 이상, 세상에 동일한 부동산은 존재하지 않기 때문이다.

(3) 수익방식

무형자산, 유가증권 등 평가의 주된 방식으로 '가치는 장래 기대되는 편익의 현재

가치'이라는 피셔의 정의에 부합하는 이론상 가장 우수한 방법이다. 대상물건이 장래 창출할 것으로 기대되는 순수익이나 현금흐름을 환원하거나 할인하는 방식으로 평가대상의 가격을 산정한다. 수익성 부동산이나 리츠 등 부동산 유동화상품과 관련한 감정평가에서 주로 활용된다. 감정평가방식은 3방식 외에 감정평가를 7방식으로 구분하기도 한다.

참고 감정평가 방식 개요

① "원가법"이란 대상물건의 재조달원가에 감가수정(減價修正)을 하여 대상물건의 가액을 산정하는 감정평가방법을 말한다.
② "적산법(積算法)"이란 대상물건의 기초가액에 기대이율을 곱하여 산정된 기대수익에 대상물건을 계속하여 임대하는 데에 필요한 경비를 더하여 대상물건의 임대료[(賃貸料), 사용료를 포함한다. 이하 같다]를 산정하는 감정평가방법을 말한다.
③ "거래사례비교법"이란 대상물건과 가치형성요인이 같거나 비슷한 물건의 거래사례와 비교하여 대상물건의 현황에 맞게 사정보정(事情補正), 시점수정, 가치형성요인 비교 등의 과정을 거쳐 대상물건의 가액을 산정하는 감정평가방법을 말한다.
④ "임대사례비교법"이란 대상물건과 가치형성요인이 같거나 비슷한 물건의 임대사례와 비교하여 대상물건의 현황에 맞게 사정보정, 시점수정, 가치형성요인 비교 등의 과정을 거쳐 대상물건의 임대료를 산정하는 감정평가방법을 말한다.
⑤ "공시지가기준법"이란 법 제21조 제1항에 따라 감정평가의 대상이 된 토지(이하 "대상토지"라 한다)와 가치형성요인이 같거나 비슷하여 유사한 이용가치를 지닌다고 인정되는 표준지(이하 "비교표준지"라 한다)의 공시지가를 기준으로 대상토지의 현황에 맞게 시점수정, 지역요인 및 개별요인 비교, 그 밖의 요인의 보정(補正)을 거쳐 대상토지의 가액을 산정하는 감정평가방법을 말한다.
⑥ "수익환원법(收益還元法)"이란 대상물건이 장래 산출할 것으로 기대되는 순수익이나 미래의 현금흐름을 환원하거나 할인하여 대상물건의 가액을 산정하는 감정평가방법을 말한다.
⑦ "수익분석법"이란 일반기업 경영에 의하여 산출된 총수익을 분석하여 대상물건이 일정한 기간에 산출할 것으로 기대되는 순수익에 대상물건을 계속하여 임대하는 데에 필요한 경비를 더하여 대상물건의 임대료를 산정하는 감정평가방법을 말한다.

〈표 11-3〉 감정평가 3방식 6방법 비교

가격의 3면성	3방식	가격특징	6방법	시산가액
비용성	원가방식 (비용접근법)	공급가격	원가법	대상 부동산의 가액
			적산법	대상 부동산의 임대료
수익성	수익방식 (소득접근법)	수요가격	수익환원법	대상 부동산의
			수익분석법	대상 부동산의 임대료
시장성	비교방식 (시장접근법)	균형가격	거래사례비교법	대상 부동산의
			임대사례비교법	대상 부동산의 임대료

주: 감정평가법을 적용하여 산정한 가액
자료: 법제처, KB경영연구소

(4) 다양한 감정평가 방법 비교

아래는 다양한 부동산 감정평가 방법을 비교한 표이다. 각 방법의 내용과 특징, 그리고 장단점을 요약하여 나타내었다.

〈표 11-4〉 다양한 감정평가 방법 비교

방식명	내 용	특 징	장 점	단 점
비교거래법 (Sales Comparison Approach)	최근 거래된 유사한 부동산의 판매가를 기반으로 감정	- 시장에서 실제 거래된 부동산을 직접 비교하여 가치 산정 - 주택이나 상업용 부동산에 주로 활용	- 직관적이고 이해하기 쉬움 - 다양한 유형의 부동산에 적용 가능	- 거래된 유사 부동산이 부족할 경우 적용 어려움 - 부동산의 특성에 따라 정확성이 크게 달라질 수 있음
소득방법 (Income Approach)	임대수익을 기반으로 감정	- 임대 수익을 고려하여 향후 수익을 반영하여 가치 산정 - 주로 상업용 부동산에 활용	- 수익을 바탕으로 부동산의 가치를 측정하기 때문에 투자자 관점에서 유용함	- 수익정보가 부정확하면 정확한 가치 산정 어려움 - 특별한 경우에 한정되어 적용될 수 있음

원가방법 (Cost Approach)	대체비용을 기반으로 감정	– 건물을 새로 지을 경우 들어갈 비용을 고려하여 가치 산정 – 특히 특별한 용도를 가진 부동산에 활용	– 신축 건물이나 특수 목적 부동산에 적용 가능 – 건물의 물리적 특성을 고려하여 객관적으로 가치 산정 가능	– 시간이 지남에 따라 건물의 내구성 변화에 대한 고려 필요 – 시장 변동이나 수요 변화를 고려하지 않음
비교소득법 (Sales Income Approach)	비교거래법과 소득방법을 병행하여 활용	– 비교거래법과 소득방법을 조합하여 두 가지 방법의 장점을 취함	– 다양한 정보를 활용하여 감정한 분석 가능	– 데이터 수집이 어려울 경우 정확한 가치 산정 어려움
혼합방법 (Combined Approach)	여러 방법을 종합적으로 활용	– 비교거래법, 소득방법, 경비방법 등 다양한 방법을 종합적으로 고려하여 가치 산정	– 여러 관점에서 감정한 가치 평가 가능	– 각 방법의 한계를 극복하기 위해 더 많은 자원과 시간이 소요됨
특수목적방법 (Special Purpose Approach)	특수목적에 따라 적합한 방법을 선택하여 활용	– 특정한 용도나 특수한 특성을 가진 부동산에 적합한 방법을 선택하여 가치 산정	– 부동산의 특수성을 고려하여 정확한 가치 산정 가능	– 특정한 용도나 특수한 특성이 없는 부동산에는 적용 어려움
지형가치법 (Land Valuation Approach)	토지 자체의 가치를 중심으로 감정	– 주로 토지 자체의 가치에 중점을 두어 평가	– 토지의 가치에 집중하여 효과적인 가치 평가 가능	– 건물의 가치를 고려하지 않기 때문에 부동산의 전반적인 가치 산정이 어려움

3. 감정평가 절차

1) 의뢰 및 계약

- 감정사무소나 감정평가 전문가에게 감정평가를 의뢰
- 의뢰 내용, 목적, 범위, 비용, 기한 등이 명확히 정의된 계약 체결

2) 자료수집 및 조사

- 감정사 또는 전문가는 평가 대상 부동산과 관련된 다양한 자료를 수집. 이에는

토지정보, 건물 정보, 지역시장 동향, 근접 시설 등이 포함된다.

- 현장조사를 통해 부동산의 실제 상태를 확인하고 관련 정보를 수집

3) 시장조사

- 지역 시장 동향, 유사한 부동산 거래 및 가격 동향 등을 조사하여 시장의 현황을 파악
- 부동산이 위치한 지역의 경제, 교통, 교육 시설 등과 관련된 요인을 고려한다.

4) 평가방법 선택

- 수집된 자료와 시장조사 결과를 바탕으로 평가 방법을 선택한다. 주로 사용되는 방법으로는 원가방법(Cost Approach), 소득환원방법(Income Approach), 시장비교방법(Market Approach) 등이 있다.

5) 데이터 분석 및 계산

- 선택된 평가 방법에 따라 필요한 계산을 수행한다. 이에는 건물의 대체비용, 임대수익률, 유사 부동산 거래의 비교 등이 포함된다.

6) 평가보고서 작성

- 수행한 평가 과정과 결과를 정리하여 평가보고서를 작성한다.
- 평가보고서는 의뢰자에게 제공되며, 보고서에는 평가 목적, 방법, 수집된 자료, 결론 등이 포함된다.

7) 최종결과 제공

- 의뢰자에게 최종 평가 결과를 제공하고, 필요에 따라 보고서에 대한 설명이나 추가 정보를 제공한다. 이러한 절차를 따르면서 감정평가 전문가는 신뢰성 있는 평가 결과를 도출하여 부동산 거래, 재무결정, 보험가입 등 다양한 분야에서 활용할 수 있다.

참고 〉 **감정평가 실무기준 해설 중에서 감정평가 절차**

① 감정평가업자는 다음 각 호의 순서에 따라 감정평가하여야 한다. 다만, 합리적이고 능률적인 감정평가를 위하여 필요할 때에는 순서를 조정할 수 있다.

1. 기본적 사항의 확정
2. 처리계획의 수립
3. 대상물건의 확인
4. 자료수집 및 정리
5. 자료검토 및 가치형성요인의 분석
6. 감정평가방법의 선정 및 적용
7. 감정평가액의 결정 및 표시

② "기본적 사항의 확정"이란 [300-3-①]의 각 호의 사항 등을 의뢰인과 협의하여 결정하는 절차를 말한다.

③ "처리계획의 수립"이란 대상물건의 확인에서 감정평가액의 결정 및 표시에 이르기까지 일련의 작업과정에 대한 계획을 수립하는 절차를 말한다.

④ "대상물건의 확인"이란 다음 각 호의 절차를 말하며, 대상물건을 감정평가 할 때에는 실지조사를 하기 전에 사전조사를 통해 필요한 사항을 조사한다.

1. 사전조사: 실지조사 전에 감정평가 관련 구비서류의 완비 여부 등을 확인하고, 대상물건의 공부 등을 통해 토지 등의 물리적 조건, 권리상태, 위치, 면적 및 공법상의 제한내용과 그 제한정도 등을 조사하는 절차
2. 실지조사: 대상물건이 있는 곳에서 대상물건의 현황 등을 직접 확인하는 절차

⑤ 감정평가업자가 감정평가를 할 때에는 대상물건의 확인을 위하여 실지조사를 하여야 한다. 다만, 다음 각 호의 어느 하나에 해당하는 경우로서 실지조사를 하지 아니하고도 객관적이고 신뢰할 수 있는 자료를 충분히 확보할 수 있는 경우에는 실지조사를 하지 아니할 수 있다.

1. 천재지변, 전시·사변, 법령에 따른 제한 및 물리적인 접근 곤란 등으로 실지조사가 불가능하거나 매우 곤란한 경우
2. 유가증권 등 대상물건의 특성상 실지조사가 불가능하거나 불필요한 경우

⑥ "자료수집 및 정리"란 대상물건의 물적사항·권리관계·이용상황에 대한 분석 및 감정평가액 산정을 위해 필요한 확인자료·요인자료·사례자료 등을 수집하고 정리하는 절차를 말한다.

⑦ "자료검토 및 가치형성요인의 분석"이란 자료의 신뢰성·충실성 등을 검증하고 다음 각 호의 가치형성요인을 분석하는 절차를 말한다.

1. 일반요인: 대상물건이 속한 전체 사회에서 대상물건의 이용과 가격수준 형성에 전반적으로 영향을 미치는 일반적인 요인
2. 지역요인: 대상물건이 속한 지역의 가격수준 형성에 영향을 미치는 자연적·사회적·경제적·행정적 요인
3. 개별요인: 대상물건의 구체적 가치에 영향을 미치는 대상물건의 고유한 개별적 요인

⑧ "감정평가방법의 선정 및 적용"이란 대상물건의 특성이나 감정평가목적 등에 따라 적절한 하나 이상의 감정평가방법을 선정하고, 그 방법에 따라 가치형성요인 분석결과 등을 토대로 시산가액을 산정하는 절차를 말한다.

⑨ "감정평가액의 결정 및 표시"란 감정평가방법의 적용을 통하여 산정된 시산가액을 합리적으로 조정하여 대상물건이 갖는 구체적인 가치를 최종적으로 결정하고 감정평가서에 그 가액을 표시하는 절차를 말한다.

질문

1. 부동산 감정평가에 '최유효이용'이 가장 효과적인 활용을 나타낸다고 할 경우, '최유효이용'의 원리를 이용하여 감정평가하는 이유는 무엇인지 설명하시오.
2. 감정평가의 원칙을 시장가치기준, 현황기준, 개별물건기준으로 분류할 경우, 세 가지 기준 과 기타 추가기준을 정하여 내용과 법령을 설명 하시오.
3. 다양한 감정평가 방식에 대한 각각의 장단점에 대해 기술하시오.
4. 감정평가에서의 시장조사의 중요성을 논하고, 어떻게 효과적인 시장조사가 감정평가에 기여할 수 있는지 설명하시오.
5. 세무상의 전략적 감정평가의 활용에 대하여 소유자와 투자자등 이해관계자의 입장에서 무엇이 있는지 설명하시오
6. 감정평가의 윤리적인 측면은 무엇이며, 감정사가 지켜야 할 윤리 준수에 대한 규칙 등은 어떤 것이 있는지 논하시오.

참고문헌

1. 안정근, 부동산감정평가이론, 법문사, 2010.

2. 한국감정평가협회·한국감정원, 감정평가 실무기준 해설서, 2023.

3. 김승희·신우진·서광채·이용훈, 부동산학개론, 이루, 2017.

4. 감정평가 및 감정평가사에 관한 법률

5. 부동산가격공시에 관한 법률

6. 감정평가에 관한 규칙

제12장 부동산 권리분석

제1절 권리분석의 기초

1. 물권과 채권

물권은 특정한 물건을 직접 지배하여 이익을 얻을 수 있는 배타적 권리를 말한다. 즉 물건을 소유·점유·사용·수익·처분을 하는 권리이다. 물권은 '물건'에 대한 권리이므로 '사람'에 대한 권리(채권)보다도 더 많이 보호되고 있다. 물권은 '직접'적인 권리이므로 물건을 사용하는 경우, 물권을 가지고 있는 자의 행위를 기다릴 필요가 없다. 일반적으로 물권은 재산권, 지배권, 절대권이다. 재산권은 직접적·배타적으로 지배할 수 있는 권리이며, 절대권은 일반인 누구에게가 주장할 수 있는 권리이다.

채권은 특정인이 특정인에 대하여 특정의 행위를 청구할 수 있는 권리이다.

〈표 12-1〉 물권과 채권의 비교

물권	채권
강행규정	임의규정
지배권	청구권
절대권	상대권
직접성	간접성
물권 법정주의	계약자유의 원칙

2. 물권 법정주의

물권에 대해서는 「제185조(물권의 종류) 물권은 법률 또는 관습법에 의하는 외에는 임의로 창설하지 못한다. 」라고 민법에 규정되어 있다. 이는 법률 또는 관습법이 인정하지 않는 물권은 있을 수 없다는 것이며, 법률 또는 관습법에 의하여 인정되는 물권이라고 할지라도 다른 내용을 부여하지 못한다는 것을 의미하는 것이다.

3. 물권의 구분

물권은 법률 또는 관습법에 의한 권리이므로 아래와 같이 정리할 수 있다.

〈표 12-2〉 물권의 구분

<table>
<tr><th colspan="3">종류</th><th>내용</th></tr>
<tr><td rowspan="7">민법</td><td colspan="2">점유권</td><td>〈민법192조, 197조〉 물건을 사실상 지배하는 자는 점유권이 있다. 점유자는 소유의 의사로 선의, 평온 및 공연하게 점유한 것으로 추정</td></tr>
<tr><td colspan="2">소유권</td><td>〈민법 211조〉 소유자는 법률의 범위 내에서 그 소유물을 사용, 수익, 처분할 권리</td></tr>
<tr><td rowspan="3">용익 물권</td><td>지상권</td><td>〈민법 279조〉 타인의 토지에 건물 기타 공작물이나 수목을 소유하기 위하여 그 토지를 사용하는 권리</td></tr>
<tr><td>지역권</td><td>〈민법 291조〉 일정한 목적을 위하여 타인의 토지를 자기 토지의 편익에 이용하는 권리</td></tr>
<tr><td>전세권</td><td>〈민법 303조〉 전세금을 지급하고 타인의 부동산을 점유하여 그 부동산의 용도에 좇아 사용·수익하며, 그 부동산 전부에 대하여 후순위권리자 기타 채권자보다 전세금의 우선변제를 받을 권리</td></tr>
<tr><td rowspan="2">담보 물권</td><td>유치권</td><td>〈민법 320조〉 타인의 물건 또는 유가증권을 점유한 자는 그 물건이나 유가증권에 관하여 생긴 채권이 변제기에 있는 경우에는 변제를 받을 때까지 그 물건 또는 유가증권을 유치할 권리</td></tr>
<tr><td>질권</td><td>〈민법 329조, 345조〉 동산질권자는 채권의 담보로 채무자 또는 제삼자가 제공한 동산을 점유하고 그 동산에 대하여 다른 채권자보다 자기 채권의 우선변제를 받을 권리, 질권은 재산권을 그 목적으로 할 수 있다. 그러나 부동산의 사용, 수익을 목적으로 하는 권리는 그러하지 아니하다.</td></tr>
</table>

		저당권	〈민법 356조〉 채무자 또는 제삼자가 점유를 이전하지 아니하고 채무의 담보로 제공한 부동산에 대하여 다른 채권자보다 자기 채권의 우선변제를 받을 권리
관습법	분묘기지권		분묘가 다른 사람 소유의 토지에 설치된 것이라 하더라도 분묘와 그 주변 일정 면적의 토지에 대한 사용권을 인정[1]
	법정지상권		토지와 건물이 동일인 소유였다가 그 건물 또는 토지가 매각 또는 그 외의 원인으로 인하여 소유자가 다르게 된 경우에 당사자 사이에 그 건물을 철거한다는 특약이 없는 한 건물소유자가 토지소유자에 대하여 취득하게 되는 권리[2]
기타 법률	상법상 물권, 특별법상 물권		

4. 채권의 구분

〈표 12-3〉 채권의 구분

종류		내용
민사집행법	금전 채권	〈민사집행법 276조〉 가압류란 금전채권이나 금전으로 환산할 수 있는 채권(예컨대 매매대금, 대여금, 어음금, 수표금, 양수금, 공사대금, 임금, 손해배상청구권 등)의 집행을 보전할 목적으로 미리 채무자의 재산을 동결시켜 채무자로부터 그 재산에 대한 처분권을 잠정적으로 빼앗는 집행보전제도
	비금전 채권	〈민사집행법 300조〉 가처분이란 금전채권 이외의 권리 또는 법률관계에 관한 확정판결의 강제집행을 보전하기 위한 집행보전제도를 말하며, 이는 ① 다툼의 대상에 관한 가처분과 ② 임시의 지위를 정하기 위한 가처분으로 구분

5. 물권의 변동

"물권의 변동"이란 물권의 발생·변경·소멸을 통틀어서 일컫는다. 물권의 주체를 중심으로 말한다면 물권의 득실 변경이라 표현할 수 있다. 물권은 배타성이 있으므로 어떤 특정인이 하나의 물권을 취득하게 되면 다른 사람은 그것과 양립할 수 없는 물권을 취득할 수 없다.

1 대판 2017. 1. 19, 2013다17292

2 대판 1980. 7. 8, 79다2000

물권의 변동은 법률행위(계약)와 법률의 규정에 따라 극히 제한적이기는 하지만 일정한 판결에 따라 발생하기도 한다. 일반적으로 계약자유의 원칙을 기본으로 하는 우리나라에서 발생하는 대부분 물권의 변동은 법률행위에 대한 효과에 근거한다.

「제187조(등기를 요하지 아니하는 부동산물권취득) 상속, 공용징수, 판결, 경매 기타 법률의 규정에 의한 부동산에 관한 물권의 취득은 등기를 요하지 아니한다. 그러나 등기를 하지 아니하면 이를 처분하지 못한다.」

A가 소유하는 부동산을 B에게 매각하는 계약을 체결한 경우, A는 B에게 소유권을 이전할 의무를 부담하고, B는 A에게 대금을 지급하여야 할 의무를 부담한다. 계약했지만, 쌍방이 상대에게 부담하여야 하는 채무가 있다. 〈소유권 이전 합의〉를 완성하기 위해 등기를 갖추면 〈금전 및 부동산 소유권의 이전〉이라는 물권의 변동이 발생한다.

일반적으로 채권 행위가 선행되어 이루어지고, 이어서 물권 행위가 이루어지고 있다. 그래서 물권 행위의 원인으로 채권 행위를 보는 것이 일반적 해석이다.

1) 물권 변동의 효력

부동산에 관한 법률행위로 인한 물권의 득실 변경은 등기하여야 그 효력이 있다(민법 제186조). 등기는 일정한 사항을 일반인들에게 공시하기 위해서 공개된 공적 장부에 기재하는 행위이다. 등기부에 기재함으로써 거래관계에 있는 제3자가 그 권리관계의 내용을 알도록 하여 권리자 및 거래의 안전을 보호하는 제도이다.

〈표 12-4〉 **부동산 관련 공적 장부 종류와 내용**

<table>
<tr><th colspan="2">종류</th><th>내용</th><th>관련법</th></tr>
<tr><td colspan="2">토지등기부</td><td rowspan="3">권리의 보존, 이전, 설정, 변경, 처분의 제한 또는 소멸(소유권, 지상권, 지역권, 전세권, 저당권, 권리질권, 채권담보권, 임차권)</td><td rowspan="3">부동산 등기법</td></tr>
<tr><td colspan="2">건물등기부</td></tr>
<tr><td colspan="2">집합건물등기부</td></tr>
<tr><td colspan="2">일반건축물대장</td><td rowspan="4">소재, 지번, 종류, 면적, 부속건축물, 위반건축물</td><td rowspan="4">건축물대장의 기재 및 관리 등에 관한 규칙</td></tr>
<tr><td rowspan="3">집합건축물대장</td><td>총괄표제부</td></tr>
<tr><td>표제부</td></tr>
<tr><td>전유부</td></tr>
</table>

토지대장	소재, 지번, 지목, 면적, 공유지분/대지권비율/경계 경계점 좌표	공간정보의 구축 및 관리 등에 관한 법률, 시행규칙
임야대장		
공유지연명부		
대지권등록부		
지적도		
임야도		
경계점좌표등록부		
토지이용계획확인원	공법 제한	토지이용규제 기본법
개별공시지가확인원	개별공시지가	부동산가격공시에 관한 법률
개별주택가격확인원	개별주택가격	
공동주택가격확인원	공동주택가격	

〈표 12-5〉 공시와 공신의 원칙 구분

공시의 원칙	공신의 원칙
물권의 변동 사항은 언제나 외부에서 인식할 수 있는 어떤 방법을 수반하여야 한다는 원칙 「민법」은 재186조, 제 188조에 부동산은 등기, 동산은 점유를 공시방법으로 각각 인정	공시방법을 신뢰하여 거래한 자가 있으면, 비록 그 공시가 진정한 권리관계가 아니더라도 공시한 그대로의 권리가 존재하는 것처럼 다루어야 한다는 원칙 동산에는 적용, 부동산에는 비적용

2) 물권의 효력

(1) 물권 상호 간의 효력

물권은 배타적으로 물건을 지배하는 권리이기 때문에, 동일 물건에 동일 물권이 동시에 성립할 수 없다. 동일 물건에 종류를 달리하는 물권은 동시에 성립할 수 있다. 소유권이 동시에 성립할 수는 없지만, 소유권과 전세권, 지상권 등과 같이 성격이 다른 물권이라면 동일 물건에 성립할 수 있는 것이다.

동일 물건에 물권이 두 개 이상 있는 경우에는 먼저 성립한 물권이 우선한다는 것이 물권의 우선적 효력이다. 성립하는 시기는 동일 부동산에 관하여는 등기한 권리의 순위는 등기한 순서에 따른다. 등기의 순서는 등기기록 중 같은 구에서 한 등기 상호 간에는 순위번호에 따르고, 다른 구에서 한 등기 상호 간에는 접수번호에 따른다(부동산 등기법 4조 2항). 부기등기 순위는 주등기의 순위에 따른다. 다만, 같은 주등기에 관한 부기등기 상호 간의 순위는 그 등기 순서에 따른다(부동산 등기법 5조).

(2) 채권에 우선하는 효력

채권과 물권이 동일 물건에 성립이 되어 있을 때는 그 성립의 선후와 관계없이 물권이 우선한다. 물권은 누구에게나 권리를 주장할 수 있으나, 채권은 특정인에게만 주장할 수 있는 성격이라는 법률적 차이에 근거한다.

이유는 물권은 물건을 직접 지배하기 때문에 누구에게나 자신의 권리를 주장할 수 있지만, 채권은 오직 채무자에게만 주장할 수 있다는 법률상 성질의 차이 때문이다. 따라서 채무자의 물건에 대하여 물권을 가지는 자는 일반 채권자가 강제집행의 수단을 취하여도 우선하는 것이다.

예외의 사항은 소유권 이전 청구권 같은 부동산 물권의 변동을 요구하는 채권은 가등기 형식을 취하고 있으면 물권에 우선한다. 가등기는 〈소유권, 지상권, 지역권, 전세권, 저당권, 권리질권, 채권담보권, 임차권〉 에 대한 권리의 설정, 이전, 변경 또는 소멸의 청구권을 보전하려는 때에 하는 것이다. 따라서 가등기에 의한 본등기를 한 경우 본등기의 순위는 가등기의 순위에 따르게 된다. 또한 민법 621조에 근거하여 임차권은 채권이지만 부동산 임대차를 등기한 때에는 그 후에 성립하는 물권에 우선하게 된다.

(3) 물권적 청구권

소유자는 그 소유에 속한 물건을 점유한 자에 대하여 반환을 청구할 수 있다. 그러나 점유자가 그 물건을 점유할 권리가 있는 때에는 반환을 거부할 수 있다(민법 213조). 소유자는 소유권을 방해하는 자에 대하여 방해의 제거를 청구할 수 있고 소유권을 방해할 염려가 있는 행위를 하는 자에 대하여 그 예방이나 손해배상의 담보를 청구할 수 있다(민법 214조).

물권적 청구권은 위 법규에 근거하여 물권자가 방해자에 대하여 반환청구권, 방해제거청구권, 방해예방청구권, 손해배상담보청구권의 행위를 청구할 수 있는 권리이다. 물권적 청구권은 물권이 원인이 되어 생성된 것이므로 물권이 소멸하면 같이 소멸하지만, 물권은 채권에 우선하므로 물권적 청구권은 채권에 우선하게 된다.

제2절 물권의 종류

1. 점유권

물건을 사실상 지배하고 있는 자는 점유권을 가지고 있다(민법 제192조). 따라서 물건에 대하여 그 점유가 적법한지, 적법한지 아닌지에 대하여는 묻지 않는다. 사실적 관계에 있어서 지배하고 있다면 보호하는 것이다. 점유할 수 있는 근거는 일반적으로 다음 4가지로 구분할 수 있다.

소유자로서 점유
사용자로서 점유
수취인으로 점유
도난품으로 점유

민법 제 200조 점유자가 점유물에 대하여 행사하는 권리는 적법하게 보유한 것으로 추정한다. 점유하고 있다면 점유자로의 권리가 있는 것으로 보호하는 것이다. 소유권을 행사하는 자가 있다면, 임차권을 주장하는 자가 있다면 적법한 것으로 추정하는 것이다. 소유자가 점유를 상실하였고, 이를 점유하는 자가 있어 반환을 주장하려면 소유권이 본인에게 있다는 것을 주장·입증하여야 한다.

민법 제194조 지상권, 전세권, 질권, 사용대차, 임대차, 임치 기타의 관계로 타인으로 하여금 물건을 점유하게 한 자는 간접으로 점유권이 있다(민법 제194조). 임대차계약에 따라 임차인이 부동산을 점유하고 있어도 임대인은 간접점유를 하는 것이다. 점유자가 점유의 침탈을 당한 경우에 간접점유자는 그 물건을 점유자에게 반환할 것을 청구할 수 있고 점유자가 그 물건의 반환을 받을 수 없거나 이를 원하지 아니하는 때에는 자기에게 반환할 것을 청구할 수 있고, 점유 보호 청구권을 행사할 수도 있다.

점유권에 기인한 소와 본권에 기인한 소는 서로 영향을 미치지 아니한다. 점유권에 기인한 소는 본권에 관한 이유로 재판하지 못한다(민법 208조). 따라서 점유를 빼긴 소유자는 소유권에 기인한 반환청구의 소를 제기할 수 있고, 점유권에 기인한 반환청구의 소를 제기할 수 있다.

2. 소유권

모든 국민의 재산권은 보장된다. 그 내용과 한계는 법률로 정한다. 재산권의 행사는 공공복리에 적합하도록 하여야 한다. 공공필요에 의한 재산권의 수용·사용 또는 제한 및 그에 대한 보상은 법률로써 하되, 정당한 보상을 지급하여야 한다(대한민국 헌법 제23조).

소유권 보장의 원칙은 민법 전반을 지배하는 기본원리로서 소유권의 취득을 가능케 하는 법률행위자유의 원칙과 밀접하게 관련되어 있다. 소유자는 법률의 범위 내에서 그 소유물을 사용, 수익, 처분할 권리가 있다(민법 211조). 부동산에 관한 법률행위로 인한 물권의 득실 변경은 등기하여야 그 효력이 생긴다(민법 제186조). 상속, 공용징수, 판결, 경매 기타 법률의 규정에 의한 부동산에 관한 물권의 취득은 등기를 요하지 아니한다. 그러나 등기를 하지 아니하면 이를 처분하지 못한다(민법 제187조).

소유권은 물건을 전면적으로 지배할 수 있는 가장 전형적인 물권이다. 소유권은 사용, 수익, 처분 등의 모든 권능이 이루어진 권리이다. 존속기간이 없고 소멸시효가 없다(민법 제162조).

3. 용익물권

제한물권은 용익물권과 담보물권으로 구분할 수 있다. 민법은 지상권·지역권·전세권을 용익물권으로 규정하고 있다. 목적물에 대해서 용익물권은 사용가치를 가지고, 담보물권은 교환가치를 지배하는 권능을 가진다. 소유권은 목적물을 전면적으로 지배하는 것이지만, 제한물권으로 인해 그러한 원칙에 제한이 있는 것이다.

용익물권이 매각이 이루어지면 소멸하는가 하는 판단은 해당 부동산에 존재하는 최우선 순위 저당권과의 관계에서 결정된다. 저당권을 설정하기 전에 이미 지상권이 있는 경우에는 부동산이 매각되어도 매수인이 이를 인수하여야 한다. 그러나 저당권이 설정된 이후에 지상권이 설정되면 부동산이 매각되면 소멸한다.

1) 지상권

지상권은 타인의 토지에 건물 기타 공작물이나 수목을 소유하기 위하여 그 토지를 사용하는 권리이다(민법 제279조). 지상권은 직접 토지를 지배할 수 있는 권리이므로 토지 소유자의 변경에 관계없이 사용할 수 있다. 지상권과 함께 타인의 토지를 사용할 수 있는 권리로는 임차권이 있다. 물권인 지상권은 채권인 임차권에 비하여 토지 소유자의 권리를 매우 크게 제약하므로 임차권이 실제로는 많이 이용되고 있다.

(1) 지상권의 특징

지상권은 타인의 토지에서 건물 기타의 공작물이나 수목을 소유하는 것을 본질적 내용으로 하는 것이 아니라 타인의 토지를 사용하는 것을 본질적 내용으로 하고 있다. 따라서 지상권 설정계약 당시 건물 기타의 공작물이나 수목이 없더라도 지상권은 유효하게 성립할 수 있고, 또한 기존의 건물 기타의 공작물이나 수목이 멸실되더라도 존속기간이 만료되지 않는 한 지상권이 소멸되지 않는다.[3]

지상권자는 타인에게 그 권리를 양도하거나 그 권리의 존속 기간 내에서 그 토지를 임대할 수 있다(민법 제282조). 지상권은 독립된 물권으로서 다른 권리에 부종함 없이 그 자체로 양도 될 수 있으므로 소유자의 의사에 반하여도 자유롭게 타인에게 양도할 수 있다.[4]

(2) 권리 내용

지상권은 용익물권이므로 피담보채권을 담보하는 효력이 없다. 따라서 저당권처럼 지상권에 기한 경매신청은 할 수 없다.

지상권은 저당권의 목적으로 할 수 있다. 지상권을 목적으로 저당권을 설정한 자는 저당권자의 동의 없이 지상권을 소멸하게 하는 행위를 하지 못한다(민법 제371조). 이는 지상권이 부동산을 목적으로 하는 권리이므로 등기의 대상이 되는 것이고, 금전채권에 기초한 강제집행에서 지상권은 부동산으로 보기 때문에 경매의 대상이 되는 것이다(민사집행법 규칙 제40조).

지상권은 선순위의 저당권·압류채권·가압류채권에 대항할 수 없는 경우에는 매각으로 소멸한다(민사집행법 제91조). 즉 말소기준 권리보다 선순위 지상권은 인수하

3 대판 1996. 3. 22, 95다49318

4 대판 1991. 11. 8, 90다15716

고, 후순위 지상권은 소멸하는 것이다.

(3) 법정지상권

법정지상권이란 토지와 건물이 동일인에 속하는 상태에서 어떤 사정으로 나중에 토지와 건물의 소유자가 달라진 경우에 건물소유자를 보호하기 위하여 법률로 인정하는 지상권을 말한다. 이는 등기되지 않는 권리이므로 주의를 하여야 한다(민법 187조).

〈표 12-6〉 법정지상권이 인정되는 5가지 유형

전세권과 법정지상권	대지와 건물이 동일한 소유자에 속한 경우에 건물에 전세권을 설정한 때에는 그 대지 소유권의 특별승계인은 전세권설정자에 대하여 지상권을 설정한 것으로 본다(민법 305조).
저당권과 법정지상권	저당물의 경매로 인하여 토지와 그 지상 건물이 다른 소유자에 속한 경우에는 토지 소유자는 건물소유자에 대하여 지상권을 설정한 것으로 본다(민법 366조).
담보가등기와 법정지상권	토지와 그 위의 건물이 동일한 소유자에게 속하는 경우 그 토지나 건물에 대하여 소유권을 취득하거나 담보가등기에 따른 본등기가 행하여진 경우에는 그 건물의 소유를 목적으로 그 토지 위에 지상권이 설정된 것으로 본다(가등기담보 등에 관한 법률 10조)
입목소유자와 법정지상권	입목의 경매나 그 밖의 사유로 토지와 그 입목이 각각 다른 소유자에게 속하게 되는 경우에는 토지소유자는 입목소유자에 대하여 지상권을 설정한 것으로 본다(입목에 관한 법률 6조).
관습법과 법정지상권	토지와 건물이 동일한 소유자에게 속하였다가 건물 또는 토지가 매매 또는 기타의 원인으로 인하여 양자의 소유자가 다르게 될 때에 특히 그 건물을 철거한다는 조건이 없는 이상 건물 소유자는 토지소유자에 대하여 그 건물을 위한 관습상의 법정지상권을 취득한다.[5]

(4) 구분지상권

지하 또는 지상의 공간은 상·하의 범위를 정하여 건물 기타 공작물을 소유하기 위한 지상권의 목적으로 할 수 있다. 이 경우 설정행위로써 지상권의 행사를 위하여 토지의 사용을 제한할 수 있다(민법 289조). 이러한 물권을 구분지상권이라 하는 것이다. 지표상에 있는 것이 일반적인 지상권이라고 한다면, 구분지상권은 공중 또는 지하에 구획한 특정한 범위에 있는 지상권이라는 것이다. 구분지상권을 설정할 때에는

5 대판 1980. 7. 8, 79다2000

토지의 상·하 범위를 정하여 등기해야 한다. 구분지상권의 권리가 미치지 못하는 토지부분에 대해서는 토지소유자가 사용권을 갖는다.

구분지상권은 제3자가 토지를 사용·수익할 권리를 가진 때에도 그 권리자 및 그 권리를 목적으로 하는 권리를 가진 자 전원의 승낙이 있으면 이를 설정할 수 있다. 이 경우 토지를 사용·수익할 권리를 가진 제3자는 그 지상권의 행사를 방해하면 안 된다(민법 289조).

(5) 분묘기지권

타인 소유의 토지에 분묘를 설치한 자는 20년간 평온 공연히 분묘의 기지를 점유한 때에는 지상권에 유사한 일종의 물권을 취득한다.[6] 이를 분묘기지권이라 하는 것으로 관습법상 인정되는 것이다.

〈표 12-7〉 분묘기지권 인정

인정	내용
사유 1	토지소유자의 승낙을 얻어 토지 소유지 안에 분묘를 설치한 경우
사유 2	토지소유자의 승낙 없이 분묘를 설치한 때에는 20년간 평온·공연하게 분묘를 점유하여 시효취득 한 경우
사유 3	자기 소유의 토지 위에 분묘를 설치한 후 그 분묘 기지에 대한 소유권을 보류하거나 분묘 이전에 대한 약정 없이 토지를 처분한 경우

시효취득에 따른 분묘기지권의 경우 「장사 등에 관한 법률」에 따라 그 시행일인 2001.1.13.이전에 설치된 분묘에 관하여 적용된다.[7] 분묘기지권자는 토지소유자가 지료를 청구하면 그 청구한 날부터의 지료를 지급할 의무가 있다.[8]

분묘기지권의 존속기간에 관하여는 「민법」의 지상권에 관한 규정에 따를것이 아니라 당사자 사이에 약정이 있는 등 특별한 사정이 있으면 그에 따를 것이며, 그러한 사정이 없는 경우에는 권리자가 분묘의 수호와 봉사를 계속하며 그 분묘가 존속하고 있는 동안은 분묘기지권은 존속한다.[9]

6 대판 1955. 9. 29, 4288민상210 등
7 대판 2017. 1. 19, 2013다17292
8 대판 2021. 4. 29, 2017다228007
9 대판 1995. 8. 26, 94다28970

2) 지역권

지역권자는 일정한 목적을 위하여 타인의 토지를 자기 토지의 편익에 이용하는 권리가 있다(민법 291조). 편익을 주는 토지를 승역지, 편익을 받는 토지를 요역지라 한다.

지역권은 인접한 토지 사이의 이용 조절을 목적으로 한다는 점에서 상린관계(민법 216조)와 유사하다. 지역권은 용익물권의 하나로 설정계약 또는 등기에 의해서 성립이 되는 반면 상린관계는 소유권의 내용을 다루는 것으로 법률상 규정에 의하여 성립이 된다.

(1) 부종성

지역권은 요역지 소유권에 부종하여 이전하며 또는 요역지에 대한 소유권이외의 권리의 목적이 된다. 그러나 다른 약정이 있는 때에는 그 약정에 의한다. 지역권은 요역지와 분리하여 양도하거나 다른 권리의 목적으로 하지 못한다(민법 292조).

(2) 불가분성

토지공유자의 1인은 지분에 관하여 그 토지를 위한 지역권 또는 그 토지가 부담한 지역권을 소멸하게 하지 않는다. 토지의 분할이나 토지의 일부양도의 경우에는 지역권은 요역지의 각 부분을 위하여 또는 그 승역지의 각 부분에 존속한다. 그러나 지역권이 토지의 일부분만 관한 것인 때에는 다른 부분에 대하여는 그렇지 않다(민법293조). 공유자의 1인이 지역권을 취득한 때에는 다른 공유자도 이를 취득한다(민법 295조). 점유로 인한 지역권 취득 기간의 중단은 지역권을 행사하는 모든 공유자에 대한 사유가 아니면 그 효력이 없다(민법 295조). 요역지가 수인의 공유인 경우에 그 1인에 의한 지역권 소멸시효의 중단 또는 정지는 다른 공유자를 위하여 효력이 있다(민법 296조).

3) 전세권

전세금을 지급하고 타인의 부동산을 점유하여 그 부동산의 용도에 좇아 사용·수익하며, 그 부동산 전부에 대하여 후순위권리자 기타 채권자보다 전세금의 우선변제를 받을 권리를 전세권이라 한다(민법 303조).

(1) 전세권 취득

전세권 취득은 전세권설정계약과 등기에 의하여 성립한다(민법 186조). 전세금의 지급은 전세권 성립의 요소가 되므로 전세권이 성립하려면 전세금을 주고받아야 한다.[10]

(2) 전세금 성격

전세금은 전세권의 성립 요소이고 전세권이 소멸하면 이를 반환한다. 전세권설정자가 전세금의 반환을 지체한 때에는 전세권자는 민사집행법의 정한 바에 의하여 전세권의 목적물의 경매를 청구할 수 있다(민법 318조).

(3) 전세권 소멸

전세권의 존속기간을 약정하지 아니한 때에는 각 당사자는 언제든지 상대방에 대하여 전세권의 소멸을 통고할 수 있고 상대방이 이 통고를 받은 날로부터 6월이 경과하면 전세권은 소멸한다(민법 313조).

전세권의 목적물의 전부 또는 일부가 불가항력으로 인하여 멸실된 때에는 그 멸실된 부분의 전세권은 소멸한다. 이런 경우 일부멸실의 경우에 전세권자가 그 잔존 부분으로 전세권의 목적을 달성할 수 없는 때에는 전세권설정자에 대하여 전세권 전부의 소멸을 통고하고 전세금의 반환을 청구할 수 있다(민법 314조).

전세권의 목적물의 전부 또는 일부가 전세권자에 책임있는 사유로 인하여 멸실된 때에는 전세권자는 손해를 배상할 책임이 있다. 이 경우에 전세권설정자는 전세권이 소멸된 후 전세금으로써 손해의 배상에 충당하고 잉여가 있으면 반환하여야 하며 부족이 있으면 다시 청구할 수 있다(민법 315조).

(4) 전세권 소멸에 따른 행위

전세권자가 목적물을 개량하기 위하여 지출한 금액 기타 유익비에 관하여는 그 가액의 증가가 현존한 경우에 한하여 소유자의 선택에 좇아 그 지출액이나 증가액의 상환을 청구할 수 있다. 이 경우 법원은 소유자의 청구에 의하여 상당한 상환기간을 허여할 수 있다(민법 310조).

전세권이 소멸한 때에는 전세권설정자는 전세권자로부터 그 목적물의 인도 및 전

10 대판 1995. 2. 10, 94다18508

세권설정등기의 말소등기에 필요한 서류의 교부를 받는 동시에 전세금을 반환하여야 한다(민법 317조).

전세권이 그 존속기간의 만료로 인하여 소멸한 때에는 전세권자는 그 목적물을 원상에 회복하여야 하며 그 목적물에 부속시킨 물건은 수거할 수 있다. 그러나 전세권설정자가 그 부속 물건의 매수를 청구한 때에는 전세권자는 정당한 이유 없이 거절하지 못한다. 이 경우에 그 부속 물건이 전세권설정자의 동의를 얻어 부속시킨 것인 때에는 전세권자는 전세권설정자에 대하여 그 부속 물건의 매수를 청구할 수 있다. 그 부속물건이 전세권설정자로부터 매수한 것인 때에도 같다(민법 316조).

(5) 전세권 특징

전세권은 부동산에 관한 법률행위이므로 등기하여야 그 효력이(민법 186조) 생기는 것으로 민법 303조와 판례를 통해 다음과 같이 특징을 분류한다.

〈표 12-8〉 전세권의 특징

분류	특징
대상	타인의 부동산에 대한 권리, 농경지는 전세권의 목적 불가함(민법 303조).
용익물권	부동산의 용도에 따라 사용·수익에 대한 권리(민법 303조)
전세금 지급	전세금의 지급은 전세권 성립의 요소(기존의 채권으로 전세금의 지급에 갈음), 목적물의 인도는 성립요건이 아님[11]
담보물권	후순위권리자 기타 채권자보다 전세금의 우선변제를 받을 권리(민법 303조)

(6) 전세권 내용

전세권자는 그 부동산의 용도에 좇아 사용·수익할 권리가 있다(민법 303조). 전세권자가 전세권설정계약 또는 그 목적물의 성질에 따라 정해진 용법으로 이를 사용, 수익하지 않는 경우 전세권설정자는 전세권의 소멸을 청구할 수 있으며, 전세권설정자는 전세권자에 대하여 원상회복 또는 손해배상을 청구할 수 있다(민법 제311조).

타인의 토지에 있는 건물에 전세권을 설정한 때에는 전세권의 효력은 그 건물의 소유를 목적으로 한 지상권 또는 임차권에 미친다. 그런 경우 전세권설정자는 전세권자의 동의없이 지상권 또는 임차권을 소멸하게 하는 행위를 하지 못한다(민법

11 대판 1995. 2. 10, 94다18508

304조).

대지와 건물이 동일한 소유자에 속한 경우에 건물에 전세권을 설정한 때에는 그 대지소유권의 특별승계인은 전세권설정자에 대하여 지상권을 설정한 것으로 본다. 그러나 지료는 당사자의 청구에 의하여 법원이 이를 정한다. 이런 경우에 대지 소유자는 타인에게 그 대지를 임대하거나 이를 목적으로 한 지상권 또는 전세권을 설정하지 못한다(민법 305조).

전세권자는 전세권을 타인에게 양도 또는 담보로 제공할 수 있고 그 존속기간 내에서 그 목적물을 타인에게 전전세 또는 임대할 수 있다. 그러나 설정행위로 이를 금지한 때에는 그러하지 아니하다(민법 306조). 전세권 양수인은 전세권설정자에 대하여 전세권 양도인과 동일한 권리 의무가 있다(민법 307조). 전세권의 목적물을 전전세 또는 임대한 경우는 전세권자는 전전세 또는 임대하지 아니하였으면 면할 수 있는 불가항력으로 인한 손해에 대하여 그 책임을 부담한다(민법 308조). 전세권자는 목적물의 현상을 유지하고 그 통상의 관리에 속한 수선을 하여야 한다(민법 309조).

전세금이 목적 부동산에 관한 조세·공과금 기타 부담의 증감이나 경제 사정의 변동으로 인하여 상당하지 아니하게 된 때에는 당사자는 장래에 대하여 그 증감을 청구할 수 있다(민법 312조). 전세금의 증액청구의 비율은 약정한 전세금의 20분의 1을 초과하지 못하고, 전세금의 증액청구는 전세권설정계약이 있은 날 또는 약정한 전세금의 증액이 있은 날로부터 1년 이내에는 하지 못한다(민법 제312조의 2단서의 시행에 관한규정)

전세권자는 전세권에 대한 침해가 있는 경우(민법 319조)에 반환청구권(민법 213조), 방해제거청구권(민법 214조), 방해예방청구권(민법 214조)을 행사할 수 있으며, 점유권에 기한 물권적 청구권도 행사할 수 있다(민법 204조, 205조, 206조)

4. 담보물권

제한물권인 담보물권은 목적물의 교환가치를 지배하는 물권으로 담보물권자는 목적물의 교환가치를 지배할 뿐 사용가치를 지배하지는 못한다. 즉 담보물을 사용할 권리는 가지고 있지 않다. 담보물권은 신속한 채무의 이행을 담보하는 데에 있고 권리를 행사하여 대금의 변제 등을 할 수 있다. 담보물권에는 담보물에서 다른 채권보다도 먼저 변제를 받는 우선변제적 효력이 있고, 담보물의 인도를 거절하여 담보제공자에게 심리적 압박을 가해 변제를 재촉하는 유치적 효력 등이 있다. 그러므로 목적물이 경매 등의 절차로 환가되었을 때의 가치에 대해 권리를 주장할 수 있다.

1) 유치권

점유가 불법행위로 인한 경우가 아니면 타인의 물건 또는 유가증권을 점유한 자는 그 물건이나 유가증권에 관하여 생긴 채권이 변제기에 있는 경우에는 변제를 받을 때까지 그 물건 또는 유가증권을 유치할 권리를 유치권이라 한다(민법 320조).

(1) 유치권 성립

유치권의 성립요건인 유치권자의 점유는 직접점유이든 간접점유이든 관계없다.[12]

당사자는 미리 유치권의 발생을 막는 특약을 할 수 있고 이러한 특약은 유효하다. 유치권 배제 특약이 있는 경우 다른 법정 요건이 모두 충족되더라도 유치권은 발생하지 않는데, 특약에 따른 효력은 특약의 상대방뿐 아니라 그 밖의 사람도 주장할 수 있다.[13]

(2) 유치권 구분

건물에 대한 유치권은 미지급된 공사금을 원인으로 공사업자가 행사하는 것과, 임차인이 목적 부동산의 보전·개량 등을 위해 지출한 비용을 근거로 행사하는 경우가 있다.

토지에 대한 유치권은 토지에 공사 중단된 건축물이 있을 경우 건축업자가, 택지조성을 하는 중에 공사업자가 유치권을 행사하는 경우이다.

(3) 유치권 경매

유치권자는 채권의 변제를 받기 위하여 유치물을 경매할 수 있으며, 정당한 이유 있는 때에는 유치권자는 감정인의 평가에 의하여 유치물로 직접 변제에 충당할 것을 법원에 청구할 수 있다(민법 322조).

---

12 대결 2002. 11. 27.자 2002마3516

13 대판 2018. 1. 24. 2016다234043

2) 저당권

저당권자는 채무자 또는 제삼자가 점유를 이전하지 아니하고 채무의 담보로 제공한 부동산에 대하여 다른 채권자보다 자기 채권의 우선변제를 받을 권리를 저당권이라 한다(민법 356조). 그 담보할 채무의 최고액만을 정하고 채무의 확정을 장래에 보류한 근저당권을 설정할 수 있다(민법 357조).

동일한 채권의 담보로 수개의 부동산에 저당권을 설정한 경우에 그 부동산의 경매대가를 동시에 배당하는 때에는 각부동산의 경매대가에 비례하여 그 채권의 분담을 정한는 것을 공동저당이라 한다(민법 368조).

토지임대인이 변제기를 경과한 최후 2년의 차임채권에 의하여 그 지상에 있는 임차인소유의 건물을 압류한 때에는 저당권과 동일한 효력이 있는 것을 법정저당권이라 한다(민법 649조).

부동산 공사의 수급인은 전조의 보수에 관한 채권을 담보하기 위하여 그 부동산을 목적으로 한 저당권의 설정을 청구할 수 있는 것을 저당권설정청구권이라 한다(민법 666조).

(1) 저당권 내용 및 효력

저당권의 효력은 저당부동산에 부합된 물건과 종물에 미친다(민법 358조). 저당권의 효력은 저당부동산에 대한 압류가 있은 후에 저당권설정자가 그 부동산으로부터 수취한 과실 또는 수취할 수 있는 과실에 미친다. 그러나 저당권자가 그 부동산에 대한 소유권, 지상권 또는 전세권을 취득한 제삼자에 대하여는 압류한 사실을 통지한 후가 아니면 이로써 대항하지 못한다(민법 359조).

저당권은 원본·이자·위약금·채무불이행으로 인한 손해배상 및 저당권의 실행 비용을 담보한다. 그러나 지연배상에 대하여는 원본의 이행기일을 경과한 후의 1년분에 한하여 저당권을 행사할 수 있다(민법 360조). 저당권설정자가 받을 금전이나 그 밖의 물건에 대하여도 이를 행사할 수 있다. 이 경우에는 그 지급 또는 인도전에 압류하여야 한다(민법 370조).

토지를 목적으로 저당권을 설정한 후 그 설정자가 그 토지에 건물을 축조한 때에는 저당권자는 토지와 함께 그 건물에 대하여도 경매를 청구할 수 있다. 그러나 그 건물의 경매 대가에 대하여는 우선변제를 받을 권리가 없다(민법 365조).

제3절 기타 주요 권리

1. 기입등기

법원이 경매개시결정을 하였을 때 즉시 직권으로 그 사유를 등기부에 기입할 것을 등기관에게 촉탁하게 되고, 등기관은 그 촉탁에 의하여 경매개시결정 기입등기를 한다. 이는 법원이 경매개시결정을 하면 부동산의 압류 효력이 발생하고, 일반의 제3자에게 해당부동산에 대한 경매의 사실을 공시하여 손실을 방지하기 위함이다. 경매개시결정에 의한 압류는 채무자에게 그 결정이 송달된 때 또는 경매신청의 등기가 된 때에 효력이 발생한다.

2. 민법상 임차권

임대차는 당사자 일방이 상대방에게 목적물을 사용·수익하게 할 것을 약정하고 상대방이 이에 대하여 차임을 지급할 것을 약정함으로써 그 효력이 생긴다(민법 618조). 임차인이 약정에 따라 목적물을 사용·수익하는 권리를 임차권이라 한다.

1) 물권화

물권이 아니지만 임차인 보호를 위하여 그 권리를 등기할 수 있도록 하여 민법이 규정되어 있다. 이를 임차권의 물권화라 한다.

부동산 임대차를 등기한 때에는 그때부터 제삼자에 대하여 효력이 생긴다(민법 621조). 건물의 소유를 목적으로 한 토지 임대차는 이를 등기하지 아니한 경우에도 임차인이 그 지상건물을 등기한 때에는 제삼자에 대하여 임대차의 효력이 생긴다(민법 622조).

2) 임차권등기명령

임대차가 끝난 후 보증금이 반환되지 아니한 경우 임차인은 임차주택의 소재지를 관할하는 법원에 임차권등기명령을 신청할 수 있다(주택임대차보호법 3조, 상가건물임대차보호법 6조).

3. 가압류 등기

가압류는 금전 채권이나 금전으로 환산할 수 있는 채권에 대하여 동산 또는 부동산에 대한 강제집행을 보전하기 위하여 할 수 있다(민사집행법 276조). 채권자가 금전채권을 가지고 있는 경우에, 채무자를 상대로 소송을 진행하여 승소 판결을 얻어도, 채무자가 책임재산이 없다면 강제집행을 하여도 만족을 얻을 수 없다. 따라서 채권자는 민사소송이나 강제집행 절차를 수행하기 이전에 채무자의 재산이 없어지는 것을 사전에 방지할 필요성이 있다. 즉 가압류는 금전 채권의 집행을 보전하기 위하여 도입된 것이다.

4. 가처분 등기

가처분은 다툼의 대상에 관한 현상이 바뀌면 당사자가 권리를 실행하지 못하거나 이를 실행하는 것이 매우 곤란할 염려가 있을 경우, 다툼이 있는 권리관계에 대하여 임시의 지위를 정하기 위하여도 하는 보전처분이다(민법 300조). 금전 이외의 받을 권리가 있는 특정 물건을 처분하지 못하도록 법원이 내리는 일시적 조치이다. 일반적으로 점유이전금지가처분과 처분금지가처분이 있다.

5. 가등기

가등기는 본등기를 하는 데 필요한 실체적 요인이나 절차적 요건이 구비되지 않았을 때, 장차의 본등기의 순위 보전을 위하여 미리 해두는 등기이다. 가등기에는 후일에 할 본등기의 순위 보전에 그 목적이 있으므로 가등기를 본등기로 이전하게 되면 가등기 이후에 발생된 모든 등기 원인은 자동으로 소멸된다. 일반적으로 소유권이전청구권 가등기는 매매계약· 매매예약이 원인이 되고, 담보가등기는 채무자가 채권자에게 금전을 차용하면서 변제기가 되어도 상환하지 않을 경우 채무자 부동산의 소유권을 채권자에게 이전한다는 담보목적이 원인이다.

제 4 절 등기부에 없는 권리

1. 주택임대차보호법상 임차인

임차인이라 하는 것은 주택의 전부 또는 일부의 임대차에 관한 임차인이다. 그 임차주택의 일부가 주거 외의 목적으로 사용되는 경우에도 해당된다(주택임대차보호법 2조).

2. 임차인 구분

1) 대항력 있는 선순위 임차인

주민등록과 인도를 마친 임차인은 보증금을 반환받을 때까지 임대차 관계를 주장할 수 있는 대항력의 권리가 있다. 대항력이 있는 임차인이 확정일자를 받으면 우선변제권을 가지게 되어 주택이 경매나 공매가 매각되는 경우 매각대금으로부터 후순위권리자보다 우선변제 받을 권리를 가진다. 따라서 대항력이 있고 우선변제권이 있는 임차인은 선택하여 사용할 수 있다.

2) 대항력 없는 선순위 임차인

대항력은 인도와 주민등록(전입신고)을 갖추어야 하는데 주민등록(전입신고)이 없는 경우는 매수인에게 대항하지 못하므로 인수되지 않는다. 시간적으로 선순위에 있다는 것을 의미할 뿐이다.

3) 대항력 있는 후순위 임차인

매수인에게 대항 할 수 없으므로 인수되지 않는다. 그러나 선순위 저당권에 대해서는 후순위이지만 이후의 권리보다는 선순위이므로 우선변제권이 있으면 선순위 권리자 배당 이후에 남은 금전이 있을 때 그 순위에 따라 배당받을 수 있다.

4) 대항력 없는 후순위 임차인

매각으로 소멸한다.

5) 소액 임차인

임대보증금이 법률이 정하는 소액 보증금에 해당하는 임차인이다. 소액임차인은 일정 보증금에 대하여 선순위 권리자보다 우선하여 매각금의 1/2 이내에서 일정액의 소액 보증금을 받을 수 있다.

6) 상가건물 임차인

상가건물 임대차보호법 상의 임차인은 사업자 등록의 대상이 되는 상가건물을 임차한 임차인이다(상가건물임대차보호법 2조). 상가건물 임대차는 임대차 보호대상이 되는 보증금에 대하여 제한이 있다. 보증금이 일정 금액을 초과하는 경우에는 상가건물 임대차보호법이 아니라 민법이 적용된다.

상가임대차의 대항력은 임차인이 상가건물의 인도와 사업자등록을 마친 다음날부터 효력이 생긴다(상가건물임대차보호법 3조).

대항요건을 갖추고 관할 세무서장으로부터 임대차계약서상의 확정일자를 받은 임차인은 경매 또는 공매 시 임차건물의 환가대금에서 후순위권리자나 그 밖의 채권자보다 우선하여 보증금을 변제받을 권리가 있다(상가건물임대차보호법 5조). 임차인은 보증금 중 일정액을 다른 담보물권자보다 우선하여 변제받을 권리가 있다(상가건물임대차보호법 14조).

제5절 권리상호간의 순위

하나의 부동산에 소유권이 두 개가 있을 수 없다. 그러나 물권의 성질·특성에 따라 두 개 이상의 물권이 있는 경우에는 물권의 배타성으로 인해 우선순위에 대한 다툼이 생긴다.

1. 물권과 물권

물권 상호 간에 순위는 먼저 성립한 물권이 나중에 성립한 물권보다 우선한다. 등기소에 접수된 등기접수일 또는 등기 접수일이 같으면 그 순위번호에 따른다. 부기등기의 순위는 주등기의 순위에 의한다.

2. 물권과 채권

물권과 채권의 순위는 그 성립의 선후에 관계없이 물권이 채권에 우선하는 것을 원칙으로 한다.

3. 물권화 채권

확정일자 갖춘 임차인은 경매 또는 공매를 할 때에 임차주택의 환가대금에서 후순위권리자나 그 밖의 채권자보다 우선하여 보증금을 변제받을 권리가 있다(주택임대차보호법 3조의 2).

4. 채권과 채권

채권은 상대방에 대한 청구권으로 시간의 전·후에 관계없이 동등한 지위를 가지게 되어 우선순위 없이 동등한 순위로 취급한다. 따라서 배당에 있어서 성립순서 관계없이 금액에 비례하여 안분한다.

제6절 말소기준권리

말소기준권리란 부동산경매에서 부동산이 낙찰될 경우 등기부에 표시된 권리뿐만 아니라 표시되지 않은 권리들이 소멸하는가, 그렇지 않으면 낙찰자에게 인수 여부를

판단하는 기준권리를 말한다. 일반적으로 말소기준권리보다 선순위 권리들은 매수인이 인수하고, 후순위 권리들은 소멸한다. 말소기준권리는 매각으로 항상 소멸한다.

저당권 등기, 가압류·압류 등기, 담보가등기, 경매개시결정등기, 전세권(선순위 전세권자의 경매신청시, 선순위 전세권자가 배당요구를 한 경우)이 말소기준권리이다.

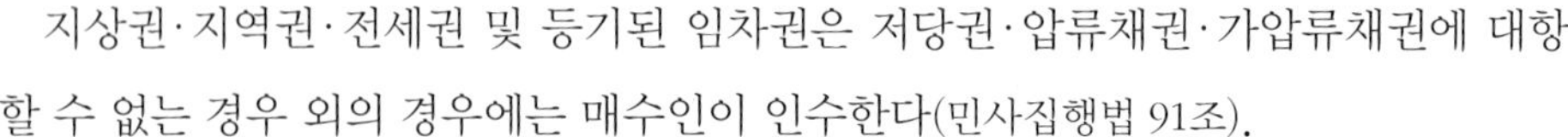

제7절 인수되는 권리

지상권·지역권·전세권 및 등기된 임차권은 저당권·압류채권·가압류채권에 대항할 수 없는 경우 외의 경우에는 매수인이 인수한다(민사집행법 91조).

유치권은 등기부에 등기할 수 없는 권리이지만 말소기준권리의 성립과 관계없이 사실상 부동산을 유치함으로 인해 성립하는 권리이므로 매수인은 유치권자에게 그 유치권으로 담보하는 채권을 변제할 책임이 있다(민사집행법 91조). 따라서 매각이 되어도 매수인은 유치권을 항상 인수하여야 한다. 법정지상권도 말소기준권리에 관계없이 매수인이 인수하는 권리이다. 매각부동산 위의 모든 저당권은 매각으로 소멸된다(민사집행법 91조).

질문

1. 경매제도가 있는 이유는 무엇인가?
2. 물권과 채권을 구분하는 이유는 무엇인가?
3. 경매제도는 누구를 보호하기 위한 것인가?

참고문헌

1. 민태욱, 부동산 사법, 부연사, 2009.

2. 로앤비(www.lawnb.com)

3. 법제처(www.moleg.go.kr)

제4편

부동산 지원

제13장 부동산 중개

부동산 중개란 어의(語義) 그대로 해석하면 부동산을 중개하는 것이다. 부동산중개업이란 「공인중개사법」에서 정의하고 있는 '다른 사람의 의뢰로 일정한 보수를 받고 중개를 업으로 행하는 사람'들이 일정한 자격인 '공인중개사자격을 획득하고 동 법률에서 한정하는 부동산에 대한 매매·교환·임대차 및 그 밖의 권리의 득실변경에 관한 행위를 알선하는 것'으로 규정하고 있다. 또한 동법에서 중개업자가 중개할 수 있는 부동산 중개대상물에 대한 범위를 규정하고 있다.

제1절 중개의 정의

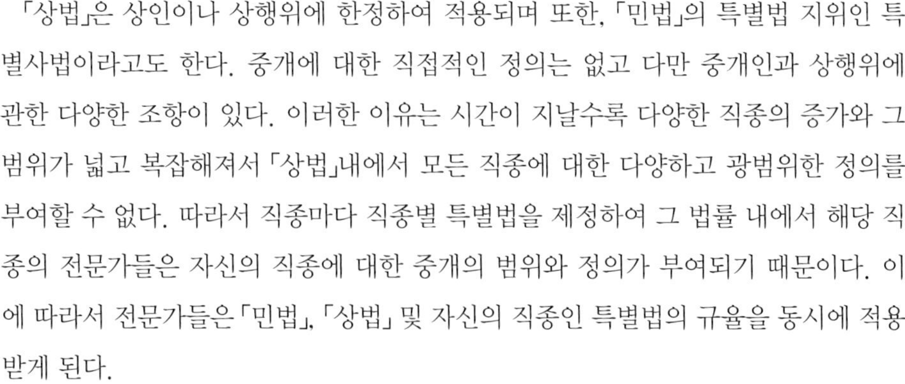

「상법」은 상인이나 상행위에 한정하여 적용되며 또한, 「민법」의 특별법 지위인 특별사법이라고도 한다. 중개에 대한 직접적인 정의는 없고 다만 중개인과 상행위에 관한 다양한 조항이 있다. 이러한 이유는 시간이 지날수록 다양한 직종의 증가와 그 범위가 넓고 복잡해져서 「상법」내에서 모든 직종에 대한 다양하고 광범위한 정의를 부여할 수 없다. 따라서 직종마다 직종별 특별법을 제정하여 그 법률 내에서 해당 직종의 전문가들은 자신의 직종에 대한 중개의 범위와 정의가 부여되기 때문이다. 이에 따라서 전문가들은 「민법」, 「상법」 및 자신의 직종인 특별법의 규율을 동시에 적용받게 된다.

상행위에 대한 정의에 있어서, 「상법」 제46조(기본적 상행위)에서 '부동산 재산의 매매, 임대차 및 중개 행위는 상행위가 된다'라는 점에 대하여 명시하고 있다. 여기에서 '중개'란 체결하고자 하는 계약의 당사자 쌍방과 교섭하며 그들 간에 계약이 체결되도록 조력하는 행위를 말한다.[1]

「상법」 제2편 상행위의 제6장 중개업에서 중개인이란 '타인 간의 상행위의 중개를 영업으로 하는 자'로 정의하고 있으며, 중개 절차를 종료하지 아니하면 중개보수의 청구가 불가능하다. 또한 중개인의 보수는 당사자 쌍방이 균등하게 분담하도록 하고 있다. 이에 따라 공인중개사는 매도자와 매수자, 또는 임대인과 임차인으로부터 균등하게 중개보수를 받고 있다.

부동산 중개에 대한 정의는 '중개대상물에 대하여 거래당사자 간의 매매·교환·임대차 그 밖의 권리 득실 변경에 관한 행위를 알선하는 것'으로 「민법」과 「상법」의 특별법인 「공인중개사법」 제2조에서 명확히 하고 있다. 또한, 공인중개사의 업무에서 중개대상물의 범위는 토지, 건축물 및 토지의 정착물, 그 밖에 대통령령으로 정하는 재산권 및 물건이라고 동법 3조에서 지정하고 있다.[2]

중개의 정의에 대한 주요 대법원 판결을 인용하면 다음과 같다.

- 「상법」 제93조에서 타인 간의 상행위의 중개를 영업으로 하는 자를 중개인이라고 하는데, 중개란 타인 간의 법률행위의 성립을 위하여 조력하는 사실행위이고, 중개인은 대리권을 가지지 않는다(서울동부지방법원 2022. 8. 10. 선고 2021가합106706 판결).
- 「(구)부동산중개업법」은 그 제2조 제2호에서 '중개업'이라 함은 타인의 의뢰로 일정한 수수료를 받고 중개를 업으로 하는 것을 말한다고 규정하고 있고, 여기서 '중개를 업으로 한다'라고 함은 영업으로서 중개하는 것을 말하며 중개를 영업으로 하였는지 아닌지는 중개 행위의 목적이나 규모·횟수·기간·태양 등 여러 사정에 비추어 사회통념에 따라 판단하여야 할 것이므로, 반복·계속하여 중개 행위를 한 것은 물론 비록 단 한 번의 행위라 하더라도 반복 계속할 의사로 중개행위를 하였다면 여기에 해당할 것이나, 그렇지 않고 우연한 기회에 타인 간의 거래행위를 중개하고 수수료를 받은 것이라면 중개를 업으로 한 것이라고 볼 수

1 곽관훈, 온라인 플랫폼사업자와 상거래법제, 한국상사판례학회 하계 공동학술대회 2017 p.145 – 인용: 이철송, 「상법총칙·상행위(제14판)」(박영사, 2007), 484면.

2 시행령 제2조(중개대상물의 범위)에는 「입목에 관한 법률」에 따른 입목과 「공장 및 광업재단 저당법」에 따른 공장재단 및 광업재단이 포함되어 있다.

없다(대법원 2006. 4. 14. 선고 2006도342 판결, 대법원 2007. 9. 6. 선고 2007도5246 판결).

- 중개업자가 진정으로 거래당사자를 위하여 거래를 알선·중개하려는 의사를 갖고 있었느냐고 하는 중개업자의 주관적 의사를 기준으로 판단할 것이 아니라, 중개업자의 행위를 객관적으로 보아 사회통념상 거래의 알선·중개를 위한 행위라고 인정되는지에 따라 판단하여야 한다. 따라서 매매계약을 알선한 중개업자가 단순히 계약의 체결만을 알선하는데 그치지 아니하고 계약 체결 후에도 중도금 및 잔금의 지급, 목적물의 인도 및 소유권이전등기의 경료 등과 같은 거래당사자의 계약상 의무의 실현에 관여함으로써 계약상 의무가 원만하게 이행되도록 주선할 것이 예정되어 있는 경우에, 그러한 중개업자의 행위는 객관적으로 보아 사회통념상 거래의 알선·중개를 위한 행위로서 중개행위의 범주에 포함된다(대법원 1995. 9. 29. 선고 94다47261 판결, 대법원 2007. 2. 8. 선고 2005다55008 판결, 대법원 2013. 6. 27. 선고 2012다102940 판결, 대법원 2014. 7. 10. 선고 2012다42154 판결).

제2절 중개사 제도의 변천사

부동산 중개 제도의 변천사는 크게 세 개의 기간으로 구분된다. 첫째는 최초의 법제인 「객주거간규칙」(客主居間規則)이 제정된 1890년으로 일제 강점기 이전의 기간이다. 둘째는 최초의 근대적 법제인 「소개영업취체규칙」(紹介營業取締規則)이 제정된 1922년으로 일제 강점기 시대 기간이다. 셋째는 최초의 공인중개사법인 「소개영업법」(紹介營業法)이 제정된 1961년으로 일제 강점기 이후의 기간이다.

1. 일제 강점기 이전의 중개업

부동산중개업의 시효는 문헌적으로 잘 알려지지 않았으나 신라 통일기로 추정하는 설도 있고, 고려시대에 항해술 발달로 해외무역이 증가하면서 주막·여인숙·주인

제도가 발생이 되어 여객에게 매매의 상대방을 구해 주고 이에 대한 수수료를 받아 오던 관습에 의하여 발생이 되었다는 주장도 있다.

조선시대에는 지방도시의 화물집산지에서 숙식을 제공하고 상인들 간의 거래를 주선하는 시설을 갖춘 중간상인 격인 객주(客主)가 매매의 중개·여객업·은행업 등을 겸하고 있었다.[3] 장시(場市)에는 객주(客主)와 더불어 매매의 흥정을 붙이는 거간(居間)이 활동하였다. 따라서 객주와 거간은 주로 5일장이 열리는 장시에서 중요한 역할을 하였다. 그러나 객주는 숙박 시설을 기반으로 한 매매위탁 물건을 일정한 장소에서 보관하고 거래를 주선해 주는 것으로 비슷하지만 타인 간의 상행위를 중간에서 흥정붙이고 수수료를 받는 거간과는 차이가 있다. 이러한 차이는 조선 중기까지 이어져 왔다.[4]

상업 규모가 점차 확대되자 보다 안정된 기반 위에서 상행위를 하던 객주에게 상인들이 점차 예속되면서 객주는 권력과 유착 및 독점적 권한도 확장할 수 있게 되어서 객주는 조선 후기에 자본을 축적할 수 있었고 개항 이후에는 외국과 무역을 담당하여 독점권을 강화할 수 있었다.[5] 객주는 조선 후기에 들어와서 그 기능 면에서 보행객주(步行客主)와 물상객주(物商客主)로 나뉘는데, 숙박업은 주로 보행객주가 행하였다. 물상객주도 풍부한 자본과 창고시설 등을 갖고 상품판매·위탁판매·창고업·운수업 등을 영위하였는데, 화물주인 하주(荷主)의 편의를 위하여 숙박업도 겸하였다.[6]

한편, 거간(居間)은 미곡(米穀居間), 포목(布木居間), 소(牛居間) 및 집(家居間) 등의 상품에 따라서 여러 종류의 거간(居間)으로 분류가 되며 가거간(家居間)으로는 서울과 평양에서 가승(家僧), 가쾌(家儈)가 있었으며 조선 중기 이후부터 성행하기 시작하였고 가옥·토지와 같은 부동산의 매매·임차·전당을 중개하였고 이러한 종사자 들을 집주릅이라고 불렀다.

중개 수수료는 구전(口錢) 형식으로 구문(口文)·내구(內口)·외구(外口)·원구(原口)·과구(過口)라고도 하였다. 이러한 가쾌(家儈)들이 모여서 사무실을 차린 것이 '복덕방

3 출처: 조선초기의 경제구조:「2. 상업 (1) 객주의 기원」, 국사편찬위원회
4 출처: 제IV장 조선 문화 중기(1593~1863년)「2. 제도의 개편과 경제생활」, 국사편찬위원회
5 출처: 용어개념,「조선시대」, 국사편찬위원회
6 출처: 조선후기의 경제구조,「1. 생산력의 증대와 사회분화」, 국사편찬위원회

(福德房)'이다. 종사자인 집주릅은 집의 정보, 풍수지리 및 집에 얽힌 지복(地福), 천복(天福) 및 인덕(人德)뿐만 아니라 동네사정, 집안내력 등에 능통하였다. 조선 말기에 서구문물이 들어오고 상업이 성행하면서 주거지 이동이 빈번해지고 풍수지리와 택일의 관습으로 인하여 이사 시에는 집주릅의 도움이 필요하게 되었다.

조선 말기에는 100여개 복덕방과 500여명의 종사자인 가쾌(家儈)가 있었다. 따라서 복덕방을 경영하는 집주릅들이 난립을 하게 되자 이를 규제하기 위한 「객주거간규칙」(客主居間規則: 최초의 법제)이 1890년에 제정되었다.[7] 「객주거간규칙」의 주요 내용으로는 i) 직업윤리측면에서, 객주와 거간은 상도(常道)를 지키며, ii) 수수료 측면에서, 구전(수수료)은 관행에 따라 시행하되 마구 거둬들이지 않고, iii) 조세 측면에서, 구전(수수료) 중에서 외구(外口)는 영업세로 붙이고, 내구(內口)는 객주와 거간이 절반씩 나누며, iv) 독점적 지위 측면에서는, 개항된 곳의 무역 거래에 있어서 독점적인 영업권을 행사할 수 있도록 하였다. 1893년 개국 이후 한성부는 신원조사를 거친 후 합당한 절차를 밟은 자에게 첩장(帖帳)이라는 '거간인가증'(居間認可證)을 주었다. 이러한 인가제도는 일본이 조선을 완전한 부속국으로 만들기 위하여 '임시토지조사국'[8]을 설치(1910년 3월)하고 한일합병 조약발표(1910년 8월 9일)후 일본인의 거래활동을 보호할 의도로 폐지되고 자유 영업 제로 변경되었다.[9,10]

2. 일제 강점기 시대의 중개업

한일합방 직후인 1910년 12월에 조선총독부가 공포한 「회사 설립에 관한 제령」(制

7 출처: "복덕방", 한국민족문화대백과사전, 한국학중앙연구원

8 일반 농민들이 이용하기 어렵고 오히려 궁방이나 권세가들이 농민들의 개간지 등을 침탈하는 수단으로 악용되기도 하였다. '조선토지조사사업'은 일제가 1910년부터 1918년까지 9년여에 걸쳐 총 2천 40여만 엔의 경비로써 전국의 모든 택지와 경지에 대해 필지별로 측량을 하고 소유자와 지가 및 지위등급을 조사하여 토지대장과 지적도 등을 작성한 사업이다. 일제가 이처럼 다년간 거액의 자금을 투입하여 토지조사사업을 실시한 것은 이른바 근대적 토지소유제도를 확립함으로써 토지의 상품화 즉, 토지침탈을 원할히 하고 근대적 지세제도를 확립함으로써 식민지 지배를 위한 재원을 안정적으로 조달하기 위해서였다. 출처: 행정안전부 국가기록원-조선토지조사사업.

9 출처: "조선시대에 House Broker '거간'이 있었습니다.", 아산시청 토지관리과 김종우 팀장의 기고문, 인터넷 아산시사신문, 2015.3.23.

10 김건우, 한성부 家契와 공인중개인 家儈에 관한 고찰, 고문서연구 30(2007), 30면.
최원규, 19세기 후반 地契제도와 家契제도, 지역과 역사, 8(부경역사연구소, 2001).

令)(會社令, 메이지 43년 제령 13호)은 일본「상법」'회사편' 의 자유로운 회사의 설립 내용과 전혀 다르게 조선의「회사령」[11]에서는 총독의 허가를 받아야 하며 언제든지 폐쇄, 해산당할 수 있도록 하여 결국 일본인들이 조선의 경제를 장악할 수 있는 가교(假橋)역할을 하였으나, 부동산의 중개나 중개회사의 설립 및 영업에 미치는 영향에 대한 사료는 찾아보기 어렵다.[12]

1917년 일본 본국의 경시청에서는 인사소개업자를 규정했던「고용중개영업취체」(雇人口入營業取締),「예창기중개영업취체규칙」(藝娼妓口入營業取締規則)을 폐지하고 일원화된 일본식「소개영업취체규칙」(紹介營業取締規則)을「경시청령」제1호로 제정했다. 이「소개영업취체규칙」에서 의미하는 소개영업은 인사소개영업과 부동산 등을 소개하는 영업을 의미한다. 한편, 조선에서는 1922년 각 지방 경찰부 보안과가 정비되면서 조선식「소개영업취체규칙」(紹介營業取締規則: 최초의 근대적 법제)이 각 지방도령(道令)으로 제정되어, 1922년 6월 이후 시행되었다. 그러나 조선에서의「소개영업취체규칙」(紹介營業取締規則)은 일본 본토에서의 그것과 비교하면 매우 허술하였다.[13]

3. 일제 강점기 이후의 중개업

1961년「소개영업법」(紹介營業法: 최초의 공인중개사법)이 제정되면서 일제 강점기에 있었던「소개영업취체에 관한 법령」을 대체하여 집과 땅의 거래를 자유롭게 하는데 목적이 있었다. 본 법의 제2조(정의)에서 '소개영업이라 함은 일정한 요금을 받고 부동산, 동산 등의 매매, 대차의 소개를 업으로 하는 것' 등을 말하고 있다고 명시하고 있다. 또한, 부칙으로는 제2조(폐지법령)에서 단기 4255년 경기도령 제10호「소개

11 회사령, [시행 1911.4.1.] [조선총독부제령 제13호, 1910.12.29. 제정] 인용

12 출처: "회사령", 용어 정의 및 내용, 한국민족문화대백과사전

13 출처: 한혜인,「총동원체제하 직업소개령과 일본군 위안부 동원: 제국 일본과 식민지 조선의 차별적 제도 운영을 중심으로」, 사림 제46호 (2013년 10월) pp.371~413. 주로 조선에서의 인사소개영업의 문제점에 대하여 다루고 있다. 결국, 소개영업취체규칙(紹介營業取締規則)」을 바탕으로 한 조선직업소개령은 위안부 동원에 이용되었음을 잘 나타내고 있다. 그러나 논문에서는 부동산의 소개영업에 대하여는 다루고 있지 않다. 다만 소개영업의 범위가 인사소개와 부동산의 소개이었음을 간접적으로 나타내고 있다.

영업취체규칙」(紹介營業取締規則) 기타 종전의 「소개영업취체(紹介營業取締)에 관한법령」은 이를 폐지하며, 제3조(경과규정)에서 본 법 시행 당시에 종전의 규정에 의하여 허가를 얻은 소개영업은 본 법의 규정에 의하여 신고된 것으로 간주한다고 하였다.[14] 따라서 소개영업자 및 「부동산중개업법」 제1차 개정 이전에 자격증이 없이 허가를 받아 중개업을 하던 자들도 기득권을 인정하여 계속 중개업을 할 수 있게 하였고 이들을 일반적으로 중개인이라 한다. 즉, 복덕방은 관할관청에 신고만 하고서 영업을 할 수 있었다.

1983년 12월 30일 「부동산중개업법」(법률 제3676호)이 공포, 1984년4월에 시행되면서 「소개영업법」(紹介營業法)은 폐지되었다. 1985년 9월 22일 「부동산중개업법」에 의하여 제1회 공인중개사 자격시험이 실시되었다. 2005년 7월 29일에는 '부동산중개업법'을 전부 개정하면서 법률의 제명을 「공인중개사의 업무 및 부동산 거래신고에 관한 법률」(법률 제7638호)로 변경하게 되었다. 2015년에는 법률의 제명이 「공인중개사법」으로 변경되면서 현재까지 유지되고 있다.

제3절 중개사의 역할

공인중개사는 「상법」에 의거한 중개인이며, 「공인중개사법」에서는 공인중개사의 업무와 범위를 규율하고 있다. 또한 「민법」에 의하여 선관주의 의무를 가지고 위임받은 업무를 처리하여야 한다. 한국의 공인중개사의 역할에 대한 뚜렷한 문헌은 찾아보기 어렵다. 따라서, 미국과 캐나다 중개사의 역할을 통하여 간접적인 검토를 하여 본다. 또한 대법원 판례를 통하여 중개사의 역할을 살펴본다.

1. 선진국에서 중개사의 역할

미국이나 캐나다에서 한 개의 부동산 매물을 중개하기 위한 부동산중개사의 역할

14 소개영업법, [시행 1961.9.23.] [법률 제726호, 1961.9.23. 제정] 인용

은 매우 다양하다. 미국 Oregon 주의 Portland Metropolitan 부동산중개사협회에서는 성공적인 주거용 부동산거래에 포함된 단계는 전형적인 행동으로부터 검토단계까지 약 150개라고 하였다.[15]

캐나다 부동산중개회사인 RE/MAX에 소속된 A. Mark Argentino는 부동산중개사의 136단계 업무를 설명하고 있다. 여기에 열거된 내용은 성공적인 주거용 부동산거래의 전형적인 136가지 행동, 연구 단계, 절차, 과정, 검토단계들로 이에 대한 완전한 서비스 대가로 부동산 중개업자들이 그들의 중개보수료를 받게 된다.

부동산중개사들은 오늘날의 부동산 거래에서 요구되는 기술, 지식 및 세부 사항에 대한 높은 수준을 반영하고 있으며, 이 과정을 완벽히 이해하는 사람 즉, Realtor®[16]의 도움과 지침이 필요한 중요성에 대하여 이해하고 있다고 하였다. 또한 Realtors®는 대중을 다루는 전문 분야에서 엄격하고 집행 가능한 Realtor® 윤리 강령을 준수할 것을 서약한다고 하였다.[17]

캐나다 중개사들의 역할 중 매도인을 위한 단계별 업무 내용은 다음과 같다.

- 1–39 단계: Pre–Listing Activities[18]

리스팅을 받기 위하여 매도인과의 접촉, 협의, 확정에 필요한 각종 활동을 진행하는 단계로 특히 매물의 주변시세 및 판매 이력에 대한 정보를 수집하고 분석하는 것을 포함하고 있다.

- 40–77 단계: When Property is Listed

매물의 내부에 대한 정확한 크기(치수)를 측정, 금융 대부 상태 확인, 각종 관리비 및 소유권을 비롯한 각종 권리 확인, 임대유닛에 대한 임차계약서 확인, 공동주택의 관리규정에 대한 확인, 홈스테이징도 고려하여 매물을 시장에 내 놓기위한 사전 작업을 한다.

---

15 Portland Metropolitan Association of Realtors, "Why Use a Realtor®? The Critical Role of the Realtor® in Real Estate Transactions" https://pmar.org/resources/why–use–a–realtor/

16 Realtor®은 미국의 부동산협회(NAR, National Association of REALTORS®)와 캐나다의 부동산협회(CREA, Canada Real Estate Association)의 회원인 부동산중개사가 사용하는 등록상표이다.

17 A. Mark Argentino, "The Critical Role of the Realtor® in the Real Estate Transaction", Real Estate Broker, RE/MAX Mississauga Ontario
http://www.mississauga4sale.com/Critical–Role–of–Realtor–in–Real–Estate–Transaction.htm

18 Listing(리스팅)이란 매도인으로부터 매물의 매도를 의뢰받는 것을 의미한다.

• 78–81 단계: Registering Property in MLS Database

MLS(Multiple Listing Service, 부동산매물정보시스템) 등록에 필요한 양식확인 및 작성, MLS에 등록, 일반인용 MLS에 표시되는 정보를 확인(전문가용 보다는 매우 단순한 기능만 제공 됨), Virtual Tour 기능의 중요성 권고, 홈스테이징 권고 등을 수행하여 매수자 측의 방문이나 마케팅단계를 준비한다.

• 82–124 단계: Marketing the Listing

인쇄물 디자인 구상 및 제작, 지역신문, 지역 TV 및 인터넷 등의 대중미디어를 통한 광고 진행, Lockbox 설치[19] "Just Listed" 간판 제작, 오픈하우스 진행, 쇼잉에 대한 피드백 접수 및 분석이 있다. 지방의 경우 수질검사, 하수 탱크 검사 등 환경 검사가 반드시 진행되어야 한다. 보험회사나 금융기관의 요구에 의해서 곰팡이검사, 흰개미 검사를 진행할 수 있도록 준비하여야 한다.

• 125–126 단계: Mortgage Preparation

금융 대부를 위하여 금융기관과 연락하고 상황을 점검하며 매도인 측 변호사에게 상황을 전달해 준다.

• 127–129 단계: Condition Clauses and Home Inspection

자격이 있는 홈 인스펙터와 협업을 한다. 홈 인스펙션의 실행 방법은 두 가지가 있다. 첫째, 매도인 측에서 매물의 빠른 거래를 촉진하기 위하여 리스팅 이전에 미리 실행한다. 이러한 방법은 특히 복수의 거래계약이 동시에 요청(Multiple Offer)이 있을 경우에 매우 유용하다. 둘째, 매수인 측에서 거래계약의 조건(Conditional Clause)에 따른 실행이다. 결과에 따라서 거래계약이 진행되든지 또는 취소된다.

• 130–132 단계: Appraisal

매수인 측 금융 대부를 위한 매물의 감정평가 단계이다. 금융기관에서 대출 서명을 하기 전에 매물에 대한 감정평가액을 추계하는 것이다. 평가액이 리스팅 가격보다 높을 경우에 매도인 측 부동산중개사의 부담은 커질 수밖에 없다.

• 133–136 단계: Closing Preparatons and Duties

매매 계약서상 조건에 의하여 매수자 측이 Closing 전에 매물 부동산에 진입하여

19 저자 주석: 미국과 캐나다에서는 현관문 열쇠를 저장하기 위하여 Lockbox를 사용한다. 매도인 측 중개사는 Lockbox안에 열쇠를 저장하여 매물 부동산 주위에 설치한다. 매수인 측 중개사의 요청이 있는 경우에는 Lockbox 설치 위치와 Lockbox의 암호를 문자를 통하여 전달해 준다.

부동산의 상태를 점검할 기회를 협의한다. 매매대금 중 중개업체에서 보관중인 계약금에 대한 처리를 한다. 이외에 매도인과 매수인과의 관계를 정리하고 부동산 매물에 대한 특정 관점에서의 질문 등에 대한 응답을 한다. 부동산매물거래정보망에서 해당 매물의 상태(Status)를 'For Sale'에서 'Sold'로 변경한다.

2. 중개사의 역할에 관한 대법원 판결

중개사의 역할에 대한 주요 대법원 판결을 인용하면 다음과 같다.

- 중개인은 당사자간에 계약이 성립된 때에는 지체없이 각 당사자의 성명 또는 상호계약 년월일과 그 요령을 기재한 서면을 작성하여 기명날인한 후 각 당사자에게 교부하여야 한다(대법원 1972. 8. 22. 선고 72다1071,1072 판결).
- 공인중개사는 자기가 조사·확인하여 설명할 의무가 없는 사항이라도 중개의뢰인이 계약을 맺을지를 결정하는 데 중요한 것이라면 그에 관해 그릇된 정보를 제공해서는 안 되고, 그 정보가 진실인 것처럼 그대로 전달하여 중개의뢰인이 이를 믿고 계약을 체결하도록 했다면 선량한 관리자의 주의(선관주의 의무)로 신의를 지켜 성실(신의성실 의무)하게 중개해야 할 의무를 위반한 것이 된다(대법원 1999. 5. 14. 선고 98다30667 판결, 대법원 2008. 9. 25. 선고 2008다42836 판결, 대법원 2022. 6. 30. 선고 2022다212594 판결).
- 상법 제96조와 제99조에 의하면 타인 간의 상행위의 중개를 영업으로 하는 중개인은 그의 중개에 의하여 성립된 당사자 간의 계약이 즉시 이행될 성질의 것이 아닌 이상 각 당사자의 성명 또는 상호, 계약연월일과 그 계약의 요령을 기재한 서면을 작성하여 각 당사자로 하여금 이에 기명날인케 한 후 그 서면을 각 상대방에게 교부하여야 하며 중개인이 임의 또는 당사자 일방의 요구에 따라 상대방에게 그의 성명 또는 상호를 표시하지 않았을 경우에는 그 중개인 자신이 상대방에 대하여 그 계약에 대한 이행책임을 지어야 한다(대법원 1972. 8. 22. 선고 72다1071, 72다1072 판결).

제4절 중개 실무

1. 진행단계별 중개 실무

일반적인 부동산 거래는 크게 4개 단계로 구분된다. 고객과 공인중개사의 초기 만남으로부터 중개 의뢰단계, 매물단계, 매매계약단계 및 종결단계 등이 있다(방진원, 2020). 마케팅 단계를 별도의 단계로 분류하는 경우가 있지만 매물이 등록되고 매매계약이 이루어지기 전까지 매물에 대한 마케팅은 지속되어야 한다. 협상 또한 매매계약 단계에서 이루어지는 하나의 기술적 접근이라고 볼 수 있으므로 별도의 단계로 분류하기 어렵다.

1) 의뢰단계

첫 번째 단계는 '의뢰단계'이다. 부동산중개사는 고객과의 만남을 시작으로 고객이 의뢰하는 매물에 대한 매수나 매도 의뢰를 접수 받는다. 한국에서 일반화된 중개계약은 구두계약이며, 미국이나 캐나다에서 일반화된 중개계약은 전속 중개계약이다. 「공인중개사법」 제22조(일반중개계약)에 의거 하여 중개의뢰인은 일반중개계약서의 작성을 요청할 수 있으나 계약서 사용이나 보존기간에 대한 의무는 명시되어 있지 않다.

전속중개계약을 체결 시에 동법 제 23조(전속중개계약)에 의거하여 국토교통부가 정하는 계약서를 사용하여 계약을 체결해야 하며, 국토부령에서 정하는 3년 기간 동안 보존이 의무이다. 전속중개계약의 기본적 유효기간은 3개월이며, 공개할 정보에 대한 내용은 동법 시행령 제20조에서 기술되어 있다.

2) 매물단계

두 번째 단계는 '매물단계'이다. 이 단계는 고객으로부터 의뢰받은 매물에 대하여 매수자의 부동산중개사는 매물의 검색 및 확인을, 매도자의 중개사는 매물에 대한 확인 및 광고를 하여야 한다. 부동산거래정보망의 신뢰성과 집중성이 요구되는 단계이다. 동 법 제 23조에 의거 하여 중개의뢰인이 비공개를 요청하지 아니한 경우를 제외하고 부동산거래정보망 또는 일간신문에 해당 중개대상물에 관한 정보를 공개해야 한다.

국토교통부가 제공하는 표준 전속중개계약서[20] 제1조 제1항을 살펴보면, 계약 체결 후 2주일에 1회 이상 중개업무 처리상황을 문서로 의뢰인에게 통지해야 하며, 제2항에서 전속 중개계약 체결 후 7일 이내에 동 법 제24조의 부동산거래정보망 또는 일간신문에 중개대상물에 관한 정보를 공개하도록 하고 있다.

3) 계약단계

세 번째 단계는 '계약단계'이다. 거래를 성사시키기 위하여 매매계약을 완료하는 단계이다. 매매계약서 내용은 「민법」의 계약에 관한 법률의 적용을 받는다. 「공인중개사법」 제26조(거래계약서의 작성 등)에 따라서, 계약서 작성 및 일정기간 보관을 하여야 한다. 일정기간이라 함은 동법 시행령 제22조(거래계약서 등)에 따라 5년을 의미하고 있다.

또한 동법 시행령 제22조는 계약서에 작성될 기재사항에 대하여 법률적으로 규정하고 있다. 이와 더불어 원법 제25조(중개대상물의 확인·설명)에서는 중개대상물에 대한 설명의 근거자료를 제시하도록 하고 있으며(제1항), 그 시기로는 매매계약서를 작성하는 때에는 중개대상물 확인·설명서를 서면 작성 및 교부하도록 하고 있다(제3항). 중개대상물 확인·설명서는 매우 중요하며 개업공인중개사(법인대표 또는 분사무소 책임자 포함)가 서명 및 날인하되 중개행위 당사자인 소속공인중개사도 함께 서명 및 날인 하도록 하고 있다(제4항).

전자문서로 거래계약서나 중개대상물 확인·설명서를 작성 시에는 일정 기간동안 보관해야 하는 의무를 면제해 주고 있다(제3항). 동법 시행규칙상 '별지'로 제공하는 각종 양식들에서 공인중개사가 필요한 표준화된 거래계약서 양식은 제공하지 않고 있다.

4) 종결단계

마지막 단계는 '종결단계'로 미국의 서부지역은 에스크로우회사의 주관으로 진행

20 「공인중개사법」 시행규칙 [별지 제15호서식]

그림 13-1 부동산거래의 전체 단계

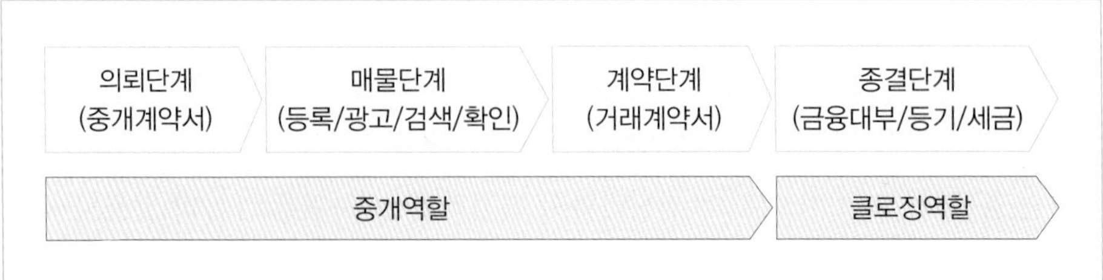

출처: 방진원(2020)을 재구성함

이 되며, 미국의 동부지역은 변호사의 주관에 의해서 진행이 된다. 캐나다 온타리오주의 경우 미국 동부지역과 동일하게 변호사의 주관으로 진행된다. 한국은 부동산 등기기록을 위하여 법무사가 주도적으로 종결단계를 진행하며 이 외에 세금, 공과금, 금융대부 등을 포함하여 부동산거래가 완료되기 위한 절차가 진행된다. [그림 13-1]은 부동산거래의 전체 단계를 나타내고 있다. 〈표 13-1〉은 부동산 거래의 단계별로 진행을 나타내고 있다.

〈표 13-1〉 부동산거래의 단계별 진행

직무환경	부동산거래의 전체단계			
	의뢰단계	매물단계 (광고/검색/확인)	계약단계	종결단계
실무환경	중개계약	부동산거래정보망	매매계약	클로징서비스
관리환경	부동산중개사법 부동산중개사의 의무 및 직업윤리 자격의 유지관리 부동산중개사협회의 역할 및 권한			
교육환경	교육의 주체 교육프로그램 콘텐츠 자격시험준비교육(사전교육) 실무·연수·직무교육(사후교육)			

출처: 방진원(2020)을 재구성함

2. 역할단계별 중개 실무

부동산 거래는 크게 2가지 단계의 역할로 구분된다. 첫째 역할단계는 부동산중개사 단독에 의한 전반적인 중개행위단계이다. 이 단계는 계약이 완료되어 계약금이 전달된 때까지[21]의 기간으로 타 전문가와의 직접적인 협업 관계는 아직 발생되지 않는다. 단계의 시효는 '고객이 될 가능성이 있는 자(prospect customer)'를 만나는 것으로부터 시작된다. 계약이 완성되는 기간은 짧게는 한 달 이내로부터 길게는 몇 개월 정도 걸린다.

둘째 역할단계는 중개업자와 타 전문가와의 협업이 이루어지는 단계이다. 미국이나 캐나다에서는 부동산변호사(또는 에스크로우회사)와의 협업단계로 부동산중개사가 변호사에게 완성된 계약서를 전달함으로써 시작된다.[22] 이에 따라서 변호사는 부동산매매 당사자인 계약자의 인적 정보를 바탕으로 계약서 내용의 법률적 관계에 대한 검토부터 시작하여 본격적으로 부동산중개사와의 협업을 진행한다. 이 단계에서 중개업자의 주된 역할은 없다. 따라서 중개업자의 위험 요소는 제거된다. [그림 13-1]은 부동산거래의 업무단계를 나타내고 있다.

한국에서는 종결단계에서 매매대금의 잔금을 모두 받을 때까지 중개업자의 업무가 진행된다. 이에 따라 종결단계에서 중개업자의 위험 요소는 여전히 지속된다. 선진국의 부동산변호사와 같은 역할을 하는 법무사는 등기기록을 위한 업무만 진행하기 때문에 클로징에 투입된 전문가들의 역할이 서로 상이하다.

---

21 한국에서 중개업자의 역할은 잔금을 받는 과정까지 연장되지만, 미국이나 캐나다의 중개업자의 주된 역할은 계약금(또는 중도금)을 받는 과정까지만 포함되며, 잔금은 의뢰인이 선정한 부동산변호사나 에스크로우 회사에 직접 전달하게 되므로 매매대금의 안전성이 확보되고 있다.

22 한국에서는 일반적으로 법무사의 역할이 포함되지만, 중개업자의 역할은 여전히 필수적이다. 또한, 한국에서는 잔금 지급과 동시에 등기기록을 위하여(동시이행 관계) 법무사에게 계약서를 제출하여야 한다. 법무사의 역할은 단지 등기등록을 위하여 순간적으로 투입되지만 클로징서비스의 주관자는 여전히 중개업자가 된다.
미국이나 캐나다에서는 계약금을 지급한 직후에 의뢰인이 지정한 부동산변호사(또는 에스크로우 회사)에게 계약서를 제출해야 한다. 부동산변호사는 계약이 성사된 직후에 계약서 및 등기 내용의 검토와 함께 모기지(Mortgage, 융자대부) 관계와 의뢰인이 지불해야 할 각종 경비, 공과금 및 세금 등을 계산하고 정산서를 작성한다. 따라서 부동산변호사의 역할은 진정한 의미의 클로징서비스라고 할 수 있다. 클로징서비스는 미국에서 한국으로 도입이 되었으나, 국가별 중개문화의 차이로 인하여 상호 상이한 클로징서비스를 진행하게 된다.

1) 중개 역할

중개업자의 역할단계로, 잠재적인 고객을 만남으로써 부동산중개가 시작되고 매물을 등록, 광고, 검색, 확인 등을 실행한다. 또한 매매계약이 체결되어 계약금을 지급하는 과정으로 부동산중개사의 주된 역할이 일차적으로 종료된다. 이 단계에서 걸리는 기간은 짧게는 한 달 이내, 길게는 3개월 이상 걸린다. 이 기간 동안에 중개업자는 의뢰인과의 관계를 잘 유지하여야만 한다. 매도인 측 중개업자는 자신의 경력, 마케팅 능력, 그리고 쇼잉과 오픈하우스 또는 홈스테이징 기법 등에 따라서 팔리는 기간과 거래가격에 영향을 주게 된다. 그만큼 중개업자의 역할이 절대적으로 중요한 단계이다.

매매계약이 완료되고 계약금이 전달되고 나면 중개업자는 고객이 선택한 부동산변호사 사무실로 계약서를 보낸다. 이 단계를 마무리함으로써 중개업자는 자신의 가장 어렵고 주된 업무를 실질적으로 완료하게 된다. 특약조건 항목(Conditional Clause)에 따라서 인스펙션(Home Inspection)과 담보대부(Mortgage Loan) 등을 정해진 기한 내에 성공적으로 마무리할 수 있도록 클로징 날까지 지속해서 주의를 기울여야 한다.

2) 클로징 역할

거래계약서가 작성 및 서명 완료 후에 계약금 지급이 완성되면 중개업자의 1차적인 역할이 완성된다. 한국에서는 잔금 지급 완료될 때까지 중개업자의 실질적인 역할은 여전히 진행된다. 미국과 캐나다에서는 계약금 지급이 완료되면 부동산변호사(에스크로우회사)와의 업무 협업이 시작되는 중요한 단계로 중개업자의 역할은 클로징까지 실질적으로 이어지지 않는다. 특히 매수자와 매도자를 위해 일하는 각 부동산변호사들은 매물에 대한 전반적인 검토와 함께 매도인의 이름과 주소 및 매물의 정확한 소재지뿐만 아니라, 매매계약서의 전반적인 계약 조항 하나하나를 꼼꼼히 분석하여 자신의 고객을 보호하게 된다. 또한 등기상에서 문제가 있는지 확인한다.[23]

한국에서 부동산거래의 종결단계로 도입을 시도하였던 에스크로우제도는 더 이상

23 방진원·백성준, 부동산거래의 종결단계에 관한 연구: 캐나다의 온타리오주 사례를 중심으로, 부동산연구 30(1) 2020, pp.69~84.

논의가 어렵다. 에스크로우제도는 미국 등 선진국에서 활용하고 있는 일종의 신탁제도이다. 미국이나 캐나다에서 매도인은 거래가 완전히 종료 된 후에 에스크로우 회사나 부동산변호사로부터 각종 비용을 제외한 매매대금을 수령하는 방식이 사회적으로 정착되어있다. 그러나 한국의 경우 계약금, 중도금 및 잔금 등을 직접 매도당사자에게 전달하는 방식에 머무르고 있으므로 현재의 부동산거래방식으로는 에스크로우제도가 정착되기 매우 어려운 환경이다. 이와 더불어 에스크로우제도는 등기의 공신력을 바탕으로 실행되는 제도이므로 한국과 같이 등기의 공신력을 인정하고 있지 않는 국가에서는 도입과 실행이 불가능하다.

이러한 국가 간 거래의 제도적 차이로 인하여 아무리 공인중개사나 공인중개사협회가 사회적인 홍보를 강화하더라도 그 효과는 매우 미미할 수밖에 없다. 또한 에스크로우 수수료를 인하 또는 무료로 서비스를 제공하여도 본질은 거래대금의 지불방식과 등기의 공신력 인정에 있다.[24]

3. 중개계약의 유형

1) 일반중개계약(Open Listing Contract)

한국에서 가장 일반적이고 가장 많이 이용되는 방식의 중개계약으로, 중개의뢰인이 다수의 중개업자에게 매물을 의뢰하고 그중 가장 먼저 거래가 성사된 중개업자에게 중개보수료를 지급하는 방식이다. 중개의뢰인은 자신이 발견한 거래상대방과 자유로운 계약을 체결할 수 있다. 단점으로, 여러 중개업체가 빠른 중개를 위해 상호 경쟁적이므로 매물에 대한 품질과 신뢰성이 저하될 수 있다.

2) 전속중개계약(Exclusive Agency Listing Contract)

미국이나 캐나다 등 선진국에서 가장 일반적이고 가장 많이 이용되는 방식의 중개계약으로, 단점으로, 경쟁업자가 없으므로 중개업자 측면에서 업무의 우선순위가 낮아질 가능성이 있지만, 장점으로는 매물에 대한 품질과 신뢰성이 높아질 수 있다.

---

24 방진원·백성준, 한국의 부동산거래 안전성 확보를 위한 공인중개사와 변호사들의 협업에 관한 연구, 부동산연구 26(3), 2016, pp.7~21.

중개의뢰인은 중개업자가 소개해준 상대방과 합의하여 전속 중개계약 기간이 만료된 이후에 매매계약을 진행할 수 있지만 법적인 규제는 없다. 선진국에서는 이러한 경우를 방지하기 위한 별도의 대책을 마련해 놓고 있다.

이 방식의 중개계약은 「공인중개사법」 제23조(전속중개계약)에서 명시하고 있으며 중개의뢰인에게는 필수 선택사항이 아닌 선택적 옵션 사항으로 선택하지 않아도 된다. 전속중개계약을 선택할 경우에 중개업자는 반드시 표준계약서를 사용해야 하며, 3년 기간 동안 보존 의무가 있다. 전속중개계약의 기본적 유효기간은 3개월이며 상호 합의에 따른 변경이 가능하다. 계약체결 후 7일 이내에 부동산거래정보망 또는 일간신문에 중개대상물의 정보를 공개하며, 진행상태에 대하여 2주일에 1회 이상 서면 통지해야 한다.

전속 중개계약 동안 매매계약이 이루어지지 않으면 중개보수료를 지급하지 않고, 다만 그 기간 동안 필요경비로 지출한 비용에 대한 청구는 가능하다. 전속중개계약에 대한 중개의뢰인의 의무는 3가지로 분류된다.

- 전속중개계약 기간 중에 타 중개업자를 통하여 거래를 한 경우, 위약금으로 약정한 중개보수료의 100%를 지급하여야 한다.
- 전속 중개계약 기간 중에 중개업자를 통하여 알게 된 상대방과 직접 거래를 한 경우, 위약금으로 약정한 중개보수료의 100%를 지급하여야 한다.
- 전속 중개계약 기간 중에 중개의뢰인이 직접 상대방을 찾아서 거래한 경우, 중개보수료에 해당하는 위약금은 없고 중개업자가 지출한 비용으로 약정한 중개보수료의 50% 내의 범위에서 비용을 지급하여야 한다.

3) 독점중개계약(Exclusive Right to Sell Listing Contract)

전속중개계약보다 다소 일반적이지는 않지만, 미국이나 캐나다 등 선진국에서 이용되는 방식의 중개계약이다. 중개보수료 측면에서 중개업자에게 유리하며, 전속중개계약과는 달리 계약기간 동안 매매계약을 성사하게 시키지 못하더라도 의뢰인은 중개보수료를 지불해야 한다. 이 방식은 중개의뢰인이 보다 신속한 매매계약을 체결하려고 할 때 중개업자에게 최상의 동기를 부여하게 된다.

또한, 매수자를 이미 확보한 중개업자에게 매우 유리하고 효과적인 중개방식이다. 중개업자는 자신의 고객인 매수자가 특정 부동산의 매수를 원하는 경우에 아직

리스팅이 되지 않더라도 집주인에게 판매 의향 여부를 문의한 후에 판매를 원하면 매우 짧은 기간 동안 집 주인과 독점중개계약을 체결하고 자신의 고객인 매수자와 집 주인 간의 매매계약을 성사시킬 수 있다

4) 공동중개계약(Multiple Listing Contract)

미국이나 캐나다 등 선진국에서 가장 일반적이고 가장 많이 이용되는 방식의 중개계약으로, 공동중개계약서는 별도로 사용하지 않지만, 일반중개계약이나 전속 중개계약을 하더라도 중개업자 간에 상호 공동으로 중개를 완성하는 형태의 중개계약이다. 이에 따라서 중개보수료도 공동으로 분배하게 된다. 가장 신속하게 매매계약이 체결될 수 있는 형태의 중개이다.

5) 순가중개계약(Net Listing Contract)

순가중개계약이란, 리스팅된 가격과 실제 판매된 가격의 차이만큼 중개보수료의 지불 또는 기타 보상을 약속하는 중개계약 방식이다. 「공인중개사법」에서 순가중개계약을 금지하는 조항은 없다. 따라서 순가중개계약자체는 불법적인 행위는 물론 아니다. 다만, 순가중개계약이 불법이 되기 위해서는 동 법률 및 시행규칙에서 규정한 소정의 상한을 초과할 경우, 금지위반행위로 상한을 초과한 부분에 대한 중개수수료 약정은 초과하는 범위 내에서 사법상의 효력을 제한하는 이른바 강행법규(효력규정)에 해당하여 무효가 된다(대법원 2007. 12. 20. 선고 2005다32159 전원합의체 판결, 대법원 2002. 9. 4. 선고 2000다54406,54413 판결).

동법 제33조(금지행위)에서 중개업자가 사례·증여 그 밖의 어떠한 명목으로도 제32조에 따른 보수 또는 실비를 초과하여 금품을 받는 행위를 할 수 없도록 금지하고 있다. 이러한 금지규정(또는 단속법규)은 단속규정으로 금지행위 위반 시, 동법 제36조(자격의 정지)에 의하여 소속공인중개사는 6개월 범위내로 자격이 정지될 수 있으며, 제38조(등록의 취소)에 의하여 개업공인중개사는 개설등록이 취소될 수 있다. 또한, 제49조(벌칙)에 의하여 1년 이하의 징역 또는 1천만 원 이하의 벌금에 처하도록 규정하고 있다.

4. 권리금 계약 및 철골구조물의 중개

영업용 부동산의 권리금 계약에 대한 중개에 대한 엄격한 법원의 판단이 있으므로 공인중개사는 실무의 실행에 있어서 주의를 기울여야 한다. 또한, 철골구조물은 토지의 정착물이 아니므로 철골 구조물의 중개는 공인중개사의 업의 범위를 벗어나서 「공인중개사법」을 위반하게 된다.

1) 권리금 계약의 위법성

권리금이란 임대차 목적물인 상가건물에서 영업을 하는 자 또는 영업을 하려는 자가 영업시설·비품, 거래처, 신용, 영업상의 노하우, 상가건물의 위치에 따른 영업상의 이점 등 유형·무형의 재산적 가치의 양도 또는 이용 대가로서 임대인, 임차인에게 보증금과 차임 이외에 지급하는 금전 등의 대가를 말한다. 또한, 권리금 계약이란 신규임차인이 되려는 자가 임차인에게 권리금을 지급하기로 하는 계약을 말한다(「상가건물 임대차보호법」 제10조의3).

공인중개사가 취급하고 중개보수료를 받을 수 있는 중개대상물의 범위는 토지, 건축물 그 밖의 토지의 정착물 및 대통령령으로 정하는 재산권 및 물권인 입목과 공장재단 및 광업재단에 국한하고 있다(「공인중개사법」제3조). 동법상 엄격한 의미에서 권리금 계약의 중개는 공인중개사의 업무 범위가 아니다.

「행정사법」 제2조 제1항의 2호에서 행정사는 타인의 위임을 받아 권리·의무나 사실 증명에 관한 서류의 작성을 업으로 할 수 있다. 이와 더불어, 행정사가 아닌 사람은 다른 법률에 따라 허용되는 경우를 제외하고는 행정사법 제2조의 업무를 업으로 하지 못하도록 제한되어 있다(「행정사법」 제3조). 이러한 업무 특성으로 인하여 권리금 계약은 행정사의 업무 권한으로 귀속되어 있다.

법원은 영업용 건물의 영업시설 비품 등 유형물이나, 거래처, 신용, 영업상의 노하우 또는 점포 위치에 따른 영업상의 이점 등 무형의 재산적 가치가 구 부동산중개업법에 규정된 중개대상물에 해당되지 않는다는 판결을 주문하였다. 따라서 공인중개사가 권리금 계약을 중개하고 중개보수료를 받는 것은 불법으로 판단하였다(대법원 2006. 9. 22. 선고 2005도6054 판결).

2) 철골구조물 중개의 위법성

「공인중개사법」에서 정의하고 있는 '건축물 그 밖의 토지의 정착물'은 공인중개사의 업무영역으로 「민법」 제99조에서 정의하고 있는 '토지 및 그 정착물'인 부동산에 한정된다(대법원 2009.1.15., 선고 2008도9427). 「민법」상 정착물이란 토지에 부착하여 그 부착된 상태대로 계속적으로 사용되는 사회통념상 그 성질이 되는 물건을 의미한다(법제처 법률용어사례집).

세차장구조물은 콘크리트 지반 위에 볼트조립방식 등을 사용하여 철제 파이프 또는 철골의 기둥을 세우고 그 상부에 철골 트러스트 또는 샌드위치 판넬 지붕을 덮었으며, 기둥과 기둥 사이에 차량이 드나드는 쪽을 제외한 나머지 2면 또는 3면에 천막이나 유리 등으로 된 구조물로서 주(主)벽이라고 할 만한 것이 없고, 볼트만 해체하면 쉽게 토지로부터 분리·철거가 가능하므로 이를 토지의 정착물이라 볼 수는 없다고 할 것이다. 따라서 철골 구조물을 중개한 공인중개사는 공인중개사법을 위반하였다는 판시가 있다(대법원 2009.1.15., 선고 2008도9427).

건축법상 건축물이란 토지에 정착(定着)하는 공작물 중 지붕과 기둥 또는 주벽이 있는 것과 이에 딸린 시설물, 지하나 고가(高架)의 공작물에 설치하는 사무소·공연장·점포·차고·창고, 그 밖에 대통령령으로 정하는 것을 말한다(건축법 제2조).

5. 중개수수료 초과 금품 및 실비수수의 위법성

공인중개사가 중개행위 외의 업무로 규정된 한도를 초과한 수수료, 실비 등 금품을 수수하는 행위는 중개보수료의 초과수수가 아니며 따라서 이 행위는 위법은 아니다(대법원 2004. 11. 12. 선고 2004도5271 판결, 대법원 1999. 7. 23. 선고 98도1914 판결).

6. 공인중개사의 고의 또는 과실에 인한 손해배상

공인중개사는 개업공인중개사는 중개를 의뢰받은 경우에는 중개가 완성되기 전에 각 호의 사항을 확인하여 이를 해당 중개대상물에 관한 권리를 취득하고자 하는 중개의뢰인에게 성실·정확하게 설명하고, 토지대장 등본 또는 부동산종합증명서, 등기사항증명서 등 설명의 근거자료를 제시하여야 한다(「공인중개사법」 제25조). 또한, 공인중개사는 거래당사자에게 재산상의 손해를 발생하게 한때는 그 손해를 배상할 책임이 있다(「공인중개사법」 제30조). 따라서 위반건축물을 중개한 경우는 동법률을 위반하게 되고 손해배상의 청구대상이 된다(대법원 2007. 11. 15. 선고 2007다44156 판결).

질문

1. 부동산중개사의 주요 역할은 무엇인가?
2. 부동산중개 프로세스에서의 주요 단계는 무엇인가?
3. 디지털 시대에 부동산중개사가 활용하는 기술은 무엇인가?
4. 부동산중개사와 고객 간의 관계에서 중요한 커뮤니케이션 전략은 무엇인가?
5. 부동산중개 프로세스에는 어떤 것이 있는가
6. 부동산중개사들의 업무에는 어떤 것들이 있는가?
7. 부동산중개사의 역사는 어떻게 되나?

제14장 부동산 자산관리

제1절 자산관리 개념

1. 자산관리 중요성 등장

자산관리는 대상 부동산이 가지고 있는 기능에 따라 유·무형의 이익을 도모하는 경제적 행위로 물리적, 기능적, 경제적 결함을 시정하거나 건물이 지닌 기능을 최대한 발휘하도록 이용효율을 높이는 행위이다. 즉, 자산관리란 부동산의 성격이 지속되는 범위 내에서 경제적인 효용을 얻기 위해 하는 모든 활동을 의미한다.

IMF 금융위기를 지나면서 국내 부동산 자산시장의 변화가 나타났다. 투자관리 및 자산관리에 대한 Know-how를 가지고 있는 외국계 투자회사가 국내 부동산을 매입하였고, 부동산 간접 투자가 활성화되었다. IMF의 금융위기 시점을 기준으로 부동산 투자의 목적이 Capital Gain에서 Income Gain으로 변하기 시작하면서 주거용 부동산이 아닌 비주거용 부동산의 투자가 늘어났다. 부동산의 취득, 운영, 처분의 3단계에서 운영의 중요성을 인식하기 시작하였다. 내용의 핵심은 자산관리이고 운영에 따른 현금흐름이 Capital Gain보다 더 중요하게 인식되고 있다. IMF 금융위기를 거치면서 국내에서 활동하기 시작한 외국계 부동산 회사들은 우량 임차인 관리로 건물 가치 상승을 기획하였고, 지속적인 운영수익의 실현으로 매각 시점에는 탁월한 Capital Gain을 얻을 수 있었다. 국내 기업에서 자산관리 운영을 하는 주체들은 이러한 모습을 간접적으로 보면서 변화의 필요성을 알고 방향을 잡기 시작하였다. 부동산 자산관리의 목적은 부동산의 사용자가 최유효 이용할 수 있도록 하고, 소유자에게는 Income Gain(운영소득)과 Capital Gain(자산소득)을 극대화되도록 하는 데 있다.

국내의 대기업 자산관리회사는 대부분 그룹사의 사옥, 공장, 리조트 등의 부동산에 대한 시설관리가 주목적이었고, 자산에 대한 관리 개념은 거의 없었다. 그러다가 IMF 금융위기를 지나면서 가치의 상승을 목적으로 한 자산관리에 대한 업무가 확대되었다.

2. 자산관리의 위치

우리나라 부동산 자산의 규모는 약 1.2경 원으로 전체 비금융자산의 76.1%를 차지하고 있다(2019, 한국은행). 부동산 서비스 산업은 공급, 중개, 평가, 관리 등 다양한 서비스 제공을 통해 외연을 확장하면서 국민 편익에 기여하고 있다. 2013년 종사자 41만 명, 연 매출이 50조 원의 규모던 것이, 2018년 종사자 52만 명, 연 매출 130조 원 증가하였다.[1] 현재의 부동산 서비스 산업은 부동산 서비스를 포괄하는 의미이지만, 부동산서비스산업 진흥 기본계획에 의하면 전통적 부동산업(중개, 감평), 부동산금융업, 부동산정보제공업으로 한정되어 있지만, 한국표준산업분류를 부동산 관리업이 서비스 산업에 포함되어 있다.

〈표 14-1〉 부동산업 분류[2]

부동산업	부동산 임대 및 공급업	부동산 임대업	주거용 건물 임대업
			비주거용 건물 임대업
			기타 부동산 임대업
		부동산 개발 및 공급업	주거용 건물 개발 및 공급업
			비주거용 건물 개발 및 공급업
			기타 부동산 개발 및 공급업
	부동산 관련 서비스업	부동산 관리업	주거용 부동산 관리업
			비주거용 부동산 관리업

1 제1차 부동산서비스산업 진흥 기본계획(2012~2025)

2 자료 통계청 2022년, 한국표준산업분류

		부동산 중개 및 감정평가업	부동산 중개 및 대리업
			부동산 투자 자문업
			부동산 감정 평가업

〈표 14-2〉 **국가직무능력표준(NCS) 부동산 분류체계**

소분류	세분류
부동산 컨설팅	부동산 개발
	부동산 분양
	부동산 경·공매
부동산 관리	주택관리
	상업용 건물관리
	부동산 자산관리
부동산 중개	부동산 중개
	부동산 정보제공
감정평가	부동산 동산 감정평가
	기업가치 평가
	감정평가 가격정보 제공

2021년 용도별 면적을 살펴보면, 주거용(46.4%), 상업용(22.1%), 공업용(10.7%), 문교·사회용(9%), 기타(11.8%) 순으로 나타났다. 주거용 건축물을 용도별로 구분하여 보면 아파트(63.3%), 단독주택(17.6%), 다가구주택(9.1%), 다세대주택 (6.9%), 연립주택(2.3%)이다. 상업용 건축물을 용도별로 구분하여 보면 제2종 근린생활시설(31.5%), 제1종 근린생활시설(26.6%), 업무시설(18.8%), 판매시설(7.3%), 숙박시설(6.0%) 순이다.[3]

부동산업은 표준산업분류에 의하면 주거용·비주거용 및 기타 부동산에 대한 부동산 임대업, 주거용·비주거용 및 기타 부동산의 개발 및 공급업, 주거용·비주거용 부동산 관리업, 부동산 중개·자문·감정평가업으로 구분한다.

주거용 건물 임대업은 주거용 건물 전체 또는 일부를 임대하는 산업활동을 말한다. 주로 1개월을 초과하는 기간으로 임대 기간을 약정하며, 가구 등 집기류를 포함

3 국토부 보도자료, 2022.03.08

하여 임대할 수 있다. 주택 임대, 노인 전용주택 임대, 아파트 임대, 이동 주택 임대, 다세대주택 임대, 원룸 임대 등이 있다.

비주거용 건물 임대업은 사무, 상업 및 기타 비거주용 건물(점포, 사무실 포함)을 임대하는 산업활동을 말한다. 사무실 임대, 쇼핑센터 임대, 상점 임대, 시장 건물 임대, 오피스텔 임대(비주거용), 상업용 건물 임대, 공업용 건물 임대, 극장 임대 등이 있다.

기타 부동산 임대는 농업용 토지, 광물 채굴을 위한 토지 및 기타 부동산을 임대하는 산업활동을 말한다. 부동산과 관련한 권리를 임대하는 산업활동을 포함한다. 토지 임대, 이동 주택 용지 임대, 공장부지 임대, 농지 임대, 공터 임대 등이 있다.

부동산 개발 및 공급업은 직접적인 건설 활동을 수행하지 않고 건물 건설공사를 일괄 도급하여 개발한 농장·택지·공업용지 등의 토지와 건물 등을 분양·판매하는 산업활동을 말한다. 매입한 부동산을 임대 또는 운영하지 않고 재판매하는 것도 포함한다.

건물 위탁 개발 분양
부동산 매매
아파트 위탁 개발 분양
주택 위탁 개발 분양
사무용 건물 위탁 개발 분양

기타 부동산 개발업은 택지, 농지 및 농장, 공업용지 등 각종 용도의 토지 및 기타 부동산을 위탁 또는 자영 개발하여 분양.판매하는 산업활동을 말한다. 매입한 토지를 재판매하는 것도 포함한다.

농지개발 분양·판매
용지개발 분양·판매
토지개발 분양·판매
광산용지 개발·판매

부동산 관리업은 수수료 또는 계약 체결에 따라 타인의 부동산 시설을 유지 및 관리하는 산업활동을 말한다. 부동산 관리에는 집세 수납, 경비 및 청소 활동이 부수적으로 수반될 수 있으나 개별 가구 또는 사업장의 내부 시설에 대해서는 직접적인 관리 서비스를 하지 않는다. 건물 청소 및 소독 활동, 사업시설 관리는 별도의 사업시설관리 및 서비스업으로 분류하였다.

주거용 부동산 관리(유지, 개·보수 등)
비주거용 부동산 관리(유지, 개·보수 등)

부동산 중개 및 대리업은 수수료 또는 계약에 따라 건물, 토지 및 관련 구조물 등을 포함한 모든 형태의 부동산을 구매 또는 판매하는데 관련된 부동산 중개 또는 대리 서비스를 제공하는 산업활동을 말한다.

토지 판매 중개 서비스
부동산 판매 대리업
건물 거래 중개업
부동산 임대 중개업
토지 임대 중개업
부동산 소유권 조사 서비스

부동산 투자 자문업은 수수료 또는 계약에 따라 건물, 토지 및 관련 구조물 등을 포함한 모든 종류의 부동산을 구매 또는 판매하는데 관련된 부동산 투자 자문 서비스를 제공하는 산업활동을 말한다. 부동산 중개 및 대리와 관련된 자문 서비스는 제외한다.

부동산 구매 자문 서비스업
부동산 판매 자문 서비스업

부동산 감정평가업은 수수료 또는 계약에 따라 부동산 임대, 부동산 판매 등에 따른 부동산 감정 평가 업무를 수행하는 산업활동을 말한다.

부동산 감정 평가 사무소
부동산 감정 평가법인

제2절 자산관리 구분

1. 부동산 관리의 개념

부동산 관리에 관한 개념을 살펴보면, 다운스(James S. Downs Jr)는 전문적인 부동산 관리(Professional Real Estate Management)를 "부동산 소유자의 목적에 따라 대상 부동산을 관리상의 운용, 유지하는 것"이라고 했으며 아브라함(S.V.Abraham)은 부동산의 관리를 "타인의 부동산을 맡아 관리, 유지하고 임료의 수납 (Collection of Rents)등을 하는 것"이라 규정하며, 알렌(R.D.Allen)과 올페(T.E.Wolfe)는 부동산 관리란 "이용 가능한 기간에 가장 많은 소득을 올릴 수 있는 부동산 운용 측면에서의 총체적 관리(supervising every aspect of the property's operation)이며, 임대인, 임차인 관계, 빌딩 유지와 개수, 인사 및 고용원, 회계 및 광고관리를 포함한다."[4] 정의 하고 있다. 부동산 자산관리는 부동산의 물리적인 기능에 대한 시설 유지 및 관리하는 것만 아니라 경제적, 환경적 요인에 중점을 두어 부동산을 관리하는 것이다. 자산관리의 목적은 지속적인 Operating Gain의 창출을 통하여 Capital Gain을 도모하는 방향으로 변하고 있다.[5] 부동산의 자산관리의 업무는 운영비용 관리, 임차인 관리, 설비·유지 관리, 공실 관리로 구분할 수 있으며, 이러한 관리가 우수한 부동산일수록 임대료를 높게 받을 수 있어 자산 가치가 상승하게 된다.

그림 14-1 자산관리 목적

4 James C. Downs Jr. CPM, Principle of Real Estate Management(Chicago: IREM, 1987), p.7.
5 유원상·이창석·전용수, "부동산관리기획의 이론적 고찰" 대한부동산학회지 2008, p.112.

실무에서는 계획적 시설점검과 합리적인 업무 관리를 통하여 건물의 시설과 소모품에 대한 비용 및 불필요하게 낭비되는 부분을 줄일 수 있다. 이러한 절감 효과는 임차인들이 부담하는 관리비를 낮출 수 있다. 임차인의 만족도를 높이기 위해 건물에 대한 쾌적성, 편리성을 추구하여야 하지만, 관리비 비용에 대한 절감도 임차인 만족도에 직접적인 영향을 주는 요인 중의 하나이다. 건물의 기능 및 설비는 사전 점검 및 예방의 대상으로 이루어진 업무이다. 문제가 발생하였을 때는 건물 사용자의 불편과 예상치 못하였던 비용의 증가로 연결된다. 정기적인 설비점검 및 건물의 기능에 대한 예방점검은 Check List로 기록을 남기어 건물 관리자가 변경되어도 History를 알 수 있도록 하여야 한다. 공실은 자산 가치에 직접적으로 부정적인 영향을 주는 것이다. 자산의 가치를 꾸준히 상승시킬 수 있기 위해서 자산관리 업무를 3가지 측면에서 검토한다.

2. 자산관리 분류

1) 기술적 측면

기술적 측면의 관리는 일반적으로 건축물의 기능적 요소에 대한 관리이다. 건축물은 주거용과 비주거용으로 구분한다. 주거용은 단독 또는 집합 건축물로 세분하고, 비주거용은 상업용, 업무용, 숙박용, 레져용, 기관으로 나눈다. 간혹 한 건축물에 판매와 업무, 주거 등이 복합적으로 이용되기도 하므로 건축물 사용의 효율을 높이기 위한 물리적 요인에 대한 기술적 관리는 중요하다. 내용으로는 승강기의 관리와 운영, 냉·난방 공조시스템, 유비쿼터스 설비, 전력 설비, 주차 시스템, 급수·배수 설비, 소방 설비, 통신 설비 등이다.

2) 경제적 측면

경제적 측면에서의 관리는 재무적인 관리이다. 보유하는 기간의 Operating Income을 극대화하면서 유지 할 수 있다면, 이는 처분 시점의 Capital gain을 도모할 수 있다. 따라서 보유하는 기간의 경제적 가치를 높이는 실질적 업무는 임차인 관리이다. 공실에 대한 가능성을 줄이고, 양질의 임차인을 확보하는 것이 경제적 관리의 내용이다. 임대관리, 재무·회계 관리, 수지관리, 인력관리 등이다.

3) 법률적 측면

건물관리는「건축법」을 기본으로 전기사업법, 소방법, 위생관리법, 도시가스사업법 등의 관련된 법이 있다. 일정 규모 이상 또는 용도에 따라 관련 법에 따라 별도의 지침이 정해져 있다. 공신력이 없는 우리나라의 부동산 등기 제도에 따라 권리관계에 대한 이해와 임대차계약 및 용역업체와의 관리계약 등에 대한 법률적 관리한다.

임대차 계약관리, 공법상 규제사항에 대한 대응관리, 사업상 권리의 보존관리 등이다.

그림 14-2 관리 분류

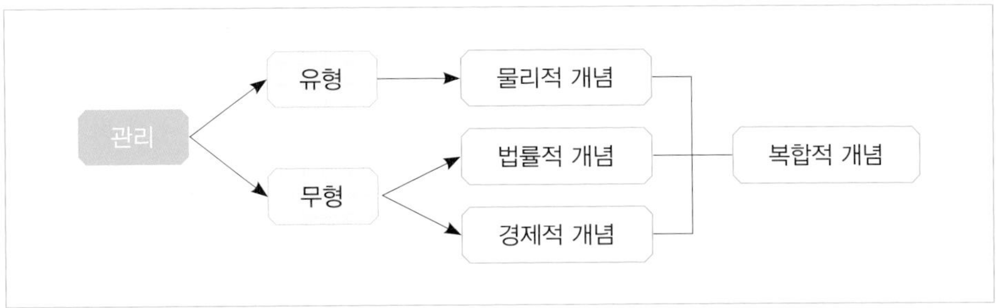

제3절 자산관리 업무

부동산의 사용, 수익, 처분의 3단계 과정에서 합리적·경제적·효율적·효과적으로 관리하기 위해서는 자산관리를 업무에 따라 3영역 Asset Management(AM), Property Management(PM), Facility Management(FM)로 구분한다. 3영역을 유기적으로 엮어 진행되는 통합 관리를 Portfolio Management(PM)[6]라 한다. 자산관리 업무는 부동산

6 부동산 관리를 Portfolio Management, Asset Management, Property Management의 3가지 영역으로 설명하기도 한다. John B. Corgel Halbert C. Smith, David C. Ling, Real Estate Perspectives: An Introduction to Real Estate, 3rd. 1998, p.226.

을 취득하고 일정 기간이 경과 되면 시장환경이 변하면서 수익성에 따른 자산 가치의 변동 가능성이 있다. 이에 대처하기 위해 위험관리, 재평가, 자산의 수익성 회복관리, 자산구성의 재조합 등이 필요하다. 최근에 노후화된 주택이나 공장, 창고 등을 점포로 전환하는 Renovation을 통해 새로운 가치를 창출한 부동산을 쉽게 볼 수 있다. 보유 또는 취득한 부동산의 자산 가치를 상승시키기 위해서 전략의 수립이 필요하다. 전략의 수립은 ① 장기적인 Value-up ② 개량·재건축·리모델링·용도 전환 등의 Renovation에 대한 의사결정 ③ 최적의 보유기간 ④ 금융설계 ⑤ 관리의 전문성이라는 방향으로 이루어진다.

〈표 14-3〉 자산관리 형태

Portfolio Management	부동산	Asset Management	부동산의 매입(매각)을 위한 자금 조달, 타당성 조사, 자산 평가분석으로 부동산의 취득, 운영, 처분의 의사결정을 하기 위한 전체적인 기획 업무
		Property Management	부동산의 운영관리에 필요한 예산을 수립하고, 임차인 관리 등을 효율적으로 하기 위한 전략 및 실행계획을 수립하고 진행
		Facility Management	부동산의 실체적인 관리로 시설, 주차, 보안, 미화 등의 업무를 진행
	비부동산	주식, 채권, 현금, 기타 등	

그림 14-3 자산관리 분류와 내용

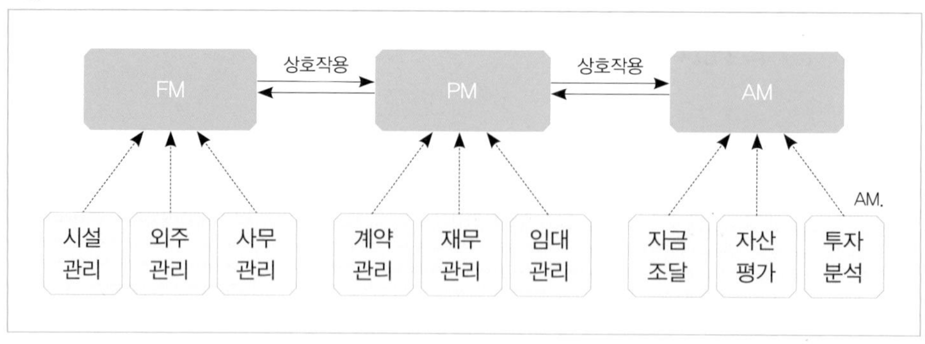

FM, PM, AM은 유기적으로 상호작용을 하면서 관리 업무가 진행된다.

1. FM

대상 부동산의 건물과 시설, 설비에 대한 유지, 보수, 관리가 업무의 핵심이다. 건물 사용자에게 안전하고 쾌적한 공간을 제공하는 업무를 담당한다. 건축, 기계, 설비, 전기, 장비, 보수, 위험, 안전, 청소, 보안 등으로 구분할 수 있다. 임차인과 가장 많은 접촉을 하면서 서비스를 직접적으로 제공하는 역할이다. 임차인들과 빈번하게 대면하여 이루어지는 업무이므로 시설 이용에 대한 만족이 높게 형성되도록 노력하여야 한다. 사전 점검, 유지, 보수를 통하여 시설에 대한 우발적인 비용이 발생하지 않도록 하며, 관리비 집행에 따른 관리비 부과업무를 행한다. 건물관리의 일정부분은 외주의 용역을 통해서 이루어지고 있으므로 용역업체와 우호적인 관계를 유지하여 비상시에 문제해결을 적극적으로 할 수 있도록 한다.

〈표 14-4〉 FM의 내용

Facility Maintenance & Operation	공조, 급수, 엘리베이터, 전기, 소방 관리 등
Cleaning Service	정기 소독, 건물 내외부 청소, 쓰레기 관리, 화장실 소모품 관리 등
Security, Car-parking Service	보안 및 경비 인력 관리, 주차장 관리 등
Tenant Service & Management	공용 공간 관리, 안내관리, 기타 입주사 편의 서비스 관리
Energy Solution	공조설비, 조명 등의 비용 관리

2. PM

높은 수준의 건물관리 상태를 꾸준히 유지하고 쾌적한 환경을 제공하여 건물의 가치를 극대화하는 것은 관리 업무의 목적이므로 이를 달성하기 위한 전략을 수립하는 것이 관리자의 역할이다. PM은 FM 업무와 중복되지 않는 범위에서 운영하는 부동산의 수익을 극대화하는 것이다. 부동산의 보유과정에서 발생하므로, 주로 재무관리와 임대관리 등 임차인들에 관한 것이 업무의 핵심이다. 건물의 물리적인 측면에서 이루어지는 관리가 FM이라고 하면, 사용자에 대한 관리가 PM이다. FM과 PM이 별도의 업무로 이루어지기도 하지만 대부분 상호작용을 통해서 업무 진행이 된다.

1) 임대관리(LM, Leasing Management)

임대관리는 대상부동산을 취득하게 되면서 처분단계로 맺음을 하기 전까지 보유기간에 이루어지는 자산관리의 핵심이다. 자산의 경제적 가치의 상승은 임차인이 지급하는 임대료를 기본으로 이루어진다. 「제618조(임대차의 의의) 임대차는 당사자 일방이 상대방에게 목적물을 사용, 수익하게 할 것을 약정하고 상대방이 이에 대하여 차임을 지급할 것을 약정함으로써 그 효력이 생긴다.」 따라서 임대관리는 차임에 대한 경제적 측면과 약정에 대한 법률적 측면으로 구분하게 되므로 관리자는 이러한 경제적·법률적 지식을 갖추어야 한다. 공실은 임대관리의 위험 요소이다. 따라서 관리자는 임대부동산에 대한 분석, 임대관리 계획 수립, 임대 영업전략 수립, 협상 기준 설정, 임대차계약서 내용 정리, 임대차계약 체결 등이 실무에서 매뉴얼로 준비되어 있어야 한다.

2) 재무관리

부동산 소유자를 대신하여 부동산에 대한 경영관리 측면에서 예산 수립, 수지 분석, 회계 및 세무 관리, 보험관리 등에 대한 계획과 실행을 한다.

3. AM

대상 부동산에 대한 가치 극대화를 추구하는 관리에 대한 전체적인 기획 및 전략을 수립하여 소유자의 의사결정을 적극적으로 돕는 역할을 한다. 취득, 운영, 처분의 3단계에 따라 AM의 역할이 구분될 수 있다. 취득과정에서는 대상 부동산의 시장분석. 타당성 분석, 환경 분석, 자금 계획 등의 자료를 통해 적정성에 대한 평가를 한다. 매입 타이밍을 정하고, 임장활동을 한다. 운영과정에서는 Cash Flow 관리, 임대전략, 재무관리, 행정·법률 관리 등의 총괄적 업무를 통해 소유자의 의사결정을 지원한다. 처분과정에서는 시장수익률을 분석하고 매각 가격을 결정하고, 잠재 매수자를 발굴하여 협상하고 매각에 대한 전략을 수립한다.

제4절 자산관리 방식

관리 주체에 따라 직접 관리하는 자가(직영)관리와 타인에게 위탁하는 위탁(외주)관리, 그리고 자가관리와 위탁관리를 병용하여 관리하는 혼합(기타)관리의 3가지로 나눈다.

1. 자가(직영)관리

건물소유자가 직접 관리하는 방식으로 직영 관리라고도 한다. 이 방식은 소유자가 직접 관리함으로써 최소한의 관리비만을 지출함으로 비용을 절감할 수 있으나, 관리의 전문성이 떨어지고, 비효율적으로 건물관리가 진행될 가능성이 있다. 관리에 대한 의사결정이 신속하게 이루어지는 장점은 있으나, 불필요한 관리 인원으로 합리적이지 못한 인건비 등이 발생할 수 있다.

2. 위탁(외주)관리

전문 관리인 또는 전문 업체에 용역계약을 통하여 건물을 관리하는 방식이다. 소방시설, 냉·난방설비, 전기설비, 각종 기계설비 유지 관리 등 복잡한 설비를 관리하기 위해 각 분야에 걸친 전문지식과 기술 없이는 현실적으로 관리가 어렵다. 특정 용도의 건물에 대한 관리 Know-how가 점점 더 고도화되고, 간접 투자로 인한 소유자와 관리자의 분리가 위탁관리의 필요성을 증대하였다.

3. 혼합(기타)관리

자가(직영)관리와 위탁(외주)관리를 혼용하여 업무별로 역할을 분담하는 방식이다. 대부분 경제적, 법률적 관리는 직접 관리하고 청소, 전기, 소방, 경비, 주차관리 등의 업무는 전문적인 위탁 관리회사에 위임하는 경우이다. 전문성 보완을 통해 효율적인 운용이 가능하다는 장점이 있지만, 문제 발생 시 책임소재가 불분명하여 단점만 부각 될 가능성이 있다. 최근에는 임대관리와 시설관리 모두 위탁관리를 하는 방식이 많이 이용되고 있다. 전문 관리 업체의 이용은 합리적이고 편리하며 시간과 비용이 절감되는 장점이 있는 반면에 관리업체가 영리만을 추구할 경우, 계약기간에 관리가 부실해질 가능성이 있다.

제5절 자산관리 제도

1. 국내

1) 관련 법

「집합건물의 소유 및 관리에 관한 법률」이 1984년 제정되면서 제도에 대한 기본 틀이 갖추어졌으나, 이 법률은 1동의 건물이 구조상 여러 개의 독립된 건물로 사용될 수 있을 때와 여러 개의 건물 부분으로 이용상 구분되는 경우에만 적용되는 법률로 소유자가 10인 이상에만 적용되는 법률이다. 「주택법」은 쾌적하고 살기 좋은 주거환경 조성에 필요한 주택의 건설·공급 및 주택시장의 관리 등에 관한 사항을 정함으로써 국민의 주거 안정과 주거수준의 향상에 이바지함을 목적으로 2003년 「주택건설촉진법」에서 전부 개정된 법률이다. 「주택법」은 주택에 관한 건설과 공급, 관리, 자금 조달의 내용을 모두 포함하고 있어, 공동주택 관리를 체계적·효율적으로 지원하기에는 한계가 있다. 공동주택을 투명하고 안전하며 효율적으로 관리할 수 목적으로 「공동주택관리법」이 2016년에 제정되었다. 공동주택 관리의 중요성은 과거 어느 때보다도 커지고 있으나, 동 주택 내 각종 시설에 대한 체계적인 관리도 미흡하여 공동주택을 오랫동안 안전하게 사용할 수 있는 기반 마련이 어려운 것이 사실이다. 이제는 공동주택 관리를 보다 전문적이고도 체계적으로 지원할 필요성이 제기되고 있다. 법률은 공동주택 및 집합건물의 FM와 PM에 집중될 수밖에 없는 한계가 있다.

2) 주택관리제도

의무관리대상 공동주택"이란 해당 공동주택을 전문적으로 관리하는 자를 두고 자치 의결기구를 의무적으로 구성하여야 하는 등 일정한 의무가 부과되는 공동주택으로서, 다음 어느 하나에 해당하는 공동주택을 말한다. 의무관리대상 공동주택을 관리하는 자는 주택관리사를 해당 공동주택의 관리사무소장(이하 "관리사무소장"이라 한다)으로 배치하여야 한다.[7]

① 300세대 이상의 공동주택

② 150세대 이상으로서 승강기가 설치된 공동주택

③ 150세대 이상으로서 중앙집중식 난방방식(지역난방방식을 포함한다)의 공동주택

3) 시설물안전관리특별법의 의한 안전 점검 의무

① 각종 시설물과 16층 이상 또는 연면적 3만m^2 이상의 건축물

② 안전관리가 필요한 소규모 시설로 대통령령으로 정한 바에 따라 지정·고시된 시설물

4) 주택관리업 등록기준

〈표 14-5〉 주택관리업 등록기준

구분		등록기준
자본금		2억 원 이상
기술 인력	전기분야기술자	전기산업기사 이상의 기술자 1인 이상
	연료 사용기기 관련 기술자	에너지관리산업기사 이상의 기술자 또는 에너지관리기능사 1인이상
	고압가스 관련 기술자	가스기능사 이상의 기술자 1인 이상
	위험물취급관련 기술자	위험물기능사 이상의 기술자 1인 이상
주택관리사		주택관리사 1명 이상
장비		5마력 이상의 양수기 1대 이상 절연저항계 1대 이상

7 공동주택관리법 제2조

5) 관련 자격시험

(1) 공인 주택관리사 시험

〈표 14-6〉 주택관리사 시험

구분	과목	비고
1차	1. 민법총칙 2. 회계원리 3. 공동주택시설개론 (건축구조, 건축 시설개론 등)	과목별 40문항 객관식
2차	1. 주택관리법규 (주택법, 건축법, 소방기본법, 시설물의 안전관리에 관한 특별법, 민법 등) 2. 공동주택관리실무(시설관리, 환경관리, 회계관리, 인사관리, 방재관리, 리모델링 등)	과목별 40문항 객관식, 주관식

(2) 민간자격시험의 종류

〈표 14-7〉 민간자격증 종류

명칭	CPM	빌딩 경영사	빌딩경영 관리사	부동산 자산관리사	부동산 자산관리사
자격관리주체	한국 IREM	한국빌딩 경영관리협회	한국 사업교육원	매일경제	한국경제
시험과목	윤리시험 재무관리 위험관리 마케팅 임대 관리계획서 등	빌딩경영론 경영학 회계학 빌딩관련법규 빌딩관리일반	빌딩관리개론 빌딩행정이론위험관리론 경영관리실무	자산관리개론 자산관리 (주거용 토지 상가 빌딩) 세무관리 경매관리	빌딩자산관리 법무세무관리 임대차관리 투자분석 자산관리계획
취득절차	공인중개사 협회의 CPM 교육수료 및 시험 합격, 부동산 관리경력 3년 이상 시 자격취득	객관식 시험	객관식 시험	객관식 시험	객관식 시험

2. 해외 부동산 관리제도

1) 미국[8]

〈표 14-8〉 미국의 자산관리 자격증

단체	설립일	관리부동산	자격증
IREM (Institute of Real Management)	1933	상업용 산업용 주거용	CPM (Certified Property Management) ARM (Accredited Resident Manager) AMO (Accredited Management Organization)
BOM (Building Owner and Management Association)	1970	상업용 (오피스)	RPA (Real Property Administrator) SMA (System Maintenance Administrator) FMA (Facilities Management Administrator)
ICSC (International Council of Shopping Centers)	1957	쇼핑센터	CSM (Certified Shopping Center Manager)
NARPM (National Association of Residential Property Managers)	1988	임대주택 (단독주택)	PPM (Professional Property Manager) MPM (Master roperty Manager) CRMC (Certified Residentaial Management Technicians)
NAA (National Apartment Association)	1939	임대 아파트	CAM (Certified Apartment Management) CAMT (Certified Apartment Management Technicians)
NMHC (National Multi Housing Council)	1977	대형 임대 아파트단지	CLP (Certified Leasing Professional) ARAM (Advanced Registered Apartment Manager)

8 Robert C, Kyle and Floyd M. Baird. Property Management, Firth Edition, Dearborn Financial Publishing, Inc., 1995, pp. 14~15.

IFMA (International Facility Management Association	1980	공공기관외 소유부동산	CFM (Certified Facility Manager)
CCIM (Certified Commercial Investment Member)	1954	상업용 주거용 산업용	CCIM (Certified Commercial Investment Member)

2. 일본

〈표 14-9〉 일본의 자산관리사 자격증

명칭	빌딩경영관리사 (국토교통대신 인정자격)	퍼실리티매니저 (특정단체 인정자격)
목적	빌딩관리계획, 수선계획에 필요한 회계·경영에 관한 지식, 임대차 등의 계약에 관한 지식, 설비관리에 관한 지식 등	기업의 시설 및 환경을 경영적 시점에서 종합적으로 기획·활용하는 경영관리활동에 관한 전문지식의 습득에 도움이 됨
시험과목	① 기획·입안 업무 ② 임대영업업무 ③ 관리·운영업무	① FM의 기초지식 ② FM의 업무 ③ FM의 기술
자격취득절차	연면적 1,000m^{2}를 넘는 5층 이상의 임대빌딩의 경영관리업무에 종사하여 이하의 조건을 충족하는 자 ① 임대빌딩경영관리에 관하여 3년 이상의 실무경험 ② 임대빌딩경영관리에 관하여 2년 이상의 실무경험 + 센터의 빌딩경영강좌를 수료한 자 ③ 부동산경영관리에 관하여 5년 이상의 실무경험 + 그 기간 동안에 임대빌딩의 경영관리에 관한 2년 이상의 실무경험이 있는 자 ④ 부동산 경영관리에 관하여 5년 이상의 실무경험이 있고, 센터의 빌딩경영관리강좌를 수료한 자	합격 후 협회등록에 일정의 자격을 충족할 필요 없음 ① 4년제 대학 또는 이에 준하는 자 → 실무 3년 ② 3년제 단기대학 → 실무 4년 ③ 2년제 단기대학 → 실무 4년 ④ 고등학교 등 → 실무 7년 ⑤ 기타 → 실무 10년
비고	(재)일본빌딩경영센터 www.bmi.or.jp	(사)일본퍼실리티메니지먼트추진협회 www.fis.jfma.or.jp

제6절 자산관리실무

1. 자산관리업

자산관리업이란 부동산 취득, 처분, 양도의 일련의 과정에 있어 대상 부동산의 사용과 소유에 있어 경제적 효용을 증대하는 일련의 모든 과정을 제공하는 서비스업이다. 국내의 자산관리업은 초기 단계로 사업에 대한 시장 구조가 취약하다. 외국의 부동산투자회사와 협력관계로 소수의 PM과 FM이 활동하고 있다. 초고령화 사회, 비대면 사회, 1인 가구 사회, AI 사회 등으로 발전해가면서 건물자산관리업은 점점 세분화·전문화되어 갈 것이다.

〈표 14-10〉 자산관리 사업체 분류

<table>
<tr><th colspan="2">구분</th><th>내용</th><th>비고</th></tr>
<tr><td rowspan="3"></td><td>Facility Management</td><td>① 전기시설관리업
② 위생관리용역업
③ 청소관리업
④ 소방관리업
⑤ 경비업
⑥ 승강기관리업
등</td><td rowspan="3">① 업계 경쟁이 심화
(저가의 관리계약)
② 전문인력의 부족
(비용상승요인)
③ 최저임금 선호
④ 전문성 부족
⑤ 관리시스템의 폐쇄성
⑥ 외국계 회사가 대형빌딩 독점
⑦ 건물주의 관심 부족
⑧ 관리 감독의 책임 불분명
⑨ 직업윤리 의식 결여
⑩ 컨설팅·관리업에 대한 인식 부족
등</td></tr>
<tr><td>Property Management</td><td>① 임대대행업
② 회계관리업
③ 사무관리업
④ 계약관리업
등</td></tr>
<tr><td>Asset Management</td><td>① 투자자문업
② 자산관리업
③ 매각대행업
등</td></tr>
</table>

2. 자산관리 계획 수립

자산관리는 부동산 자산을 소유하는 목적에 따라 취득, 운영, 처분의 단계별로 계획을 세워 종합적 판단을 할 수 있어야 한다. 자산관리 계획을 작성하는 것은 부동산 소유유 활동을 통해 소유자를 위한 이익 창출, 부동산의 가치 상승, 효율적 관리를 통한 자산 증식에 그 목적이 있다 할 수 있다.

1) 취득

목적에 적합한 다수의 부동산을 물색하여, 시장분석, 가치분석, 환경분석, 금융분석 등을 통해 매입전략을 수립한다. 보유·운영하는 기간의 Cash Flow에 대한 가치평가를 통해 재매도가격을 검토한다.

2) 보유

대상 부동산의 임대방안, 금융시장의 동향, 시설 및 유지보수 계획 등을 수립한다.

3) 처분

대상 부동산의 최적 매각 시기를 위한 가치평가를 한다. 지역 부동산 시장의 임대 및 매매 동향을 분석하여 매각전략을 수립한다.

〈표 14-11〉 자산관리계획 내용

분류	구분	내용
형태에 따른 분류	토지	법률적 관리계획 경제적 관리계획 행정·기술적 관리계획
	건물	부동산 분석계획 (주거용, 사무용, 매장용, 공업용, 특수목적용) 법률적 관리계획 경제적 관리계획 행정·기술적 관리계획

주체에 따른 분류	기업	시설관리계획 가치증진계획 금융관리계획
	개인	은퇴 전 자산관리계획 은퇴 후 자산관리계획

질문

1. 부동산 자산관리의 목적은 무엇인가?
2. 자산관리 서비스 사업에 대한 전망은 있는가?

참고문헌

1. 전병식·서정윤, 부동산자산관리의 이해, 경제서적, 2021.
2. 정용식, 부동산 자산관리론, 부연사, 2019.
3. 유원상·이창석·전용수, "부동산관리기획의 이론적 고찰" 대한부동산학회지, 2008 p.112.
4. James C. Downs Jr. CPM, Principle of Real Estate Management,(Chicago: IREM, 1987), p.7.
5. John B. Corgel Halbert C. Smith, David C. Ling, Real Estate Perspectives: An Introduction to Real Estate, 3rd. 1998, p.226.
6. Robert C, Kyle and Floyd M. Baird. Property Management, Firth Edition, Dearborn Financial Publishing, Inc., 1995, pp.14~15.
7. 국토교통부(www.molit.go.kr)
8. 국토연구원(www.krihs.re.kr)
9. 통계청(www.kostat.go.kr)

제15장 부동산 컨설팅

컨설팅을 한마디로 정의하기는 어렵다. 사전적 의미는 "조언" 행위로 정의되지만, 실제 비즈니스 관계에서는 단순한 조언에 그치지 않는다. 어떤 문제에 해결 방안이나 의사결정을 할 수 있도록 최적의 안을 제시하기 때문이다. 최근에 전문적인 지식 서비스업으로 컨설팅 업에 사람들의 관심이 높다.

컨설팅은 특정된 어떤 상황에 대해서 의뢰인이 최선의 의사결정을 하도록 도움을 주는 과정(Precess)으로 정의할 수 있다. 이러한 의뢰인의 의사결정은 단계별로 또는 단계 없이 진행될 수도 있다. 의뢰인이 컨설팅을 의뢰하는 것은 해당 분야 또는 각 단계에 적합한 전문가라는 판단에 기인한다.

미국부동산상담자협회(American Society of Real Estate Counselors)는 "부동산 컨설팅이란 의사 결정자에게 전문가가 부동산에 관한 여러 문제에 대한 조언과 지도 및 자문을 제공하는 것"이라 한다.[1] 미국부동산평가협회(Appraisal Institute)는 "부동산의 가치를 추계하는 일 외의 것으로 부동산 분야의 다양한 문제에 대하여 정보, 자료 분석, 추천안이나 결론을 제공하는 행위나 과정"이라 정의하고 있다.[2]

부동산 중개와 부동산 컨설팅은 서로 다른 업무이다. 중개는 다른 사람의 의뢰에 의하여 일정한 보수를 받고 중개대상물에 대하여 거래당사자 간의 매매·교환·임대차 그 밖의 권리의 득실 변경에 관한 행위를 알선하는 것이다. 중개는 반드시 의뢰인과 중개대상물 그리고 알선하기 위한 대상자가 있어야 한다. 하지만 컨설팅은 컨설

1 James H. Boykin, Real Estate Counseling, ASREC(N.J.:Prentice Hall, Inc, Englewood Cliffs, 1984), p.1.

2 Appraisal Institute, The Appraisal of Real Estate, 10th ed. (Chicago:Appraisal Institute, 1992), p.609.

팅을 의뢰한 의뢰인만 있는 상태에서 업무가 이루어진다. 대상물인 부동산이 중개에서는 반드시 있어야 하지만 컨설팅에서는 있을 수도 있고 없을 수도 있다.

컨설팅은 부동산의 결정 분야인 부동산 투자, 부동산 개발, 부동산 금융에 대한 의사결정을 하기 전에 조언하는 업무이다. 최적의 조언을 위해서 부동산 기획, 부동산 평가, 부동산 가치 분석, 부동산 시장분석, 타당성 분석, 환경 분석, 금융 분석, 관련법 분석, 정책 분석 등에 대한 전문지식과 경험을 갖추어야 한다.

제1절 부동산 컨설팅의 기본이론

부동산 컨설팅은 부동산 관련 의사 결정을 지원하고 최적의 결과를 이루어내는 전문적인 조언을 제공하는 분야이다. 이를 위해 시장 분석, 투자전략, 재무 분석, 자산관리, 이주 지원, 법률 및 규제 이해, 전문 지식 등 다양한 측면을 고려해야 한다.

1. 부동산 컨설팅의 의미

부동산 컨설팅은 다양한 분야와 서비스를 통해 부동산 관련 의사 결정을 돕는 역할을 한다. 부동산 컨설팅의 장점은 전문가를 통하여 시장 동향에 대한 깊은 이해와 정보에 입각한 결정을 내릴 수 있는 풍부한 지식을 제공 받을 수 있으며, 고객이 부동산 관련 의사결정에서 성공률을 높일 수 있도록 고품질의 조언과 전문적인 지원을 제공한다. 부동산 컨설팅 서비스는 부동산 구매 또는 개발에 관심이 있는 고객에게 제공되며, 부동산시장을 탐색하고 최상의 거래를 찾아내는 데 도움을 주는 전문적인 조언도 제공된다.

2. 부동산 컨설팅 업무

부동산 컨설팅(Real Estate Consulting)은 고객이 부동산 시장에서 정확한 결정을 내릴 수 있도록 조언과 서비스를 제공해주는 업무를 의미한다. 부동산 컨설턴트(Real

Estate Consultant)는 이러한 업무를 제공해주는 전문가로, 시장 분석, 부동산 평가, 투자 전략, 부동산 개발, 협상, 그리고 맞춤형 전략을 통해 고객을 지원한다. 컨설턴트의 컨설팅 업무를 살펴보면 다음과 같이 요약할 수 있다.

1) 부동산 실행

부동산 컨설팅은 고객이 투자 또는 부동산 구매에 대한 목표를 설정하도록 돕는다. 이 과정에는 고객의 예산, 재정적 옵션, 그리고 부동산의 목적을 탐구하는 것이 포함될 수 있다. 또한, 부동산 컨설팅의 핵심 역할은 부동산 개발, 투자, 또는 구매와 관련한 실행 가능성에 대하여 고객에게 조언을 제공하는 것이다. 이를 통해 고객이 위험을 최소화하고 수익성을 극대화하는 최적의 재정적 결정을 내릴 수 있도록 전문적이고 연구 기반의 조언을 제공한다.

2) 부동산 개발 상담

부동산 개발에 대한 모든 단계에서 다양한 전문지식을 보유하고 있어야 한다. 이러한 지식으로는 부지 선택, 타당성 조사, 설계 및 시공, 개발 관련 각종 법률 및 규제, 금융 등이 포함된다.

3) 부동산 투자 자문

부동산 재무 분석을 통하여 투자전략의 수립 및 투자를 수행할 수 있도록 돕는다. 이러한 분석으로는 부동산 가치평가, 현금흐름, 투자 수익률, 금융 구조 등에 대한 평가가 포함된다.

4) 부동산 평가 자문

부동산 거래에 참여자인 구매자, 판매자, 투자자 등에게 필수적인 서비스로 대상 부동산에 대한 평가를 제공하고 자문한다. 이러한 평가는 공정한 시장 가치를 결정하는 데 도움을 줄 수 있다.

5) 부동산시장 조사 및 분석

부동산시장, 현재 및 과거 부동산 가격, 투자 기회를 조사하는 데 시간을 할애한다. 이러한 조사에는 가격의 추세, 수요와 공급의 현황, 지역의 발전 가능성 등의 분석과 평가가 포함된다. 이를 통해 고객에게 더 정확한 조언을 제공할 수 있다.

6) 부동산 매매 및 임대

부동산 매매나 임대에 있어서 최상의 거래 조건을 얻을 수 있도록 거래에 대한 전문적인 조언을 제공하거나, 거래를 촉진하기 위하여 중재할 수 있다. 한국에서는 부동산 매매와 임대는 자격이 있는 개업(소속)공인중개사만 가능하다.

7) 부동산 자산 관리

부동산 자산 관리에 대한 조언을 제공한다. 이러한 조언으로는 효과적이고 최적의 수익을 위한 상업용 부동산, 업무용부동산, 투자용 부동산 등의 포트폴리오를 관리하는 것이 포함된다.

8) 타 전문가와의 협력 지원

부동산 컨설턴트는 부동산 전문가들과 협력을 통하여 가격, 판매 조건 또는 업계 동향을 논의하며, 은행가, 투자자, 기타 금융 전문가 및 정부 관료와도 교류한다.

9) 양식 준비 및 검토

부동산 컨설턴트는 구매자와 판매자를 조력하기 위한 재무 양식이나 부동산 문서를 준비할 수 있다. 필요한 서류를 조사하고 고객이 서류를 작성하고 제출하도록 돕는다.

3. 부동산 의사결정의 지원

부동산 컨설팅은 부동산 의사결정을 위하여 다양한 정보와 분석 결과를 제시하여 고객이 목표를 달성하기 위한 효과적인 부동산 전략을 개발하도록 지원하는 것이다. 주요 내용은 다음과 같다.

- **부동산 시장 분석:** 부동산 컨설턴트는 시장 동향, 가격 변동, 수요 및 공급 등을 포함한 지역 부동산시장을 이해하고 있다. 시장분석은 투자 및 개발 결정에

중요한 영향을 준다.

- **부동산 투자 전략:** 부동산 컨설턴트는 고객의 투자 목표와 위험 수준을 고려하여 부동산 투자 전략을 조언한다. 이러한 전략은 어떤 유형의 부동산을 투자할 것인지, 어떤 시기에 투자할 것인지, 투자 포트폴리오를 어떻게 다변화시킬 것인지 등을 다루게 된다.
- **부동산 재무 분석:** 부동산 컨설턴트는 예산안, 수익률, 원금 회수 기간 및 수익성 평가와 같은 것을 포함된 투자의 재무적 측면을 분석한다. 이를 통해 투자가 얼마나 수익성 있는지 확인할 수 있다.
- **부동산 자산 관리:** 부동산 컨설턴트는 자산을 효율적으로 관리하도록 지원한다. 이러한 지원에는 임대 및 유지보수 전략을 수립하고 투자자의 목표를 달성하기 위해 자산을 최적화하는 것이 포함된다.
- **고객의 이주와 확장 지원:** 부동산 컨설턴트는 고객이 다른 지역으로 이주하거나 부동산 포트폴리오를 확장할 때도 도움을 준다. 이렇게 함으로써 부동산 자산을 다양한 위치에서 효과적으로 관리하고 확장하게 된다.
- **부동산 법률 및 규제:** 부동산 컨설턴트는 지역의 부동산 법률 및 각종 규제에 대해 깊은 이해를 하고 있어, 고객이 모든 법적 요구 사항을 준수하도록 지원한다.

제2절 부동산 컨설턴트

부동산 컨설턴트는 다양한 분야에서 활동하며 고객의 요구 사항에 따라 맞춤형 서비스를 제공한다. 부동산 컨설턴트의 업무는 부동산시장의 동향을 파악하고 고객이 부동산 거래와 투자를 최적화하는 데 필요한 전문 지식을 제공하는 데 중점을 두고 있다.

1. 역량

부동산 컨설턴트는 부동산 전문가이다. 전문가로 갖추어야 할 역량은 다음과 같다.

1) 전문지식과 경험

부동산에 대하여 넓은 이해력이 있고, 특정 각 분야에 전문적인 서비스를 제공하는 전문지식, 실무경험, 컨설팅 사례, 체계적·합리적 컨설팅 수행 방법론에 대한 창의적 접근과 활용에 대한 능력이 있어야 한다. 의뢰인에 대한 충분한 이해를 토대로 전문적인 대안으로 실질적인 도움을 줄 수 있도록 노력해야 한다. 부동산에 대한 새로운 지식과 정보를 늘 학습하는 태도가 필요하다. 끊임없는 지적 호기심이 기초가 되어 정확한 분석과 대안을 제안할 능력이 만들어지는 것이다. 그리고 부동산 계약은 디테일에 있다. 따라서 아주 세부적인 사항에 대한 집중력과 판별력이 필요하며, 계약서와 부동산 거래의 세부 내용을 주의 깊게 검토할 수 있는 능력이 있어야 한다.

2) 이해력

전문가의 관점에서 의뢰인이 마주하고 있는 상황에 대한 체계적인 분석을 통하여 문제점을 발견하고 최적의 대안을 제시하는 업무이다. 부동산의 업무는 기획, 개발, 금융, 투자, 평가, 마케팅, 관리 등등 다양하게 분류된다. 따라서 컨설턴트는 “무엇(what)을 의뢰하는 것인지?” “왜(why) 의뢰하는 것인지?” 의뢰인의 요구사항과 상황을 파생되는 문제점과 부동산 분야별로 상호 간의 영향력을 종합적으로 파악하는 능력이 필요하다.

3) 분석력

부동산 컨설턴트는 부동산 투자를 체계적으로 평가하고 시장 동향을 분석하여 고객에게 효과적인 조언을 제공해야 하므로 분석 기술은 필수적이다. 최상의 컨설팅을 위해 필요한 정보를 어디서, 어떻게 확보하는지 대한 방법을 알고 있어 체계적이고 효율적으로 데이터와 각종 정보를 취합하여야 한다. 부동산 활동에 대한 과거의 정형화된 대안이나 주관적인 해석에서 벗어나 새로운 기획을 창출해 내는 창의적 분석

능력이 필요하다.

4) 전달력

분석과 평가가 완료되면 부동산 컨설턴트는 자신의 고객에게 결과물과 함께 자신의 의견을 전달하여야 한다. 이때 동반되는 문서 작성과 프레젠테이션 기술은 매우 중요하다. 대안에 대한 실행은 부동산 활동의 비가역적 특성상 두려움이 의뢰인에게 다가올 가능성이 부분적으로 발생한다. 심리적 거부로 인해 적절한 타임에 의사결정하지 못하여 시기를 놓치는 경우가 발생한다. 이러한 부정적인 의식을 극복하고 적극적인 마음을 의뢰인이 가질 수 있도록 설득하고 이해시킬 수 있는 전달력이 컨설턴트에게 필요하다. 그러므로 다양한 고객 및 협상 대상자와의 효과적으로 의사소통할 수 있는 능력이 필요하며, 제안과 정보의 전달은 명확하여야 한다.

5) 신뢰성

전문가와 비전문가의 만남으로 시작하는 것이 컨설팅의 시작이다. 의뢰인에게 신뢰받지 못하면 컨설팅 수행한 내용에 대한 신뢰가 약하여 컨설팅 성과를 제대로 기대하기 어렵다. 전문가로서 성실과 책임 있는 태도로 의뢰인과의 원활한 소통이 필수적이다. 소통의 방법은 구두, 문서 관계없이 다양한 방식으로 효율적으로 수행하여 컨설턴트에 대한 신뢰성을 높여야 한다. 특히 진솔한 경청 능력이 요구된다. 고객의 요구와 목표를 이해하기 위한 진지한 경청과 적극적인 이해 노력이 필요하다. 이를 기반으로 솔직한 조언을 제공할 줄 알아야 한다.

6) 협상 능력 및 사교성

부동산 계약에 있어서 상대방과 효과적으로 협상하고 고객을 설득하는 능력은 필수적이다. 그리고 다양한 인적 네트워크를 생성하기 위해 적극적인 사교성 기술이 필요하며, 고객을 확보하는 데 도움이 된다.

2. 기본 활동

1) 전문적인 활동

부동산 컨설팅은 전문적인 지식과 경험을 토대로 부동산 결정에 대한 활동을 고민하는 의뢰인의 판단을 도와주고 성공적인 단계로 나갈 수 있도록 한다. 단계별로 해당하는 문제에 대한 적절한 방안을 제시한다.

2) 상업적인 활동

컨설팅은 의뢰인으로부터 상호계약에 따라 서비스를 주고받는 관계이다. 따라서 의뢰인은 대가인 컨설팅 수수료를 지불하고, 컨설턴트는 전문적인 서비스를 제공하는 것이다. 거래하는 부동산의 규모가 클수록 수수료도 크다. 수수료율은 법적으로 규정되어 있지 않다. 컨설팅의 업무 범위를 고려하여 협의하여 결정한다. 의뢰인이 수수료를 비용을 기꺼이 지급하는 이유는 효율성과 경제성에 기인한다.

3) 일시적 활동

부동산 활동 및 결정은 대부분 특정 부동산에 대한 일시적 사건이다. 따라서 부동산 컨설팅 과정은 독립된 사건과 제한된 시간을 갖는다. 자문이라는 것은 업무에 대한 직접적인 역할이 아니다. 일시적 자문이란 내용의 계약관계이므로 컨설턴트가 전문가입장에서 제안한 각종 대안에 대한 취사 여부와 최종적인 결정은 의뢰인이 하는 것이다. 따라서 컨설턴트는 의사결정에 대한 책임이 없다.

제3절 부동산 컨설팅 과정(Process)

컨설팅 모형은 Lewin-Schein의 3단계 모형(1961), Kolb-Frohman의 7단계 모형(1971), Macgerison의 12단계 모형(1986), ILO Milan 5단계 모형(1996), 한국능률협회 6단계 모형(1997) 등이 있다. 이중에 1996년 국제노동기구(ILO)의 5단계 모형을 보면

그림 15-1 컨설팅 5단계

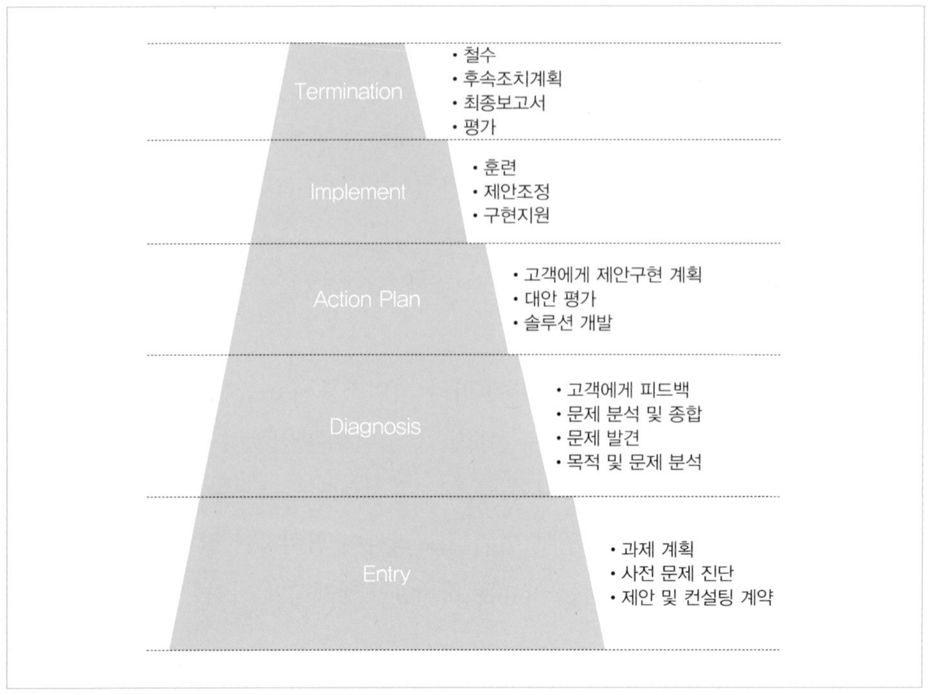

출처: David Tilson, School of Business, Aalto University 2019 발췌 및 재가공

컨설팅은 Entry(착수) Diagnosis(진단) Action Plan(실행계획) Implement(구현) Termination(종결) 5단계로 이루어진다고 정의하였다. 현재의 대부분의 컨설팅 모형은 이러한 5단계로 이루어지고 있다. [그림 15-1]은 일반적인 컨설팅 5단계 절차를 나타내고 있다.

이러한 컨설팅의 기본적 이해를 부동산 컨설팅에 접목할 수 있다. 부동산 컨설팅은 부동산의 각 결정 분야와 상품 및 시장 특성에 따라 유연하게 접목되어야 하지만, 기본적인 흐름은 컨설팅 모형의 착수, 진단, 실행계획, 구현, 종결의 5단계로 부동산 컨설팅도 정리할 수 있다. 실무에서 부동산 투자, 부동산 개발, 부동산 금융의 각 분야의 컨설팅 접근 논리에 차이가 있어 세부 내용에 차이가 있을 수는 있지만 부동산 컨설팅 단계는 차이가 없다.

1. 컨설팅 실무 흐름

1) Entry(착수) 단계

착수단계에서 컨설턴트는 고객과 협력을 시작한다. 이 단계에는 초기 접촉, 고객의 조직에서 달성하거나 변경하려는 목표에 대한 논의, 역할의 명확성, 초기 문제 분석을 기반으로 한 과제 계획 작성, 컨설팅 계약의 협상 및 합의가 포함된다. 이 초기 단계에서는 과제 제안이 고객의 만족을 얻지 못하거나 다수의 컨설턴트가 초청되어 한 명만 과제를 수행하기 위해 선택되는 경우도 있을 수 있다. 이 단계는 준비 및 계획에 중점을 둔다.

(1) 접촉

의뢰인과의 만남을 통해 의뢰인의 부동산 결정에 대하여 직면한 문제에 대해서 상호 간의 격의 없는 대화를 통해 문제의식에 대한 의견접근을 찾는다.

(2) 준비

의뢰인과의 접촉을 통해서 컨설팅을 의뢰인과 컨설팅 대상이 되는 부동산의 확인된 표면적 현상에 대해 자료를 정리하고, 컨설팅의 과업 범위를 작성한 서면 보고서를 의뢰인에게 제출한다. 의뢰인은 서면 보고서를 평가하여 향후 진행될 컨설팅이 적합할 것인지 판단한다. 의뢰인과 컨설턴트는 쌍방의 관심을 확인한다.

(3) 계약

의뢰인과 컨설팅 계약을 추진한다. 계약은 쌍방이 신뢰를 확인하는 과정이다. 컨설팅에 대한 컨설팅의 업무 범위, 시기, 방법, 비용 등을 최종적으로 합의한다.

2) Diagnosis(진단) 단계

진단단계는 문제를 분석하는 단계로, 고객과 협력하여 필요한 임무와 목표를 정의하고 조직 내 태도를 평가한다. 이 단계에서 데이터 수집과 분석이 중요하며, 컨설턴트는 고객의 시스템에 영향을 주게 된다. 컨설턴트와 고객은 가능한 해결책에 대한 방향을 설정하고, 데이터 수집과 분석을 통해 실제 문제를 해결할 해결책을 결정한다. 사실 파악과 진단의 균형을 유지해야 하는 단계이다.

컨설턴트는 다양한 방법으로 컨설팅 대상이 되는 부동산 또는 기타에 대한 분야별 현상자료를 취합한다. 취합된 자료를 분석 및 검토한다. 자료취합 과정은 부동산의 고유 특성상 임장활동과 비임장활동으로 구분할 수 있다. 의뢰인이 처한 현상에 대해서 연결될 수 있는 다양한 연결구조와 해결 방안을 다양하게 조사 분석한다.

3) Action Plan(실행계획) 단계

실행계획 단계는 문제에 대한 해결책을 찾는 것을 목표로 한다. 컨설턴트는 고객의 적극적인 참여가 있는 경우 다양한 기술을 사용할 수 있으며, 실현 가능한 대안을 찾고 채택할 해결책을 결정하는 엄격하고 창의적인 방법이 필요하다. 인적 문제와 변화에 대한 저항을 극복하고 지지를 얻기 위한 전략 및 전술을 개발하는 것이 중요하다.

(1) 원인 규명

의뢰인 및 부동산, 기타 상황에 대한 정확한 진단을 통하여 문제 해결을 위한 원인을 찾는다.

(2) 대안 수립

의뢰인이 요구하는 최종적인 목적을 달성할 방안을 수립하고, 결과물에 미치는 영향을 평가하여 의뢰인이 고려하는 방법을 검토하여 최적인 대안을 취합한다. 의뢰인은 컨설턴트의 제안을 토대로 최종 판단을 한다.

(3) 실행 계획

제안을 중심으로 의뢰인의 최종적인 목적을 이루기 위한 업무 실행계획을 수립한다. 실행계획은 실천적 적용계획이다. 컨설턴트가 수행할 것인지, 의뢰인이 할 것인지에 대해서는 컨설팅 계약단계에서 협의한다.

4) Implement(구현) 단계

구현단계는 컨설턴트와 고객이 공동으로 고안한 제안을 검증한다. 제안된 변경 사항이 현실로 구현되기 시작하며, 예상치 못한 문제나 장애물이 발생할 수 있다. 컨설팅이 진행됨에 따라 실행의 현실은 종종 계획과 다를 수 있으므로 모니터링과 관리가 중요하다. 실행 단계를 선호하는 전문 컨설턴트도 있지만 컨설팅 과제는 종종 보고서 전달 후 종료된다. 구현을 위한 결정은 고객의 능력과 의지에 영향을 미치지 않을 수 있으며 컨설턴트의 역할이 보고서 제출에만 국한된 오해가 있을 수 있다. 고객 또한 종종 보고서만을 원하며 실제로 변화가 아닌 것으로 생각하는 경우가 있다. 따라서 구체적인 구현은 컨설팅에서 매우 중요하다.

계획에 따른 업무 진행에 따른 피드백을 통하여 단계별로 이루어진다. 실행하면서 예상하지 않은 위험과 문제점이 도출될 수 있다. 계속적 진행의 판단, 새로운 대안의 제시하여 최적의 결과물을 도출할 수 있도록 한다.

5) Termination(종결) 단계

종결단계는 컨설턴트와 고객이 수행한 작업 및 성과를 평가하고 최종 보고서를 논의하는 단계이다. 상호 의무를 해결하고, 계속적인 협력을 원한다면 후속 계획 및 미래 연락을 협의한다. 이후 컨설팅 업무나 프로젝트는 상호 합의에 따라 종료되고 컨설턴트는 컨설팅 비용을 받게 된다. 기본적인 5단계에서 종결되지 않고 연장될 경우, Arthur N. Turner가 제시한 8단계 Consulting Hierarchy를 참고하면 된다.[93]

2. 컨설팅 보고서 주요 내용

1) 시장분석

(1) 공간시장 & 자산시장

부동산 활동은 공간과 자산시장의 순환 관계에서 이루어지고 있다. 의뢰인의 컨설팅 요구의 주된 시장을 확인하고, 그에 따른 현재와 미래 시점의 부동산 시장의 변화를 예측 분석한다. 컨설팅 시점과 의뢰인의 목적을 구현하는 시점의 불일치가 발생한다. 따라서 시장의 분석은 시간적 요인, 입지적 요인, 사회적 요인, 정책적 요인 등을 반영하여 현재보다는 미래의 시장을 예측하도록 하여야 한다.

---

93 Arthur N. Turner, Consulting is more than giving advice, Harvard business review (Boston) 60(5), pp.120~129, 1982.

(2) 거시시장 & 미시시장

경제적 요인에 따라 거시적 및 미시적 분석이 이루어져야 한다. 이러한 분석은 투자자의 컨설팅 주된 내용과 컨설팅 대상이 되는 부동산의 특성에 따라 가변적일 수 있다. 거시와 미시가 함께 중요할 수도 있고, 어느 한쪽에 더 중점을 두어 분석을 할 수 있다. 일반적으로 거시적 요인보다 미시적 요인이 더 중요하다. 부동산 투자와 부동산 개발의 성공 여부는 미시적 요인이 큰 영향을 주고 있다.

2) 타당성분석

타당성분석은 부동산에 대한 가격(가치)에 대한 분석 및 평가 과정이다. 부동산 투자 분야는 합리적인 가치를 찾아내는 과정, 부동산 개발 분야는 사업성 및 시장성에 대한 분석과정, 부동산 금융 분야는 조달 비용에 대한 분석 및 검토 과정이다. 각각의 부동산 분야에 대해서 타당성분석은 접근 논리가 비슷하면서도 세부적으로는 차이가 발생할 수 있다. 수익률에 대한 평가를 통해서 기본적인 타당성분석이 가능하지만 숨어있는 허수를 찾아내어 정확한 예측을 수반하여야 하므로 부동산 시장분석이 선행되어 이루어져야 한다.

3) 환경분석

개별성, 고정성, 부증성, 영속성 등에 따라 지역요인이 부동산의 결정 활동에 영향을 준다. 현 상황에 대한 실제 모습을 분석하여야 한다. 대부분의 환경분석은 지역요인이라는 입지적 요인과 인구이동이라는 사회학적 요인에 대한 분석이다. 개발과 인구이동은 선후관계가 정확하지 않다. 개발이 이루어지고 사람의 이동이 있지만, 반대로 사람이 모이고 난 뒤에 개발이 진행되기도 한다. 후자의 경우라면 지역요인이 변화하는 큰 변수이다. 개발의 가능성은 발표된 정책이 아니라면 예측하기가 어렵다. 이미 발표된 정책은 지역요인에 반영이 되어 있을 것이다. 환경분석은 현재의 시점에 대한 분석을 할 수도 있고, 현재에 대한 환경분석을 기초로 미래의 변화 가능성을 반영하여 이루어질 수도 있다. 이러한 환경분석은 타당성분석이 선행되어 이루어져야 한다.

4) 금융분석

시장분석, 타당성분석, 환경분석이 만족스러운 결과로 나오면 부동산 결정 분야에 대한 최종적인 의사결정을 하여야 한다. 이러한 의사결정에 자본조달과 상환이라는 금융설계가 필수적이다. 부동산 금융인 조달 비용과 상환계획은 부동산 투자 및 개발 과정에서 있어서 필수불가분의 관계이다. 물론 금융 조달이라는 과정이 없이 본인의 자금으로 전액 활용을 할 수도 있지만, 그러한 경우는 부동산 투자활동에 있어서 주거용 부동산 또는 소액투자라는 극히 제한적 상황의 경우가 일반적이다. 부동산 개발에 있어서는 대부분이 금융설계가 이루어져야 진행된다. 이러한 조달 비용은 금융기관 또는 담보 순위, 상환계획에 따라 차이가 발생한다.

제4절 컨설팅 분류

부동산 컨설팅을 구분한다면 서비스 내용에 따라 부동산 개발 컨설팅, 부동산 투

〈표 15-1〉 부동산 컨설팅 분류

<table>
<tr><th></th><th>대분류</th><th>컨설팅 분류</th><th>내용</th><th>비고</th></tr>
<tr><td rowspan="12">부동산 컨설팅</td><td rowspan="7">개발 컨설팅</td><td>기획·계획</td><td rowspan="12">시장분석
타당성분석
환경분석
자금분석</td><td rowspan="12">공간/자산
거시/미시
가격/가치
비용/수익
입지/인구
개발/정책
등</td></tr>
<tr><td>부지확보</td></tr>
<tr><td>개발전략 수립</td></tr>
<tr><td>계약서 협상</td></tr>
<tr><td>타당성분석</td></tr>
<tr><td>마케팅 및 분양</td></tr>
<tr><td>개발금융 설계 및 조달</td></tr>
<tr><td rowspan="4">투자 컨설팅</td><td>대상부동산 분석</td></tr>
<tr><td>시장 및 환경분석</td></tr>
<tr><td>매입 및 투자 타당성분석</td></tr>
<tr><td>임대 마케팅 전략</td></tr>
<tr><td colspan="2">금융컨설팅</td></tr>
</table>

자 컨설팅, 부동산 금융 컨설팅으로 3가지 분류로 구분할 수 있다. 이러한 컨설팅은 각각의 세부 업무에 따라 소분류로 나눌 수 있다. 주된 내용은 시장분석, 타당성분석, 환경분석, 자금분석으로 구분한다.

1. 개발컨설팅

부동산 개발은 사업의 특성상 예상되는 위험 요소는 법률위험, 시장위험, 비용위험 크게 3가지로 구분한다. 이러한 위험은 단계별 컨설팅에서 충분히 검토되어 이루어진다.

〈표 15-2〉 개발사업 위험 분류

	구분	내용
개발 사업 위험	법률	각종 인·허가에 대한 법률 규제로 인하여 토지를 이용할 수 없는 위험
	시장	시장의 수요와 공급에 따른 위험
	비용	사업 수익 확보에 대한 위험

1) 기획 컨설팅

부동산 개발의 첫 단계는 아이디어로부터 시작한다. 아이디어가 가능한 것인지 기획해보고 사업 가능성을 타진하여 본다. 대상 토지가 있어 토지 이용에 대한 아이디어를 기획할 수 있고, 아이디어 기획을 먼저하고 적합한 토지를 물색할 수도 있다. 선후관계는 상황에 따라 다르다. 개발 가능한 토지의 제한으로 인하여 대부분은 아이디어 기획이 후 순위로 이루어진다. 개발 컨설팅의 대부분은 토지주가 컨설팅 의뢰인이 되는 경우이다. 따라서 아이디어만 가지고 컨설팅을 의뢰하는 경우는 실무에서 자주 발생하지 않는다. 부동산 상품에 대한 아이디어가 컨설팅의 핵심이 된다. 차별화된 아이디어 설계와 예비 수지 분석이 아이디어 단계에서 중요하다. 위험의 큰 요인으로 사업자가 아이디어에 대한 한계를 정확히 인식하지 못하는 경우이다.

2) 부지 컨설팅

개발사업 토지를 매입하기 전에 개발행위 인·허가 및 건축허가를 받을 수 있는지 법률적, 행정적인 분석과 동시에 사업 타당성에 대한 예비 검토가 이루어져야 한다. 부동산 개발사업은 토지의 잠재력을 찾아 최유효이용 방안을 수립하여 시행하는 것이다. 개발사업의 인·허가를 받을 수 없거나 경제성이 없다는 판단은 토지의 이용이 불가한 것이다. 간혹 개발사업을 포기하는 것이 사업을 지속하는 것보다 유리한 경우가 발생한다. 만약 토지를 매입하거나 계약금을 지급하였는데 개발사업을 포기해야만 한다면 이 비용은 장기간 사용할 수 없는 자본이 되거나 비용으로 사라지기 때문에 손실이 발생하게 된다.

3) 협상 및 계약 컨설팅

개발은 설계, 건축, 신탁, 공사, 금융, 마케팅, 분양 등의 다양한 전문가들이 모여 계약관계로 사업이 단계적으로 이루어진다. 계약은 법률행위이다. 계약서는 당사자가 합의한 내용대로 장래에 이행하기로 약속한 문서이다. 계약은 기본적으로 계약법의 요건에 맞게 작성되어야 효력을 발생하고, 발생 가능성 있는 분쟁의 요소를 제거하는 내용으로 작성되어야 한다. 실무에서는 대부분 법률상의 형식만 갖추었을 뿐, 계약이행에 따라 직면하는 상황별 문제점에 대하여 명확하게 기술되지 않아 신속하게 해결하지 못하는 경우가 많다. 해결이 지연되면서 예상하지 않은 비용 발생, 사업 지연으로 손해가 사업자에게 발생하게 된다. 따라서 어느 일방이 유리한 계약이 되지 않도록 계약서 작성이 필요한 것이다. 계약하는 목적이 차질없이 이루어지도록 분쟁의 소지를 사전에 방지하는 것이다. 따라서 부동산 개발사업의 특성과 프로세스를 이해하여 계약서를 작성하여야 한다.

4) 타당성 컨설팅

부동산 개발사업의 경제적·입지적·법률적 분석이 모두 포함되나 핵심은 경제적 분석이 타당성 컨설팅의 핵심이다. 개발사업의 장래 재무 상태 예측, 현금수지의 분석, 예상 수익률 검토 등에 대한 경제적 타당성이 핵심이다. 개발사업이 외부의 투자 금융에 대한 활용이 가능할 정도의 충분한 수익을 보장하는 여부를 판단하는 것이다.

5) 마케팅 컨설팅

부동산 개발 마케팅은 분양 및 판매의 내용이 핵심이다. 시장분석, 상품분석, 고객분석, 환경분석을 기본영역으로 이루어진다. 시장분석을 통해 방향성과 기회를 도출하고, 상품분석은 전략적 강점과 약점을 파악하고, 고객분석에서는 가망고객을 계약 고객으로 유도하기 위한 핵심 Key를 파악하고, 환경분석을 통해 미래의 가치를 제시한다.

〈표 15-3〉 분양 마케팅 분류

	구분	내용
분양 마케팅	시장분석	방향성과 기회 모색
	상품분석	전략적 강점과 약점 파악
	고객분석	고객 유도 핵심 동기 파악
	환경분석	미래의 가치 제시

위와 같은 분석단계를 통해 확인된 이슈들은 중요도를 고려하여 우선순위를 정하여 효율적으로 활용할 수 있도록 한다. 개발사업을 착공 시점을 기준으로 준비와 공사 단계로 구분하여 분양 마케팅의 재정립, 집중전략 등의 효과적 효율적 방향을 제시한다. 최대한 짧은 시간에 분양이 극대화하도록 모든 체계적인 전략과 실행 방안을 만든다. Segmentation, Targeting, Positioning 3가지 STP 전략은 마케팅 방향을 구체화하는 마케팅 전략의 기본이라 할 수 있다. 개발사업의 Concept를 이러한 전략으로 정리할 수 있어야 하고, Product, Price, Place, Promotion 4가지 4P 전략은 행동 또는 실행에 대한 지침이다. 분양은 이러한 전략으로 일관되고 지속적인 마케팅을 실행하여야 한다.

6) 개발금융 컨설팅

PF(Project Financing)은 부동산 개발 사업에서 이용되고 있는 자금조달 방법이다. 자금조달의 기초를 프로젝트를 추진하는 사업이 진행되면서 장래에 얻어지는 현금흐름을 담보로 자금을 되돌려 받는 금융기법이다. PF는 사업자와 금융기관, 시공회사, 신탁사의 긴밀한 상호협조를 통해서 진행된다. 개발금융 컨설팅은 PF 평가의 풍부한 경험과 금융기관, 자문기관과 신뢰성 있는 협력관계에서 이루어진다. PF 금융은 프로젝트의 타당성분석과 시장의 수요와 공급을 분석 예측하여 적정한 가격수준으로 사업의 경쟁력을 판단한다. 또한 개발 전과 후의 시장 가치 추정, 가치에 적합한 시장 분양가, 예상되는 시장임대료 산정, 개발계획에 따른 비용 추정을 통하여 개발에 따른 현금흐름(Cash Flow)을 추적하며, 이를 통해 프로젝트의 타당성을 분석한다.

PF는 존재하는 현실자산을 담보로 하는 것이 아니라 프로젝트 자체의 수익성을 담보로 이루어지는 것이다. 실무에서의 수익성의 의미는 준공에 대한 부동산의 담보와 분양에 따른 현금흐름이라는 것이 일반적 해석이다. 따라서 PF 위험은 건설위험과 시장위험으로 구분된다. PF 구조는 금융기관마다 심사기준 및 의사결정과정이 다르므로 개발의 사업구조 및 규모에 따라 금융 조달 방법이 다를 수밖에 없다.

2. 투자 컨설팅

부동산의 개별성, 부증성, 영속성, 다양성 등의 특성은 부동산 투자에도 영향을 주고 있다. 이러한 특이점으로 인해 부동산 투자 결정에 컨설팅이 필요성을 다음과 같이 정리할 수 있다.

〈표 15-4〉 부동산 컨설팅 필요성

부동산의 특성	투자 특이점	비고
개별성	투자 참여의 제한	정보의 필요성
부증성	고액의 가격 형성	가치 및 시점 판단
영속성	자본이득 발생	보유와 처분의 의사결정
다양성	이용의 변화 가능	법적 규제 및 활용

의뢰인의 위탁업무에 따라 매입 또는 매각 컨설팅으로 나뉜다. 컨설팅은 물건 조사 또는 설명서 작성, 시장분석, 타당성 분석, 가망 매수(매도인)인 확보, 계약 협상 등이 중심이 된다. 매입과 매도는 서로 반대되는 위치에 있지만, 컨설팅 업무는 거의 유사하다.

투자는 장래의 경제적 보상을 위하여 현재의 소비를 포기하는 행위이다. 경제적 보상은 실현되는 수익이 아니라 불확실한 기대수익이다. 부동산 투자의 수익은 시간에 대한 비용과 불확실성에 대한 비용으로 구분한다. 기대수익은 위험과 불확실성이 높을수록 증가해야 하는 것이 일반적 해석이다. 매도는 보유보다는 처분으로 인한 기대이익이 더 크다고 판단하기 때문에 발생하는 것이다.

1) 위험

위험은 투자에 대한 손실의 가능성으로 미래 시점에 대한 시간적 위험과 수익의 불확실성에 기인한다. 위험이 커서 수익이 높아야 한다고 하지만, 위험이 크기 때문에 손실 가능성도 큰 것이다. 투자로 성공하는 경우가 언제나 소수에게 발생하는 이유이다.

2) 불확실성

투자에 대한 의사결정은 확실성과 불확실성의 구분에서 이루어진다. 불확실한 것은 부동산에 대한 고도의 지식이나 경험이 부족하여 발생하는 것이 원인이다. 부동산 투자는 미래 시점의 경제적 보상을 기대하고 이루어지는 행위이다. 미래에 대한 예측과 판단은 전문가의 영역이다.

3) 수익률

(1) 기대수익률

투자로부터 장래의 예상 수입과 지출을 비교하여 예측하는 수익률이다. 장래라는 것은 불확실할 가능성이 크다는 것이다. 대부분의 기대수익률은 변수 선택에 따라 다양하게 만들어질 수 있다. 기본적으로 시점에 대한 불일치, 지역에 대한 불일치, 경제요인에 대한 불일치 등으로 인하여 수익률의 편차가 나타날 가능성이 있다.

(2) 요구수익률

투자자가 부동산에 투자를 결정하기 위해서 충족시켜야 하는 최소한의 수익률이다. 위험에 대한 감응이 사람마다 다르므로 요구수익률은 투자자마다 다르다. 특정 지역과 상품요인을 반영하여 거래가 가장 많이 발생하는 가격을 시장임대료 또는 시장가격이라고 한다면, 그 시점의 시장에서 거래되는 수익률을 시장수익률이라 할 수 있다. 이러한 시장수익률과 요구수익률의 비교로 거래에 대한 가능성을 추측할 수 있다. 이러한 시장수익률과 요구수익률의 비교는 현재 시점에서 비교가 되는 것이다. 일반적으로 기대수익률과 요구수익률을 비교하여 투자에 대한 의사결정을 한다고 한다. 기대수익률이 요구수익률보다 크면 투자 결정을 하고, 반대의 경우는 투자를 기각하는 것이다. 이러한 기대수익률과 요구수익률의 비교는 미래 시점으로 비교하는 것이다.

(3) 실현수익률

투자가 이루어지고 난 뒤에 현실적으로 실현된 수익률을 실현수익률이라 한다. 실현수익률은 투자가 이루어지고 난 다음에 알 수 있는 것이다. 실현수익률이 기대수익률보다 높을 수도 있고, 낮을 수도 있다. 실현수익률이 기대수익률보다 높다면 투자에 대한 의사결정의 기준이 되는 기대수익률 > 요구수익률이 제대로 된 분석이었음을 알 수 있고, 반대의 경우는 잘못된 분석이었음을 알 수 있다.

〈표 15-5〉 수익률 비교

	기대수익률 > 요구수익률 (투자 채택)	기대수익률 < 요구수익률 (투자 기각)
실현수익률 > 기대수익률	투자 성공	판단 실수
실현수익률 < 기대수익률	판단 실수	적절한 판단

4) 위험회피

투자는 예상되는 결과를 기대하고 이루어지는 행위로 볼 수 있다. 그러나 기대한 결과는 하나도 없고 전혀 다르게 전개되는 것이 일반 투자시장 모습이다. 기대한 결과(수익률)와 실현된 결과(수익률)가 다른 것이 위험의 범위이다. 투자 위험에 대하여 혐오하는 것이 사람들의 행동이고 이를 위험회피라 한다. 사람은 수익이 같다면 덜 위험한 것을 선택하는 것이다. 위험회피의 의미는 위험을 피하려고 주의한다는 것이지, 위험하므로 투자를 전혀 하지 않는 것이 아니다. 위험 회피하는 모습은 아래의 그래프로 설명할 수 있다. 수익의 증가에 대해서 어느 일정 수준에 다다르면 투자에 대한 효용의 증가는 점진적으로 작아지는 것을 알 수 있고, 투자자는 수익보다는 손

그림 5-2 효용과 수익률 관계

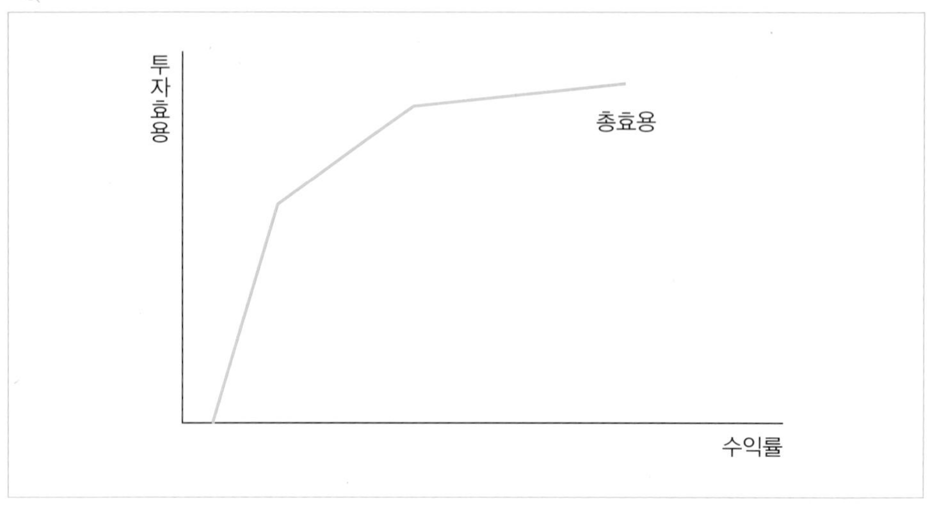

실로 발생하는 위험을 줄인다는 것을 알 수 있다.

5) 위험과 시간

일반적으로 부동산의 위험과 시간에 대한 관계에 대한 일반적 해석은 [그림 5-3]과 같다. 이 그림은 부동산이 상품화되어가는 과정에서 위험이 시간에 따라 하락하

그림 5-3 위험과 시간

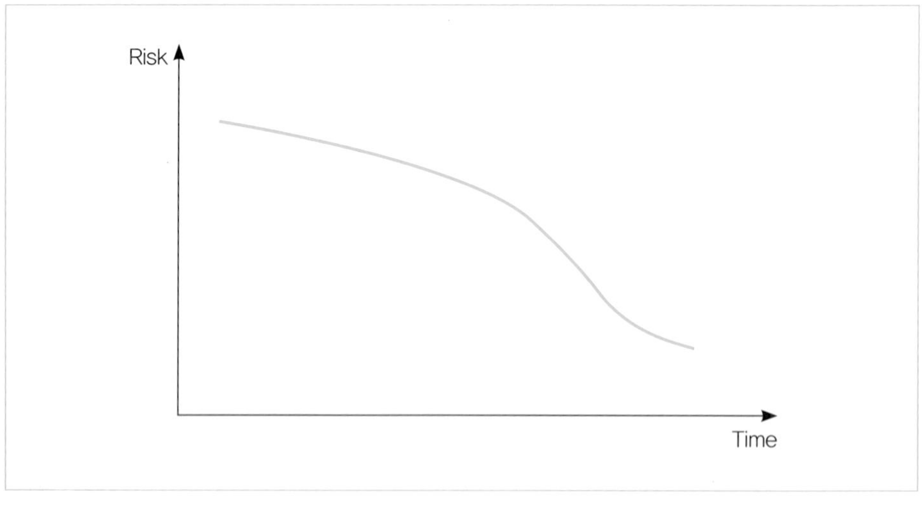

는 모습이다. 상품이 시장에 공급되기 전·후로 일반인들이 느끼는 투자 위험은 다르다. 위험에 따라 기대수익이 높아야 하지만, 공급자로 참여하는 개발사업자들도 위험에 따른 수익을 추구하므로 시장에서는 개발사업자와 투자자 사이에 충돌이 일어나며, 정보 비대칭으로 인해 일반 투자자들은 투자 손실의 위험에 노출되는 것이고, 개발사업자들은 자신들의 사업위험을 일반인들에게 전가하는 것이 일반적 모습이다. 부동산 상품이 완성된 후에는 부동산 상품은 중개 시장에서 거래가 주로 발생한다. 컨설팅 시장이 부동산 상품의 거래에 참여는 법규에 대한 위반의 가능성이 있으므로 컨설팅 시장이 국내에서는 활성화되지 못하고 있다.

6) 투자 금융

투자 금융은 Leverage Effect를 극대화하는 과정으로 진행하는 것이 기본 원칙이지만, 간혹 지나친 Leverage는 자본손실을 가지고 올 가능성이 있으므로 시장변화를 예측하여 검토하여야 한다. 부동산 가격이 상승하는 시기에는 자본이득을 보고자 최대한의 Leverage를 일으켜 단기 투자 수익을 노리고 Cap 투자를 하는 경향이 일반 투자자들의 모습이다. 그러나 매도하기 전에 가격이 하락으로 전환되거나, 금리가 상승하여 Leverage를 감당할 수 없는 경우에는 투자 원금을 잃는 경우가 발생한다. Capital Gain과 Income Gain에 따라 조달하는 Leverage에 대한 접근은 달라야 한다.

7) 의사결정

부동산 투자에 대한 의사결정을 하는 것으로 투자 부동산에 대한 가치를 분석하여 타당성 검토하는 과정이다. 투자 대안에 대한 검토는 예상되는 기대 가치에 대한 현재가치가 현재의 지출액보다 클 때 이루어진다.

〈표 15-6〉 의사결정 방법

	구분	내용	방법
투자 결정 방법	현금흐름할인법	투자 대상에 대한 가치를 측정하는 방법으로 현금 흐름을 근거로 하여 화폐의 현재와 미래가치를 추계하여 적용하는 방법	순현가법
		투자 대상에 대한 가치를 측정하는 방법으로 현금 흐름을 근거로 하여 화폐의 현재와 미래가치를 추계하여 적용하는 방법	내부수익률법
	경험셈법	여러 가지 복잡한 수학적 기초를 토대로 계산하는 것이 복잡하므로 단순하게 실무에서 사용하는 방법	승수법
		여러 가지 복잡한 수학적 기초를 토대로 계산하는 것이 복잡하므로 단순하게 실무에서 사용하는 방법	수익률법
	비율분석법	직접투자와 간접투자로 구분하는 방법	대부비율
			부채감당률
			부채불이행률
			총자산매상률
			영업비율
	기타 결정 기법	레버리지비율, 편익·비용비율, 수익성지수법	

3. 금융컨설팅

그림 15-4 금융컨설팅 흐름

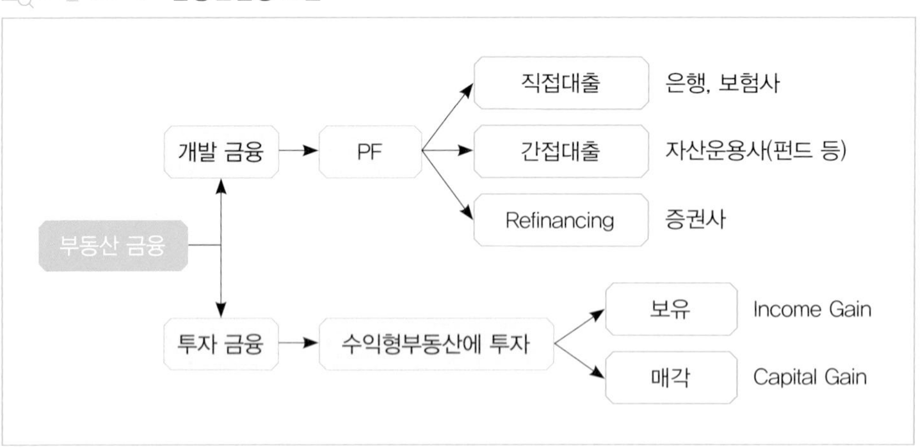

제5절 컨설턴트의 윤리

부동산 시장에서 컨설턴트로 참여하고자 하는 자는 컨설팅 서비스를 통하여 부동산 산업의 발전에 기여하고 있음을 알아야 한다. 올바른 판단으로 의뢰인들의 의사결정에 도움을 줄 수 있어야 하므로 아래와 같은 윤리의식을 가지고 있어야 한다.

1) 의뢰인이 최대한 성과를 가질 수 있도록 성실하게 업무에 참여하여야 한다.
2) 컨설턴트 품위를 지키며, 최고의 전문지식과 경험을 갖추고자 늘 노력하여야 한다.
3) 업무 중에 알게 된 정보를 이용하여 의뢰인 이익을 침해하는 행위를 하지 않는다.
4) 부동산 산업 전반에 긍정적인 영향을 줄 수 있도록 최선을 다한다.

컨설턴트는 전문직업인으로 정직하고 성실한 자세를 기본으로 하여야 한다. 전문가의 언행은 일반인들에게 직접적인 영향을 줄 수가 있다. 부동산은 모든 국민이 각자의 사정에 따라 관심이 집중되고 있는 산업이다. 특정의 이익을 위한 행동은 조심하여야 한다. 전문가와 비전문가의 만남은 신뢰가 기본이다. 이러한 신뢰는 거짓된 보고가 없어야 하며, 법규와 양심에 따라 의뢰인의 이익을 우선으로 판단하여야 한다. 의뢰인의 요구가 본인의 능력 밖의 일이라면 솔직하게 의뢰인에게 양해를 구해야 하고, 업무 범위를 정해야 한다. 자신의 능력과 서비스에 맞는 합당한 컨설팅 수수료를 요구하여야 한다.

제6절 우리나라의 부동산 컨설팅 산업

부동산 컨설팅 사업을 한다고 하면 일반적으로 중개법인의 형태를 가져야 한다. 개업공인중개사와 중개법인의 업무 구분의 핵심은 컨설팅 사업에 대한 접근에 있다. 중개법인은 개업공인중개사가 하는 업무 외에 관리대행, 부동산 개발 상담, 중개업에 대한 경영 컨설팅, 분양 대행, 용역 알선, 경·공매 상담을 할 수 있다. 그러나 이러한 중개법인 외에도 부동산 컨설팅, 부동산 개발, 부동산 분양, 감정평가, 부동산 금융, 부동산 정보, 부동산 관리 등의 업무에 사업자로 등록하여 컨설팅 사업을 하고 있다. 또는 감정평가법인에서 부동산 관련 서비스를 제공하고 있으며, 대부분의 신탁사 및 한국부동산원 (한국감정원)에서도 부동산 컨설팅 사업을 하고 있다. 컨설팅 업무는 거의 모든 부동산 산업에서 업무가 이루어지고 있지만, 아직 컨설팅 시장에 대한 이해와 관련 법규가 부족하다.

부동산 시장의 사회·경제·문화적 연결 관계가 변화하고 있다. 비대면 사회 및 IT의 발전 등은 부동산 컨설팅 시장에 새로운 비즈니스 모델을 가져오고 있다. 이러한 변화과정이 나타나고 있음에도 중개와 컨설팅이 양립할 수 없다는 시대착오적인 편견과 자본이득을 노리는 부동산 개발사업의 전형적인 모습, 의뢰자의 이익이 아니라 컨설턴트나 컨설팅 회사 및 특정 집단의 사적 이익을 위한 왜곡된 부동산 전문가들의 모습들은 컨설팅 시장의 확장과 발전을 더디게 하고 있다.

제7절 부동산 컨설팅의 장단점

부동산 컨설팅의 장점은 전문적인 지식과 맞춤형 조언을 통해 부동산 거래를 최적화하는 데 도움을 주는 것이다. 부동산 컨설턴트가 자신의 전문 지식, 협상 능력, 현지 시장에 대한 지식, 그리고 네트워크를 통해 고객의 부동산 거래를 효율적이고 유리하게 관리하고 책임을 질 수 있으므로 투자자와 구매자에게 다양한 장점을 제공해 준다.

이와 반대로, 부동산 컨설팅의 단점은 추가 비용 발생과 컨설턴트에 대한 의존성이 증대한다는 점이다. 부동산 컨설턴트는 비용, 이해 상충, 비현실적인 기대와 같은 거래 관련 문제와 관련되어 있으며, 부동산 컨설턴트로서의 경력에 대한 공식적인 채용 부족과 시장 변동성과 관련된 문제가 부동산 컨설턴트로서의 경력에 영향을 미칠 수 있다.

1. 장점

1) 전문 지식 및 경험

부동산 컨설턴트는 부동산시장에 대한 지역 동향, 가격 역학, 규제 등의 광범위한 전문 지식을 보유하고 있다. 이러한 전문 지식을 통해 고객은 시장 동향, 지역적 특성, 법률 규제 및 금융 측면에 대한 정보를 얻을 수 있고 부동산 구매, 판매 또는 투자 관련 결정을 내릴 때 귀중한 통찰력을 제공 받을 수 있게 된다.

2) 시간 효율성

부동산 컨설턴트와 협력하면 부동산 거래 관련된 다양한 절차로부터 번거로움이 많이 감소 되어 시간을 절약할 수 있다. 컨설턴트는 부동산 소싱부터 계약 협상까지 거래의 모든 복잡한 측면을 처리해준다.

3) 협상 능력

부동산 컨설턴트는 숙련된 협상가로, 부동산 거래에 가장 유리한 조건과 가격을 협상할 수 있게 된다. 이는 구매자나 판매자에게 이점을 제공하며 결과를 최적화할 수 있다.

4) 전문 네트워크 활용

부동산 컨설턴트는 포괄적인 업계 전문가 네트워크를 보유하고 있으며 검사관, 감정인, 대출 기관 등을 포함한다. 이러한 네트워크는 부동산 프로세스를 원활하게 조정하고 서비스 및 자원의 효율적인 활용이 가능해진다.

5) 고객별 맞춤형 조언

부동산 컨설턴트는 고객의 요구와 목표를 고려하여 개별화된 맞춤형 계획 및 전략을 제공한다. 이를 통하여 고객은 자신에게 최적화된 전략을 세울 수 있게 된다.

6) 전문적인 협상 서비스

부동산 컨설턴트는 부동산 거래에서 숙련된 협상가로서, 최상의 조건으로 협상하고 이점을 창출한다.

7) 지역 시장에 대한 동향

부동산 컨설턴트는 지역 시장에 대해 풍부한 이해를 하고 있어 시장 동향을 실시간을 파악하며, 따라서 고객은 최신 정보를 기반으로 최적의 투자 기회를 식별하고 결정을 내릴 수 있게 된다.

8) 전문가 평가 서비스

부동산 컨설턴트는 부동산 투자를 위한 전문 평가 서비스를 제공하여 부동산 가치를 정확하게 평가할 수 있다.

9) 책임 소재

부동산 컨설턴트는 자신의 서비스에서 발생하는 실수에 대해 책임을 질 의무가 있으므로 고객에게 신뢰와 보안을 제공한다.

2. 단점

1) 비용적 부담

부동산 컨설팅 서비스는 부동산 거래 비용과는 별도로 추가 비용이 들 수 있으며, 특히 고가 부동산 거래와 관련된 경우 상당한 금액의 지출이 요구된다.

2) 이해 상충

부동산 컨설턴트가 거래에서 구매자와 판매자 모두를 대표할 때 잠재적인 이해 상충이 발생할 수 있으며, 이는 보상 방식과 잠재적인 이해 상충에 대한 명확한 이해가 필요하다.

3) 컨설턴트의 신뢰성

모든 부동산 컨설턴트가 신뢰할 만한 전문가가 아닐 수 있다. 고객은 신중하게 검증과 조사를 수행하여 신뢰성 있는 컨설턴트를 선택해야 하며, 컨설턴트가 제공하는 조언의 기대는 현실적인 기대로만 유지하는 것이 중요하다.

4) 시장의 변동 및 불확실성

부동산 시장은 불안정할 수 있으며, 컨설턴트의 조언이 언제나 타당성이 있는 것은 아니다. 시장의 변동성으로 인해 예상과 다른 결과가 발생할 될 수 있다.

제8절 부동산 중개업무와 컨설팅 업무의 차이점

부동산 컨설턴트는 고객에게 조언을 제공하여 부동산 관련 결정, 관리, 투자 등에 대한 지식을 공유하고 부동산 거래에 무관하게 컨설팅 비용을 지불받는다. 특정 자격보다는 경력과 학력 및 컨설팅 관련 학과목의 이수 등이 중요하다.

부동산 중개인은 학력과 무관하게 국가나 기관에서 규율하는 자격을 갖추고 거래당사자(매매, 임대 등) 간의 거래를 중개하고 완료하는 데 도움을 주며, 성공적인 거래의 완성(중개 완료)에 따른 상응하는 중개보수료를 지불받는다. 중개보수료는 부동산 시장에서 요율이 자동으로 조정되거나 국가가 요율을 인위적으로 지정하는 등 국가마다 차이가 있다.

〈표 15-7〉은 부동산 중개인과 컨설턴트의 차이를 나타내고 있다.

〈표 15-7〉 부동산 중개인과 컨설턴트의 차이점

분야	부동산 중개인	부동산 컨설턴트
역할	부동산 중개인은 부동산 거래의 중개 역할을 하며, 구매자와 판매자 간의 거래를 조정하고 원활하게 진행시킨다. 또한 고객이 부동산을 사고팔 수 있도록 도와주며 거래 성공과 관련된 부분에 대한 중개보수료 받고 직접 거래를 완료한다.	부동산 컨설턴트는 고객에게 부동산 투자, 개발, 관리, 전략적 조언을 주로 제공하며 직접적인 부동산거래를 수행하지 않는다. 또한 부동산 관련 정보와 전문 지식을 활용하여 고객의 목표를 돕고 최상의 결정을 내릴 수 있도록 지원한다.
업무	부동산 중개인은 부동산거래의 중개 역할을 주로 하며, 구매자와 판매자 간의 거래를 촉진하고 제한적인 시장 정보를 제공한다. 부동산 중개인은 일반적으로 '주거용 부동산'의 거래(매매, 임대)를 중점으로 하지만, 전문에 따라서 상업용 부동산이나 업무용 부동산 또는 토지 등을 전문적으로 하는 중개인(중개회사)도 있다.	부동산 컨설턴트는 투자, 개발, 부동산 자산 관리, 전략적 계획, 재무 분석 및 부동산 시장 동향 분석과 같은 고급 부동산 분야에서 고객에게 서비스를 제공하며 고객의 비즈니스 성공을 위한 조언을 제공한다. 부동산 컨설팅 회사는 외적으로는 부동산의 거래(매매, 임대)를 업으로 하지 않고 상업용 빌딩, 업무용 빌딩, 개발용 토지 등의 컨설팅을 한다. 그러나, 대부분의 부동산 컨설팅 회사에서는 내부에 부동산중개사(개업 및 소속)가 있어서 컨설팅 이후에 예상되는 거래를 신속하게 진행할 수 있다.
수수료	부동산 중개인은 부동산거래의 결과에 따라 받을 수 있는 중개보수료는 정부의 규율에 따라 일정한 비율로 정해 있다. 거래가 성공한 결과에 대한 금전적 보상이다.	부동산 컨설턴트는 고정 수수료 또는 시간당 수수료를 받으며 정해진 요율은 없다. 부동산 거래나 부동산 실행 결과와 무관하게 금전적 보상이 이루어진다.
객관성	부동산 중개인은 부동산거래의 성사에 따라 중개보수료를 받기 때문에 완벽한 객관성을 유지한다고 보기 어렵다. 특히 한국에서는 매물을 다수의 중개업자에게 내놓기 때문에 매물을 빨리 처리하는 중개업소만 중개보수료를 받을 수 있는 구조이다. 따라서 이러한 환경이 완벽한 객관성을 유지하기 어렵게 만들 수 있다.	부동산 컨설턴트는 다양한 정보를 분석한 결과를 바탕으로 고객의 최상의 이익을 위해 객관적인 조언을 제공하며, 금전적 이익과 직접적인 연결이 없다. 이러한 부분에서 객관성을 유지할 수 있다. 다만, 전문적인 컨설팅 자격증이 없고, 개별 컨설턴트 품질에 대한 분별이 어렵다.
서비스	부동산 중개인은 부동산 거래에 있어서 구매자와 판매자 간의 중재자 임무를 수행하며 주로 부동산 거래(매매 및 임대차)와 관련된 업무를 수행한다.	부동산 컨설턴트는 전략적 계획, 투자 분석, 자산 관리, 개발 프로세스, 재무 분석 및 부동산 시장 분석과 같은 다양한 고급 서비스를 제공하며, 고객의 비즈니스 목표를 지원한다.

학력/학과목	특별한 학력이 요구되지 않는다. 국가에 따라 자격응시를 위한 필수학과목의 이수가 요구된다.	컨설팅 회사에 입사하기 위한 학력과 학과목의 이수가 요구된다. 부동산 중개인 면허와 경력은 장점으로 작용한다.

질문

1. 컨설팅은 무엇이며 주요 목적은 무엇인가?
2. 생산, 유통, 판매의 관점에서 부동산 컨설팅 내용에 차이는 무엇인가?
3. 컨설팅 사업과 중개업을 구분할 수 있는가?
4. 부동산 산업에서 컨설팅 사업의 전망은?
5. 부동산컨설턴트가 되기 위해서 갖추어야 할 능력은 무엇인가?
6. 부동산 컨설팅의 장점은 무엇인가?

참고문헌

1. 주형근 외2인, 컨설팅 실무, 학연사, 2016.
2. 안정근, 현대부동산학, 양현사, 2009.
3. 이창석, 부동산 컨설팅, 형설출판사, 2007.
4. James H. Boykin, Real Estate Counseling, ASREC(N.J.: Prentice Hall, Inc, Englewood Cliffs, 1984), p.1.
5. Appraisal Institute, The Appraisal of Real Estate. 10th ed. (Chicago: Appraisal Institute, 1992), p.609.

제16장 부동산 정보

제1절 부동산 정보

부동산 정보란 부동산 산업과 연관이 있는 부동산시장 동향, 주택가격, 투자 전략, 또는 특정 지역의 부동산에 관한 정보와 통계를 통칭하고 있다. 각 부동산의 특성에 따라 다양한 정보가 수집되고 활용된다. 주거용 부동산의 경우 사람이 주거에 필요한 쾌적성, 환경, 안전성 및 교육시설 등과 같은 정보가 유용하게 된다. 상업용 부동산의 경우에는 도로와 교통 등 접근성과 배후지가 중요하다. 부동산 시장의 동향과 추이, 매매나 임대료에 대한 추세, 생활방식의 변화, 인구의 이동 등 모두 유용한 부동산정보가 된다.

그러나 이러한 유용한 정보도 가공되지 않은 원시데이터 상태로는 해석과 분석이 난해하고 데이터에 무엇이 포함되고 어떤 데이터가 중요한지에 대한 인식이 불가능하게 된다. 이에 따라 데이터의 이해와 정보의 본질을 해석하기 위하여 다양한 ICT 기술이 접목되고 있다.

제2절 부동산과 ICT 기술의 접목

부동산과 연관된 정보는 일상에서도 차고 넘친다. 이러한 정보들은 ICT 기술의 진보와 함께 부동산 산업에 매우 중대한 영향을 주고 있다. 부동산중개업에 있어서 대

다수는 '부동산에이전트가 P2P 또는 소프트웨어로 대체될 것이라고 하지만 신기술의 도입으로 더 많은 매출을 올릴 수 있으며, 성공적인 부동산 플랫폼은 비즈니스를 가속화하고 고객에게 더 나은 서비스를 제공할 수 있는 데이터와 도구를 제공할 것'이라는 주장이 있다.[1] 이러한 배경에는 부동산의 정보와 ICT 신기술의 꾸준한 접목을 바탕으로 하고 있기 때문이다.

부동산 산업의 모든 영역에서 ICT 기술은 변화의 촉진제가 되고 있으며 부동산의 매매와 검색 방법을 지속적으로 향상시키고 있다. 이러한 기능들은 부동산중개사와 고객 간의 거리를 가깝게 만들고, 시간에 무관하게 언제든지 접근할 수 있도록 하여 준다.

다음은 부동산 산업에 접목될 수 있는 혁신적인 ICT 기술을 나타내고 있다.

1) 매물 정보 및 전자 서명과 관련된 기술

- **Data Security**: 데이터 보안을 강화하고 민감한 정보의 누출을 방지하는 기술
- **Data Encryption**: 데이터를 암호화하여 안전하게 전송하고 저장하는 기술
- **Block Chain**: 거래와 데이터 기록을 분산된 블록체인 네트워크에 저장하여 안전하고 불변한 거래 기록을 유지하는 기술
- **Token Ring**: 네트워크 토큰링 프로토콜을 통해 네트워크 효율성을 개선하는 기술

2) 부동산 개발 및 관리와 관련된 기술

- **Construction Management System**: 건설 프로젝트를 관리하고 추적하는 소프트웨어 시스템
- **Building Management System**: 건물 내 시설과 장치를 모니터링하고 제어하는 자동화 시스템
- **Property Management System**: 부동산자산을 관리하는 소프트웨어 시스템
- **Asset Management System**: 부동산 자산 포트폴리오를 최적화하고 관리하는 시스템

1 방진원, 공인중개사의 다차원적 직무환경의 중요도와 만족도에 관한 연구, 한성대학교 대학원 박사학위논문, 2020.

3) PropTech와 관련된 기술

- **5G(5-Generation) 통신 기술**: 초고속 데이터 전송과 연결성을 제공하는 무선 통신 기술
- **Drones**: 무인 항공기를 사용하여 부동산개발 및 관리 현장을 모니터링하고 데이터 수집하는 기술
- **AI and Machine Learning**: 인공지능과 기계학습을 활용하여 부동산 관련 데이터를 분석하고 예측하는 기술
- **Augmented and Virtual Reality**: 증강현실과 가상 현실을 활용하여 부동산 시뮬레이션 및 시각화를 제공하는 기술
- **IoT(Internet of Things)**: 부동산 관리 및 모니터링을 위해 장치나 센서를 네트워크에 연결하는 기술
- **Big Data**: 대규모 데이터 세트를 분석하여 부동산 트랜드와 인사이트(분석과 예측)를 얻는 기술

4) 지적 및 Map View와 관련된 기술

- **GPS**: 글로벌 포지셔닝 시스템을 활용하여 지적 정보 및 위치 기반 서비스를 제공하는 기술
- **Drones**: 무인 항공기로, 고해상도 카메라와 센서를 장착하여 정확한 지적 정보를 수집하는 기술

5) 매물과 관련된 기술

- **Immersive Content Technologies(몰입형 기술)**: 부동산 소개와 시각화를 위해 현실감 있는 콘텐츠를 제공하는 기술
- **VR, AR, MR**: 가상현실, 증강현실 및 혼합된 현실 기술로 부동산 시각화와 체험을 개선하는 기술
- **Digital Twins**: 부동산 물건의 디지털 복제본을 생성하여 실시간 모니터링 및 분석에 활용하는 기술
- **Mobile Apps**: 모바일 애플리케이션을 통해 부동산정보를 제공하고 사용자와

상호작용하는 기술

- Centralized Platform: 중앙 집중식 플랫폼을 통해 부동산정보 및 거래를 관리하고 연결하는 기술
- Analytics and Data Management: 데이터 분석과 관리를 통해 부동산 시장 동향을 파악하고 최적의 결정을 내리는 기술

6) 고객과 관련된 기술

- Direct Digital Engagement: 디지털 채널을 통해 고객과 직접 상호작용하고 서비스를 제공하는 기술
- Customer Engagement: 고객 참여를 촉진하고 맞춤형 서비스를 제공하기 위한 기술
- Hyper-Personalized Messages: 개인 맞춤형 메시지를 사용하여 고객에게 효과적으로 커뮤니케이션하는 기술

제3절 부동산 정보 시스템

1. 부동산 정보 시스템

부동산 정보 시스템이란, 부동산과 연관된 정보를 수집 및 제공하는 시스템이다. 주로 부동산 시장의 동향, 부동산 가격, 건물 정보, 토지 정보, 부동산 거래 기록 등과 관련된 정보를 제공한다. 이러한 정보 시스템은 부동산 업계에서 부동산 거래를 계획하고 관리하는 데 도움을 주는 중요한 도구 중 하나이다. 부동산 정보 시스템은 지역 또는 국가마다 다를 수 있으며, 일반적으로 정부 기관이나 부동산 업계 관련 기관이 운영하거나 관리한다.

부동산정보 시스템은 다양한 목적과 사용자 요구에 따라 다양한 종류로 개발 및 구축될 수 있다. 이러한 시스템은 부동산 거래, 관리, 분석 및 정부 기관에서 다양한 용도로 활용된다.

부동산 정보 시스템(Real Estate Information System)은 부동산 관련 데이터를 수집, 저장, 분석, 공유하고 관리하기 위한 컴퓨터 기반의 정보 시스템이다. 이 시스템은 부동산 업계 및 관련 분야에서 다양한 목적으로 사용된다.

부동산정보시스템은 부동산 업계 및 부동산 관련 분야에서 효율성을 높이고 결정을 지원하는 데 중요한 역할을 한다. 데이터의 정확성, 보안성 및 신속한 접근성은 부동산 거래 및 관리에 있어서 핵심적인 역할을 하며, 시장 동향을 파악하는 데 필수적이다.

2. 주요 부동산 정보 시스템의 종류

부동산 정보 시스템은 사용 목적에 따라 다양한 응용프로그램의 개발이 이루어질 수 있다. 조직 내부에서 직원들만 사용하도록 개발된 정보 시스템과 일반인이 사용 가능하도록 개발된 정보 시스템 등으로 분류가 된다. 다음은 주요 부동산 정보 시스템의 종류 및 사용 목적 등을 나타내고 있다.

1) 부동산 거래 관련 정보 시스템

부동산 중개사 및 부동산 컨설팅 회사에서 주로 사용되며 부동산 거래 정보와 매물 정보를 추적하고 관리한다. 고객에게 부동산 거래 정보를 제공하고 거래 현황을 관리한다.

2) 토지 관련 정보 시스템

지방 정부 및 지적 정보 관리 부서에서 주로 사용되며 지적정보와 토지 소유 정보의 관리에 사용되며 지도 및 지적도를 생성하고 관리한다.

3) 부동산 관리 정보 시스템

부동산 소유자나 관리자에 의해 사용되며 임대 및 임차 계약, 관리비용, 유지보수 등을 추적하고 관리한다. 부동산 자산 포트폴리오를 관리하고 위험을 감시한다.

4) 부동산 평가 및 감정용 정보 시스템

부동산 평가사와 감정사에 의해 사용되며 시장 데이터와 거래 내역을 분석하고 부동산 평가 보고서를 작성한다. 부동산 가치평가 및 감정을 지원한다.

5) 지적정보 시스템

토지 및 부동산의 지적정보를 관리하며 토지 경계, 지형, 지적도 및 측량 정보를 제공한다. 부동산 거래 및 토지 소유에 관한 정확한 정보를 제공한다.

6) 부동산시장 분석용 정보 시스템

부동산중개사 및 부동산 컨설팅 회사에서 주로 사용되며 부동산 시장 동향, 가격 예측, 투자 분석을 통하여 부동산 전문가와 투자자에게 시장 데이터와 통계를 제공한다.

7) 도시 계획 및 개발 프로세스용 정보 시스템

도시 계획 및 개발 관련 담당 부서에서 주로 사용되며 도시 확장 및 개발 프로젝트를 계획하고 관리한다. 지적정보와 부동산 데이터를 활용하여 도시 계획을 수립할 수 있도록 지원한다.

8) 부동산 교육 및 연구용 정보 시스템

부동산 교육 및 연구를 위한 학교 또는 연구기관에서 사용되며 학생 및 연구원에게 부동산 데이터와 분석 도구를 제공한다. 부동산 시장 및 정책 연구를 지원한다.

제 4 절 프롭테크(Prop-tech)

Property(부동산)와 Technology(기술)의 합성어로 부동산 산업과 ICT(Information and Communication Technology)와의 접목한 신개념의 용어이다. 부동산 산업에 VR/

AR에 더 나아가서 MR까지의 접목을 통하여 매물의 검증, 모델하우스나 리모델링, 공사 현장을 체험할 수 있다. 또한, 빅데이터나 인공지능 등을 통하여 매물이나 자산 관리 뿐만 아니라, 비즈니스를 오픈할 수 있는 최적의 장소까지 찾아낼 수 있게 되었다.

미국의 유명 언론매체인 Forbes에서 부동산 산업을 뒤흔들 수 있는 최상의 PropTech 6가지에 대하여 다음과 같이 소개하고 있다.[2] 부동산 산업 종사자 및 부동산 전문가는 위험을 무릅쓰고 앞으로 다가올 개선과 변화를 위하여 PropTech 트랜드라는 물결에 탑승을 해야 할 것이다.

1. 5G(5-Generation) 통신 기술

통신에서 제일 중요한 것은 사용하는 주파수의 대역폭으로 마치 고속도로의 왕복 차선에 비유할 수 있다. 고속도로의 차선이 4차선보다는 8차선, 12차선이 물류 수송 속도와 관련하여 몇 배씩 더 빠르게 된다. 이와 비슷하게 통신에 있어서 주파수 대역폭이 넓을수록 더 많은 데이터를 더욱 빠르게 송수신 할 수 있게 된다.

통신속도에 있어서 일반적으로 3G는 주로 CDMA 또는 WCDMA 기술로 다운로드 속도는 약 2Mbps에서 약 14Mbps까지이며 기본적인 음성통화와 간단한 무선데이터 통신이 가능하게 된다. 4G는 LTE 기술로 다운로드 속도는 약 100Mbps에서 약 1Gbps이상이 되며 일반적인 스마트폰, 노트북 등 무선데이터 통신이 고속으로 가능하게 해 준다. 그러나 5G는 NR(New Radio) 기술로 최대 10Gbps의 속도로 정보를 주고 받을 수 있게 되어 다양한 종류의 응용 소프트웨어를 통한 실시간 서비스가 가능하게 된다. 특히 차세대 자율주행차, 원격의료, 산업용 IoT, 스마트 시티, VR/AR 또는 XR 등의 서비스를 수용할 수 있게 된다.

이와 같이 5G는 정보통신에서 가장 중요한 정보의 고속도로 역할을 하게 되며 변화의 핵심적인 역할을 하게 된다. 각 국가에서는 5G의 성공적인 설치·운영 및 응용 기술 개발에 공을 들이고 있는 이유도 여기에 있다.

5G를 이용하여 더 많은 활용이 가능한 스마트 장치와 고감도의 센서들을 인터넷에 연결할 수 있으며, 더 많은 직원들이 재택근무를 할 수 있게 되어 도시 편중화 된

2 https://www.forbes.com/

기존의 도시개발 형태를 과감하게 탈피할 수 있게 된다. 또한 신기술로 무장한 빌딩과 기존의 빌딩간에 선호도와 가격의 차이가 발생 될 수 밖에 없다. 이와 더불어 본격적인 가상현실 세계로 인도하기 위하여 5G보다 더 넓은 대역폭의 무선통신 주파수가 요구될 수 있다.

2. 드론(Drones)

부동산 산업에서 드론의 이용은 아직 초보 단계에 머물러 있다. 특히 한국의 군사적 긴장 현실과 연결되어 드론의 활용이 쉽지 않기 때문이다. 그럼에도 불구하고 부동산 산업에서 드론의 활용은 점차 증가 추세에 있다. 고해상도 카메라와 센서를 장착하고 건설 현장에서 항공사진 촬영을 실시하여 공사 진도를 실시간으로 확인할 수 있다. 또한 열 감지 센서를 이용하여 건물 전체의 단열과 관련된 업무 진행이 가능하다. 이와 더불어 아파트 단지 내의 유지·관리를 위하여 사용되며, 3차원 지적을 위하여 필수로 사용되는 기술이다. 이와 더불어 도시개발을 위하여 기존에 사용되었던 항공기 등을 빠르게 대체하고 있다. 한국에서는 특히 3차원 지적의 전환을 위하여 필수적인 PropTech 기술이지만 이와 더불어 법적인 보완이 시급하다.

3. 인공지능과 머신러닝(AI and Machine Learning)

부동산 산업에서는 이미 AI를 사용하고 있으며, 머신러닝(기계학습)으로 데이터를 수집하고 활용하고 있다. 특히 부동산 검색 사이트는 매물용 부동산을 표시하기 위해 위치 및 크기와 같은 단순한 기본 설정에 의존하고 있으므로 초기 버전의 이러한 기술이 적합 되고 있다. 그러나 가까운 미래에는 좀 더 진화된 AI를 통해 이러한 사이트가 선호도, 성격 특성 및 가치를 기반으로 부동산을 추천할 수 있게 될 것이다.

또한 검색 사이트의 챗봇은 고객의 질문에 쉽게 빠른 답변을 할 수 있으며 구매자와 함께 전시장에 동행할 수도 있게 되었다. 여러 회사가 부동산중개사들이 태블릿이나 챗봇을 통해 자신의 매물을 상영할 수 있도록 하는 다양한 기술을 개발하고 있으며, 이를 통해 각 부동산중개사는 더 많은 자신의 매물을 상영을 할 수 있다.

AI는 또한 가격 추세를 더욱 정확하게 예측하는 데 도움을 줄 수 있다. 이러한 유형의 기술은 특정 지역의 부동산시장의 추세뿐만 아니라, 범죄, 학교, 인구, 교통 및 시장 활동도 고려할 수 있다. 스타트업은 이미 전체 주택 구입 경험을 디지털화하는 방법을 개발하여 더 이상 읽고 서명할 서류가 필요하지 않게 되어 구매 경험을 더 빠르고 쉽게 만들 수 있도록 도와주고 있다.

4. 가상 현실 및 증강현실(Virtual Reality 및 Augmented Reality)

증강현실 또는 확장 현실(Augmented Reality, AR)은 실제 현실에 가상적 요소를 추가하여 현실을 보강해주는 기술로 주로 헤드셋이나 비디오 등과 같은 사물을 통해서 구현된다는 점에서 가상 현실과는 차이가 있다. 가장 완벽한 가상 현실은 영화 '아바타'와 같이 현실과 다른 가상적 세계로 잠시 연결해 준다. 반면 확장 현실은 실제 환경과 상호 작용하면서 가상 요소를 추가하여 현실을 더욱 풍부하게 만들어 준다. 확장 현실은 다양한 분야에서 사용되고 있으며 비즈니스 분야에서도 제품 디자인, 마케팅, 및 고객 서비스를 개선하는 데에 확장 현실이 적용된다.

미국의 전국부동산중개인협회(National Association of Realtors, NAR)의 조사에 따르면 잠재적인 주택 구입자의 절반 정도가 인터넷에서 부동산을 먼저 검색하는 것으로 나타났다. 증강현실과 가상 현실의 적용은 온라인 검색 및 주택 구입 경험을 더욱 흥미롭고 손쉬운 접근이 가능하게 해 준다. 부동산 중개인은 부동산 매물에 대한 증강현실이나 가상 현실 투어를 만들거나 장거리 구매자가 물리적으로 방문할 수 없는 부동산을 가상으로 둘러볼 수 있도록 하여 잠재 구매자가 편안하게 매물에 대한 방문을 경험할 수 있도록 도와줄 수 있다.

이러한 증강현실이나 가상 현실의 구현은 비용이 많이 드는 홈스테이징을 대체하여 간단하게 매물의 내부에 디지털 방식의 가구와 엑세서리 및 액자 등을 배치하여 온라인을 통한 구매자의 호감도를 높일 수 있다.

5. 사물인터넷(IoT, Internet of Things)

단어 그대로 해석하면 '모든 사물은 인터넷과 연결'이 되는 사물인터넷(IoT)은 '스마트' 장치 및 가전제품으로 클라우드에 연결되어 디지털 방식으로 지속적으로 정보를 주고받는다. 이와 같이 스마트 센서가 포함된 제품들은 소유자나 자산 관리자에게 잠재적인 문제를 알리고 예측 유지 관리도 가능하게 한다. 또한 주택 구매자가 전기, HVAC, 배관에 연결된 스마트 장치를 통해 주택 유지 관리에 대한 포괄적인 기록을 다운로드할 수 있게 되며 부동산의 상태를 검사하기 위하여 부동산 인스펙터에게 비용을 지불하지 않아도 된다.

이러한 기능을 갖춘 부동산이 상호 연결되고 지속적인 정보를 주고받는 부동산으로 이루어진 스마트 시티가 결국 미래의 도시가 될 것이다. 이와 더불어 빅데이터, AI 등 PropTech는 스마트 시티를 우리가 상상할 수 없는 더 높은 수준으로 이끌어줄 것이다.

6. 빅데이터(Big Data)

빅데이터란 클라우드에 연결된 각종 스마트 기기들, 소셜미디어, 스마트폰, IoT 제품 등을 통하여 주고받으면서 발생 된 정형성 및 비정형성을 갖춘 다양한 데이터를 의미한다. 이러한 데이터는 기존 방식으로 처리할 수 없는 경우가 많다. 따라서 데이터를 사용하기 위해 몇 단계의 세밀한 정제작업이 요구된다.

이러한 빅데이터는 특히 부동산 산업이나 의료 분야에서 매우 중요하고 핵심적인 도구로 급격한 부상을 하고 있다. 소비자의 행태에 대한 분석을 통하여 마케팅전략을 세울 수 있고, 대량의 의료기록을 바탕으로 질병과 치료에 대한 예측이 가능하게 된다. 데이터가 많으면 많을수록 그 데이터에 기반한 결정이 더욱 정밀해질 수 있다.

미국에서는 Zillow, Trulia, Redfin과 같은 웹사이트는 빅데이터를 이용하여 부동산 업계에 위치를 굳히고 있다. 이 회사들이 수집하는 빅데이터에는 특정 지역의 매매 동향, 교통, 인구 통계 정보, 소비자 설문 조사 결과 등이 포함되며, 이 데이터를 가공하고 분석한 결과 그 지역의 부동산 가격, 주택의 가치 및 동향 등 다양한 정보를 제공할 수 있다.

공공데이터나 빅데이터를 통한 다양한 분석의 예제는 다음과 같다. 선택된 예제는 공공데이터나 빅데이터의 가공 및 사용의 이해를 돕기 위한 예제로만 기술된 것이며 특정된 주제는 본 저서와는 아무런 관계가 없다. 또한 분석에 사용된 데이터는 이미 공개된 데이터로 일반인이 쉽게 구할 수 있는 오픈된 데이터(open data)이다.

사례 1 빅데이터를 이용한 2021년 12월 현재 주요 커피전문점의 서울매장 분포현황 분석

다음은 한국에서 최고 브랜드 커피전문점 중 하나인 스타벅스 커피전문점과 커피빈 커피전문점의 서울시 매장 분포현황을 분석한 결과이다. [그림 16-1]에서 두 개의 커피전문점의 서울시 구청별 점포 수의 직접 비교가 가능해진다. 이러한 비교표는 각 커피전문점의 점포수의 확장 전략에 중요한 지표가 될 수 있다.

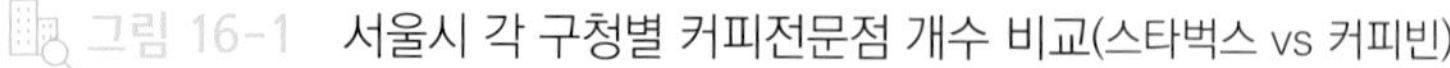
그림 16-1 서울시 각 구청별 커피전문점 개수 비교(스타벅스 vs 커피빈)

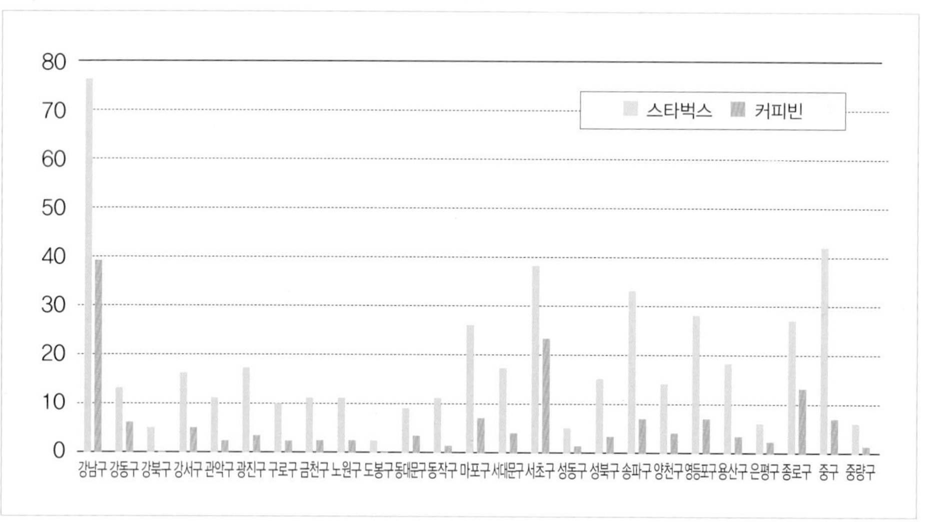

[그림 16-2]는 두 개의 커피전문점의 서울시 매장의 분포를 나타내고 있다. 강남권역(GBD)과 서울 중심권역(CBD)에 매장이 밀집되어 있는 것을 확인할 수 있다.

그림 16-2 서울특별시 전체 스타벅스 vs 커피빈 커피전문점 매장 분포

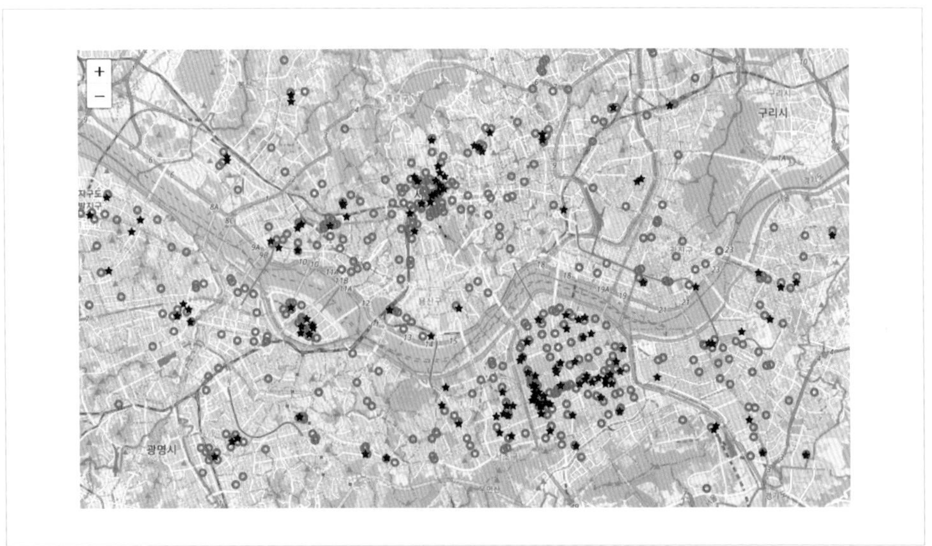

주: 별표=커피빈 커피전문점, 원=스타벅스 커피전문점

[그림 16-3]은 GBD권역 내의 커피 전문점 매장의 위치를 나타내고 있다. 강남에서 매장의 확장에 필요한 지리적 위치 정보를 제공하고 있다.

그림 16-3 서울시 GBD(강남) 권역 내 스타벅스 vs 커피빈 커피전문점 매장 분포

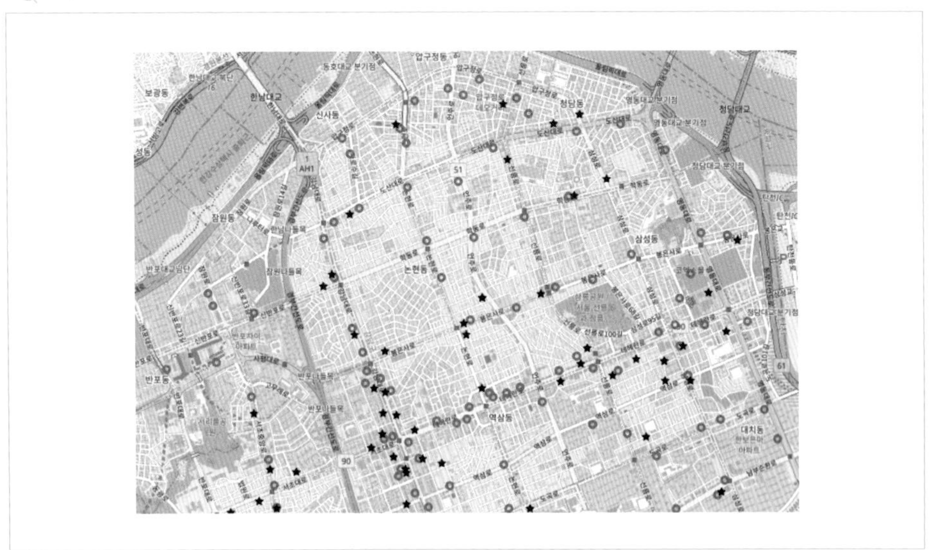

주: 별표=커피빈 커피전문점, 원=스타벅스 커피전문점

[그림 16-4]는 CBD권역 내의 커피 전문점 매장의 위치를 나타내고 있다. 서울 중심에서 매장의 확장에 필요한 지리적 위치 정보를 제공하고 있다.

그림 16-4 서울시 CBD(도심) 권역 내 스타벅스 vs 커피빈 커피전문점 매장 분포

주: 별표=커피빈 커피전문점, 원=스타벅스 커피전문점

위와 같이 공공데이터나 빅데이터를 이용하여 다양한 분석을 할 수 있다.

분석 Data 출처: 대한민국 공식 전자정부 누리집 https://www.data.go.kr
Data 제공: 소상공인시장진흥공단

사례 2 빅데이터를 이용한 대한민국 대통령 취임사 분석

대통령 취임사를 통하여 새로운 정부의 정책 방향 등을 분석함으로써 특히 부동산과 관련된 정책의 변화 등을 감지할 수 있다. 본 예제에서는 간단한 방법만 구현하고 있으며 상세하고 다양한 분석은 독자의 몫으로 남겨둔다.

분석에 사용된 취임사는 현 정부를 포함한 5개 정부의 대통령을 기준으로 하여, 연대별 순서대로 노무현, 이명박, 박근혜, 문재인 및 윤석열 대통령의 취임사를 분석한 결과이다. 취임사에서 중요한 단어(주요 키워드) 중 빈도수가 가장 높은 5개의 단어의 연결도를 나타내고 있다. [그림 16-5]에서 빈도가 높을수록 중요하며 단어의 원이 크게 나타난다.

그림 16-5 대통령의 취임사 Word Network Plot

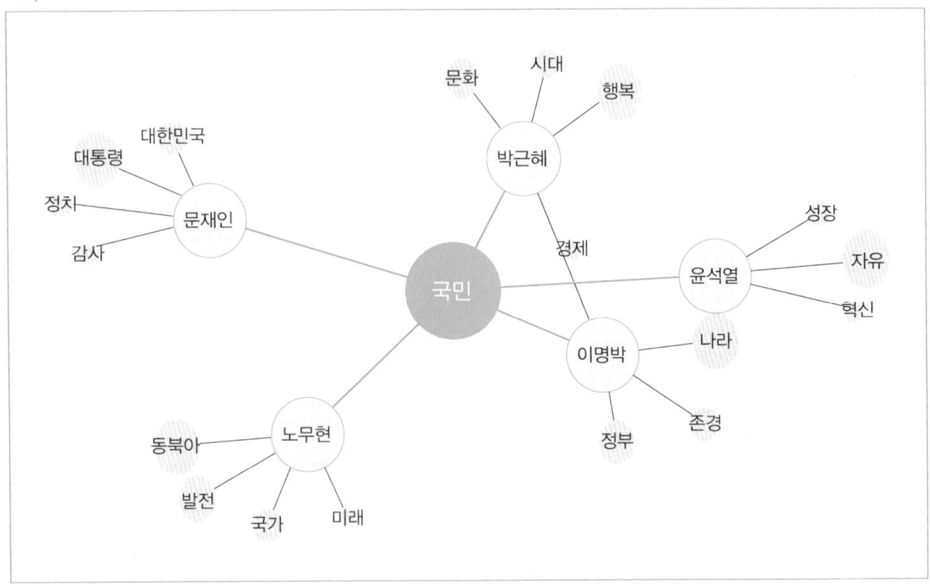

주: 노무현, 이명박, 박근혜, 문재인, 윤석열 대통령의 취임사 키워드 네트워크 구성도

다음은 대한민국 역대 대통령의 취임사로 취임사에서 가장 중요한 단어(주요 키워드)를 30개로 제한한 분석 결과를 나타내고 있다. [그림 16-6]에서 빈도가 높을수록 중요하며 그림 상에는 큰 글씨로 나타난다.

그림 16-6 대한민국 역대 대통령취임사 Word Cloud Plot

주: 대한민국 정부의 역대 대통령 취임사에서 주요 키워드를 30개로 제한한 분석 결과임

분석 Data 출처: 대한민국 행정안전부 대통령기록관 및 인터넷 자료 검색

질문

1. 부동산과 접목이 가능한 주요 ICT 기술들은 무엇이 있는가?
2. 부동산 정보시스템은 어떤 종류들이 있으며 어떤 정보를 제공하나?

3. 부동산 시장에서의 최신 트렌드와 관련된 정보는 어디서 찾을 수 있나?
4. 프롭테크이란 무엇이며 부동산 산업에서 어떤 역할을 하는가?
5. 프롭테크 기술 중에서 현재 주목받는 주요 트렌드는 무엇인가?

제17장 부동산 가격 공시제도

「부동산 가격공시에 관한 법률」(「법」)에 따르면, 부동산가격공시제도는 부동산의 적정가격(適正價格) 공시에 관한 기본적인 사항과 부동산시장·동향의 조사·관리에 필요한 사항을 규정함으로써 부동산의 적정한 가격 형성과 각종 조세·부담금 등의 형평성을 도모하고 국민경제의 발전에 이바지함을 목적으로 하고 있다.

이를 통해 부동산시장에서 거래의 투명성을 보장 및 소비자와 투자자가 더 나은 결정을 내릴 수 있도록 함으로써 조세와 부동산 거래의 공정성을 보장하게 된다.

제1절 가격공시 대상 부동산 종류

부동산 거래 질서를 확립하고 국민경제의 발전을 도모하기 위하여 정부에서는 부동산 가격 공시제도를 시행하고 있다. 가격공시는 국가마다 정도의 차이가 있을 뿐 모든 국가에서 채택하고 있고, 국가재정의 기본이 되는 부동산 관련 세금 계산뿐만 아니라 정부에서 진행하는 부동산 관련 다양한 개발을 위한 중요한 재원의 지표로 활용되고 있다.

국토교통부장관은 표준지, 단독주택의 표준주택 및 공동주택, 비주거 집합건물 중 표준건물과 집합건물에 대한 공시의 주체가 된다. 시·군·구청장은 개별토지, 개별주택, 비주거 일반건물 중 개별부동산의 결정·공시 주체가 된다.

〈표 17-1〉 공시 대상 부동산 종류 및 공시일

부동산 종류		공시종류	공시주체	결정·공시	가격 기준일	이의신청
토지		표준지 공시지가	국토교통부장관	*	1월 1일	결정·공시일로 부터 30일 이내
		개별 공시지가	시군구청장	5월 31일		
주택	단독주택	표준 주택가격	국토교통부장관	*		
		개별 주택가격	시군구청장	4월 30일		
	공동주택	공동 주택가격	국토교통부장관	4월 30일		
비주거용	일반건물	표준 부동산가격	국토교통부장관	*		
		개별 부동산가격	시군구청장	4월 30일		
	집합건물	집합 부동산가격	국토교통부장관	4월 30일		

주: * 결정·공시일이 법률상으로 정하여지지 않았다. 국토교통부에서 매년 결정·공시하는 날이 결정·공시일이 된다. 일반적으로 1월 31일 까지로 보면 된다.

제2절 토지가격 공시제도

1. 표준지 공시지가

표준지공시지가는 토지시장에 지가정보를 제공하고 일반적인 토지거래의 지표가 되며, 국가·지방자치단체 등이 그 업무와 관련하여 지가를 산정하거나 감정평가법인 등이 개별적으로 토지를 감정 평가하는 경우에 기준이 되는 효력을 갖게 된다.

1) 공시기준일

공시 기준일은, 매년 1월 1일로, 국토교통부장관이 표준지공시지가(단위면적당 적정가격, 원/m^2)를 조사하여 평가하고 이를 중앙부동산가격공시위원회의 심의를 거쳐 최종 공시된다[시행령 제3조].

2) 표준지 선정

표준지 선정은, 전국의 개별토지(약 3,100만 필지) 중에서 토지이용 상황이나 주변 환경 및 그 밖의 자연적·사회적 조건이 일반적으로 유사하다고 인정되는 등 지가의 대표성이 있다고 판단되는 50만 토지를 선정하게 된다.

3) 표준지 조사·평가 방법

표준지 조사·평가 방법은, 인근 유사토지의 거래가격·임대료 및 해당 토지와 유사한 이용가치를 지닌다고 인정되는 토지의 조성에 필요한 비용추정액, 인근지역 및 다른 지역과의 형평성·특수성, 표준지공시지가 변동의 예측 가능성 등 제반 사항을 종합적으로 참작하여야 한다.

4) 표준지 조사·평가 실행

표준지 조사·평가 실행은, 업무실적, 신인도(信認度) 등을 고려하여 「감정평가 및 감정평가사에 관한 법률」에 따른 둘 이상의 감정평가법인 등에 의뢰하여야 한다. 다만, 지가 변동이 작은 경우 등 대통령령으로 정하는 기준에 해당하는 표준지에 대해서는 하나의 감정평가법인 등에 의뢰할 수 있다.

표준지 공시지가에 포함되는 공시사항은, 표준지의 지번, 단위면적당 가격, 면적 및 형상, 표준지 및 주변 토지의 이용 상황, 그 밖에 대통령령으로 정하는 사항이 포함되어야 한다.

표준지공시지가에 참작사항은, 국토교통부장관이 표준지공시지가를 조사·평가하는 경우에는 인근 유사토지의 거래가격·임대료 및 해당 토지와 유사한 이용가치를 지닌다고 인정되는 토지의 조성에 필요한 비용추정액, 인근지역 및 다른 지역과의 형평성·특수성, 표준지공시지가 변동의 예측 가능성 등 제반사항을 종합적으로 참작하여야 한다.

5) 이의신청

표준지공시지가에 대한 이의신청은, 공시일로부터 30일 이내에 전자문서를 포함한 서면으로 국토교통부장관에게 신청이 가능하며, 이의신청이 만료된 날로부터 30

일 이내에 심사를 실시하고 그 결과를 신청인에게 서면으로 통지하도록 하고 있다. 다만, 통지와 관련된 날짜는 이 법에서는 정하지 않았다. 이의신청 및 처리절차 등에 필요한 사항은 대통령령으로 정하고 있다.

6) 공시지가의 적용

표준지공시지가의 적용은, 표준지공시지가를 기준으로 한 토지가격비준표를 작성하여 개별공시지가 산정에 적용하게 된다. 또한, 공공용지의 매수 및 토지의 수용·사용에 대한 보상, 국유지·공유지의 취득 또는 처분, 그 밖에 대통령령으로 정하는 지가의 산정 등에 직접 적용된다.

7) 타인 토지 출입

토지가격 산정을 위한 타인의 토지에 출입은, 관계 공무원 또는 부동산가격공시업무를 의뢰받은 자는 표준지가격의 조사·평가 또는 토지가격의 산정을 위하여 필요한 때에는 타인의 토지에 출입할 수 있다.

타인의 토지 출입 방법으로는, 택지 또는 담장이나 울타리로 둘러싸인 타인의 토지에 출입하고자 할 때에는 시장·군수 또는 구청장의 허가(부동산가격공시업무를 의뢰받은 자에 한정)를 받아 출입할 날의 3일 전에 그 점유자에게 일시와 장소를 통지하여야 한다. 다만, 점유자를 알 수 없거나 부득이한 사유가 있는 경우에는 그러하지 아니하다.

일출 전·일몰 후에는 그 토지의 점유자의 승인 없이 택지 또는 담장이나 울타리로 둘러싸인 타인의 토지에 출입할 수 없다. 출입을 하고자 하는 자는 그 권한을 표시하는 증표와 허가증을 지니고 이를 관계인에게 보여야 한다. 증표와 허가증에 필요한 사항은 국토교통부령으로 정한다.

2. 개별공시지가

개별공시지가는 토지와 연관된 국세 및 지방세 등 부동산 세금을 계산하기 위하여 활용되며 각종 개발부담금 등의 부과 기준으로 활용된다. 이와 더불어 부동산의 가치평가, 투자 및 개발 평가에 활용된다.

1) 공시기준일

개별 공시지가 결정 및 공시일은, 매년 5월31일까지 이며 시장·군수, 구청장이 국세·지방세 등 각종 세금의 부과, 그 밖의 다른 법령에서 정하는 목적을 위한 지가 산정에 사용되도록 하기 위하여 시·군·구부동산가격공시위원회의 심의를 거쳐 매년 공시지가의 공시기준일 현재 관할 구역 안의 개별공시지가(단위면적당 적정가격, 원/m^2)를 결정·공시하고, 이를 관계 행정기관 등에 제공한다(시행령 제21조).

2) 산정방법

개별 공시지가 산정 방법은, 해당 토지와 유사한 이용가치를 지닌다고 인정되는 하나 또는 둘 이상의 표준지의 공시지가를 기준으로 토지가격비준표를 사용하여 지가를 산정하되, 해당 토지의 가격과 표준지공시지가가 균형을 유지하도록 하도록 하고 있다.

개별 공시지가를 산정할 필요가 없는 경우, 표준지로 선정된 토지, 조세 또는 부담금 등의 부과대상이 아닌 토지, 그 밖에 대통령령으로 정하는 토지에 대하여는 개별공시지가를 결정·공시하지 아니할 수 있다. 이 경우 표준지로 선정된 토지에 대하여는 해당 토지의 표준지공시지가를 개별공시지가로 본다.

3) 개별공시지가의 타당성 부여

개별공시지가에 대한 타당성 부여는, 개별토지의 가격을 산정할 때에는 그 타당성에 대하여 감정평가법인등의 검증을 받고 토지소유자, 그 밖의 이해관계인의 의견을 들어야 한다. 다만, 시장·군수 또는 구청장은 감정평가법인등의 검증이 필요 없다고 인정되는 때에는 지가의 변동상황 등 대통령령으로 정하는 사항을 고려하여 감정평가법인등의 검증을 생략할 수 있다.

4) 이의신청

개별공시지가에 대한 이의신청은, 공시일로부터 30일 이내에 서면으로 시장·군수 또는 구청장에게 신청이 가능하며, 이의신청이 만료된 날로부터 30일 이내에 심사를 실시하고 그 결과를 신청인에게 서면으로 통지하도록 하고 있다. 다만, 통지와 관련된 날짜는 이 법에서는 정하지 않았다. 이의신청 및 처리절차 등에 필요한 사항은 대통령령으로 정하고 있다.

개별공시지가의 검증으로, 개별토지가격의 타당성에 대한 검증을 의뢰하는 경우에는 산정한 전체 개별토지가격에 대한 지가현황도면 및 지가조사자료를 제공하여야 하며, 검증을 의뢰받은 감정평가법인등은 다음 각 호의 사항을 검토·확인하고 의견을 제시하도록 법률로 규정하고 있다.

5) 토지의 분할·합병 시

토지의 분할·합병이 발생 된 경우로, 1월 1일부터 6월 30일까지의 사이에 사유가 발생한 토지는 당해 연도 7월 1일을 기준일로, 7월 1일부터 12월 31일까지의 사이에 사유가 발생한 토지는 그 다음 해 1월 1일을 기준일로 하도록 하고 있다(시행령 제16조).

제3절 주택가격 공시제도

주택이란 세대의 구성원이 장기간 독립된 주거생활을 할 수 있는 구조로 된 건축물의 전부 또는 일부 및 그 부속토지를 말하며, 단독주택과 공동주택으로 구분한다(주택법 제2조).

1. 단독주택공시가격

단독주택이란 공동주택을 제외한 주택을 말한다[법 제2조].

1) 표준주택공시가격

표준주택가격은 국가·지방자치단체 등이 그 업무와 관련하여 개별주택가격을 산정하는 경우에 그 기준이 된다(법 제19조).

(1) 공시기준일

공시 기준일은, 매년 1월 1일로, 국토교통부장관이 한국부동산원에 표준주택가격을 조사·산정 의뢰한다(시행령 제27조). 표준주택의 선정기준에 따라 전국 약 411만 호의 단독 주택 중 대표성이 있는 25만호(약 6%)를 선정하여 특성 및 지역분석을 통하여 정확한 공시가격을 산정한다.

표준주택가격 공시에 포함되는 사항은, 표준주택의 지번, 가격, 대지면적 및 형상, 용도, 연면적, 구조 및 사용승인일(임시사용승인일을 포함), 그 밖에 대통령령으로 정하는 사항 등이 포함된다.

표준주택가격 공시에 필요한 사항으로, 표준주택의 선정, 공시기준일, 공시의 시기, 조사·산정 기준 및 공시절차 등에 필요한 사항은 대통령령으로 정한다.

(2) 조사·선정 방법

표준주택가격 조사·선정방법으로, 인근 유사 단독주택의 거래가격·임대료 및 해당 단독주택과 유사한 이용가치를 지닌다고 인정되는 단독주택의 건설에 필요한 비용추정액, 인근지역 및 다른 지역과의 형평성·특수성, 표준주택가격 변동의 예측 가능성 등 제반사항을 종합적으로 참작하여야 한다.

(3) 작성목적

표준주택가격 작성 목적으로, 개별주택가격의 산정을 위하여 필요하다고 인정하는 경우에는 표준주택과 산정대상 개별주택의 가격형성요인에 관한 주택가격비준표(표준적인 비교표)를 작성하여 시장·군수 또는 구청장에게 제공하여야 한다. 즉, 표준주택가격은 국가·지방자치단체 등이 그 업무와 관련하여 개별주택가격을 산정하는 경우에 그 기준이 된다.

2) 개별주택공시가격

개별주택가격은 주택시장의 가격정보를 제공하고, 국가·지방자치단체 등이 과세 등의 업무와 관련하여 주택의 가격을 산정하는 경우에 그 기준으로 활용될 수 있다(법 제19조).

(1) 공시기준일

개별주택공시가격 결정 및 공시일은, 매년 4월30일까지 이며 시장·군수 또는 구청장은 시·군·구부동산가격공시위원회의 심의를 거쳐 매년 표준주택가격의 공시기준일 현재 관할 구역 안의 개별주택의 가격을 결정·공시하고, 이를 관계 행정기관 등에 제공하여야 한다(시행령 제38조).

개별주택가격을 결정·공시하는 경우에는, 해당 주택과 유사한 이용가치를 지닌다고 인정되는 표준주택가격을 기준으로 주택가격비준표를 사용하여 가격을 산정하되, 해당 주택의 가격과 표준주택가격이 균형을 유지하도록 하여야 한다.

(2) 활용

개별주택공시가격의 활용은, 주택(토지·건물)에 대한 재산세·취득세·등록세 등 지방세의 과세표준 결정자료 또는 주택(토지·건물)에 대한 종합부동산세·양도소득세의 기준시가로 활용된다.

(3) 가격 산정

개별주택의 가격을 산정 시 시장·군수 또는 구청장은 표준주택가격과의 균형 등 그 타당성에 대하여 대통령령으로 정하는 바에 따라 부동산원의 검증을 받고 토지소유자, 그 밖의 이해관계인의 의견을 들어야 한다. 다만, 시장·군수 또는 구청장은 부동산원의 검증이 필요 없다고 인정되는 때에는 주택가격의 변동상황 등 대통령령으로 정하는 사항을 고려하여 부동산원의 검증을 생략할 수 있다.

개별주택가격 공시에 포함되는 사항은, 개별주택의 지번 및 그 밖에 대통령령으로 정하는 사항 등이 포함된다.

개별주택공시가격을 산정할 필요가 없는 경우, 표준주택으로 선정된 단독주택, 그 밖에 대통령령으로 정하는 단독주택에 대하여는 개별주택가격을 결정·공시하지 아니할 수 있다. 이 경우 표준주택으로 선정된 주택에 대하여는 해당 주택의 표준주택가격을 개별주택가격으로 본다.

(4) 이의신청

개별주택공시가격에 대한 이의신청은, 공시일로부터 30일 이내에 서면으로 시장·군수 또는 구청장에게 신청이 가능하며, 이의신청이 만료된 날로부터 30일 이내에

심사를 실시하고 그 결과를 신청인에게 서면으로 통지하도록 하고 있다. 다만, 통지와 관련된 날짜는 이 법에서는 정하지 않았다. 이의신청 및 처리절차 등에 필요한 사항은 대통령령으로 정하고 있다.

(5) 토지의 분할·합병 시

토지의 분할·합병, 건축물의 신축 등이 발생 된 경우로, 1월 1일부터 5월 31일까지의 사이에 사유가 발생한 경우는 당해 년도 6월 1일을 기준일로, 6월 1일부터 12월 31일까지의 사이에 사유가 발생한 경우는 그 다음 해 1월 1일을 기준일로 하도록 하고 있다(시행령 제34조).

2. 공동주택공시가격

공동주택이란 건축물의 벽·복도·계단이나 그 밖의 설비 등의 전부 또는 일부를 공동으로 사용하는 각 세대가 하나의 건축물 안에서 각각 독립된 주거생활을 할 수 있는 구조로 된 주택을 말하며, 그 종류와 범위는 대통령령으로 정한다(주택법 제2조).

공동주택가격은 주택시장의 가격정보를 제공하고, 국가·지방자치단체 등이 과세 등의 업무와 관련하여 주택의 가격을 산정하는 경우에 그 기준으로 활용될 수 있다(법 제19조).

1) 공시기준일

공동주택공시가격 공시기준일은, 매년 1월1일 이며 국토교통부장관은 공동주택에 대하여 매년 공시기준일 현재의 적정가격(공동주택가격)을 조사·산정하여 중앙부동산가격공시위원회의 심의를 거쳐 공시하고, 이를 관계 행정기관 등에 제공하여야 한다. 다만, 대통령령으로 정하는 바에 따라 국세청장이 국토교통부장관과 협의하여 공동주택가격을 별도로 결정·고시하는 경우는 제외한다(시행령 제40조).

2) 공시가격 결정·공시일

공동주택공시가격 결정 및 공시일은, 매년 4월30일까지 이며 행정안전부장관, 국세청장 및 시장·군수 또는 구청장 등에게 제공하여야 한다(시행령 제43조), 공동주택 가격을 조사·산정하고자 할 때에는 부동산원에 의뢰한다.

공동주택의 조사대상의 선정, 공시기준일, 공시의 시기, 공시사항, 조사·산정 기준 및 공시절차 등에 필요한 사항은 대통령령으로 정한다.

3) 가격산정

공동주택가격을 조사·산정하는 경우에는 인근 유사 공동주택의 거래가격·임대료 및 해당 공동주택과 유사한 이용가치를 지닌다고 인정되는 공동주택의 건설에 필요한 비용추정액, 인근지역 및 다른 지역과의 형평성·특수성, 공동주택가격 변동의 예측 가능성 등 제반사항을 종합적으로 참작하여야 한다.

4) 토지의 분할·합병 시

토지의 분할·합병, 건축물의 신축 등이 발생 된 경우로, 1월 1일부터 5월 31일까지의 사이에 사유가 발생한 경우는 당해 연도 6월 1일을 기준일로, 6월 1일부터 12월 31일까지의 사이에 사유가 발생한 경우는 그 다음 해 1월 1일을 기준일로 하도록 하고 있다(시행령 제44조).

제4절 비주거용 부동산 가격공시제도

비주거용 일반부동산이란, 주택을 제외한 건축물이나 건축물과 그 토지의 전부 또는 일부에 있어서 비주거용 집합 부동산을 제외한 부동산을 의미한다(법 제2조).

1. 비주거용 표준부동산가격

1) 공시기준일

비주거용 표준부동산 공시가격 공시기준일은, 매년 1월 1일이며, 국토교통부장관은 비주거용 표준부동산을 선정할 때에는 일단의 비주거용 일반부동산 중에서 해당 일단의 비주거용 일반부동산을 대표할 수 있는 부동산을 선정하여야 한다. 이 경우 미리 해당 비주거용 표준부동산이 소재하는 시·도지사 및 시장·군수·구청장의 의견을 들어야 한다.

비주거용 표준부동산의 선정 및 관리에 필요한 세부기준은 중앙부동산가격공시위원회의 심의를 거쳐 국토교통부장관이 정한다(시행령 제49조).

2) 가격의 조사·산정 및 공시

국토교통부장관은 용도지역, 이용상황, 건물구조 등이 일반적으로 유사하다고 인정되는 일단의 비주거용 일반부동산 중에서 선정한 비주거용 표준부동산에 대하여 매년 공시기준일 현재의 적정가격(이하 "비주거용 표준부동산가격"이라 한다)을 조사·산정하고, 중앙부동산가격공시위원회의 심의를 거쳐 이를 공시할 수 있다(법 제20조).

3) 공시포함 사항

비주거용 표준부동산의 지번, 가격, 대지면적 및 형상, 용도, 연면적, 구조 및 사용승인일(임시사용 승인일을 포함) 및 그 밖에 대통령령으로 정하는 사항이 포함되어야 한다.

4) 조사·산정방법

국토교통부장관은 제1항에 따라 비주거용 표준부동산가격을 조사·산정하려는 경우 감정평가법인등 또는 대통령령으로 정하는 부동산 가격의 조사·산정에 관한 전문성이 있는 자에게 의뢰한다.

국토교통부장관이 비주거용 표준부동산가격을 조사·산정하는 경우에는 인근 유사 비주거용 일반부동산의 거래가격·임대료 및 해당 비주거용 일반부동산과 유사한 이용가치를 지닌다고 인정되는 비주거용 일반부동산의 건설에 필요한 비용추정액 등을 종합적으로 참작하여야 한다(법 20조).

5) 용도

국토교통부장관은 비주거용 개별부동산가격의 산정을 위하여 필요하다고 인정하는 경우에는 비주거용 표준부동산과 산정대상 비주거용 개별부동산의 가격형성요인에 관한 표준적인 비교표(이하 "비주거용 부동산가격비준표"라 한다)를 작성하여 시장·군수 또는 구청장에게 제공하여야 한다.

2. 비주거용 개별부동산가격

1) 공시기준일

비주거용 개별부동산공시가격 결정 및 공시일은, 매년 4월30일까지 이며 시장·군수 또는 구청장은 시·군·구부동산가격공시위원회의 심의를 거쳐 매년 표준주택가격의 공시기준일 현재 관할 구역 안의 개별주택의 가격을 결정·공시하고, 이를 관계 행정기관 등에 제공하여야 한다(시행령 제62조).

2) 토지의 분할·합병, 건축물 신축 시

토지의 분할·합병, 건축물의 신축 등이 발생 된 경우로, 1월 1일부터 5월 31일까지의 사이에 사유가 발생한 경우는 당해 년도 6월 1일을 기준일로, 6월 1일부터 12월 31일까지의 사이에 사유가 발생한 경우는 그 다음 해 1월 1일을 기준일로 하도록 하고 있다(시행령 제58조).

3. 비주거용 집합부동산가격

비주거용 집합부동산이란, 주택을 제외한 건축물이나 건축물과 그 토지의 전부 또는 일부에 있어서 「집합건물의 소유 및 관리에 관한법률」에 따라, 1동의 건물 중 구조상 구분된 여러 개의 부분이 독립한 건물로써 사용될 수 있을 때에는 그 각 부분은 이 법에서 정하는 바에 따라 각각 소유권의 목적으로 할 수 있는 부동산이다(법 제2조).

1) 공시기준일

비거주용 집합부동산공시가격 공시기준일은, 매년 1월1일이며 국토교통부장관은 비주거용 집합부동산에 대하여 매년 공시기준일 현재의 적정가격(비주거용 집합부동산가격)을 조사·산정하여 중앙부동산가격공시위원회의 심의를 거쳐 공시하고, 이를 관계 행정기관 등에 제공하여야 한다. 다만, 대통령령으로 정하는 바에 따라 국세청장이 국토교통부장관과 협의하여 공동주택가격을 별도로 결정·고시하는 경우는 제외한다(시행령 제63조).

2) 공시가격 결정·공시일

비거주용 집합부동산공시가격 결정 및 공시일은, 매년 4월30일까지 이며 공고일로부터 10일 이내에 행정안전부장관, 국세청장 및 시장·군수 또는 구청장 등에게 제공하여야 한다(시행령 제64조).

3) 토지의 분할·합병, 건축물 신축 시

토지의 분할·합병, 건축물의 신축 등이 발생 된 경우로, 1월 1일부터 5월 31일까지의 사이에 사유가 발생한 경우는 당해 년도 6월 1일을 기준일로, 6월 1일부터 12월 31일까지의 사이에 사유가 발생한 경우는 그다음 해 1월 1일을 기준일로 하도록 하고 있다(시행령 제67조).

질문

1. 부동산 가격 공시제도가 도입된 목적은 무엇이었나?
2. 공시된 부동산 가격은 어떻게 산정되고 확인되나?
3. 부동산 가격 공시대상 부동산 종류와 종류에 따른 공시일은 어떻게 되는가?
4. 부동산 가격 공시제도와 관련된 법적 측면에서 주요 규제 사항은 무엇인가?
5. 부동산 가격 공시제도가 부동산 시장의 투명성을 어떻게 향상시키나?

찾아보기

〔저자약력〕

백성준

서울대학교 사회과학대학 경제학과 졸업
서울대학교 환경대학원 도시계획학 석사, 박사
서울연구원 위촉연구원 역임
대우경제연구소 선임연구원 역임
한국건설산업연구원 연구위원 역임
한성대학교 부동산대학원 원장 역임
한국건설경제산업학회 회장 역임
현 한성대학교 부동산학과 교수
한국도시설계학회 이사
한국부동산분석학회 상임이사
한국주택학회 이사

[주요 저서]

부동산정책론(공저), 법문사, 2023
부동산입지분석-이론과 활용-, 한성대학교출판부, 2016
한국부동산시장의 패러다임 변화(공저), 부연사, 2012
성장관리 이론과 실제(공저), 동서문화사, 2006
21세기 한국 부동산 이해(공저), 박영률출판사, 2002

방진원

건국대학교 전자공학과 졸업
한성대학교 부동산대학원 석사, 박사
대림산업 해외건설부문 근무
LG전자 연구소 ICT 책임연구원(현, 수석연구원)
Canada Real Estate Broker, Realtor
Canada 현지 유학원 대표/현지 가디언
Canada 한인상공회의소 총괄부회장
한성대학교 박사회 총괄부회장
현 KS 에셋 부동산중개그룹, 이사
공인중개사, 한국
논문컨설팅 지도 강사, 학위논문/학술지논문
한성대학교 (경제)부동산연구소 연구위원
Emprium Inc. Canada 투자법인 대표

[주요 연구 및 저서]

CDMA 데이터 망연동 시스템 구현, 대한전자공학회 학술대회, 공동저자, 1997
한국의 부동산거래 안전성 확보를 위한 공인중개사와 변호사들의 협업, 부동산연구, 2016
공인중개사의 다차원적 직무환경의 중요도와 만족도에 관한 연구, 박사학위논문, 2020
부동산 전속중개제도 정착에 관한 연구, 부동산산업연구, 2020
부동산거래의 종결단계에 관한연구-캐나다 온타리오 사례를 중심으로, 부동산연구, 2020
공인중개사와 변호사의 부동산거래 협업에 관한 연구, 도시부동산연구, 2020
공인중개사 제도 평가 및 직무환경 만족도에 관한 연구, 한국부동산연구원, 2021
아파트분양제도 및 전매에 관한 연구-캐나다제도와 비교분석, 부동산경영, 2021
부동산 중개서비스의 품질과 보수에 관한 연구-캐나다와 한국의 제도비교를 중심으로, 건설경제산업연구, 2023

송요섭

중앙대학교 경영대학 회계학과 졸업
중앙대학교 경영대학원 경영학과 졸업(경영학 석사)
한성대학교 일반대학원 경제부동산학과 졸업(부동산학 Ph.D)
아신대학교 일반대학원 일반선교학 석·박사 졸업(철학 Ph.D)
한성대학교 부동산학과/부동산대학원, 건국대학교, 광운대학교, 아주대학교,
명지전문대, 에듀윌 外 겸임교수 역임
㈜신영 外 건설 및 부동산개발 기업에서 회계·세무, 재무관리, 법무·총무, 개발사업,
마케팅·분양관리, 리스크(위기) 관리 등 실무경력 30년.
현 명지전문대학교, 세계사이버 대학 겸임교수

[주요 연구 및 저서]
"부동산펀드의 성과측정과 성과지속성에 관한 연구", 2010년 박사논문
"한국 BAM 훈련에 관한 근거이론", 2022년 박사논문
"부동산 자산관리론", 두성사, 2022년

경국현

국민대학교 금속공학과 졸업
국민대학교 경영대학원 석사,
한성대학교 부동산대학원 석사, 박사
한국부동산분석학회 정회원
매경자산관리사 출제위원
현 성균관대학교 경영전문대학원 겸임교수
㈜탑스리얼티 대표이사

[주요 저서]
상가투자에 돈 있다, 이코북, 2007
상가투자 성공원칙, 이코북, 2010
당신의 권리금을 의심하라, 끌리는 책, 2016
상업용부동산 투자론, 한올출판사, 2011
부동산 MBA, 부크크, 2024

부동산학 개론

2024년 3월 10일 초판 인쇄
2024년 3월 20일 초판 발행

저 자 백성준·방진원·송요섭·경국현
발행인 배 효 선

발행처 도서출판 法 文 社

주 소 10881 경기도 파주시 회동길 37-29
등 록 1957년 12월 12일 / 제2-76호(윤)
전 화 (031)955-6500~6 Fax (031)955-6525
e-mail(영업): bms@bobmunsa.co.kr
(편집): edit66@bobmunsa.co.kr
홈페이지 http://www.bobmunsa.co.kr
조 판 (주) 성 지 이 디 피

정가 32,000원 ISBN 978-89-18-91506-7